악보사보와 컴퓨터음악 작곡의 마술사

SIBELIUS 2023
시벨리우스 2023

박영권 지음

www.gbbook.com

부록 파일 안내

이 책을 학습할 때 필요한 예제 샘플은 글로벌 출판사 홈페이지(www.gbbook.com)의 자료실->교재자료실에서 다운로드할 수 있습니다. 본 예제 샘플은 개인 학습용이며 인터넷에 허가 없이 올릴 수 없습니다.

01. 글로벌 출판사 홈페이지 접속하기

글로벌 출판사 홈페이지(www.gbbook.com)로 접속합니다. 자료실 게시판을 클릭하면 시벨리우스 2023 관련 부록 샘플 파일을 볼 수 있습니다. 클릭하여 다운로드하기 바랍니다.

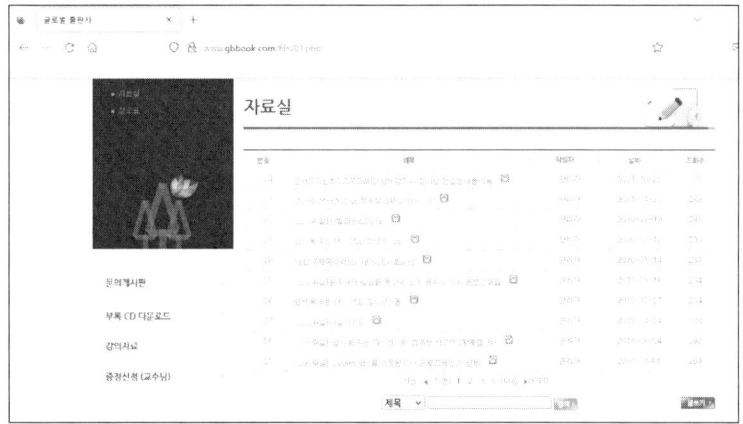

02. 부록 파일 사용하기

다운로드한 압축파일의 압축을 풀면 부록 파일을 확인할 수 있습니다. 시벨리우스를 실행한 뒤 File -> Open 메뉴로 필요한 파일을 불러온 뒤 책의 따라하기 예제를 학습할 때 사용하기 바랍니다.

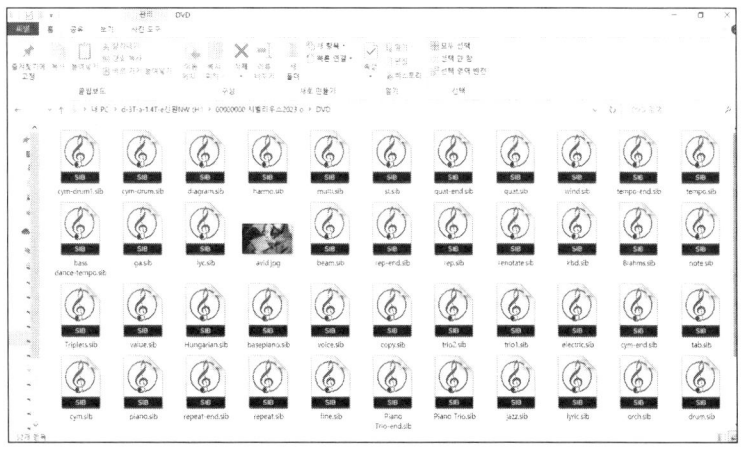

머리말

컴퓨터 음악 작곡가들은 보통 메인 작곡 프로그램으로 '로직'이나 '큐베이스'를 사용하고, 세컨드 작곡 소프트웨어로는 악보 보기가 편한 '시벨리우스'를 선택한다. 그러나 프로 작곡가들은 메인 작곡 프로그램으로 시벨리우스를 선택하고, 보조 작곡 프로그램으로 로직이나 큐베이스를 선택한다.

왜 그럴까?
시벨리우스는 악보 사보 프로그램으로 출발했기 때문에 악보를 보면서 작곡을 할 수 있는 장점이 있기 때문이다. 아무래도 악보상에서 멜로디를 직접 육안으로 보면서 작곡하기 때문에 능숙한 작곡가들은 작곡은 시벨리우스로 하고, 사운드 믹싱 작업 등을 할 때는 로직이나 큐베이스로 작곡한 곡을 가져와서 사운드 믹싱을 하는 것이다.

더 정교하게 악보를 엑세스할 수 있다는 점에서 현재의 시벨리우스는 악보 사보라는 고유의 작업은 물론 음악 작곡, 음원 제작 등의 음반 프로덕션 작업을 올인원으로 할 수 있는 고급 프로그램으로 발전하였다.

시벨리우스(Sibelius)는 아비드(Avid)가 개발하고 발표한 악보 사보 및 음악 작곡 프로그램이다. 악보 사보 프로그램 중에서는 전 세계 판매 1위 프로그램이다. 시벨리우스가 로직이나 큐베이스와 다른 점은 악보 사보 즉 말 그대로 음표 입력 중심의 프로그램으로 출발했기 때문에 음표 편집 방면에서는 로직이나 큐베이스보다 월등히 뛰어나다는 점에 있다. 또한 시벨리우스는 악보를 미려하게 출력할 수 있기 때문에 악보를 고품질로 인쇄하려는 밴드 연주가와 프로 작곡가들의 지지를 받는다.

1993년 4월 쌍둥이 형제인 벤과 조나단 핀(Jonathan Finn)에 의해 개발이 시작된 시벨리우스는 초기에는 교육용의 악보 프로그램으로 출발하였다. 악보를 작성하는 것은 작곡과 일맥상통하므로 프로 음악가들이 시벨리우스를 선택하면서 시벨리우스의 사용자 층이 넓어졌다. 2006년 8월 아비드 사에 인수된 시벨리우스는 그 후 악보 사보 뿐 아니라 사운드 출력까지 폭넓은 기능이 추가되어 디지털 뮤직 워크스테이션급으로 발전하였다.

Preface

지금의 시벨리우스는 40기가에 달하는 번들 가상악기를 무료로 제공하기 때문에 실제 악기음과 동일한 상태로 사운드를 자체적으로 출력할 수 있다. 따라서 MP3 음원 파일 제작, 음악 작곡, 편곡, 악보 사보, 악보 출력 등의 다재다능한 기능을 사용할 수 있다.

본서는 시벨리우스의 메뉴얼 기능을 중점적으로 다루고 있지만 작곡 공부를 처음 하는 분들을 위해 방대한 음악 이론을 알기 쉽게 풀어 놓았다.

이 책이 컴퓨터 음악을 시작하는 분들에게 도움되길 바랍니다!

박영권 드림

E 메일 : 1Leyedrop@naver.com

차 례

Part 1 악보 제작, 미디 음악 작곡을 위한 시벨리우스 2023

Chpter 01 초보자를 작곡가, 지휘자, 악보출판사로 만들어 주는- 시벨리우스 2023 ·········· 22

Chpter 02 시벨리우스로 할 수 있는 음악 작업 ·· 25
    01 작곡 작업은 물론 미려한 악보 인쇄까지 올인원으로 처리 ························· 25
    02 예술에 가까운 음악 기호 노테이션 ··· 26
    03 악기 내에서도 다이나믹 파트보 지원 ··· 27
    04 다양한 미디 파일 임포트 기능 ·· 27
    05 쿼터톤(사분음) 작곡도 할 수 있는 시벨리우스 ··· 28
    06 무료 사용하는 고품질의 내장 가상악기 ··· 29
    07 미려한 악보 출력(Engraving Rules, 조판 규칙) ··· 29
    08 마스터 건반으로 음표를 입력하는 리얼 입력 ·· 30
    09 음악 선생님을 위한 음악교재 제작 기능 ··· 30
    10 웹페이지, 모바일 악보 페이지 제작 ·· 31

Chpter 03 시벨리우스 오디오 사용 환경 설정하기 ··· 32
    01 사운드카드 사용자를 위한 오디오 설정 - Asio4All 설치하기 ················· 32
    02 새 악보 불러오기와 만들 수 있는 악보 양식의 종류 ································ 36

Part 2 시벨리우스 2023 기초 조작법 공부하기

Chpter 01 시벨리우스 2023의 기본 기능 익히기 ·· 44
    01 새 악보를 만든 뒤, 악기 연결하고, 음표 입력하는 방법 ························· 44
    02 악보에서 음표와 쉼표 입력하는 방법 익히기 ·· 52
    03 음악 파일, 미디 파일 불러오기 ··· 57
    04 악보 연주, 리와인드, 템포 조절, 특정 보표만 연주하기 ·························· 58

Chpter 02 시벨리우스 2023 작업 화면 ··· 63
    01 메인화면의 주요기능 ·· 63
    02 타임라인(Timeline) 사용법 익히기 ··· 64

Chpter 03 입력 작업의 모든 것 - 키패드 정복하기 ··· 65
    01 Common Notes 키패드 - 일반 음표 입력하기 ·· 66
    02 More Notes 키패드 ·· 71

Contents

　　03　Beam/Tremolos 키패드 - 꾸밈음 만들기 ··· 77
　　04　Articulations(아티큘레이션, 주법) 키패드 ··· 83
　　05　Jazz Articulations(재즈 아티큘레이션) 키패드 ··· 86
　　06　Accidentals(임시표) 키패드 ·· 91

Chpter 04　시벨리우스의 기본 편집 기능 ·· 96
　　01　기본 편집 익히기 1 - 오브젝트 선택하기(선택 툴) ······································ 96
　　02　기본 편집 익히기 2 - 음표 복제, 오브젝트 복제 ·· 98
　　03　기본 편집 익히기 3 - 같은 음표, 멜로디의 자동 입력 ································· 99
　　04　기본 편집 익히기 4 - 화음 음표를 단축키로 입력하기 ······························· 100
　　05　기본 편집 익히기 5 - 잇단음표의 입력 방법 ·· 101
　　06　새 마디 추가 & 원하는 마디 삭제하기 ·· 102
　　07　뮤직 심볼 입력 방법과 효과 맛보기 -스타카토, 트레몰로 심볼 ··················· 103
　　08　기본 도돌이표 설정하기 - 도돌이표의 설정과 효과 확인하기 ······················ 105
　　09　도돌이설정 고급기능 익히기 - 달 세뇨, 코다 심볼로 도돌이 구간 설정하기 ········ 107

Part 3　시벨리우스 2023-표의 추가와 악기 교체, 다양한 악보 생성시키기

Chpter 01　보표(악기) 추가, 보표(악기) 삭제 방법 ·· 120

Chpter 02　보표에 연결된 악기를 다른 악기로 교체하기 ···································· 122

Chpter 03　오케스트라 악보 만드는 방법 ·· 124

Chpter 04　그레고리안 성가 보표 만들기 - 2선, 3선, 4선 보표 만들기 ················· 130

Chpter 05　타브(TAB) 악보 만들기 ·· 132

Chpter 06　리듬 악보 생성 방법 - 무선율 타악기 악보와 국악 악보 만들기 ············ 140

Chpter 07　드럼 악보 만들고 작곡하기 - 드럼노트(음표) 입력하기 ······················ 144

Chpter 08　못가춘마디 악보 만드는 방법 - 여린내기 노래 악보 만들기 ················ 150

Chpter 09　합창단용 성부 악보(다성부 악보) 만들기 ··· 158

차 례

Part 4　File 메뉴 (파일 관리 메뉴)

Chpter 01　File -〉 Save 메뉴 & Save As 메뉴 (악보 저장 기능) ·· 162

Chpter 02　File -〉 New 메뉴 & Open 메뉴 (신규 악보 생성하기 & 악보 파일 불러오기) ········ 163

Chpter 03　File -〉 Append 메뉴 (다른 악보 파일을 통째로 뒤에 붙이기) ······························· 164

Chpter 04　File -〉 Info 메뉴 (저작권 정보 입력)) ··· 165

Chpter 05　File -〉 Print 메뉴 (악보 인쇄 메뉴) ··· 166

Chpter 06　File -〉 Export 메뉴 (악보 반출 메뉴) ··· 167
　　　　　01　Export -〉 Audio 메뉴 (악보를 사운드 파일로 저장하기) ·································· 167
　　　　　02　Export -〉 Video 메뉴 (뮤직비디오 영상 만들기) ··· 169
　　　　　03　Export -〉 PDF 메뉴 (악보를 PDF 파일로 저장하기) ··· 170
　　　　　04　Export -〉 Graphics 메뉴 (악보를 그래픽 이미지로 저장) ··································· 171
　　　　　05　Export -〉 Avid Scorch 메뉴 (아이패드용 악보 만들기) ······································ 172
　　　　　06　Export -〉 MusicXML 메뉴 (MusicXML 파일로 저장하기) ··································· 173
　　　　　07　Export -〉 MIDI 메뉴 (악보를 미디 파일로 저장하기) ··· 173
　　　　　08　Export -〉 Previous Version 메뉴 (이전 버전으로 저장하기) ······························· 175
　　　　　09　Export -〉 Manuscript Paper 메뉴 (악보양식 만들기) ·· 176

Chpter 07　File -〉 Teaching 메뉴 (선생님용 음악 시청각 교재 제작 기능) ····························· 177
　　　　　01　Teaching -〉 Worksheet Creator 메뉴 (교재 만들기) ·· 177
　　　　　02　Teaching -〉 Add Worksheet 메뉴 (카테고리에 등록하기) ··································· 182
　　　　　03　Edit Worksheets 메뉴 (워크시트 편집하기) ··· 184

Chpter 08　File -〉 Plug ins 메뉴 (플러그 인 파일의 설치와 관리) ··· 185
　　　　　01　Plug ins -〉 Install Plug Ins 메뉴 (플러그 인 설치하기) ·· 185
　　　　　02　Plug ins -〉 Edit Plug Ins 메뉴 (플러그 인 메뉴 편집) ··· 186
　　　　　03　Plug ins -〉 Show Plug ins Trace Window 메뉴(디버깅) ··· 187
　　　　　04　Plug ins -〉 ManuScript Language Reference 메뉴 ··· 187

Chpter 09　File -〉 Avid Link 메뉴 (아비드 링크 커뮤니티 메뉴) ··· 188

Chpter 10　File -〉 Preferences 메뉴 (시벨리우스의 사용 환경 설정) ······································· 189

Contents

Part 5 Home 메뉴 리본바 (복사, 편집, 교체 메뉴)

Chpter 01 Home -> Clipboard 메뉴 (복사, 붙이기 편집하기) ·············· 206
- 01 Clipboard -> Paste 메뉴 (붙여 넣기) ·············· 206
- 02 Clipboard -> Cut 메뉴 (오려내기) ·············· 213
- 03 Clipboard -> Copy 버튼 (복사하기) ·············· 213
- 04 Clipboard -> Capture Idea 메뉴 (아이디어 캡처하기) ·············· 213
- 05 Clipboard -> Select Graphic 메뉴 (그림 파일로 복사하기) ·············· 214

Chpter 02 Home -> Instrument 메뉴 (보표 추가와 악기 교체하기) ·············· 215
- 01 Instrument -> Add or Remove 메뉴 (보표 및 악기의 추가와 삭제) ·············· 215
- 02 Instrument -> Change 메뉴 (악기 교체하기) ·············· 221
- 03 Instrument -> Transposing Score 메뉴 (이조악기 자동 조옮김) ·············· 226
- 04 Instrument -> Ossia Staff 메뉴 (오시아 악보 만들기) ·············· 228
- 05 Instrument -> Instruments 메뉴 (악기 목록창 편집) ·············· 230

Chpter 03 Home -> Bars 메뉴 (마디 추가, 삭제, 편집) ·············· 232
- 01 Bars -> Add 메뉴 (새 마디 추가 방법) ·············· 232
- 02 Bars -> Delete (마디 삭제 방법) ·············· 234
- 03 Bars -> Split (마디 분할 방법) ·············· 234
- 04 Bars -> Join (마디 연결 방법) ·············· 237

Chpter 04 Home -> Select 메뉴 (선택 작업을 정교하게 하기) ·············· 238
- 01 Select -> Filters 메뉴 (필터링으로 선택하기) ·············· 238
- 02 Select -> Advanced Filter 메뉴 (고급 선택 기능) ·············· 241
- 03 Select -> All 메뉴 (악보 요소 전부 선택하기) ·············· 244
- 04 Home -> Select -> None 메뉴 (선택 취소하기) ·············· 244
- 05 Select -> Bars 메뉴 (마디 구간 선택 방법) ·············· 245
- 06 Select -> System Passage 메뉴 (시스템 마디 선택하기) ·············· 245
- 07 Select -> More 메뉴 (마디에서 선택 확장하기) ·············· 245

Chpter 05 Home -> Edit 메뉴 ·············· 246
- 01 Edit -> Hide or Show 메뉴 (악보에서 특정 요소 감추기) ·············· 246
- 02 Edit -> Color 메뉴 (악보 요소 색상 지정하기) ·············· 247
- 03 Edit -> Find 메뉴 (악보에서 특정 요소 검색 방법) ·············· 248
- 04 Edit -> Go To 메뉴 (대화상자로 이동하기) ·············· 249
- 05 Edit -> Flip 메뉴 (음표 뒤집기 방법) ·············· 249
- 06 Edit -> Inspector 메뉴 (인스펙터 패널 메뉴) ·············· 250

차 례

Chpter 06　Home -〉 Plug ins 메뉴(플러그 인 메뉴) ·· **254**
　　01　Plug ins -〉 Calculate Statistics 메뉴 (통계 정보 입수) ························· 254
　　02　Plug ins -〉 Convert Folder of MIDI Files 메뉴 ·································· 255
　　03　Plug ins -〉 Convert Folder of MusicXML Files 메뉴 ························· 255
　　04　Plug ins -〉 Convert Folder of Scores to Earlier Version 메뉴 ·············· 256
　　05　Plug ins -〉 Convert Folder of Scores to Graphics 메뉴 ····················· 256
　　06　Plug ins -〉 Convert Folder of Scores to MIDI 메뉴 ··························· 256
　　07　Plug ins -〉 Convert Folder of Scores to MusicXML Files 메뉴 ············ 256
　　08　Plug ins -〉 Convert Folder of Scores to Web Pages 메뉴 ·················· 256
　　09　Plug ins -〉 Export Each Instrument as MIDI ····································· 256
　　10　Plug ins -〉 Export Each Staff as Audio 메뉴 ···································· 256
　　11　Plug ins -〉 Export Foder of Scorss as PDF 메뉴 ······························· 257
　　12　Plug ins -〉 Import House Style into Folder of Scores 메뉴 ················· 257
　　13　Plug ins -〉 Print Multiple Copies 메뉴 (악보 인쇄하기) ······················· 257
　　14　Plug ins -〉 Rehearsal Recording 메뉴 (솔로이스트 파트 강조해 믹스다운 방법) ··· 257
　　15　Plug ins -〉 Add Harp Pedaling 메뉴 (하프 페달 다이아그램) ················ 258
　　16　Plug ins -〉 Add Note Names to Noteheads 메뉴 (음표 이름 표기) ········ 258
　　17　Plug ins -〉 Export Selection as Audio 메뉴 ······································ 258
　　18　Plug ins -〉 Export Selection as Score 메뉴 ······································ 258
　　19　Plug ins -〉 Groovy Music Mark-up 메뉴 ·· 258
　　20　Plug ins -〉 Make Layout Uniform 메뉴 (레이아웃 메뉴) ····················· 259
　　21　Plug ins -〉 Make Piano Four Hands Layout 메뉴(4손 피아노 악보 만드는 방법) ··· 259
　　22　Plug ins -〉 Merge Bar (마디 합치는 방법) ·· 262
　　23　Plug ins -〉 Preferences 메뉴 (플러그 인 메뉴 설정) ··························· 262
　　24　Plug ins -〉 Remove All Highlights 메뉴 ··· 262
　　25　Plug ins -〉 Resize Bar 메뉴 (마디 리사이즈) ····································· 263
　　26　Plug ins -〉 Scales and Arpeggios 메뉴(스케일 & 아르페지오 교재악보 만들기) ······ 263
　　27　Plug ins -〉 Set Metronome Mark 메뉴 (사용자정의 메트로놈 마크 템포 만들기) ··· 264

Contents

Part 6   Note Input 메뉴 (음표 입력 메뉴)

Chpter 01   Note Input -〉 Setup 메뉴 (미디 입력 장치 설정 방법) ········· 266
    01   Input Devices 메뉴 (미디 입력장치 선택하기) ········· 266

Chpter 02   Note Input -〉 Note Input 메뉴 (음표 입력하기) ········· 268
    01   Note Input -〉 Input Notes 메뉴 (단축키 N, 스텝 입력) ········· 268
    02   Note Input -〉 Triplets 메뉴 (잇단음표 입력 방법) ········· 269
    03   Note Input -〉 Respell 메뉴 (리스펠링, 이명동음 교정) ········· 273
    04   Note Input -〉 Input pitches 메뉴 (트랜스포즈 적용하기) ········· 273
    05   Note Input -〉 Re-input pitches 메뉴 ········· 273
    06   Note Input -〉 Repeat 메뉴 (멜로디 반복 입력 방법) ········· 274
    07   Note Input -〉 Transpose 메뉴 (조옮김 메뉴) ········· 275

Chpter 03   Note Input -〉 Flexi-time 메뉴 (마스터 건반으로 악보에 멜로디 입력하기) ········· 277
    01   Flexi-time -〉 Record 메뉴 (마스터 건반으로 음표 입력) ········· 277
    02   Flexi-time -〉 Renotate Performance 메뉴 (마스터 건반 입력 정돈하기) ········· 278

Chpter 04   Note Input -〉 Voices 메뉴 (성부 관리) ········· 282
    01   Voices -〉 Voice 메뉴 (성부 교체하기) ········· 282
    02   Voices -〉 Swap 메뉴 (성부 일괄 교체하기) ········· 283

Chpter 05   Note Input -〉 Intervals 메뉴 (인터벌 메뉴) ········· 285
    01   Above 메뉴 (상단에 화음 만들기) ········· 285
    02   Below 메뉴 (하단에 화음 만들기) ········· 285

Chpter 06   Note Input -〉 Cross staff Notes 메뉴 (보표 이동 편집 방법) ········· 286
    01   Above 메뉴 (상단 보표로 이동시키기) ········· 286
    02   Below 메뉴 (하단 보표로 이동시키기) ········· 286

Chpter 07   Note Input -〉 Arrange 메뉴 (오케스트라 편성 악보로 전환하기) ········· 287
    01   Arrange -〉 Arrange 메뉴 (오케스트라 편성 만들기) ········· 287
    02   Arrange -〉 Explode 메뉴 (화음악보를 오케스트라 편성 악보로 만들기) ········· 288
    03   Arrange -〉 Reduce 메뉴 (오케스트라 편성 합치기) ········· 289

Chpter 08   Note Input -〉 Transformations 메뉴 (트랜스포메이션) ········· 292
    01   Transformations -〉 Retrograde 메뉴 (멜로디 역행 배치) ········· 292
    02   Transformations -〉 Double 메뉴 (음길이 2배 늘리기) ········· 293

차 례

   03 Transformations -〉 Halve 메뉴 (음길이 반으로 줄이기) ·················· 294
   04 Transformations -〉 Invert 메뉴 (옥타브 이동 후 뒤집기) ················ 295
   05 Transformations -〉 More 메뉴 (세밀한 음표 변형 메뉴) ················ 295

Chpter 09 Note Input -〉 Plug ins 메뉴 ··· 303
   01 Add Accidentals to All Notes 메뉴 (모든 음표에 임시표 추가하기) ············· 303
   02 Add Accidentals to All Sharp and Flat Notes 메뉴 (빠진 임시표 추가하기) ········ 304
   03 Add Ficta Above Note 메뉴 (무지카 픽타 임시표) ··················· 304
   04 Respell Flats as Sharps 메뉴 (샵으로 바꾸기) ····················· 305
   05 Respell Sharps as Flats 메뉴 (플랫으로 바꾸기) ···················· 306
   06 Simplify Accidentals 메뉴 (임시표 단순화하기) ···················· 306
   07 12-Tone Matrix 메뉴 (12음열 매트릭스) ······················· 307
   08 Add Drum Pattern 메뉴 (드럼 파트 쉽게 작곡하기) ·················· 308
   09 Add Hit Point Staff 메뉴 (히트포인트 보표 만들기) ·················· 312
   10 Add Simple Harmony 메뉴 (자동으로 화음 만들기) ·················· 313
   11 Draw Free Rhythm Barline 메뉴 (마디선 인위적 만들기) ················ 314
   12 Fit Selection to Time 메뉴 (선택한 구간의 템포 조절) ················· 314
   13 Explode/Reduce 메뉴 (오케스트라 편성으로 확장/축소) ················ 315
   14 Insert Note or Rest 메뉴 (음표, 쉼표의 전환과 삽입) ·················· 316
   15 Show Handbells Required 메뉴 (핸드벨 표시) ···················· 316
   16 Apply Shape Notes 메뉴 (쉐이프 노트 만들기) ···················· 317
   17 Boomwhackers® Note Colors 메뉴 (무지개 색 적용) ·················· 317
   18 Color Pitches 메뉴 (음정마다 색상 지정하기) ···················· 318
   19 Convert Simple Time to Compound Time 메뉴 (겹박자) ················ 318
   20 Copy Articulations and Slurs 메뉴 (어법 복사해 사용하기) ··············· 319
   21 Divide Durations 메뉴 (음표, 쉼표 2개로 나누기) ··················· 323
   22 Make Pitches Constant 메뉴 (같은 음정으로 이동) ·················· 324
   23 Paste Into Voice 메뉴 (다른 성부에 붙여 넣기) ···················· 325
   24 Remove Dangling Ties 메뉴 (잘못된 붙임줄 삭제하기) ················ 325
   25 Split Dotted Quarter Rests 메뉴 (4분점쉼표 분리하기) ················· 326
   26 Straighten Written-Out Swing 메뉴 (점 스윙노트 펴기) ················ 326
   27 Change Split Point 메뉴 (큰 보표의 분할 위치 변경하기) ················ 327
   28 Combine Tied Notes and Rests 메뉴 (붙임줄 음표 합치기) ··············· 327
   29 Duplicates In Staves 메뉴 (이중음 찾아서 편집하기) ·················· 328
   30 Move to Other Staff 메뉴 (다른 보표로 이동시키기) ·················· 329
   31 Remove Overlapping Notes 메뉴 (겹친 음표 제거하기) ················ 329
   32 Remove Rests 메뉴 (쉼표 정리) ··························· 329

Contents

33 Remove Unison Notes 메뉴 (유니즌 음표 자동 삭제하기) ·············· 330
34 Renotate Tublet (해독 불가능한 잇단음표 자동 수정하기) ·············· 331
35 Add Notes to Tuplet 메뉴 (잇단음표에 음표 추가하기) ·············· 331
36 Change Tuplet Ratio 메뉴 (잇단음표 비율 변경) ·············· 333
37 Lengthen Tuplet 메뉴 (잇단음표 늘리기) ·············· 333
38 Make Into Tuplet 메뉴 (음표들을 합쳐 잇단음표 만들기) ·············· 334
39 Remove Notes from Tuplet 메뉴 (잇단음표의 음표 정리하기) ·············· 334
40 Shorten Tuplet 메뉴 (잇단음표 짧게 만들기) ·············· 334
41 Split or Join Tuplets 메뉴 (잇단음표 분할/병합하기) ·············· 335
42 Tuplet Preferences 메뉴 (잇단음표의 속성 설정하기) ·············· 335

Part 7 Notations 메뉴 (노테이션 메뉴)

Chpter 01 Notations -> Common 메뉴 (악보 기본 요소 삽입 메뉴) ·············· 338
01 Common -> Clef 메뉴 (음자리표 삽입 방법) ·············· 338
02 Common -> Key Signature 메뉴 (조표 삽입 방법) ·············· 346
03 Time Signature 메뉴 (악보에 박자표 삽입 방법) ·············· 352
04 Barline 메뉴 (마디선/바라인 모양 변경 방법) ·············· 355

Chpter 02 Notations -> Lines 메뉴 (플레이할 때 지시대로 연주되는 라인 심볼) ·············· 358
01 Lines 메뉴 (라인 심볼) ·············· 358
02 Edit Lines 메뉴 (새 라인 등록하기) ·············· 361
03 악보에 기보 가능한 라인(Line) 심볼 종류 ·············· 363

Chpter 03 ymbols 메뉴 (음악 심볼 삽입 방법) ·············· 377
01 Symbols 메뉴 (그림형 심볼 삽입하기) ·············· 377

Chpter 04 Noteheads 메뉴 (음표 머리 유형 메뉴) ·············· 390
01 Noteheads -> Type 메뉴 (음표 머리 유형 변경) ·············· 390
02 Noteheads -> Add Note Names 메뉴 (음표 이름 추가 메뉴) ·············· 395
03 Noteheads -> Edit Noteheads 버튼 메뉴 (머리 유형 수정/머리 유형 새로 만들기) ·············· 395

Chpter 05 Notations -> Beams 메뉴 (빔음표 편집 메뉴) ·············· 397
01 Beams -> To and From Rests 메뉴 (빔과 쉼표 잇기) ·············· 397
02 Beams -> Over Rests 메뉴 (쉼표 너머로 빔 연결하기) ·············· 398
03 Beams -> Stemlets 메뉴 (쉼표에 줄기 잇기) ·············· 398

차 례

Chpter 06　Notations -> Graphics 메뉴 (그림 악보 만들기) ······ 401
　　　01　Graphic -> Graphic 메뉴 (그림 파일 불러오기) ······ 401
　　　02　Graphic -> Flip 메뉴 (그림 이미지 뒤집기) ······ 402
　　　03　Graphic -> Adjust Color 메뉴 (그림 색상 조절하기) ······ 402

Chpter 07　Notations -> Bracket or Brace 메뉴 (브라켓 또는 브레이스 메뉴) ······ 404
　　　01　Bracket or Brace -> Bracket 메뉴 (브라켓 만들기) ······ 404
　　　02　Bracket or Brace -> Brace 메뉴 (브레이스 만들기) ······ 405
　　　03　Bracket or Brace -> Sub-bracket 메뉴 (서브 브라켓) ······ 406

Part 8　Text 메뉴 (텍스트 메뉴)

Chpter 01　Text -> Format 메뉴 (글꼴 편집 메뉴) ······ 410
　　　01　악보의 타이틀(곡 제목) 입력 방법 ······ 410
　　　02　텍스트 편집의 기초 기능 공부하기 ······ 412
　　　03　Format -> Text Style 메뉴 (텍스트 스타일 변경하기) ······ 417
　　　04　Format -> Character Style 메뉴 (뮤직 텍스트 입력과 캐릭터 스타일 변경) ······ 418
　　　05　Format -> Size 메뉴 (글자 크기의 변경) ······ 419
　　　06　Format -> Align 메뉴 (글자 정렬과 문장 정렬 방법) ······ 420

Chpter 02　Text -> Styles 메뉴 (텍스트 스타일 음악 기호 입력 메뉴) ······ 422
　　　01　Styles -> Styles 메뉴 (스타일 메뉴) ······ 422

Chpter 03　Text -> Lyrics 메뉴 (노래 가사의 입력) ······ 454
　　　01　Lyrics 메뉴 (Ctrl + L, 가사 입력하기) ······ 454
　　　02　Lyrics -> From Text File 메뉴 (외부 텍스트 파일을 가사로 가져오기) ······ 461

Chpter 04　Text -> Chord Symbols 메뉴 (코드 심볼 메뉴) ······ 467
　　　01　악보에 기입된 코드 심볼 (Chord Symbols)의 재생 방법 ······ 467
　　　02　Chord Symbols -> Chord Symbol 메뉴 (Ctrl + K, 스탠다드 코드 삽입하기) ······ 468
　　　03　Edit Chord Symbols 메뉴 (코드 심볼의 편집) ······ 484

Chpter 05　Text -> Rehearsal Mark 메뉴 (Ctrl + G, 리허설 마크) ······ 486
　　　01　Consecutive Rehearsal Mark 메뉴 (연속된 리허설 마크) ······ 486
　　　02　Restart Sequence 메뉴 (리허설 마크 방식 설정) ······ 491
　　　03　Edit Rehearsal Mark 버튼 (리허설 마크 편집) ······ 492

Contents

Chpter 06 Text -> Numbering 메뉴 (마디번호/페이지번호 옵션)··················494
    01 Numbering 메뉴 (마디 번호 & 페이지 번호 설정)·················· 494

Chpter 07 Text -> Plug ins 메뉴 (텍스트 플러그인 메뉴)···················498
    01 Add Capo Chord Symbols 메뉴 (카포 코드 만들기)················· 498
    02 Add Chord Symbols 메뉴 (자동으로 코드 심볼 만들기)················ 499
    03 Chord Symbols As Fractions 메뉴(슬래쉬형 코드 심볼을 분수형 코드 심볼로 변환시키기)······ 500
    04 Nashville Chord Numbers 메뉴 (내슈빌 코드 심볼로 변환시키기)··········· 500
    05 Realize Chord Symbols 메뉴 (코드 심볼을 음표, 아르페지오로 구현하기)········ 501
    06 Add Brackets to Reprise Script 메뉴 (노래가사 강조하기)·············· 503
    07 Add Brass Fingering 메뉴 (브라스 악기의 운지법 표기하기)············· 505
    08 Add Dynamics From Live Playback 메뉴 (악보를 분석해 다이나믹 심볼을 자동 추가하기)······ 505
    09 Add Fingering to Notes 메뉴 (운지법 번호 수동 삽입)················ 507
    10 Add Note Names 메뉴 (음 이름 삽입하기)······················· 508
    11 Add Slurs to Lyrics 메뉴 (가사에 슬러 추가하기)··················· 508
    12 Add String Fingering 메뉴 (현악기의 운지법 추가하기)··············· 508
    13 Add Tonic Sol-Fa 메뉴 (토닉 솔파 음 이름 생성시키기)··············· 509
    14 Add Verse Numbers 메뉴 (노래가사 절 번호 붙이기)················ 509
    15 Align Lyrics 메뉴 (노래가사 수평선 정렬하기)···················· 510
    16 Change Dynamics 메뉴 (다이나믹 심볼 표기 조절하기)················ 510
    17 Export Lyrics 메뉴 (노래가사를 txt 파일로 저장하기)················ 511
    18 Find and Replace Text 메뉴 (텍스트 검색 및 교체하기)··············· 511
    19 Number Bars 메뉴 (마디 상단 중앙에 마디번호 표기하기)············· 512
    20 Number Beats 메뉴 (박자에 번호 붙이기)······················ 512
    21 Reposition Text 메뉴 (텍스트 위치 변경하기)···················· 513
    22 Smarten Quotes 메뉴 (따옴표와 축약구두점 모양 일괄 설정하기)·········· 513
    23 Traditional Lyrics Beaming 메뉴 (노래가사 음절에 맞게 빔음표 나누기)········ 514

Part 9 Play 메뉴 (플레이 메뉴)

Chpter 01 Play -> Setup 메뉴 (사운드 장치의 설정)························516
    01 Configuration 메뉴 (사운드 디바이스 선택하기)··················· 516
    02 Mixer 메뉴 (Ctrl + Alt + M, 믹서 사용하기)····················· 517
    03 Edit Setup 버튼 (신규 가상악기의 등록 방법)···················· 521

차 례

Chpter 02 Play -> Transport 메뉴 (트랜스포트) ········ 530
    01 Play -> Transport 메뉴 (트랜스포트) ········ 530
    02 Stop 메뉴 (연주 중지하기) ········ 531

Chpter 03 Play -> Live Tempo 메뉴 (라이브 템포) ········ 532
    01 Clear 메뉴 (탭핑 기록 삭제) ········ 532
    02 Calibrate 메뉴 (미디장비 칼리브래이트) ········ 533
    03 Display 메뉴 (탭핑 디스플레이창) ········ 534
    04 Record 메뉴 (탭핑 및 연주하기) ········ 534
    05 Tap Point 메뉴 (탭핑 포인트를 수작업으로 삽입하기) ········ 535
    06 Tap Points 메뉴 (여러개의 탭 포인트 삽입하기) ········ 536

Chpter 04 Play -> Live Playback 메뉴 (라이브 플레이백 설정 메뉴) ········ 537
    01 Live Playback 메뉴 (라이브 플레이백이란?) ········ 537
    02 Transform 메뉴 (라이브 연주 느낌 만들기) ········ 538
    03 Velocities 메뉴 (벨로서티 편집 메뉴) ········ 539

Chpter 05 Play -> Interpretation 메뉴 (해석 메뉴) ········ 543
    01 Performance 메뉴 (퍼포먼스 설정) ········ 543
    02 Dictionary 메뉴 (사용자 정의 음악 사전 메뉴) ········ 546
    03 Repeats 메뉴 (도돌이 구간 설정, 리피트) ········ 547

Chpter 06 Play -> Video 메뉴 (비디오 싱크 메뉴) ········ 548
    01 Video 메뉴 (비디오/오디오의 삽입과 제거) ········ 548
    02 Timecode 메뉴 (타임코드 메뉴) ········ 549
    03 Hit Point 메뉴 (히트포인트 삽입 메뉴) ········ 550

Chpter 07 Play -> Plug ins 메뉴 (Play 메뉴의 플러그 인 메뉴) ········ 552
    01 Add Continuous Control Changes 메뉴 (미디 컨트롤러 메시지로 악기 연주에 변화주기) ········ 552
    02 Cresc./Dim. Playback 메뉴 ········ 553
    03 Harmonics Playback 메뉴 (하모닉스, 배음 만들기) ········ 553
    04 Ornament Playback 메뉴 (꾸밈음 만들기) ········ 554
    05 Quarter-tone Playback 메뉴 (쿼터톤, 사분음 효과) ········ 555
    06 Strummer 메뉴 (스트러밍 주법 만들기) ········ 555

Contents

Part 10 Layout 메뉴 (레이아웃 메뉴)

Chpter 01 Layout -> Document Setup 메뉴 (악보종이 설정 메뉴) ·········· 562
- 01 Margins 메뉴 (악보 여백 설정하기) ·········· 562
- 02 Staff Size 메뉴 (오선의 줄 간격 조절하기) ·········· 563
- 03 Orientation 메뉴 (종이 방향 회전시키기) ·········· 564
- 04 Size 메뉴 (종이 크기 설정) ·········· 564
- 05 Title Page 메뉴 (타이틀 페이지 만들기) ·········· 565
- 06 Document Setup 버튼 (종이 크기 직접 설정하기) ·········· 565

Chpter 02 Layout -> Staff Spacing 메뉴 (보표 간격 설정 메뉴) ·········· 567
- 01 Optimize 메뉴 (보표 상하 간격 최적화하기) ·········· 567
- 02 Spaces Between 메뉴 (보표/시스템보표 간격 조절하기) ·········· 567
- 03 Align Staves 메뉴 (첫 페이지의 보표/시스템 간격을 다른 페이지에 적용하기) ·········· 568
- 04 Reset Space Above 메뉴 (보표 상단 여백 리셋) ·········· 569
- 05 Reset Space Bellow 메뉴 (보표 하단 여백 리셋) ·········· 570
- 06 Staff Spacing 버튼 (대화상자에서 보표간격 설정) ·········· 570

Chpter 03 Layout -> Staff Visibility 메뉴 (보표 보기/감추기 메뉴) ·········· 571
- 01 Hide Empty Staves 메뉴 (비어있는 보표 감추기) ·········· 571
- 02 Show Empty Staves 메뉴 ·········· 572
- 03 Focus on Staves 메뉴 (특정 보표만 보기) ·········· 572

Chpter 04 Layout -> Magnetic Layout 메뉴 (마그네틱 레이아웃 메뉴) ·········· 573
- 01 Magnetic Layout 메뉴 (마그네틱 기능 활성화) ·········· 573
- 02 Freeze Positions 메뉴 (위치 고정하기) ·········· 574
- 03 Object 메뉴 (마그네틱 점선 On/Off) ·········· 575
- 04 Collisions 메뉴 (겹치거나 충돌되는 심볼 찾기) ·········· 575
- 05 Magnetic Layout 버튼 (마그네틱 레이아웃 설정) ·········· 576

Chpter 05 Layout -> Breaks 메뉴 (보표 분리 메뉴) ·········· 577
- 01 System Break 메뉴 (시스템 분리하기) ·········· 577
- 02 Page Break 메뉴 (페이지 분리하기) ·········· 578
- 03 Special Page Break 메뉴 (스페셜 페이지 분리하기) ·········· 579
- 04 Split System 메뉴 (시스템보표 자르기) ·········· 580
- 05 Show Multirests (멀티쉼표 보기) ·········· 581
- 06 Split Multirests 메뉴 (멀티쉼표 마디 나누기) ·········· 582

차 례

Chpter 06 Layout -> Format 메뉴 (마디 유형 변경 메뉴) ··· **584**
    01 Make Into System 메뉴 (마디를 시스템으로 전환하기) ································ 584
    02 Make Into Page 메뉴 (마디를 독립 페이지로 만들기) ································· 585
    03 Keep bars Together 메뉴 (쌍둥이 마디 만들기) ······································ 586
    04 Lock Format 메뉴 (시스템보표 포맷 잠그기) ·· 587
    05 Unlock Format 메뉴 (잠근 포맷 해제하기) ·· 587

Part 11 Appearance 메뉴 (어피런스 메뉴)

Chpter 01 Appearance -> House Style 메뉴 하우스 스타일 (악보 스타일) 메뉴 ··········· **590**
    01 Engraving Rules 메뉴 (악보 조판 규칙 메뉴) ·· 590
    02 Note Spacing Rule 메뉴 (음표의 조판 간격 설정하기) ······························ 599
    03 Export 메뉴 (하우스 스타일 저장하기) ·· 600
    04 Import 메뉴 (하우스 스타일 불러오기) ··· 600

Chpter 02 Appearance -> Instrument names (보표의 악기명 설정 메뉴) ·················· **602**
    01 At start 메뉴 ··· 602
    02 Subsequently 메뉴 ·· 603
    03 At new sections 메뉴 ·· 603

Chpter 03 Appearance -> Design and Position 메뉴 (디자인과 포지션 원래대로 리셋하기) ······ **604**
    01 Design 메뉴 (디폴트 크기로 되돌리기) ··· 604
    02 Position 메뉴 (디폴트 위치로 이동시키기) ··· 604
    03 Score Design 메뉴 (파트보 편집창에서 디자인 리셋하기) ························· 605
    04 Score Position 메뉴 (파트보 편집창에서 위치 리셋하기) ·························· 605

Chpter 04 Appearance -> Reset Notes 메뉴 (음표 리셋 메뉴) ······························ **606**
    01 Reset Note Spacing 메뉴 (음표 간격 리셋하기) ···································· 606
    02 Beam Groups 메뉴 (빔 그룹 리셋하기) ·· 606
    03 Stem and Beam Positions 메뉴 (빔, 음표 줄기 리셋하기) ························ 607
    04 Tab Fingerings 메뉴 (타브악보 번호 리셋하기) ···································· 608

Chpter 05 Appearance -> System Objects 메뉴 (시스템 오브젝트의 위치 설정 메뉴) ········ **609**

Contents

Chpter 06 Appearance -> Align 메뉴 (정렬 메뉴) ··· 611
    01 Align -> Row 메뉴 (수평 기준 정렬하기) ·································· 611
    02 Align -> Column 메뉴 (수직 기준 정렬하기) ····························· 611

Chpter 07 Appearance -> Order (겹쳐놓기 설정) ··· 612
    01 Order 메뉴 ·· 612
    02 Bring to Front 메뉴 ··· 612
    03 Send to Back 메뉴 ·· 612
    04 Bring Forward 메뉴 ·· 613
    05 Bring Backward 메뉴 ··· 613
    06 Reset to Default 메뉴 ·· 613

Part 12 Parts 메뉴, Review 메뉴, View 메뉴

Chpter 01 Part 메뉴 (파트보 관리 메뉴) ··· 616
    01 Parts -> New Part 메뉴 (파트보 복제하기) ····························· 617
    02 Parts -> Copy and Change Instrument 메뉴 (파트보의 악기를 교체한 뒤 복제하기) ········ 618
    03 Parts -> Staves in Part 메뉴 (파트보에 다른 파트 끼어 넣기) ··············· 618
    04 Parts -> Delete in Part 메뉴 (파트보 삭제하기) ····························· 619
    05 Parts -> Part Appearances 메뉴 (파트보 꾸미기) ····························· 619
    06 Parts -> Copy Part Layout 메뉴 (파트보 레이아웃 복사해 사용하기) ············· 619
    07 Parts -> Reset 메뉴 (총보로 리셋하기) ······································ 620
    08 Parts -> Extract 메뉴 (파트보를 파일로 저장하기) ···················· 620
    09 Parts -> Copies 메뉴 (파트보 인쇄 매수 설정하기) ·················· 620
    10 Parts -> Print All Parts 메뉴 (모든 파트 인쇄하기) ···················· 620

Chpter 02 Review 메뉴 (리뷰 메뉴) ·· 621
    01 Review -> Annotate 메뉴 ·· 621
    02 Review -> New Comment 메뉴 (메모장 삽입하기) ······························ 621
    03 Review -> Previus Comment/Next Comment 메뉴 ······························ 622
    04 Review -> Highlights 메뉴 (하이라이트) ··· 622
    05 Review -> New Version 메뉴 (새 버전으로 저장하기) ························ 623
    06 Review -> Edit Version 메뉴 (버전별 편집과 공동작업) ······················ 623
    07 Review -> Previus Version/Next Version 메뉴 ····································· 624
    08 Review -> Make Current/Export Curret 버튼 ·· 624

차 례

09 Review -〉 Compare 메뉴 (버전 비교하기) ···································· 624
10 Review -〉 Compare -〉 Previous Difference 메뉴 ························ 625
11 Review -〉 Compare -〉 Next Difference 메뉴 ····························· 625
12 Review -〉 Plug ins 메뉴(리뷰 플러그 인) ····································· 626

Chpter 03 View 메뉴 (뷰 메뉴) ·· 630
01 View -〉 Document View 메뉴 (악보 보기) ································ 630
02 View -〉 Invisibles 메뉴 (감추기/다시 표시하기) ······················· 634
03 View -〉 Magnetic Layout 메뉴 (자석 정렬 설정하기) ················ 635
04 View -〉 Rulers 메뉴 (악보 눈금자 사용하기) ····························· 635
05 View -〉 Note Colors 메뉴 (음표머리 색상 설정하기) ················ 636
06 View -〉 Panels 메뉴 (작업 패널 실행하기) ································ 636
05 View -〉 Window 메뉴 (악보창 정렬하기) ································· 640

권말부록 시벨리우스 중요 단축키

시벨리우스 중요 단축키 ·· 641

찾아보기 시벨리우스 2023

찾아보기 ··· 647

Part 1

악보 제작, 미디 음악 작곡을 위한 시벨리우스 2023

CHAPTER 01

초보자를 작곡가, 지휘자, 악보출판사로 만들어 주는
– 시벨리우스 2023

악보 사보를 위해 탄생한 프로그램인 시벨리우스는 현재 악보 작성 뿐 아니라 음악 작곡, 편집, 악보 인쇄 뿐 아니라 전용 가상악기를 통해 작업 중인 음악을 플레이할 수 있고 작곡한 곡을 인터넷을 통해 게시할 수 있는 전문가용 컴퓨터 음악 프로그램이다.

핀란드 작곡가 얀 시벨리우스(Jean Sibelius)의 이름을 따서 명명된 이 소프트웨어는 학생 신분이자 쌍둥이 형제인 Ben과 Jonathan Finn이 1987년부터 개발을 시작하였고 약 6년 간의 개발 과정을 거친 1993년에 형제의 대학 졸업과 함께 영국에서 상용화되었다.

발매된 직후부터 선풍적인 인기를 얻은 시벨리우스는 그 후 13년 뒤인 2006년 Avid 테크놀러지사에 인수된 뒤 현재는 악보 노테이션(악보 사보, 악보 표기법) 프로그램 중에서 세계 제1의 판매량을 자랑하는 최고의 노테이션 프로그램이자 전문가용 작곡 프로그램이 되었다.

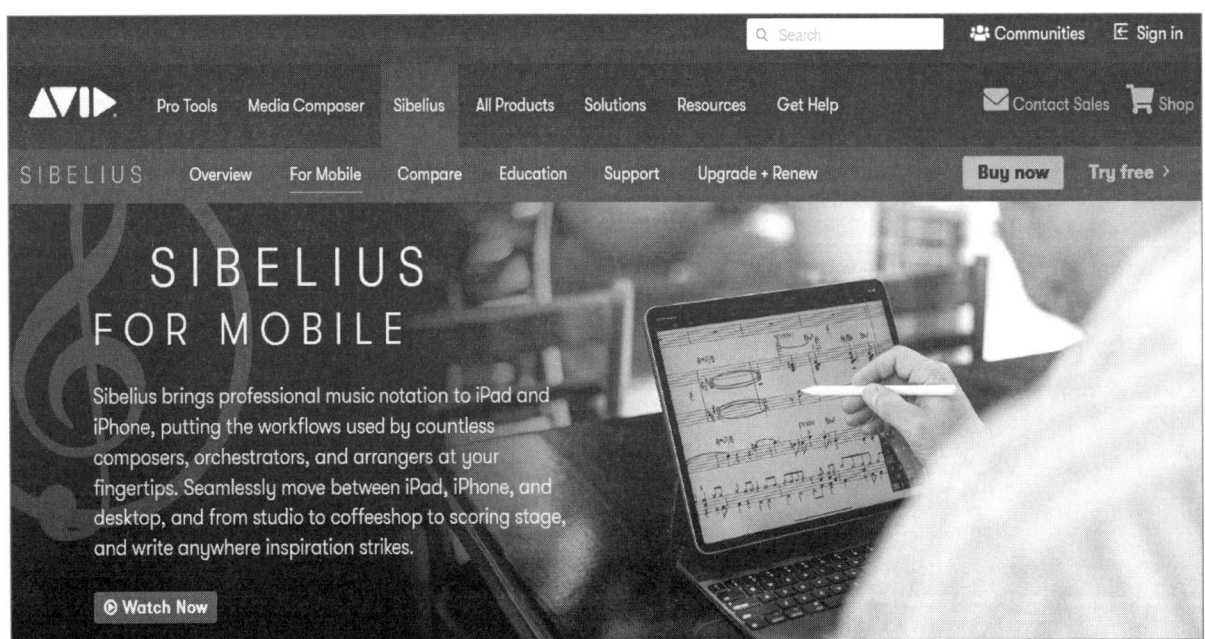

시벨리우스 공식 홈페이지 (www.avid.com/sibelius)

TIP 시벨리우스 정품 사용료 (1년 구독제 사용료)

Sibelius First	Sibelius Artist	Sibelius Ultimate
맛보기용 프로그램	최대 16개 보표(악기) 지원	보표(악기) 갯수 무제한 지원
무료	년 사용료 99달러	년 사용료 199달러 (학생 50% 할인)

둘 다 음악과 학생이었던 두 형제는 시벨리우스를 어셈블리어로 개발하였다. 원래는 손으로 악보를 기보하는 것이 귀찮아서 소프트웨어를 만들기로 했는데 그것이 지금의 시벨리우스 프로그램이 되었다. 두 형제가 시벨리우스라는 이름을 붙인 이유는 기억하지 못하는데 혹자는 두 형제의 성인 Finn이 핀란드를 뜻하므로 핀란드의 국민작곡가인 시벨리우스를 자연스럽게 연상했을 것이라고도 한다.

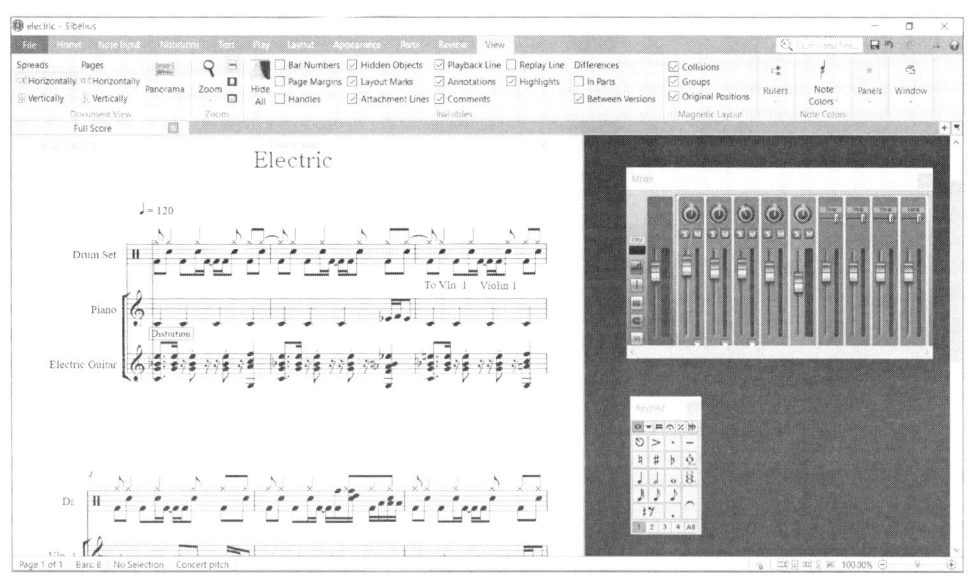

시벨리우스 2023의 실행화면

1993년 4월 시벨리우스가 첫 상용화되었을 때 이 소프트웨어는 3.5인치 플로피 디스크에 담겨있었고 구동을 하려면 1Mb의 메모리가 필요했다. 당시의 시벨리우스는 맥이나 IBM용이 아닌 영국의 학생들이 사용했던 Acorn 컴퓨터용 소프트웨어였고 이 점 때문에 영국, 아일랜드, 호주 등에서 큰 성공을 거두었지만 Acorn 컴퓨터를 사용하지 않는 다른 나라에서는 이름조차 알려지지 않았다.

시벨리우스는 1998년 9월 윈도우 운영체제용 버전을 발표하였고 몇 개월 뒤에는 맥용 버전을 발표

하였다. 새로 발표된 시벨리우스는 어셈블리어가 아닌 C++로 제작되었다. Acorn 컴퓨터용 시벨리우스는 버전 6. 7까지 발표되었는데 이를 윈도우용으로 다시 제작할 때도 같은 이름을 사용해 윈도우용 시벨리우스는 버전 6, 7부터 시작을 한다. 지금의 시벨리우스는 2018, 2020 등의 발표 연도를 버전명으로 사용하고 있다. 이 책에서 설명하는 버전은 2023년에 발표된 시벨리우스 2023 버전이다.

현재의 시벨리우스는 세계 약 100개국에 걸쳐 사용자를 확보하고 있으며 이들은 대개 음악교사, 작곡지망생, 프로작곡가, 싱어송라이터, 합창지휘자, 밴드연주자, 공연예술가, 대학교수, 음악출판사 등이 있다. 시벨리우스의 가장 큰 매력은 사용자를 지휘자로, 작곡자로, 연주자로 만든다는 점에 있다.

작곡자가 악보에 입력한 모든 심볼을 입력 즉시 해독해 연주하는 시벨리우스의 탁월한 연주 기능은 작곡자를 어느새 지휘자로 만들고, 지휘자를 어느새 작곡자로 만들고, 때로는 연주자로 착각하게 만들기도 한다.

CHAPTER 02 시벨리우스로 할 수 있는 음악 작업

시벨리우스 정품은 구매해 사용하는 것이 아니라 년 구독료 방식으로 사용할 수 있다. 16개 이하 보표로 음악 작업을 할 사람은 년 99달러, 16개 이상 보표로 음악을 작곡할 사람은 년 199달러의 구독료이면 정품을 사용할 수 있다. 년 구독료는 www.avid.com/sibelius 에서 신용카드나 현금카드로 결제한다. 여기서는 시벨리우스 2023의 특징과 시벨리우스로 할 수 있는 작업을 알아본다.

시벨리우스 2023을 처음 실행한 사람이라면 시퀀서 프로그램을 아주 잘 다루는 사람이라고 해도 정말이지 막막하기 그지없을 것이다. 시벨리우스 또한 시퀀서 프로그램의 하나이지만 '큐베이스'나 '로직 X'와 달리 순도 100%의 악보 위주로 작업해야 하기 때문이다. 하지만 걱정하지 말아라! 진정한 어드밴스 유저라 면 악보를 읽을 줄 몰라도, 조금만 눈에 익숙해지면, 작곡 작업을 시벨리우스로만 할 생각을 할 것이기 때문이다. 그 이유는 여러 가지가 있지만 가장 큰 이유는 음표를 현미경으로 들여다보듯 편집을 할 수 있는 프로그램은 시벨리우스가 유일하기 때문일 것이다. 현미경으로 보듯 음표를 탐색하는 그 기분은 작곡가가 아니면 알 수 없는 기분이다.

01 작곡 작업은 물론 미려한 악보 인쇄까지 올인원으로 처리

시벨리우스 2023은 전체 스코어(총보)에서 개별 악기 파트를 추출하는 방식을 넘어선 Dynamic Parts 기능을 제공하여 총보에서 파트보로, 파드보에서 총보로 신속하게 엑세스할 수 있다. 파트보에서 편집한 내용은 총보에서 자동 업데이트될 뿐 아니라 총보에서 편집한 내용도 각각의 악기 파트보에서 신속하게 업데이트된다. 악기의 교체가 능수능란하여 보표의 중간 마디에서도 새로운 악기를 연결하여 음색을 판단하고 멜로디의 문제점을 신속하게 파악할 수 있도록 하여 전문가 수준의 작곡 및 편곡을 가능하게 할 뿐 아니라 미려한 품질로 악보를 출력할 수 있게 해 준다.

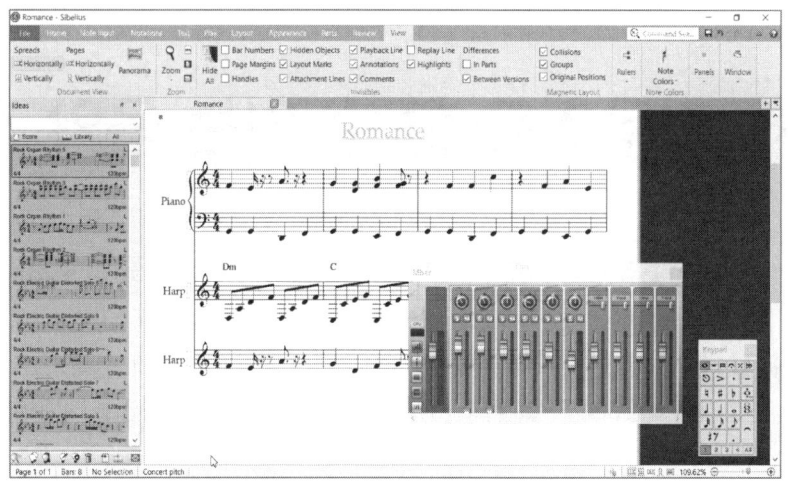

방금 떠오른 악상을 신속하게 저장할 수 있는 아이디어 패널

02 예술에 가까운 음악 기호 노테이션

시벨리우스 2023은 중세에서부터 현대에 이르기까지 수없이 많은 음악 기호를 예술적으로 입력할 수 있을 뿐 아니라 입력 즉시 플레이하여 어떤 효과의 음악 기호인지 바로 파악할 수 있게 만든다. 재즈음악의 조음을 표현하는 scoop, fall, doit, plop 등의 기호를 입력한 후 시벨리우스 번들의 재즈 악기를 연결하면 조음이 주는 악기 효과를 즉시 확인할 수 있다. 연주법을 지시하는 심볼을 삽입하면 악보가 해당 연주법으로 연주를 하기 때문에 연주 지망생들의 좋은 지침서가 된다.

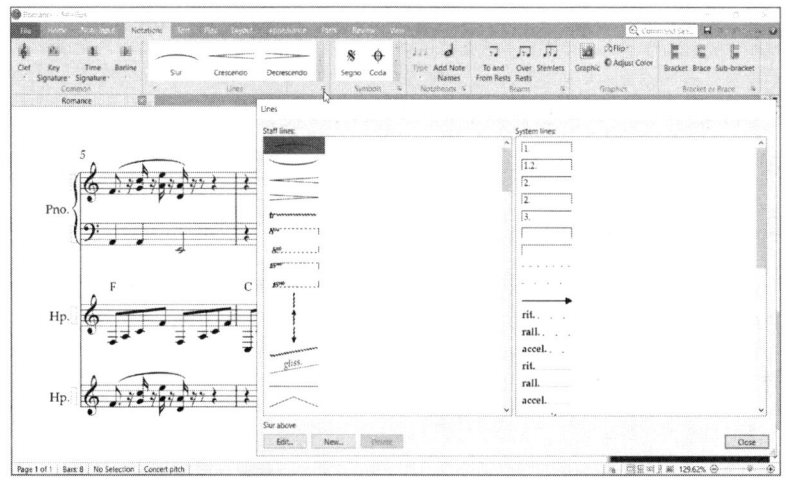

시벨리우스를 플레이할 때 인식되는 라인형 음악 심볼들

03 악기 내에서도 다이나믹 파트보 지원

시벨리우스 2023은 새롭게 동일 악기 내에서도 다이나믹 파트보를 지원한다. 예를 들어 2명의 호른 연주자를 위해 하나의 호른 보표에 결합 기보한 경우, 이 보표에 결합되어 있는 멜로디를 각 호른 연주자가 볼 수 있도록 2개의 호른 파트보로 전환하는 기능이 2023에서 추가되었다.

총보의 호른 보표에는 2명의 호른 연주자용 멜로디가 입력되어 있다. 이를 호른 파트보로 전환하면 호른 연주자용 호른 파트보가 된다. 호른 파트보에서도 2명의 호른 연주자를 위해 다시 파트보를 개별적으로 분리할 수 있는 기능이 2023년 버전에 생겼는데 이를 다이나믹 파트라고 한다. 일단 호른 파트보로 전환한 뒤 Home -> Filter 메뉴에서 Player 1 또는 Player 2를 선택한 후, Home -> Hide or Show 메뉴를 클릭하면 해당 연주자(Player 1, 2)용 멜로디만 파트보에서 보거나 감추어서 인쇄할 수 있다.

04 다양한 미디 파일 임포트 기능

시벨리우스는 이미 미디 임포트 기능을 대폭 향상시켰기 때문에 사용자는 외부에서 만든 MIDI 파일을 완벽한 악보로 빠르게 전환하면서 시벨리우스로 불러올 수 있다. 아울러 Pro Tools이나 큐베이스 같은 다른 DAW 프로그램에서 생성시킨 MIDI 파일을 완벽하게 분석한 뒤 시벨리우스에서 사용할 수 있도록 모든 적절한 표기법을 활용해 가져올 수 있다. 이로 인해 작곡가는 다른 프로그램에서 작업한 내용을 손실 없이 시벨리우스로 가져오기 때문에 별도로 악보를 정리하는 시간을 단축할 수 있다.

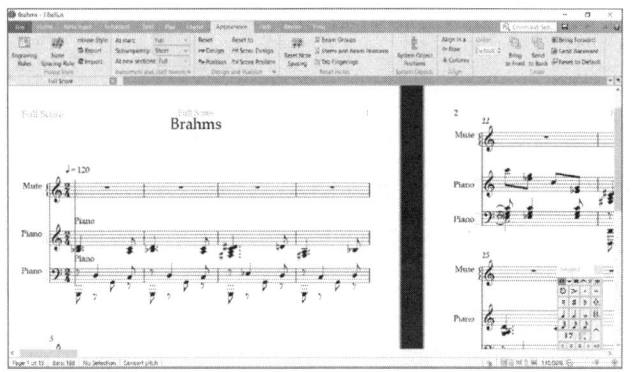

다양한 미디 파일을 손상 없이 가져오는 임포트 기능

05 쿼터톤(사분음) 작곡도 할 수 있는 시벨리우스

시퀀서 프로그램은 보통 온음이나 반음만 인식하는 반면 시벨리우스는 반음의 반음인 사분음(쿼터톤)을 구현할 수 있고 이를 연주할 수 있다. 시벨리우스가 사분음을 지원하므로서 악보를 기보하는 사람은 음의 미세한 변화를 기보할 수 있을 뿐 아니라 이를 플레이하면서 어떤 음이 들리는지 귀로 확인할 수 있다.

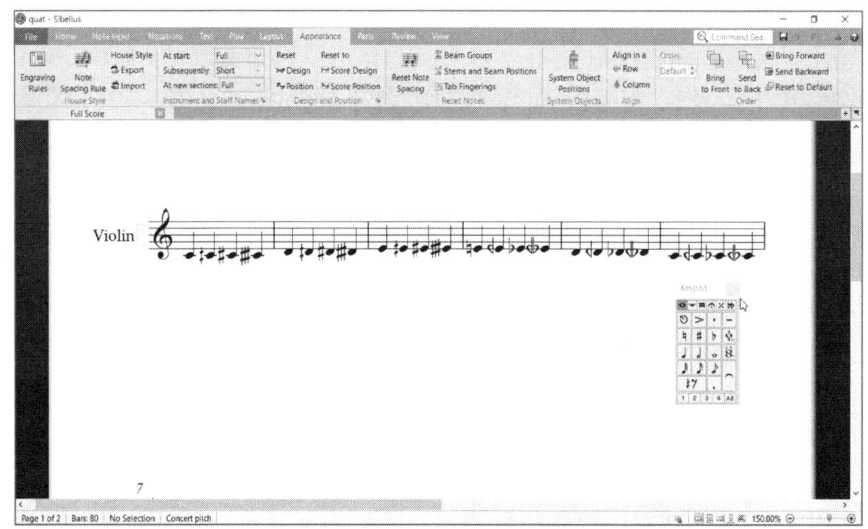

한 음이 올라갈 때 반음을 포함해 3단계 음을 넣을 수 있는 시벨리우스 2023

06 무료 사용하는 고품질의 내장 가상악기

시벨리우스에 내장된 Sibelius Sounds 가상악기는 새 버전이 아니라 이전 버전의 업그레이드 버전이다. 이 악기는 Avid Orchestra의 음원샘플을 기반으로 하여 만들어진 가상악기로서 이는 전문 사운드 디자이너와 유럽의 유명 오케스트라가 참여해 만든 고급 가상악기이다.

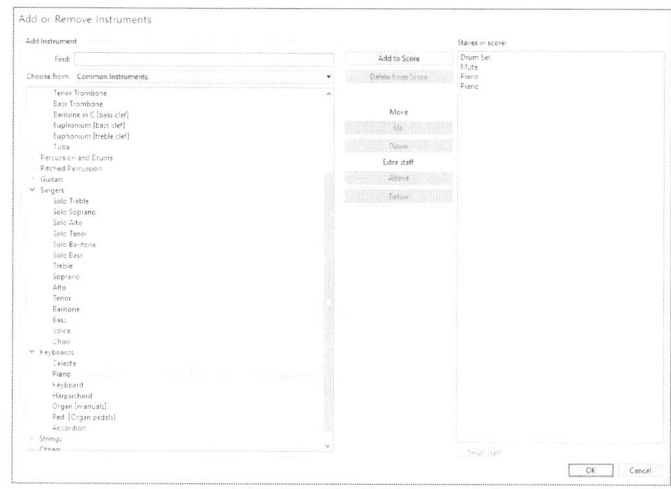

보통의 가상악기에서는 볼 수 없는 바그너 튜바, 바로크 트럼펫, 오보에 다모레, 알토 플룻, 헤켈폰, 리토폰같은 악기음이 수록되어 있을 뿐 아니라 이들 대부분이 고급 연주 기법인 레가토, 데다쉬, 스타카토, 테누토, 트릴 연주 기법이 같이 레코딩되어 사용자가 해당 심볼을 악보에 입력한 뒤 플레이시키면 그 즉시 그 효과를 들려준다. 뿐만 아니라 락, 팝, 드럼 등의 상업 음악용 음원샘플이 포함된 시벨리우스 번들용 가상악기의 설치용량은 약 40GB에 이른다.

시벨리우스 내장 가상악기의 악기들

07 미려한 악보 출력(Engraving Rules, 조판 규칙)

시벨리우스의 악보 인쇄 기능은 하우스 스타일을 지원, 완성된 악보를 대상으로 고전적인 악보에서부터 현대적인 악보까지 모양 변경을 원터치로 할 수 있다. 자신이 좋아하는 글꼴의 변경, 음표 사이의 간격 설정, 심볼들이 삽입될 위치를 조판 규칙으로 조절한 후 하우스 스타일로 관리하면 나중에 원터치로 악보의 생김새에 변화를 줄 수 있다. 작곡가는 용도에 맞게 다른 모양, 다른 글꼴, 다른 스타일의 악보를 신속하게 출력할 수 있다.

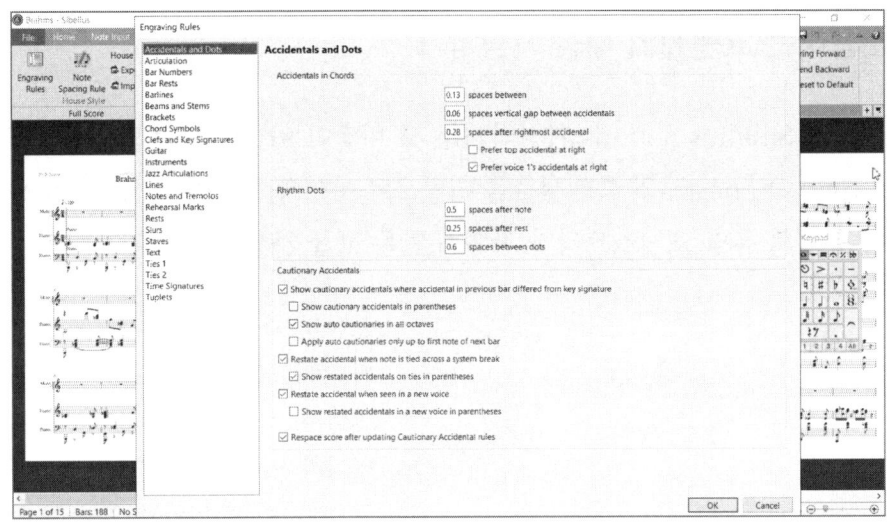

시벨리우스의 악보 스타일을 변경하는 조판 규칙 설정 옵션

08 마스터 건반으로 음표를 입력하는 리얼 입력

사용자는 시벨리우스의 독창적인 Flex-time 기능을 사용해 마스터 건반을 연주하는 방식으로 음표를 악보에 입력할 수 있다. 연주자가 연주한대로 입력되는 음표는 다양한 방법의 수정 및 편집 작업을 거친 뒤 ReWire 기반 오디오카드를 통해 다른 오디오 소프트웨어는 물론 Pro Tools과도 연동할 수 있고, 악보를 DAW 프로그램과 같은 방식으로 레코딩하여 고품질 오디오를 만들 수 있다. 기존의 시퀀서 사용자들은 자신이 사용하는 Pro Tools이나 큐베이스, 소나, 로직 프로와 시벨리우스를 연동하여 작업할 수 있다. 오디오카드가 없는 사용자들은 Asio4All을 설치해 악보를 가상악기로 출력할 수 있고 믹스다운하여 오디오 클립을 만들 수 있다.

09 음악 선생님을 위한 음악교재 제작 기능

시벨리우스 2023은 선생님을 위한 음악교재 제작 기능을 내장하여 몇 개의 카테고리를 마우스 클릭으로 선택하면 바로 여러 쪽의 음악시험지, 음악교재지, 음악연습지, 음악포스터, 음악 시청각 테스트는 물론 세계의 유명 시가 수록된 음악교재와 악보를 만들 수 있다. 시벨리우스의 음악교재는 유아 교육용부터 대학초급 난이도까지 제작할 수 있고 멀티미디어 기능을 지원 컴퓨터에서 실행하면 사운드를 들려주면서 시험문제를 내고, 시험문제에 답변도 모니터를 통해 송출할 수 있다.

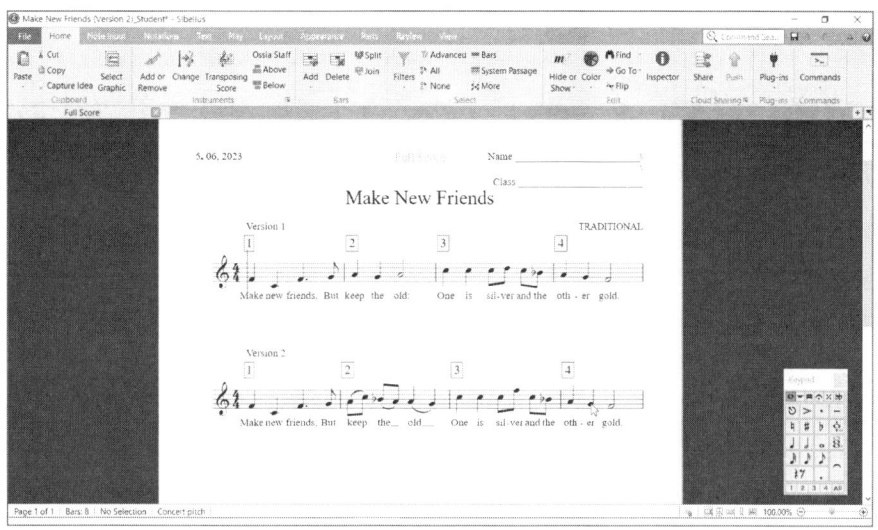

File -> Teaching 메뉴로 제작하는 음악 교재

10 웹페이지, 모바일 악보 페이지 제작

작업 중인 악보와 똑같은 모양의 웹페이지와 모바일 페이지를 만들어 홈페이지 또는 아이패드에 삽입할 수 있다. 이렇게 만든 웹페이지에는 음악 컨트롤바가 생성되어 악보를 인터넷 창에서 플레이할 수 있게 해 준다.

CHAPTER 03 시벨리우스 오디오 사용 환경 설정하기

시벨리우스 역시 다른 시퀀서 프로그램처럼 오디오카드를 사용해 작업해야 한다. 특히 시벨리우스의 엄선된 내장 가상악기를 사용하려면 오디오카드의 사용이 필수일 것이다. 참고로, 오디오카드를 이미 사용하고 있는 사용자는 기존의 오디오카드 드라이버가 시벨리우스에서 인식되므로 별도의 인식 작업이 필요하지 않다. 또한 USB 연결형 마스터건반을 사용하는 사용자는 마스터건반이 시벨리우스에서 자동 인식되므로 별도의 설정 과정이 필요 없다.

01 사운드카드 사용자를 위한 오디오 설정 - Asio4All 설치하기

오디오카드 없이 사운드카드로 음악작업을 하는 사용자는 Asio4All이라는 프로그램을 설치해야만 시벨리우스의 내장 가상악기인 'Sibelius Sounds'를 사용할 수 있다. 따라서 오디오카드가 없는 사용자들은 반드시 지금부터 설명하는 Asio4All 드라이버를 설치해 보자.

인터넷 www.asio4all.org 사이트에서 최신 버전이 아닌 2.14 버전의 Asio4Al1 드라이버를 다운로드한다.

만일 오디오카드를 소유한 사용자라면 Asio4All 대신 해당 오디오카드의 전용 드라이버를 설치하면 된다.

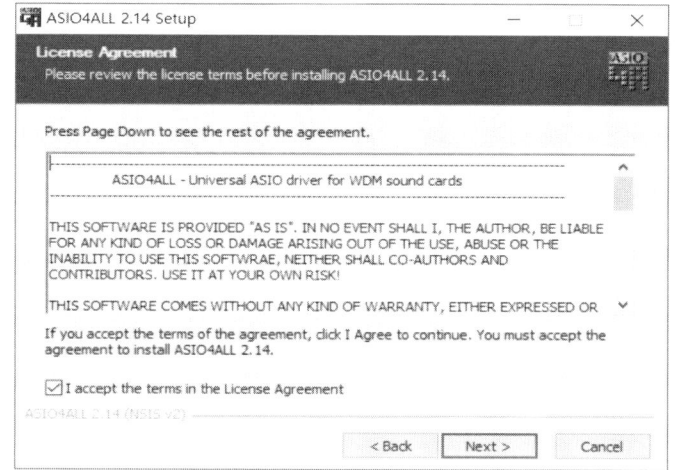

다운로드한 Asio4Al 드라이버를 더블클릭하면 대화상자가 실행된다. 먼저 '프로그램 저작권 사용'에 체크 표시를 한 뒤 Next 버튼을 클릭한다.
오디오카드 드라이버를 설치할 경우에는 옆 그림과 내용이 다를 수도 있다.

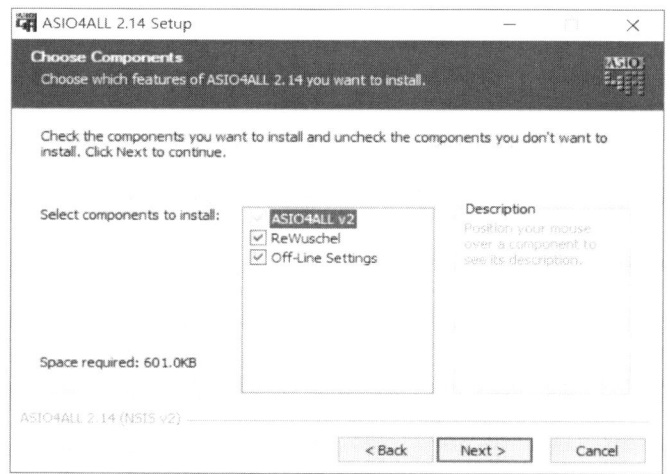

설치할 요소를 선택한다. 기본값 그대로 설치하지 않고 전부 체크 표시를 한 상태에서 설치한다.
(최신 버전의 경우 Off-line Settings 옵션이 없으므로 반드시 2.14 버전을 설치해야 한다.)
오디오카드 드라이버를 설치할 경우에는 옆 그림과 내용이 다르다.

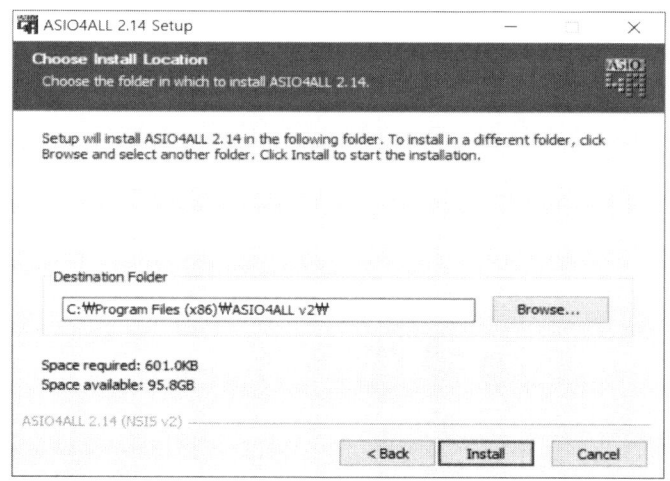

설치할 폴더를 지정한다. 기본값 그대로 두고 Next 버튼을 클릭한 뒤 설치를 시작한다.

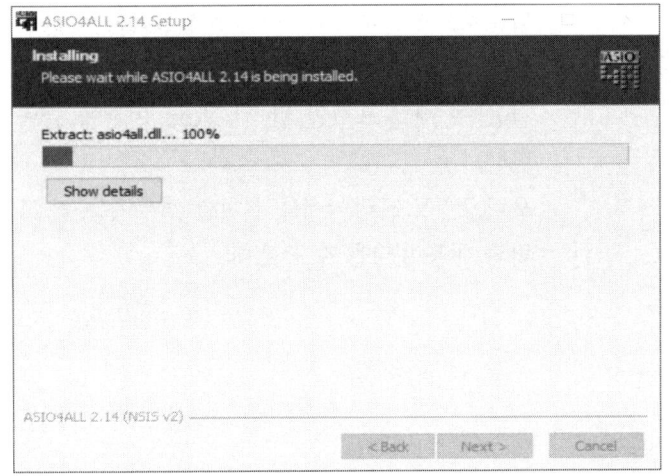

설치가 끝나면 OK 버튼을 눌러 대화상자를 닫는다.

이제, 추가 작업 필요없이 시벨리우스에서 가상악기를 사용할 수 있는 상태가 된다.

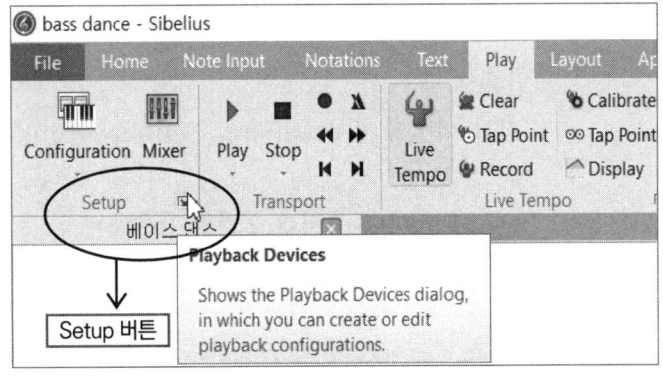

이후 시벨리우스를 실행한 뒤 음표를 입력할 때 사운드가 들리지 않으면 아래 상황을 체크해 본다.

먼저 시벨리우스의 Play -> Configuration 메뉴 하단의 Setup 버튼을 클릭한다.

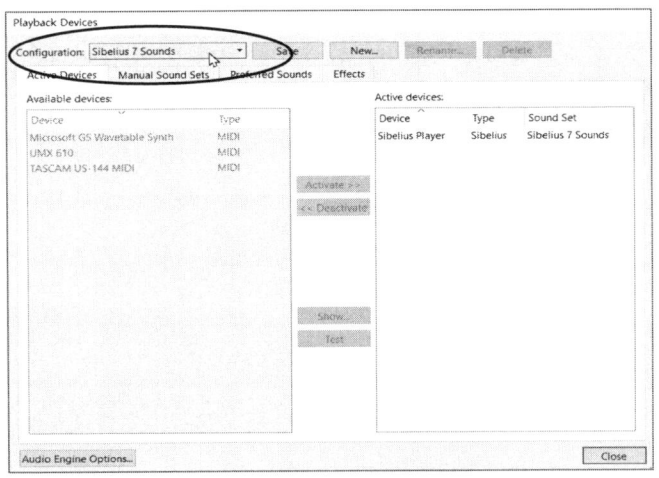

Configuration 옵션에 Sibelius Sounds 가상악기가 선택된 상태인가 확인해 본다. 일반적으로 Asio4all을 설치한 뒤 시벨리우스를 실행하면 Asio4all 드라이버가 자동 인식되므로, 시벨리우스는 내장 가상악기인 Sibelius Sounds을 사용하는 상태가 된다.

그러나 Sibelius Sounds 가상악기가 선택된 상태가 아니라면 해당 부분을 클릭해 Sibelius Sounds를 선택한다.

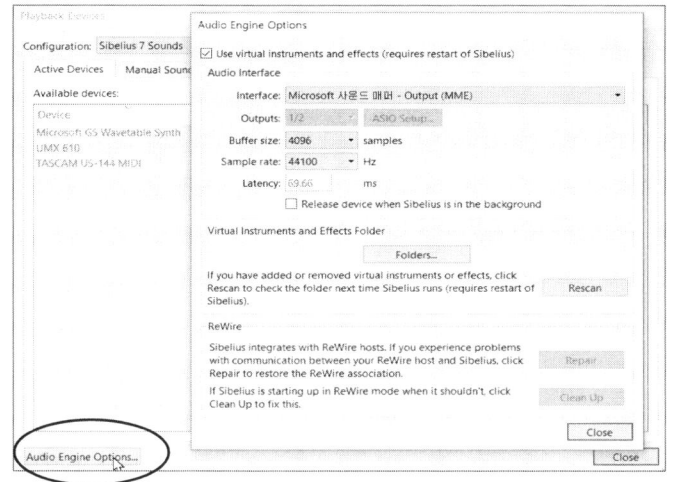

만일 Sibelius Sounds 가상악기가 아예 없다면 Asio4all 드라이버가 인식이 되지 않은 것이므로 Audio Engine Options 버튼을 클릭해 Asio4all 드라이버를 선택할 수 있는 대화상자를 실행한다.

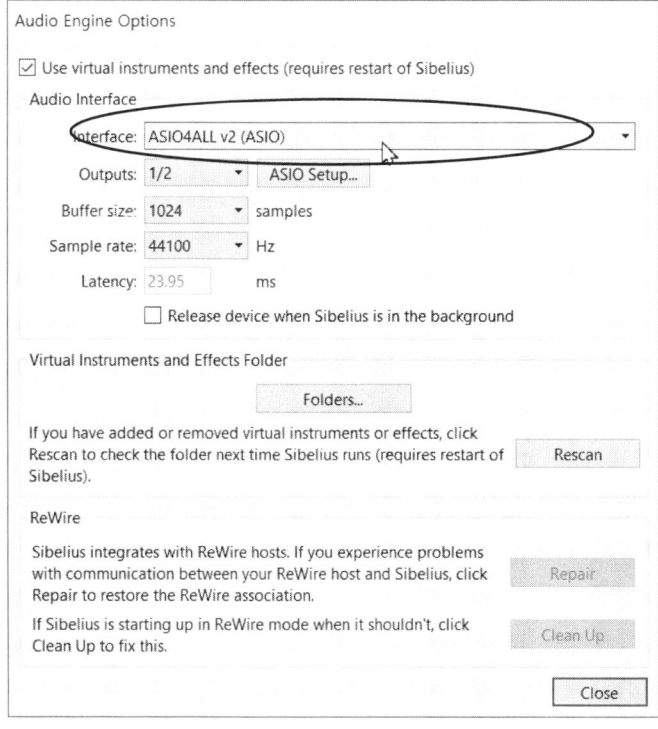

Interface 옵션에 Asio4all 드라이버가 선택된 상태인지 확인한다. 오디오카드 사용자는 오디오카드 전용 드라이버를 설치하면 해당 Asio 드라이버가 선택되어 있을 것이므로 그 드라이버를 사용하면 된다.

Asio4all 드라이버가 선택되지 않은 상태이면 Interface 옵션을 클릭해 팝업메뉴에서 사용할 수 있는 Asio 드라이버의 목록을 확인한다. 앞에서 Asio4all 드라이버를 정상적으로 설치한 경우에는 Asio4all 드라이버가 보일 것이다. 해당 드라이버를 선택한 뒤 대화상자를 닫고 시벨리우스를 재실행하면 시벨리우스에서 내장 가상악기를 사용할 수 있는 상태가 된다.

팝업메뉴에서 보이는 드라이버 이름 중에서 Asio라는 글자를 가진 드라이버는 아무거나 사용해도 상관없다. 나중에 가상악기 음이 조금 밀리거나(레이턴시가 높을 경우) 사운드에 이상 현상이 발생할 때는 이곳에서 다른 Asio 드라이버로 교체하되, 가장 레이턴시 성능이 잘 나오는 드라이버(음이 안 밀리는 드라이버)를 선택하면 된다.

02 새 악보 불러오기와 만들 수 있는 악보 양식의 종류

시벨리우스 전용 가상악기는 시벨리우스 정품 구매자 에게 무료 제공하는 약 26Gb의 가상악기 파일인데 2023년 현재 Sibelius Sounds 7.5 버전이 최신 버전이다. 이 가상악기 파일을 정상 설치했다고 가정하고 지금부터 새 악보 양식을 불러오는 방법을 알아본다. 가상악기 파일을 설치하지 않아도 사운드는 들리지만 옛날 전자오락기 비슷한 악기음이 들릴 것이다.

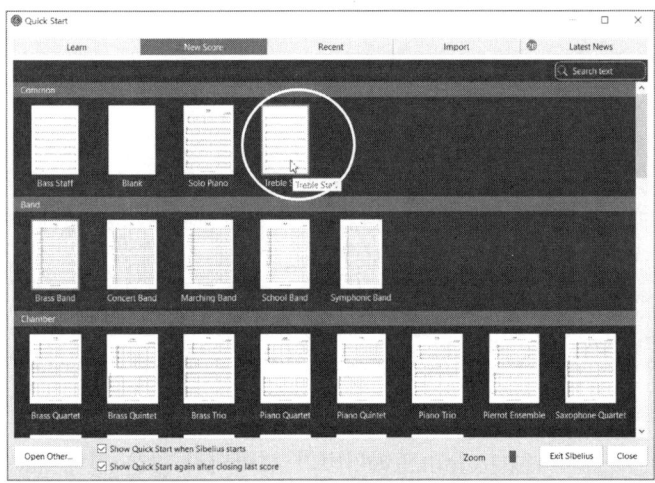

시벨리우스 프로그램을 처음 실행하면 그림처럼 퀵 스타트 대화상자가 실행된다.
New Score 탭을 클릭하면 작업할 수 있는 악보 양식을 선택할 수 있는데 이처럼 미리 만들어놓은 악보 양식을 템플릿 악보라고 말한다.
제일 상단의 Treble 악보 템플릿은 높은음자리 보표가 1개 삽입된 악보를 말한다. 보통의 음악 작업을 할 때 일반적으로 선택하는 악보 양식이다.

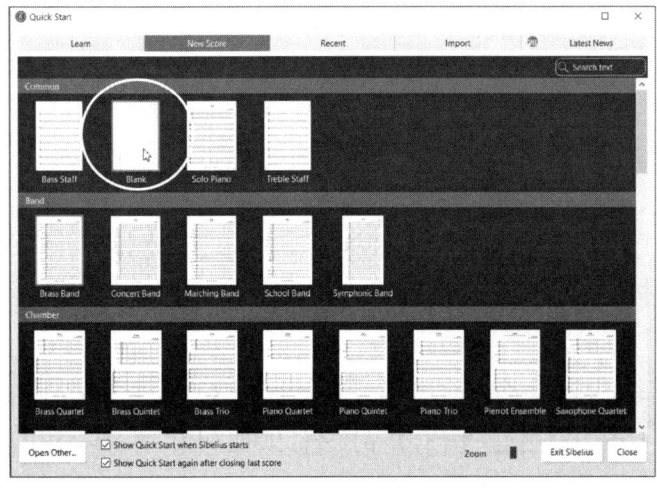

Blank 악보는 보표가 삽입되지 않은 공백 악보 즉 비어있는 악보이다. 음악 작업을 할 때 자신이 원하는 개수만큼 보표를 수동 삽입하려면 이 빈 악보를 생성시키는 것이 좋다.

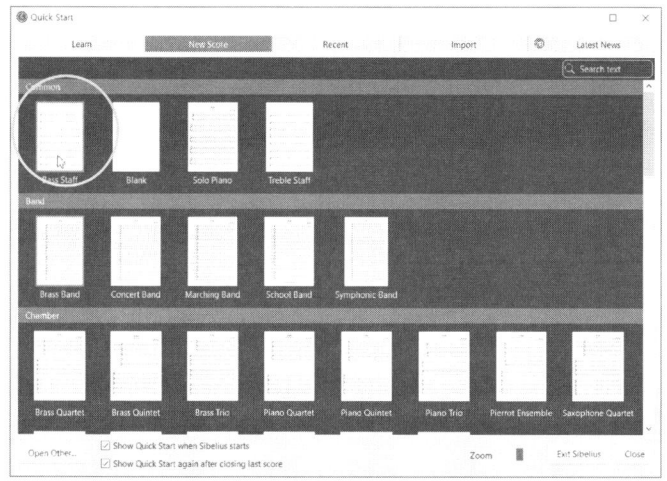

Bass 악보는 낮은음자리 보표가 1개 삽입된 악보를 말한다. 일반적으로 낮음 음 악기를 연결해 작업할 때 이 악보 양식을 선택해 작업한다.

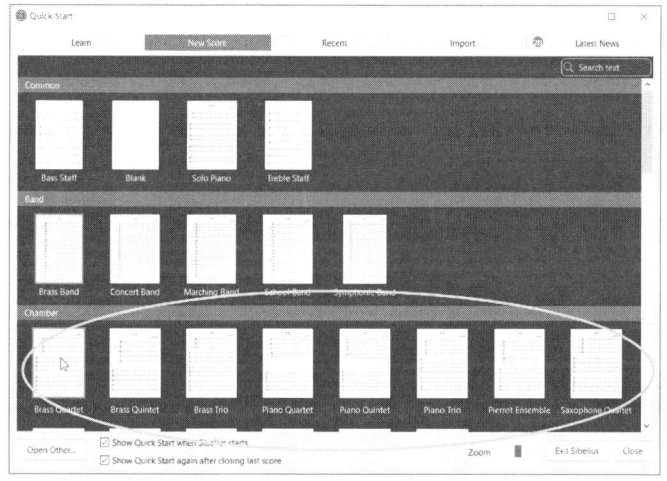

뮤지션이 사용할 수 있는 악보 양식이 카테고리 별로 정리되어 있다. 예를 들어 3번째 줄인 Chamber Groups 카테고리는 실내악 음악을 작곡할 때 사용할 수 있는 악보 양식들이 모여 있다.

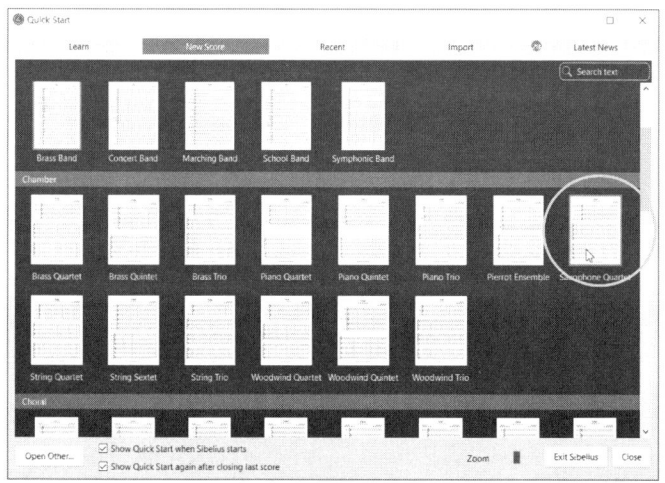

Chamber Groups 카테고리의 Sexophone Quartet 악보는 색소폰 4중주 악보 작업을 할 때 선택한다.
이 악보 양식에는 소프라노, 알토, 테너, 바리톤 색소폰 악기 4개를 연결할 수 있도록 4개의 보표를 미리 삽입한 악보이다.

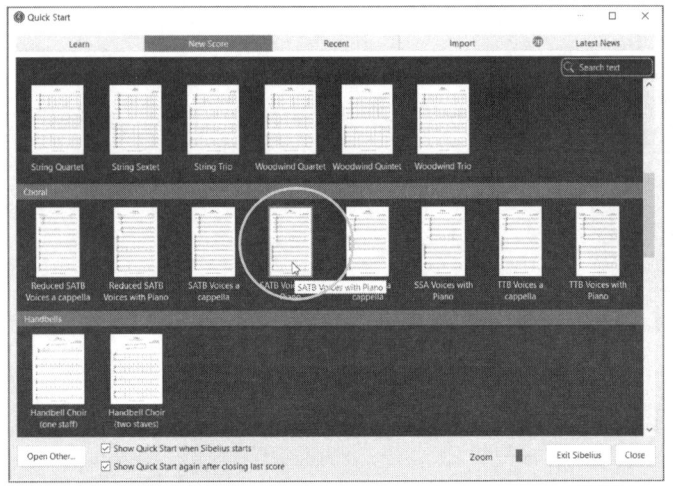

4번째 카테고리는 Choral and Song 카테고리로서 합창단 악보 양식이 모여 있다.

예를 들어 SATB Voices With Piano 악보는 소프타노, 알토, 테너, 바리톤 합창단용 보표와 피아노 반주 보표가 같이 있는 악보이다.

생성된 악보는 소프타노, 알토, 테너, 바리톤 멜로디를 입력할 수 있는 4개의 보표와 양손 피아노용 큰 보표가 삽입된 악보이다.

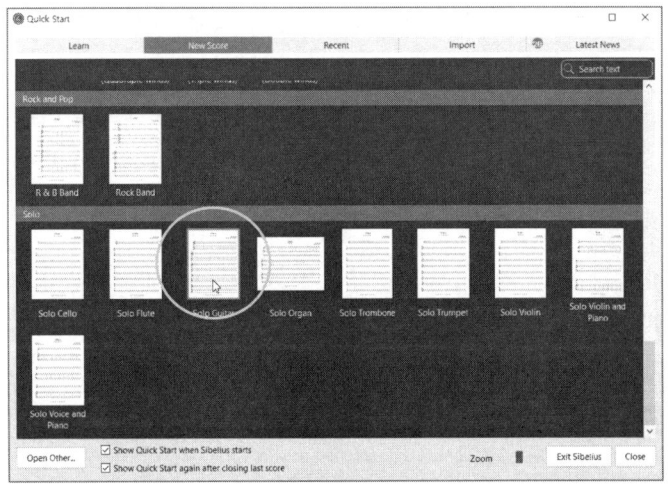

작업창 제일 하단으로 이동하면 Solo 카테고리가 있다.

Solo 카테고리의 Solo Guitar + TAB 악보이다. 기타용 음표를 입력할 수 있도록 1개의 높은음자리 보표와 1개의 TAB 보표가 삽입된 악보이다.

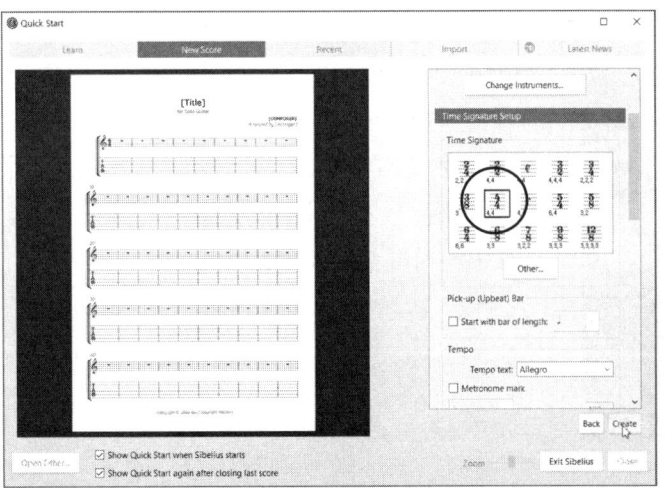

앞에서 원하는 악보 양식을 선택하면 그 다음 창에서 악기 선택 작업, 박자표 설정 작업, 템포 설정 작업을 할 수 있는 대화상자가 실행된다. 각각의 설정을 한 뒤 Create 버튼을 클릭하면 해당 악보가 만들어진다.

(악기 선택 작업은 빈 악보를 불러올 때만 나타난다. 나머지 악보들은 미리 해당 보표가 사용하는 악기가 자동으로 연결된 상태이다.)

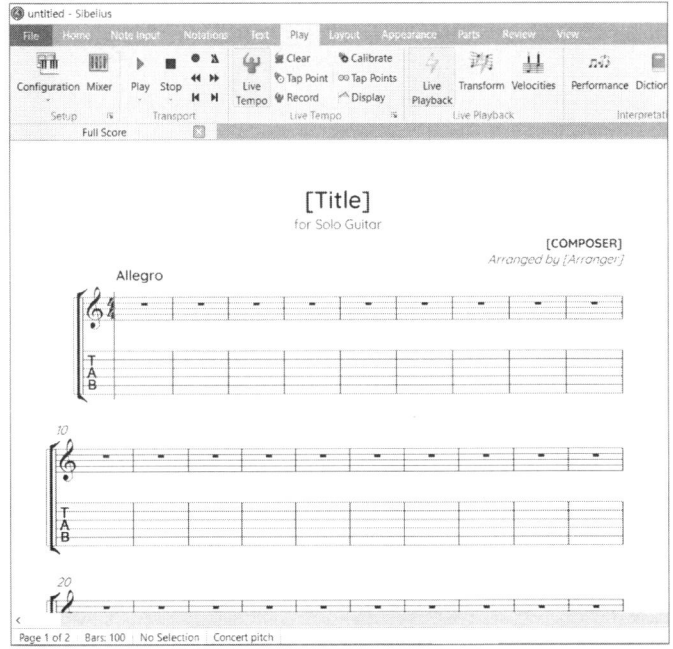

여기서는 Guitar + TAB 악보 양식을 불러온 모습이다. 기타 연주곡을 작곡할 수 있다.

이후 작곡을 마무리한 뒤에는 File -> Save As 메뉴를 실행해 악보를 원하는 이름으로 저장하면 된다.

| 참고 | 악보에서 볼 수 있는 기본 악보 용어들 |

- 스태프(Staff) : 보표. 하나의 단일 보표를 말한다. 오선이 그려져 있고, 마디들이 곡이 끝날 때 까지 이어진다.
- 스타브(Stave) : 보표. Staff의 복수형이지만 하나의 단일 보표를 말한다. 일반적으로 큰 보표로 묶여있는 그룹 보표에서 하나의 단일 보표를 가리킬 때 사용한다.
- 큰 보표(Grand Staff) : 높은음, 낮은음보표가 그룹을 이룬 보표를 말한다.
- 시스템(System) : 길이가 긴 보표나 큰 보표, 그룹을 이룬 보표가 페이지를 넘어가면 악보상의 배열을 위해 자동으로 나누어져 아래쪽에 배치되거나 옆 페이지로 넘어가는데 이때 나누어진 그룹들을 제각기 하나의 시스템이라고 부른다. 단일 보표일 경우 1페이지에서 보통 8개로 나누어져 배열되기 때문에 시스템의 개수는 8개이다. 큰 보표일 경우 1페이지에서 보통 3개나 4개로 나뉘어 배열되기 때문에 시스템의 개수는 3개이거나 4개이다.
- 바(Bar) : 마디를 말한다.
- 바라인(Barline) : 마디선을 말한다.
- 파트(Part) : 여러 악기를 사용하는 악보에서 각각의 악기 파트를 말한다.
- 총보(Full Score) : 여러 악기의 악보를 하나의 악보에 모아놓은 악보이다. 파트보를 모아놓은 악보.
- 파트보 : 여러 악기 파트로 된 연주곡에서 각각의 악기 연주자들이 보는 해당 악기용 악보이다.
- 성부(Voice)악보 : 여러 악기파트 또는 여러 성악파트를 한 줄의 보표에 집어넣어 표기한 악보. 파트북이라고도 한다.
- 노트(Note) : 음표를 말한다.
- 스템(Stem) : 음표의 줄기(콩나물 대)를 말한다.
- 헤드(Head) : 음표의 머리(콩나물 머리)를 말한다.
- 잇단음표(Tuplet) : 빔 모양의 음표이지만 반드시 위에 숫자가 있다.
- 빔(Beam) : 빔 모양의 음표. 잇단음표와 비슷하지만 음표 위에 숫자가 없다. 빔은 어떤 목적하에 입력하는 것이 아니라 꼬리를 일일이 그리는 것이 귀찮아서 생겨난 음표이다. 그냥 표기하기가 빠르기 때문에 사용한다.
- 타이(Tie) : 붙임줄, 이웃한 같은 음정의 음끼리만 붙일 수 있다. 한 음처럼 붙여서 연주하라는 뜻이다.
- 슬러(Slur) : 이음줄, 떨어져있는 다른 음정의 음에도 연결할 수 있다. 연결된 부분까지 부드럽게 이어서 연주하라는 뜻이다.
- 익스프레션 마크(Expression Mark) : 발상기호, 나타냄말, 연주표. 속도를 지시하거나 음악 표현법을 지시한다. 아티큘레이션(Articulation)이나 다이나믹 마크(Dynamic Mark)도 큰 범주에서는 익스프레션 마크에 속한다.
- 아티큘레이션(Articulation) : 연주주법을 지시하는 심볼들이 포함된다.
- 다이나믹 마크(Dynamic Mark) : ppp, fff 등의 셈여림을 나타내는 심볼들이 포함된다.

참고 │ 스태프(Staff), 스타브(Stave), 시스템(System)

악보에서 스태프(Staff), 스타브(Stave), 시스템(System)은 다음과 같은 의미가 있다.

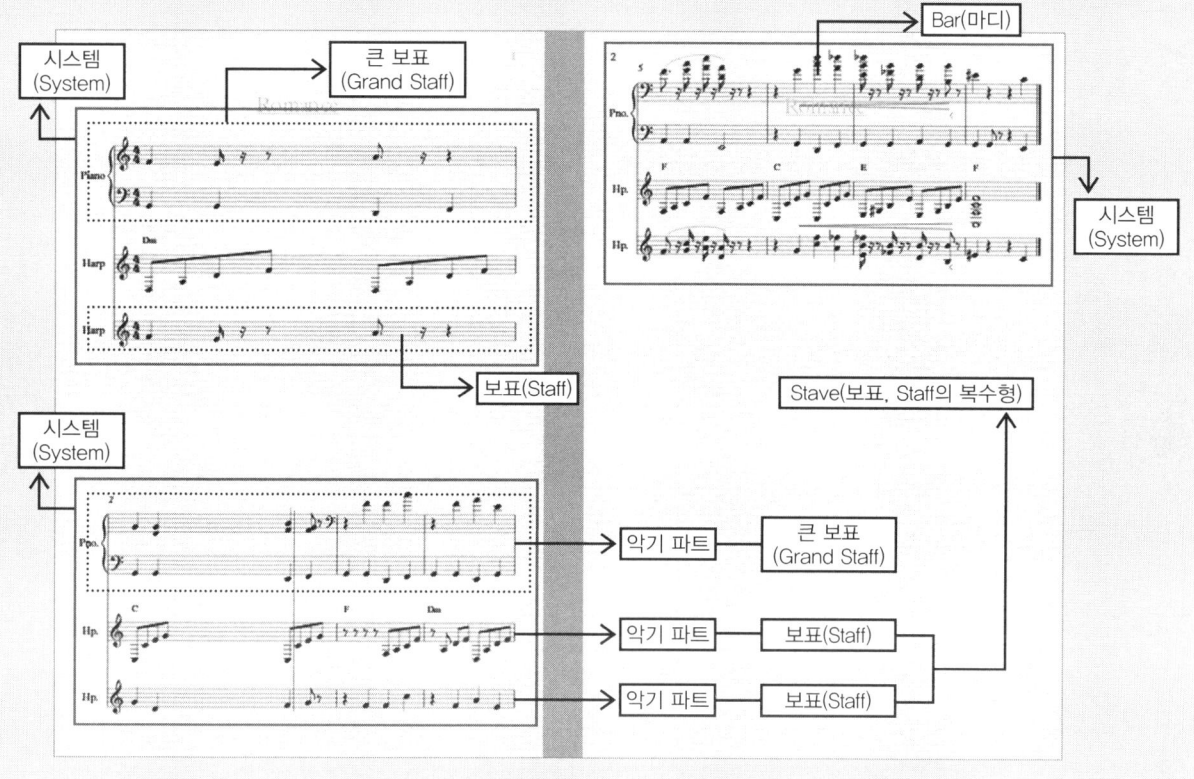

1. 보표(Staff) : 하나의 오선지 줄을 말한다. 하나의 보표는 곡이 끝나는 지점까지 계속 이어진다.
2. 큰 보표 : 보표의 시작 부분이 브라켓(Bracket)으로 연결된 [높은음자리+낮은음자리] 형태의 보표를 말한다.
3. 시스템 : 길이가 긴 보표나 큰 보표, 그룹을 이룬 보표가 페이지를 넘어가면 악보상의 배열을 위해 자동으로 나누어져 아래쪽에 배치되거나 옆 페이지로 넘어가는데 이때 나누어진 그룹들을 제각기 하나의 시스템이라고 부른다. 단일 보표일 경우 1페이지에서 보통 8개로 나누어져 배열되기 때문에 시스템의 개수는 8개이다. 큰 보표일 경우 1페이지에서 보통 3개나 4개로 나뉘어 배열되기 때문에 시스템의 개수는 3개이거나 4개이다. 보표의 시작 부분이 세로 선으로 연결된 보표들은 그룹을 이룬 보표로서 자동으로 나누어져 아래쪽에 배치될 경우 각각의 나누어진 부분이 하나의 시스템이다. 위 악보의 경우 시스템의 개수는 3개이다.
4. 스타브(Stave) : 보표(Staff)와 같은 뜻이지만, 보통 Staff의 복수형으로 사용되므로, 일반적으로 2개 이상의 Staff를 가리킬 때 스타브라고 하거나, 시스템이나 큰 보표로 묶어진 스태프를 가리킬 때 사용하기도 한다.

Part 2

시벨리우스 2023 기초 조작법 공부하기

CHAPTER 01 시벨리우스 2023의 기본 기능 익히기

시벨리우스 2023의 사용법을 본격적으로 공부하기에 앞서 시벨리우스의 가장 기초가 되는 기초조작법을 공부해 본다.

01 새 악보를 만든 뒤, 악기 연결하고, 음표 입력하는 방법

새 악보를 만들면서 박자 설정법, 음자리표 설정법, 악기 연결법, 보표 길이 조절법, 음표 입력법을 알아본다.

시벨리우스 실행 아이콘을 클릭해 프로그램을 실행한다.

시벨리우스를 맨 처음 실행하면 '퀵 스타트' 대화상자가 나타난다. 작업할 악보를 생성시키거나, 이전에 저장한 악보 파일(*.sib)을 불러오는 기능이다.

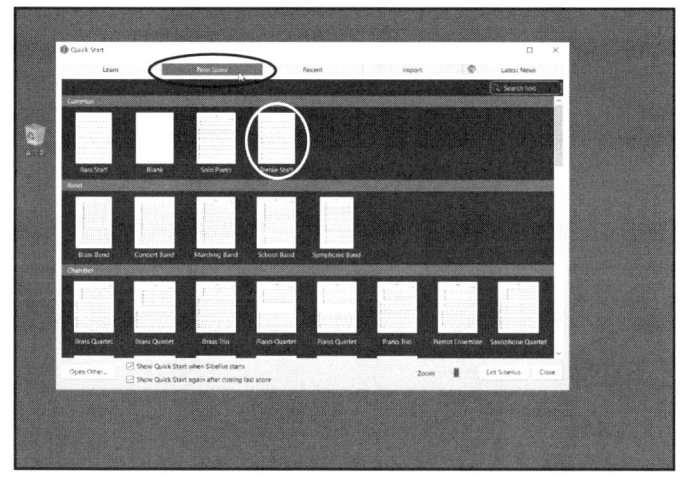

New Score 탭에서 여러 가지 악보 템플릿이 보이는데 여기서 기본 악보인 Treble staff 템플릿을 '클릭'해 선택한다. Treble Staff 악보는 높은음자리표 보표가 있는 일반적인 악보이다.

만일 '더블클릭'을 하면 박자, 템포, 악기 설정 작업을 건너뛰고 다음 화면으로 넘어가므로 더블클릭 대신 '클릭'을 해야 한다.

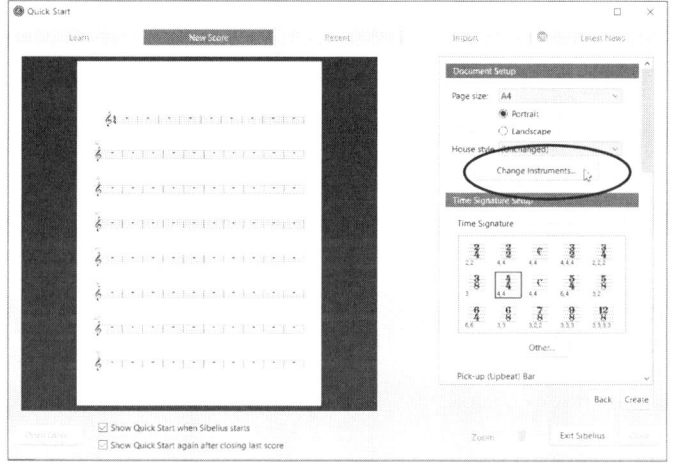

앞에서 Treble staff 템플릿을 클릭하면 박자, 템포, 악기 설정을 할 수 있는 다음 대화상자가 이어진다.

Treble staff 템플릿은 1개의 높은음자리 보표가 삽입된 악보로서, 그 보표에는 이미 피아노 악기가 연결된 상태이지만 악기를 변경할 수 있다. 만일 악기를 변경하거나 추가하려면 Change Instrument 버튼을 클릭한다.

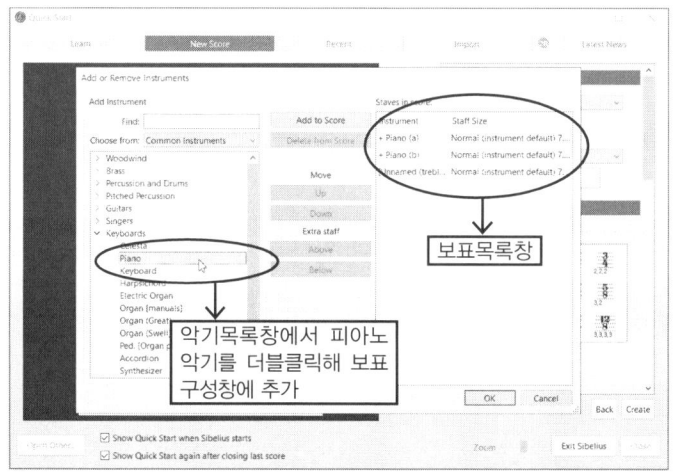

왼쪽 악기목록창에서 사용할 악기로 Piano 악기를 더블클릭하면 오른쪽 보표 구성창에 해당 악기를 사용한 보표가 추가된다.

이때, 피아노악기는 기본적으로 큰 보표로 생성되기 때문에 높은음자리보표(Piano a)와 낮은음자리보표(Piano b)로 추가된다.

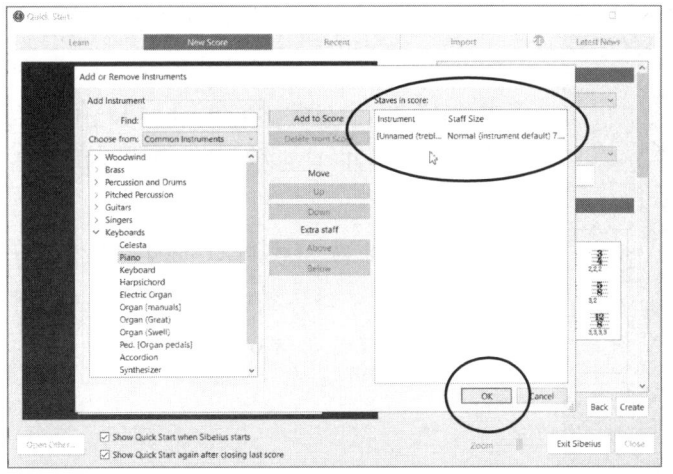

만약 구성한 보표 중에서 어느 하나를 삭제하려면 보표목록창에서 삭제할 보표를 더블클릭한다.

여기서는 방금 추가한 피아노 보표 Piano a와 Piano b를 더블클릭하여 삭제한다.

보표목록창에는 원래 있었던 보표 1개 (Unnamed treble staff)만 남겨놓은 뒤 OK 버튼을 눌러 적용한다.

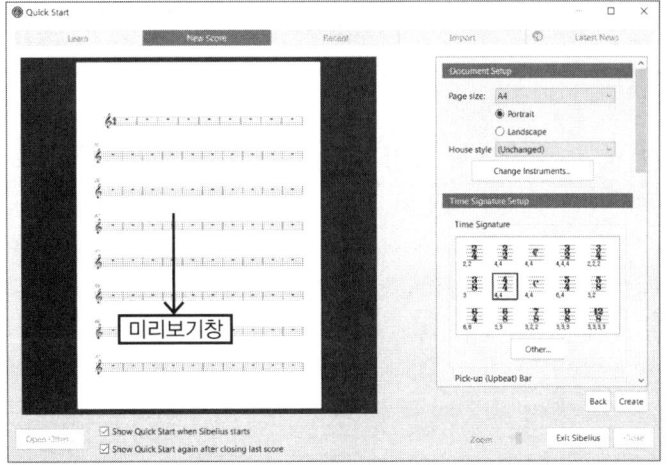

현재 만들고 있는 보표 구성은 미리보기창을 통해 확인할 수 있다.

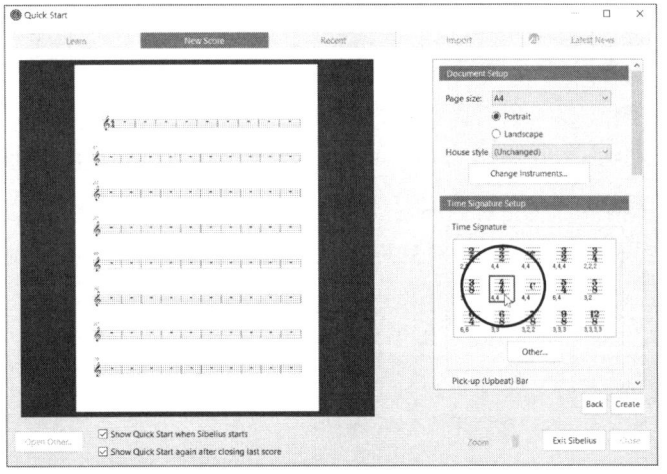

악보에서 사용하게 될 박자표를 선택한다. 박자표를 지정하지 않으면 보표에는 박자표가 표시되지 않으며, 박자표 표시가 없는 악보는 일반적으로 기본 박자인 4/4박자를 사용하는 악보이다.

여기서는 자신이 원하는 박자표를 선택하되 기본값인 4/4박자표를 클릭해 선택했다.

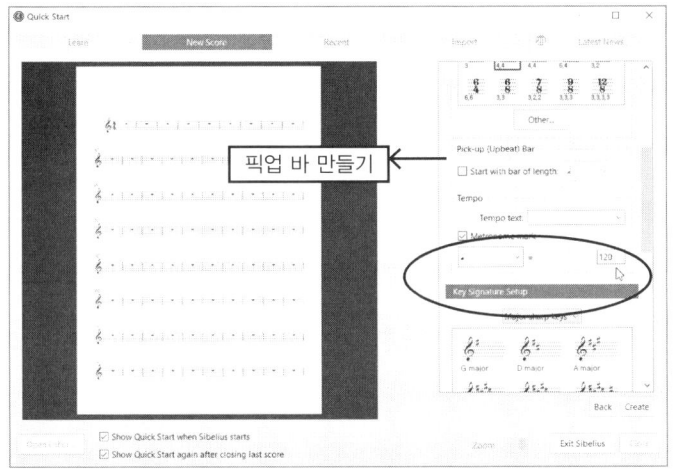

대화상자 오른쪽의 스크롤바를 아래로 내리면 '픽업 바 만들기' 옵션과 '템포' 옵션이 보인다. 픽업 바는 보표 시작 부분에 여린박 소절을 임의대로 삽입하는 기능으로서 첫 소절을 여리게 부르는 노래를 만들 때 체크하되 여기서는 체크하지 않는다.

곡의 템포는 'Allegro'처럼 글자 형식으로 입력하거나 '♩=120'처럼 메트로놈 마크로 입력할 수 있다. 여기서는 Metronome Mark 옵션에 체크한 뒤 4분 음표를 선택하고 일반적인 노래 템포인 120이라고 입력했다.

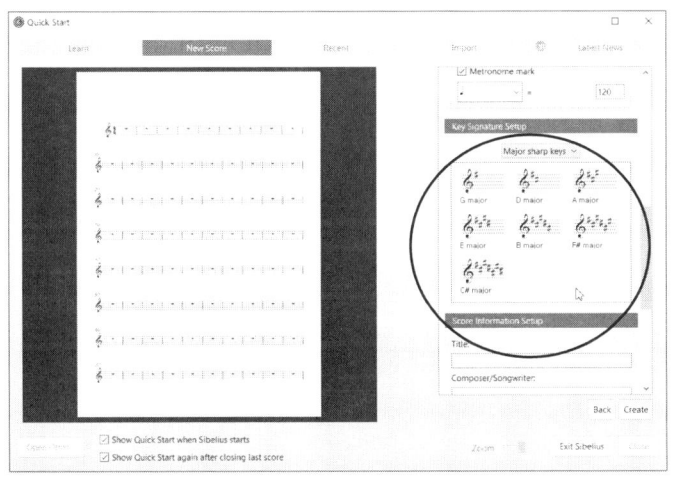

대화상자 오른쪽의 스크롤바를 아래로 내린다. Key 탭에서 원하는 조표를 선택한다. 아무것도 선택하지 않으면 기본값인 C장조 조표를 가진 보표가 만들어진다.

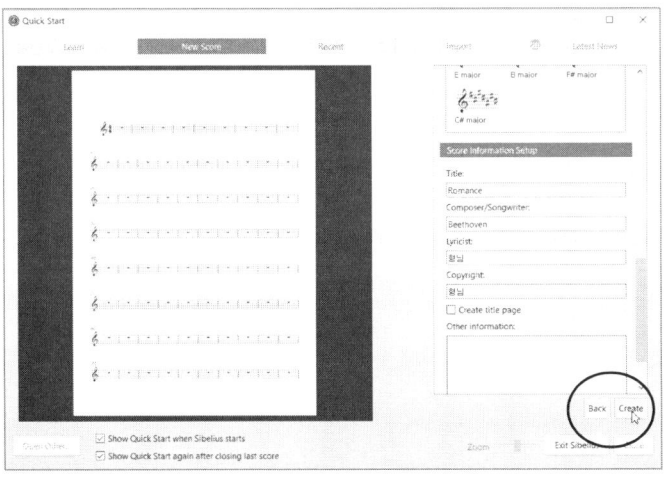

곡의 타이틀(제목)을 입력하고, 작곡자와 저작권자 정보를 입력해 준다.

Create 버튼을 누르면 설정한 상태로 새 악보창이 열린다. 만일 처음부터 다시 악보설정을 하고 싶다면 Back 버튼을 클릭해 앞 화면으로 되돌아간다.

Part 2. 시벨리우스 2023 기초 조작법 공부하기 **47**

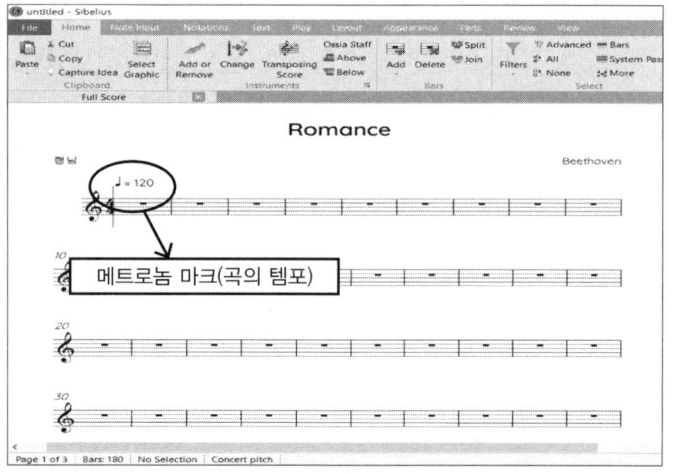

다음은 새 악보가 만들어진 모습이다.
앞에서 박자표와 템포를 설정했기 때문에 박자표와 메트로놈 마크가 삽입되어 있다.
타이틀, 작곡가 이름도 설정했기 때문에 악보 제목과 작곡가 이름도 표기되어 있다.

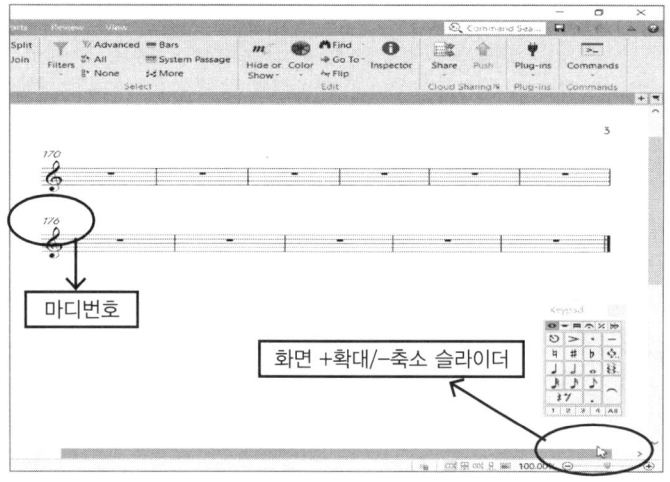

화면 확대/축소 슬라이더를 조절해 화면 크기를 작업하기 편한 크기로 조절해 준다.
작업창 오른쪽의 스크롤바를 아래로 내리면 보표의 하단 부분을 볼 수 있다.
76이라는 숫자는 해당 부분의 마디 번호이다. 총 80마디 길이의 보표라는 것을 알 수 있다.

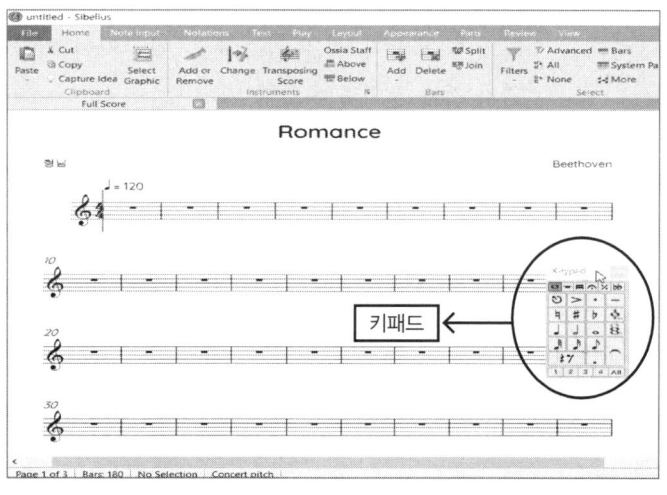

음표 입력이나 선택 작업을 하려면 키패드를 불러와야 한다. 만일 키패드가 화면에서 안 보이면 단축키 Ctrl + Alt + K를 눌러 키패드를 화면에 표시한다.

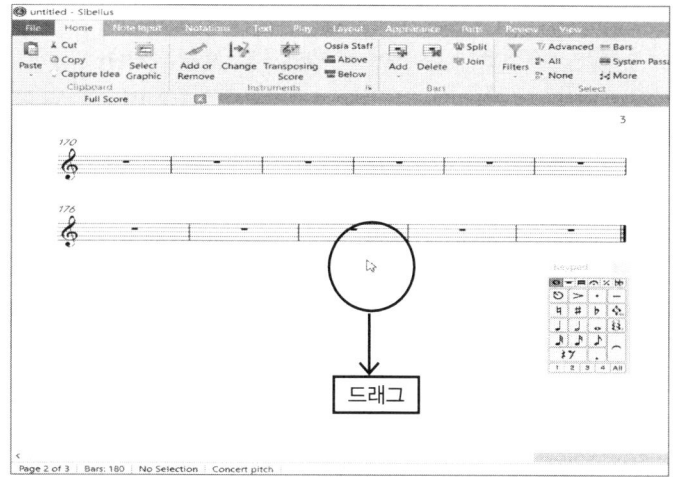

보표 길이가 너무 길기 때문에 필요없는 마디를 삭제해 보자.

악보를 드래그하여 보표 제일 아래로 이동한다.

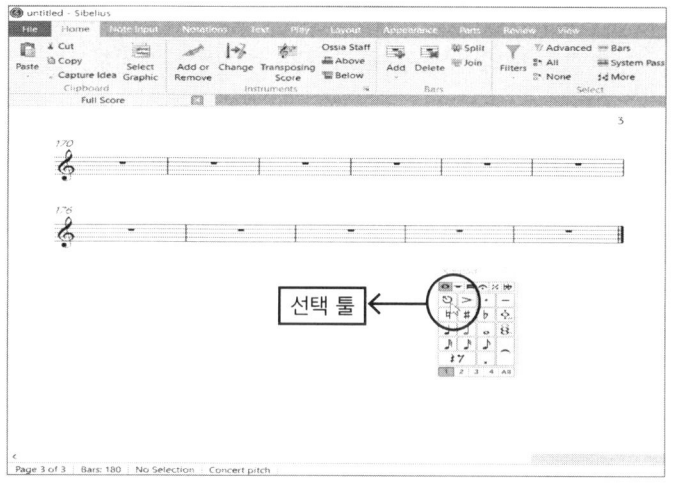

키패드에서 '선택 툴'을 클릭하면 선택 툴을 사용할 수 있는 상태가 된다.

다른 툴을 사용하고 있는 상태에서의 '선택 툴' 단축키는 Esc이고 '선택툴 취소' 단축키도 Esc이다.

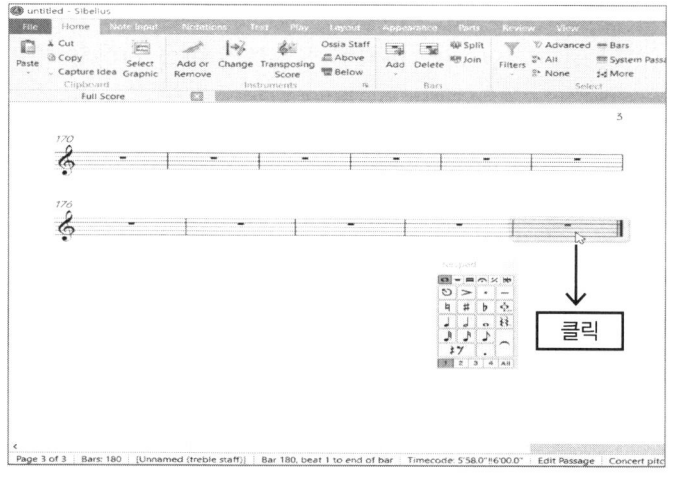

선택 툴로 80번 마디를 클릭하면 해당 마디가 선택된다. (선택한 구간이 파란색으로 표시된다.)

Esc 키를 눌러 선택을 해제한다.

Part 2. 시벨리우스 2023 기초 조작법 공부하기 **49**

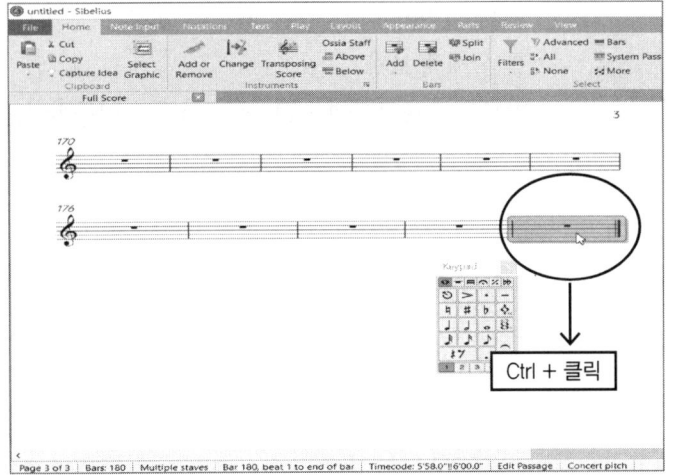

이번에는 80번 마디를 Ctrl + 클릭한다. (선택한 구간이 보라색으로 표시된다.)
파란색 선택 구간은 마디에 입력한 오브젝트 (음표, 쉼표, 심볼, 글자 등)를 복사하거나 삭제할 때 사용하고, 보라색 선택 구간은 마디에 입력한 오브젝트는 물론 마디 자체를 복사, 삭제할 때 사용한다.

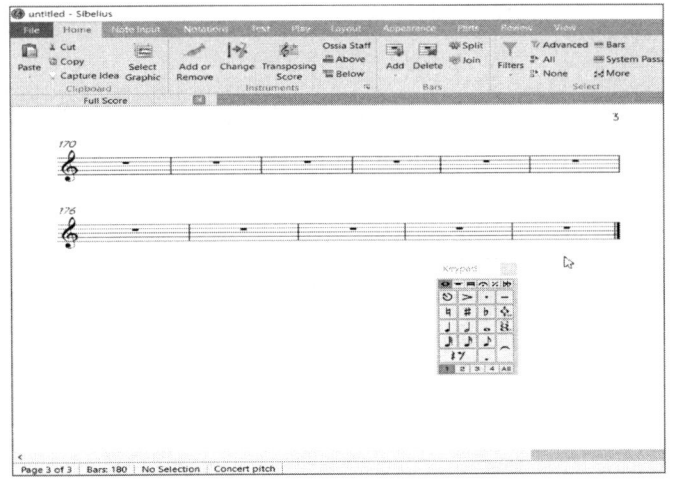

다시 Esc 키를 눌러 선택을 해제한다. 또는 악보의 빈 곳을 클릭해도 선택이 해제된다.

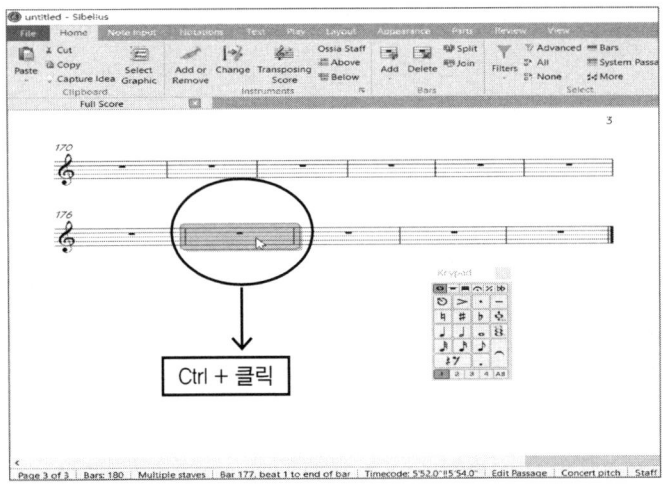

쓸모없는 마디를 선택해 삭제해 보자.
제일 하단 마디에서 불특정 마디 하나를 Ctrl + 클릭한다. 1마디만 보라색으로 선택된다.

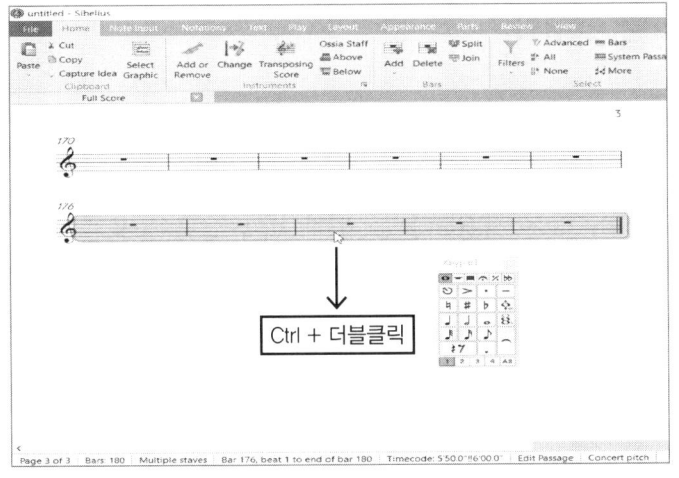

마디를 Ctrl + 더블클릭하면 해당 마디줄을 전부 보라색으로 선택할 수 있다.
이 상태에서 악보창 위로 화면을 이동해 보자.

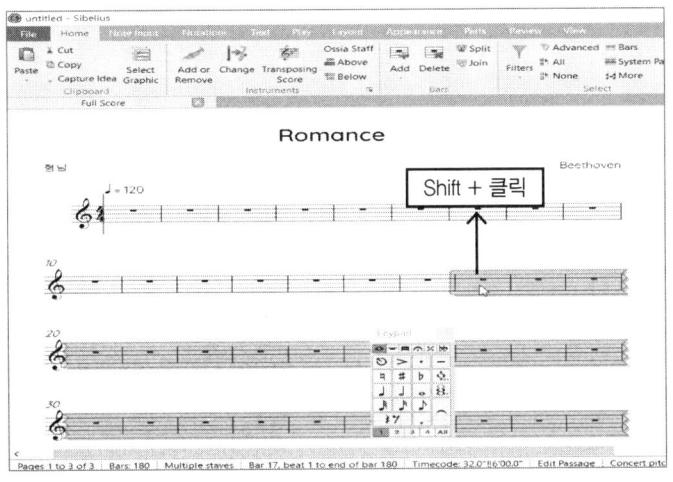

17번 마디를 Shift + 클릭하면 제일 아래 마디에서 17번 마디까지 전부 보라색으로 선택할 수 있다.
선택한 마디들을 Del 키를 눌러 삭제한다.

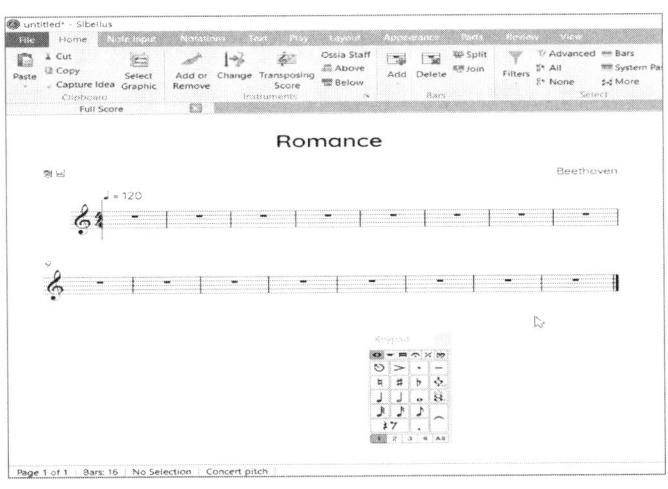

이제 16마디 길이의 보표만 남아있게 된다.
마디가 길면 이런 식으로 16마디 혹은 32마디만 남기고 필요 없는 마디들은 삭제하는 것이 작곡을 할 때 편리하다.

Part 2. 시벨리우스 2023 기초 조작법 공부하기 **51**

02 악보에서 음표와 쉼표 입력하는 방법 익히기

앞과 같은 방법으로 새 악보를 만든 뒤 음표와 쉼표를 입력하는 기본 방법을 알아본다. 만일, 마스터건반이 연결된 상태이면 마우스가 아닌 마스터건반을 연주하면 그 멜로디가 바로 악보에 음표로 자동 입력된다. 여기서는 일단 마스터 건반이 없는 사용자들을 위해 마우스로 음표를 입력하는 방법을 알아보자.

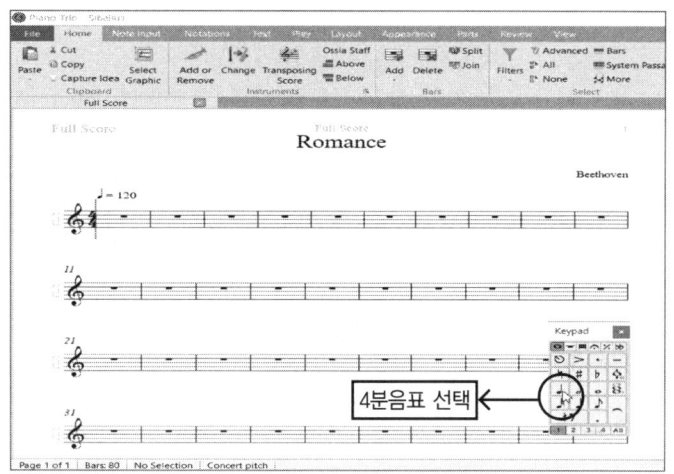

음표를 입력하기 위해 키패드에서 4분음표를 선택한다.
(단축키 컴퓨터 키보드의 숫자키패드 자판의 4번 키)

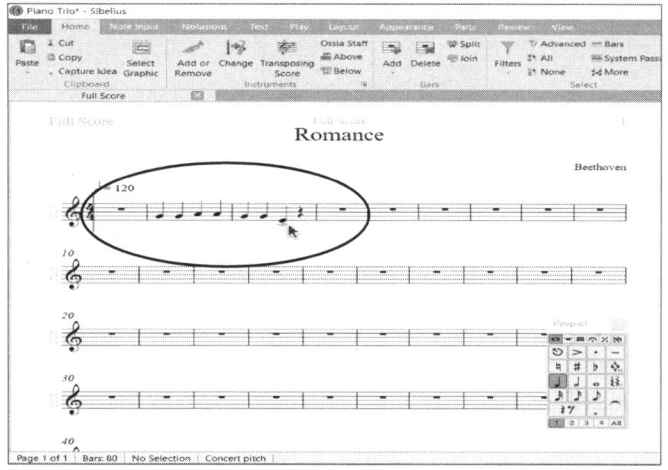

그림처럼 4분음표를 입력한다. 입력 상태를 종료하려면 Esc 키를 누르거나 키패드의 선택 툴을 클릭한다.
잘못 입력한 음표는(다른 박자에 입력한 음표)는 선택 툴로 선택한 뒤 Del 키를 눌러 삭제한다.

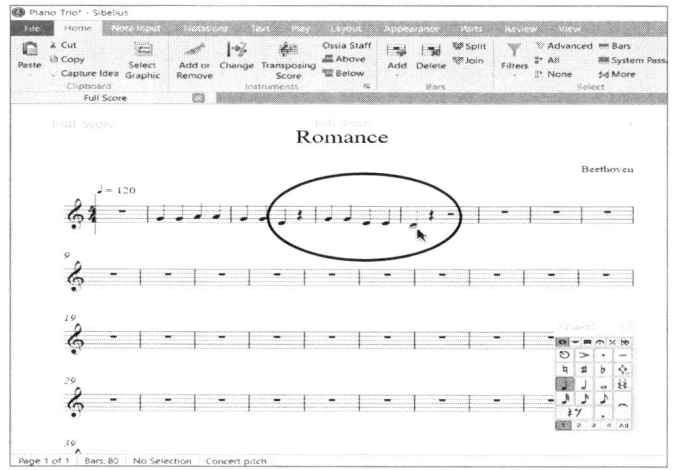

4분음표로 그림처럼 계속 입력한다.
만일 음표를 잘못된 음계에 입력한 경우에는 컴퓨터 키보드의 상, 하 화살표(↑↓)를 눌러 음계를 상, 하로 이동시켜 준다.

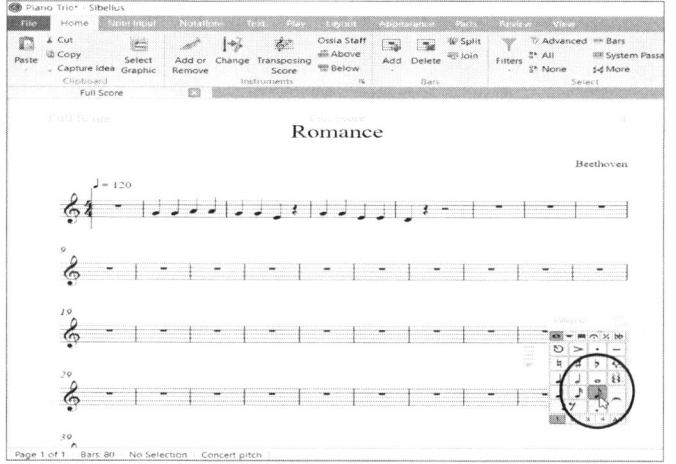

입력 작업을 종료하기 위해 Esc 키를 눌러 음표가 선택된 상태를 해제한다.

이번에는 8분음표를 입력하기 위해 키패드에서 8분음표를 선택한다.
(단축키는 컴퓨터 키패드 자판의 3번 키)

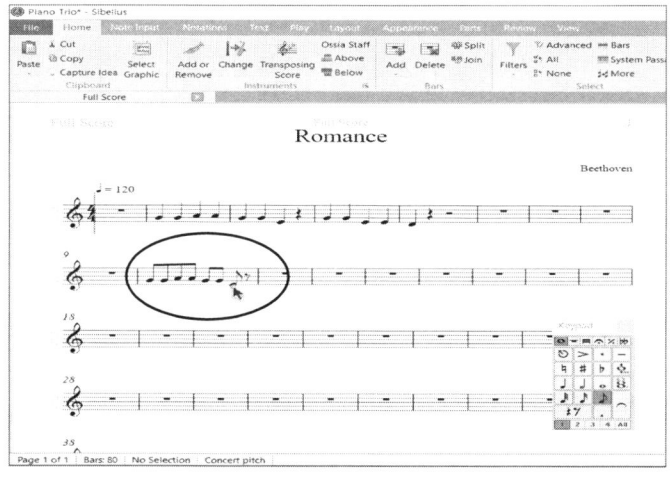

원하는 멜로디를 입력해 본다. 8분음표가 입력된다.

'8분점음표'를 입력하려면 키패드에서 '8분음표'가 선택된 상태에서 '점음표'를 클릭한다.

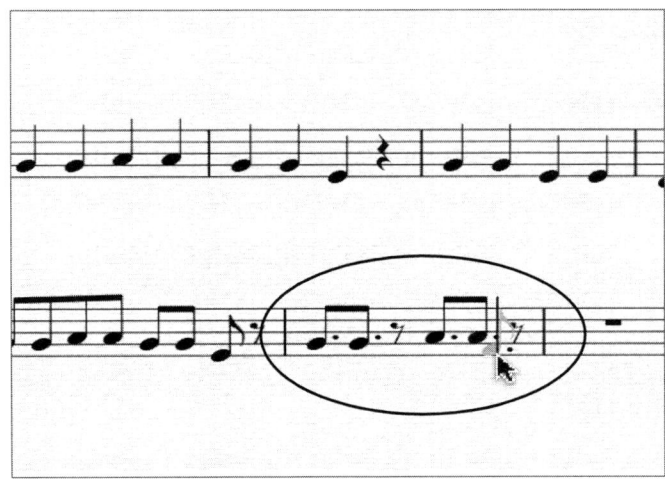

8분점음표가 입력되는 것을 알 수 있다. 입력을 완료한 뒤에는 Esc 키를 눌러 음표가 선택된 상태를 해제한다.

이후에 키패드에서 16분음표를 선택한다. 이 상태에서 입력하면 16분점음표가 입력되므로, 키패드의 점음표 버튼을 클릭해 끈다.

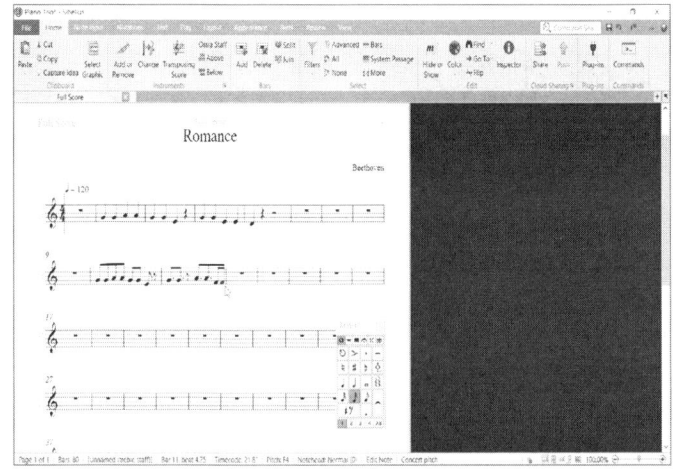

그림은 16분음표를 입력한 모습이다. 기존의 8분음표 옆에 입력하면 8분음표와 붙어서 빔음표를 만들어준다.

시벨리우스는 8분음표, 16분음표, 32분음표를 연이어 입력하면 자동으로 빔음표로 만들어준다. 이때 음표 사이에 쉬는 박(쉼표)이 있을 경우에는 빔음표로 연결되지 않는다.

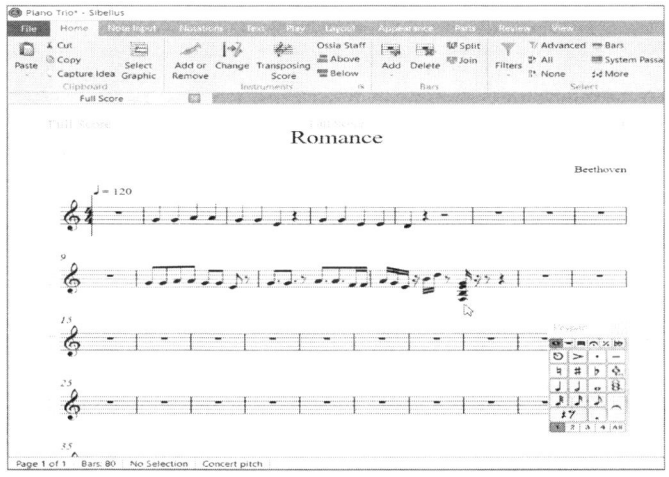

방금 입력한 음표의 머리를 클릭하면 똑같은 음정 위치에 음표 머리가 하나 더 입력된다.

이때 키보드의 화살표(↑) 키를 눌러 1음정 위나 아래로 이동시킨다. 여기서는 그림처럼 음표머리 4개로 이루어진 화음을 입력해 보았다.

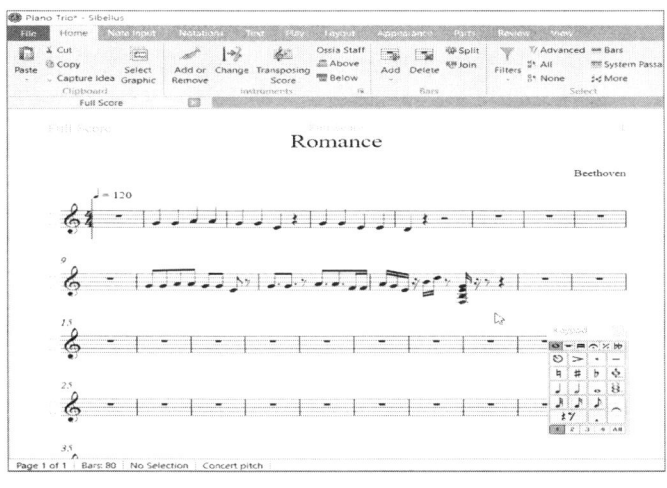

Esc 키를 눌러 입력 작업을 종료한다. 시벨리우스는 ESC 키를 누르면 자동으로 '선택 툴' 사용 상태가 되어 음표나 마디, 보표를 선택하는 작업을 할 수 있다.

단축키 Ctrl + [을 눌러 '플레이백라인'을 곡의 시작 부분으로 이동시킨다.

플레이백라인은 곡을 연주할 때 연주 위치를 알려주기 위해 표시되는 녹색 라인을 말한다.

스페이스바를 누르면 악보가 플레이되어 사운드를 들을 수 있다.

연주를 중단하려면 스페이스바를 다시 누른다.

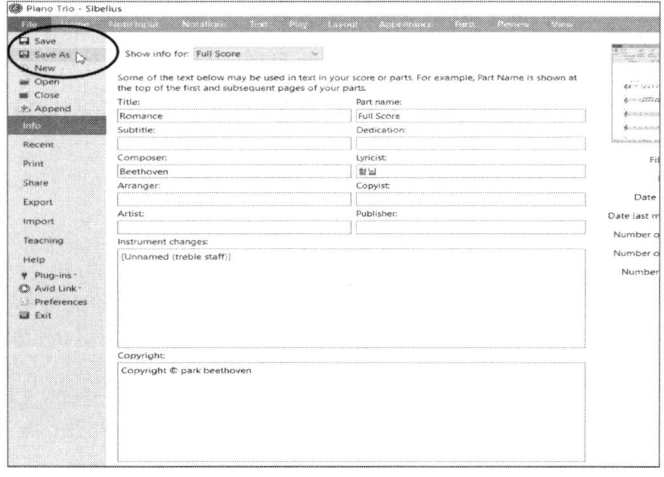

작업한 내용을 저장하려면 File -> Save As 메뉴를 실행한 후 저장될 파일명을 설정하고 저장한다.

03 음악 파일, 미디 파일 불러하기

음악 파일을 불러오려면 File -> Open 메뉴를 사용하거나, 시벨리우스 실행시 나타나는 퀵 대화상자의 Recent 탭과 Open Other 버튼을 사용한다. 시벨리우스 전용 음악 파일(*.sib), 미디 음악 파일(*.mid), 미디 파일 호환파일(*.mxl, *.xml), 시벨리우스 번들 포토스코어 및 오디오스코어 파일(*.opt)을 시벨리우스에서 불러올 수 있다.

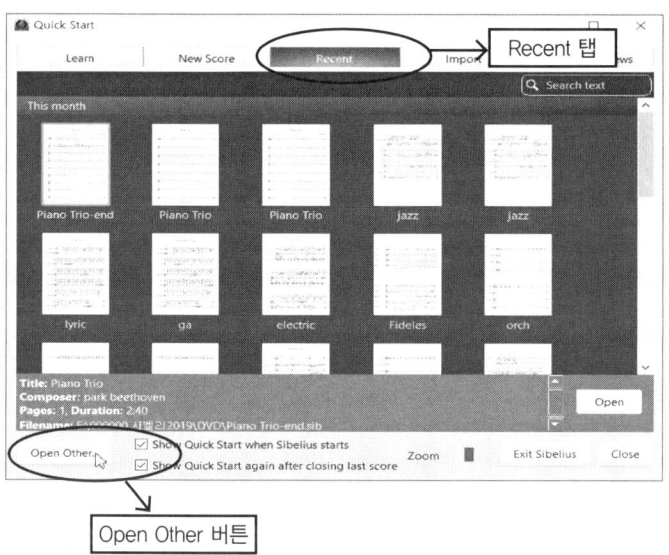

1. 퀵 대화상자에서 파일 불러오기

시벨리우스 실행시 자동으로 나타나는 퀵 대화상자의 Recent 탭에는 이전에 저장한 시벨리우스 파일들이 표시된다. 원하는 파일을 더블 클릭하면 작업창으로 불러올 수 있다.

만일 Recent 탭에 기록이 안 된 오래 전 파일을 불러오거나, Mid 파일 등을 불러오려면 Open Other 버튼을 클릭한다. 하드디스크나 외장하드에 있는 음악파일을 불러올 수 있다.

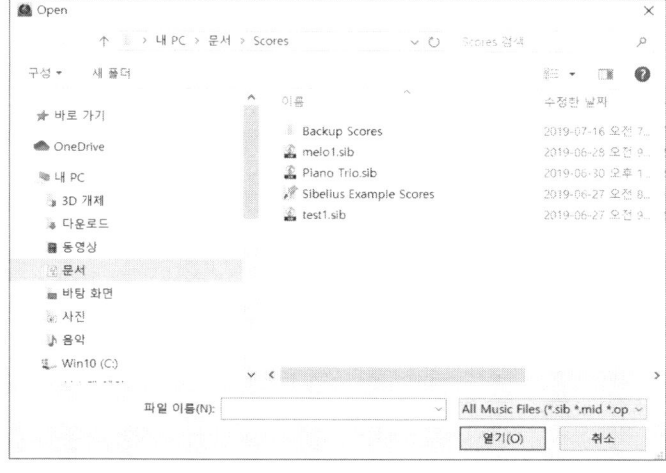

2. File -> Open 메뉴로 파일 불러오기

File -> Open 메뉴는 위의 Open Other 버튼과 같은 기능이다. 하드디스크, DVD, USB 드라이브 등에 저장된 시벨리우스 음악 파일(*.sib) 또는 미디 음악 파일(*.mid, *.xml)을 불러올 수 있다.

04 악보 연주, 리와인드, 템포 조절, 특정 보표만 연주하기

악보를 플레이하고 리와인드하는 방법, 곡의 연주 템포를 조절하는 방법, 여러 개의 보표에서 특정 보표 하나만 연주하는 방법을 알아본다.
그런 뒤 플레이 기능이 모여 있는 트랜스포트 패널의 사용법을 알아본다.

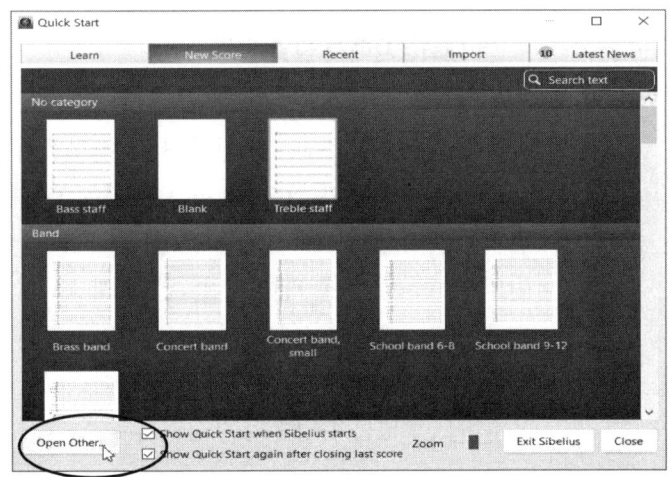

시벨리우스를 실행하면 옆과 같이 퀵 대화상자가 실행된다. Open Other 버튼을 클릭한다.
시벨리우스를 사용하고 있는 상태이면 File -〉 Open 메뉴를 실행한다.

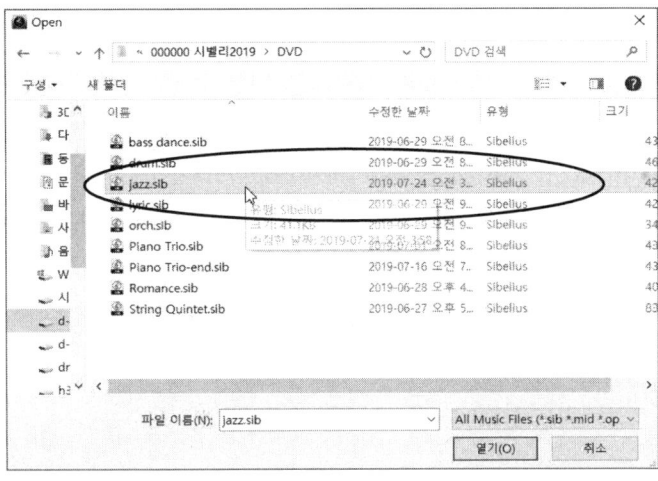

Open 대화상자에서 글로벌 출판사의 자료실에서 다운로드한 샘플 폴더로 이동한다.
샘플 폴더에서 제공하는 'jazz.sib' 파일을 선택한 뒤 '열기' 버튼을 클릭해 작업창으로 불러온다.

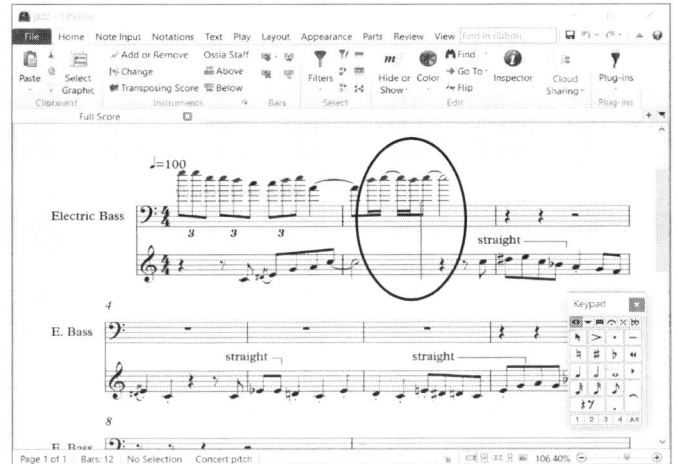

스페이스 바를 누르면 음악이 플레이된다.
이때 보이는 녹색 라인은 '플레이백라인'이라고 부른다. 악보를 연주할 때 연주 위치를 알려주는 기능이다.

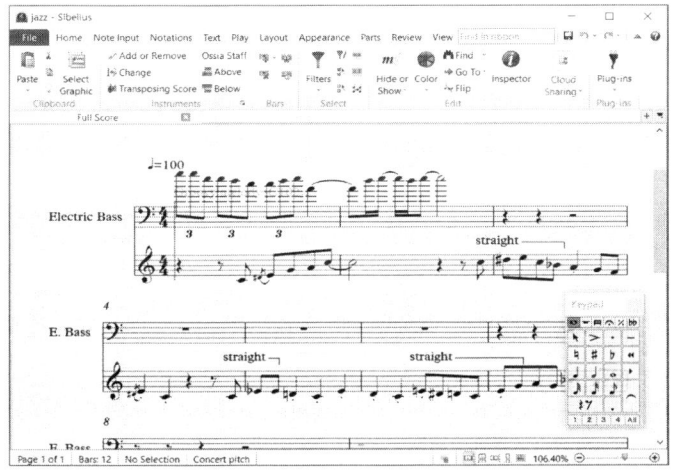

곡의 시작 부분으로 이동하려면 단축키 Ctrl + [를 누른다.
곡의 맨 뒤로 이동하려면 단축키 Ctrl +]를 누른다.

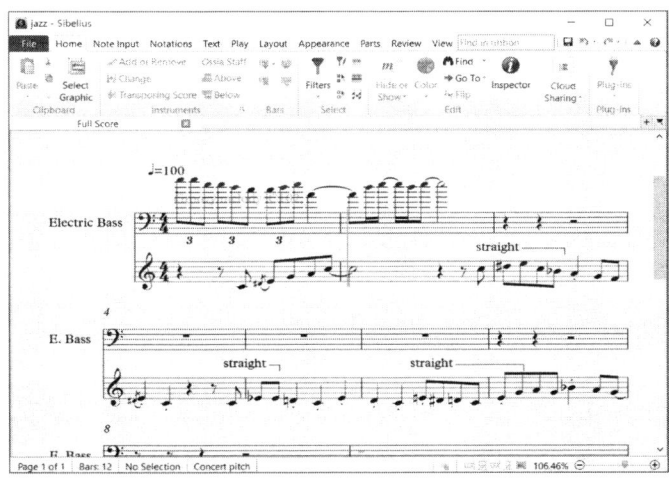

단축키 Ctrl + [를 눌러 플레이백라인을 곡의 시작 부분으로 이동시킨 후, 스페이스바를 누르면 곡의 연주가 시작된다.
이때 시벨리우스는 현재의 곡에 설정된 악기 구성에 맞게 자동으로 전용 가상악기를 로딩한 뒤 곡을 플레이한다.
만약 시벨리우스 전용 가상악기를 설치하지 않은 경우에는 해당 가상악기를 꼭 설치하기 바란다. (약 40G 용량)

Part 2. 시벨리우스 2023 기초 조작법 공부하기

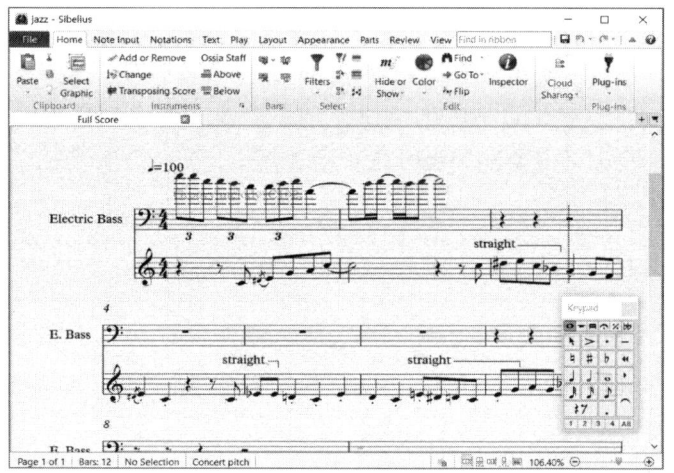

곡이 연주되면 연주 위치를 따라 플레이백이 움직이는 것을 알 수 있다.
스페이스바를 눌러 곡의 연주를 중지한다.

단축키 [는 곡의 연주 위치를 뒤로 리와인드할 때 사용한다.
단축키]는 곡의 연주 위치를 앞으로 리와인드 할 때 사용한다.

여러 보표 중에서 어느 하나의 보표만 연주하려면 해당 보표를 클릭해 선택한다. 악보를 연주하면 다른 보표는 뮤트된 뒤 선택한 마디가 있는 보표줄만 사운드를 플레이한다.
다시 전체 보표의 사운드를 감상하려면 Esc 키를 눌러 보표 선택을 해제한다.

마우스를 사용해 곡을 플레이하고 중지시키려면 트랜스포트 패널을 사용해야 한다.
상단 메뉴표시줄의 View 메뉴를 클릭한다.

Panels 메뉴를 클릭한 뒤 Transport 패널에 체크하면 트랜스포트 패널이 화면에 나타난다.
(단축키 Ctrl + Alt + Y)

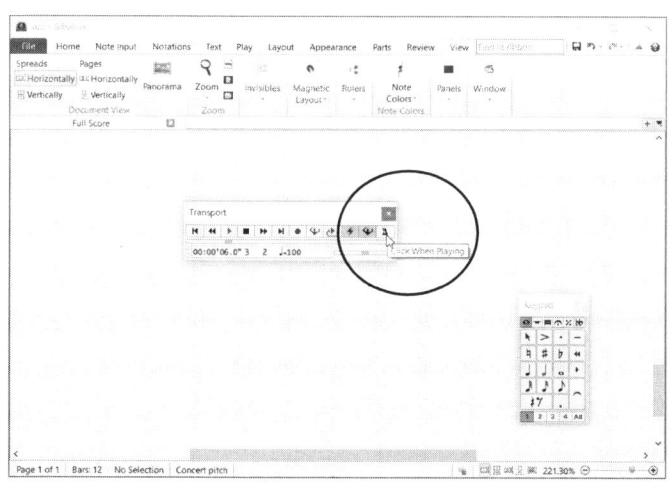

트랜스포트 패널의 메트로놈 버튼은 곡을 연주할 때 메트로놈이 들리게 하는 기능이다.
평상시에는 필요없는 기능이므로 메트로놈 버튼을 꺼둔다.

Part 2. 시벨리우스 2023 기초 조작법 공부하기

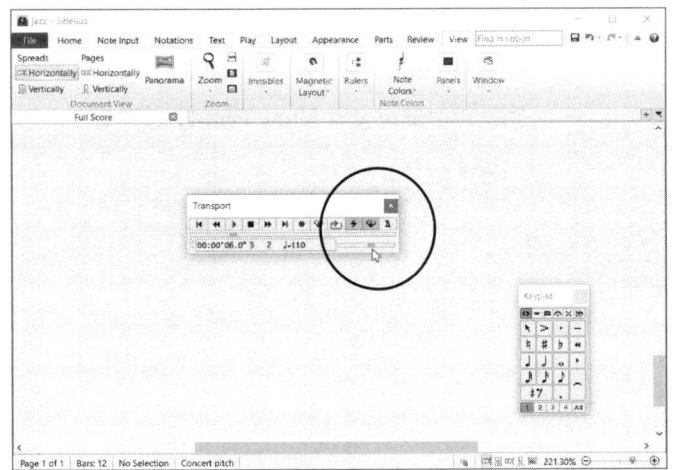

트랜스포트 패널의 '템포 슬라이더'는 곡의 연주 템포를 조절할 때 사용한다. 이 기능은 곡을 연주하고 있을 때 사용하면 매우 유용하다. 곡을 빠르게 연주하거나 느리게 연주할 수 있다.

악보에서도 곡의 템포를 조절할 수 있다. 그림처럼 메트로놈 마크(숫자 부분)가 삽입된 경우 이 마크를 더블클릭한다.

더블클릭하면 숫자 부분을 수정할 수 있는데 숫자 부분을 블록으로 설정한 뒤 수정해야 한다. 120로 입력하면 곡의 템포가 100에서 120으로 빨라진다.

CHAPTER 02 시벨리우스 2023 작업 화면

시벨리우스의 작업 화면은 악보를 보여주기 때문에 악보창이라고도 한다. 작업 화면에서는 작곡 및 편곡 작업과 음표 편집, 악기 교체, 보표 추가 등의 모든 편집 작업을 할 수 있다.

01 메인화면의 주요기능

시벨리우스의 메인화면은 다음과 같다.

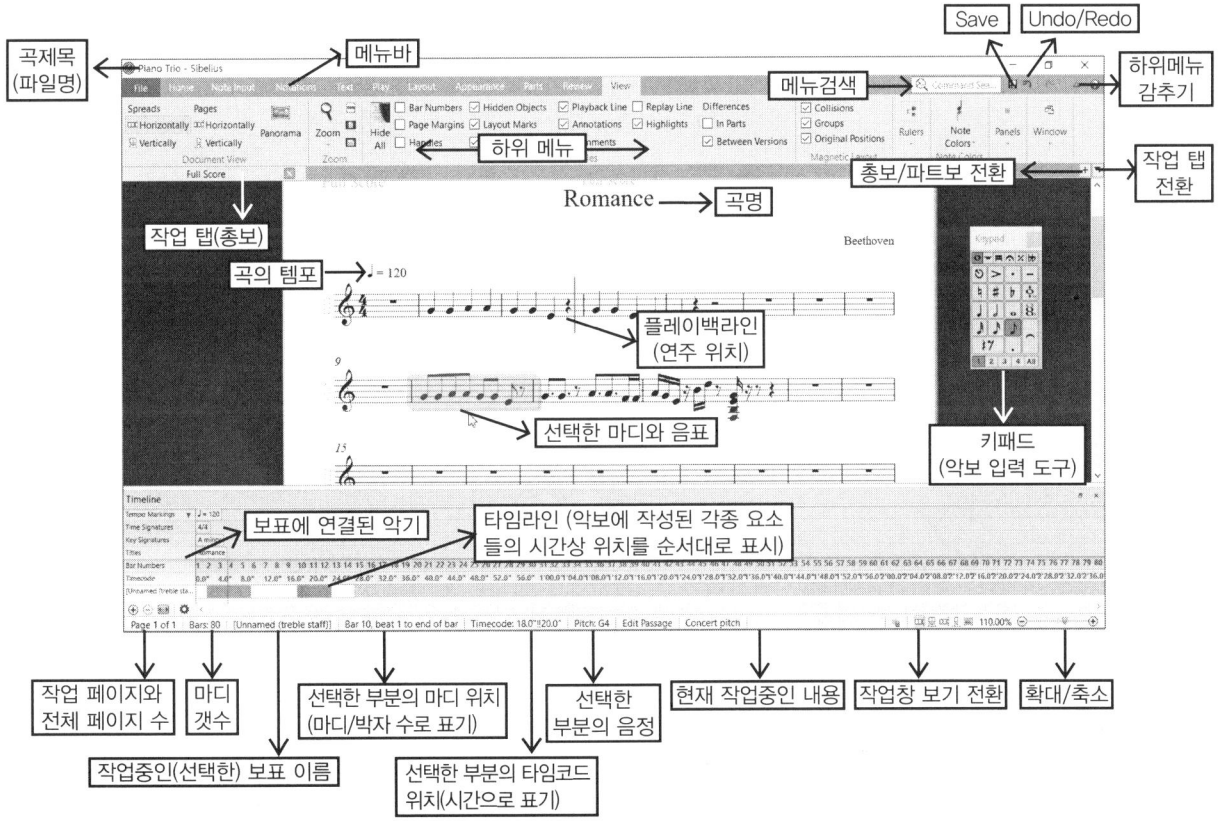

02 타임라인(Timeline) 사용법 익히기

타임라인은 악보에 삽입한 중요 요소들이 악보의 어느 시간에 삽입되어 있는지 확인할 수 있도록 표시해주는 창이다. 만약 타임라인이 화면에서 보이지 않으면 단축키 Ctrl + Alt + N을 눌러 타임라인을 화면에 표시하거나 감춘다.

타임라인은 삽입한 오브젝트의 위치 파악 및 악보에서의 위치를 빨리 찾아갈 목적으로 사용한다. 예를 들어 타임라인에서 원하는 오브젝트나 구간을 클릭하면 작업창(악보)에서 해당 구간으로 재빠르게 이동할 수 있다.

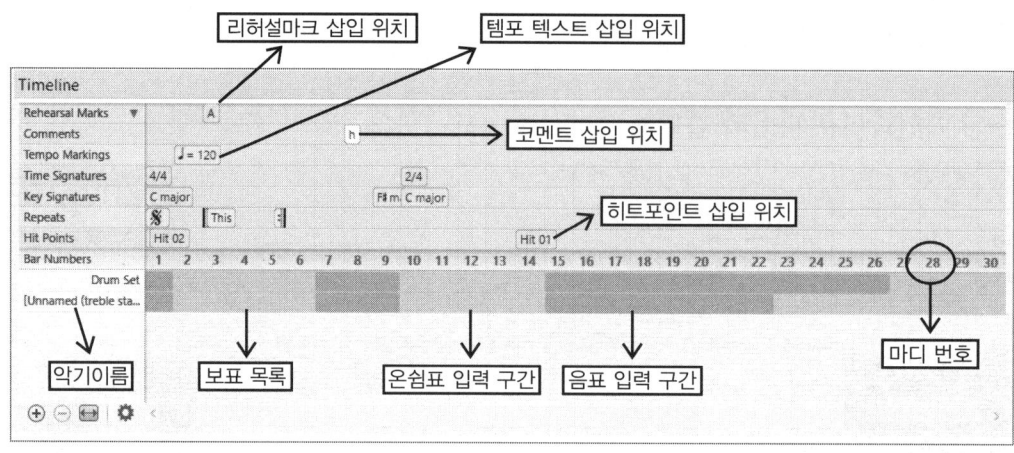

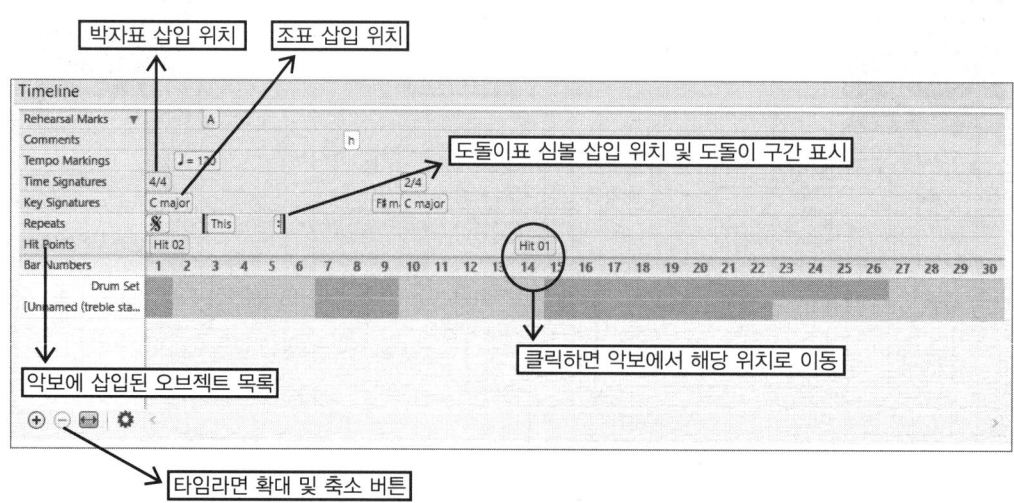

CHAPTER 03
입력 작업의 모든 것
– 키패드 정복하기

시벨리우스는 툴바가 없는 대신 '키패드'를 제공한다. 다른 프로그램의 툴바와 같은 기능을 제공하는 키패드에는 각종 입력 도구와 편집 도구가 있다. 즉 악보에 어떤 것을 입력하려면 먼저 키패드에서 입력할 도구를 선택한 뒤 작업한다. 키패드는 View –〉 Panels –〉 Keypad 메뉴로 불러오거나 단축키 Ctrl + Alt + K로 불러 온다.

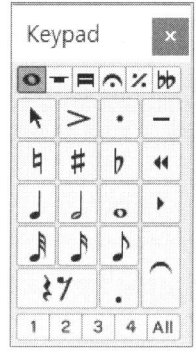

구버전 키패드

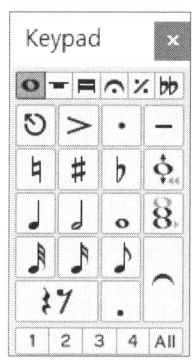

신버전 키패드

키패드 상단에는 6개의 '키패드 탭'이 있다. 키패드가 열려있는 상태에서 단축키 F7, F8, F9, F10, F11, F12를 누르면 6개의 탭 사이로 전환할 수 있다.

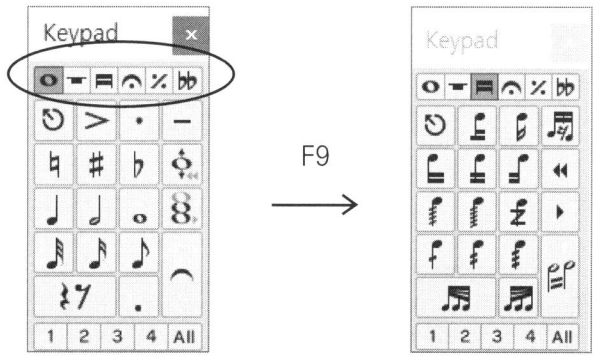

6개의 탭   F9를 눌러 Beams/Tremolos 키패드로 전환한 모습

TIP 키패드 단축키

키패드에 있는 각각의 도구들을 컴퓨터 자판에서 선택하려면 컴퓨터 자판의 숫자패드(키패드)에서 해당 키를 누르면 된다. 시벨리우스 키패드와 컴퓨터 자판의 숫자패드가 비슷한 이유는 숫자패드를 눌러 빨리 원하는 도구를 선택하기 위해서이다.

컴퓨터 키패드

01 Common Notes 키패드 – 일반 음표 입력하기

Common Notes 키패드는 가장 많이 사용하는 입력 도구들이 모여 있다. '선택 툴' 외에 음표 및 쉼표 입력도구를 볼 수 있다. 참고로, 키패드가 열려있는 상태에서 단축키 F7를 누르면 Common Notes 키패드로 전환할 수 있다.

선택 툴 단축키는 Esc 키이고 선택 상태를 해제할 때도 Esc 키를 누른다.

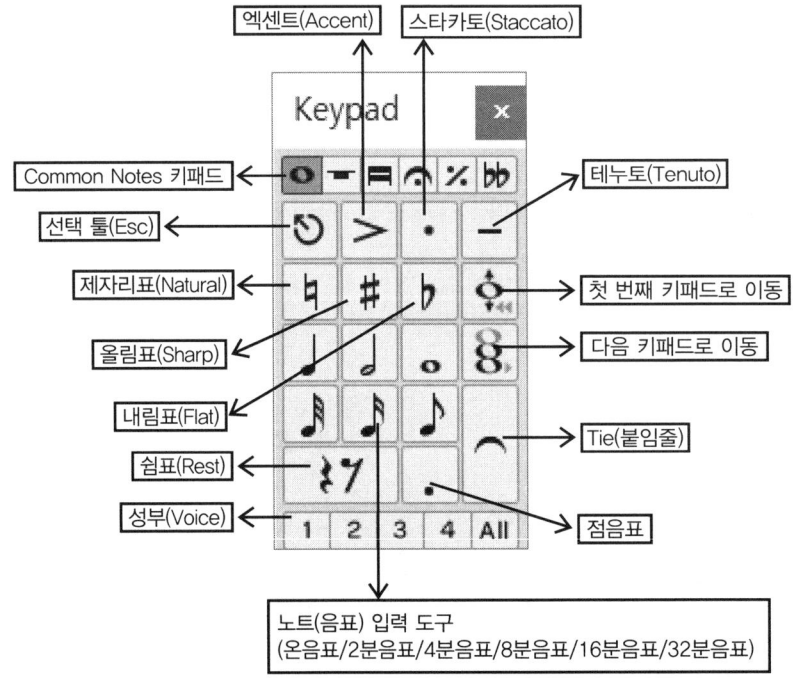

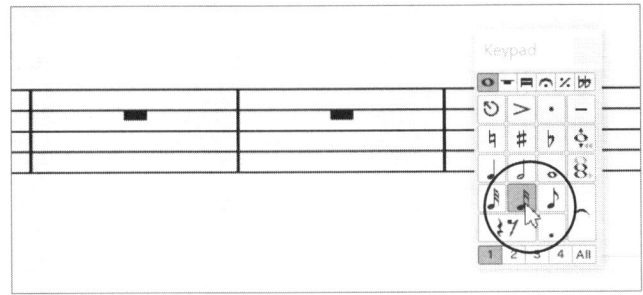

입력할 음표를 클릭해 선택한다. 여기서는 16분음표를 선택했다.

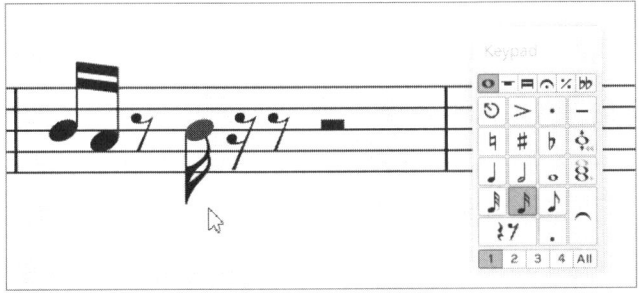

오선지에서 클릭하면 음표가 입력된다.

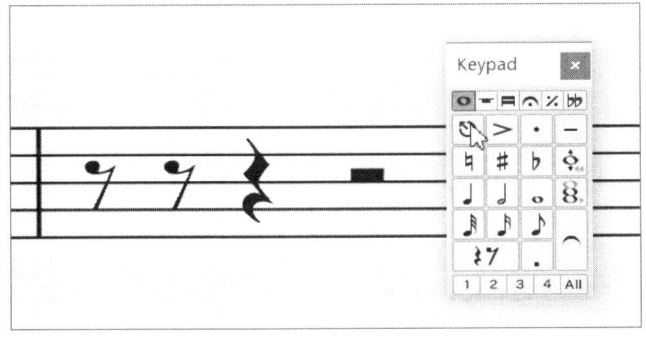

입력한 음표를 삭제하려는 '선택 툴(단축키 ESC)'로 해당 음표를 선택한 뒤 Del 키를 눌러 삭제한다.
음표를 삭제하면 해당 마디에서 박자가 비게 되므로 자동으로 쉼표가 채워진다.

1. 엑센트(Accent)

음표와 엑센트 심볼을 함께 입력해 본다. 엑센트 심볼은 해당 음을 더 힘차고 크게 내라고 지시하는 심볼이다.

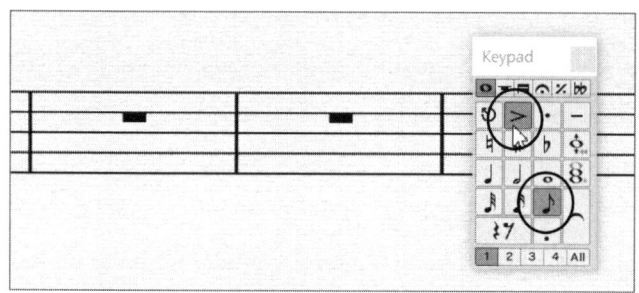

키패드에서 입력할 음표로 8분음표를 선택한 후, 엑센트 버튼을 클릭한다.

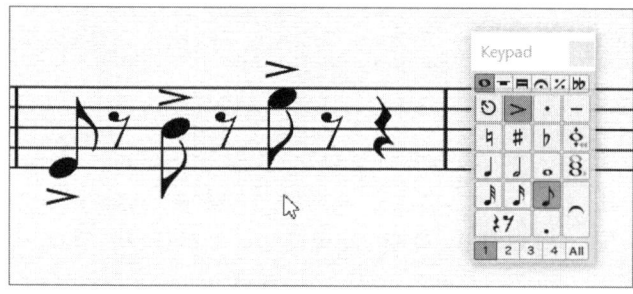

8분음표를 입력할 때 엑센트 심볼이 있는 음표가 입력된다.

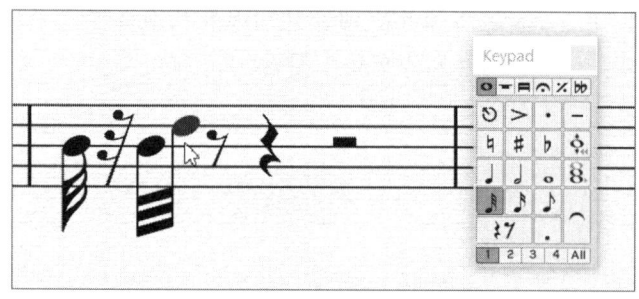

이미 입력된 음표에 엑센트 심볼을 추가할 수도 있다.
원하는 음표 또는 마디를 클릭해 해당 음표들을 선택한다.

엑센트(Accent) 버튼을 클릭하면 선택한 음표, 또는 마디에 있는 음표 전부에 엑센트 심볼이 삽입된다

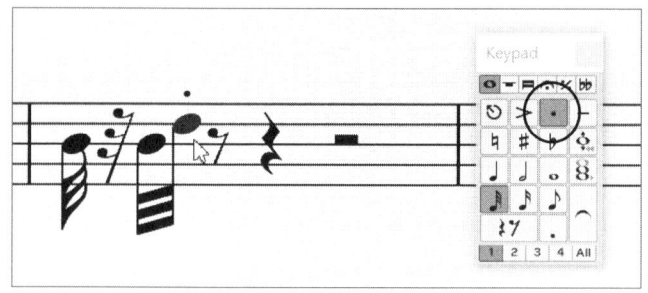

2. 스타카토(Staccato)

선택한 음표에 스타카토 심볼을 삽입한다. 해당 음을 스타카토로 연주하라는 지시이다.

또는 키패드에서 입력할 음표를 선택한 뒤 스타카토 버튼을 클릭하면 음표를 입력할 때 스타카토 심볼을 입력할 수 있다.

3. 테누토(Tenuto)

선택한 음표에 테누토 심볼을 삽입한다.

또는 키패드에서 입력할 음표를 선택한 뒤 테누토 버튼을 클릭하면 음표를 입력할 때 테누토 심볼이 함께 입력된다.

4. 제자리표(Natural)

선택한 음표에 제자리표 심볼을 삽입한다. 앞쪽에 내림표나 올림표가 있어도, 또는 조표가 있어도 조표와 상관없이 원래 음으로 치라는 뜻이다.

또는 키패드에서 입력할 음표를 선택한 뒤 제자리표 버튼을 클릭하면 음표를 입력할 때 제자리표 심볼이 함께 입력된다.

5. 올림표(Sharp, 샵)

선택한 음표에 올림표 심볼을 삽입한다. 해당 음을 반음 올려서 치라는 기호이다.

또는 키패드에서 입력할 음표를 선택한 뒤 올림표 버튼을 클릭하면 음표를 입력할 때 올림표 심볼이 함께 입력된다.

6. 내림표(Flat, 플랫)

선택한 음표에 내림표 심볼을 삽입한다. 해당 음을 반음 내려서 치라는 기호이다.

또는 패드에서 입력할 음표를 선택한 뒤 내림표 버튼을 클릭하면 음표를 입력할 때 내림표 심볼이 함께 입력된다.

7. 노트(온음표/2분음표/4분음표/8분음표/16분음표/32분음표)

음표 그림이 그려져 있는 도구들은 각각 해당하는 음표(노트)를 입력할 때 사용한다.

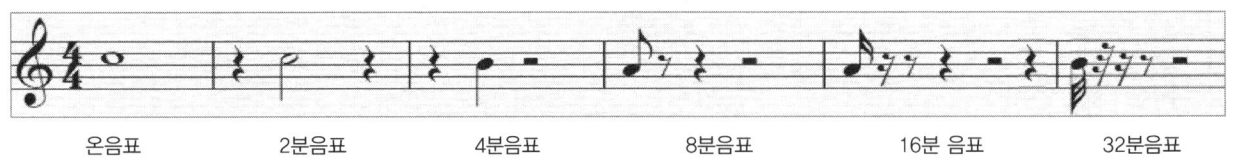

8. 쉼표(Rest)

음표를 입력하면 부족한 박자수만큼 쉼표가 자동 삽입된다. 이 버튼은 쉼표를 커서가 있는 위치에 수동으로 입력할 때 사용한다.

만일 악보창에서 음표를 선택한 상태에서 이 버튼을 클릭하면 해당 음표가 쉼표로 전환된다.

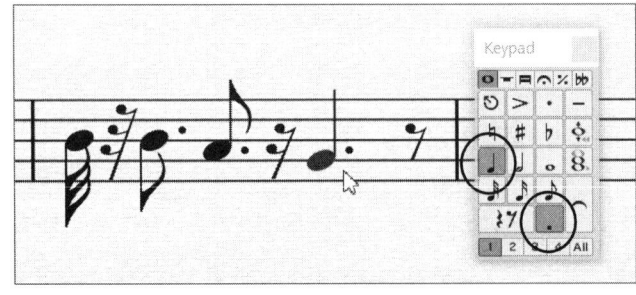

9. 점음표

선택한 음표에 점음표를 삽입한다.

또는 키패드에서 입력할 음표를 선택한 뒤 점은표 버튼을 클릭하면 음표를 입력할 때 점음표를 함께 입력할 수 있다.

10. Tie(붙임줄)

선택한 음표와 이어지는 같은 높이의 음표를 붙임줄로 이어준다. 말 그대로 같은 음높이의 음끼리만 붙임줄로 이을 수 있다. 음높이가 서로 다른 음표를 연결하는 줄은 슬러(Slur)이고 슬러는 Text -> Notations -> Lines 메뉴로 삽입한다.

선택 툴로 클릭해 음표를 선택한 모습

붙임줄로 이은 모습

02 More Notes 키패드

특수한 음표를 입력할 수 있다. 키패드가 열려있는 상태에서 단축키 F8을 누르면 표시된다.

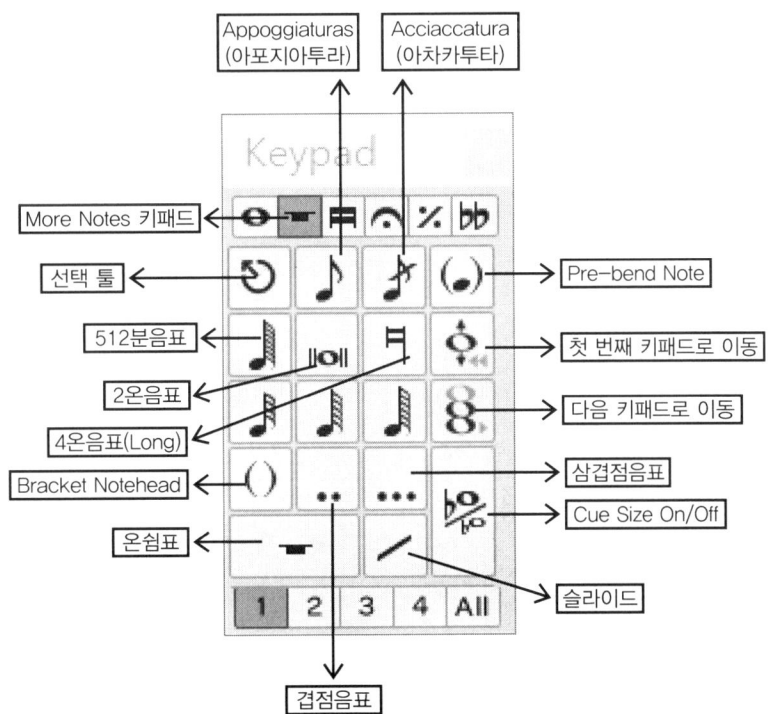

1. Appoggiaturas(아포지아투라, 장식음)

원하는 음표에 아포지아투라(앞꾸밈음)를 삽입할 때 사용한다. 삽입한 아포지아투라는 장식음(Grace Note)이라고 하며 본 음표에 포함되어 연주된다. 참고로 '뒤꾸밈음'도 아포지아투라라고도 한다. 보통의 아포지아투라는 8분음표 길이로 삽입하되, 특정 멜로디를 연주하도록 16분음표나 32분음표를 8분음표 길이만큼 연결해서 입력할 수도 있다.

Common Notes 키패드에서 8분음표 선택

More Note 키패드에서 Appoggiaturas 버튼 클릭

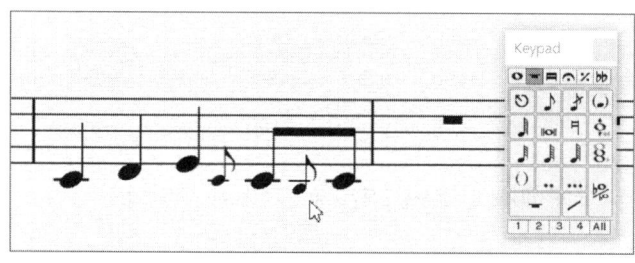

후반 음표 2개에 앞꾸밈음을 입력하였다. 연주할 때는 앞꾸밈음을 본 음표에 붙여서 연주한다.

2. Acciaccatura(아차카투라, 장식음)

역시 장식음(Grace Note)의 하나인 '아차카투라(전타음)'를 삽입하는 기능이다. 악보에서 원하는 음표를 클릭하면 아차카투라가 작은 음표로 삽입된다. 삽입한 아차카투라는 본 음표에 포함되어 짧게 연주되는 음표이다.

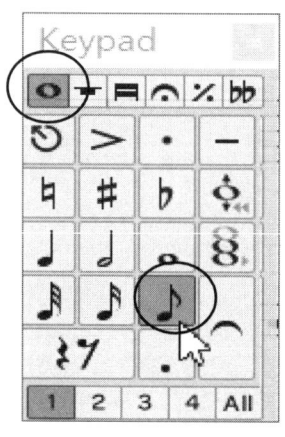

입력할 음표 선택

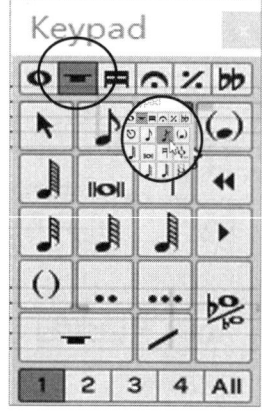

아차카투라 버튼 클릭

뒤쪽 음표 3개에 삽입한 모습

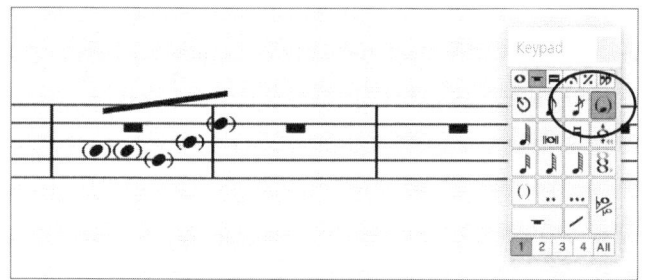

3. Pre Bend Note(프리벤드 노트)

기타 타브 악보 등에서 사용할 수 있는 프리 벤드 노트를 입력하는 기능이다. 프리 벤드란 피킹 전 미리 벤딩하라는 지시이다.

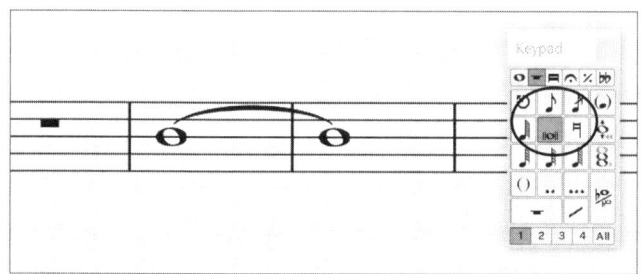

4. 2온음표(Double Whole Note)

한 번에 2마디 길이의 음표인 2온음표를 입력할 때 사용한다.

5. 4온음표(Long)

한 번에 4마디 길이의 음표인 4온음표를 입력할 때 사용한다.

6. 음표를 입력하는 도구들

각각 64분음표, 128분음표, 256분음표, 512분음표를 입력할 수 있다.

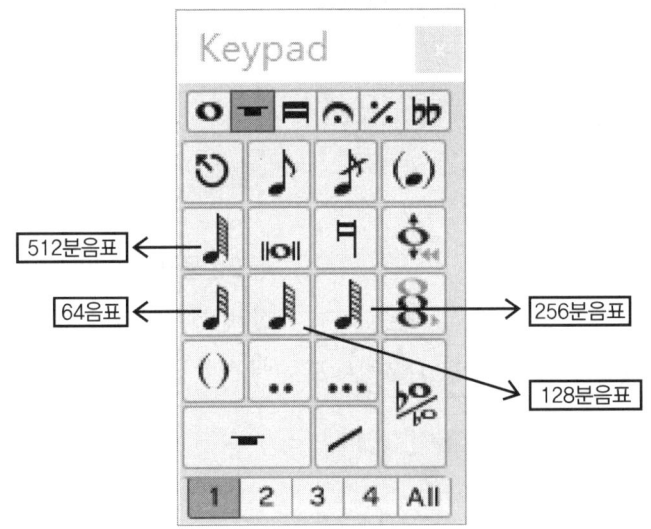

7. Bracket Notehead (음표 머리에 괄호 넣기)

음표 머리에 브라켓(괄호)을 추가해주는 기능이다.

브라켓을 추가한 모습

8. 겹점음표

선택한 음표에 겹점음표를 삽입하는 기능이다.

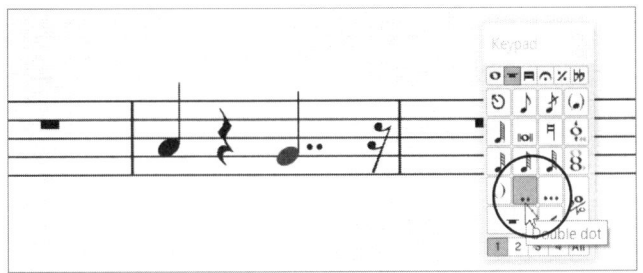

겹점음표를 추가한 모습

9. 삼겹점음표

선택한 음표에 삼겹점음표를 삽입하는 기능이다.

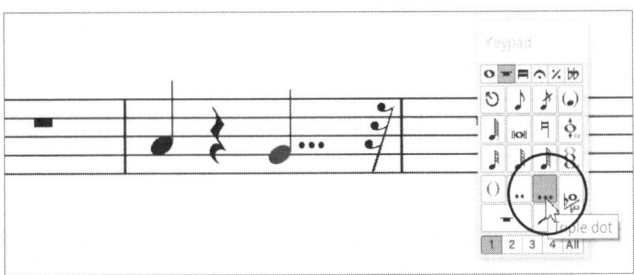

삼겹점음표를 추가한 모습

10. 온쉼표

마디를 선택한 뒤 적용한다. 해당 1마디 전체에 적용되는 온쉼표를 삽입할 때 사용한다.

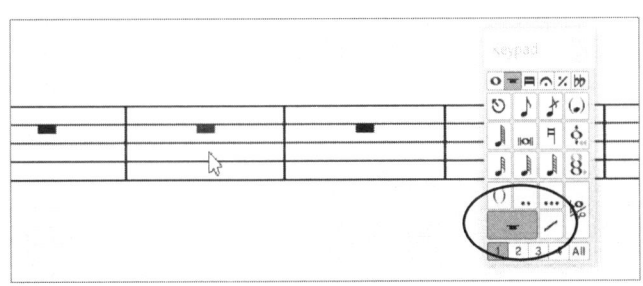

온쉼표를 추가한 모습

11. 슬라이드

선택한 음표와 이어지는 음표 사이에 슬라이드 심볼을 삽입한다. 두 음을 미끄러지듯 이어서 연주하라는 뜻이다.

선택한 음표의 모습　　　　　　　　　　　슬라이드 심볼을 삽입한 모습

12. Cue Size On/Off (큐노트로 전환하기)

음표를 큐 노트(Cue-notes)로 전환하여 작은 크기의 음표로 만들어준다. 버튼을 다시 클릭하면 큐 노트(Cue-note)에서 해제되어 원래 음표 크기로 돌아온다.

큐 노트는 두 가지 목적으로 사용한다. 기악 파트에서 연주 시작 악절(cue)를 알리거나 또는 임시 편집된 것을 보여줄 때 사용한다. 예를 들어 클라리넷 악절에 오보에 큐노트가 있다면, 클라리넷 악기가 없을 경우 오보에 악기로 연주할 수 있도록 해 준다. 물론 큐노트를 연주할 것인지 말 것인지는 전적으로 지휘자나 연주자의 권한이다.

큐 노트로 만들 음표를 선택한 모습

큐 노트(작은 음표)로 전환한 모습

또는 어떤 악절에서 휴식부가 있을 경우, 휴식부 구간에 큐 노트를 삽입하여 다른 파트의 악기가 연주 위치를 파악할 수 있도록 알려주는 역할을 하기도 한다. 이때의 큐 노트는 연주되지 않으며 단순히 다른 악기 연주가에게 연주 시작 위치를 파악하게 하는 역할을 한다.

03 Beam/Tremolos 키패드 – 꾸밈음 만들기

키패드가 열려있는 상태에서 단축키 F9를 누르면 이 키패드로 전환된다. 주로 빔음표와 트레몰로 심볼을 입력할 때 사용한다.

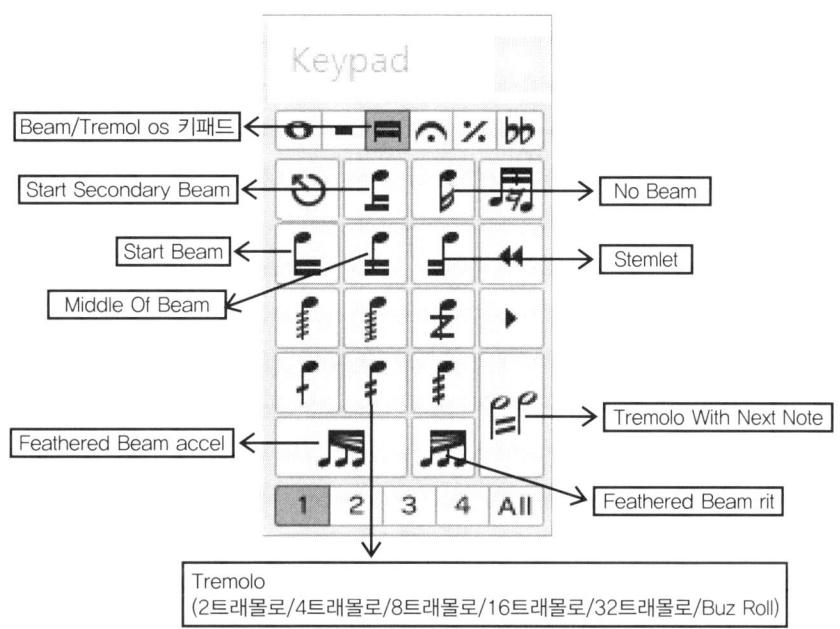

1. Start Secondary Beam (두 번째 빔)

빔음표에서 선택한 부분을 두 번째 빔의 시작 지점으로 만든다.

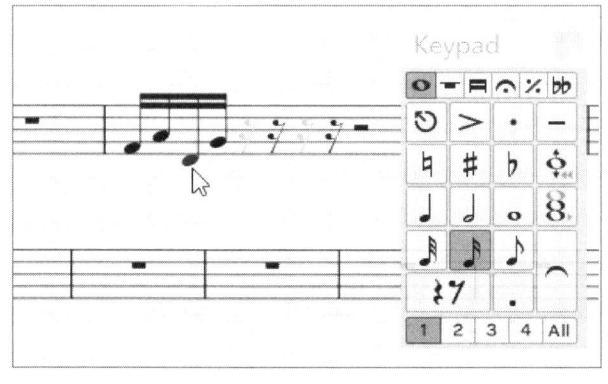

빔 음표에서 원하는 음표 선택

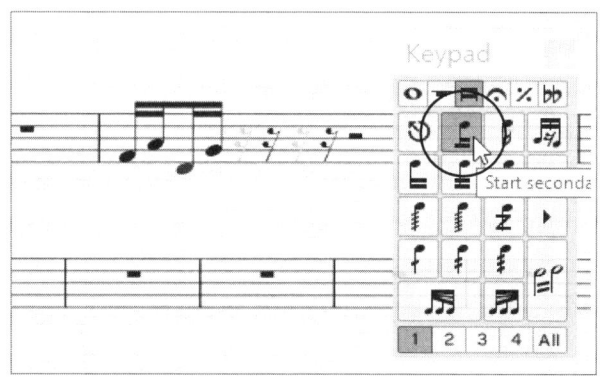

2번째 빔 시작점을 만든 모습

Part 2. 시벨리우스 2023 기초 조작법 공부하기 **77**

2. No Beam (빔 제거)

빔음표에서 선택한 음표에 있는 빔을 제거하고 일반 음표 꼬리로 전환한다.

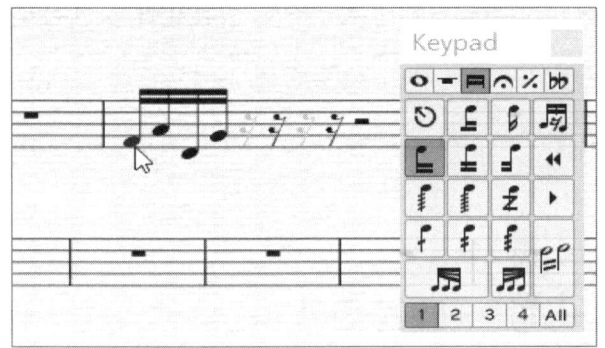

빔 음표 하나를 선택한 모습   No Beam 버튼을 클릭해 빔을 제거한 모습

3. Stemlet (줄기)

빔 사이에 쉼표가 있을 경우 해당 쉼표에 작은 줄기를 만들어 빔에 붙여준다.

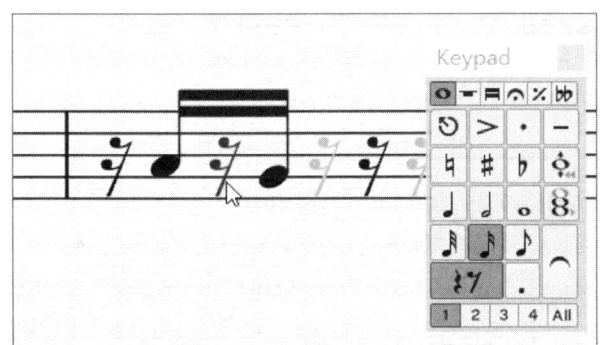 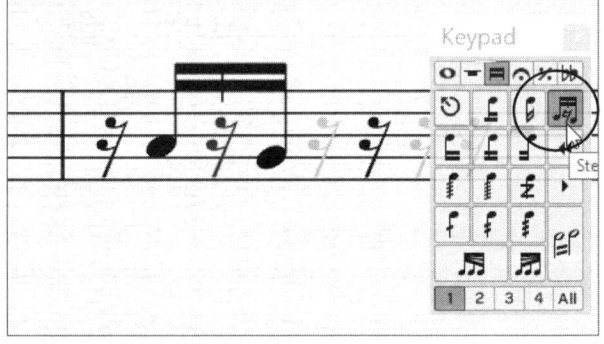

빔 사이에 있는 쉼표를 클릭해 선택   쉼표에 줄기를 만든 모습

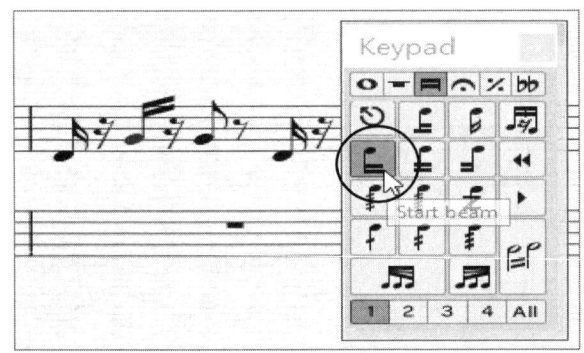

4. Start Beam (시작 빔)

선택한 음표를 빔의 시작으로 만든다. 여러 음표를 연결해 빔 음표를 만들 때 사용한다.

빔의 시작 부분으로 만든 모습

> **TIP** 빔은 꼬리가 있는 음표에만 만들 수 있다. 꼬리가 없는 2분음표나 4분음표는 빔 음표를 만들 수 없다.

5. Middle Of Beam (중간 빔)

선택한 음표를 빔의 중간 부분으로 만든다. 보통 다른 음표와 연결해 빔 모양을 만들 때 사용한다.

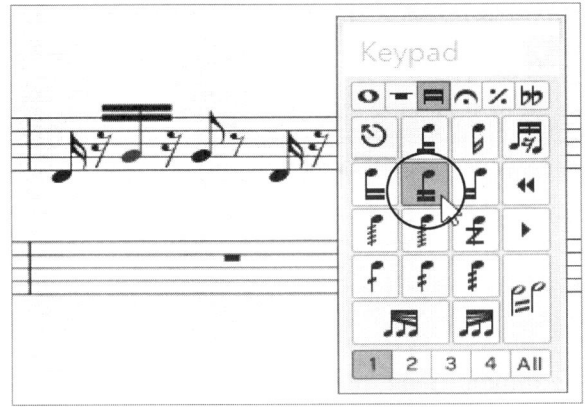

빔의 중간 부분으로 만든 모습

6. End Beam (종료 빔)

선택한 음표를 빔의 끝부분 음표로 만든다. 보통 다른 음표와 연결해 빔 모양을 만들 때 사용한다.

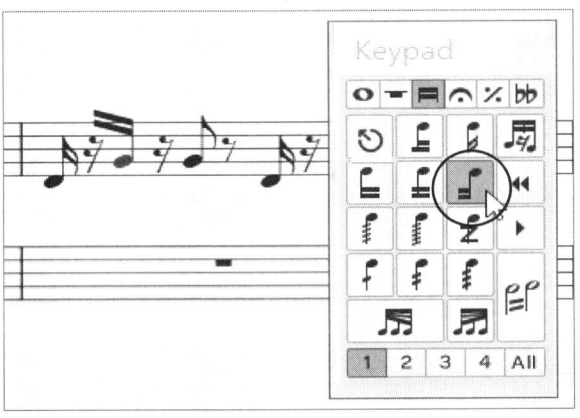

빔의 종료 부분으로 만든 모습

7. Tremolo (트레몰로)

6개의 트레몰로 버튼이 있다. 각각 2트래몰로, 4트래몰로, 8트래몰로, 16트래몰로, 32트래몰로, Buz Roll 트레몰로를 만든다. Buz Roll은 버저가 울리는 것 같은 트레몰로를 말한다.

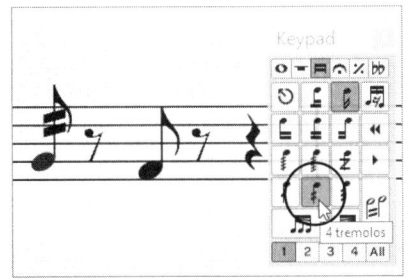

2트래몰로

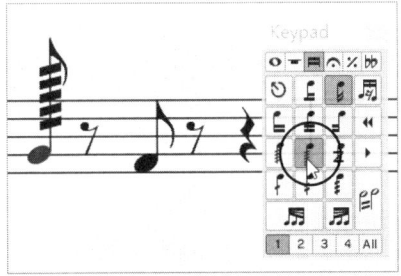

32트래몰로

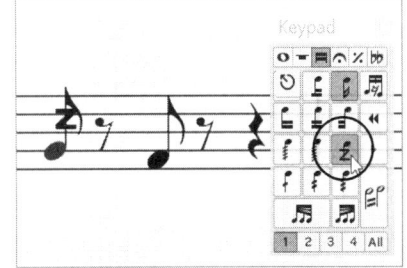

Buz Roll 트래몰로

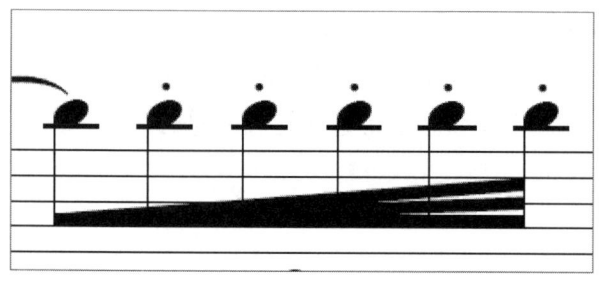

8. Feathered Beam accel (대각선 빔 만들기)

현대 음악 악보에서 볼 수 있는 빔 모양인 대각선 모양의 빔 음표를 만들 수 있다. 참고로 빔 그룹의 음표들이 같은 음 길이를 가지고 있어야 Feathered Beam을 만들 수 있다.

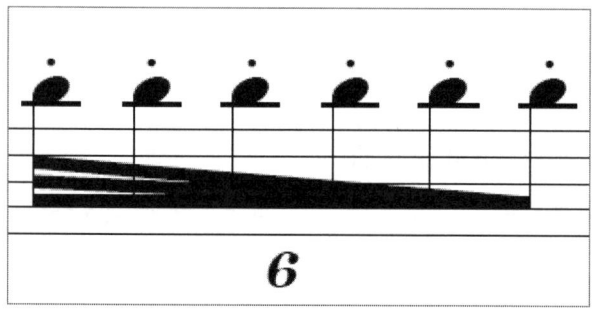

9. Feathered Beam rit (역방향 대각선 빔 만들기)

대각선 빔 모양을 역방향으로 만들 수 있다. 빔 그룹의 음표들이 같은 음 길이를 가지고 있어야 한다. 예를 들어 16분+32분음표 조합 빔음표에서는 이런 모양을 만들 수 없다. 16분+16분음표 조합이나 32분+32분음표 조합에서만 만들 수 있다.

10. Tremolo With Next Note (트레몰로 연속시키기)

작업할 음표를 선택한 후 이 버튼을 켠다(On). 그런 뒤 원하는 트레몰로를 적용하면 선택한 음표와 연이어 있는 음표에 같은 트레몰로가 적용된다.

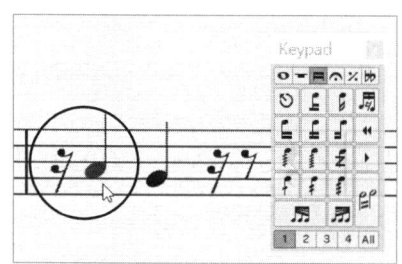
원하는 음표 선택

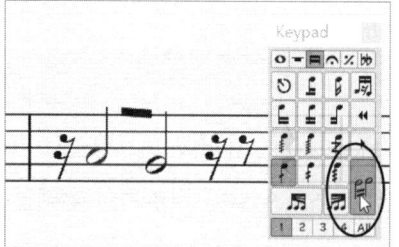
Tremolo With Next Note 버튼 클릭

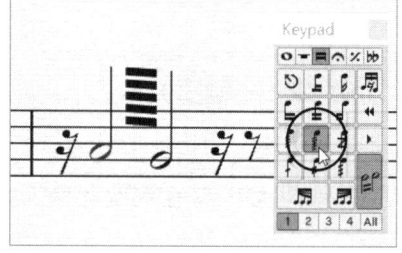
원하는 트레몰로 적용

따라하기 | 빔 음표를 일반 음표로 전환하기

시벨리우스는 음표를 입력할 때 연속되는 음표 등은 자동으로 빔음표로 만들어준다. 그러다보니 빔 음표가 마음에 들지 않아 해제하고 싶은 경우도 있다. 빔음표를 해제하여 일반 음표로 전환하는 방법을 알아본다.

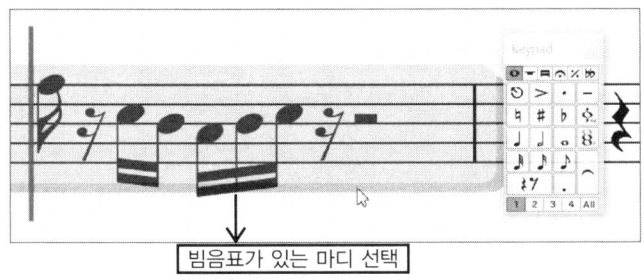

❶ 해제하고 싶은 빔음표나 마디, 보표를 클릭해 선택한다.

❷ 키패드에서 Beam/Tremolos 키패드를 선택한다.

❸ No Beam 버튼을 클릭하면 빔음표의 빔이 모두 해제되고 일반 음표로 전환된다.

따라하기 | 대각선 빔(Feathered Beam) 만들기

현대 음악 악보에서 볼 수 있는 대각선 모양의 Feathered Beam을 입력하는 방법을 알아본다.

❶ 단축키 F7을 눌러 Common 키패드로 전환한다. 옆 그림처럼 32분음표로 빔 음표를 입력한다.

❷ Esc 키를 눌러 입력 작업을 종료한다. 빔 음표의 빔 부분을 클릭해 선택한다.

❸ F9를 눌러 Beam/Tremolos 키패드로 전환한다. Feathered Beam 버튼을 클릭하면, 빔의 모양이 Feathered Beam으로 전환된다.

04. Articulations(아티큘레이션, 주법) 키패드

키패드가 열려있는 상태에서 단축키 F10을 누르면 Articulations 키패드로 전환된다. 이 키패드는 아티큘레이션(Articulations, 연주법) 심볼을 기보할 때 사용하는 키패드이다.

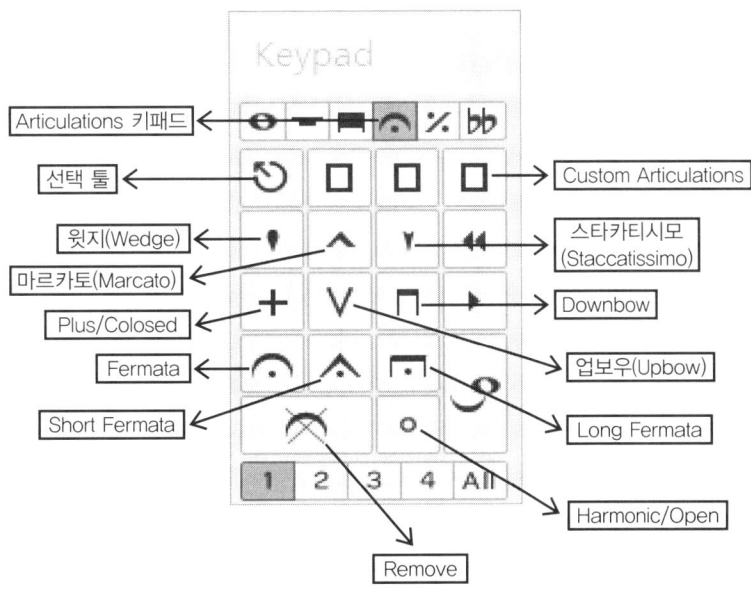

1. Wedge(웻지)

선택한 음표에 Wedge 심볼을 추가한다. 또는 키패드에서 입력할 음표를 선택한 뒤 이 버튼을 누르면 Wedge 심볼이 있는 음표를 입력할 수 있다. Wedge 심볼은 음 길이를 절반 정도 끊어 짧게 연주하는 스타카토와 유사하지만 더 강조한 연주법이다.

2. Marcato(마르카토)

선택한 음표에 Marcato 심볼을 추가한다. 또는 입력할 음표를 선택한 뒤 이 버튼을 누르면 마르카토 심볼이 있는 음표를 입력할 수 있다. Marcato 심볼은 음을 하나하나 똑똑하게 연주하라는 지시이다.

3. Staccatissimo(스타카티시모)

선택한 음표에 Staccatissimo 심볼을 삽입한다. 또는 입력할 음표를 선택한 뒤 이 버튼을 누르면 Staccatissimo 심볼이 있는 음표를 입력할 수 있다.
Staccatissimo 심볼은 스타카토와 같지만 더 강조한, 더 짧게 끊어서 연주하라는 지시이다.

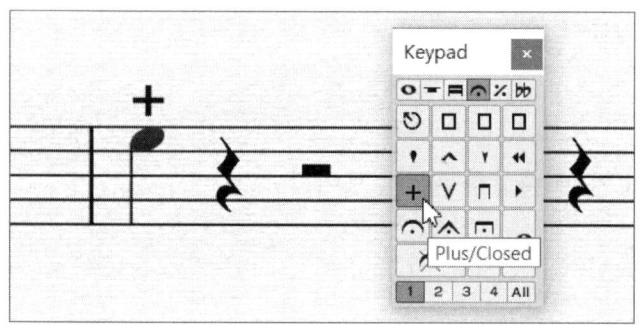

Closed(+) 심볼

4. Plus/Closed (플러스/크로즈드)

크로즈드(Closed+) 심볼을 삽입하는 기능이다. 이 심볼은 드럼악보의 Hi Hat 악기에서 Closed를 지시하거나 브라스 악기에서 mute 또는 hand-stopped를 지시한다. 스트링 악기에서는 왼손 피치카토(left-hand pizzicato), 바로크 악보에서는 Trill 연주를 지시한다.

5. Upbow(업보우)

업보우(올림활) 심볼을 삽입하는 기능이다. 현악기에서 활을 위로 올려 연주하라는 지시이다. 여린 박이나 가벼운 스타일의 연주를 지시할 때 기보한다.

6. Downbow(다운보우)

다운보우(내림활) 심볼을 삽입하는 기능이다. 현악기에서 활을 아래로 내려 연주하라는 지시이다. 쎈 박이나 딱딱 끊어서 연주하라고 지시할 때 기보한다.

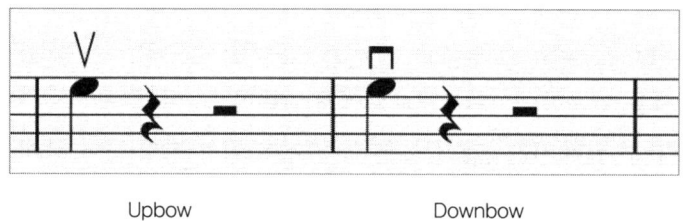

7. Fermata(페르마타)

Fermata 혹은 Pause 라고도 한다. 음표 위에 있을 경우 곡 감정에 맞게 1배 반 정도 늘이는 늘임표 기능을 하고, 겹세로줄 위에 붙어있을 경우에는 곡의 종료를 뜻하게 된다. 몇몇 악보에서는 쉼표 기능을 한다. 그러한 효과가 필요할 부분에서 기보한다.

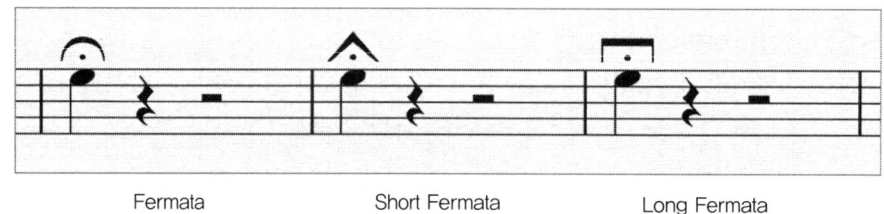

8. Short Fermata(숏 페르마타)

Fermata에 비해 짧은 주법이다.

9. Long Fermata(롱 페르마타)

Fermata에 비해 긴 주법이다.

10. Remove(아티큘레이션 삽입 취소하기)

삽입한 아티큘레이션을 음표에서 제거하고 원래 음표로 되돌리는 기능이다. 먼저 아티큘레이션이 삽입된 음표를 선택한 뒤 클릭하면 아티큘레이션이 제거된다.

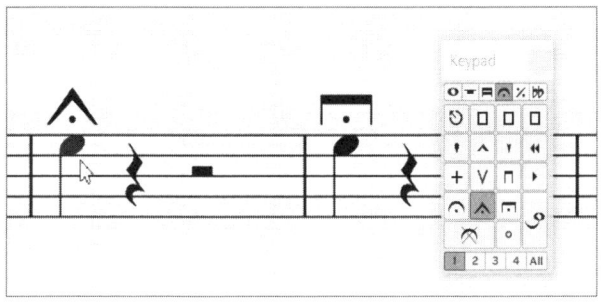

아티큘레이션 심볼이 있는 음표 선택

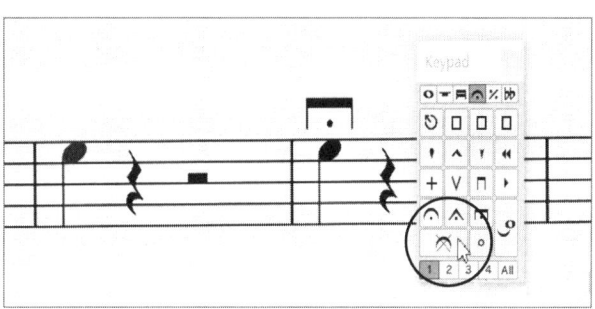

아티큘레이션을 취소한 모습

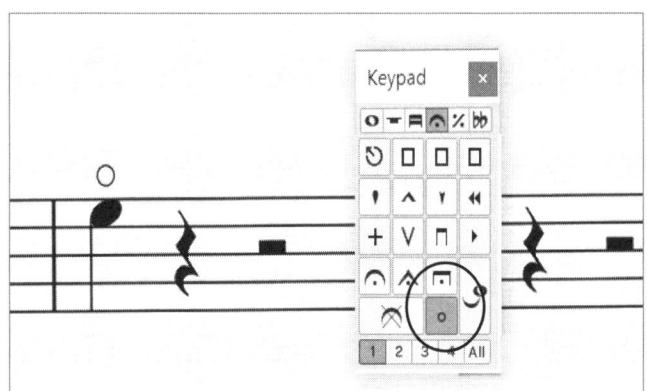

Open(o) 심볼 삽입 예제

11. Harmonic/Open (오픈 심볼)

드럼악보의 Hi-Hat 악기에서 흔히 보는 심볼이다. Open Hi-Hat을 뜻하는 o 심볼을 삽입할 수 있다. Open Hi-Hat은 페달을 밟지 않고 심벌즈를 치라는 뜻이며 Closed(+)는 페달을 밟고 심볼을 치라는 뜻이다.

05 Jazz Articulations(재즈 아티큘레이션) 키패드

재즈 악보의 브라스(금관악기), 윈드(관악기) 파트에서 흔히 사용하는 재즈 아티큘레이션 심볼을 입력할 수 있다. 먼저 작업을 적용할 음표를 선택한 뒤 원하는 아티큘레이션 버튼을 클릭하면 된다. 또는 키패드에서 입력할 음표를 선택한 뒤 원하는 아티큘레이션을 함께 선택한 뒤 오선지에 클릭해도 된다. 키패드가 열려있는 상태에서 Jazz Articulations 키패드 단축키는 F11이다.

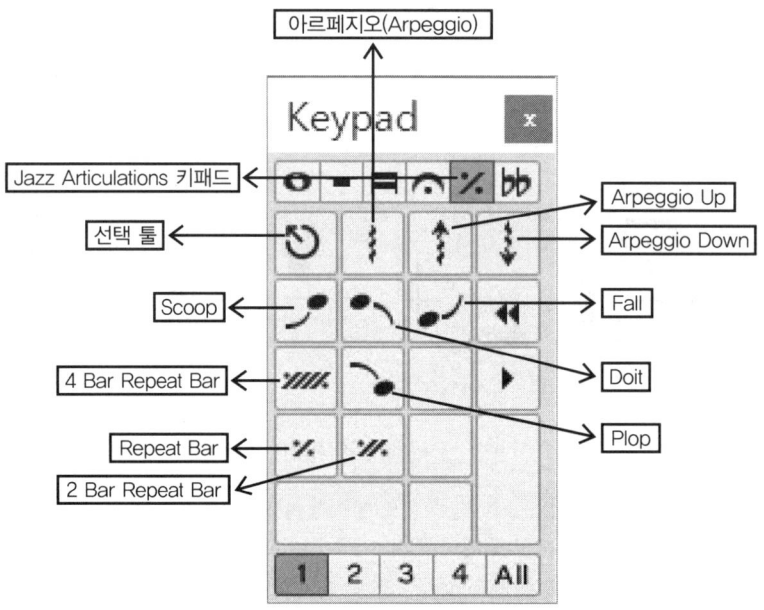

F7을 눌러 Common Notes 키패드로 전환한 뒤 입력할 노트로 8분음표를 선택한다.

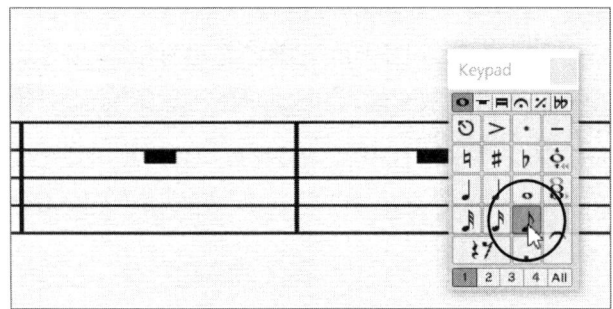

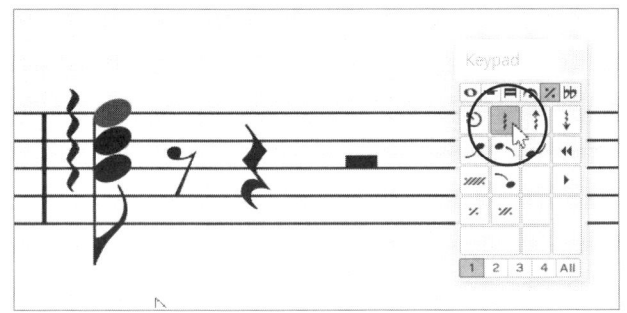

F11을 눌러 Jazz Articulations 키패드로 전환한 뒤 Arpeggio 버튼을 클릭한 후 음표를 입력한다. 아르페지오 심볼이 함께 입력된다.

입력한 음표가 선택된 상태에서 컴퓨터 자판의 3번 키를 두 번 눌러 화음 음표를 만들어 준다.

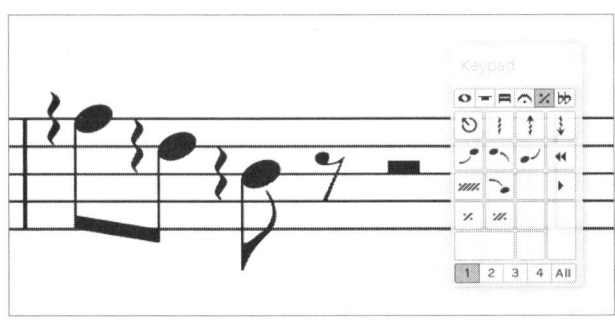

Arpeggio 심볼은 화음을 쪼개어 연주하라는 지시이므로 플레이를 하면 화음이 한꺼번에 들리는 것이 아니라 옆 그림처럼 쪼개어 연주될 것이다.

1. Arpeggio(아르페지오)

악보에서 화음 음표를 선택한 뒤 아르페지오 버튼을 클릭하면 아르페지오 심볼이 삽입된다. 해당 음표를 연주할 때 아르페지오로 연주하라는 지시이다.

2. Arpeggio Up(아르페지오 업)

'아르페지오 업' 연주를 지시하는 아르페지오 업 심볼을 삽입한다. 화음 음표를 아르페지오로 연주할 때, 아래 음에서 위 방향으로 순서대로 연주하라는 뜻이다.

3. Arpeggio Down(아르페지오 다운)

'아르페지오 다운' 연주를 지시하는 아르페지오 다운 심볼을 삽입한다. 화음 음표를 아르페지오로 연주할 때, 위에서 아래 음 방향으로 순서대로 연주하라는 뜻이다.

Arpeggio 심볼   Arpeggio Up 심볼   Arpeggio Down 심볼

4. Plop

재즈 악보에서 볼 수 있는 Plop 심볼을 삽입한다. 해당 음을 갑자기 풍덩 하듯 떨어지듯 연주하는 기법이다. 재즈 색소폰과 일부 재즈 악기에서 사용하는 연주기법이다. 색소폰 보표에서 입력한 뒤 악보를 플레이하면 그 효과를 확인할 수 있다.

5. Scoop

재즈 악보에서 사용한다. 밑에서 퍼 올리는 듯 연주하라는 Scoop 심볼을 삽입한다. 색소폰 등의 일부 악기에서 사용하는 연주기법이다. 색소폰 보표에서 입력한 뒤 악보를 플레이하면 그 효과를 확인할 수 있다.

6. Doit

Doit 심볼은 해당 음을 들어 올리는 듯(Lift) 연주하는 기법을 말한다. 색소폰 등의 일부 악기에서 사용하는 연주기법이다. 색소폰 보표에서 입력한 뒤 악보를 플레이하면 그 효과를 확인할 수 있다.

7. Fall

Fall 심볼은 해당 음이 점점 슬라이드되어 떨어지는 듯한 연주기법을 말한다. 색소폰 등의 일부 악기에서 사용하는 연주기법이다. 색소폰 보표에서 입력한 뒤 악보를 플레이하면 그 효과를 확인할 수 있다.

8. Repeat Bar (도돌이표) 버튼

Repeat Bar 심볼은 선행 1마디를 반복시킬 때 사용한다. 보통 드럼 보표나 기타 악보에서 앞 마디를 똑같이 반복시킬 때 입력한다.

리피트 바는 음표를 입력하고 있을 때만 입력할 수 있다. 예를 들어 앞 마디에서 음표를 입력하면 Caret(음표 입력시 보이는 커서)이 표시되는데 이 Caret이 다음 마디로 이동시킨 후 리비트 바 버튼을 클릭하면 리피트 바가 입력된다.

그림처럼 아무거나 멜로디를 1마디 입력한다. 이 하나의 마디를 리피트 시켜본다.

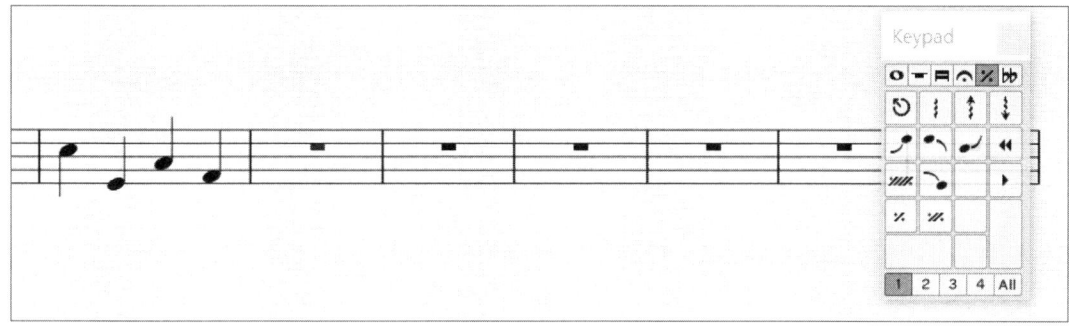

단축키 F11을 눌러 키패드의 5번 탭으로 이동한다. 그런 뒤 컴퓨터 자판의 1번 키를 눌러 입력하거나 키패드의 Repeat Bar 버튼을 클릭한다.

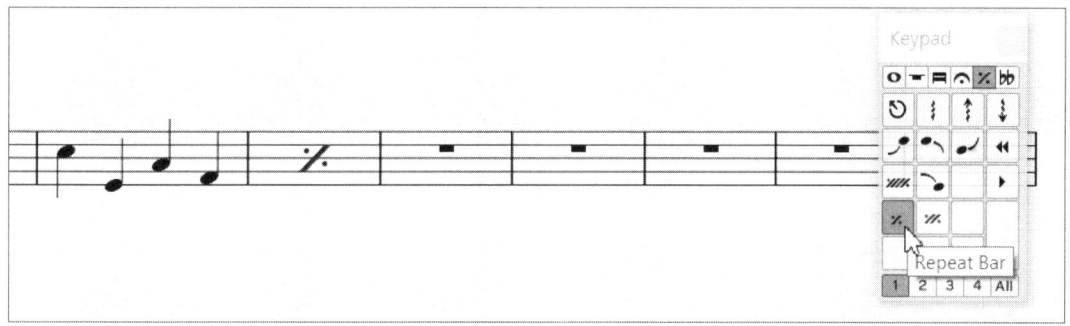

9. 2 Bar Repeat Bar 버튼

2 Bar Repeat Bar는 앞의 2마디를 반복한다는 뜻이며 다음과 같이 입력한다.
먼저 반복시킬 2마디의 멜로디를 작곡한 뒤 화살표 (->) 키를 눌러 커서를 다음 마디로 이동시킨다.

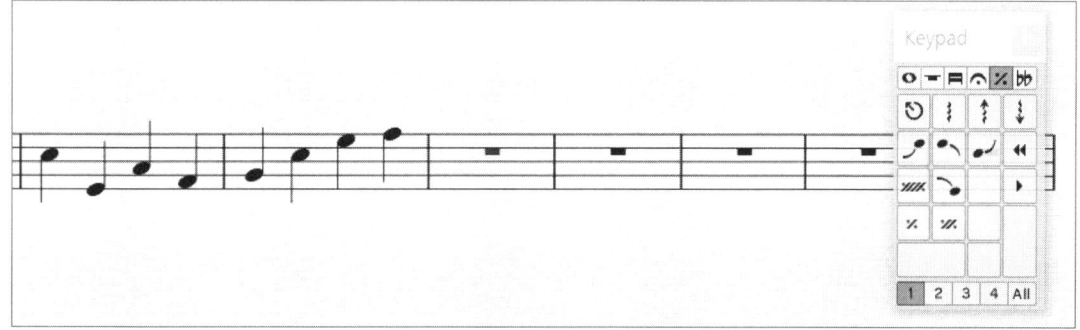

단축키 F11을 눌러 키패드의 5번 탭으로 이동한다. 그런 뒤 컴퓨터 자판의 2번 키를 눌러 입력한다.

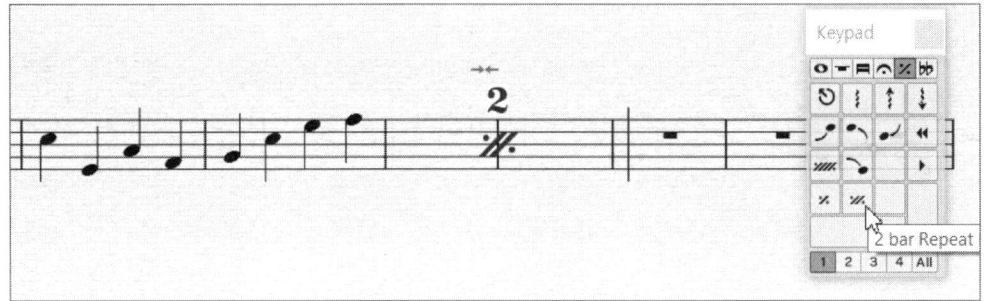

10. 4 Bar Repeat Bar 버튼

4 Bar Repeat Bar는 앞의 4마디를 반복한다는 뜻이며 다음과 같이 입력한다. 단축키는 컴퓨터 키패드의 4번 키이다. 먼저 4마디의 멜로디를 입력한 뒤 커서를 다음 마디로 이동시킨다. 그런 뒤 단축키 F11을 눌러 키패드의 5번 탭으로 이동한다. 마지막으로 컴퓨터 자판의 4번 키를 눌러 입력한다.

06 Accidentals(임시표) 키패드

키패드가 열려있는 상태에서 Accidentals 키패드 단축키는 F12이다. 원하는 음표에 임시로 조성을 변화시키는 올림표나 내림표같은 Accidentals(임시표, 변화표) 심볼을 삽입하는 기능이다. 먼저 작업이 적용될 음표를 선택한 뒤 키패드에서 원하는 임시표를 클릭하면 된다. 또는 키패드에서 입력할 음표를 선택하고 원하는 임시표를 함께 선택한 뒤 오선지에 클릭해도 된다.

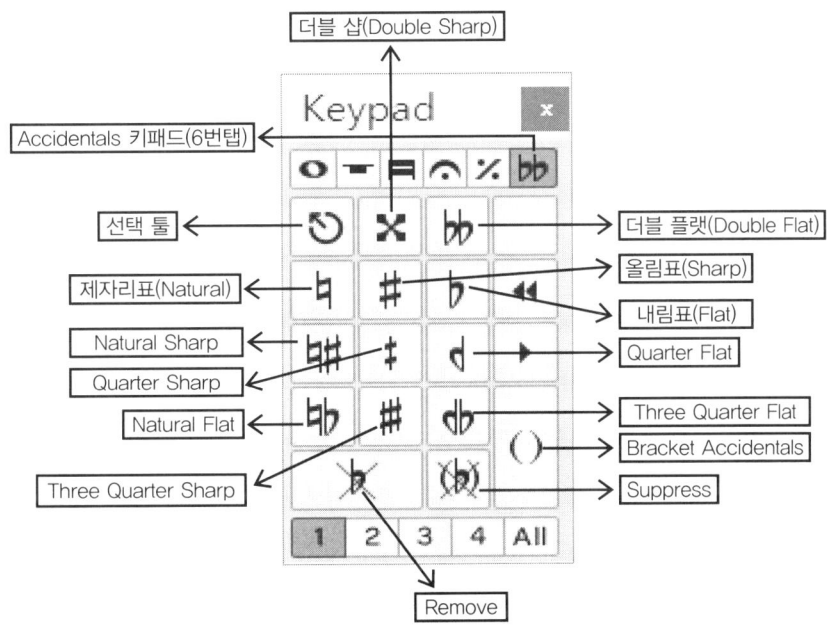

1. 더블 샵(Double Sharp)

선택한 음표에 더블 샵(X, 겹올림표) 임시표를 삽입한다. 해당 음을 반음 올린 상태에서 다시 반음 올려 연주하라고 지시할 때 입력한다.

2. 더블 플랫(Double Flat)

선택한 음표에 더블 플랫(♭♭, 겹내림표) 임시표를 삽입한다. 해당 음을 반음 내린 상태에서 다시 반음 내려 연주하라고 지시할 때 입력한다.

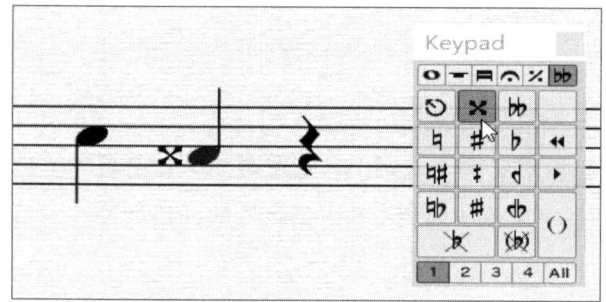
Double Sharp

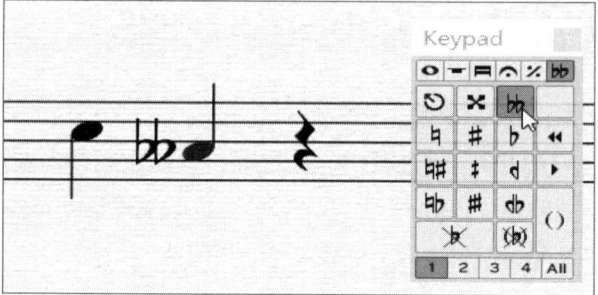
Double Flat

3. 제자리표(Natural)

선택한 음표에 제자리표를 삽입한다. 제자리표(♮)란 조표의 샵(#)이나 플랫(♭) 임시표의 효력을 무시하고 원래 음으로 연주하라고 지시하는 심볼이다.

4. 올림표(Sharp)

선택한 음표에 샵(#)을 삽입한다. 15페이지 앞의 Common Keypad를 참고한다.

5. 내림표(Flat)

선택한 음표에 플랫(♭)을 삽입한다. 15페이지 앞의 Common Keypad를 참고한다.

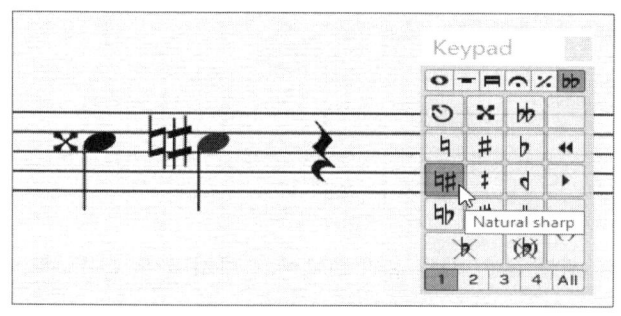
같은 음의 더블 샵 효능을 취소하는 내츄럴 샵

6. Natural Sharp(내츄럴 샵)

내츄럴 샵(♮#) 임시표는 보통 더블 샵(X) 임시표와 함께 사용한다. 보표에서 선행 위치에 삽입된 더블 샵(X) 효능을 취소하는 심볼이다.

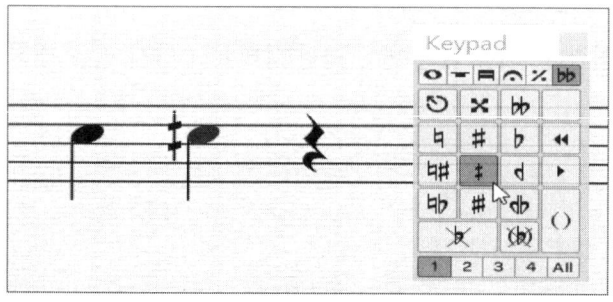
쿼터 샵

7. Quarter Sharp(쿼터 샵)

선택한 음표에 쿼터 샵 임시표를 삽입한다. 해당 음을 반음(100센트)의 절반인 50센트(Cents)만큼 올려 연주하라는 지시이다. 원래 음정의 절반의 절반 음정이므로 '사분음'이라고도 한다.

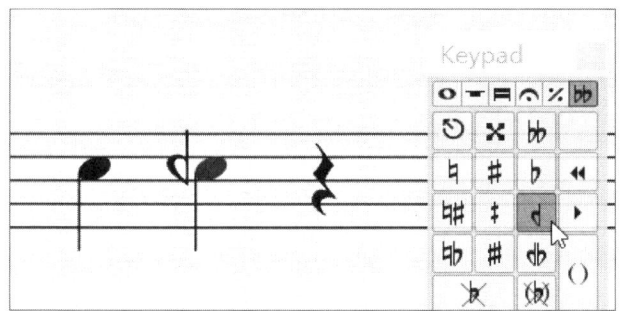

쿼터 플랫

8. Quarter Flat(쿼터 플랫)

선택한 음표에 쿼터 플랫 임시표를 삽입한다. 해당 음을 반음의 절반인 50센트만큼 내려 연주하라는 뜻이다. 이 역시 '사분음'이라고 한다.

> **TIP** 시벨리우스에서는 사분음이 재생되지 않고 반음으로 재생된다. 시벨리우스의 Play -> Plug ins -> Quarter-tone Playback 메뉴는 사분음도 재생되는 사분음 플레이백 기능이다.

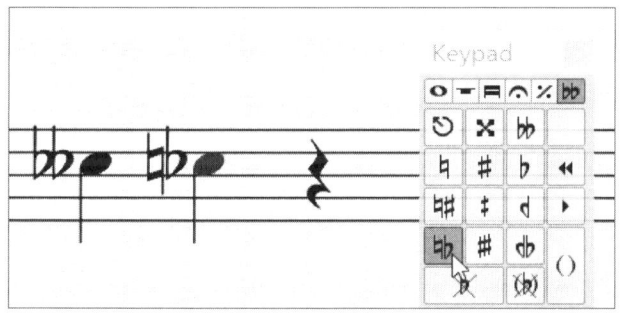

같은 음정의 더블 플랫 효능을 취소하는 내츄럴 플랫

9. Natural Flat(내츄럴 플랫)

플랫(♮♭) 임시표는 보통 더블 플랫(♭♭) 임시표와 함께 사용한다. 해당 라인의 더블 플랫 효력을 취소하는 기능이다.

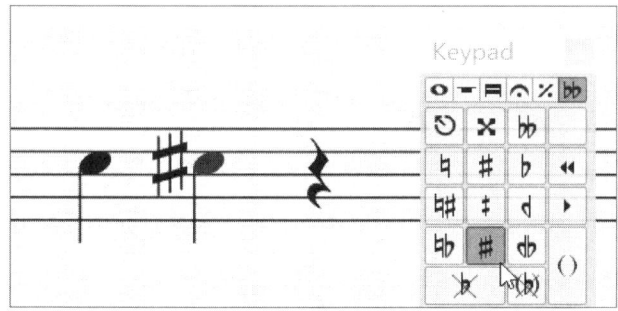

쓰리 쿼터 샵

10. Three Quarter Sharp(쓰리 쿼터 샵)

해당 음을 반음(100센트)이 아닌 150센트만큼 올려 연주하는 쓰리쿼터 샵 임시표를 삽입한다.

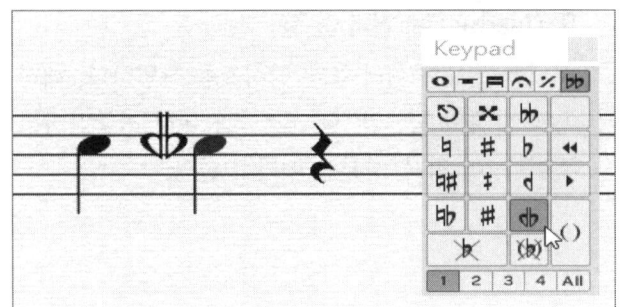

쓰리 쿼터 플랫

11. Three Quarter Flat(쓰리 쿼터 플랫)
해당 음을 반음(100센트)이 아닌 150센트만큼 내려 연주하는 쓰리쿼터 플랫 임시표를 삽입한다.

임시표에 브라켓을 만든 모습

12. Bracket Accidentals(브라켓, 괄호)
임시표에 괄호를 만들어준다. 임시표의 명확성을 높이기 위해 삽입하거나 현재 편집 중임을 알려주기 위해 괄호를 만들기도 한다. 예비로 만든 임시표임을 보여줄 때도 괄호를 사용한다.

13. Remove(임시표의 제거)
선택한 음표에 있는 임시표를 제거하는 기능이다. 마디를 선택한 뒤 적용하면 한 번에 많은 임시표를 일괄 제거할 수 있다.

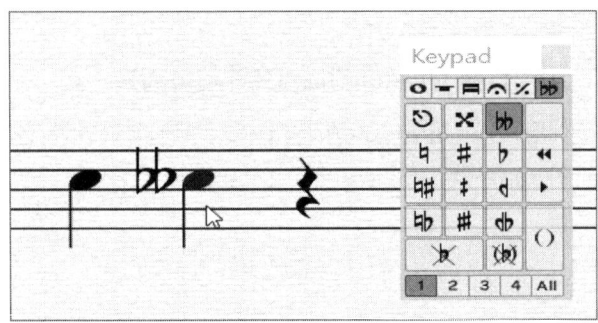

임시표가 있는 음표 선택

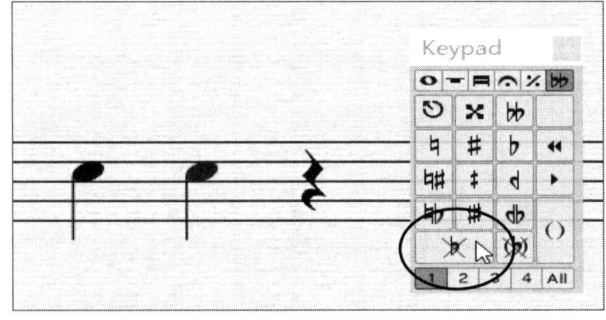

Remove 버튼으로 임시표를 제거한 모습

14. Suppress(b) 버튼 – 예비 임시표 감추기

선택 툴로 선택한 예비 임시표(Cautionary Accidentals)를 감추는 기능이다. 예비 임시표는 보표 앞에 삽입한 조표에 의해 악보에서 자동으로 출현하는 임시표이다.

> **참고 조표와 임시표의 효력이 적용되는 범위**
>
> 샵(#)이나 플랫(b)을 조합해 만든 조표는 곡 전체의 같은 음에(같은 줄에 있는 음에) 효력을 발생시킨다. 이와 달리 임시표는 해당 마디의 같은 음에만 효력이 적용된다. 만일 임시표가 있는 음이 붙임줄로 다음 마디의 음과 연결되어 있다면 연결된 음에도 효력이 적용된다. 또한 같은 마디라고 해도 다른 옥타브의 같은 음에는 효력이 없다.

CHAPTER 04 시벨리우스의 기본 편집 기능

시벨리우스의 메인메뉴를 공부하기에 앞서 기본적인 편집 기능을 정리하였다.

01 기본 편집 익히기 1 – 오브젝트 선택하기(선택 툴)

선택 툴은 악보에 기보한 모든 오브젝트(음표, 쉼표, 음자리표, 박자표, 조표, 마디, 마디번호, 마디선, 텍스트 심볼, 그림 심볼, 템포 텍스트 등)를 마우스 클릭으로 선택할 때 사용한다. 선택한 오브젝트는 Del 키를 눌러 삭제하거나 마우스 드래깅으로 이동할 수 있다.

'선택 툴'의 단축키는 Esc 키이다. 어떤 작업을 하건 Esc 키를 누르면 선택 툴을 사용할 수 있는 상태가 된다. 또한 오브젝트가 선택된 상태에서 선택을 취소하는 단축키도 Esc 키이다.

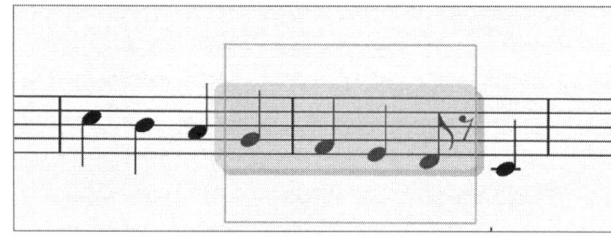

1. Shift + 드래그

선택 툴을 Shift + 드래그하면 해당 영역 안의 오브젝트를 모두 선택할 수 있다.

2. Ctrl + 클릭

선택 툴로 Ctrl + 클릭을 하면 서로 떨어져있는 오브젝트를 하나씩 추가하면서 선택할 수 있다.

3. 길이 조절

선택 툴은 오브젝트의 길이를 조절할 수 있다. 오브젝트의 끝 부분을 클릭하면 핸들이 나타나는데 이 핸들을 잡아당겨 길이를 조절한다.

4. 마디 간격 조절

선택 툴은 마디선의 좌우 간격을 조절할 때도 사용할 수 있다. 마디선이나 음표를 선택한 뒤 좌우로 드래그하면 마디 간격, 음표 간격이 조절된다.

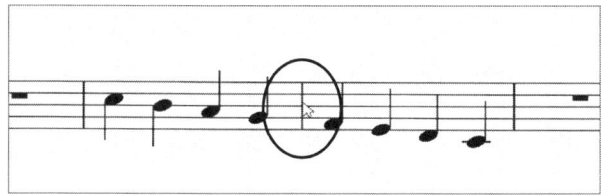 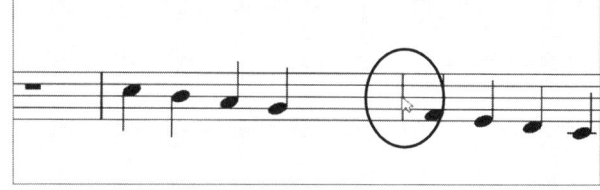

마디선을 클릭해 선택한 모습　　　　　　　　　　마디선을 오른쪽으로 이동시킨 모습

5. 보표 간격 조절

선택 툴은 큰 보표 또는 시스템 보표의 상하 간격을 조절할 때도 사용한다. 보표의 마디를 클릭해 선택한 뒤 상하로 드래그하면 상하 간격이 조절된다.

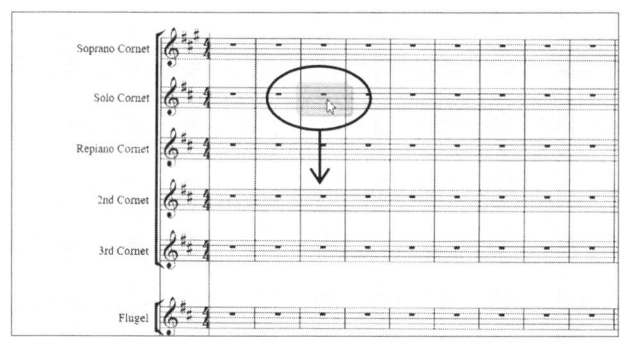

마디를 클릭해 선택한 뒤 아래로 드래그한다.

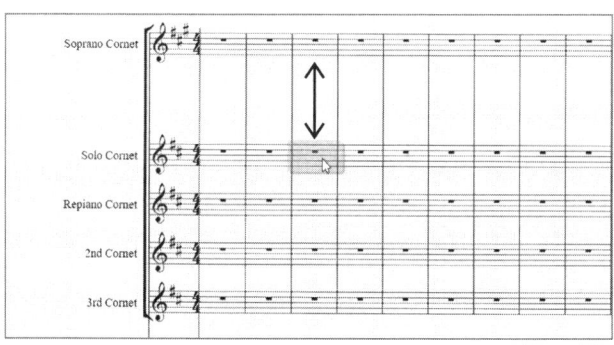

상하 간격이 조절된 모습이다.

02 기본 편집 익히기 2 - 음표 복제, 오브젝트 복제

악보에 기입한 음표 머리, 심볼, 텍스트는 Alt 단축키로 복제할 수 있다. 똑같은 멜로디가 반복되거나 심볼이 반복될 경우에는 일반적으로 복제해 사용한다. 음표 머리를 복제하는 방법과 오브젝트를 복제하는 방법을 알아본다.

작업할 음표 머리를 클릭해 선택한다.

음표 머리를 Alt + 클릭하면 음표 머리를 복제할 수 있다. 복제된 음표 머리를 클릭해 선택한다.

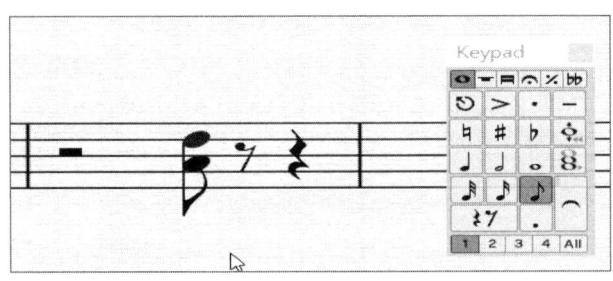

키보드의 화살표키(↓↑)를 누르면 선택한 음표 머리를 상하로 이동시킬 수 있다.
이때 Ctrl + 화살표키(↓↑)를 누르면 한 옥타브 간격으로 이동할 수 있다.

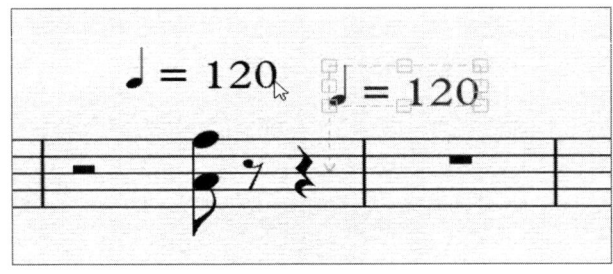

Alt + 클릭 단축키는 오브젝트를 복제할 때도 사용한다.
그림은 '메트로놈 마크'를 Alt + 클릭으로 복제한 모습이다.

03 기본 편집 익히기 3 – 같은 음표, 멜로디의 자동 입력

같은 음표, 같은 멜로디, 같은 패턴이 반복되는 구간에서는 일일이 입력하지 않고 R 단축키로 복제해서 사용한다. 예를 들어 같은 멜로디를 가진 마디가 여러 번 반복되는 구간이라면 반복될 요소들을 R 단축키로 자동 입력할 수 있다.

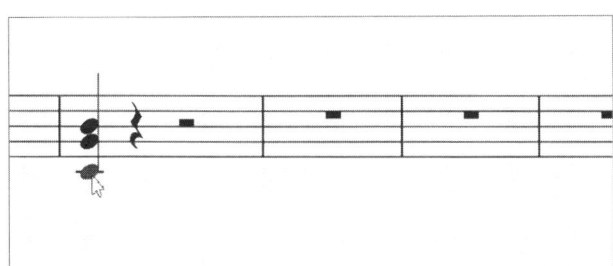

같은 음표를 계속 똑같은 음에 반복 입력해야 할 경우, 먼저 그 음표를 클릭해 선택한다.

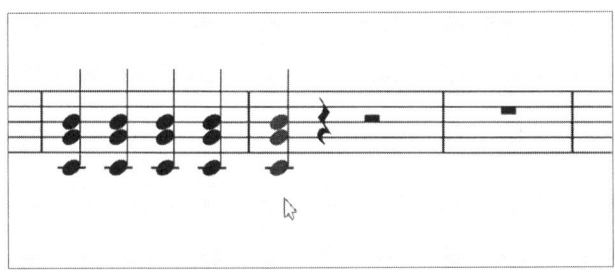

단축키 R을 누르면 자동으로 반복되어 입력된다.

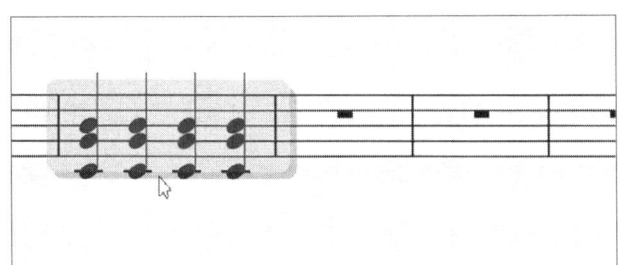

똑같은 마디를 반복시킬 경우 해당 마디를 클릭해 선택한다.

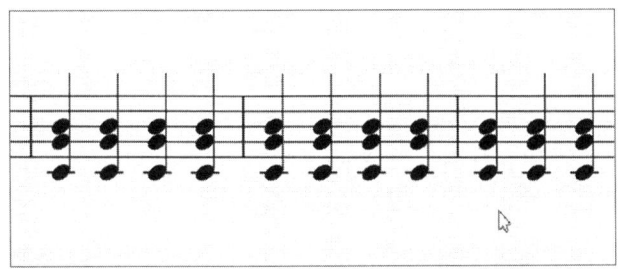

R 단축키를 누르면 마디가 통째로 반복되어 자동 입력된다. 이때 비어있는 마디는 반복되지 않는다.

04 기본 편집 익히기 4 – 화음 음표를 단축키로 입력하기

마스터 건반으로 2개 이상의 키를 동시에 누르면 화음이 입력된다. 마스터 건반이 없을 경우에는 마우스로 화음을 입력하기도 하지만 보통은 단축키를 사용하는 것이 좋다.

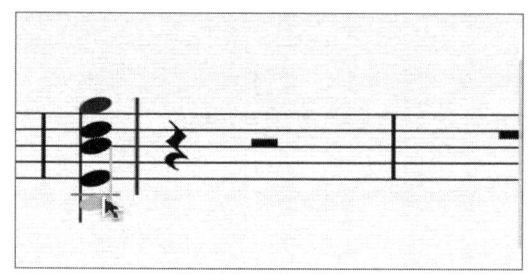

마우스로 음표를 입력한 뒤 곧바로 음표 머리의 상단이나 하단을 연이어서 클릭하면 화음이 입력된다.

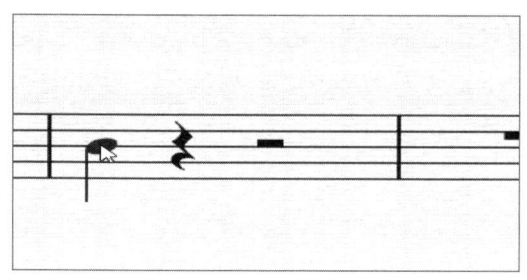

음표를 입력한 상태에서(그 음표 머리가 선택된 상태에서) 단축키인 숫자키를 눌러 화음(음표머리)을 입력할 수 있다. 숫자키란 컴퓨터 자판의 1~9번 번호키를 말한다.

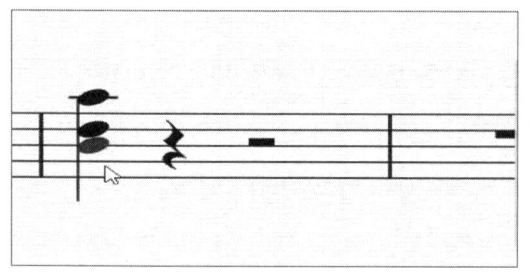

예를 들어 단축키 3을 누르면 선택한 음표의 3 음정 높은 곳에 화음이 입력된다. 5를 입력하면 선택한 음보다 5음정 높은 곳에 화음이 입력된다. 아래 방향으로 화음을 입력하려면 Shift + 숫자키를 누른다.

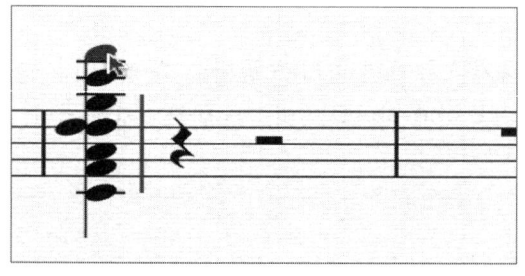

입력한 화음을 수정하는 경우도 있다. 그럴 생각으로 키패드에서 음표를 선택한 뒤 화음 음표를 클릭하면 그 화음 음표가 아예 삭제되어 화음을 입력하는 작업을 처음부터 다시 해야 한다. 이를 방지하려면 수정할 화음 음표의 하나를 선택한 뒤 단축키 N을 누른다. 그럴 경우 기존 화음이 삭제되지 않고 화음 수정 입력을 할 수 있다.

05 기본 편집 익히기 5 – 잇단음표의 입력 방법

잇단음표는 원래 두 개로 입력해야 할 음표를 3, 4등분 또는 세 개로 입력할 음표를 4, 5등분하여 입력한 음표들이다. 잇단음표는 온음표, 2분음표, 4분음표, 8분음표, 16분음표, 32분음표 등 모든 음표에서 만들 수 있다.

먼저 잇단음표를 생성시키려면 음표 하나를 클릭해 선택한 뒤 단축키 Ctrl + 숫자키를 사용한다.

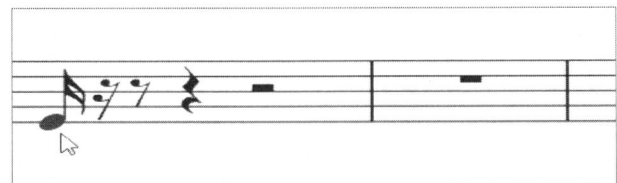

16분음표를 입력한 뒤 음표를 클릭해 선택한다.

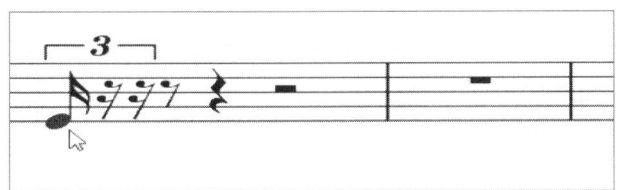

단축키 Ctrl + 3을 누르면 3잇단음표 표시가 입력된다.

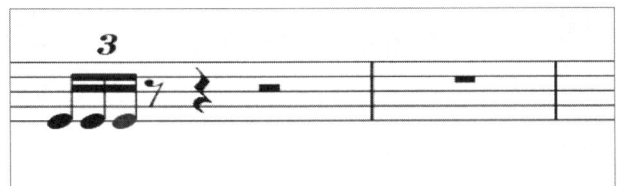

단축키 R을 두 번 누르면 음이 자동 복제되므로 3잇단음표가 자동으로 만들어진다.

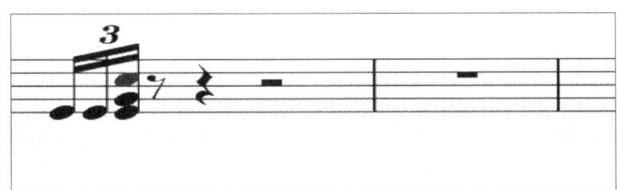

이 상태에서 숫자키 1~9를 누르면 화음이 만들어진다.

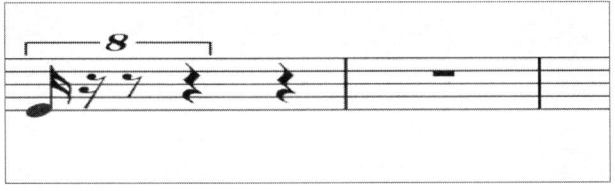

만일 앞에서 Ctrl + 4를 누르면 4잇단음표가, Ctrl + 5를 누르면 5잇단음표가 만들어진다. 그림은 Ctrl + 8을 눌러 8잇단음표를 만든 모습이다.

06 새 마디 추가 & 원하는 마디 삭제하기

작업을 진행하다가 원하는 위치에 새 마디를 추가하는 방법과 원하는 마디를 삭제하는 방법을 알아본다.

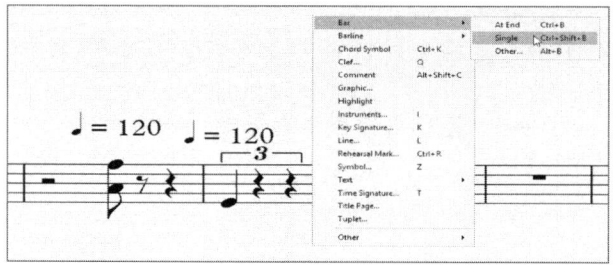

악보의 여백 부분을 마우스 오른쪽 버튼으로 클릭한 뒤 Bar -> Single 메뉴를 실행한다.
Single 메뉴는 사용자가 클릭한 마디에 하나의 마디를 추가하고, At End 메뉴는 보표 끝에 하나의 마디를 추가하는 기능이다.

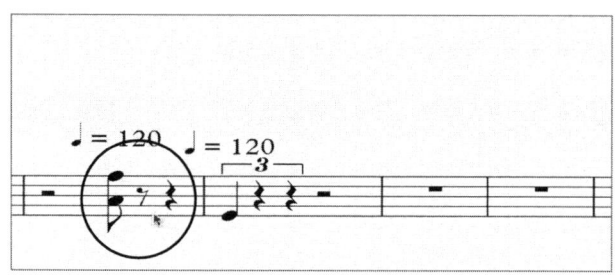

Bar -> Single 메뉴를 실행하면 커서가 화살표 모양으로 변한다. 이때 새 마디가 삽입될 위치에 있는 마디를 클릭한다.

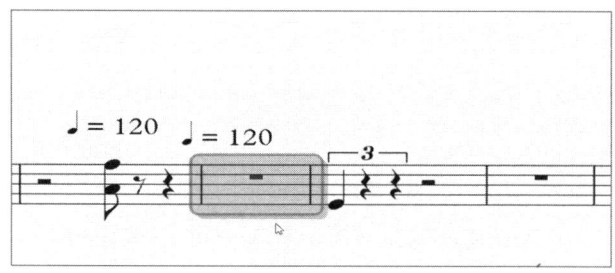

클릭한 마디의 바로 뒤에 싱글 마디가 삽입된다. 참고로 마디를 삭제하려면 Ctrl + 클릭으로 삭제할 마디를 선택한 뒤 Del 키로 삭제한다.

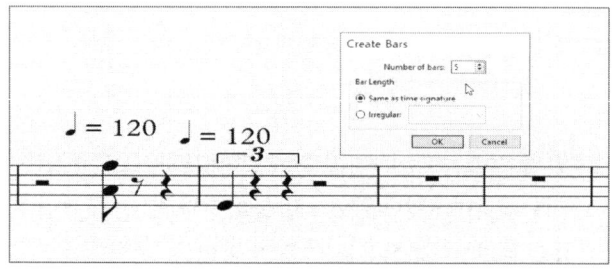

만일 한 번에 여러 개의 마디를 생성시키려면 단축 메뉴의 Other 메뉴를 실행한 뒤 대화상자에서 생성시킬 마디 수를 입력한 뒤 생성시킨다.
5라고 입력한 경우 5개의 마디가 생성된다.

07 뮤직 심볼 입력 방법과 효과 맛보기 - 스타카토, 트레몰로 심볼

시벨리우스는 트레몰로와 엑센트 같은 자주 사용하는 심볼들을 신속하게 입력할 수 있도록 키패드에 별도로 빼 놓았다. 키패드를 통해 입력하는 음악 심볼과 메인 메뉴를 통해 입력하는 음악 심볼의 입력 방법과 효과를 알아본다.

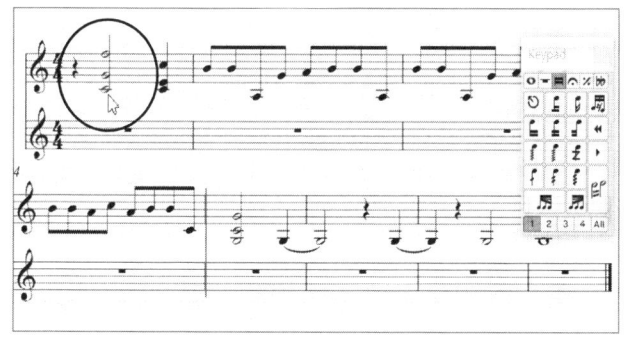

File -> Open 메뉴로 'fine.sib' 파일을 불러온다.
단축키 Ctrl + [를 눌러 곡의 시작부로 플레이백라인을 이동시킨 뒤 스페이스 바를 눌러 연주해 본다.
다시 스페이스바를 눌러 연주를 정지한다.

첫 번째 음표를 클릭해 선택한다.
키패드의 3번째 탭을 클릭하면 여러개의 트레몰로 버튼이 있다.
이중 3번째 트레몰로 버튼을 클릭하면 선택한 음표에 적용된다. 해당 음표에 트레몰로 심볼이 삽입된 것을 알 수 있다.

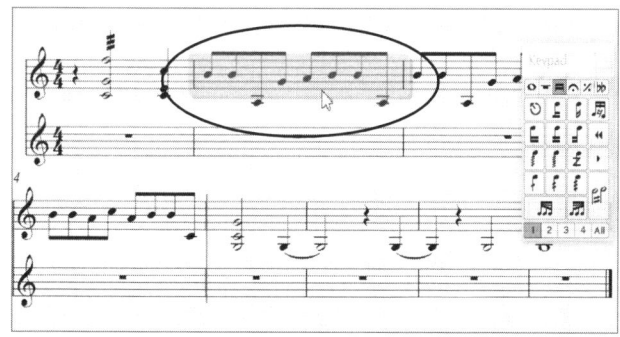

두 번째 마디에 있는 음표들을 Shift + 드래그하여 전부 선택한다.

키패드의 4번째 탭을 클릭하면 엑센트 심볼들이 있다. 여기서 스타카토와 비슷한 연주법인 Staccatissimo 버튼을 클릭해 선택한 마디의 음표들에게 적용한다.

악단축키 Ctrl + [를 눌러 곡의 시작 위치로 플레이백라인을 이동시킨 뒤 스페이스 바를 눌러 연주해 본다.
첫 번째 마디의 음은 트레몰로로 연주되고, 두 번째 마디의 음들은 Staccatissimo로 끊어서 연주된다.

이와 같이 시벨리우스는 뮤직 심볼을 즉석에서 입력할 수 있을 뿐 아니라 악보를 플레이할 때 그 심볼이 지시하는데로 음악을 플레이해 준다.

시벨리우스는 Notations -> Lines 메뉴에서도 그리산도, 트레몰로, 비브라토, 포르타멘토, 크레센도 같은 다양한 음악 심볼을 라인을 그리는 방식으로 입력할 수 있다. 악보에 음악 기호들을 입력하면 시벨리우스는 그것을 해석하고 악보를 플레이한다.

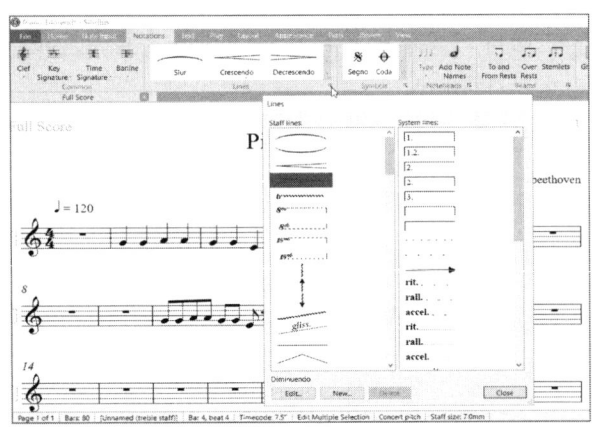

라인형 음악 심볼들

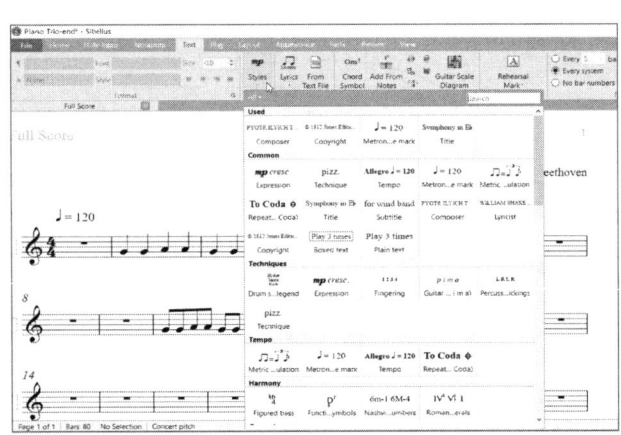

텍스트형 음악 심볼들

08 기본 도돌이표 설정하기 - 도돌이표의 설정과 효과 확인하기

악보에서 흔히 볼 수 있는 도돌이표의 삽입 방법과 도돌이표가 지시하는데로 악보가 플레이되는 모습을 확인해 본다. 아래와 같이 도돌이표를 삽입하면 시벨리우스는 도돌이표가 지시하는데로 악보를 플레이를 하게 된다.

샘플 'Repeat.sib' 파일을 불러온 뒤 도돌이 구간의 시작 지점이 될 마디선을 클릭해 선택한다.

마디선을 클릭한 모습

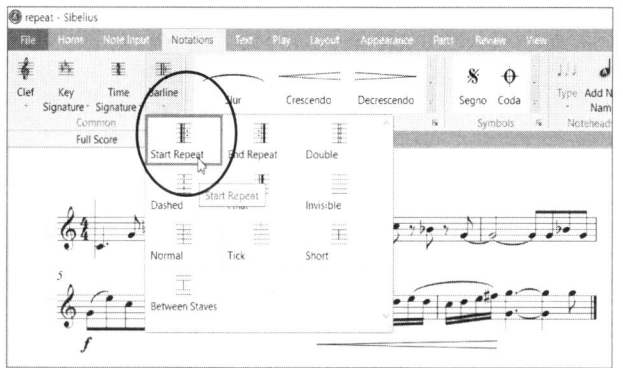

Notations -> Barline 메뉴를 실행한 뒤 Start Repeat 메뉴를 적용한다.

마디선이 도돌이 시작 지점을 뜻하는 도돌이선으로 교체되었다.

Part 2. 시벨리우스 2023 기초 조작법 공부하기 **105**

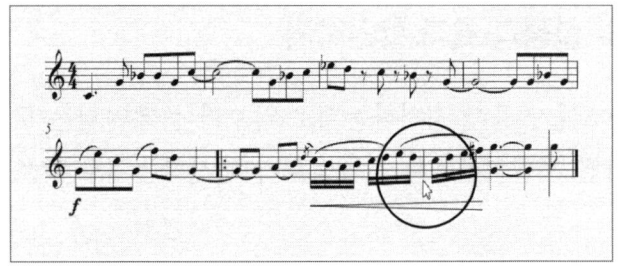

이번에는 도돌이 구간의 종료 지점이 될 마디선을 클릭해 선택한다.

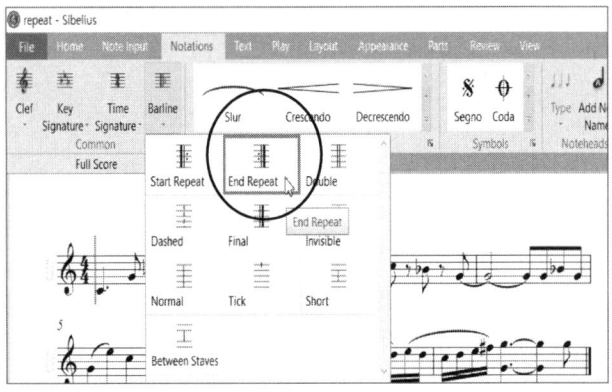

Notations -> Barline 메뉴를 실행한 뒤 End Repeat 메뉴를 적용한다.

양쪽에 도돌이선이 삽입된 모습이다.

악보를 플레이하면 1-2-3-4-5-6-6-7 번호 순으로 연주된다. 도돌이표 구간인 6번 마디가 2회 연주되는 것이다.

09 도돌이 설정 고급기능 익히기 – 달 세뇨, 코다 심볼로 도돌이 구간 설정하기

클래식음악 같은 고급 악보에서 사용하는 코다, 달 세뇨 심볼을 사용해 도돌이 구간을 설정해 본다. 먼저 이들 심볼들의 뜻을 알고 넘어가는 것이 순서일 것이다.

1. Dal segno (D.S. 달 세뇨)
앞의 $(세뇨)가 있는 부분으로 점프한 뒤, 'To Coda'가 표기된 부분까지 연주한다. 표기법은 'd.s. al coda'이다. 만일 'd.s. al fine'로 표기하면 $(세뇨)가 있는 부분으로 돌아가서 연주하면서 'Fine'가 나오는 부분에서 종료된다.

2. segno (세뇨)
S자에 줄이 쳐진 $ 심볼의 발음법이다.

3. da capo (D.C. 다 카포)
곡의 처음으로 돌아가서 연주한다. 표기법은 'd.c. al coda' 또는 'd.c. al fine'이다.

4. To coda
'To coda'가 표기된 부분에서 바로 'coda' 심볼이 있는 곳으로 건너 뛰어 연주한다. 일반적으로 악보에는 'To Coda' 다음에 'Coda'가 나온다. 단, 시벨리우스에서 악보를 연주할 때 'To Coda'에서 'Coda' 심볼로 넘어가게 하려면 'To Coda'와 'Coda' 사이에 시스템 브레이크가 적용된 상태여야 한다.

5. coda (코다)
'coda'는 원 모양에 십자가 표시가 있는 Ø 심볼의 이름이다. 'fine'처럼 곡의 종료 지점을 악보상에서 쉽게 알아보기 위해 삽입한다. 앞에 'To coda'가 삽입된 경우, 그곳에서 점프해서 Ø 심볼이 있는 곳으로 이동하라는 뜻이다. 만일 곡의 종료 지점인 Ø 다음에 멜로디가 있다면 그 부분을 이어서 연주하게 된다. 이유야 어쨌든 Ø 심볼이 삽입된 마디에는 이전 보표와 다르게 곡의 종료 지점을 뜻하는 마침줄(끝세로줄)을 정확히 삽입해 주어야 한다. 만일 Ø 심볼이 삽입된 마디에 마침줄을 삽입하지 않으면 'To coda'가 Ø 심볼을 찾지 못한다. 물론 인간의 눈은 악보에 표기된 Ø 심볼을 금방 찾아내지만, 시벨리우스는 'To coda'의 본 뜻이 곡의 종료 지점으로 이동하라는 뜻이므로 Ø 심볼을 찾아 점프하는 것이 아니라 마침줄(끝세로줄)이 있는 곳으로 점프를 해 버린다. 이를 방지하려면 Ø 심볼을 삽입한 위치에 마침줄도 삽입해 곡의 종료 지점임을 확실하게 인증해야 한다.

6. Fine (피네)

곡의 종료 부분에 삽입한다. 앞 마디에 'd.s. al fine' 혹은 'd.c. al fine'가 있을 경우 동작한다. 앞에서 배운 심볼들로 도돌이 구간을 복잡하게 설정한 악보 예제이다. 여기서 사용한 심볼은 coda, Dal segno, To coda 심볼이다.

시벨리우스에서 곡을 플레이하면 1-2-3-4-5-6-7-8 마디를 연주한 뒤 9마디 시작 부분의 D.S al Coda에서 4마디(세뇨가 있는 곳)으로 이동하여 4-5-6 마디를 연주하고 To coda 심볼에서 12마디의 코다 심볼이 있는 위치로 점프한 뒤 12-13 마디를 연주하고 종료한다.

실전 예제로 코다 심볼을 사용한 고급 돌돌이표 설정을 시작해 본다.

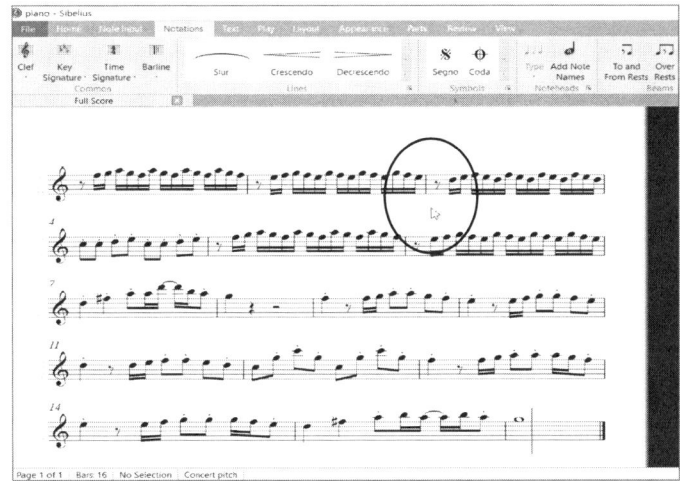

File -> Open 메뉴로 'piano.sib' 파일을 불러온뒤, 곡을 처음부터 연주해서 끝까지 들어본다.
3번 마디 시작 부분에 세뇨 심볼을 삽입해 보자.

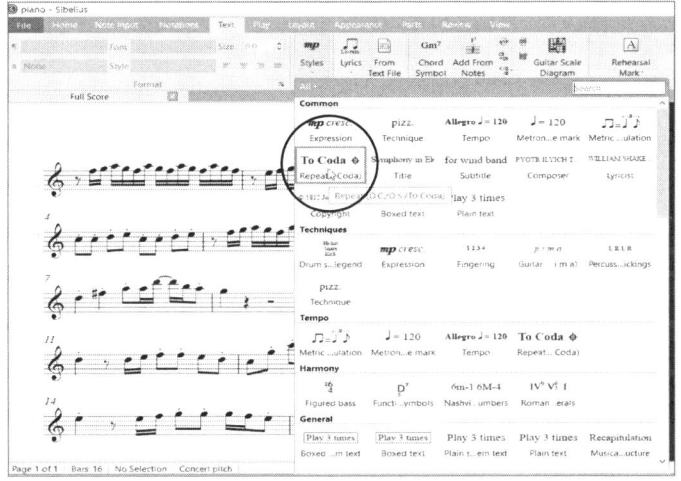

Text -> Styles 메뉴를 실행한 뒤 To Coda 메뉴를 클릭한다.

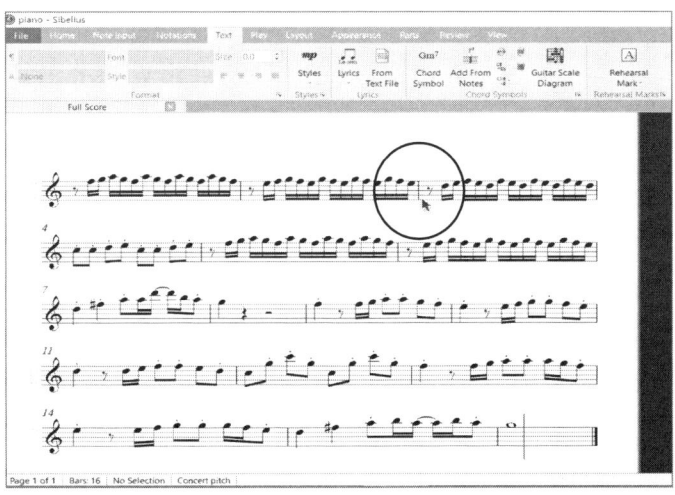

마우스 커서가 검정화살표로 변하면 그림과 같이 3번 마디선을 클릭한다.

Part 2. 시벨리우스 2023 기초 조작법 공부하기 **109**

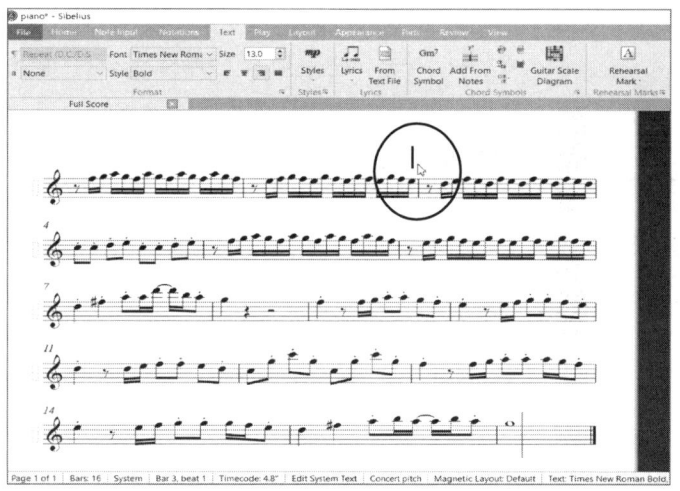

클릭한 마디선의 상단에 심볼을 입력할 수 있도록 입력난이 깜빡이며 나타난다. 입력란을 마우스 오른쪽으로 클릭해 '워드메뉴'를 실행한다.

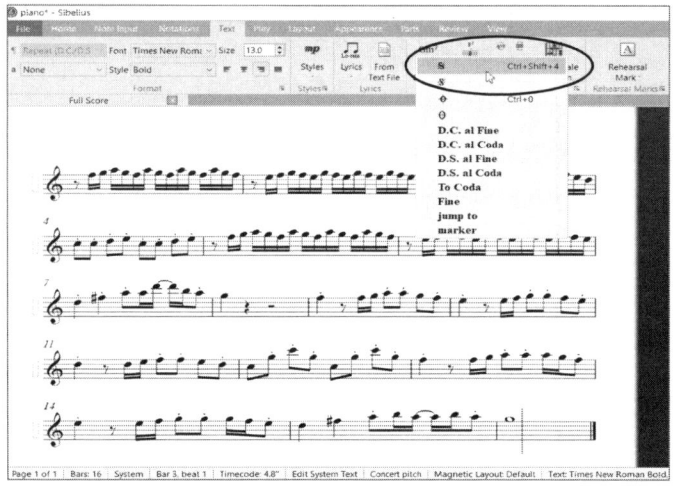

워드메뉴의 제일 상단에 있는 세뇨 심볼을 클릭해 적용한다.

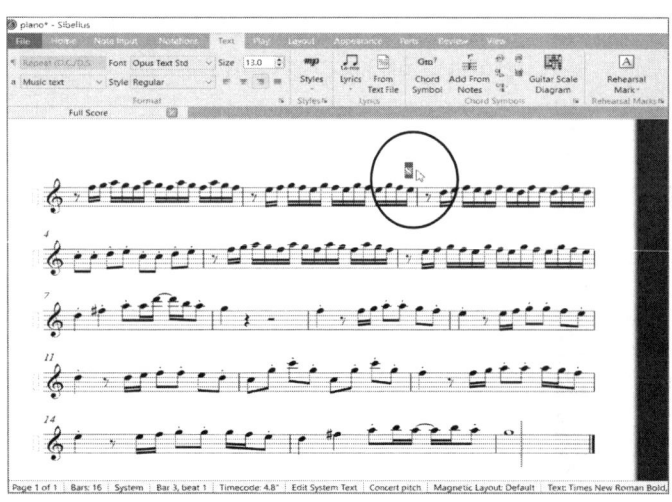

세뇨 심볼이 삽입되었다. 세뇨 심볼 크기가 작으므로 세뇨 심볼을 더블클릭한 뒤 커서가 나타나면, 마우스로 드래그하여 세뇨 심볼을 블록으로 설정한다.

Text -> Size 메뉴에 30이라고 입력해 세뇨 심볼의 크기를 확대해 준다.

참고로 세뇨 심볼을 상하좌우로 드래그하면 점선 화살표가 흐리게 나타나는데 이 점선 화살표의 끝 부분을 마디선에 붙여주면 해당 마디에서부터 세뇨가 동작을 하게 된다.

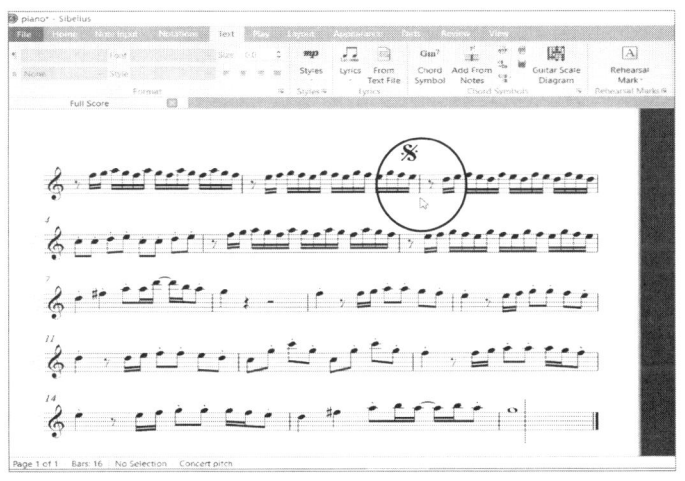

세뇨 심볼을 붙여 놓은 마디선은 특별한 마디선이므로 일반 마디선과 다르게 모양을 부각시키는 것이 악보를 읽는 사람들에게 도움이 될 것이다.

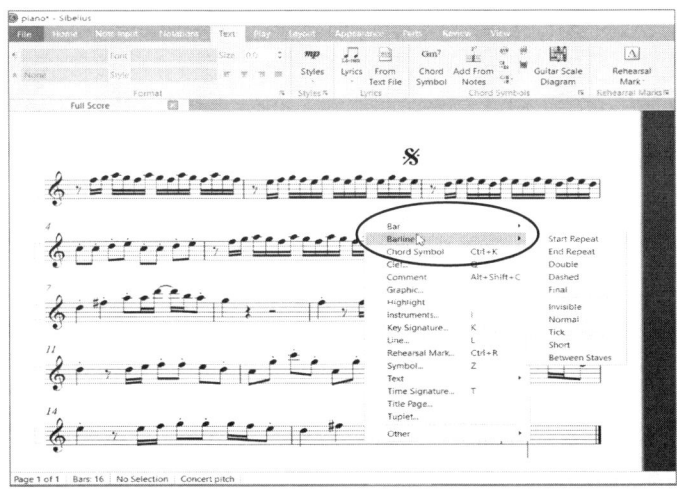

악보의 빈 곳을 마우스 오른쪽으로 클릭한 뒤 Barline -> Double 메뉴를 적용한다.

Part 2. 시벨리우스 2023 기초 조작법 공부하기 **111**

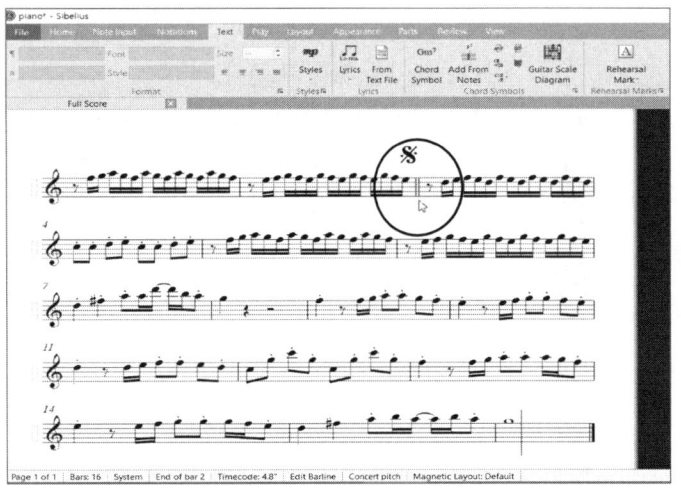

마우스 커서가 화살표 모양으로 변하면, 해당 마디선을 클릭한다. 해당 마디선이 겹세로줄 모양으로 바뀐다.

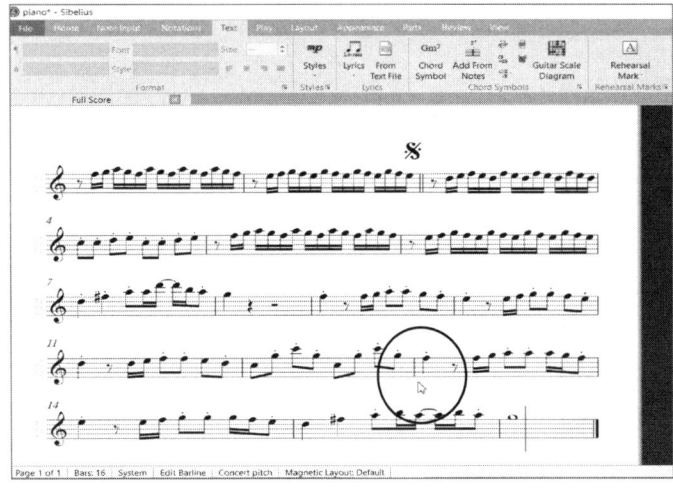

13번 마디선에 D.S. al Coda 글자를 삽입해 보자. 먼저 13번 마디선을 클릭해 선택한다. 참고로 D.S. al Coda는 세뇨 심볼이 있는 위치로 이동한 뒤 연주하라는 뜻이다.

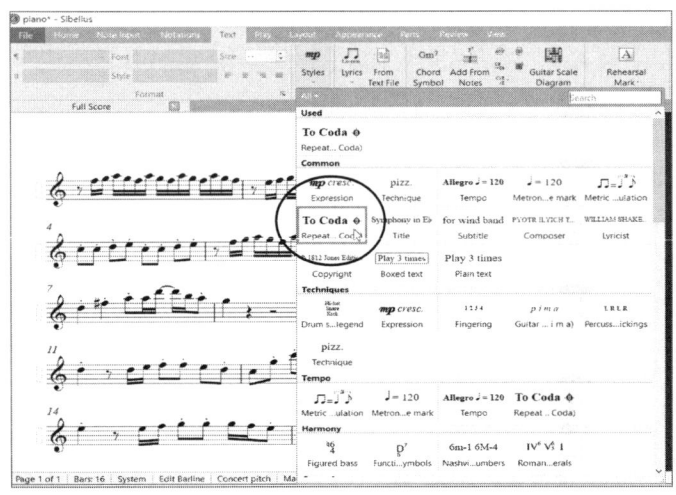

Text -> Styles 메뉴를 실행한 뒤 To Coda 메뉴를 클릭한다.

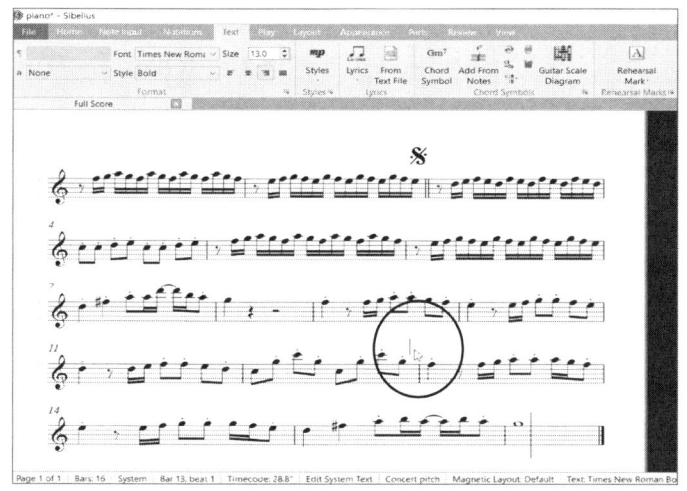

마우스 커서가 화살표 모양으로 변하면, D.S. al Coda를 삽입할 마디선을 클릭한다.
해당 마디선 상단에 심볼을 입력할 수 있도록 입력란이 나타나면 입력란을 마우스 오른쪽으로 클릭해 워드메뉴를 실행한다.

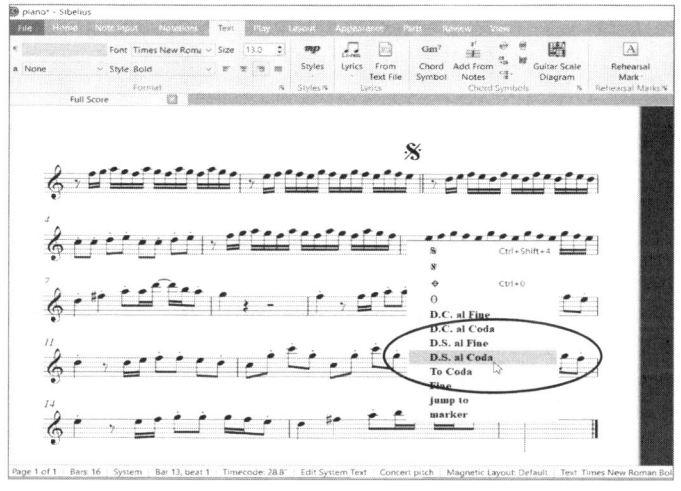

워드메뉴에서 D.S. al Coda를 선택해 적용한다.
참고로, 비슷한 글자인 D.C. al Coda는 곡의 맨 앞으로 이동해 연주하는 뜻이므로 잘못 선택하지 않도록 주의한다.

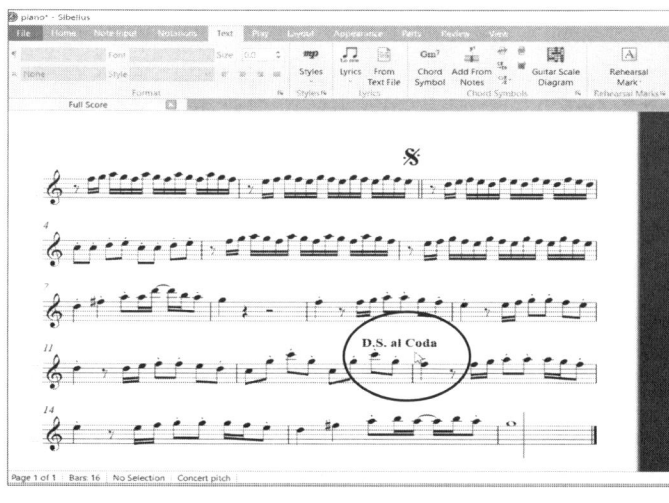

D.S. al Coda가 삽입된 모습이다.
이제 악보를 플레이하면 이 부분에서 세뇨 심볼이 있는 위치로 돌아가서 연주를 하게 된다.

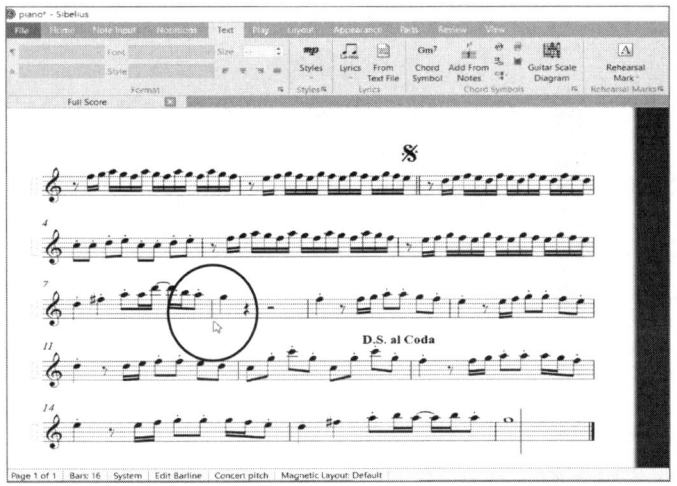

8번 마디선에 To Coda를 삽입해 보자. To Coda는 곡의 종료 지점으로 점프하라는 뜻이다. 해당 8번 마디를 클릭해 선택한다.

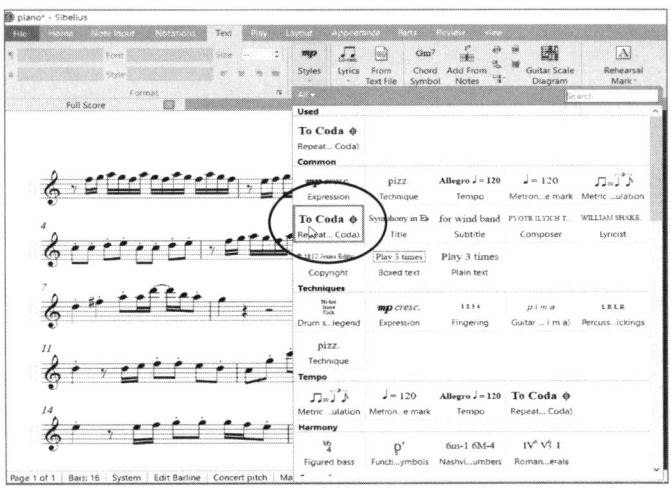

Text -> Styles 메뉴를 실행한 뒤 To Coda 메뉴를 클릭한다.

해당 마디선 상단에 심볼을 입력할 수 있도록 입력난이 나타나면 입력란을 마우스 오른쪽으로 클릭해 워드메뉴를 실행한다.

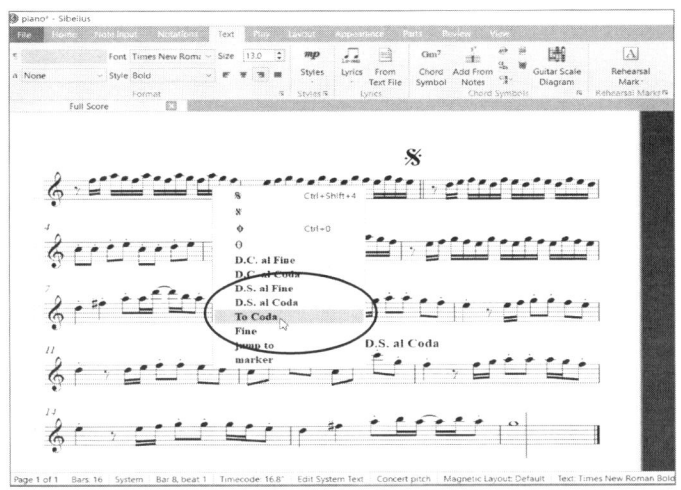

워드메뉴에서 To Coda를 선택해 적용한다.

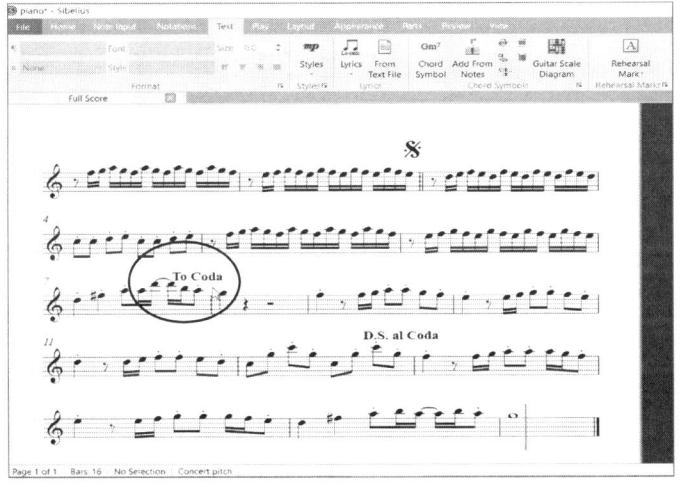

To Coda가 삽입되었다.
악보를 플레이하면 곡의 처음에서 시작해 D.S. al Coda까지 연주를 하다가, 세뇨로 점프한 뒤, 세뇨에서부터 다시 연주를 하다가, To Coda에서 코다 심볼이 있는 곳으로 점프를 하게 된다

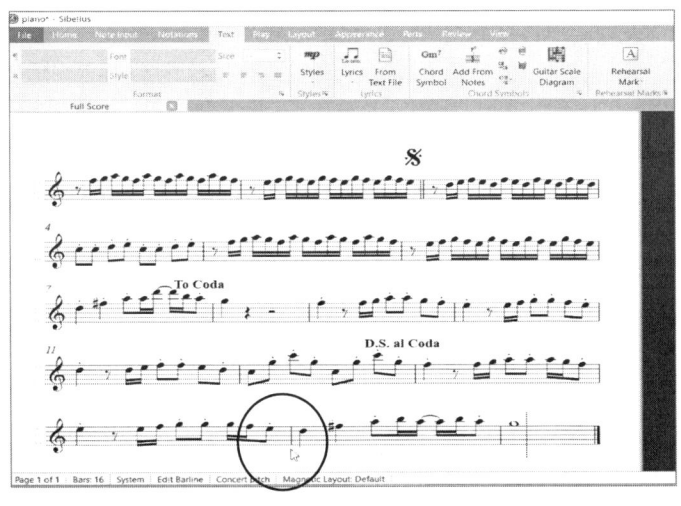

코다 심볼이 없으므로 코다 심볼을 삽입해 본다.
악보를 밑으로 내린 뒤 끝에서 2번째 마디선을 클릭해 선택한다.

Part 2. 시벨리우스 2023 기초 조작법 공부하기 **115**

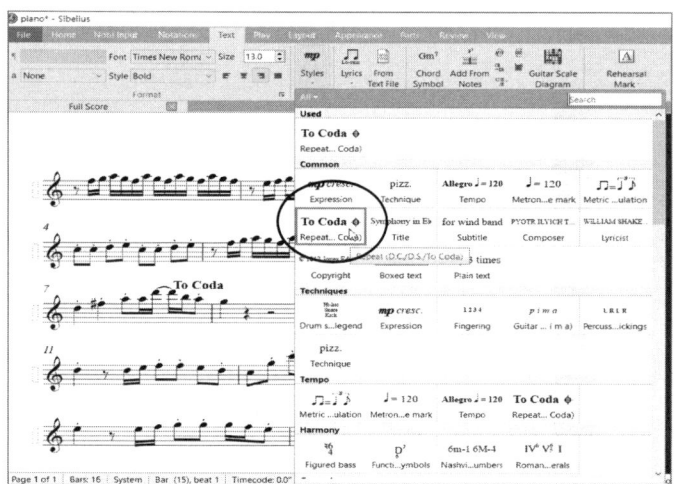

Text -> Styles 메뉴를 실행한 뒤 To Coda 메뉴를 클릭한다.

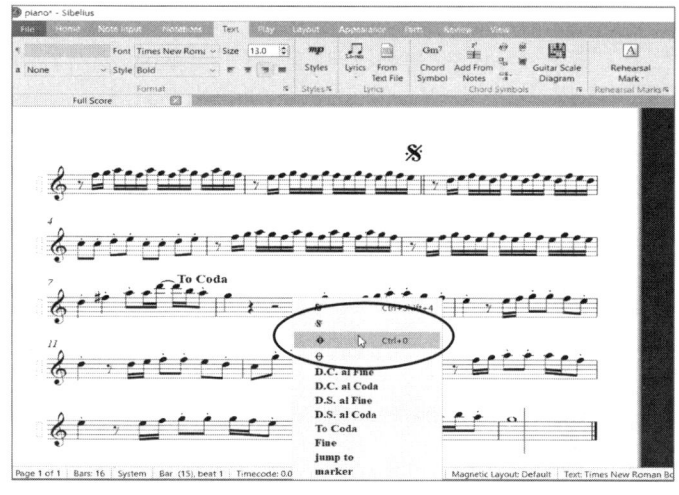

해당 마디선 상단에 심볼을 입력할 수 있도록 입력란이 나타나면 입력란을 마우스 오른쪽으로 클릭한 뒤 워드메뉴에서 코다 심볼(위에서 3번째 심볼)을 클릭해 적용한다.

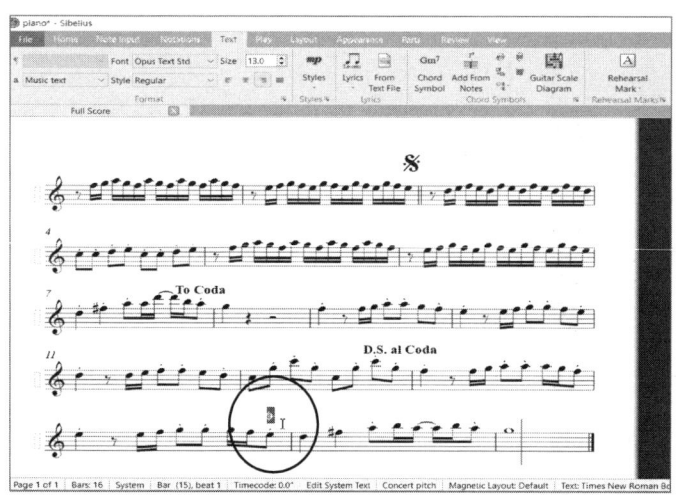

삽입한 코다 심볼의 크기가 작으므로 코다 심볼을 더블클릭한 뒤 커서가 깜빡이면 마우스로 드래그하여 코다 심볼을 블록으로 설정한다.

Text -> Size 메뉴에서 30이라고 입력해 코다 심볼의 크기를 확대해 준다.

이렇게 하면 To Coda에서 방금 삽입한 코다 심볼로 점프를 하게 된다.

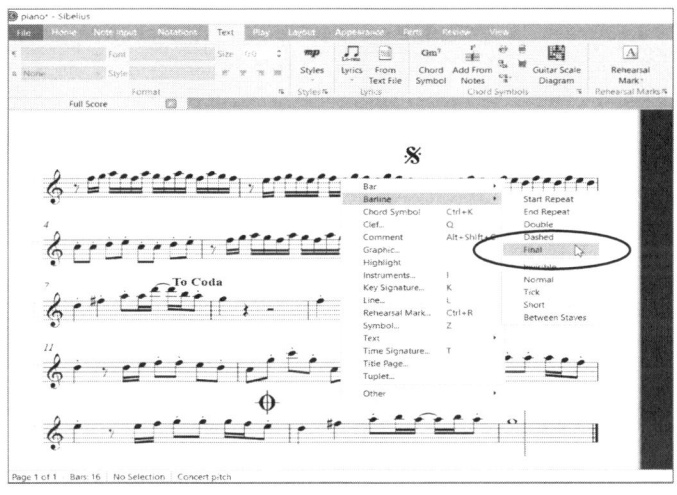

마지막으로 코다 심볼이 삽입된 마디선의 모양을 마침줄(끝세로줄) 모양으로 변경시켜 보자.

악보의 빈 곳을 마우스 오른쪽으로 클릭한 뒤 Baline -> Final 메뉴를 적용한다.

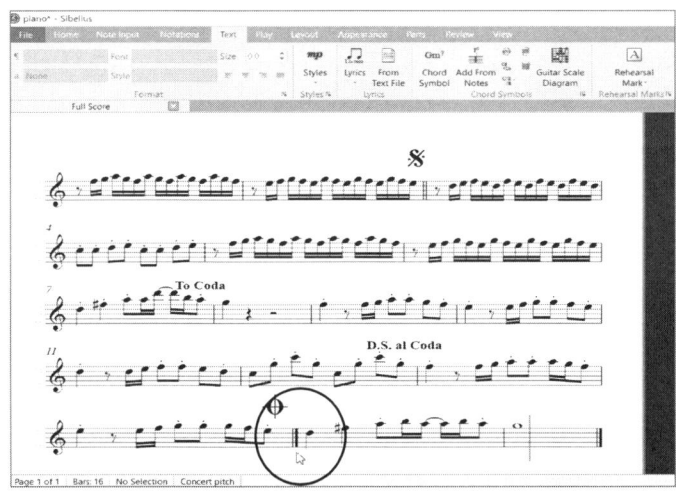

코다 심볼이 삽입된 마디선을 클릭하면 마디선 모양이 Final(마침줄, 끝세로줄) 모양으로 바뀌게 된다

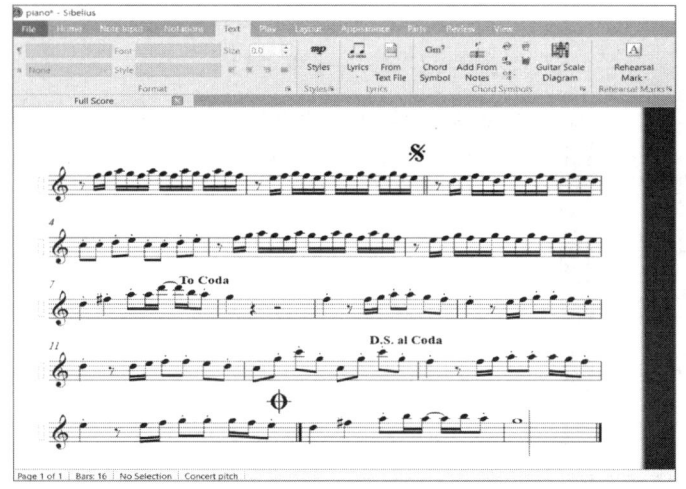

작업을 마무리한 뒤에는 악보를 처음부터 플레이해 본다.

곡의 시작 부분에서 D.S al Coda까지 연주되다가, D.S al Coda에서 세뇨 심볼로 점프한 뒤, 세뇨 심볼에서 To Coda까지 연주하다가, To Coda에서 코다 심볼로 점프를 한다.

이때 코다 심볼 뒤에 멜로디가 없다면 곡이 해당 마디에서 종료되지만, 여기서는 코다 심볼 뒤에 2마디의 멜로디가 남아 있으므로 나머지 2마디를 연주하고 종료하게 된다.

Part 3

시벨리우스 2023 - 보표의 추가와 악기 교체, 다양한 악보 생성시키기

악보 작업을 시작하기 전 보표 추가 방법과 악기 교체 방법, 다양한 스타일의 특수 악보를 만드는 방법을 알아본다.

CHAPTER 01 보표(악기) 추가, 보표(악기) 삭제 방법

악보를 만들다보면 계속 새 보표를 추가하거나 악기를 추가하고 악기를 교체하기도 한다. 새 보표를 만들면 그 보표의 사운드를 들려주는 악기가 있어야 하므로, 시벨리우스에서는 악기를 추가하는 것과 보표를 추가하는 것은 같은 의미이다. 시벨리우스에서의 보표는 시퀀서 프로그램의 미디트랙이라고 생각하면 된다.

작업 중인 악보에서 보표 즉 악기를 추가하는 방법은 다음과 같다.

File -> Open 메뉴로 예제 'romance.sib' 파일을 불러온다.
여기서 새 보표(=새 악기)를 추가해 보자.

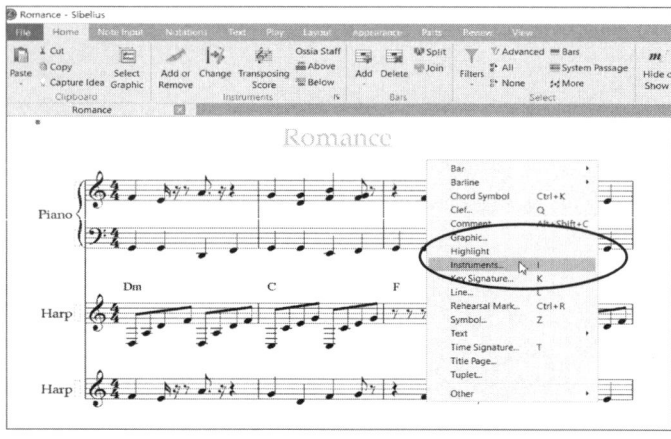

악보의 빈 곳을 마우스 오른쪽으로 클릭한 뒤 Instruments 메뉴를 실행한다. (단축키 I)

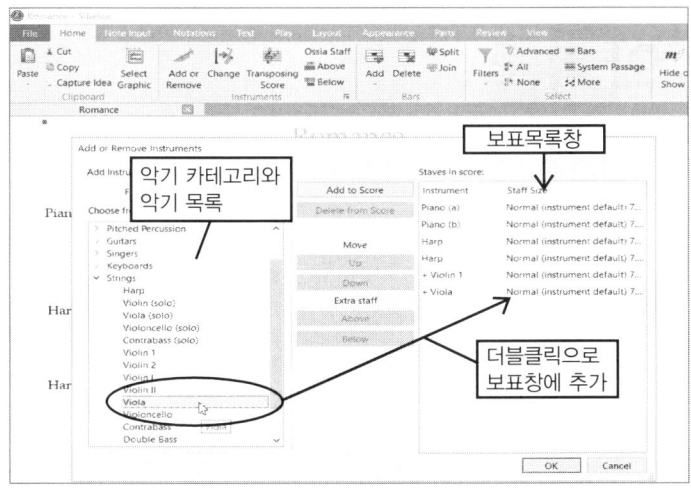

왼쪽 악기목록창에서 Strings 카테고리를 선택한 뒤 Violin 1 악기를 더블클릭해 오른쪽 보표창에 추가한다.
다시 그 위에 있는 Viola 악기를 더블클릭하여 오른쪽 보표창에 추가한다.

앞에서 OK 버튼을 클릭해 대화상자를 닫는다. 악보창에 Violin 1 악기를 사용하는 보표와 Viola 악기를 사용하는 보표가 만들어졌다.

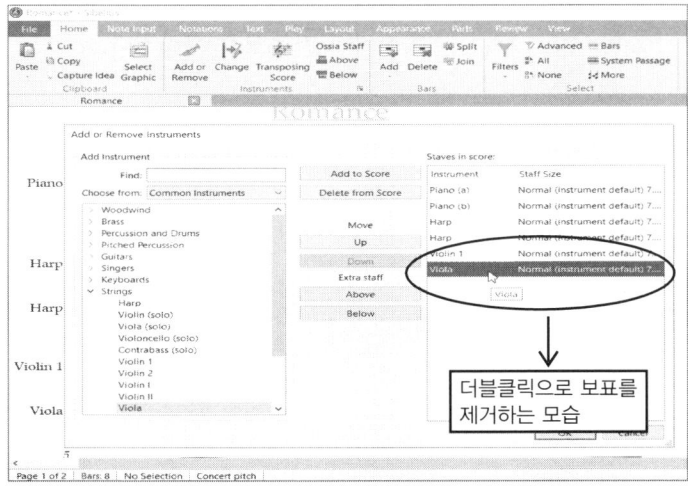

만일 현재 악보에서 어떤 보표를 삭제하려면 단축키 I를 눌러 Instruments 대화상자를 다시 불러온 뒤 오른쪽 보표창에서 제거할 악기를 더블클릭해 제거하면 된다.
악보에서도 해당 악기를 사용하는 보표가 제거된다.

보표에 연결된 악기를 다른 악기로 교체하기

보표에는 1대 1로 악기가 연결되어 있다. 만일 이미 연결되어 있는 기존 악기를 다른 악기로 교체하려면 다음과 같은 방법으로 해야 한다.

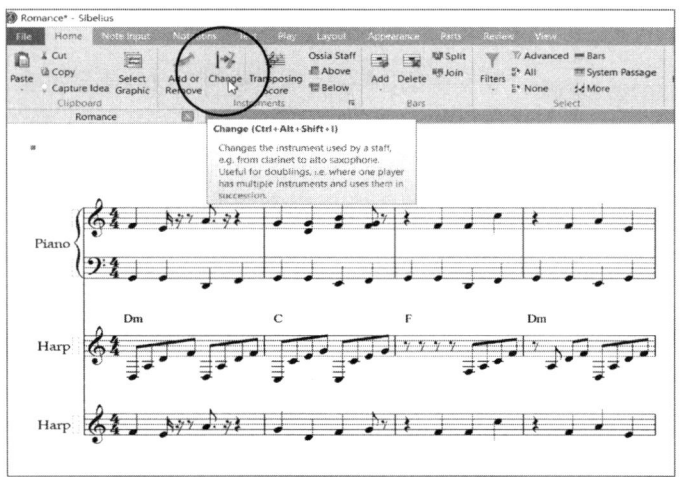

악기를 교체하기 위해 Home -〉 Change 메뉴를 실행한다.

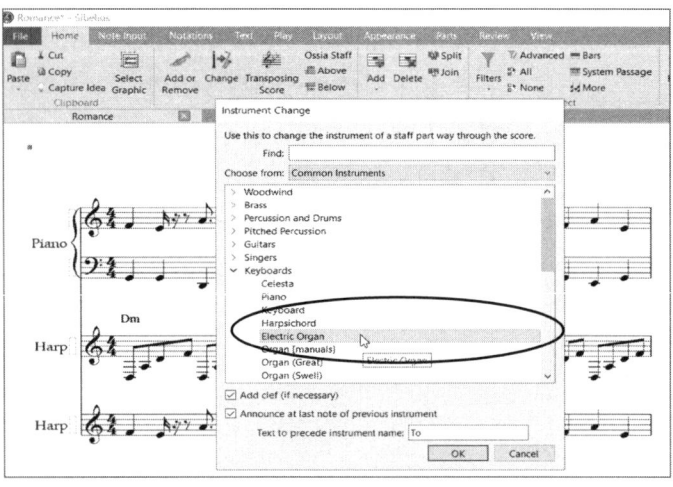

사용하고 싶은 악기를 더블클릭한다.
여기서는 일렉트릭 오르간 악기를 더블클릭했다. 대화상자는 자동으로 사라진다.

보표에서 악기 이름 부분을 클릭하면 해당 보표가 사용하는 악기가 제거되고 위에서 선택한 일렉트릭 오르간 악기로 교체된다.

만약 마디 부분을 클릭한 경우에는 해당 마디 이전에는 원래 악기인 하프 악기를, 클릭한 마디에서부터는 일렉트릭 오르간 악기를 사용해 악보가 플레이된다.

CHAPTER 03 오케스트라 악보 만드는 방법

시벨리우스가 기본 제공하는 악보 카테고리에는 없는 사용자 설정 악보, 예를 들면 수십 개의 악기를 사용하는 오케스트라 악보를 만드는 방법을 알아본다

시벨리우스가 제공하지 않는 악보로 작업을 하려면 비어있는(Blank) 악보를 생성시킨 후 사용자가 직접 원하는 만큼의 보표(=악기)를 삽입해야 한다.

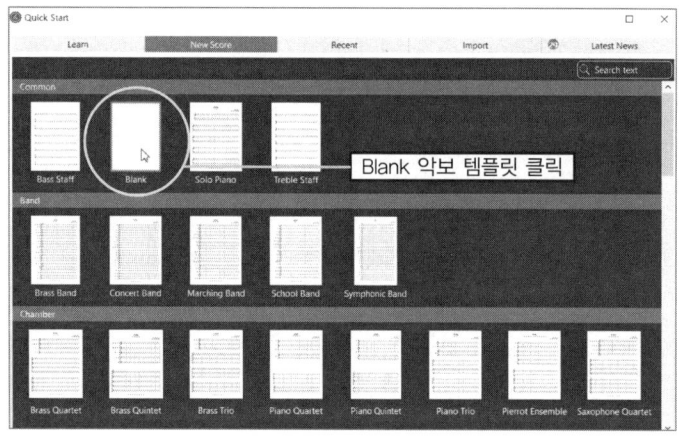

시벨리우스를 실행한 뒤 퀵 대화상자의 New Score 탭을 클릭한다. 템플릿 카테고리를 자세히 확인하면 오케스트라용 악보 템플릿이 있지만 여기서는 만드는 방법을 공부하기 위해 Blank 템플릿을 클릭한다. (더블클릭하지 않도록 주의한다. 더블클릭을 하면 악기선택과 박자 설정 과정을 건너뛰기 때문이다.)

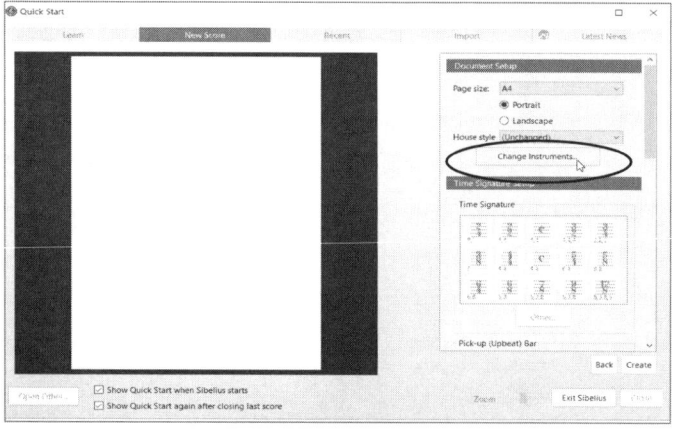

앞에서 Blank 템플릿을 클릭하면 다음 과정이 나타난다. Change Instrument 버튼을 클릭한다.

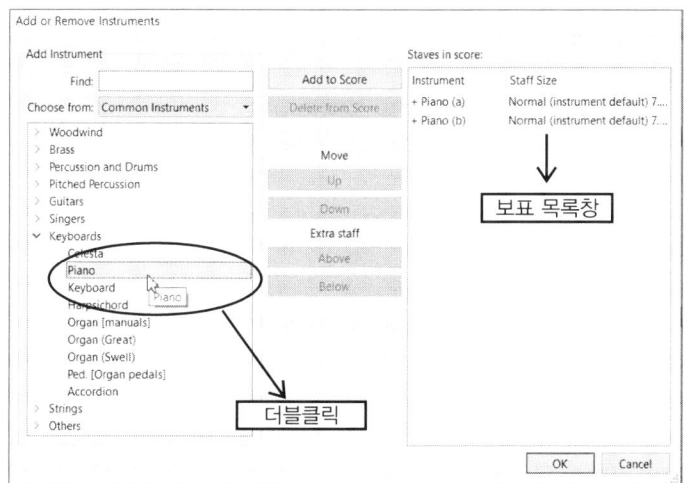

피아노 악기를 더블클릭해 오른쪽 보표목록창에 추가한다. (피아노용 높음음자리/낮은음자리 보표가 악보에 삽입된다.)

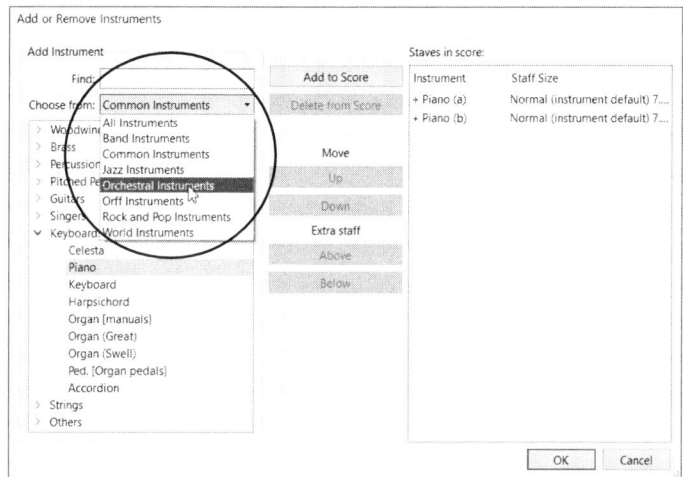

Choose from 버튼을 클릭해 Orchestral Instrument 카테고리를 선택한다.

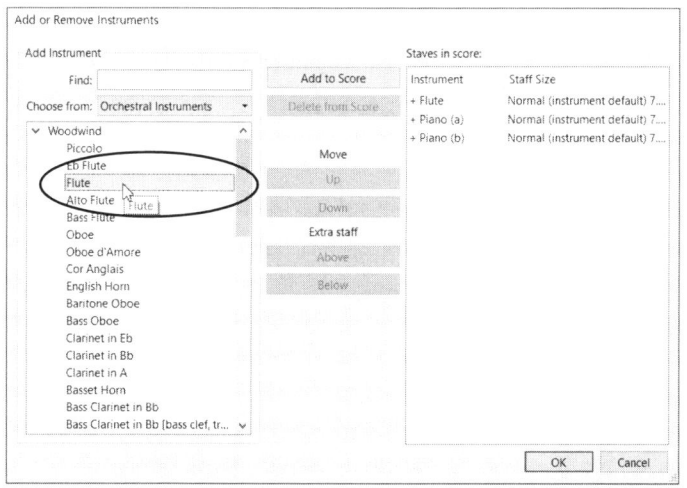

목관악기(Woodwind) 카테고리를 선택한 뒤 플루트 악기를 더블클릭해 오른쪽 보표목록창에 추가한다.

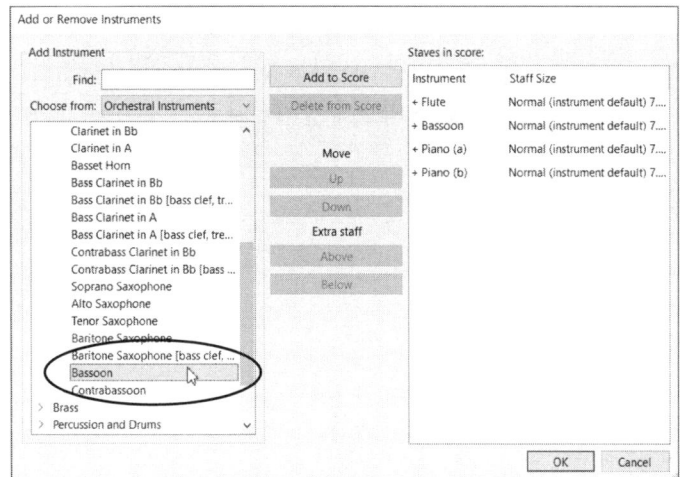

바순 악기를 더블클릭해 오른쪽 보표목록창에 추가한다.
(만일 오른쪽 목록창으로 잘못 추가한 악기는 오른쪽 목록창에서 더블클릭해 제거한다.)

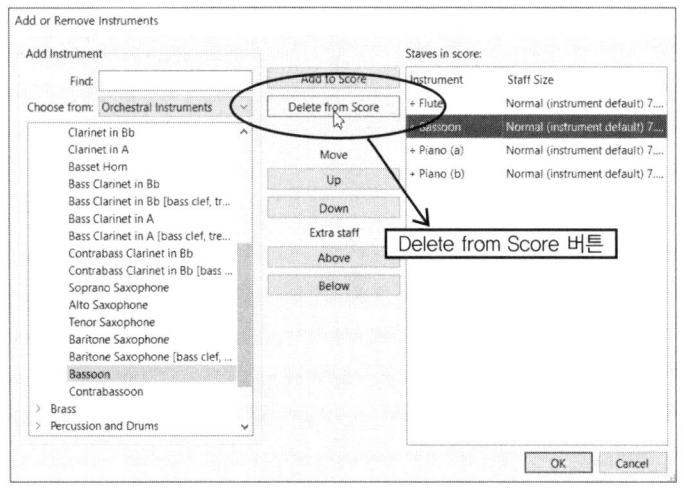

현재의 보표목록(오른쪽 목록창)에서 필요없는 악기를 삭제하는 다른 방법으로는 오른쪽 보표목록창에서 삭제할 악기를 선택한 뒤 중앙의 Delete from Score 버튼을 클릭하는 방법이 있다.

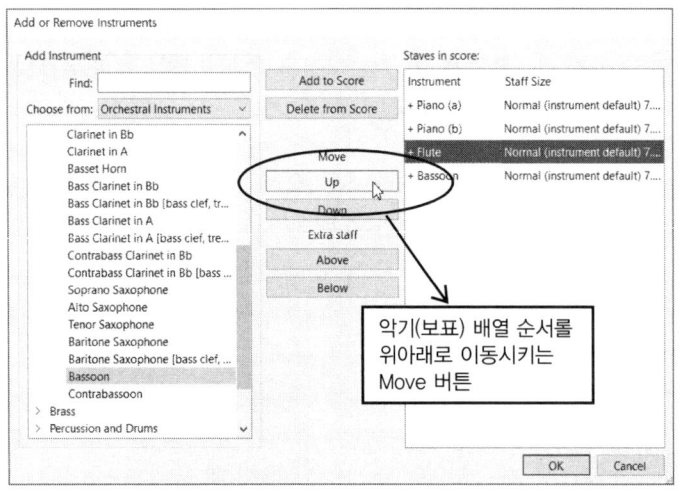

악보창에 배치되는 보표의 순서는 오른쪽 목록창의 악기 이름순으로 배치된다.
따라서 오른쪽 보표목록창에서 악기를 선택한 뒤 대화상자 중앙의 Move Up/Down 버튼을 클릭해 악기(=보표) 배치 순서를 상하로 재배치하면, 악보에서도 해당 보표들이 재배치되는 효과가 있다.

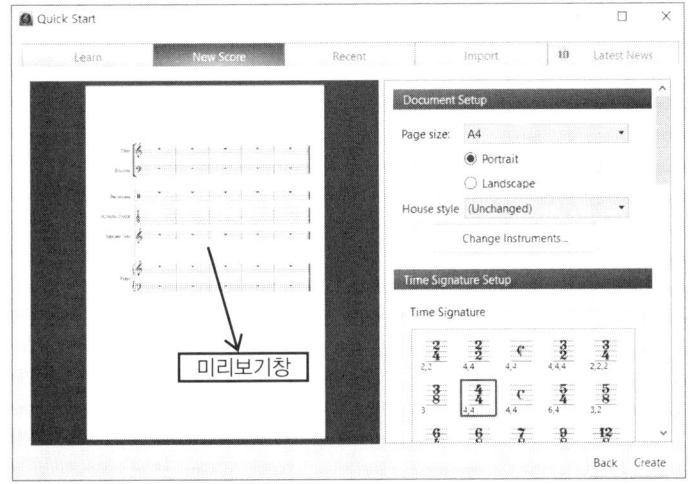

적당하게 원하는 악기를 추가해 오케스트라 구성을 마친 뒤 'OK' 버튼을 클릭해 대화상자를 닫는다.

Quick Start 대화상자 왼쪽의 미리보기창은 보표를 구성한 악보의 모습을 미리 보여주는 기능을 한다.

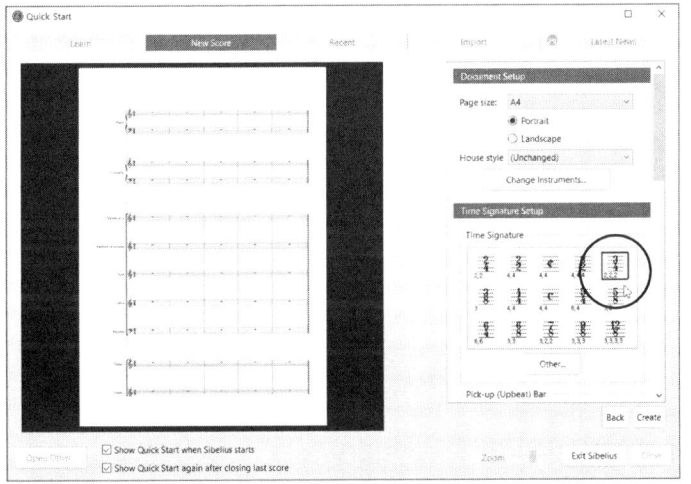

악보의 박자는 원하는 것으로 선택한다. 여기서는 3/4박자를 선택했다.

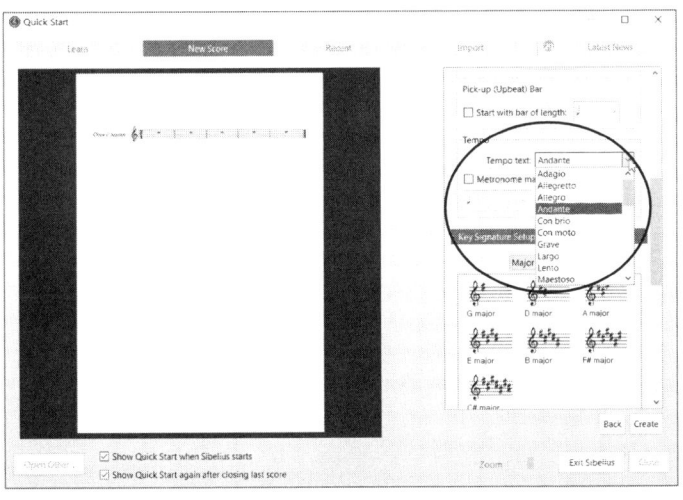

대화상자 오른쪽의 스크롤 막대를 아래로 드래그한 뒤, Tempo Text 옵션에서 곡의 템포를 Andante로 설정한다.

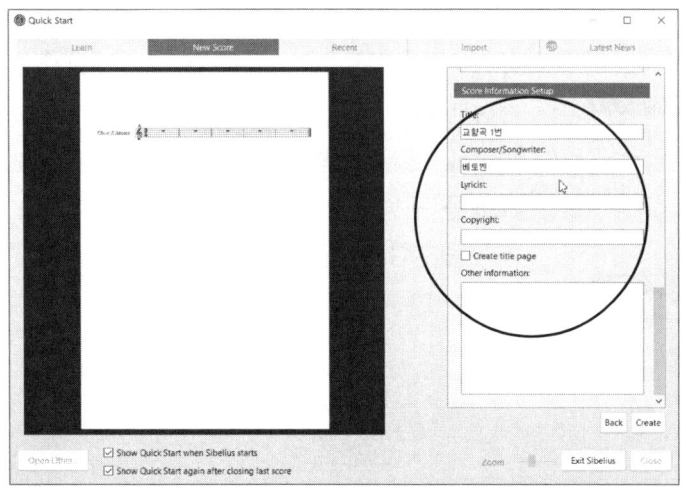

대화상자 오른쪽의 스크롤 막대를 아래로 드래그한 뒤, 곡의 제목과 작곡자 이름을 적당히 입력한다.

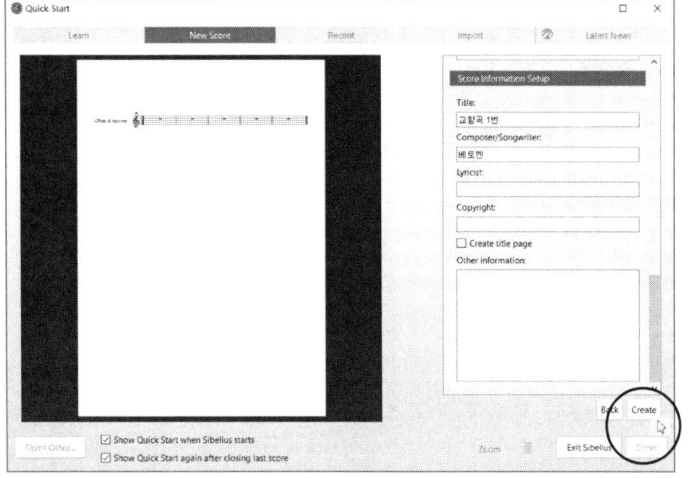

Create 버튼을 클릭하면 현재의 설정 상태로 악보를 만들 수 있다.

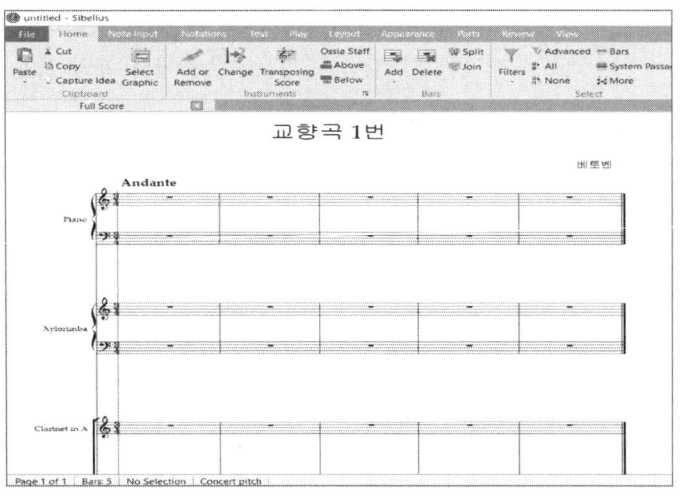

악보가 만들어진 모습이다. Blank 종이를 불러온 뒤 오케스트라 편성악보를 만들 수 있음을 알 수 있다.

> **참고** 오케스트라 악보의 종류 – 지휘자용 총보(Full Score)와 악기별 연주자용 파트보

1. 총보(Full Score)

총보는 보통 지휘자가 보는 악보이다.

총보는 각각의 악기 악보가 한 악보에 모두 표기된 악보를 말한다. 각각의 악기 악보를 한 악보에 모아서 본다는 뜻에서 총보라고 말한다. 간단히 말해 피아노, 베이스, 드럼 파트로 구성된 곡이 있다면, 이 3개 악기의 악보를 한 악보에 표기한 것이 총보이다.

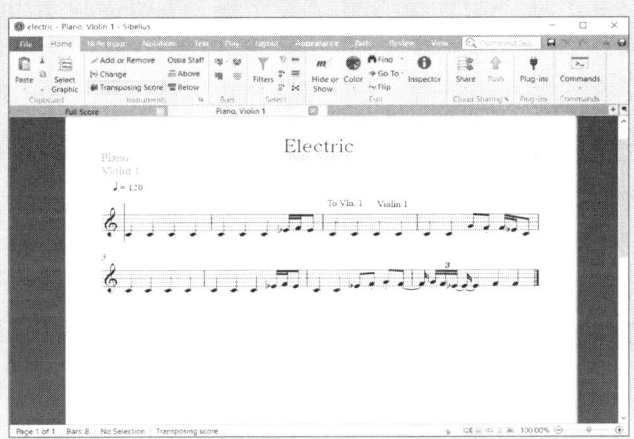

2. 파트보

파트보는 해당 악기 연주자에게 제공하는 악보이다.

파트보는 총보의 반대되는 용어로 각각의 악기 파트별 악보를 말한다. 예를 들어 피아노, 베이스, 드럼 파트로 구성된 곡이 있다면, 각각의 악기 악보를 단독으로 인쇄한 것이 파트보이다.

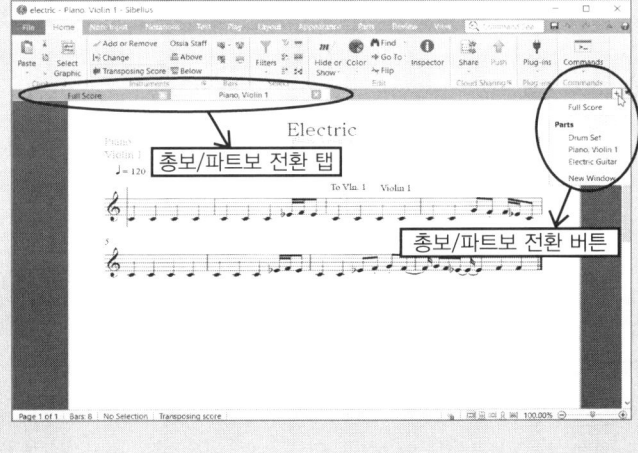

3. 총보, 파트보 이동하기

시벨리우스는 기본적으로 총보(Full Score)를 보면서 작곡을 하거나 편집 작업을 한다. 만일 총보와 파트보 사이를 이동하려면 악보창 상단 오른쪽의 + 버튼을 클릭해 이동한다. 또한 총보와 파트보가 여러 개 열려있는 상태라면 악보창 상단의 탭을 클릭해 전환할 수도 있다.

이때 파트보에서 편집 작업을 하면 총보에도 편집 내용이 실시간 업데이트 된다.

CHAPTER 04

그레고리안 성가 보표 만들기
– 2선, 3선, 4선 보표 만들기

보표는 5개의 선으로 이루어져있기 때문에 '오선지' 또는 '5선악보'라고 말한다. 이와 달리 중세시대 악보인 그레고리안 성가는 4선보표를 사용했다. 이처럼 4선보표나 3선보표를 만들려면 특수한 방법으로 생성시켜야 한다.

지금부터 2선보표, 3선보표, 4선보표를 만드는 방법을 알아본다.

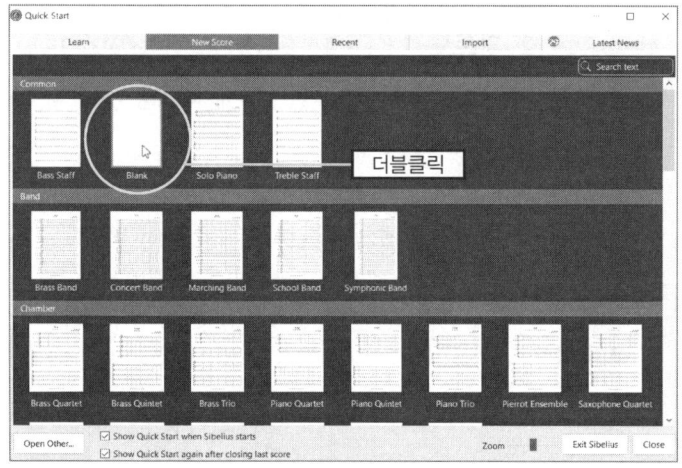

File -> New 메뉴를 실행한 뒤 New Score 탭에서 Blank 악보를 더블클릭한다.

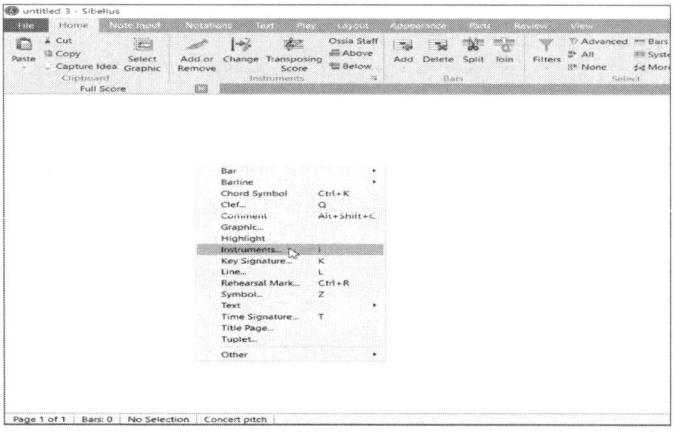

악보의 빈 곳을 마우스 오른쪽으로 클릭한 뒤 Instruments 메뉴를 실행한다.
(단축키 I)

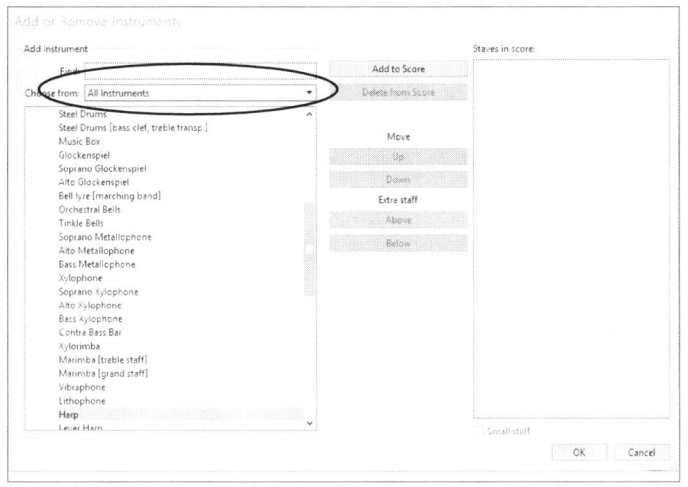

악기 카테고리 버튼을 클릭한 뒤 'All Instruments' 카테고리를 선택한다.

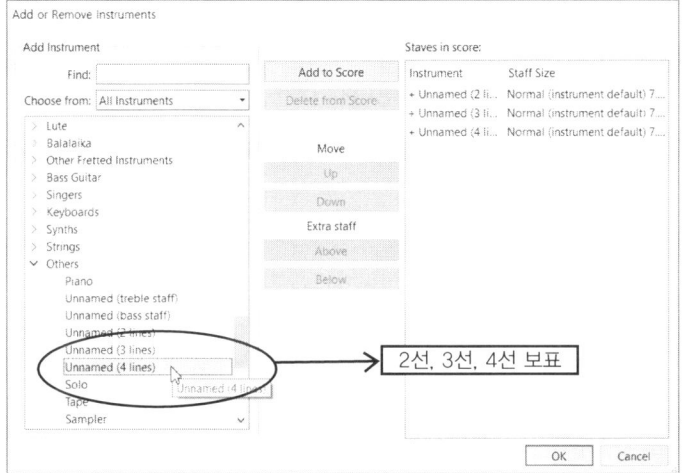

Others 카테고리를 더블클릭해 확장한다.
Unnamed(2 lines)는 2선 보표,
Unnamed(3 lines)는 3선 보표,
Unnamed(4 lines)는 4선 보표를 만들 때 사용한다.
이 3개의 보표를 각각 더블클릭해 오른쪽 보표목록창에 추가한 뒤 대화상자를 닫는다.

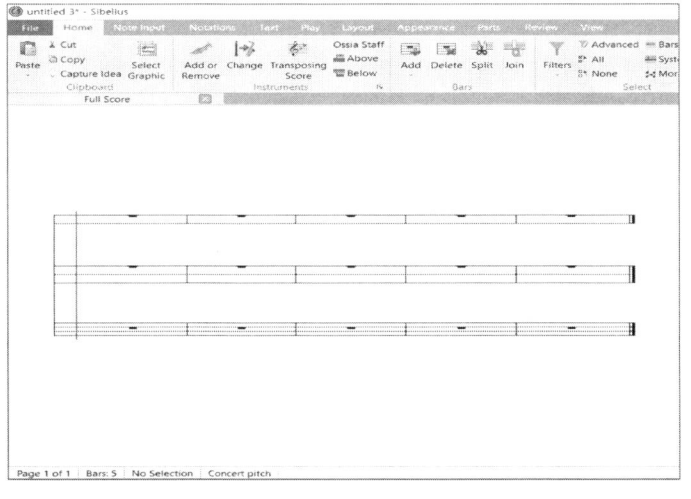

2선, 3선, 4선 보표가 만들어진 모습이다.
원하는 형태로 멜로디를 입력한 뒤 음표 머리 모양을 Notations -> Type 메뉴에서 중세 스타일로 교체하면 중세악보가 만들어진다.

CHAPTER 05 타브(TAB) 악보 만들기

타브 악보는 기타 플렛에서의 손가락 운지 위치를 알려줄 목적으로 만든다.

타브 악보를 만드는 방법은 기본적으로 두 가지 방법을 사용한다. 먼저, 기타 플렛 모양의 보표인 타브 악보에서 바로 입력을 하면 되지만 이 경우 타브 악보에서의 입력 원리를 모르는 사람은 입력 작업이 어려워 포기할 것이다. 따라서 두 번째 방법인 붙여넣기 방법을 많이 사용한다. 붙여넣기 방법이란 오선지에서 입력한 음표를 통째로 복사한 후 타브 악보에 붙여 넣는 방법을 말한다. 붙여넣기 방법은 타브 악보에 음표를 입력하는 원리를 모르는 사람들에겐 아주 쉬운 타브 악보 제작 방법이다.

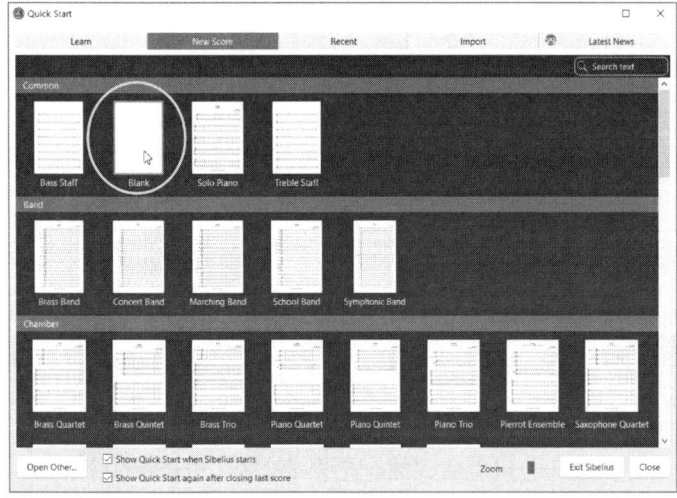

File -> New 메뉴(Ctrl + N)를 실행한 뒤 Blank 악보를 더블클릭해 바로 비어있는 악보를 만든다.

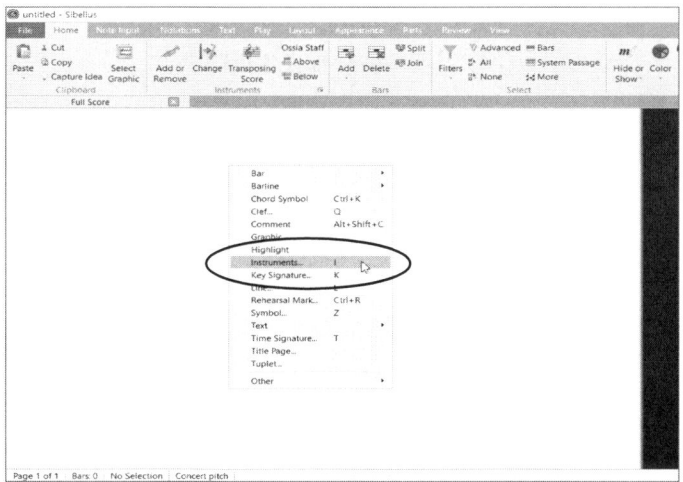

악보창을 마우스 오른쪽으로 클릭한 뒤 Instruments 메뉴를 실행한다.

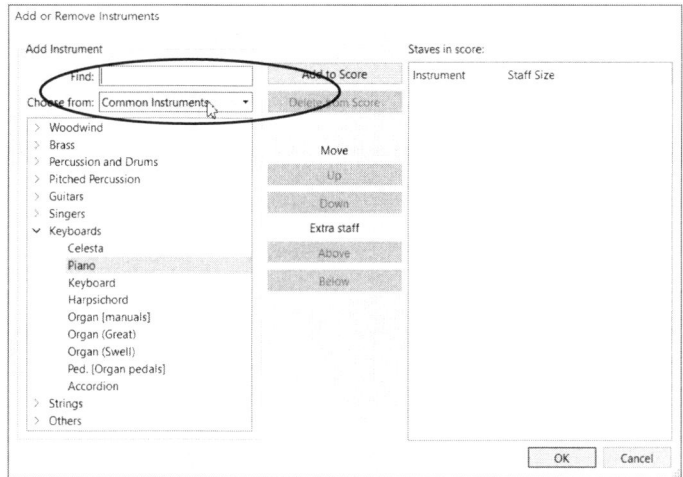

카테고리 버튼(Choose from 버튼)을 클릭한 뒤 Common Instruments 카테고리를 선택한다.

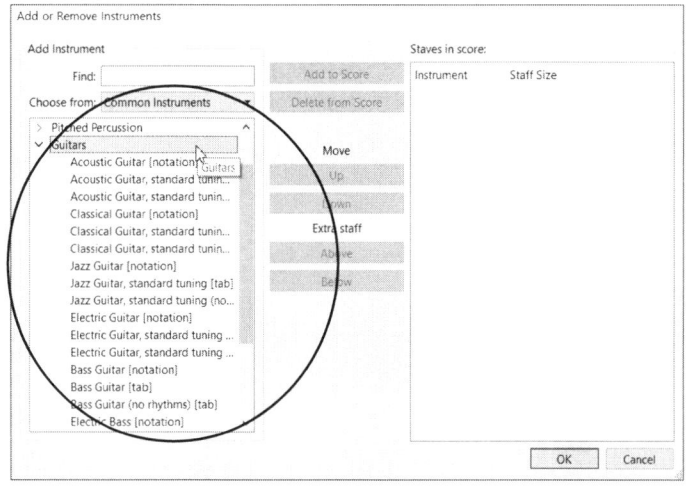

Guitars 폴더를 클릭해 확장하면 사용할 수 있는 기타 악기들이 보인다.

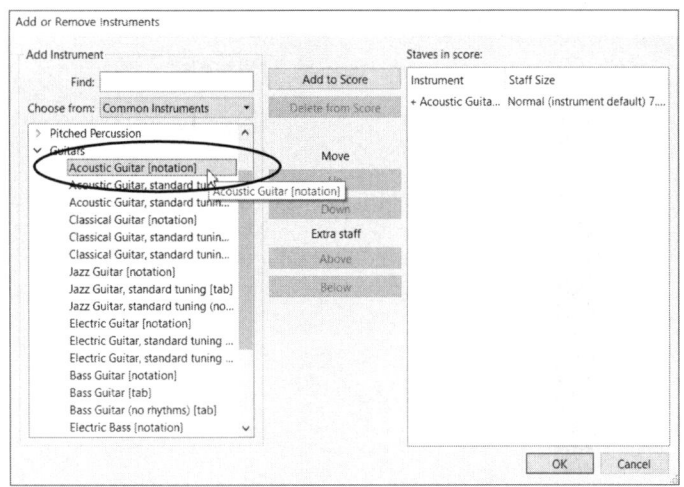

Acoustic Guitar(notation)을 더블클릭해 오른쪽 악기목록창에 추가한다.
이는 어쿠스틱 기타가 연결된 일반 오선보표를 만든다는 뜻이다.

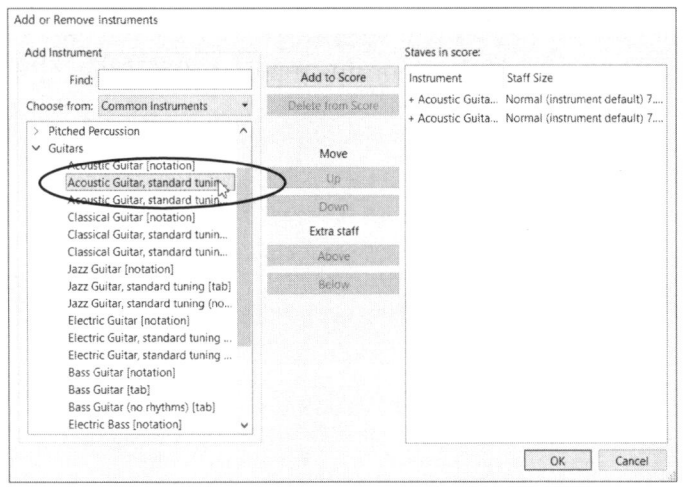

이번에는 밑에 있는 Acoustic Guitar standard turning (tab)을 더블클릭해 오른쪽 악기목록창에 추가한다.
이는 스탠다드로 튜닝된 타브 악보를 만든다는 뜻이다.

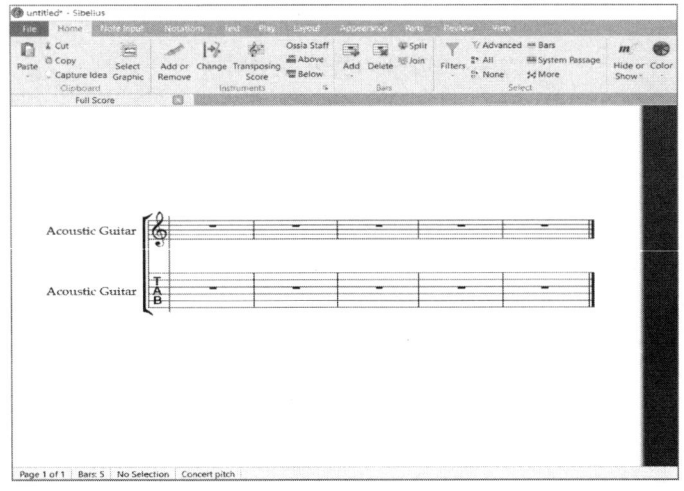

앞에서 OK 버튼을 눌러 대화상자를 닫는다.
악보창에 어쿠스틱 기타가 연결된 일반 보표와 어쿠스틱 기타가 연결된 타브 보표가 생성되었다.

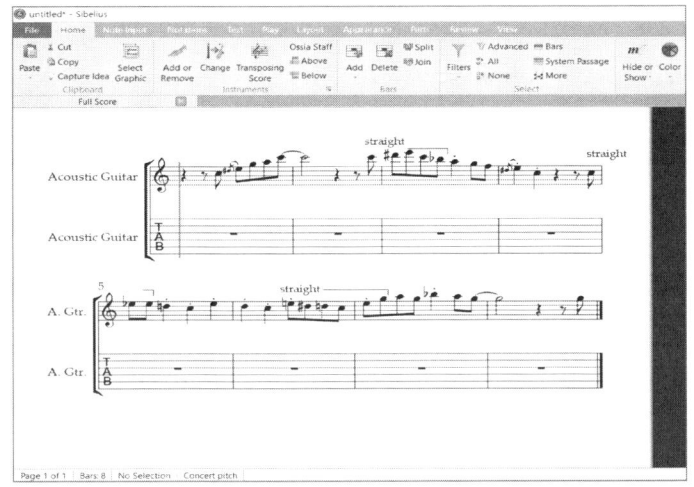

그림처럼 아무거나 멜로디를 입력한다.
(원하는 멜로디를 입력하거나 아무거나 무작위로 입력해 본다.)

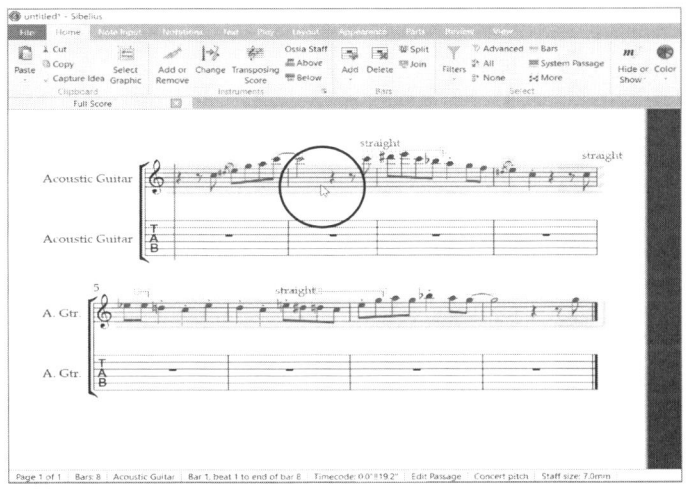

선택 툴로 상단 보표의 오선 부분을 3연속 클릭하면 상단 보표 전체가 선택된다.

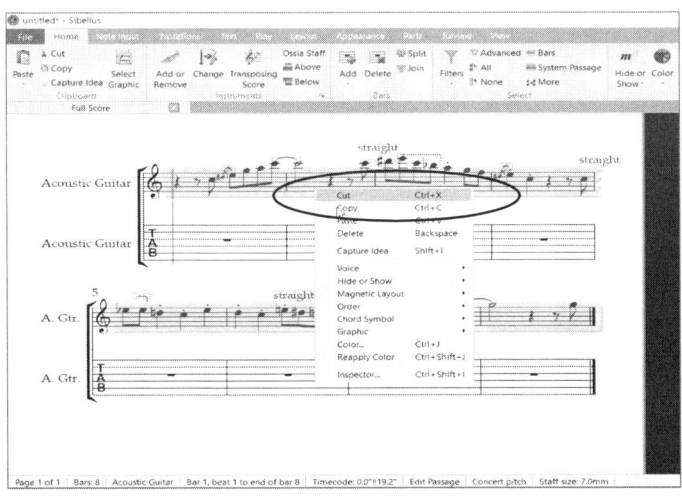

상단 보표 전체가 선택된 상태에서 마우스 오른쪽으로 클릭한 뒤 Copy(복사) 메뉴를 실행한다. (Copy 메뉴의 단축키 Ctrl + C)

Part 3. 시벨리우스 2023 보표의 추가와 악기 교체, 다양한 악보 생성시키기 **135**

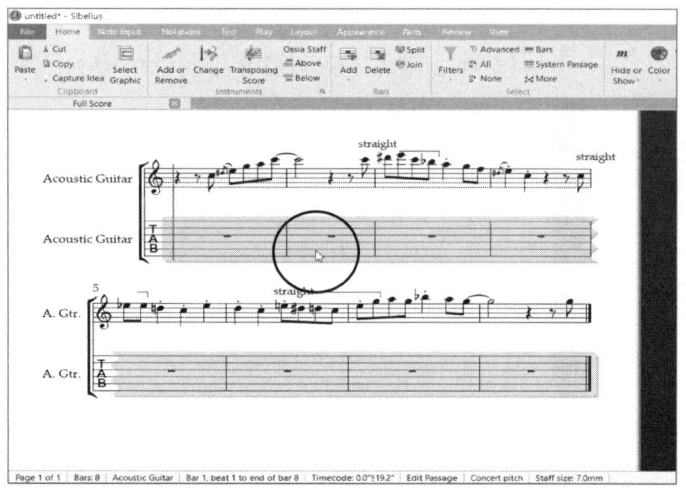

하단 타브 보표를 3연속 클릭해 전체 타브 보표를 선택한다.

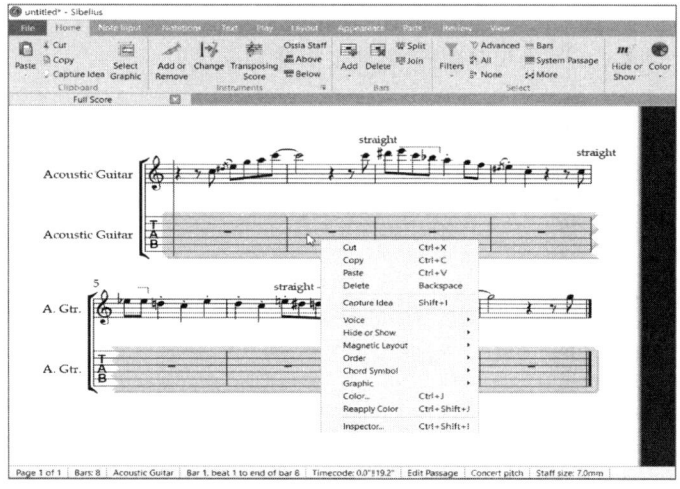

마우스 오른쪽으로 클릭한 뒤 Paste(붙이기) 메뉴를 실행한다.
(Paste 메뉴의 단축키 Ctrl + V)

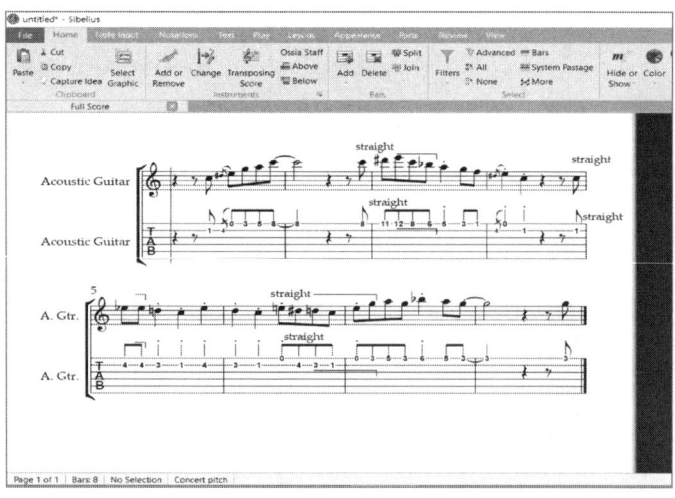

타브 보표에 붙여넣기로 음표를 붙인 결과이다.

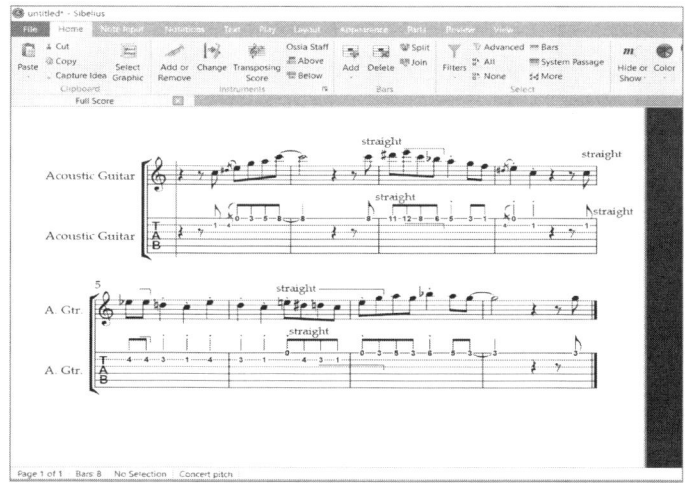

옆 그림을 보면 알겠지만 타브 보표에 음표 줄기와 꼬리도 타브 악보에 붙여졌다. 타브 악보를 깔끔하게 정돈하기 위해 음표 줄기와 꼬리를 삭제하거나 감추어 보자.

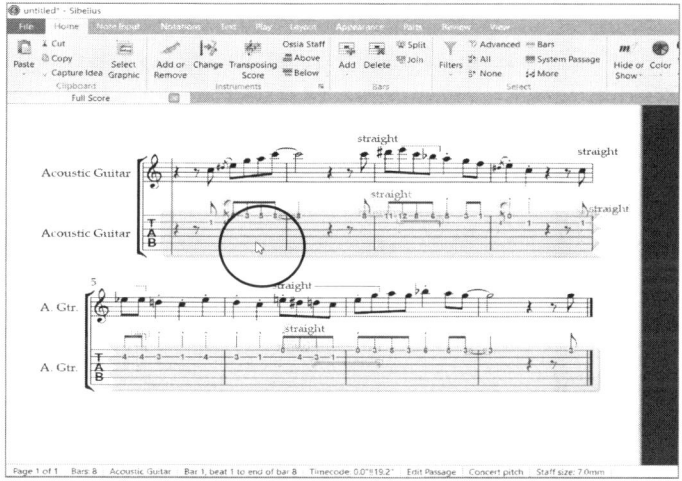

타브 보표를 3연속 클릭해 타브 보표 전체를 선택한다.

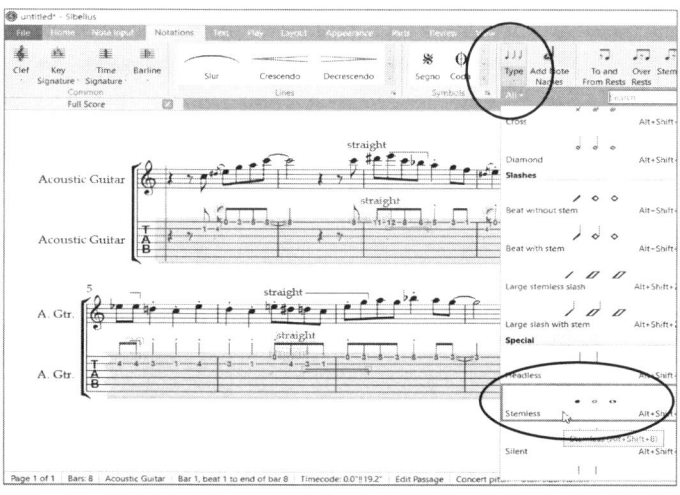

Notations -> Type 메뉴를 실행한 뒤 Special 카테고리에 있는 Stemless 옵션을 적용한다. Stemless 옵션은 음표의 머리 부분만 사용하고 꼬리와 줄기는 감춘다는 뜻이다.

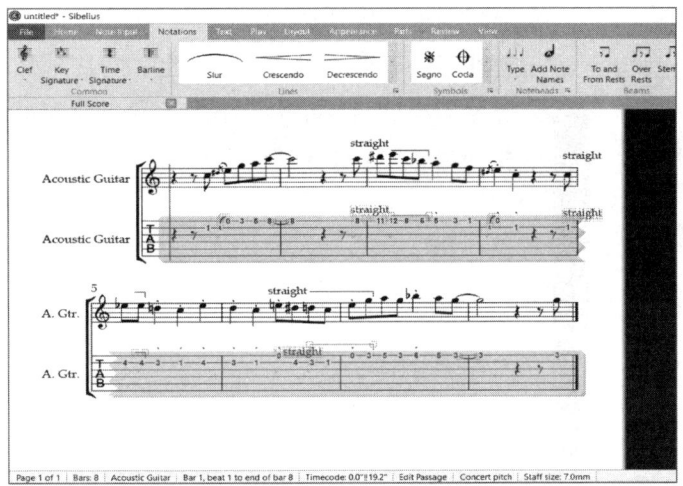

그림을 보면 알 수 있듯 타브 악보에서 꼬리와 줄기가 사라진다.

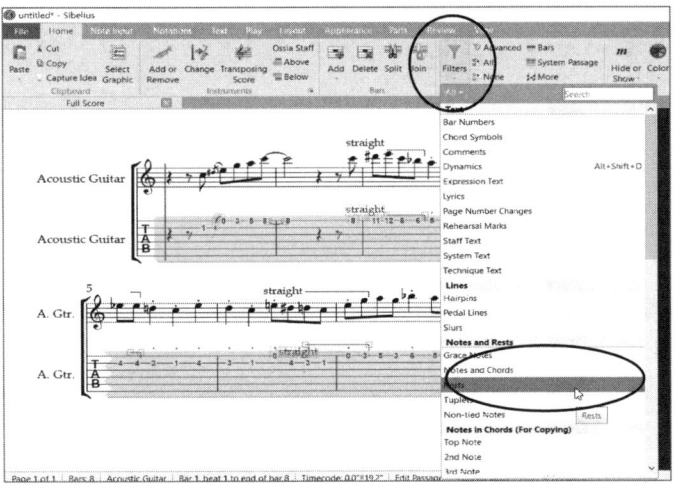

이번에는 타브 악보에 있는 쉼표들을 감추어 보자. 쉼표는 감출 수 있는 메뉴가 없으므로 삭제하는 방법을 사용해 보자.
타브 보표 전체가 선택된 상태에서 Home -> Filters 메뉴를 클릭해 Rests 메뉴를 적용한다.

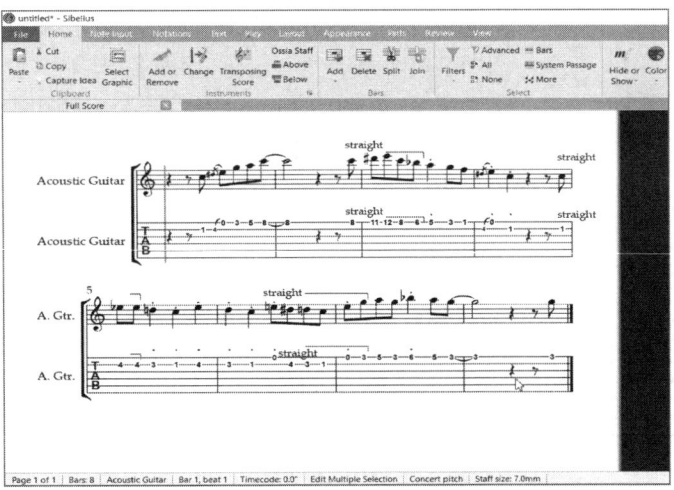

Filter 메뉴는 필터링 방식으로 어떤 조건을 주어 그 조건에 맞는 오브젝트를 선택하는 기능이다.
여기서는 Rests(쉼표)라는 조건으로 필터링했으므로 타브 보표에서 쉼표만 선택 상태로 만들 수 있다.

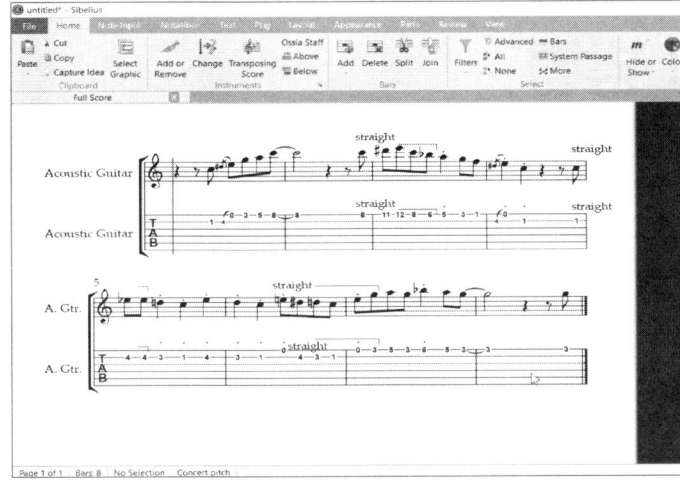

키보드의 Del 키를 눌러 선택한 쉼표들을 전부 삭제한다.

그 결과 타브 악보가 깔끔하게 정돈되었다.

CHAPTER 06
리듬 악보 생성 방법
– 무선율 타악기 악보와 국악 악보 만들기

리듬악기라고 불리는 무선율타악기(Unpitched Instrument)용 악보를 만드는 방법이다.

타악기는 두 종류로 나눌 수 있는데 이중에 실로폰처럼 어떤 멜로디(선율, 음계)를 표현할 수 있는 타악기는 선율타악기라고 한다. 이와 달리 드럼처럼 멜로디를 표현하지 못하고 두들기는 소리만 낼 수 있는 타악기는 무선율타악기라고 한다. 큰북, 작은북, 드럼, 탬버린, 심벌, 팀파니, 스내어 드럼, 탐탐, 블록, 쉐이커 등이 무선율타악기이고 국악악기 중에는 장구, 꽹과리 등이 무선율타악기에 속한다. 무선율타악기 보표는 악기를 때리는 위치만 표기하기 때문에 하나의 선으로 되어 있고, 음표는 선상에 입력해야 한다. 만일 음표를 선상이 아닌 선 위나 선 아래에 입력하면 시벨리우스에서 플레이를 할 때 소리가 들리지 않는다.

무선율타악기는 일반적으로 음의 멜로디는 없지만 음 길이는 표현할 수 있다.

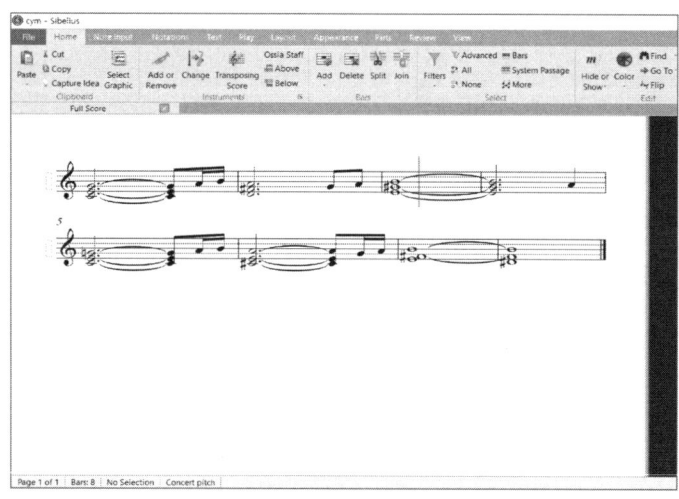

Ctrl + O를 누른 뒤 'cym.sib' 파일을 불러온다.

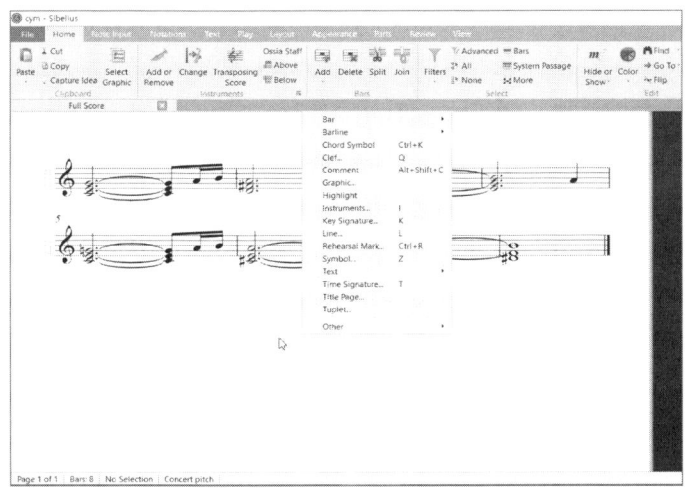

악보의 빈 곳을 마우스 오른쪽으로 클릭한 뒤 Instrument 메뉴를 실행한다.
(단축키 I)

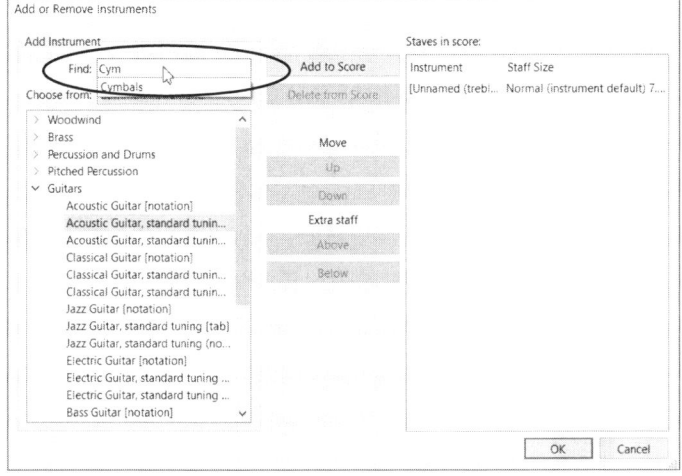

무선율타악기는 Unpitched Instrument 카테고리에 있지만 여기서는 귀찮으니까 이름을 입력해 찾아보겠다. 심벌즈의 이름 앞부분인 'Cym'를 입력하면 바로 심벌즈 악기 종류가 검색된다.

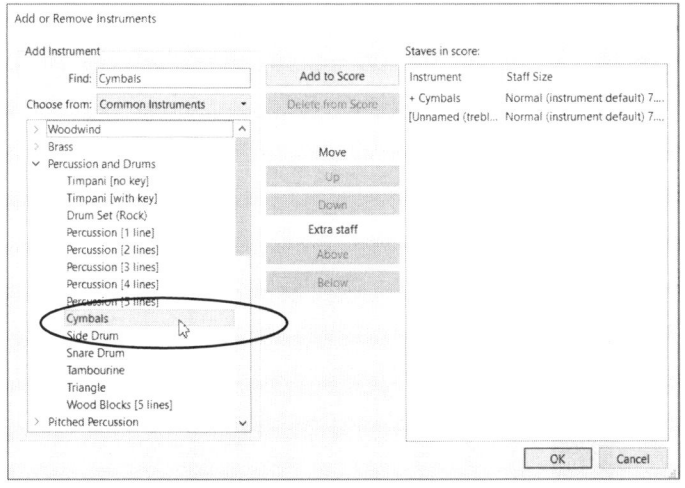

악기목록창에서 심벌즈 악기를 더블클릭해 오른쪽 보표목록창에서 심벌즈를 추가한다.

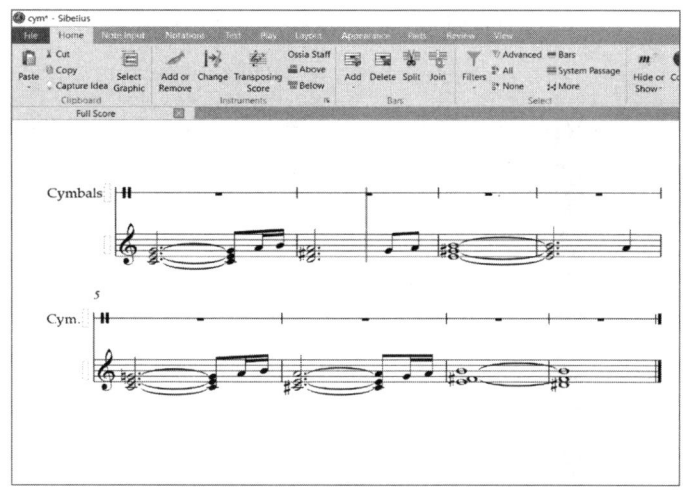

앞에서 OK 버튼을 눌러 대화상자를 닫으면 그림처럼 무선율타악기 보표(리듬악기 보표)가 만들어진다.

만일 장구나 꽹과리 연주용 국악악보를 만들고 있다면 해당 악기가 시벨리우스에서 제공되지 않으므로 큰북같은 악기로 사운드를 미리 들으며 국악악보를 만들 수 있을 것이다.

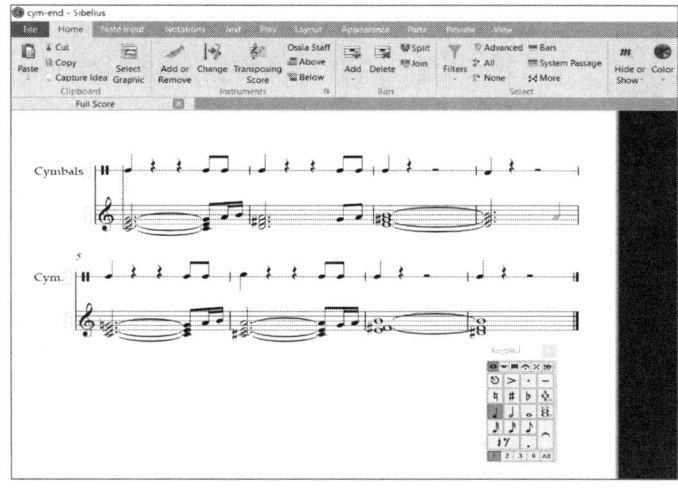

하단 멜로디를 참고해 심벌즈가 연주될 위치에 그림처럼 음표를 입력한다. 여기서는 4분음표와 8분음표 두 종류로 입력하였다.

음표 길이에 따라 심벌즈 치는 소리가 길어지거나 짧아지므로(음길이가 짧으면 그만큼 짧은 간격으로 입력할 수 있다.) 하위 보표의 멜로디에 맞게 음길이를 달리해서 입력해 본다.

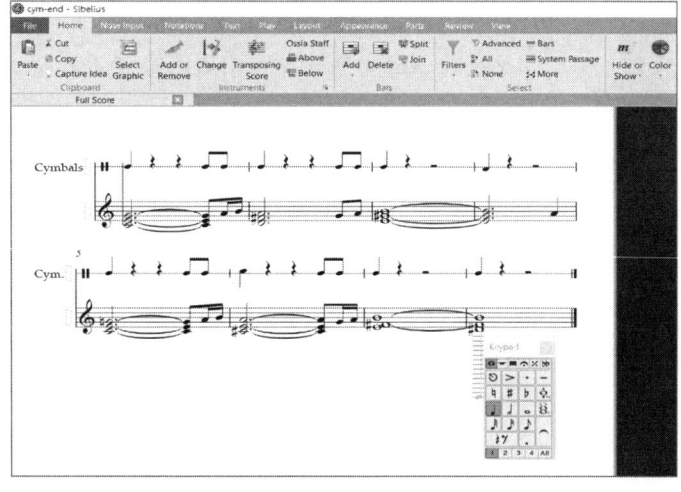

단축키 Ctrl +[를 눌러 곡의 시작부로 플레이백라인을 이동시킨 뒤 스페이스바를 눌러 곡을 연주해 본다.

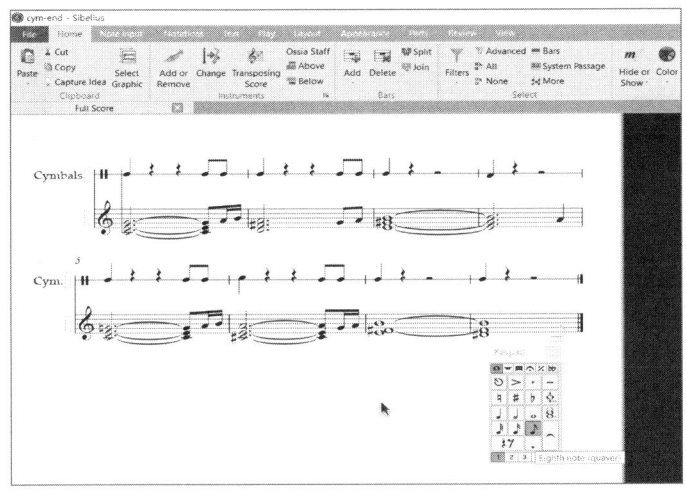

심벌즈 치는 박자가 어색하면 4분음표, 8분음표, 16분음표 등으로 수정 입력하면서 하단 멜로디의 박자가 어울리게 만들어 본다.

드럼악보 만들고 작곡하기
– 드럼노트(음표) 입력하기

드럼악보는 리듬악기처럼 1줄 보표에 입력하기도 하지만 하나의 악보에서 여러 드럼의 연주를 기보하려면 오선보표에 입력해야 한다. 이때 오선보표의 오선에는 각기 다른 드럼 종류가 맵핑되어 있다.

일반적인 드럼세트(드럼키트)를 보표에 연결한 경우, C4(도)에는 드럼이 연결되어 있지 않고, D4(레)=Pedal Hi hat, E4(미)=Bass Drum2, F4(파)=Bass Drum1, G4(솔)=Low Tom2, A4(라)=Low Tom2, B4(시)=Mid Tom2, C5(도)=Snare Drum 등이 연결되어 있으므로 각자의 드럼마다 해당 음계에 음표를 입력해야 시벨리우스에서 플레이할 때 해당 드럼 소리가 들린다. 한편 드럼세트에 따라 음계에 연결된 드럼이 약간 다르기도 하지만 E4(미)나 F4(파)에는 보통 베이스 드럼이, C5(도)에는 보통 스네어 드럼이 맵핑되어 있다.

아래는 스탠다드 드럼 기보법이다. 스탠다드 드럼 기보법을 숙지한 뒤 아래 2가지 사항만 주의하면 드럼 보표를 작성할 수 있다.

1. 동일한 음에 똑같은 머리 모양을 가진 음표
사용하는 성부(보이스)가 다른 음표들이다. 연결한 드럼세트(드럼키트)에 따라 다르겠지만 성부를 다르게 하여 1~4 종류의 서로 다른 드럼 악기를 맵핑할 수도 있다.

2. 음표 머리 모양
음표 머리 모양에 따라 드럼 악기가 다르게 맵핑되는 경우도 있다. 이 경우 드럼 소리는 음계 위치가 아닌 음표 모양에 따라 하이 햇, 트라이앵글, 심발 등의 소리를 내게 된다. 음표 머리 모양은 Notations -> Type 메뉴에서 수정할 수 있다.

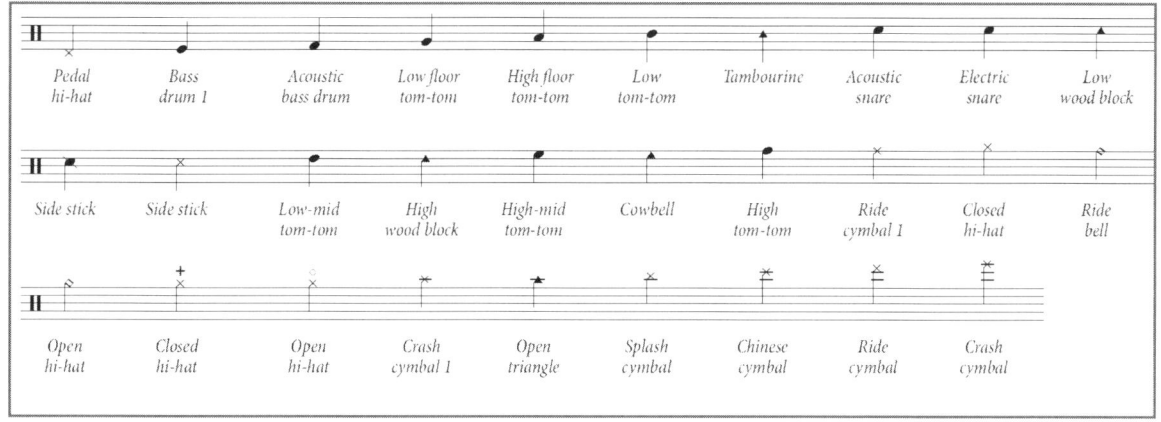

오선지에서 드럼세트 악기를 기보할 때 드럼 악기별 스탠다드 기보 위치

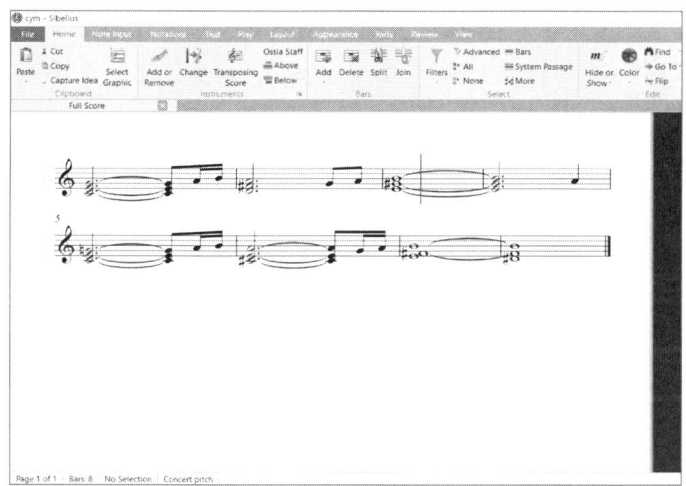

File -> Open 메뉴로 샘플 'cym.sib' 파일을 불러온다.

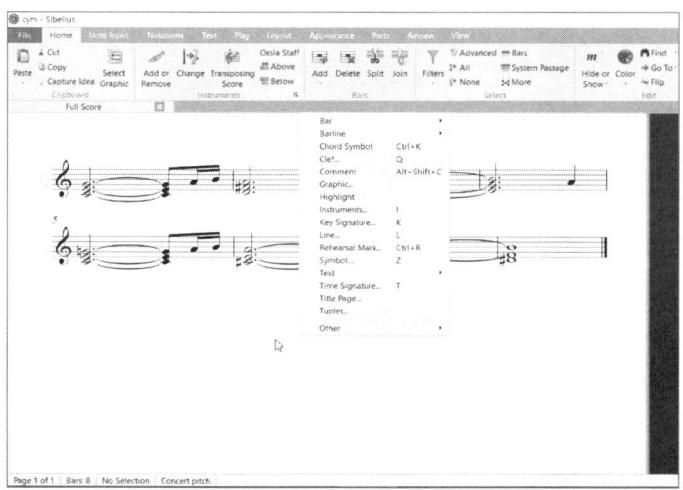

악기(보표)를 추가하기 위해 악보의 빈 곳을 오른쪽 버튼으로 클릭한 뒤 Instruments 메뉴를 실행한다.

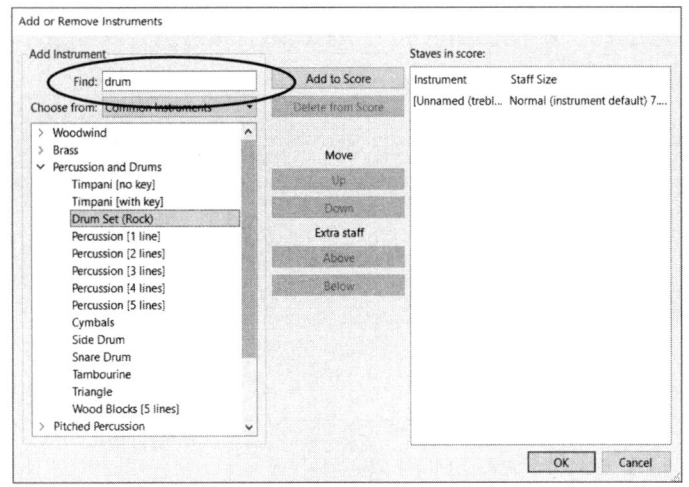

악기 이름을 알고 있을 경우에는 Find 옵션에 이름을 입력해 검색할 수도 있다. 드럼보표를 만들 계획이므로 drum이라고 입력하면 관련 악기들이 제시된다.

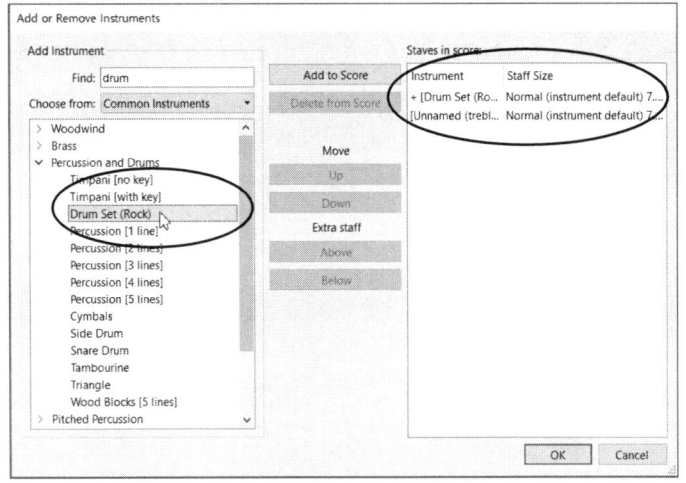

목록으로 보이는 드럼악기 중에서 drum set을 더블클릭해 오른쪽 보표목록창에 추가한다.

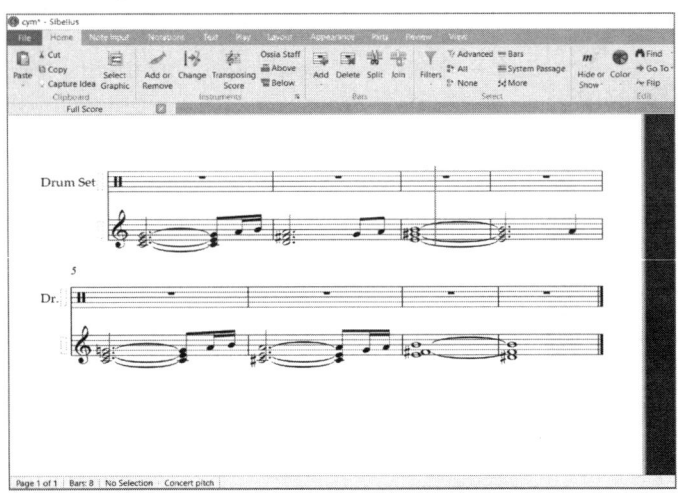

OK 버튼을 눌러 대화상자를 닫으면 악보창에 드럼보표가 만들어진 것을 알 수 있다.

마스터 건반이 연결된 사용자는 건반 키를 눌러 드럼세트의 악기들이 어느 음계에 배치되었는지 미리 들을 수 있다.

마스터 건반이 없는 경우에는 View -> Panels 메뉴를 실행한 뒤 Keyboards 옵션에 체크한다.

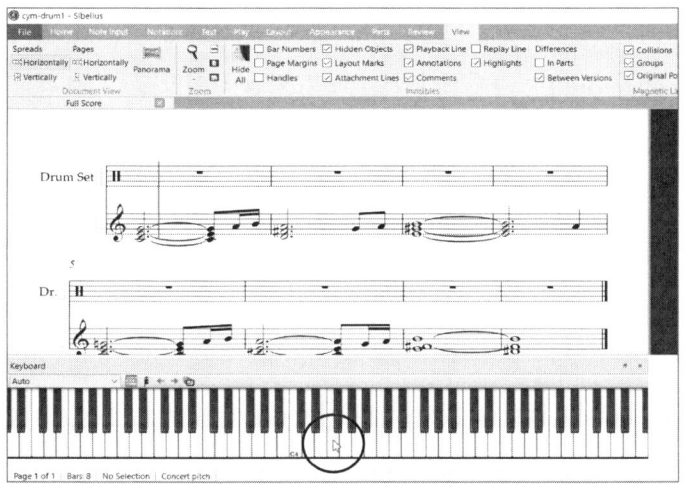

악보창 하단에 키보드창이 나타난다. C4~C6 사이를 마우스로 클릭하면 드럼세트의 드럼 악기들이 어느 음계에 맵핑되어 있는지 사운드를 들을 수 있다.

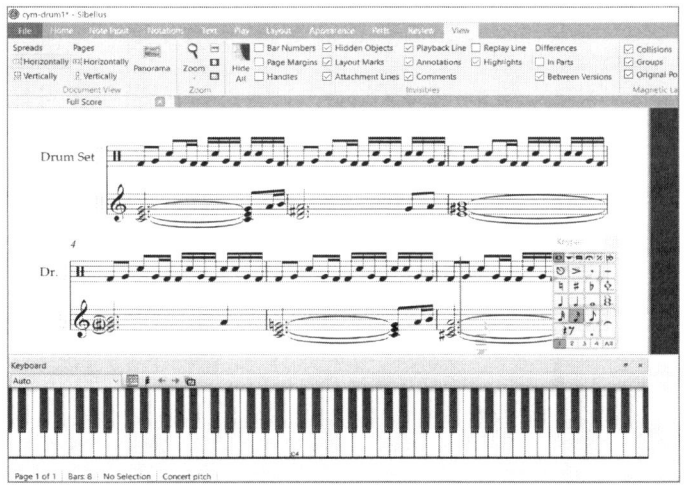

마스터 건반이 연결된 사용자는 Play -> Record 메뉴를 클릭한 뒤 리얼입력으로 음표를 입력할 수 있다. (드럼보표의 1번 마디를 선택한 뒤 Record 메뉴를 클릭하고 리얼입력을 하면 된다.)

마스터 건반이 없는 사용자는 마우스를 사용해 드럼보표에 음표를 입력하거나, 하단 키보드 그림을 클릭해 음표를 입력한다. 선택된 마디에서 입력을 시작한 후 박자를 다 채우면 그 다음 마디가 선택되지 않은 상태라 해도 다음 마디로 이어지면서 입력된다.

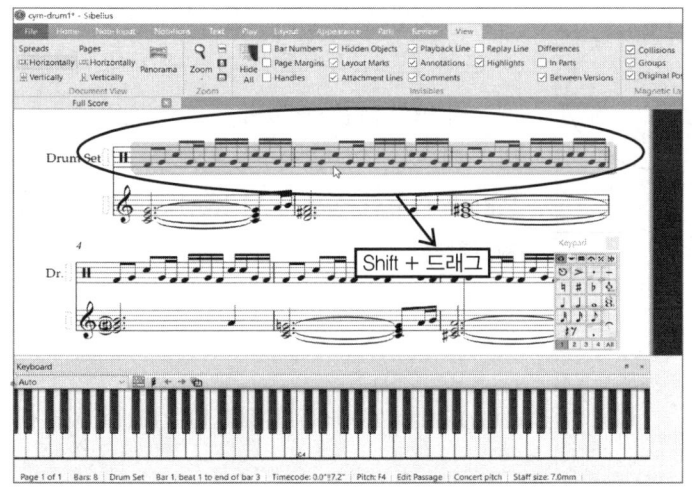

몇몇 드럼악기는 맵핑 위치에 따라 음표의 머리 모양으로 드럼악기가 달라지므로 머리 모양을 바꾸어보자. 주로 오선보표 상단에 입력한 음표들이 머리 모양을 바꾸면 드럼악기가 달라진다.

실제 머리 모양에 따라 드럼악기가 달라지는지 확인하기 위해 선택 툴로 드럼보표 상단에 입력한 몇몇 음표들만 Shift + 드래그하여 선택한다.

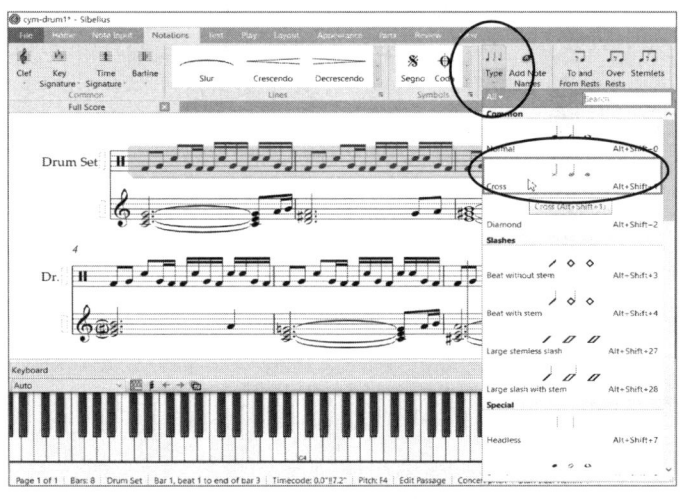

Notations -> Type 메뉴를 실행한 뒤 Common 카테고리의 Cross 모양을 선택한다.

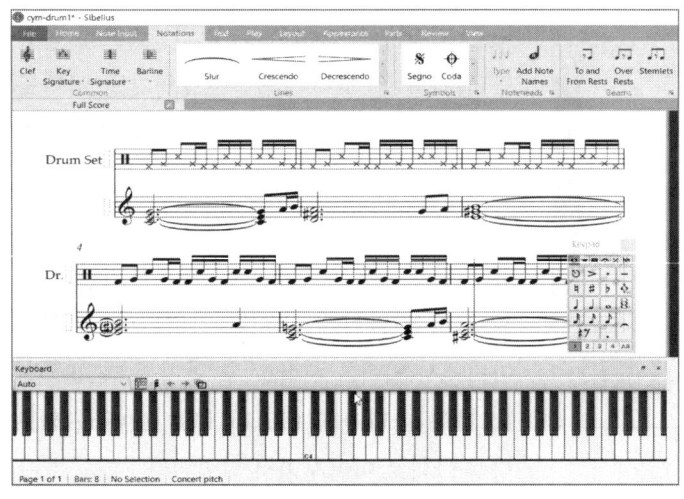

선택한 음표들의 머리 모양이 크로스 모양으로 바뀌어 Closed Hi Hat 타악기를 지시하게 된다. Hi Hat(심벌즈와 비슷한 악기)의 페달을 발로 밟은 상태에서 보표에 입력된 음길이(박자 간격)으로 스틱으로 Hi Hat을 치라는 뜻이다. 악보를 플레이하면 크로스 음표들의 드럼이 하이 햇으로 바뀐 것을 알 수 있다.

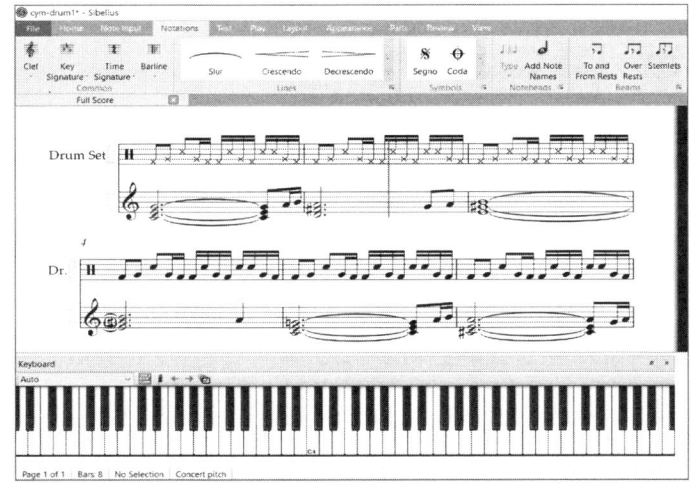

드럼음표는 이와 같은 방식으로 드럼의 맵핑음을 찾아가며 입력하되, 음표의 머리 모양이나 음계 위치에 따라 사용하는 드럼악기가 달라지므로 앞에서 제시한 '드럼 노트의 스탠다드 기보 위치'를 참고하여 입력하되 귀에 듣기 좋은 드럼 파트를 만들어주면 된다.

CHAPTER 08
못가춘마디 악보 만드는 방법
– 여린내기 노래 악보 만들기

'못가춘마디'란 악보 첫 소절에 픽업바(Pickup Bar)를 삽입하여 만든 '부족한 박자수의 마디'를 말한다. 픽업바는 일반적으로 강박자인 첫 박자를 없앨 목적으로 만들기 때문에 결국 노래의 시작이 두 번째 박자인 약박(여린박)부터 시작한다 하여 여린내기 노래라고도 한다. 영어로는 업비트바(Upbeat Bar)라고 부른다.

간단히 이야기하면 4/4박자 음악의 경우 '강/약/강/약(다운비트/업비트/다운비트/업비트)' 박자로 전개되어야 하는데 첫 소절에 짧은 소절의 1마디를 삽입하여 제1박인 강(다운비트)박자를 의도적으로 사용 못하게 만들어 '약/강/약'으로 곡의 시작부를 만드는 것이 픽업바의 기능이다. 이 때문에 4/4박자표에 의해 4박자를 사용해야 할 마디가 3박자만 사용하기 때문에 불완전한 마디 또는 못갖춘마디가 된다. 현대음악 표준표기법은 못갖춘마디가 있는 음악은 부족한 1박을 악보 끝 소절에 추가해 전체적으로 갖춘마디를 만들어주어야 한다.

픽업바는 일반적으로 노래의 첫 소절을 여리게 불러야 하는 곡을 작곡할 때 사용하며, 첫 소절을 강하지 않게 부르는 '여린내기 노래'를 작곡할 때 만든다.

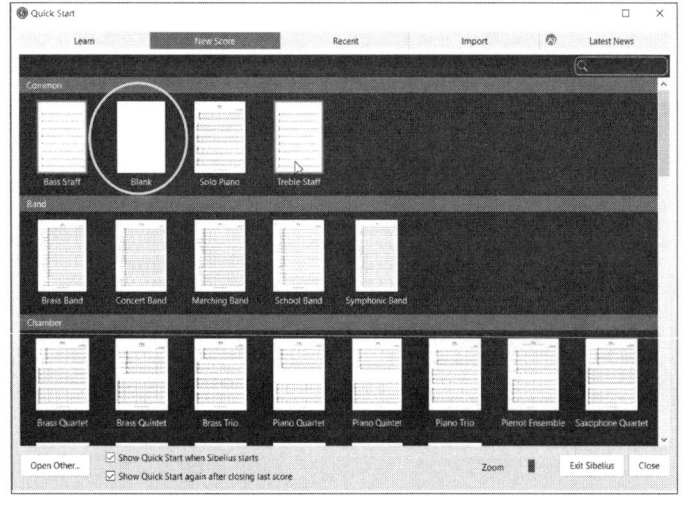

1. 픽업바(못갖춘마디)가 있는 악보 만들기

File -> New 메뉴(Ctrl + N)를 실행한 뒤 Blank 악보를 더블클릭해 바로 비어있는 악보를 만든다.

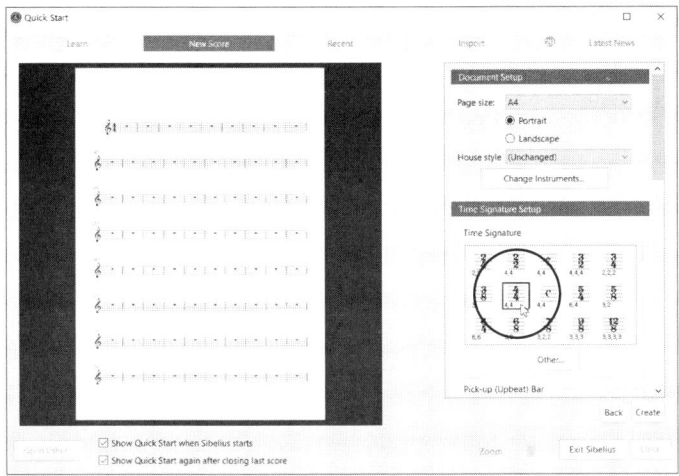

박자표 설정에서 4/4박자를 선택한다.

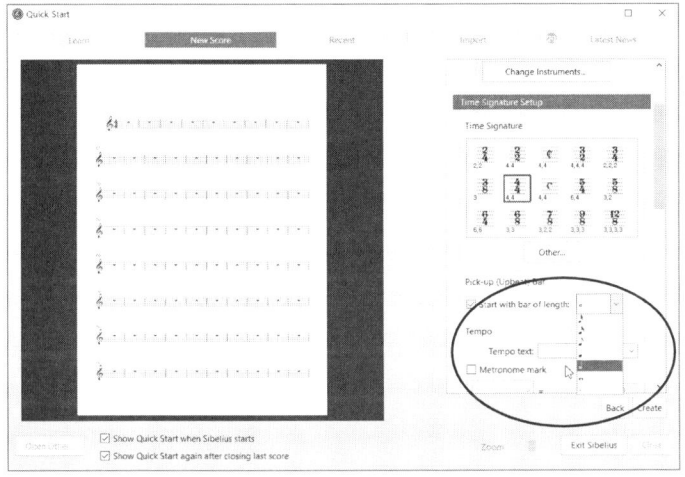

악보의 첫 소절에 픽업바를 삽입하기 위해 'Start with bar of length' 옵션에 체크한다. 음표 선택 항목에 있는 음표를 삭제한 후 2분음표를 선택한다.

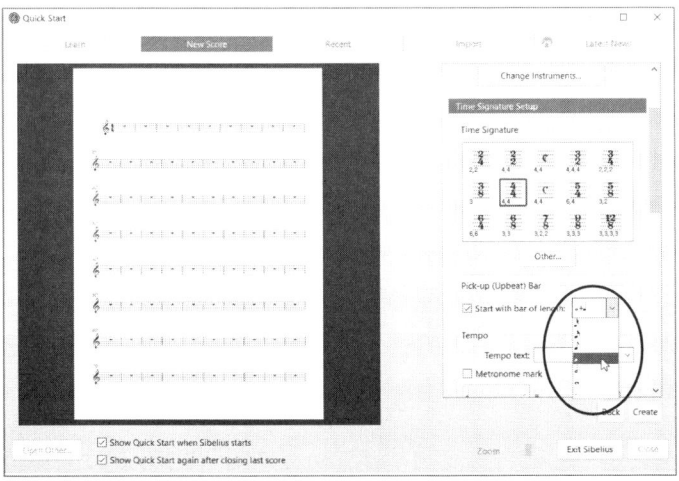

다시 음표 선택 항목을 클릭해 이번에는 4분음표를 더해 준다.

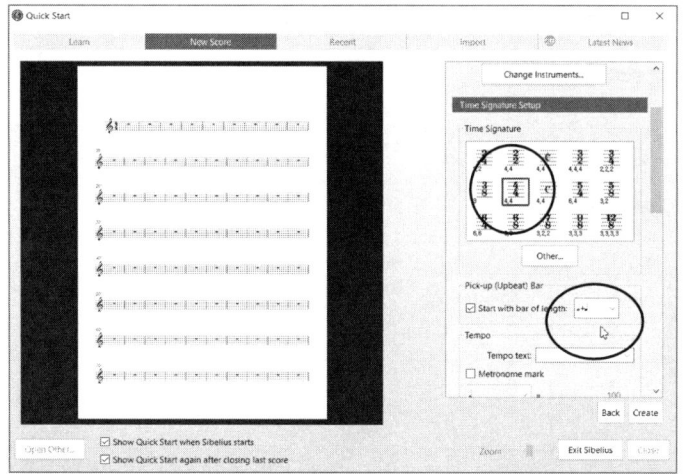

음표 선택 항목이 ♩+♩ 형태이면 되는데 이는 곧 3박자 길이의 마디를 픽업바로 삽입한다는 뜻이다.

앞에서 4/4 박자표를 선택했으므로 3박자 길이의 픽업바를 만들면 1박자가 부족한 못갖춘마디를 만들 수 있게 된다.

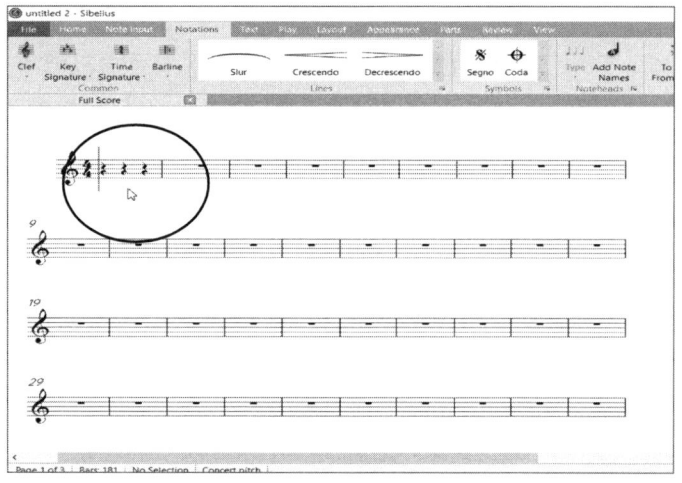

앞의 대화상자에서 Create 버튼을 클릭해 악보를 생성시킨다.

악보를 보면 박자표에 4/4박자가 삽입되어 있지만, 첫마디는 4분쉼표 3개가 있으므로 3박자 마디임을 알 수 있다.

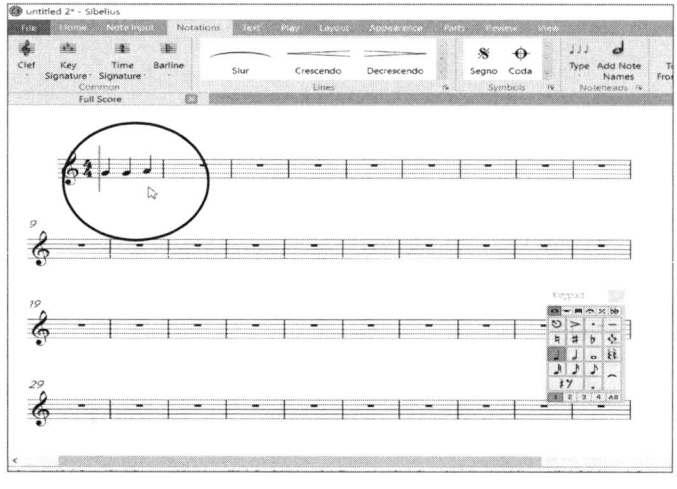

실제 첫 번째 마디에 음표를 입력해 보자. 키패드(Ctrl + Alt + K)에서 4분음표를 선택한 뒤 첫 번째 마디에 음표를 입력해 본다.

4분의 4박자라면 1마디에서 4분음표 4개를 입력할 수 있음에도 여기서는 4분음표 3개만 입력할 수 있음을 알 수 있다.

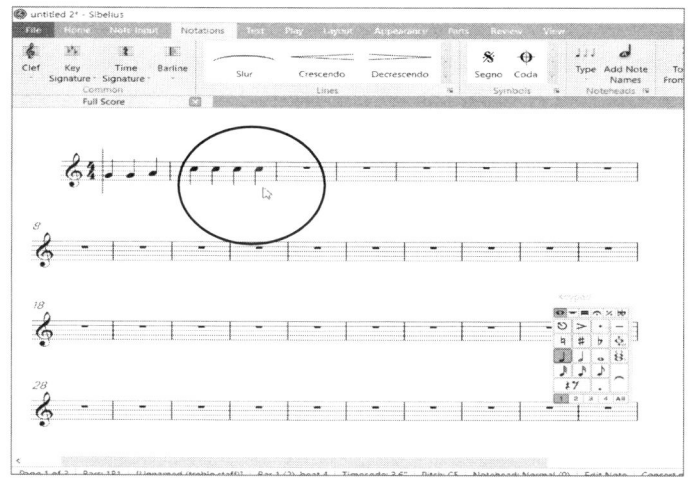

이번에는 2번 마디에 4분음표를 입력해 보자. 2번 마디는 4분음표를 4개 입력할 수 있으므로 정상적인 마디임을 알 수 있다.

이처럼 첫소절에서 1박자가 비는 마디가 있는 보표는 '못갖춘마디' 또는 '불안전한 마디'라고 말한다. 나중에 해당 보표 끝에 1박자 길이의 새 마디를 추가해야 박자수가 4/4박자인 정상적인 보표가 된다.

2. 기존의 시작 마디를 픽업바(못갖춘마디)로 전환하기

앞의 예제는 새 악보를 만들 때 픽업바(못갖춘마디)를 만드는 예제였다. 이번에는 정상 박자의 악보로 작업하다가 필요에 의해 나중에 첫 소절을 못갖춘마디로 만드는 방법을 알아본다.

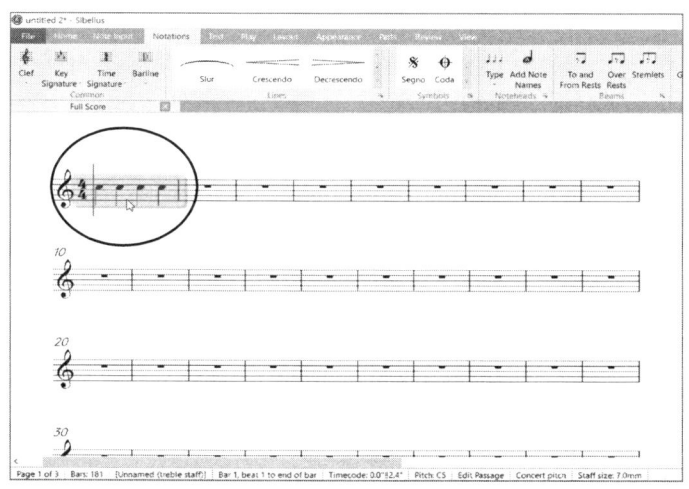

옆 그림은 4/4박자의 정상적인 악보이다. 정상적인 악보이므로 1번 마디에서 4박자를 모두 입력할 수 있음을 알 수 있다.

이 정상적인 마디를 못갖춘마디로 만들기 위해 1번 마디를 클릭해 선택한다.

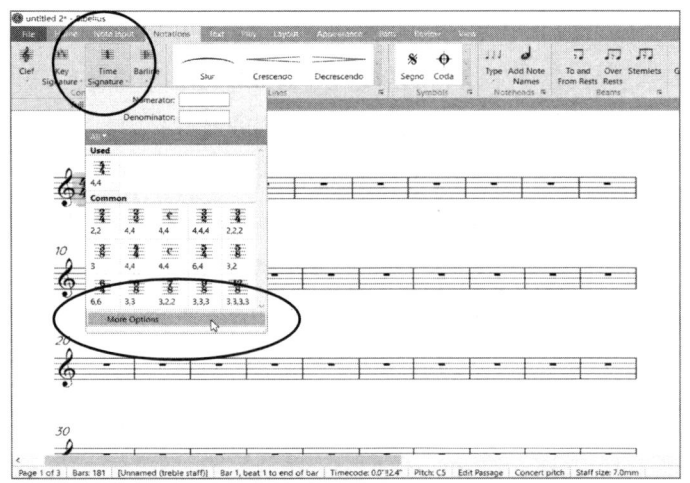

Notations -> Time Signature 메뉴를 실행한 뒤 제일 하단의 More Options 메뉴를 클릭한다.

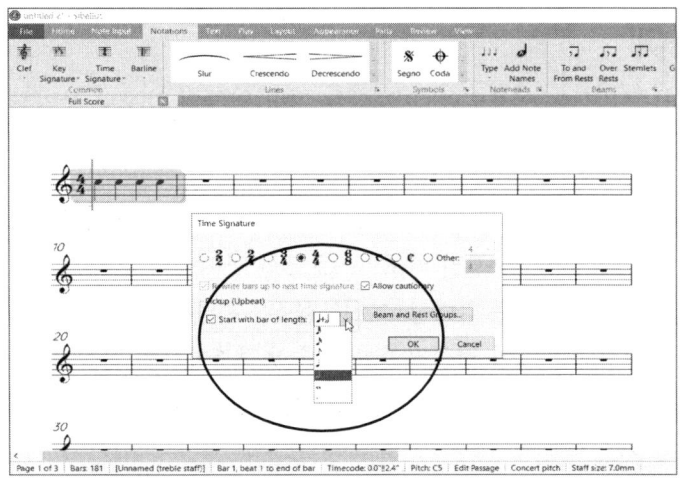

'Start with bar of length' 옵션에 체크한 뒤, 음표 선택 항목에서 4분음표를 선택해 마디의 길이를 ♩+♩ 형태, 즉 3박자만 사용할 수 있도록 해 준다.
(♩+♩ 형태이건, ♩+♩ 형태이건 상관없다. 사용할 수 있는 박자수를 3박자로 표시해주면 된다.)

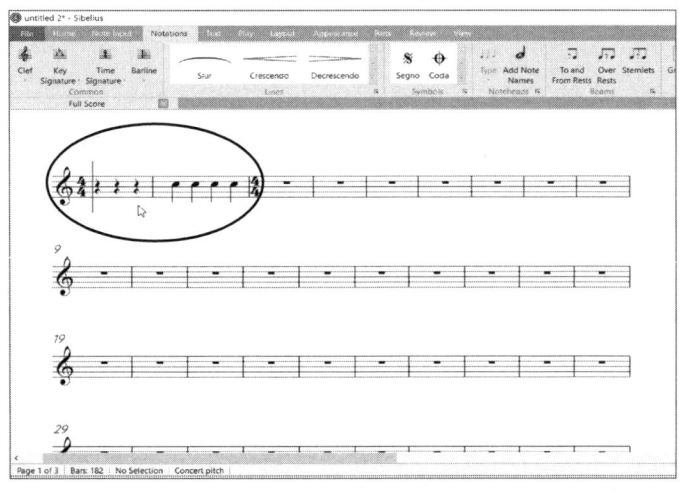

앞에서 OK 버튼을 눌러 대화상자를 닫으면 첫 번째 마디가 3박자 마디로 변한 것을 알 수 있다. 또한 원래의 첫 번째 마디는 그 다음 마디로 밀려난 것을 알 수 있다.

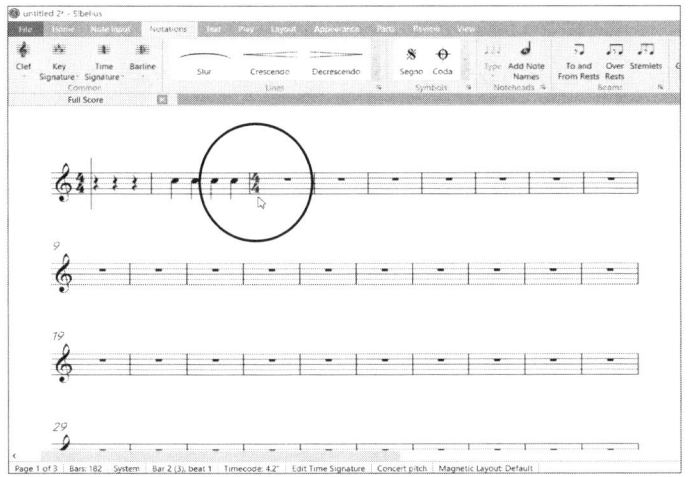

박자표가 불필요하게 두 곳에 표시되어 있으므로 뒤에 있는 박자표들은 선택 툴로 선택한 뒤 Del 키를 눌러 삭제한다.

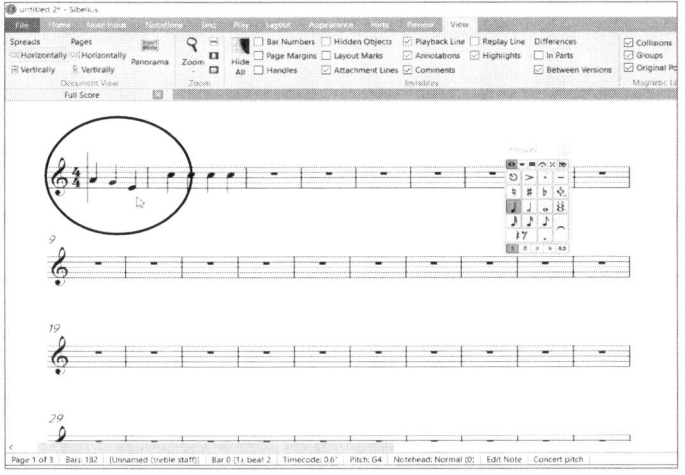

실제 3박자만큼만 입력되는지 확인하기 위해 4분 음표를 선택한 후 입력해 보았다.
4분 음표를 4개가 아닌 3개만 입력할 수 있었다.
이번 예제를 보면 알 수 있듯, 정상적인 마디도 못갖춘마디로 만들 수 있다.

Part 3. 시벨리우스 2023 보표의 추가와 악기 교체, 다양한 악보 생성시키기 **155**

3. 못갖춘마디를 갖춘마디로 만들기

1박자가 부족한 '못갖춘마디'가 있는 노래는 현대음악 표준 표기법상 부족한 1박자를 반드시 곡의 어딘가에 추가해서 '갖춘마디'로 만들어야 한다.

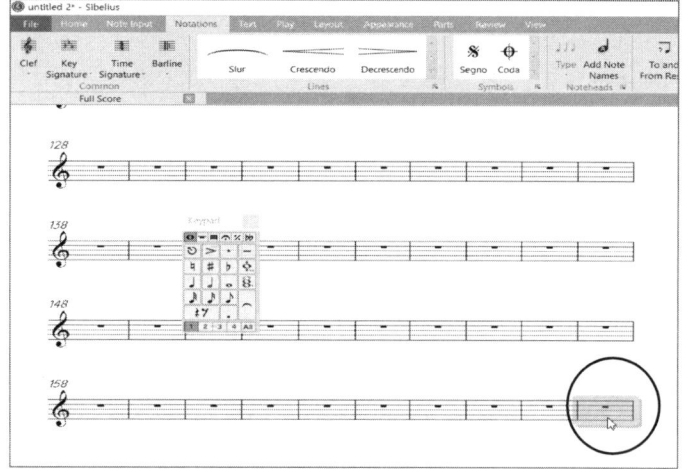

일반적으로 곡의 마지막 마디에 1박자 길의 마디를 삽입하는 경우가 많은데 그 이유는 중간에 1박자 마디를 삽입하면 곡의 박자감이 중간에 틀어지기 때문이다. 보표 끝에 1박을 추가하면 박자감이 곡의 중간 부분에서 어색해질 이유가 없을 것이다.

3박자만 사용한 못갖춘마디가 있다고 가정하고 보표의 제일 마지막 마디를 클릭해 선택한다.

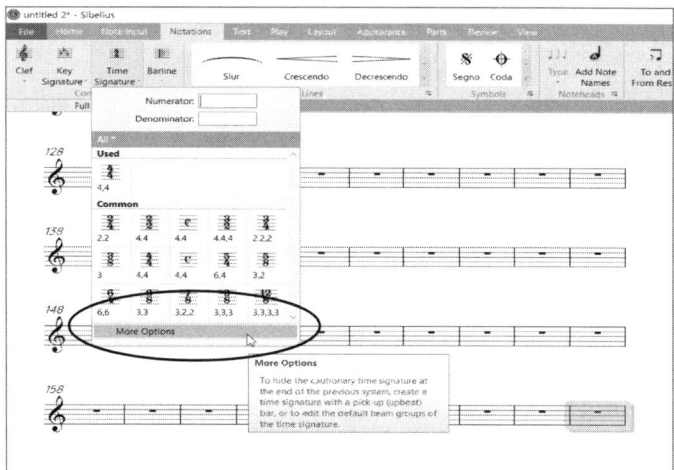

Notations -> Time Signature 메뉴를 실행한 뒤 제일 하단의 More Options 메뉴를 클릭한다.

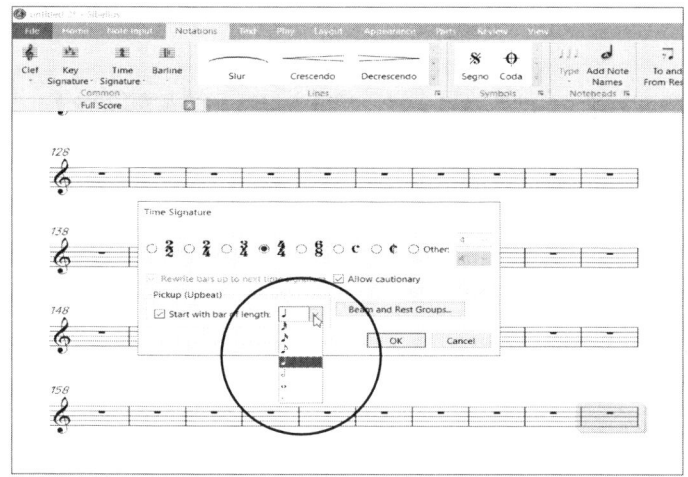

'Start with bar of length' 옵션에 체크한 뒤, 음표 선택 항목에서 4분음표 1개만 선택한다.

앞에서 1박이 비는 못갖춘마디를 사용하고 있으므로 여기서는 비는 1박자 길이(♩)의 마디를 만들어 못갖춘마디의 비어있는 1박을 채운다는 뜻이다.

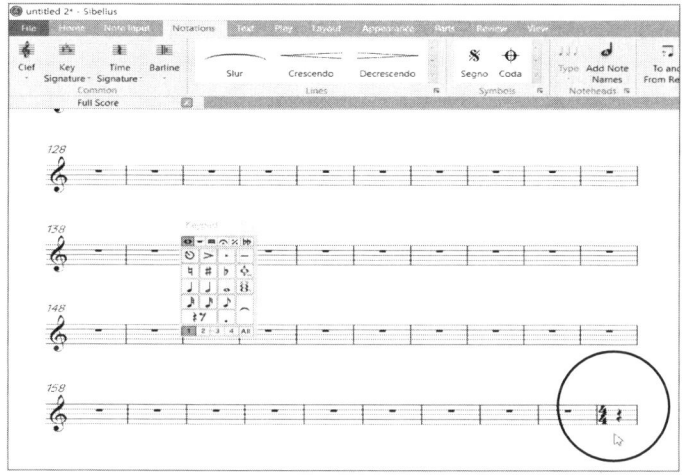

앞에서 OK 버튼을 눌러 대화상자를 닫으면 그림처럼 1박자 길이의 못갖춘마디가 만들어진다.

곡의 시작부에 3박자 길이의 못갖춘마디가 있으므로 곡의 마지막에 1박자 길의 못갖춘마디를 삽입해 전체적으로 갖춘마디를 만든 셈이다.

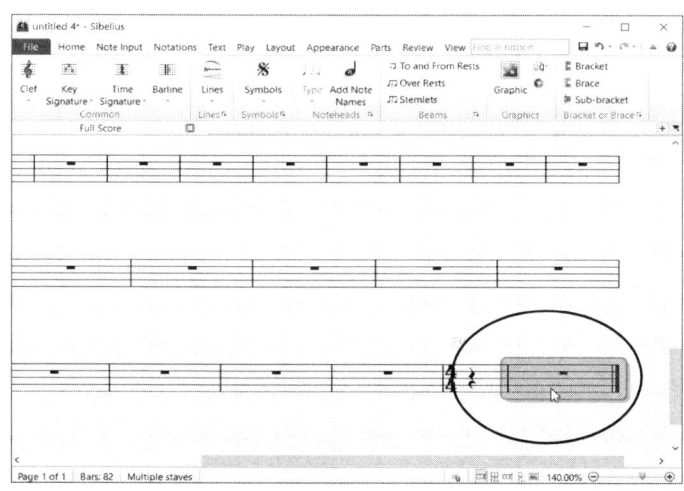

시벨리우스 구버전의 경우 새로 삽입한 마디 때문에 맨 마지막 4/4박자 마디가 밀려나는 경우도 있다. 이 경우 Ctrl + 클릭하여 선택한 뒤 Del 키를 눌러 삭제하면 된다.

Part 3. 시벨리우스 2023 보표의 추가와 악기 교체, 다양한 악보 생성시키기 **157**

CHAPTER 09 합창단용 성부 악보 (다성부 악보) 만들기

성부 악보란 교회 합창곡 악보처럼 여러 성악 파트의 악보를 하나의 악보에 표기한 악보를 말한다. 예를 들어 소프라노, 테너, 바리톤 악보를 개별적으로 만드는 것이 아니라 이들의 멜로디를 하나의 보표에 겹쳐 표기한 것을 성부악보라고 한다. 성부는 영어로 보이스(Voice)라고 말한다.

시퀀서 프로그램은 일반적으로 하나의 보표에 최대 4개 성부를 표기할 수 있도록 해주므로 보표 상에 최대 4성부까지 입력할 수 있고, 이런 악보들은 여러 성부의 음표를 하나의 악보에 표시한 악보라는 뜻에서 '성부 악보' 또는 '다성부 악보'라고 말한다.
성부 악보를 기보하는 방법은 매우 간단하다. 키패드의 제일 하단에 입력할 성부를 선택하는 기능이 있는데 여기서 원하는 번호를 선택한 뒤 음표를 입력하면 음표는 해당 성부에서만 입력된다. 시벨리우스의 경우 성부를 선택하지 않으면 기본적으로 1성부에 음표가 입력된다.

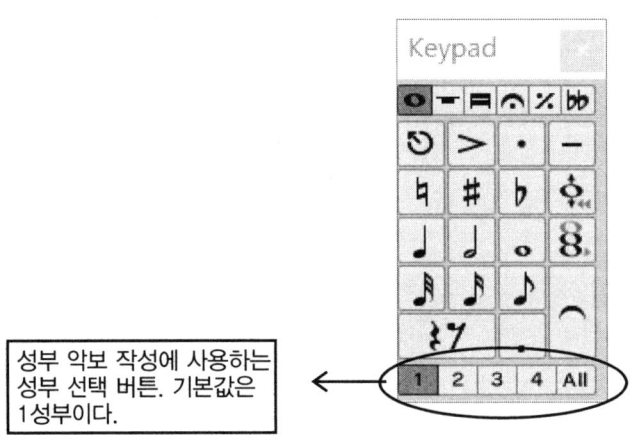

성부 악보 작성에 사용하는 성부 선택 버튼. 기본값은 1성부이다.

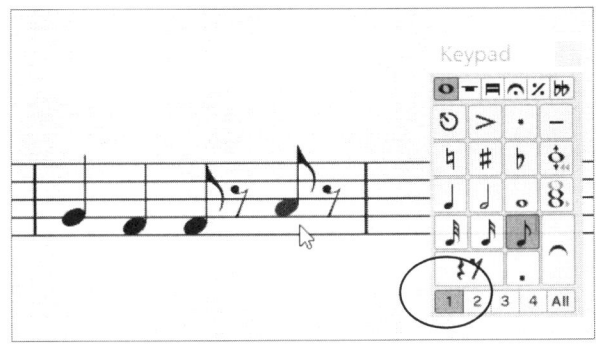

소프라노용 멜로디를 1번 성부에 입력하려면 1번 성부 버튼을 켠 상태에서 음표를 입력한다. 해당 음표들은 성부1(보이스1)에만 입력된다.

테너용 멜로디는 2번 성부 버튼을 켠 상태에서 입력한다. 해당 음표들은 성부2(보이스2)에만 입력된다.
악보 상에서는 1번 성부 음표와 2번 성부 음표가 겹쳐있지만 연주자들은 이것을 구별하면서 악보를 읽게 된다.

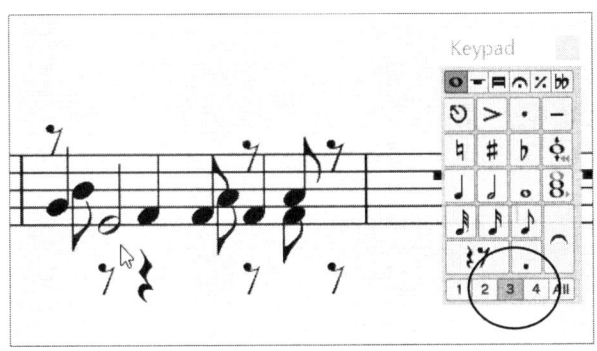

바리톤용 악보를 3번 성부 버튼을 켠 상태에서 입력한다. 해당 음표들은 성부3(보이스3)에만 입력된다.

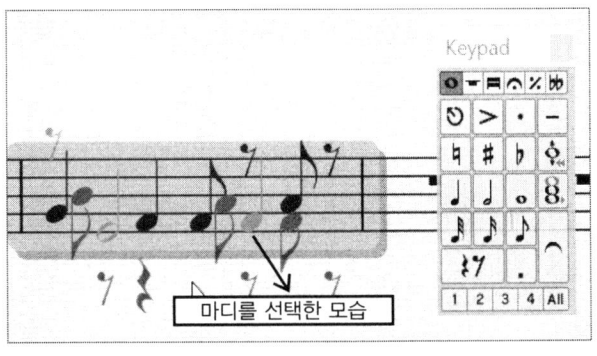

입력을 완료한 뒤 마디를 클릭해 선택하면 각각의 성부마다 서로 다른 색상으로 음표들이 표시되므로 어느 성부에 어떤 멜로디가 있는지 알 수 있고, 이때 원하는 음표를 클릭해 수정 작업도 할 수 있다.

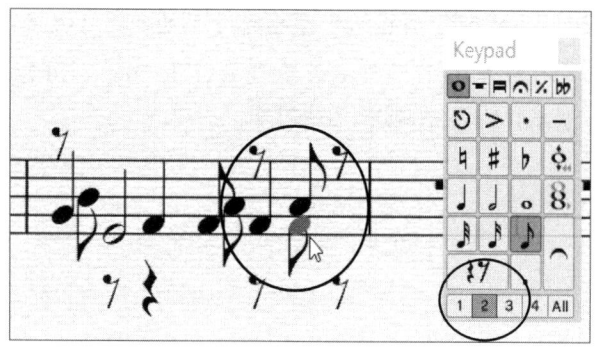

어떤 음표가 어느 성부에 속해있는지 모를 경우 해당 음표를 클릭해 선택하면 그 음표가 속해있는 성부 버튼이 켜진다. 옆 그림은 2번 성부 버튼이 켜진 모습이다.

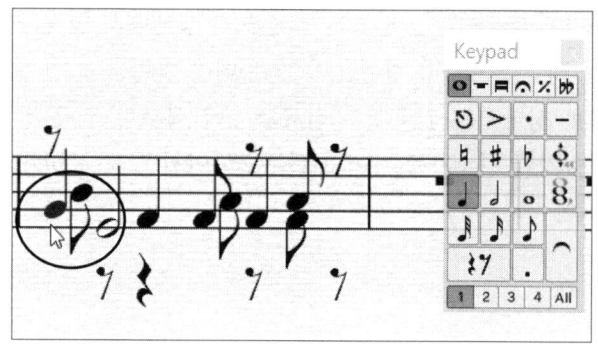

음표를 다른 성부로 이동시킬 수도 있다. 만약 1번 성부에 입력한 음표를 4번 성부로 이동시키려면 먼저 1번 성부의 음표 중 이동시킬 음표를 선택한다.

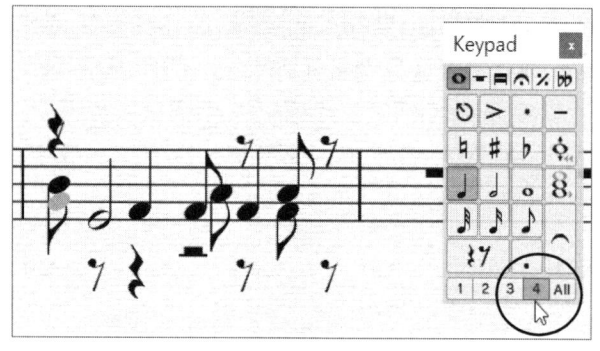

성부 선택 버튼에서 4번 성부 버튼을 클릭하면 선택한 음표는 4번 성부의 멜로디로 이동된다.

만약 해당 성부에서 이미 박자가 꽉 찬 경우에는 그 박자수에 맞추기 위해 음 길이가 변형되어 이동될 수도 있다.

Part 4

File 메뉴 (파일 관리 메뉴)

작업창의 메인 메뉴바에 있는 File 메뉴를 실행하면 파일 저장, 악보 인쇄 등의 파일 관리와 인쇄 메뉴를 사용할 수 있다.

File -> Save 메뉴 & Save As 메뉴
(악보 저장 기능)

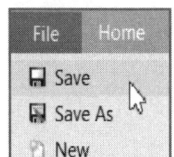

Save 메뉴는 작업 중인 악보를 기존 파일명으로 저장할 때 사용하고 Save As 메뉴는 작업 악보를 원래 파일명이 아닌 다른 파일명으로 변경 저장할 때 사용한다.

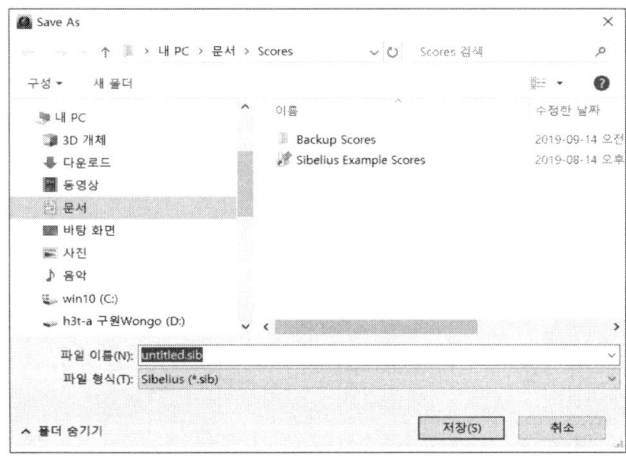

1. Save 메뉴

악보의 파일명이 있을 경우 악보 파일명을 변경하지 않고 바로 저장할 때 사용한다.

만일 새 악보를 만든 뒤 맨 처음 저장하는 것이라면 Save As 대화상자가 실행되어 파일명을 설정할 수 있다.

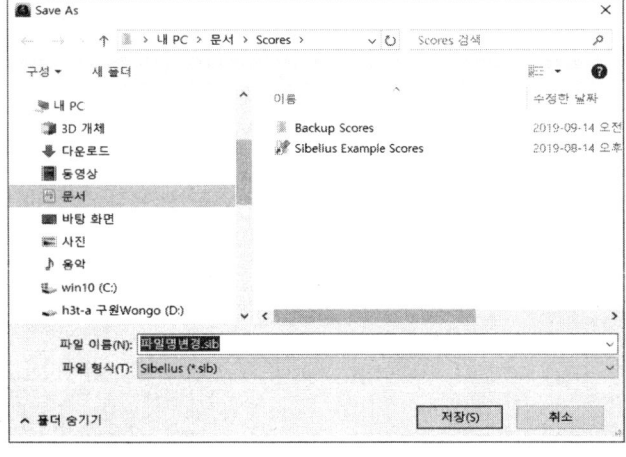

2. Save As 메뉴

작업 중인 악보의 원래 파일명을 변경한 뒤 저장할 때 사용한다. "파일이름" 항목을 클릭해 원하는 파일명으로 변경하면 된다. 기본적으로 시벨리우스 음악 포맷인 Sib 포맷으로 저장된다.

만일 파일 포맷을 Sib 포맷이 아닌 다른 포맷으로 변경한 뒤 저장하려면 File -> Export 메뉴를 사용한다.

CHAPTER 02
File -> New 메뉴 & Open 메뉴
(신규 악보 생성하기 & 악보 파일 불러오기)

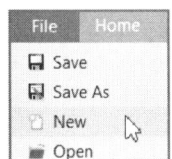

New 메뉴는 새 악보를 만들 때 사용한다. Open 메뉴는 하드디스크에 저장된 시벨리우스 악보 파일을 불러올 때 사용한다.

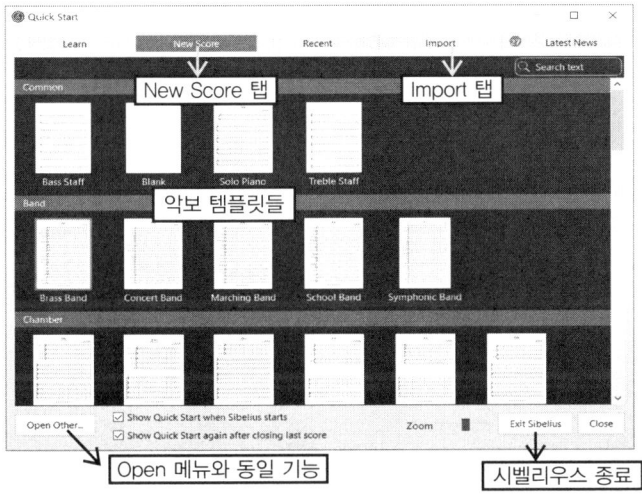

1. New 메뉴

새로운 신규 악보를 만들 때 사용한다.
"New Score" 탭은 악보 템플릿을 불러올 때 사용한다. 미리 만들어놓은 여러 악보 형식을 악보 템플릿이라고 한다. 예를 들어 Band 템플릿에서 원하는 악보 템플릿을 선택하면 밴드곡에 알맞게 보표(악기)가 삽입된 새 악보를 생성시킨다.

2. Open 메뉴

하드디스크, USB 드라이브, DVD 드라이브에 저장된 음악 파일을 불러올 때 사용한다.
불러올 수 있는 음악 파일은 시벨리우스 포맷인 sib 파일, 미디 포맷인 Mid 파일, 미디음악 호환 포맷인 Xml 포맷, 악보를 스캐너로 스캔한 뒤 포토스코어 프로그램으로 만든 Opt 포맷, 사운드 파일인 Wav 파일 등을 오디오스코어로 변환한 Opt 포맷이 있다.

CHAPTER 03

File -> Append 메뉴
(다른 악보 파일을 통째로 뒤에 붙이기)

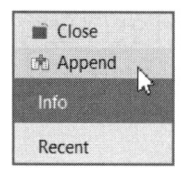

작업 중인 악보의 끝에 다른 파일의 악보를 불러온 뒤 통째로 붙이는 기능이다.

열려있는 악보의 끝 부분에 다른 악보 파일의 악보를 붙이려면 두 악보는 동일한 보표 수를 가지고 있어야 하며, 시벨리우스 버전도 동일해야 한다. 만일 보표 수가 다르면 붙여지지 않는다. 예를 들어 작업 악보는 3개의 보표를 사용하고, 삽입할 파일의 악보는 5개의 보표를 사용하면 붙여지지 않는다. 다음은 Append 메뉴로 현재 작업하는 악보의 끝 부분에 다른 파일의 악보를 붙여 넣은 모습이다.

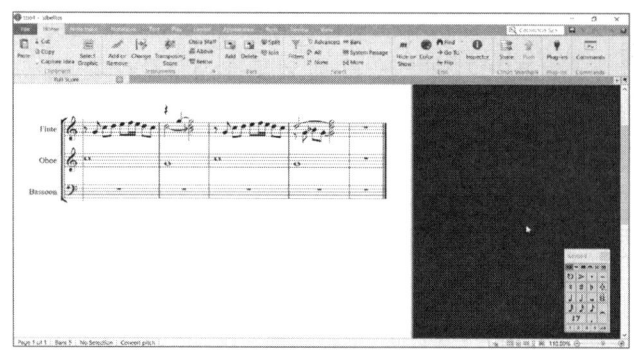

현재 작업중인 악보를 보는 상태에서 File -> Append 메뉴를 실행한다.
보표 수가 동일하면 사용하는 악기가 서로 달라도 붙일 수 있고, 보표 수가 다르면 붙여지지 않는다.

앞의 대화상자에서 붙여넣을 파일(sib 포맷)을 선택하면 작업 중인 악보의 끝 부분에 선택한 파일 악보가 붙여진다. 악보를 붙여 넣으면 원래 악보와 붙여 넣은 악보 사이에는 페이지를 강제로 자르는 "페이지 브레이크" 아이콘이 표시된다. 페이지 브레이크 아이콘을 선택한 뒤 Del 키로 삭제하면 원래 악보의 바로 밑으로 붙여 넣은 악보가 이동한다.

CHAPTER 04 File -〉 Info 메뉴 (저작권 정보 입력)

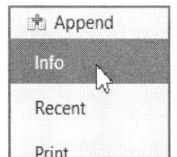

악보 문서에 저작권 정보를 입력하는 기능이다. 저작권 정보는 악보 제목(노래 제목), 작곡가, 작사가, 편곡자 정보 등이 있다.

Info 메뉴를 실행하면 저작자 정보를 입력할 수 있는 페이지가 나타난다. 각 항목별 입력은 아래 설명을 참고하여 입력한다. 아래 항목에서 Copyist는 악보를 사보한 사람(작곡가 대신 악보의 오타를 정리하고 깔끔하게 입력한 사람)을 뜻한다.

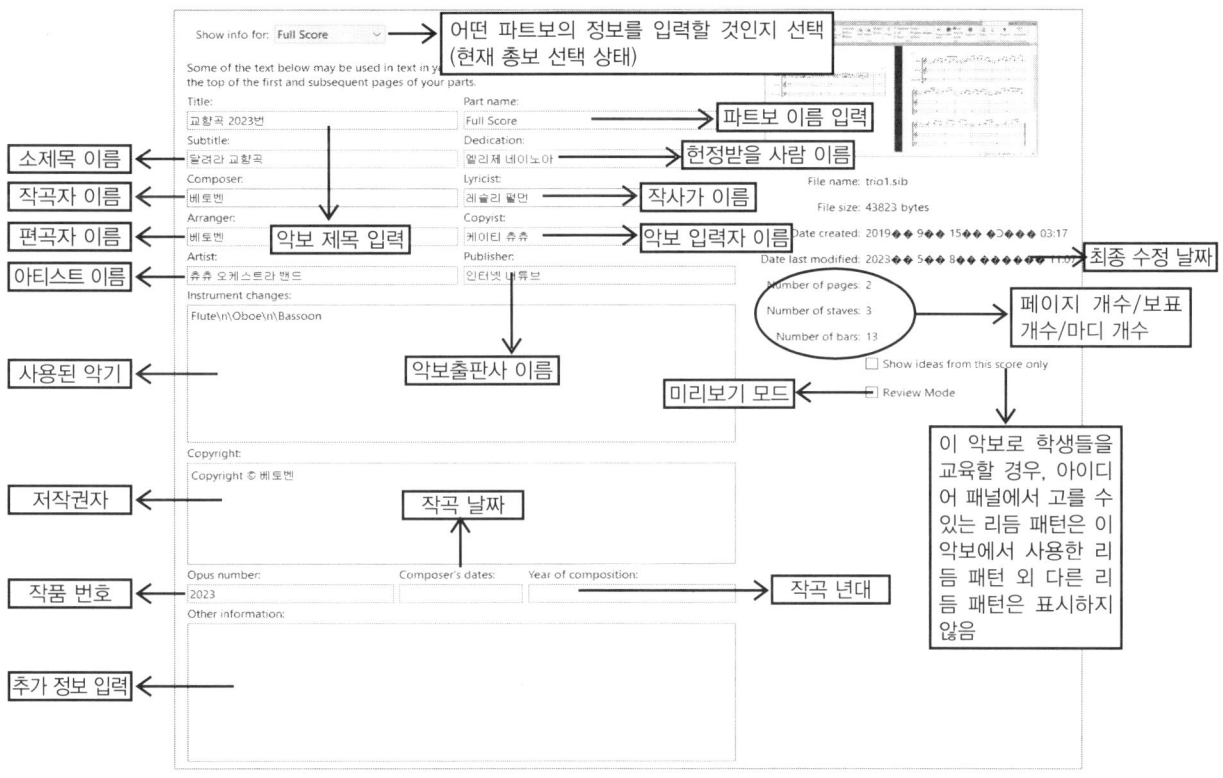

CHAPTER 05 File → Print 메뉴 (악보 인쇄 메뉴)

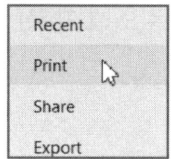

현재 화면에 보이는 악보를 인쇄하는 기능이다. 예를 들어 작업창에 총보(Full Score)가 열려있는 상태이면 총보를 인쇄하고, 파트보가 열려있는 상태이면 파트보를 인쇄하게 된다.

Print 메뉴를 실행하면 아래와 같은 화면이 나타난다. 각종 인쇄 옵션을 원하는 대로 설정한 후 Print 버튼을 클릭하면 인쇄가 시작된다. 참고로, 양면 인쇄는 프린터가 양면 인쇄 기능을 지원할 경우에만 동작한다. 프린터 선택 옵션에서 프린터 대신 Fax를 선택하면 팩스 프로그램이 실행되어 악보를 팩스로 전송할 수도 있다.

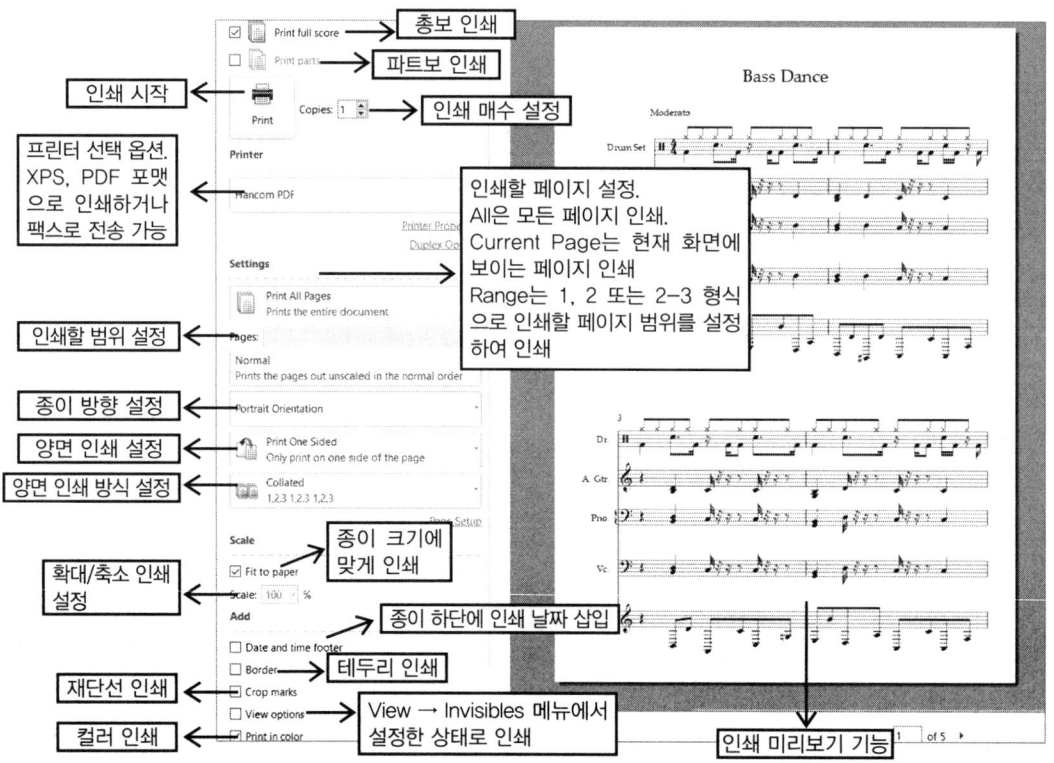

CHAPTER 06 File -> Export 메뉴 (악보 반출 메뉴)

작업중인 악보를 시벨리우스 음악 포맷(*.Sib)이 아닌 다른 음악 포맷 또는 오디오 포맷 또는 음악데이터교환 포맷으로 저장할 때 사용한다. 예를 들어 악보를 MP3 음악 포맷으로 저장하려면 이 메뉴를 사용해야 한다.

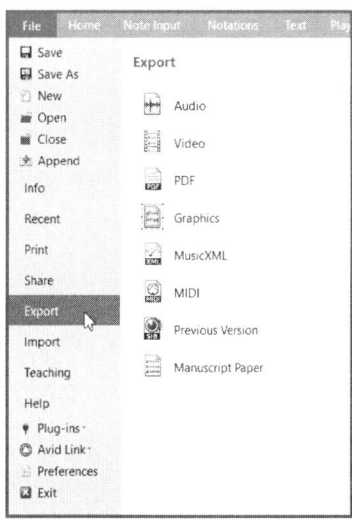

01 Export -> Audio 메뉴 (악보를 사운드 파일로 저장하기)

악보의 멜로디를 사운드 파일(오디오 클립)으로 저장하는 기능이다. 선택한 마디 구간이 있을 경우 선택한 구간만 믹스다운되고, 선택한 구간이 없을 경우 전체 악보를 오디오 파일로 믹스다운한다.

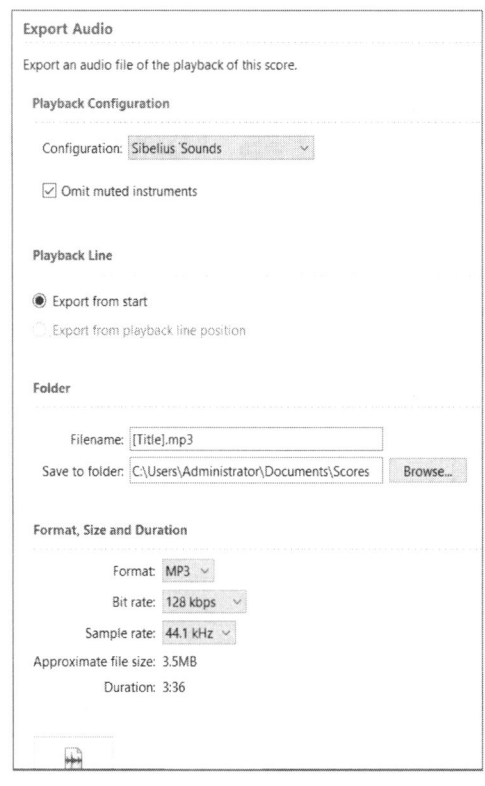

1. Configuration : 오디오 파일로 믹스다운(저장)할 때 사용할 사운드 디바이스를 선택한다. 사운드 디바이스는 시벨리우스에서 악보를 재생할 때 사용하는 음원 장치를 말한다. 믹스다운은 보통 가상악기를 악보에 연결한 경우에만 동작하고 외장 악기를 연결한 경우에는 믹스다운이 되지 않는다. 기본적으로 사용하는 가상악기는 시벨리우스 번들 가상악기인 Sibelius Sounds이다.

   만일 General MIDI를 선택하면 오디오 음원파일이 없는 상태이므로 클립이 생성되지 않는다. 반드시 Sibelius Sounds 혹은 시벨리우스에 추가 설치한 가상악기를 선택한다.

2. Playback Line : Export from start 옵션은 악보의 처음부터 오디오 파일로 저장하고, Export from playback line position 옵션은 플레이백 라인이 있는 위치부터 오디오 파일로 저장한다.

3. Folder 아이콘 : 폴더 옵션은 저장될 파일명을 설정하는 기능이다.

4. Fomat, Size and Duration : 저장될 오디오 파일 포맷과 음질인 비트뎁스, 샘플레이트를 설정한다. 숫자가 높을수록 음질이 좋아지지만 파일 용량은 곱으로 늘어난다. 오디오 클립을 MP3로 감상할 경우에는 MP3를 선택한 뒤 일반적으로 256kbps를 선택하면 고음질 파일이 되지만 파일 용량이 곱으로 늘어난다. 파일용량을 줄이려면 128kbps로 저장해도 무방하다. 64kbps로 저장하면 파일 용량은 현격하게 줄어들지만 음질은 매우 나빠진다. 오디오 파일로 CD 음반을 제작하려면 Wav 포맷을 선택한 후 CD 음반 제작 규격인 16비트, 44.1KHz를 선택한다. 다른 값을 선택하면 CD 규격이 아니므로 CD 음반으로 구울 수 없게 된다.

5. Export 아이콘 : 제일 하단의 Export 아이콘은 오디오 파일로 저장을 시작하는 기능이다.

02 Export -> Video 메뉴 (뮤직비디오 영상 만들기)

악보의 음악과 동영상을 합쳐 뮤직비디오로 저장하는 기능이다. 자신의 작품을 동영상으로 만들어서 유튜브에서 홍보할 목적으로 사용할 수 있다.

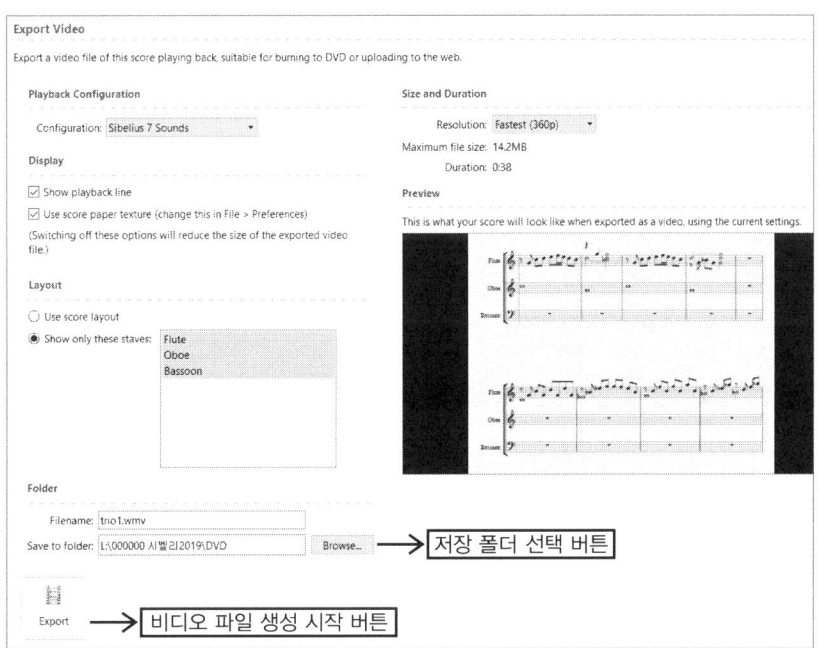

1. Configuration : 비디오 파일로 믹스다운(저장)할 때 사용할 사운드 디바이스를 선택한다. 앞과 마찬가지로 General MIDI는 가상악기가 아니므로 사운드 생성이 불가능하고 비디오 클립을 만들 수 없다. Sibelius Sounds 혹은 시벨리우스에 설치한 가상악기를 선택한다.
2. Playback Line : Export from start 옵션은 악보의 처음부터 오디오 파일로 저장하고, Export from playback line position 옵션은 플레이백 라인이 있는 위치부터 오디오 파일로 저장한다.
3. Layout : 선택한 총보 또는 파트보중 원하는 것을 동영상으로 저장할 수 있다.
4. Size & Duration : 비디오의 해상도를 선택한다. 풀 HD영상까지 지원한다.

03 Export -> PDF 메뉴 (악보를 PDF 파일로 저장하기)

열려있는 악보를 어도비 애크로벳 리더 포맷인 PDF 포맷으로 저장한다. 옵션에서 PDF로 전환할 총보 혹은 파트보를 선택한 뒤 하단에 생성될 PDF 파일명을 설정하면 된다.

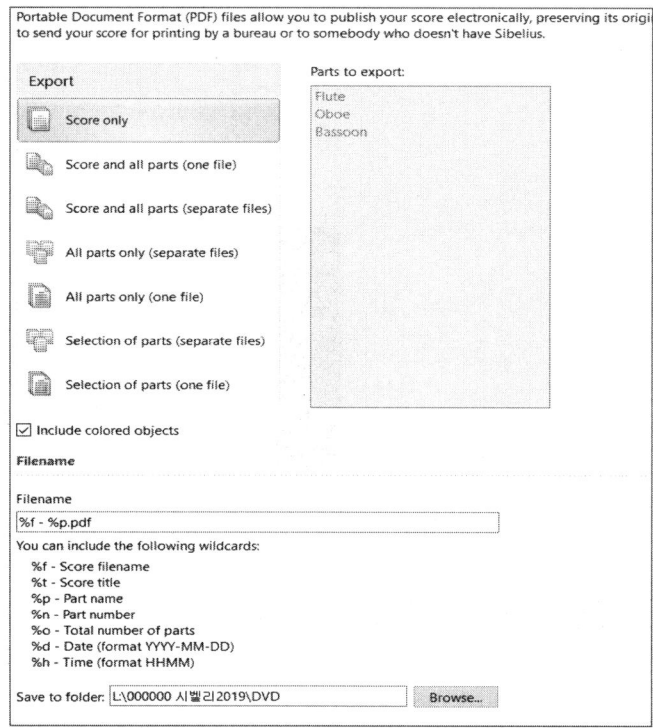

1. Score only : 총보를 PDF 파일로 저장한다. 총보란 '모음악보'를 뜻하는 것으로 전체 악기별 악보(파트보)를 하나의 악보에 모아서 보여주는 악보이다.
2. Score and all parts(One Files/Separate Files) : 총보와 파트보를 하나의 PDF 파일에 담아서 저장하거나(One Files)/분리된 PDF 파일(Seperate Files)로 저장해 준다.
3. All parts only(Separate Files/One Files) : 모든 파트보를 분리된 PDF 파일로 저장하거나(Seperate Files), 하나의 PDF 파일(One Files)로 저장한다.
4. Selection of parts(Separate Files/One Files) : 화면 우측 목록창에서 선택한 파트보를 분리된 PDF 파일로 저장하거나(Seperate Files), 하나의 PDF 파일(One Files)로 저장한다.

04 Export -> Graphics 메뉴 (악보를 그래픽 이미지로 저장)

화면에 열려있는 악보의 전체 페이지 또는 원하는 페이지를 jpg 같은 그래픽 파일로 저장하는 기능이다.

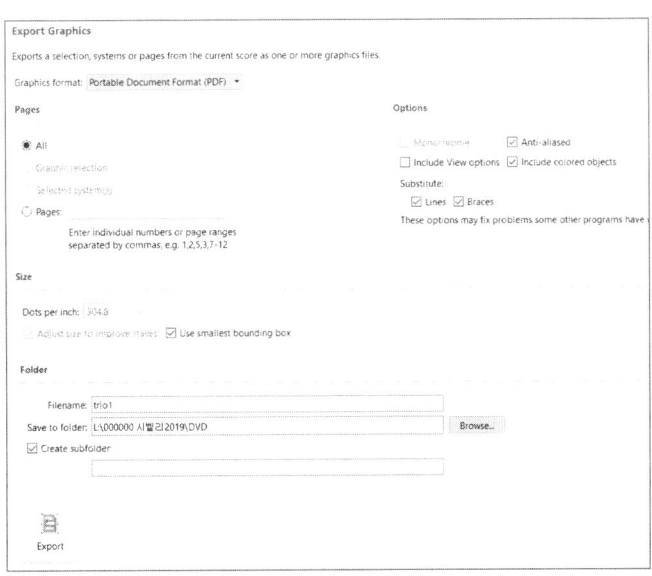

1. Graphics format : 저장될 그래픽 포맷을 선택한다. 기본값인 eps 포맷은 악보 이미지를 출판인쇄용으로 사용할 경우 선택한다. 웹사이트에 업로드할 목적이라면 jpg 포맷 또는 png 포맷으로 저장한다. 가정집 프린터로 고품질 인쇄할 목적이라면 tif 포맷으로 저장한다.
2. Pages : All 옵션은 모든 페이지를 그래픽 파일로 저장할 수 있다. Graphics Selection 옵션은 선택한 구간만 그래픽 파일로 저장한다. Selected system 옵션은 시스템 보표를 선택한 경우, 해당 시스템 보표를 그래픽 파일로 저장한다. Pages 옵션은 하단에 입력한 페이지를 그래픽 파일로 저장한다.
3. Size : 비트맵 포맷인 tif, png, bmp 포맷의 그래픽 파일로 저장할 경우 해상도를 지정할 수 있다. 출판용으로 사용할 경우 300DPI 이상의 해상도로 저장하길 권장한다. Adjust size to improve staves 옵션은 해상도를 변경할 경우 보표도 같은 비율로 조절되는 기능이다. Use smallest bounding box 옵션은 악보 외각에 마진을 표시하는 테두리 선을 만드는 기능이다.
4. eps Graphics : Include tiff preview 옵션은 eps 포맷으로 저장할 때 tif 포맷의 미리보기 이미지를 생성시킨 뒤 eps 파일에 삽입하는 기능이다. tif 포맷의 미리보기 이미지를 흑백 이미지로 생성시키려면 Monochrome preview 옵션에 체크한다.
5. Folder : 생성되는 그래픽 파일의 파일명과 저장위치를 지정하는 기능이다.

6. Options : Monochrome 옵션은 흑백 이미지로 저장할 때 선택한다. tif, png, bmp 포맷으로 저장할 경우 활성화된다.

   Anti-Aliased 옵션은 선이나 글꼴 테두리에 계단 현상이 발생하지 않도록 부드럽게 한 뒤 저장한다.

   Include View 옵션은 View -> Invisibles 옵션으로 감춘 오브젝트가 있을 경우, 해당 오브젝트를 감춘 상태에서 그래픽 파일을 저장한다.

   Include colored objects 옵션은 컬러색 오브젝트를 해당 컬러로 저장하는 기능이다.
7. Export : 버튼을 클릭하면 그래픽 파일로 저장이 시작된다.

05 Export -> Avid Scorch 메뉴 (아이패드용 악보 만들기)

이번 버전에 있는 기능으로 시벨리우스 2022 이후 사라진 기능이다. 악보가 스크롤되는 것을 인터넷 페이지에서 구현되고 플레이되도록 저장하는 기능이다. 이 가운데에서 Avid Scorch 메뉴는 악보를 아이패드 화면에서 플레이되도록 Avid Scorch 어플용 모바일 악보를 생성시키는 기능이다.

1. Export for Avid Scorch : 생성되는 모바일 악보를 아이패드 화면 크기에 최적화시킬 것인지 선택하는 기능이다.
2. Settings : 생성되는 모바일 악보의 페이지 여백과 보표 크기를 조절할 수 있다.
3. Export : 버튼을 클릭하면 모바일 악보가 생성된다. 아이패드에서 어플을 선택하면 확인할 수 있다.

06 Export -> MusicXML 메뉴 (MusicXML 파일로 저장하기)

상호 다른 음악 프로그램에서 음악 파일을 안정적으로 교환하기 위해 개발된 포맷이 MusicXML 포맷이다. 그래픽 프로그램 사이에서 그래픽 데이터를 교환하기 위해 개발된 RAW 포맷처럼, MusicXML 포맷은 음악 프로그램 사이에서 미디 정보를 정확하게 교환할 목적으로 만들어졌다. 따라서 악보에 삽입한 모든 정보를 거의 손실 없이 저장한 뒤 다른 음악 프로그램으로 100% 가져갈 수 있다. 예를 들어 시벨리우스에서 작업한 악보를 큐베이스나 소나로 데이터 손실 없이 가져가려면 미디 정보의 손실 없이 저장해야 하는데 이때 XML 포맷으로 저장한다. XML 파일은 큐베이스와 소나 등의 음악 소프트웨어의 Import -> Music XML 메뉴로 불러올 수 있다.

MusicXML 파일로 저장할 때는 Compressed MusicXML(압축 저장) 옵션과 Uncompressed MusicXML(압축하지 않고 저장) 옵션을 사용할 수 있다.

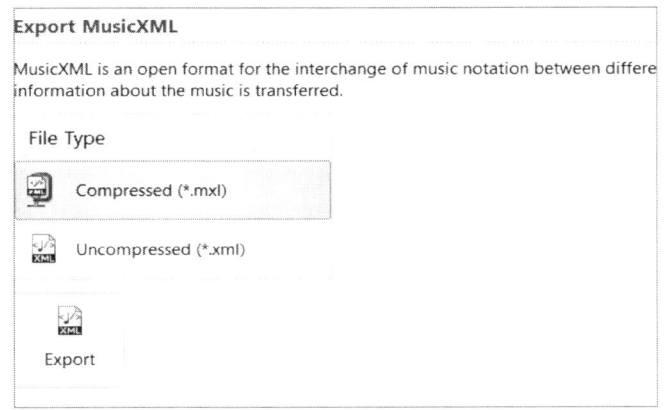

몇몇 음악 프로그램은 압축 저장된 MusicXML 포맷을 읽지 못하는 경우가 있으므로 가급적 Uncompressed MusicXML 옵션으로 저장할 것을 권장한다.

07 Export -> MIDI 메뉴 (악보를 미디 파일로 저장하기)

화면에 열려있는 악보를 미디 포맷의 음악 파일로 저장하는 기능이다. 미디 파일은 대부분의 컴퓨터에서 재생되기 때문에 자신이 만든 음악을 여러 사람에게 들려주려면 미디 파일로 저장할 수도 있다.

미디 파일은 속성상 악보에서 일부 정보를 누락시키고 저장하므로 악보에 삽입한 정보를 소실되지 않은 상태로 저장하려면 MusicXML 포맷으로 저장할 것을 권장한다.

예를 들어 시벨리우스에서 설정한 Rubato 정보나 도돌이표 정보가 미디 파일로 저장하면 때때로 소실되기 때문에 음악 템포가 달라지거나 도돌이표가 동작하지 않는 일도 발생할 수도 있다.

1. Sound : 미디 파일이 사용할 사운드 디바이스를 선택한다. 기본값인 General MIDI를 선택한 뒤 저장하는 것이 좋다. 왜냐면 대부분의 다른 컴퓨터들이 미디음악을 들을 때 General MIDI를 사용해 미디음악을 듣기 때문이다. 미디악기의 종류가 변경되지 않고 원래 악기음으로 들릴 확률이 높다.
2. MIDI File Type : Type0은 Type1과 달리 몇몇 Eectronic Piano와 키보드 악기를 플레이할 수 있지만 호환성은 Typo1에 비해 좋지 않다. 따라서 보통은 Type1을 선택하는 것이 좋다.
3. Tick Resolution : 별다른 목적을 가지고 있지 않다면 기본값인 256 PPQN을 선택한다.
4. Export pick-up bars as full bars padded with rests : 곡의 시작 부분에 픽업바(업비트바=약박자 마디=못갖춘마디)가 삽입되어 있는 경우 스탠다드 음악 표기법에 의해 미디 파일로 저장하기 전 완전한 마디로 연장한 뒤 쉼표를 채우고 미디 파일을 만든다.

    만일 시벨리우스에서 반출한 미디 파일을 다른 시퀀서 프로그램에서 템포 트랙으로 사용할 계획이라면 완전한 마디로 연장할 때 템포가 변경되므로 이 옵션에 체크하지 않는다.
5. Omit muted instruments. : 시벨리우스는 기본적으로 뮤트시킨 보표를 미디 파일에 수록하지 않지만 이 옵션을 끄면 미디 파일에 뮤트시킨 보표 정보를 수록해 준다.
6. Export : 버튼을 클릭하면 미디 파일로 저장할 수 있다.

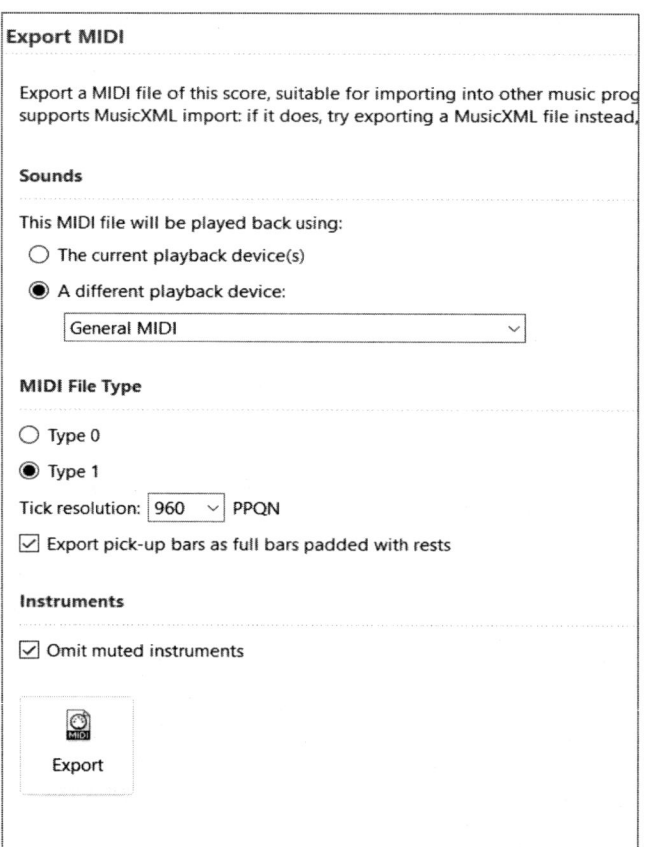

08 Export -> Previous Version 메뉴 (이전 버전으로 저장하기)

작업 악보를 시벨리우스 2023 이전 버전으로 저장할 때 사용한다.

만일 작업한 악보를 시벨리우스 8에서 편집하고 싶다면, 시벨리우스 8 버전으로 저장하는 것이 정보 손실을 최대한 제거하고 악보를 가져가는 방법이 된다.

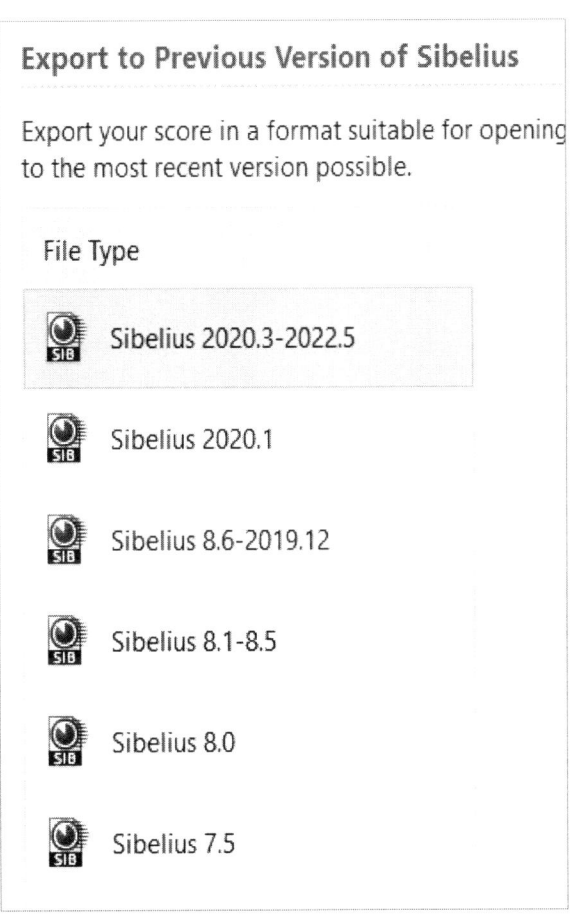

09 Export -> Manuscript Paper 메뉴 (악보양식 만들기)

현재 작업하는 악보에 설정된 보표 상태를 템플릿(악보양식, 악보서식) 악보로 만들 때 사용한다. 즉 피아노, 바이올린 등 3개의 보표(악기) 파트가 있는 악보를 음표를 입력하지 않은 상태에서 저장하면 악보 서식이 된다. 이 악보서식을 만들 때 Name을 '피아노 트리오' 등으로 지정한 뒤, 카테고리를 Chamber Groups으로 설정한다. 악보서식은 나중에 다시 사용할 목적으로 미리 만들어 놓은 서식이므로 언제든지 필요한 경우 불러와서 사용할 수 있다.

그 후 나중에 피아노 트리오 곡을 만들고 싶다면 New 메뉴로 새 악보를 만든 뒤 보표를 일일이 추가하는 것이 아니라, File -> New 대화상자의 Chamber Groups에 등록시킨 '피아노 트리오 악보서식'을 불러오면 된다.

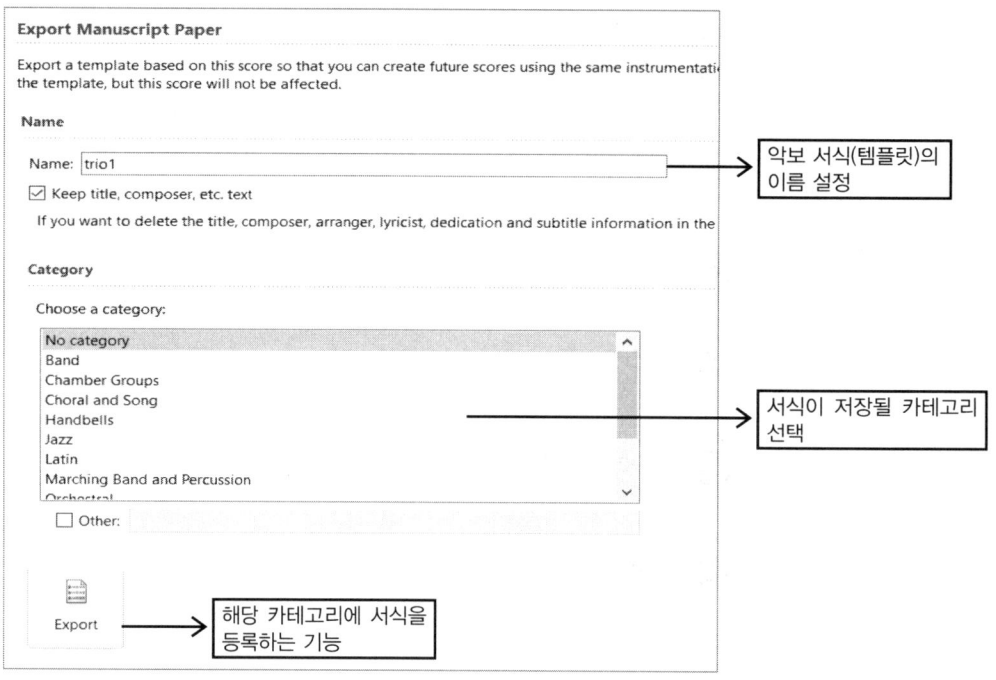

File -> Teaching 메뉴
(선생님용 음악 시청각 교재 제작 기능)

이 메뉴는 음악 선생님이 학생들의 음악 숙제, 음악 교육, 음악 시험을 목적으로 하여 짧으면 1페이지, 길면 여러 페이지 분량의 음악 시청각 교재를 만드는 기능이다.

01 Teaching -> Worksheet Creator 메뉴 (교재 만들기)

음악교재, 음악 포스터, 플래시카드(음악학습용 카드) 등의 음악교재를 만드는 기능이다. 메뉴를 실행한 뒤 몇 단계에 걸쳐 페이지 구성을 하면 워크시트(음악교재)가 자동 생성된다. 악보와 함께 사운드가 출력되는 기초부터 고급까지의 음악 시청각 교재가 자동 제작된다.

File -> Teaching -> Worksheet Creator 메뉴를 실행한다.

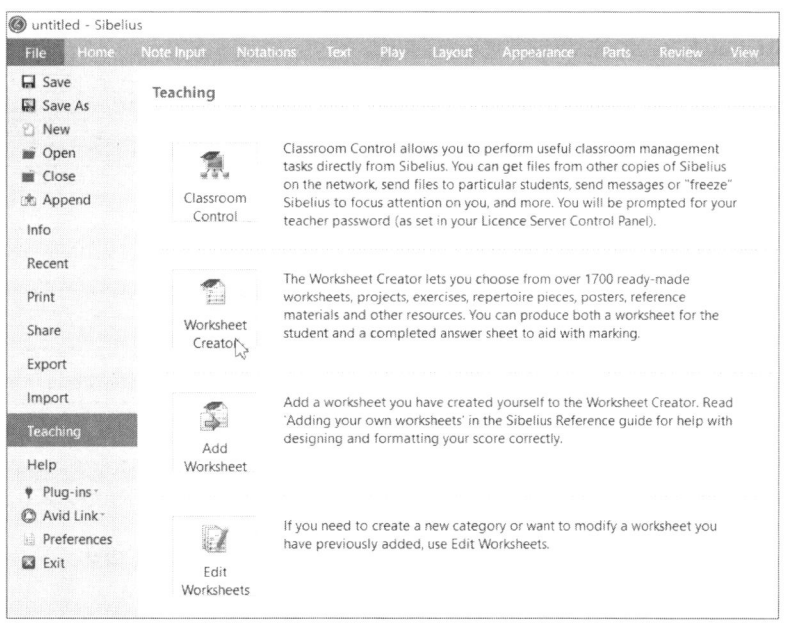

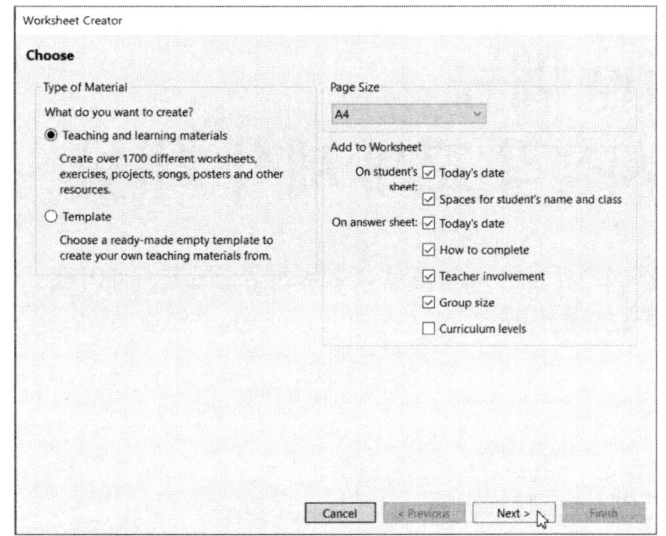

대여섯 단계를 경유하면서 교재 사이즈(종이 크기)와 교육할 카테고리 구성, 즉 공부시킬 카테고리를 설정하면 자동으로 해당 워크시트(음악교재)가 생성된다.

이때, 소스 자체가 한국어를 지원하지 않기 때문에 초등용 교재를 만들 경우에는 영문단어나 문장을 클릭해 한글로 일일이 수정하는 것이 좋다.

다음은 여러가지로 페이지 구성을 하면서 만든 음악교재의 종류이다. 시벨리우스의 음악교재는 유치원용은 물론 대학 레벨에 해당하는 교재를 만들 수 있도록 총 1700페이지 분향의 소스를 제공하므로 이들 소스를 잘 구성하면 숙제용, 음악시험용, 연습용, 습작용, 청각 테스트용 등의 다양한 음악 교재와 음악 포스터, 레파토리(Repertoire)를 만들 수 있다. 이들 교재들은 컴퓨터 상에서 전부 재생이 가능하고 사운드가 출력되므로 학생들에게 생생한 방법으로 음악 이론이나 화성학을 학습시킬 수 있다.

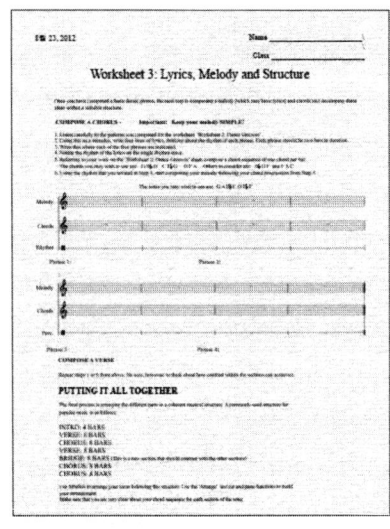
고등용 음악 학습교재

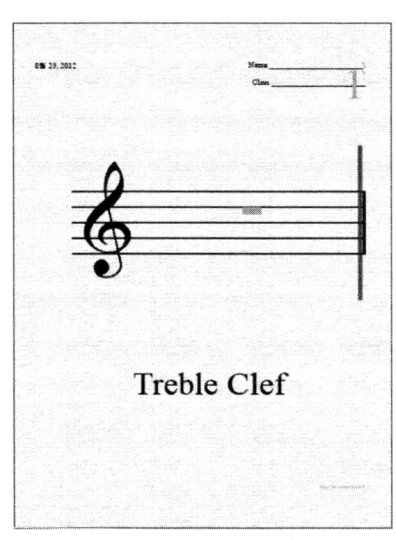
음악포스터

연습용 악보

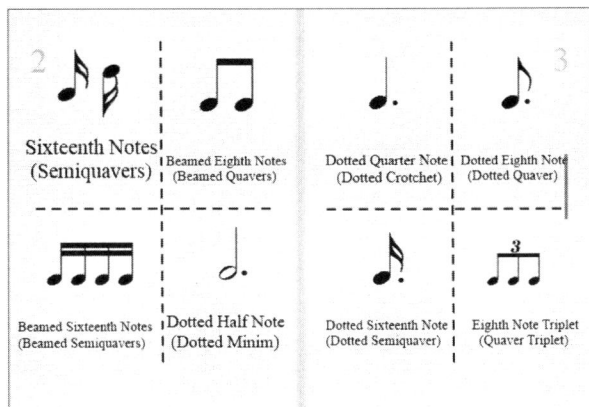

초등 및 유아용 플래시카드

중등용 쪽 악보

Part 4. File 메뉴 (파일 관리 메뉴) **179**

> **참고** 워크시트 메뉴로 만들 수 있는 음악교재

File -> Teaching -> Worksheet Creator 메뉴를 실행하면 다음과 같이 카테고리 별로 음악교재 조합을 할 수 있다. 몇 단계의 카테고리를 경유하면서 원하는 내용의 워크시트를 만들면 된다.

1. Elements of Music (음악 기초) 카테고리

음악의 기초 용어를 설명하는 워크시트를 만든다. 음자리표 종류 공부하기, 청각 변별력 테스트용 워크시트, 시창, 청음, 초견 연주 테스트용 워크시트 포함, 조표 종류, 악보에서 상호 연주 관계 파악하기, 템포, 음색, 다이나믹 등 초급 음악 교육에 사용하는 워크시트를 만들 수 있다. 이 모든 것이 시벨리우스에서 바로 연주되는 시청각 교재 형태이다.

카테고리
- [01] Notes & Rests
- [02] Dynamics
- [03] Timbre & Tone Color
- [04] Meter & Tempo
- [05] Rhythm
- [06] Scales & Key Signatures
- [07] Intervals, Chords, Progressions & Cadences
- [08] Score Analysis
- [09] Conducting
- [10] Dictation/Transcription
- [11] Sight Reading
- [12] Ear Training
- [13] Auditory Discrimination
- [14] Aural Recall

2. Writing and Creating Music (악보 기보 이론과 음악 창작 이론)

작곡 기초 이론, 고급 작곡 스킬, 사운드, 리듬 작업, 반주파트 작업, 가사, 오케스트레이션 이론 교육용 워크시트를 만들 수 있다. 학업 성취도를 파악하기 위한 숙제 포함.

카테고리
- [01] Notation
- [02] Adapting, Transposing & Arranging
- [03] Composing
- [04] Improvising

3. Selected Repertoire (레퍼토리)

가사로 사용할 수 있는 영문 시를 포함해 500여 곡의 음악 작품과 캐롤 등의 150곡의 노래, 세바스찬 바하의 키보드 레파토리 50곡을 워크시트로 만들 수 있는 카테고리이다.

카테고리
- [01] Bach Piano Repertoire
- [02] Other Piano Repertoire
- [03] Instrumental Repertoire
- [04] Songs for Teaching
- [05] Rounds and Canons Collection
- [06] Poetry for Lyrics
- [07] Texts for Incidental Music
- [08] Rhythm Collection Nearly

4 Reference (참조 문헌)

각종 음악 정보와 음악 문헌을 편리한 라이브러리 형태로 제공하는 카테고리이다. 80개 이상의 스케일, 150개 이상의 코드 심볼을 인쇄해 벽에 붙여 놓을 수 있다. 음악 교육 및 창작 작업에서 활용할 수 있다.

카테고리 [01] Encyclopedia of Scales & Modes [02] Chord Library
 [03] Instrumental & Vocal Ranges [04] US & British Music Terms Compared
 [05] Keyboard Handouts

5. Posters, Flashcards & Games (포스터, 학습용카드, 게임)

초등 저학년 또는 유아 대상 음악 교재를 만들 수 있는 카테고리이다. 그림 및 뮤지컬 기반 음악 교육용 워크시트, 100개의 악기 그림 포함. 학습카드와 포스터 형태 포함, 교실 벽에 붙이는 형태로 활용하면서 어린이들이 음악에 자연스럽게 접근하도록 만든다.

카테고리 : [01] Posters [02] Flashcards [03] Games

6. UK KS3 & GCSE Projects (중등교육용 워크시트)

영국의 학제인 Key Stage 3(우리의 중학교)과 GCSE(우리의 고등학교) 단계의 학생들을 위한 음악 교육용 워크시트를 만들 수 있는 카테고리이다. 음악교육을 연주, 창작, 감상 3분야로 나누어 학습할 수 있도록 워크시트를 만들 수 있다. 선생님 교재 포함.

카테고리 [01] African Drumming KS3 [02] Blues (12-bar) KS3
 [03] Composing to Create a Specific Mood KS3/GCSE
 [04] Pop Songs (Reggae) KS3/GCSE [05] Pop Songs (Dance Grooves) GCSE
 [06] Serialism GCSE [07] Blues (Arranging) GCSE

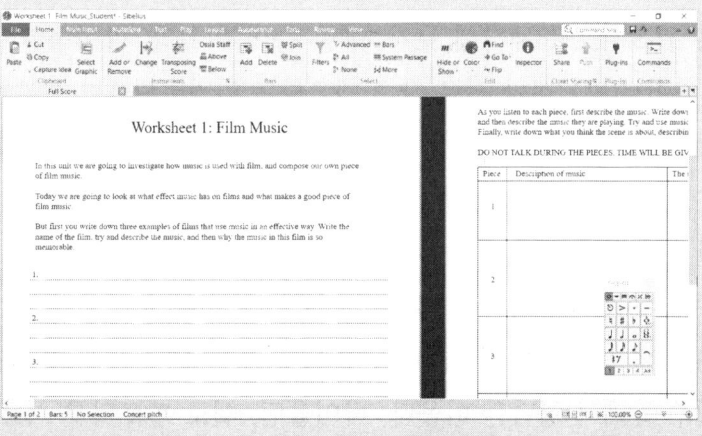

고등용 헐리우드 영화음악에 대한 학습용 워크시트

02 Teaching -> Add Worksheet 메뉴 (카테고리에 등록하기)

여러분이 다각적으로 만든 음악교재(악보)를 워크시트로 등록하는 기능이다. 예를 들어 초등용 악보교재를 만든 경우, 해당 악보가 열려있는 상태에서 이 메뉴를 실행하면 워크시트로 등록된다. 등록된 워크시트는 Teaching -> Worksheet Creator 메뉴에서 불러온 뒤 사용할 수 있다.

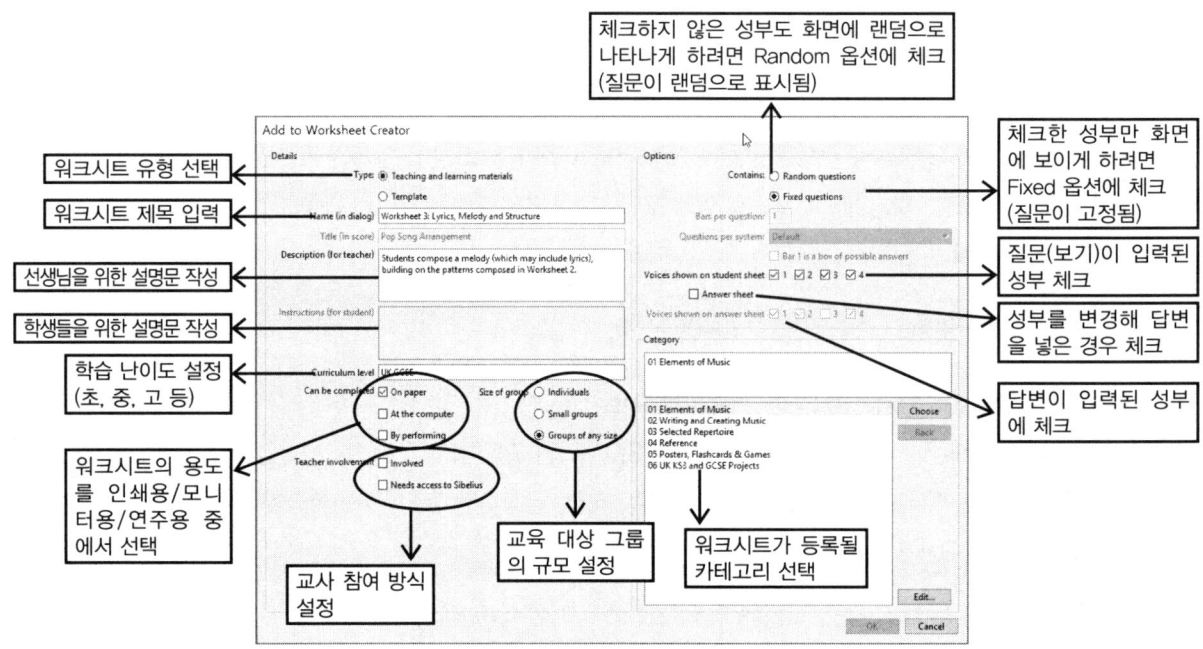

예를 들어 청각변별력 테스트용 워크시트를 만들 계획이라면 워크시트에 악보도 삽입해야 한다. 악보를 플레이해야 그 사운드로 학생들의 청각 변별력을 테스트할 수 있기 때문이다.

그럼 지금부터 질문용 워크시트를 제작해 보자. 예를 들어 비올라, 바이올린, 첼로 보표가 있는 악보를 만든 뒤 10마디 길이로 악기마다 서로 다른 멜로디를 입력하되 1번 성부에 입력한다.

악보를 플레이하면 동시에 3개의 악기음이 들리므로 각각의 악기 구별을 지시하는 질문이나, 음계 구별을 지시하는 질문을 던지면 청각변별력을 테스트하는 상태가 된다.

답변은 질문을 입력한 1번 성부가 아닌 다른 성부에 입력한다. 위 대화상자의 성부 체크 기능을 보면 알 수 있듯 질문용 멜로디를 1번 성부에 입력한 경우 1번 성부에만 체크를 한다.

답변용 멜로디는 2, 3, 4번 성부에서 한 곳에 입력하고 해당 성부에 체크를 한다. 답변용 멜로디를 2번 성부에 입력한 경우 앞에서 입력한 비올라, 바이올린, 첼로 멜로디를 서로 구별하기 쉽도록 따로 간격을 두어 입력해야 할 것이다. (나중에 플레이를 하면서 이것은 비올라 음색, 이것은 바이올린 음색이라고 코칭할 수 있게 된다.)

이제 OK 버튼을 눌러 저장하면 질문용 워크시트(1번 성부가 저장된 워크시트)와 답변용 워크시트(2번 성부가 저장된 워크시트)가 여러분이 지정한 카테고리에 등록이 된다.

File -> Teaching -> Worksheet Creator 메뉴로 방금 등록한 워크시트를 불러오면 질문용 워크시트와 답변용 워크시트가 동시에 로딩된다.

학생들에게 질문용 워크시트를 플레이하면서 청각변별력 테스트를 해 본다. 그런 후 답변을 할 때는 답변용 워크시트를 플레이해 준다. 학생들은 자신의 귀가 무엇 또는 어떤 멜로디 또는 어떤 악기 음을 구분하지 못했는지 저절로 파악하게 될 것이다.

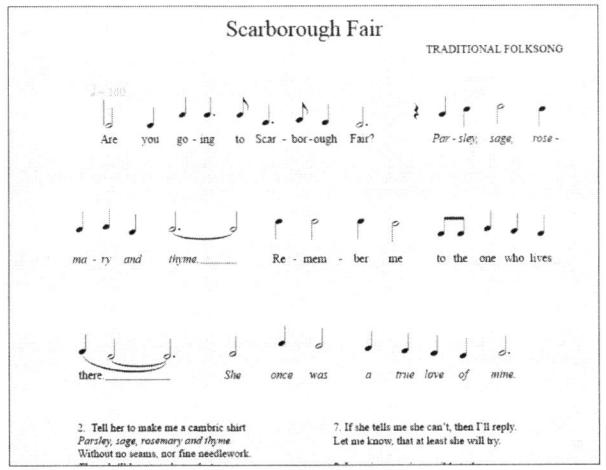

상호 연주 관계를 공부하는 질문용 워크시트 예제

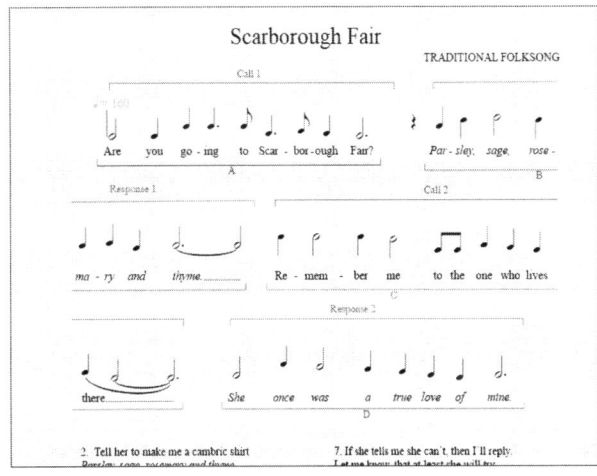

답변용 워크시트 예제

03 Edit Worksheets 메뉴 (워크시트 편집하기)

사용자가 등록한 워크시트의 이름을 변경하거나, 삭제할 때 사용한다. 또한 사용자가 등록한 워크시트를 수정하거나, 악보창으로 불러올 때 사용한다. 이 메뉴는 사용자가 등록한 워크시트를 편집할 때 사용하며, 시벨리우스에서 기본 제공하는 워크시트는 수정되지 않는다.

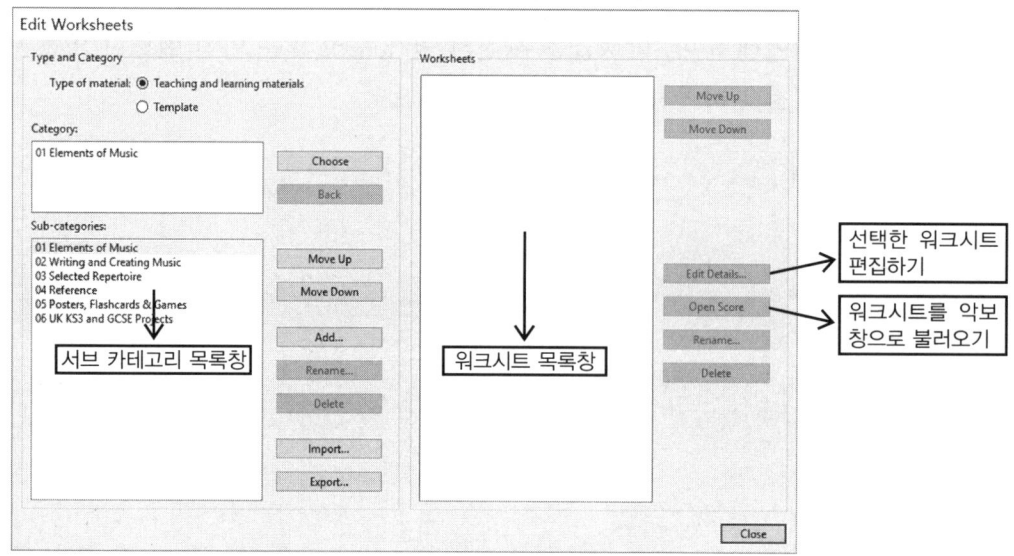

CHAPTER 08
Plug ins 메뉴
(플러그 인 파일의 설치와 관리)

시벨리우스 전용 플러그 인 파일을 자동 다운로드한 뒤 자동 설치하는 기능이다. 시벨리우스 전용 플러그 인은 악보 편집, 음표 입력, 코드 발생기, 악보 분석기, 오디오 파일 제작, 검색 및 삭제 등의 다양한 기능들을 자동으로 처리하는 기능이다. 원하는 플러그 인 파일을 선택해 설치하면 시벨리우스의 메인 메뉴바의 각 메뉴별 플러그 인 메뉴에서 실행할 수 있다.

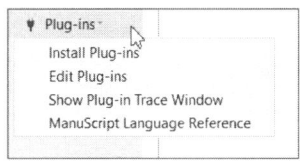

01 Plug ins -〉 Install Plug Ins 메뉴 (플러그 인 설치하기)

자동 접속된 시벨리우스 홈페이지에서 찾아낸 플러그 인 목록을 표시하는 기능이다. 검색된 신규 플러그 인 목록은 대화상자 왼쪽에 표시된다. 플러그 인 파일마다 제각기 제작자와 사용법 정보가 있으므로 내용을 읽으면 어느 기능인지 파악할 수 있다. 원하는 기능의 플러그 인 파일을 찾은 경우 Install 버튼을 클릭해 설치를 시작한다. 설치 위치는 메인 메뉴바의 Home -〉 Plug Ins 메뉴나 Note Input -〉 Plug ing 메뉴 등 원하는 메뉴에 할 수 있다. 설치한 플러그 인 메뉴를 실행하면 코드 생성, 리듬 패턴 생성, 드럼 패턴 생성, 오디오 파일 만들기, 검색 및 삭제 같은 단순 반복 작업을 자동으로 처리할 수 있으므로 용도에 맞는 기능을 잘 찾아서 설치한다. 설치 소요 시간은 플러그 인 파일 1개당 1~2초이다.

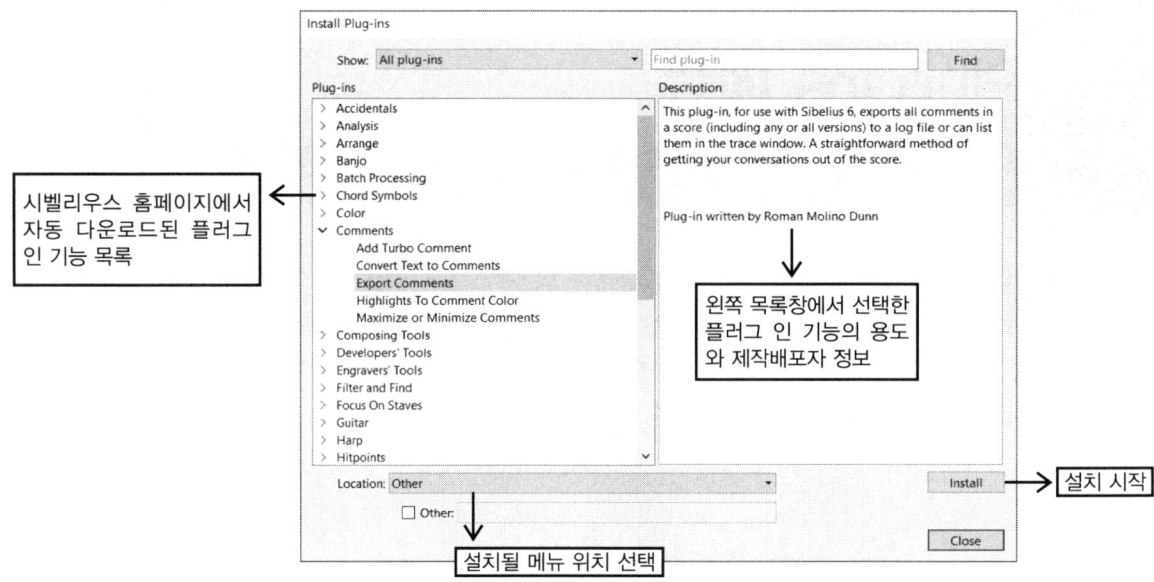

02 Plug ins -> Edit Plug Ins 메뉴 (플러그 인 메뉴 편집)

설치된 플러그 인 파일을 확인할 수 있을 뿐 아니라 선택한 플러그 인 파일을 원하는 메뉴 하단으로 이동시킬 수 있고, 불필요한 플러그 인 기능을 삭제할 수 있다.

또한 시벨리우스에서 기본 제공하는 130개 이상의 플러그 인 메뉴가 어느 메뉴에 등록되어 있는지 확인할 수 있다.

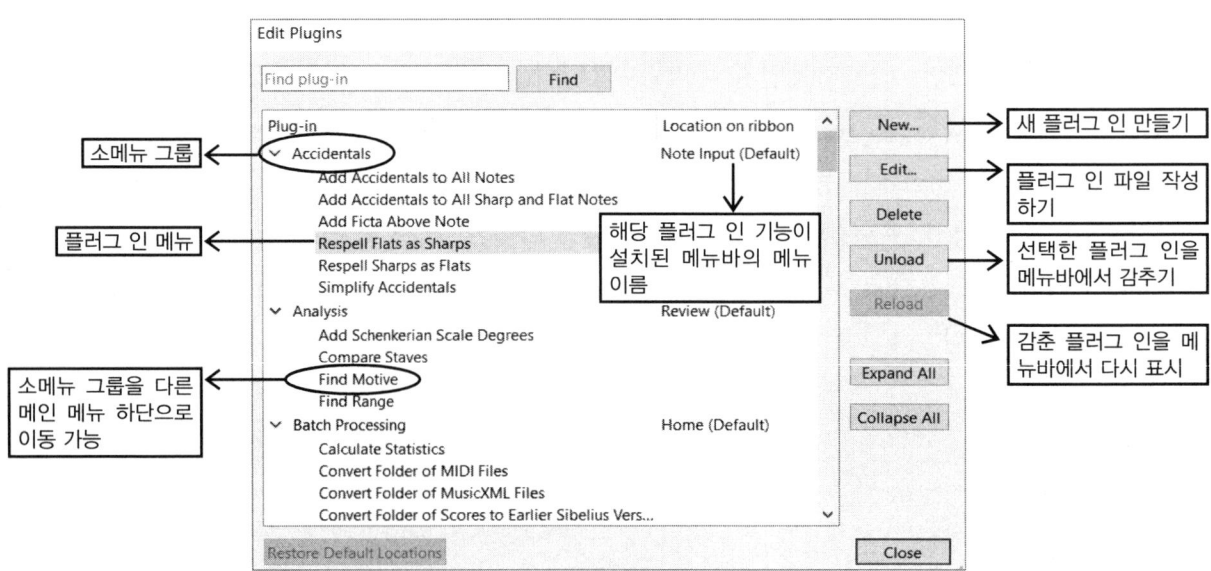

시벨리우스용 플러그 인 파일은 C/C++ 또는 Java 스크립트와 비슷한 스크립팅 랭귀지인 ManuScript 언어로 만들 수 있다. ManuScript는 음악 정보를 가진 플러그인 파일을 만들기 위해 개발된 언어로서 시벨리우스에 의해 개발되었다. 자신만의 플러그 인 파일을 만들려면 앞의 대화상자의 New 버튼을 클릭해 스크립트 파일을 생성시킨 뒤, 생성된 파일을 선택한 상태에서 Edit 버튼을 클릭하고 작성한다.

03 Plug ins -> Show Plug ins Trace Window 메뉴(디버깅)

여러분이 제작한 플러그 인 파일의 작동 과정을 추적하면서 디버깅(오류 수정)을 할 때 사용한다. 이 대화상자가 열려있는 상태에서 function call tracing 옵션에 체크한 뒤 다른 플러그 인 메뉴를 실행하면 해당 플러그 인의 작동 과정을 기록하면서 해당 플러그 인 메뉴가 어떻게 만들어지고 구현되는지 분석할 수 있다.

04 Plug ins -> ManuScript Language Reference 메뉴

ManuScript 언어의 코딩 방법을 공부할 수 있도록 안내하는 도움말 기능이다.

File -> Avid Link 메뉴
(아비드 링크 커뮤니티 메뉴)

자신의 프로필을 만든 뒤 아비드 링크(커뮤니티)에 접속해 작품을 홍보하거나 공동 작업을 할 때 사용하고 자신의 작품을 스트리밍 사이트를 통해 배포할 수 있다. 이 기능은 Avid Link 어플을 추가 설치하고 Avid Link에 회원으로 가입한 사람에 한해 동작하며 스마트폰의 Avid Link 어플과 연동된다.

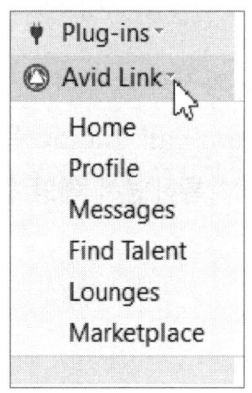

1. Home 메뉴 : 아비드 링크 홈페이지에 접속한다.
2. Profile 메뉴 : 자신의 프로필을 작성 및 소개한다. 자신에 대한 이야기, 자신의 재능, 자신이 소유한 음악 기술을 설명으로 추가하는 방식으로 프로필을 만든다.
3. Messages 메뉴 : 다른 회원과 문자메시지를 주고 받거나 남길 수 있다. 공동 작업을 할 때 사용할 수 있다.
4. Fine Talent 메뉴 : 회원을 검색할 때 사용한다. 필요한 음악적 재능이 있는 회원을 검색한 뒤 교류를 할 수 있다.
5. Lounges 메뉴 : 음악적 조언, 도움, 피드백을 얻기 위해 다른 사람들과 교류를 하는 기능이다. 라운지에서 놀면서 대화를 하고 대화에 참여하면서 음악적 아이디어를 교환하거나 음악 토론을 할 수 있다. 노력에 따라 "좋아요"를 획득할 수 있다.
6. Maketplace 메뉴 : 시벨리우스에서의 음악 작업에 도움이 되는 도구나 기능을 마켓 플레이스에서 얻거나 구매할 수 있다.

File -> Preferences 메뉴 (시벨리우스의 사용 환경 설정)

시벨리우스의 기본적인 사용 환경(동작 환경)을 변경할 때 사용한다. 별다르게 변경할 필요성이 없을 경우 이 메뉴는 기본값 그대로 두는 것도 좋다. 참고로 이 메뉴는 시벨리우스 버전에 따라 옵션 페이지가 5~21개로 나누어져 제공된다. 초보자용 시벨리우스 Artist 버전은 5개의 페이지, 고급사용자용 시벨리우스 Ultimate 버전은 21개의 페이지가 제공된다.

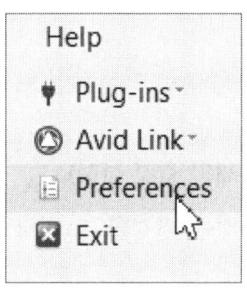

1. Preferences 메뉴 -> Accessibility 탭 (접근성 환경 설정)

시벨리우스의 메뉴, 액션, 악보 요소들을 육안으로 쉽게 인지할 수 있도록 환경을 설정하는 기능이다.

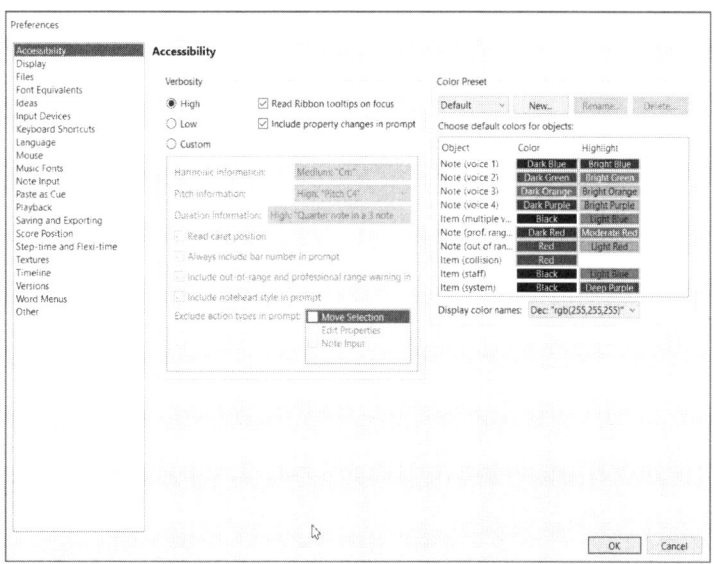

Part 4. File 메뉴 (파일 관리 메뉴) **189**

1. Verbosity 옵션 : 버르보시티 옵션의 적용 강약을 변경할 수 있다. 아울러 사용자 임의대로 옵션을 지정할 수 있다.

    Read Ribbon Tooltips on Focus 옵션은 리본바 항목에서 커서가 있는 곳의 리본 툴팁을 표시하는 기능이다. 기본값으로 이 옵션에 체크한다.

    Include Property Changes in Prompt 옵션은 속성 변경 상태를 신호로 표시하는 기능이다. 기본값으로 이 옵션에 체크한다.

    상단에서 Custom 옵션을 선택하면 하단 옵션이 활성화되어 각 항목별 신호로 표시될 읽을 양을 사용자 임의대로 변경할 수 있다.

2. Color Preset 옵션 : 선택한 음표들 또는 보표 등의 색상 세트를 다른 색상 세트로 변경하거나 새 색상 세트를 만들어 사용할 수 있다. 기본값 그대로 두되, 악보를 자기만의 색상으로 알아보려면 색상 세트를 변경할 수도 있다. 기본 색상 프리셋은 디폴트 색상 프리셋 외에 비비드 색상 프리셋 등 5가지 색상 세트가 제공된다. 다른 색상 프리셋을 사용하다가 싫증나면 기본값인 디폴트 색상 프리셋으로 돌아오면 된다.

2. Preferences 메뉴 -> Display 탭 (디스플레이 환경 설정)

시벨리우스의 작업창 환경, 즉 디스플레이 환경을 변경할 수 있다.

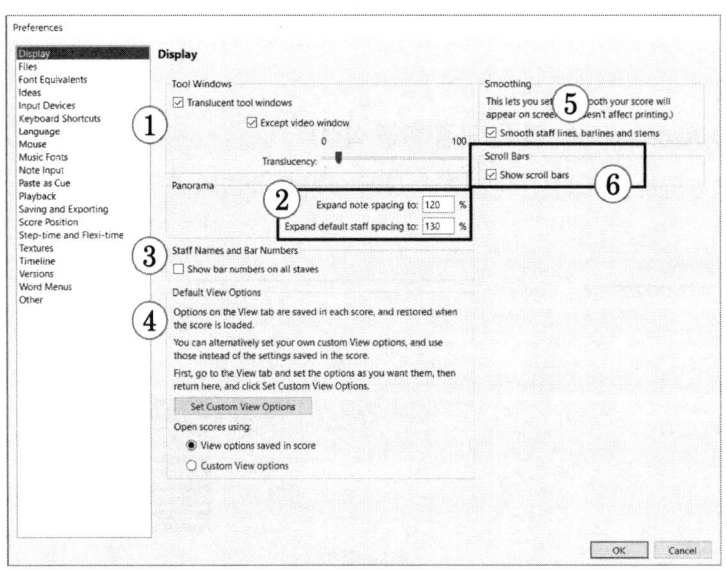

1. Tool windows : 키패드, 트랜스포트처럼 작업화면에 떠있는 각종 작업용 패널의 투명 상태를 조절한다. Translucency 슬라이더의 수치를 높일수록 작업패널이 투명해진다. Except video windows 옵션에 체크하면 비디오창의 투명도는 조절되지 않는다.
2. Panorama : 악보를 파노라마창으로 전환할 때의 음표(Note)와 보표(Staff)의 확대율을 설정한다.

3. Show bar numbers : 마디 번호를 항상 보이는 상태로 만든다.
4. Default View Options : 시벨리우스를 실행할 때 작업창이 어떤 상태로 열릴 것인지 선택한다. View options saved in score 옵션은 이전 저장할 때의 작업창 레이아웃과 같은 레이아웃을 사용한다. Custom View 옵션은 이 대화상자의 File 탭 Opening Files 옵션에서 설정한 형태로 작업창을 열어준다.
5. Smoothing : 보표의 오선, 마디선, 음표 줄기를 화면에서 부드럽게 처리해 표시한다.
6. Scroll Bars : 악보창 아래와 오른쪽에 스크롤바를 표시한다.

3. Preferences 메뉴 -> Files 탭 (파일 환경 설정)
악보 파일을 불러올 때의 환경을 설정할 수 있다.

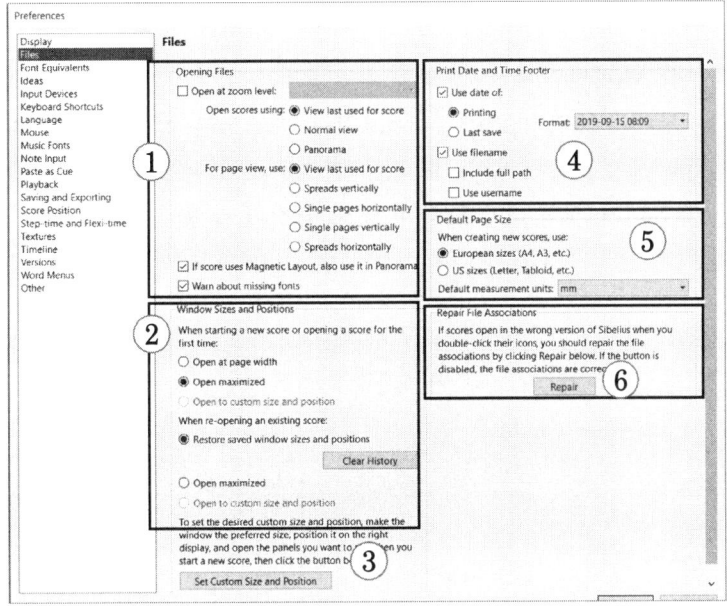

1. Opening Files : 파일을 불러올 때의 악보창 확대 상태를 설정하고, 어떤 작업창 모양으로 불러올 것인지 설정할 수 있다. 체크하면 해당 화면 상태로 불러올 수 있다.
   Warn... 옵션에 체크하면 악보에 사용된 글꼴이 컴퓨터에 없을 경우 그것을 알리기 위한 경고문이 나타난다.
2. Window Sizes and Positions : 파일을 처음 불러올 때의 악보창 모양과, 파일을 다시 불러올 때의 악보창 모양을 설정할 수 있다. Restore... 옵션에 체크하면 파일을 다시 불러올 때 그 이전 저장했던 당시의 작업창과 같은 모양으로 불러온다.
3. Set Custom Size and Position : 현재의 작업화면 구성을 저장한다. 이후 시벨리우스를 실행하면 현재 저장한 상태의 화면구성으로 작업창이 열린다.

4. Print Date and Time Footer : 악보 하단의 Date and Time Footer에 표시되는 시간 표시 방법, 파일명 표기 방법을 선택할 수 있다.

Date and Time Footer란 악보를 인쇄할 때 Print 메뉴 옵션에서 Date and Time Footer 옵션에 체크하면 활성화되는 기능으로, 악보 하단 가운데에 인쇄 날짜와 시간, 파일명 등을 같이 인쇄해주는 것을 말한다.

5. Default Page Size : 기본으로 사용할 페이지 규격을 선택한다. 기본값은 A4 규격이다. 악보를 불러오거나, 새 악보를 만들 때는 여기에서 설정한 A4 규격으로 만들어진다.

6. Repair File Associations : 윈도우 사용자용 옵션이다. 시벨리우스 8 외에 7, 6, 5 버전이 함께 설치된 컴퓨터에서 시벨리우스 음악파일(sib)을 더블클릭하는 방식으로 불러오면 어느 버전으로 불러올 것인지 메시지 대화상자가 나타난다. 이를 시벨리우스 8에서만 불러올 수 있도록 수정할 수 있다.

4. Preferences 메뉴 -> Font equivalents (대체 글꼴 환경 설정)

다른 컴퓨터에서 작업한 시벨리우스 파일(sib)을 불러오거나, 시스템을 교체한 경우, 예전에 작업한 악보에서 사용한 글꼴이 자신의 컴퓨터에 없을 수도 있다. 이 경우 대체할 수 있는 글꼴을 여기에서 지정할 수 있다.

기본적으로 각각의 글꼴마다 여러 개의 대체 글꼴이 이미 설정된 상태이므로 현재의 옵션을 수정하지 않고 사용해도 무방하다.

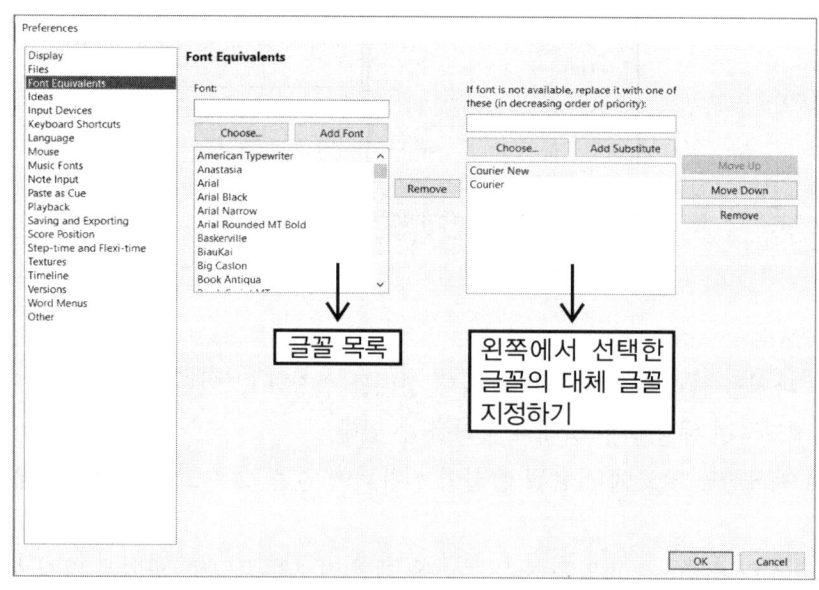

5. Preferences 메뉴 -> Ideas (아이디어 패널 사용 환경 설정)

아이디어(Ideas)란 '아이디어', '발상'이란 뜻이지만 여기서는 '악상'을 뜻한다. 시벨리우스는 갑자기 떠오른 악상이나 좋은 멜로디를 반복 사용하기 위해 등록하는 기능이 있는데 이때 멜로디 패턴을 등록하는 작업창이 아이디어 패널이다. 여기에서 아이디어 패널의 사용 환경을 설정할 수 있다.

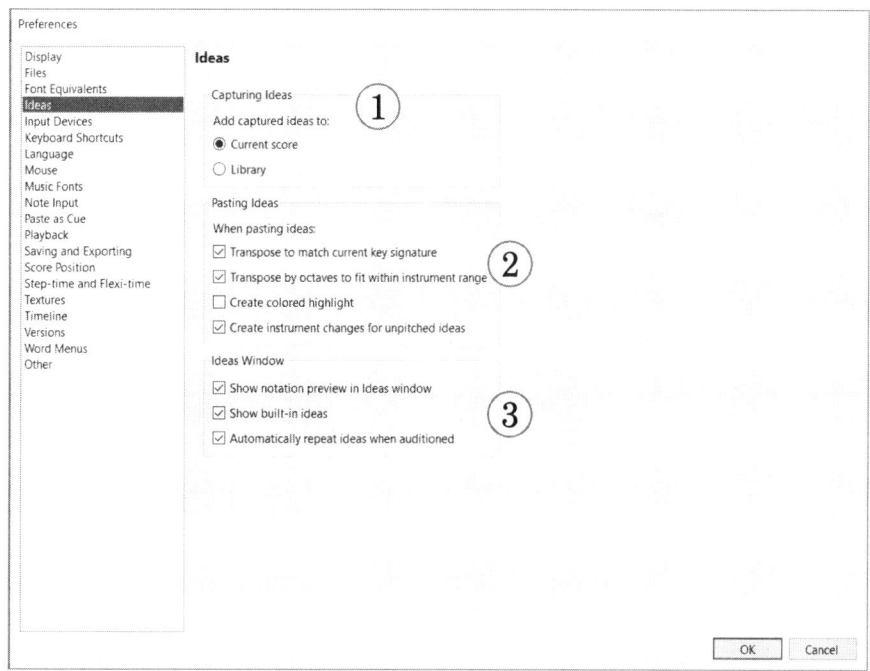

1. Capturing Ideas : 마디를 선택한 뒤 마우스 오른쪽으로 클릭하면 팝업메뉴에 Capture Ideas 메뉴가 있다. 캡처한 아이디어(멜로디 패턴)이 등록될 위치를 여기에서 지정한다. 아이디어 패널의 Score 탭과 Library 탭중 하나를 선택한다.
2. Paste Ideas : 아이디어 패널의 패턴을 악보창에 붙이는 방식을 지정할 수 있다. Transpose to... 옵션은 붙여 넣을 때 조표에 맞게 조 옮김을 한 뒤 붙여 넣는다. Transpose by... 옵션은 악기의 음정 범위를 벗어나는 패턴을 붙여 넣을 경우, 해당 악기의 음정 범위에서 최고 5음정을 벗어나지 않는 한도 내에서 조옮김을 한 뒤 붙여 넣는다. Create Colored... 옵션은 붙여 넣은 패턴을 하이라이트로 표시해 준다. Create Instrument 옵션은 붙여 넣을 패턴이 리듬악기(Unpitched Instrument, 드럼류 악기)를 사용한 패턴일 경우 인스트루먼트 체인지를 할 수 있도록 해 준다.
3. Ideas Window : 아이디어 패널에 표시할 요소를 지정하는 기능. 기본적으로 모두 체크한다.

6. Preferences 메뉴 -> Input Device 탭 (미디 입력 장치 설정)

마스터 건반, 미디 기타, 미디 드럼 장비의 사용 환경을 설정할 수 있다.

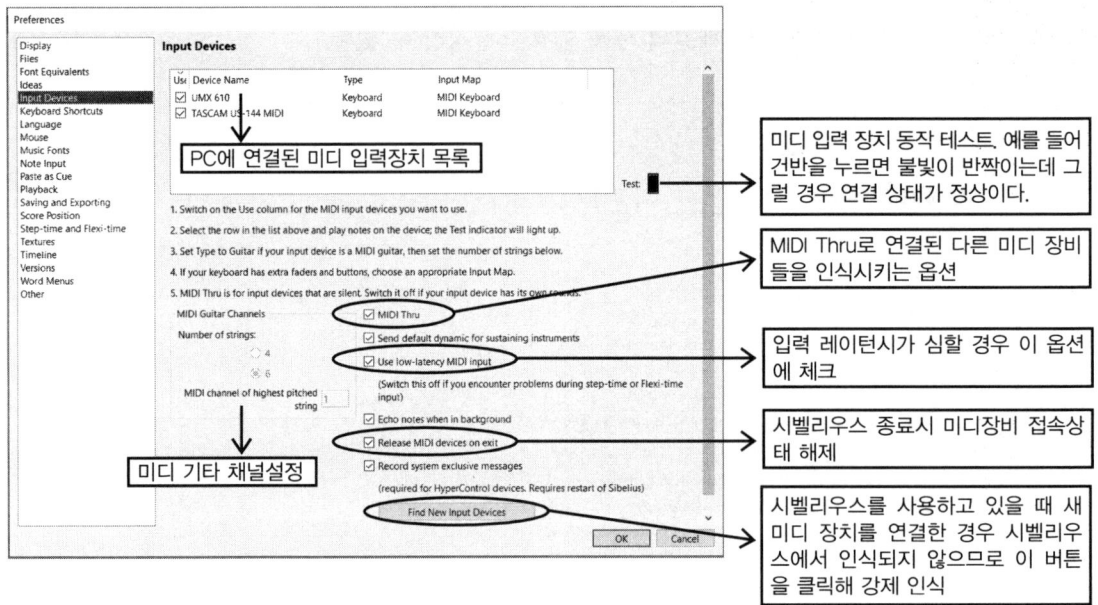

7. Preferences 메뉴 -> Keyboard Shortcut 탭 (키보드 단축키 설정)

시벨리우스에서 사용하는 각종 단축키의 설정을 변경하거나 추가하는 기능이다. 시벨리우스의 디폴트 단축키는 예전부터 사용하기 편한 단축키로 명성이 자자하므로 변경하지 않는 것이 좋다.

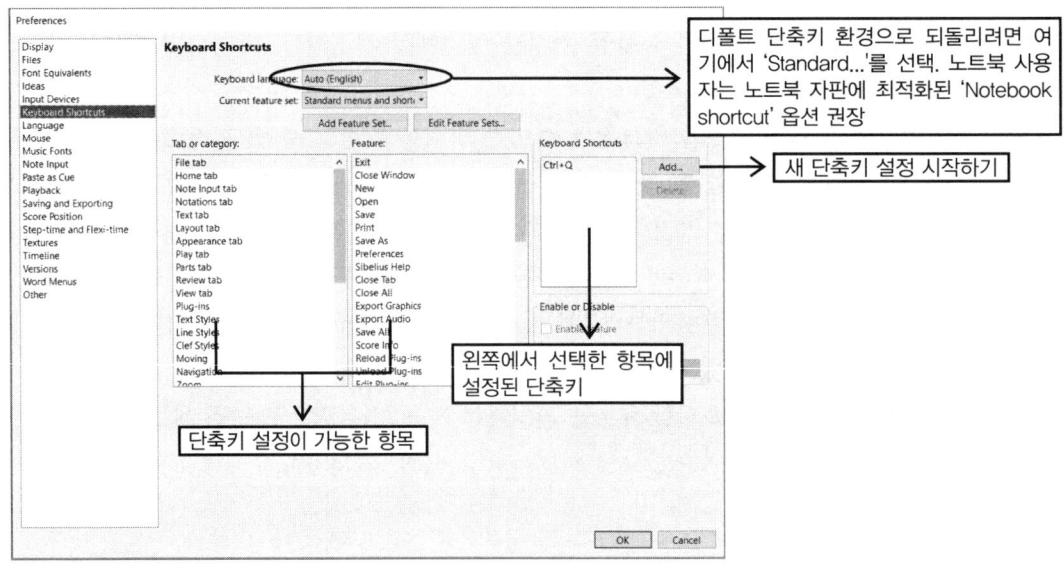

8. Preferences 메뉴 -> Language 탭 (디스플레이 언어 선택)

시벨리우스 프로그램이 사용하는 언어를 영어가 아닌 다른 언어로 변경할 수 있다.

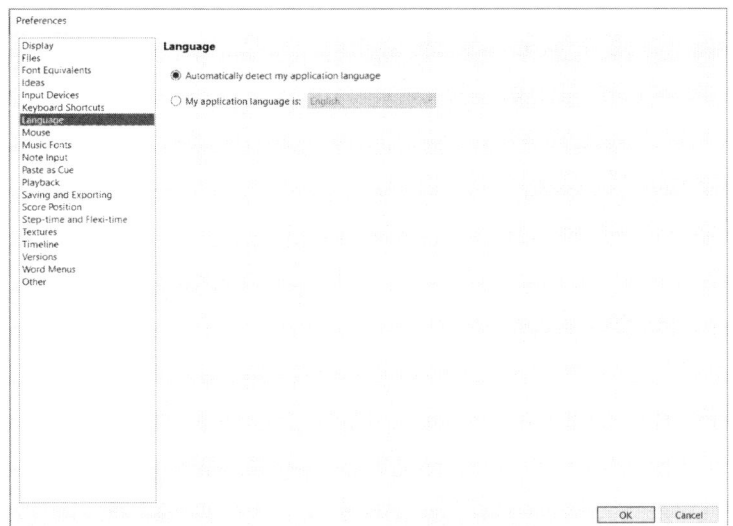

예를 들어 독일어를 선택하면 메뉴표시줄, 대화상자 등에 영어 대신 독일어가 사용된다.
디스플레이 언어를 변경한 뒤에는 시벨리우스를 재실행해야 변경된다.

9. Preferences 메뉴 -> Mouse 탭 (마우스 환경 설정하기)

마우스의 사용 환경을 설정할 수 있다. 시벨리우스에서의 마우스 사용이 불편할 경우 여기에서 설정을 약간 변경해줄 수 있다.

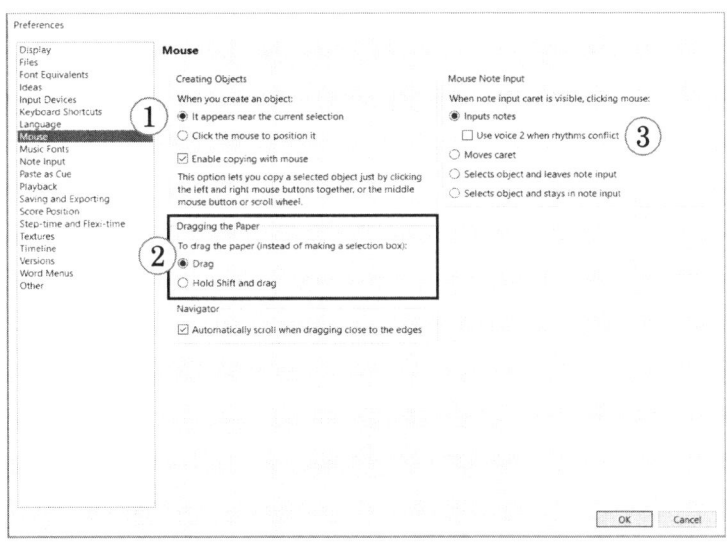

1. Creating objects : 오브젝트를 생성시킬 때 어떤 방식으로 생성시킬지 선택한다. It Appear... 옵션을 선택하면 선택 구간이 있을 경우 선택 구간 옆에 오브젝트가 생성된다.

Click the... 옵션을 선택하면 선택 구간의 존재와 상관없이 마우스로 클릭해야 오브젝트가 생성된다. Enable Copy... 옵션은 Alt + 클릭으로 오브젝트를 복사할 수 있게 한다.
2. Dragging Paper : 악보창을 이동시킬 때 드래깅으로 이동시킬지 Shift + 드래깅으로 이동시킬지 선택할 수 있다. 시벨리우스 기본값은 마우스 드래깅-〉악보창 이동, Shift + 드래깅-〉선택 기능으로 동작한다. 만일 이 옵션에서 Shift + 드래깅을 악보창 이동으로 지정하면, 마우스 드래깅은 선택 기능으로 동작한다.
3. Mouse Note Input : 시벨리우스는 기본적으로 음표를 입력한 뒤에도 마우스 클릭으로 계속 음표를 입력할 수 있다. Move를 선택하면 음표 입력 뒤 바로 마우스를 클릭하면 오브젝트 이동 기능으로 사용된다. Selects를 선택하면 음표 입력 뒤 바로 마우스를 클릭하면 선택 기능으로 동작한다.

10. Preferences 메뉴 -〉 Music Fonts 탭 (뮤직 폰트 환경 설정하기)

뮤직폰트는 악보에서 사용하는 전용 글꼴이다. 손으로 그린 듯한 글꼴, 우아한 글꼴, 매우 격렬한 형태의 글꼴이 있다. 악보에서는 텍스트나 fff 같은 셈여림표 표기, 박자표, 음자리표, 조표, 코드 심볼, 마디 번호, 마디션, 슬러, 히트포인트, 음표 꼬리, 쉼표 등의 심볼을 표기할 때 뮤직폰트를 사용한다. Music Fonts 탭은 이들 뮤직폰트를 각 요소별로 다른 글꼴로 대체하거나, 새로운 뮤직폰트를 등록하는 기능을 제공한다. 여기에서 설정된 뮤직폰트를 쉽게 사용하는 방법은 Appearance -〉 House Style -〉 Import 메뉴로 적용하는 방법이 있다.

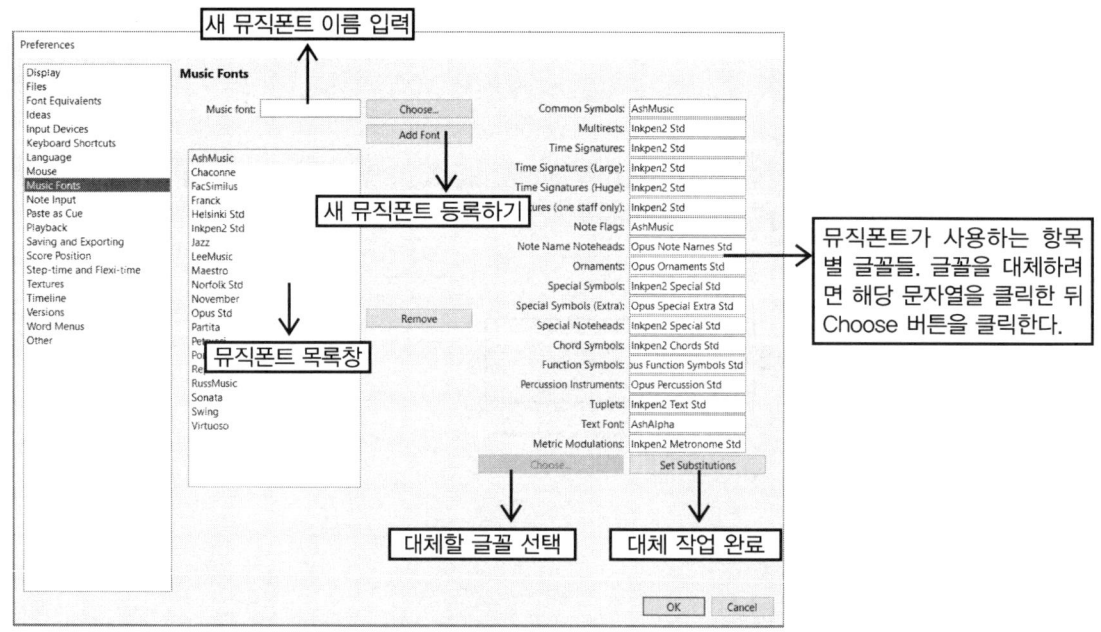

11. Preferences 메뉴 -> Note Input 탭 (음표 입력 방식 & 타브 악보 설정)

음표 입력 방식과 타브악보 환경 옵션을 설정할 수 있다.

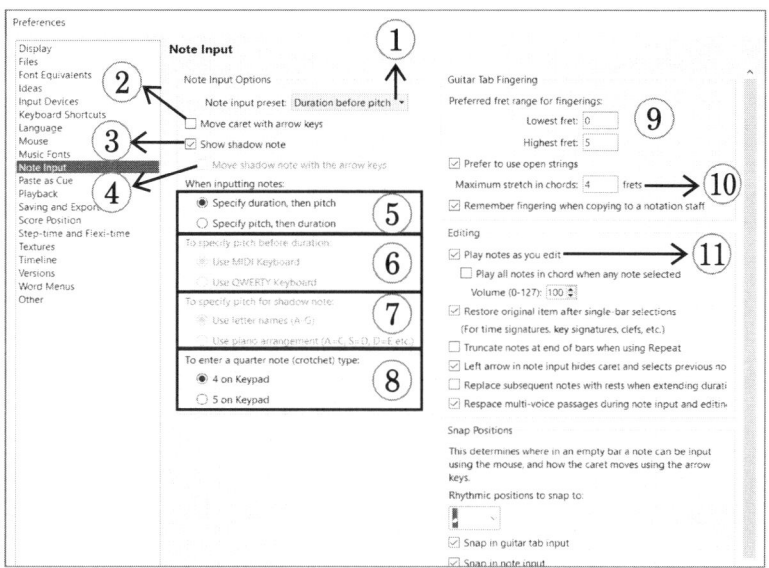

1. Note input preset : 음표 입력 방식을 시벨리우스 방식(Duration before Pitch, 음길이 우선)과 피날레 방식(Pitch before Duration, 음정 우선)에서 선택한다.
2. Move caret with arrows keys : 음표 입력 후 나타나는 커서를 컴퓨터 키보드의 화살표 키로 이동시킬 수 있다.
3. Show shadow note : 음표 입력시 그림자 음표를 나타나게 한다.
4. Move Shadow note with the arrows keys : 그림자 음표를 화살표 키로 이동시킬 수 있다. 먼저 하단의 Use letter name에 체크된 상태여야 한다.
5. When inputting notes : 노트를 음길이 우선으로 입력할지, 음정 우선으로 입력할지 선택한다.
6. To specify pitch before duration : 음정을 조절할 도구를 선택한다. 미디 건반 또는 컴퓨터 키보드(Qwerty)에서 선택한다. 스탭 타임 입력(Step-time input)을 하려면 미디 건반을 선택해야 한다.
7. To specify pitch for shadow note : 그림자 노트로 음정을 탐색할 때 사용할 도구를 선택한다. Use letter names(A-G) 옵션을 선택하면 컴퓨터 키보드의 a, b, c, d, e, g 키와 화살표 키가 음정 탐색 도구로 사용된다. 앞에서 시벨리우스 방식(Duration before Pitch)을 선택한 경우 a, b, c, d, e, g 키가 도, 레, 미, 파, 솔, 라, 시를 바로 입력하는 도구로 사용된다.
8. To enter a quarter note type : 음표를 입력할 때 4분음표 선택 단축키를 키패드의 4번키 또는 5번키로 설정할 수 있다. 앞은 시벨리우스 방식, 후자는 피날레 방식이다.
9. Preffered fret range for fingerings : 기타 플렛의 범위를 설정한다.
10. maximun stretch in chord : 코드 입력시 플렛보드 상에서의 최대 간격을 설정한다.
11. Play notes as you edit : 기타 프렛에서 핑거링 위치를 지정하거나 편집할 때 음이 들리게 한다.

12. Preferences 메뉴 -> Paste as Cue 탭 (큐 노트 복사 환경 설정하기)

큐 노트의 복사 방식을 설정할 수 있다.

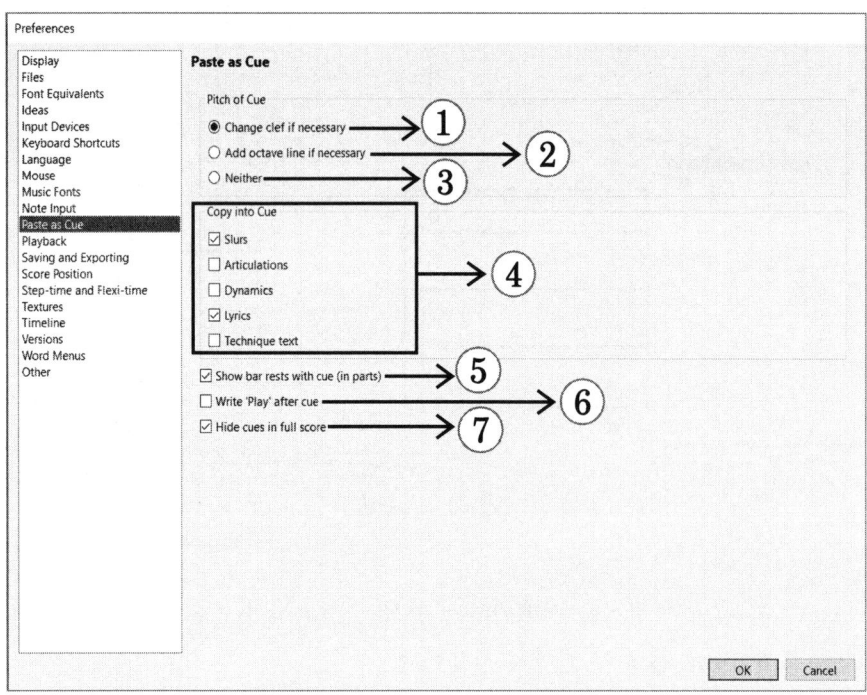

1. Change Clef : 큐 노트를 복사해온 보표의 음자리표와 붙여 넣을 위치의 음자리표가 서로 다를 경우, 필요에 따라 음자리표를 자동으로 변경시킨다.
2. Add Octave line : 큐 노트를 복사해온 보표의 옥타브와 붙여 넣을 위치의 옥타브가 2옥타브 이상 차이가 날 경우 1~2 옥타브 사이에서 조옮김을 하고 적당한 위치에 붙여 준다.
3. Niether : 음자리표나 옥타브 변경 없이 바로 붙여 준다.
4. Copy into Cue : 큐 노트를 복사할 때 함께 복사될 요소를 선택한다.
5. Show bar rests with cue : 마디쉼표가 있는 마디에 붙일 경우 마디쉼표와 큐 노트를 함께 표시한다.
6. Write 'Play' after cue : 원래 연주용으로 사용하지 않는 큐 노트에 Play라는 글자를 삽입해 연주를 유도한다.
7. Hide cue in full score : 파트보에서는 큐 노트를 표시하지만 총보에서는 큐 노트를 감춘다.

13. Preferences 메뉴 -> Playback 탭 (악보의 플레이 환경 설정하기)

악보를 플레이할 때 필요한 환경을 설정할 수 있다.

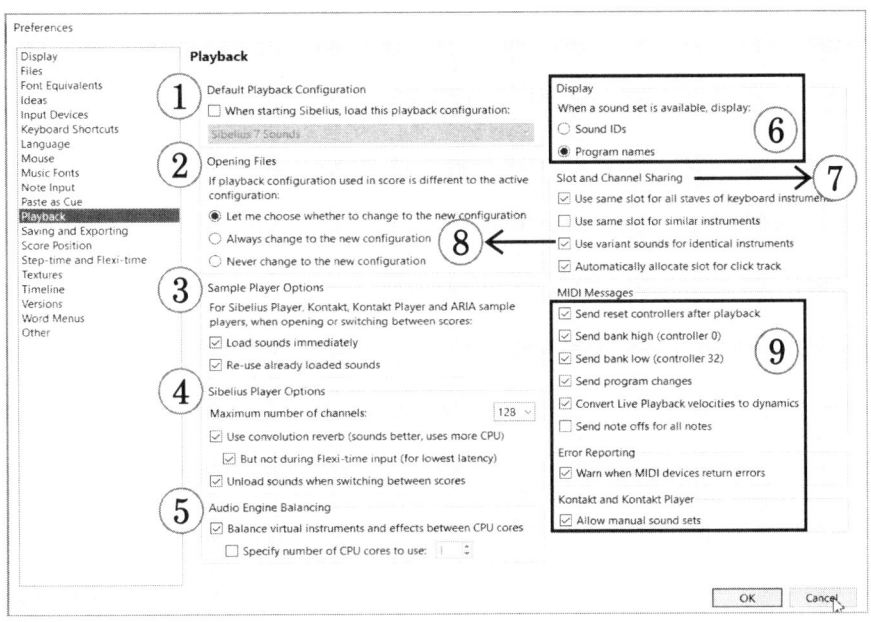

1. Default Playback Configuration : 악보를 플레이할 때 기본값으로 사용할 사운드 디바이스를 선택한다. 디폴트값은 시벨리우스 번들 가상악기인 Sibelius Sounds이다.
2. Opening Files : 파일을 불러올 때 Sibelius Sounds 가상악기를 사용하지 않고 다른 가상악기를 사용하는 악보가 있을 때의 해결책을 선택한다. 기본적으로 첫 번째 항목에 체크해야 사용자가 Configuration을 새로 지정할 수 있다.
3. Sample Player Options : 콘탁트같은 샘플 플레이어를 사용하는 악보를 불러왔거나, 작업 중인 악보에서 샘플 플레이어를 교체할 경우, 샘플 음원을 로딩할 방법을 선택한다.
   Load.. 옵션은 샘플 음원을 바로 로딩하게 해주고, Re-use Aready... 옵션은 변경되기 전 샘플 플레이어가 사용한 샘플 음원과 새로 바꾼 샘플 플레이어가 같은 음원을 사용할 경우 기존 음원을 재사용하게 해 준다.
4. Sibelius Player Options : 시벨리우스 플레이어(Sibelius Sounds)는 콘탁트와 비슷한 샘플 플레이어로 시벨리우스에 내장되어 있다. 이 샘플 플레이어에 대한 옵션을 설정한다. Maximum 항목에서 최대 지원 가능한 채널 개수를 설정하고, Use convolution... 옵션에 체크해 컨볼류션 리버브를 사용하게 해 준다. But Not... 옵션은 리얼 입력 작업을 할 때 컨볼류션 리버브의 동작을 멈추게 한다. Unload... 옵션은 다른 악보로 스위칭할 때 메모리 절감을 위해 샘플 음원을 로딩되지 않도록 만든다. 로딩되지 않은 음원은 악보를 Play할 때 비로소 로딩 된다.

5. Audio Engine Balancing : 듀얼코어 이상의 CPU가 장착된 컴퓨터에서 가상악기 사용시 두 CPU를 둘 다 사용하게 해 준다.
6. Display : 악기를 선택할 때 표시되는 악기 이름을 사운드 ID 또는 '악기 이름'에서 선택할 수 있다. 사운드 ID는 디렉토리 경로 형태의 이름이기 때문에 전문가가 아니라면 '악기 이름'으로 표시하는 것이 좋다.
7. Slot and Channel Sharing : 믹서창에 표시되는 슬롯 공유 옵션을 설정한다. 기본값을 그대로 사용한다.
8. Use variant sounds for identical instruments : 제1바이올린과 제2바이올린의 경우처럼 동일 악기의 경우 약간의 음색 변화를 주는 기능이다. 그래서 사람이 연주한 듯한 느낌을 만들어준다.
9. MIDI Messages : 미디 컨트롤러 메시지에 대한 옵션을 설정한다. 기본값을 사용한다.

14. Preferences 메뉴 -> Saving and Exporting 탭 (저장 및 반출 옵션 설정하기)

악보를 저장하고 반출할 때 필요한 옵션을 설정할 수 있다.

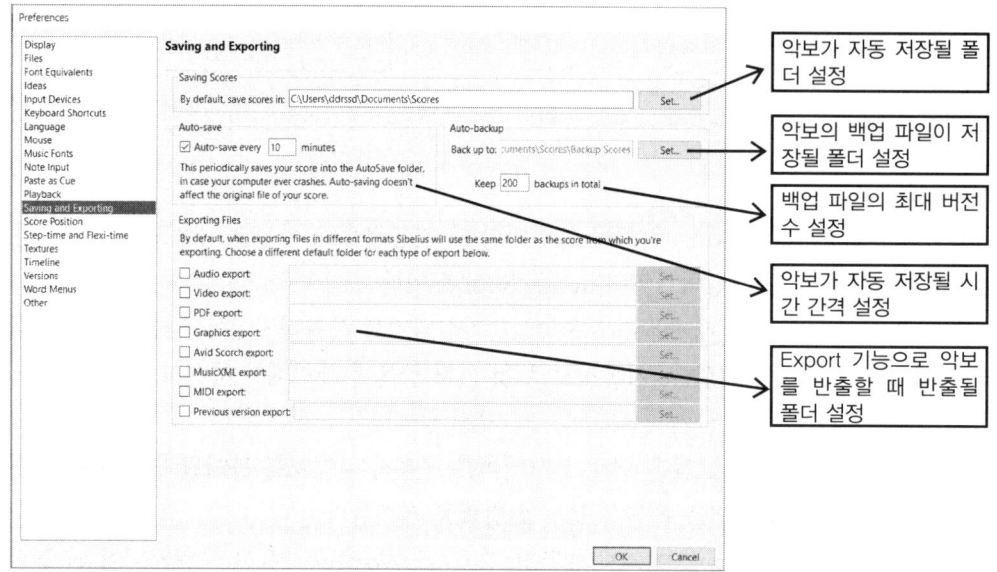

15. Preferences 메뉴 -> Score Position 탭 (악보 플레이 화면 설정하기)

편집 및 악보 연주시 악보의 어느 부분이 보이게 할지 설정한다.

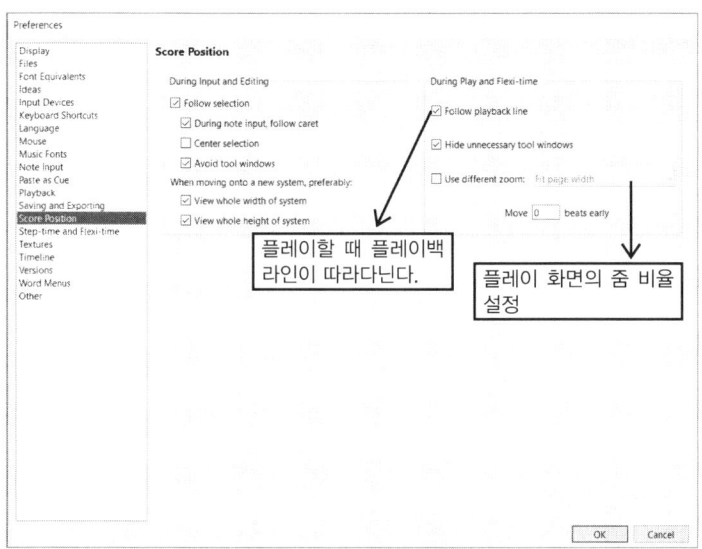

1. During note input follow caret : 음표를 입력하기 전에 Caret(음표를 입력할 때 보이는 커서)이 항상 표시된다.
2. Center selection : 화면을 확대하거나 축소할 때, 또는 음표 입력 등을 할 때 선택한 부분을 항상 화면 중앙에 보이게 한다.
3. Avoid tool windows : 선택한 부분이 작업 패널 밑에 놓이지 않도록 한다.
4. 나머지 옵션 : 나머지 옵션은 위 그림처럼 체크해서 사용한다.

16. Preferences 메뉴 -> Step-time and Flex-time 탭 (리얼 입력 환경 설정하기)

스텝 입력과 리얼 입력을 할 때의 입력 방식을 설정한다.

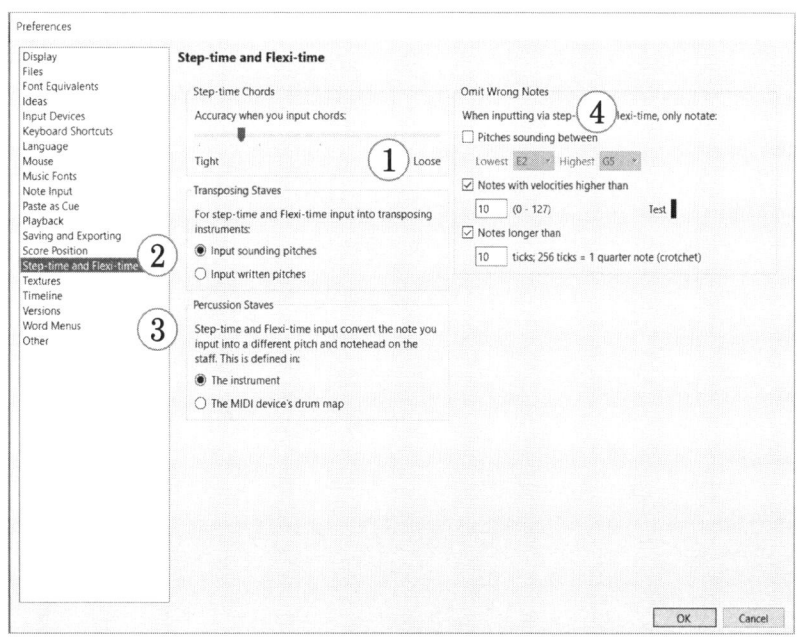

1. Step-time Chords : 스텝 입력을 할 때 얼마만큼 타이트하게 화음으로 인식할지 설정한다. 특히 미디 기타로 스트럼 화음을 연주할 때 이 옵션을 조절해야 하는데 Loose 쪽으로 높이는 것이 좋다.
2. Transposing Staves : 이조 악기 파트에 입력할 때 조옮김(Input written pitches)을 하거나, 실제 들리는 음으로(Input sounding pitches) 입력하게 해 준다.
3. Percussion Staves : 마스터 건반으로 드럼 보표에 입력할 때의 변환 방식을 선택한다.
4. Omit Wrong Notes : 마스터 건반으로 스텝 입력 또는 리얼 입력을 할 때 잘못 입력한 신호로 판단할 범위를 설정한다.
   - Pitches between : 설정한 음정 범위 안의 음표만 정상 입력으로 인식시킬 때 사용한다.
   - Notes with velocities higher than : 설정한 벨로서티보다 높은 음표만 정상 입력한 것으로 인식시킬 때 사용한다.
   - Notes longer than : 설정한 틱보다 긴 음표만 정상 입력한 음표로 인식시킬 때 사용한다.

17. Preferences 메뉴 -> Textures 탭 (악보 종이 질감 설정하기)

악보의 바탕인 종이 색상과 질감을 선택할 수 있다.

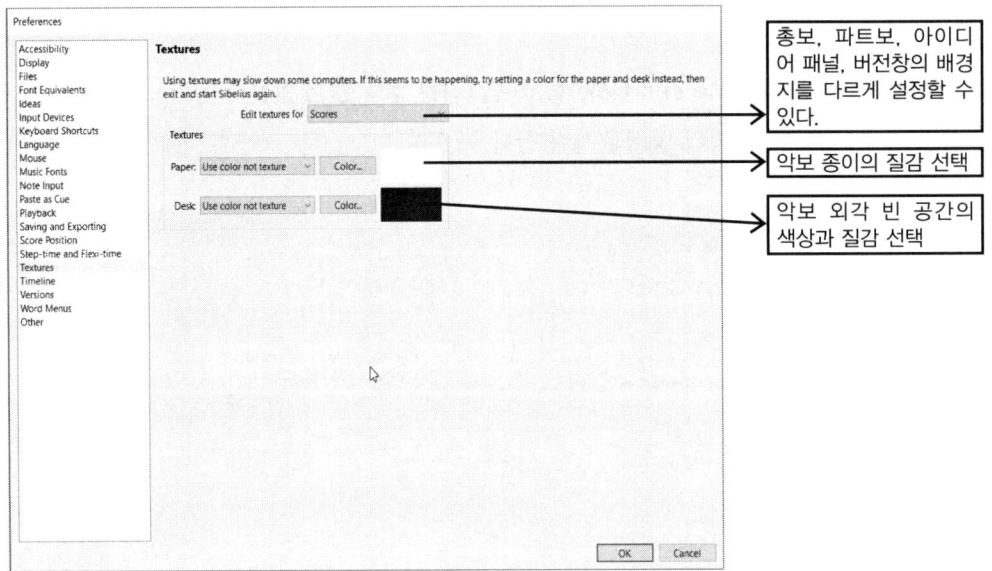

18. Preferences 메뉴 -> Timelinen 탭 (타임라인 환경 설정하기)

타임라인에 대한 옵션을 설정할 수 있다.

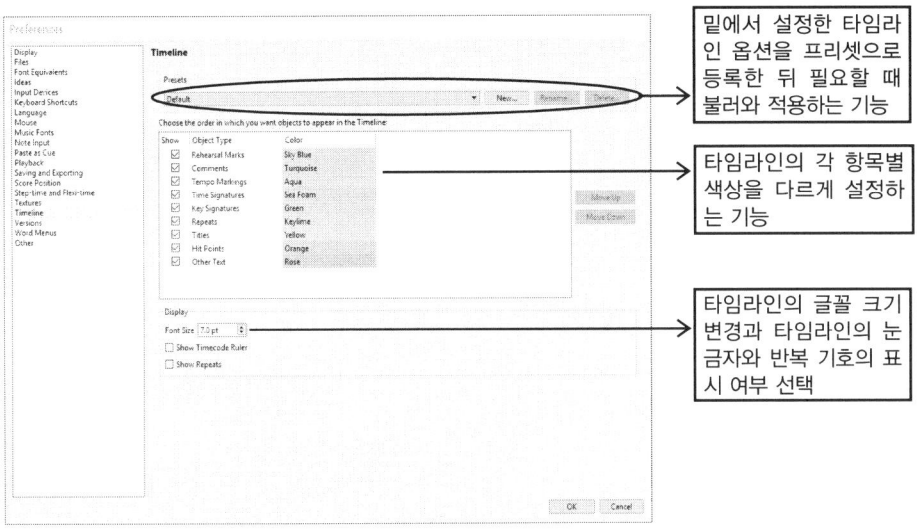

밑에서 설정한 타임라인 옵션을 프리셋으로 등록한 뒤 필요할 때 불러와 적용하는 기능

타임라인의 각 항목별 색상을 다르게 설정하는 기능

타임라인의 글꼴 크기 변경과 타임라인의 눈금자와 반복 기호의 표시 여부 선택

19. Preferences 메뉴 -> Version 탭 (버전 설정)

파일을 저장할 때 저장 날짜나 시간을 기준으로 파일 버전을 달리해 저장할 수 있다. 버전 저장에 필요한 옵션을 여기서 설정할 수 있다.

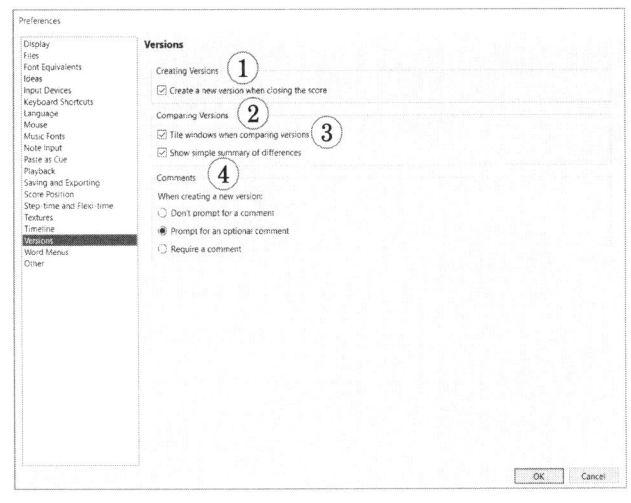

1. Creates a new version... : 악보를 닫을 때 자동으로 새 버전을 저장한다.
2. Comparing... : Review -> Compare 메뉴로 두 버전을 비교한 뒤 두 버전의 비교 결과를 알려주는 메시지창을 실행시킨다.
3. Tile Window... : Review -> Compare 메뉴로 서로 다른 시간에 저장한 두 버전을 비교할 때 비교하고 있는 두 버전창을 타일 형태로 배열해 준다.
4. Comments : 새 버전을 만들면 버전 이름을 지정할 수 있는 대화상자가 실행된다. 이때 사용자의 생각을 입력할 수 있는 코멘트창이 나타난다. 이 코멘트창의 사용여부를 여기서 결정할 수 있다. Don't... 옵션은 코멘트창을 아예 사용하지 않는 옵션이고, Prompt...옵션은 코멘트창이 나타나지만 내용을 입력하지 않아도 된다. Require... 옵션은 코멘트창에 반드시 내용을 입력해야만 대화상자를 닫을 수 있다.

20. Preferences 메뉴 -> Word Menus 탭 (워드 메뉴 환경 설정하기)

Text -> Styles 메뉴를 사용해 템포, 코다, 익스프레션 심볼 등을 입력할 때 커서가 있는 부분을 마우스 오른쪽으로 클릭하면 팝업 메뉴가 실행되는데 이를 '워드 메뉴'라고 한다.

이 대화상자는 사용자가 원하는 글자나 심볼을 워드 메뉴에 새로 등록하거나 워드 메뉴에 등록되어 있는 글자나 심볼 모양을 변경할 때 사용한다.

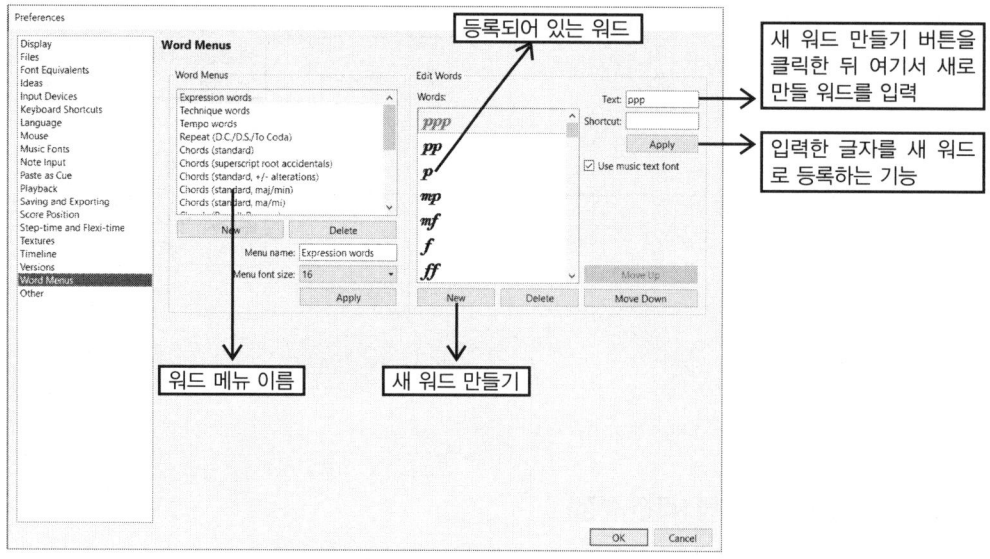

21. Preferences 메뉴 -> Other 탭 (그 외 환경 설정하기)

악보창에서 사용하는 눈금자의 단위 변경, Undo 횟수 설정, 그래픽 이미지의 붙이기 환경을 설정할 수 있다.

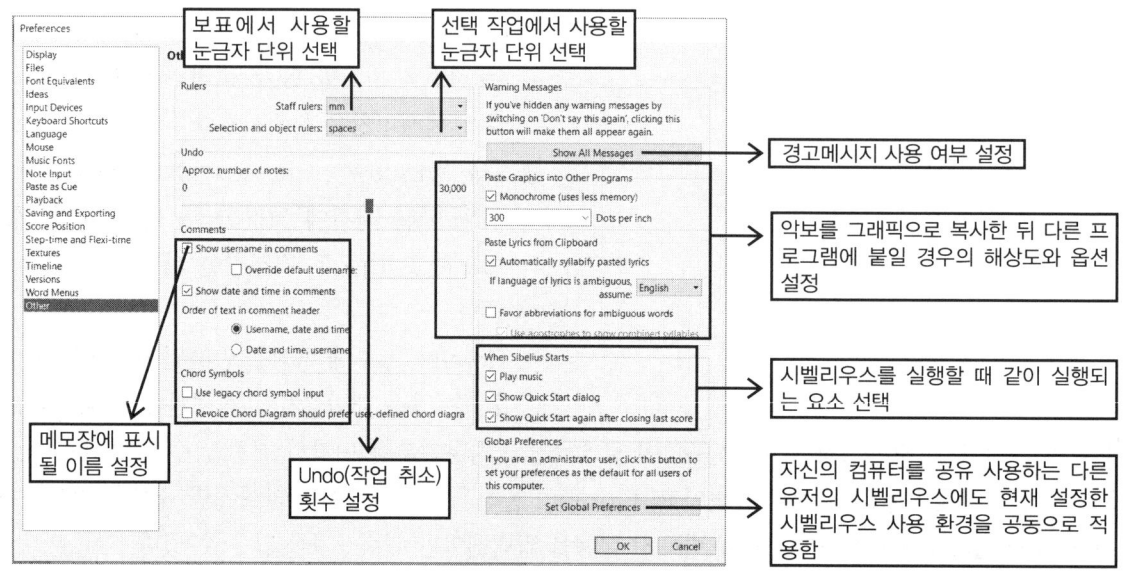

Part 5

Home 메뉴 리본바 (복사, 편집, 교체 메뉴)

Home 메뉴의 리본바는 악보 편집 기능과 악기(보표) 교체 기능으로 구성되어 있다.

CHAPTER 01
Home -> Clipboard 메뉴 (복사, 붙이기 편집하기)

복사, 붙이기, 멜로디 캡쳐, 그래픽 선택 등의 하위 메뉴를 사용할 수 있다.

01 Clipboard -> Paste 메뉴 (붙여 넣기)

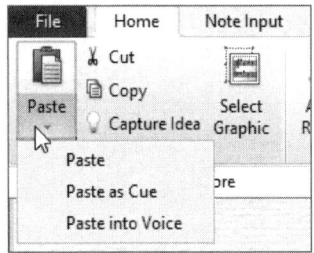

임시 복사한 내용을 다른 곳에 붙여 넣을 수 있는 3개의 메뉴를 사용할 수 있다.

1. Paste 메뉴 : Copy 또는 Cut 메뉴로 복사한 내용을 원하는 위치나 마디에 붙여 넣는 기능이다. 마디에 붙여 넣을 경우 박자 수가 부족하면 자동으로 쉼표를 채워 박자수를 맞추어 준다.

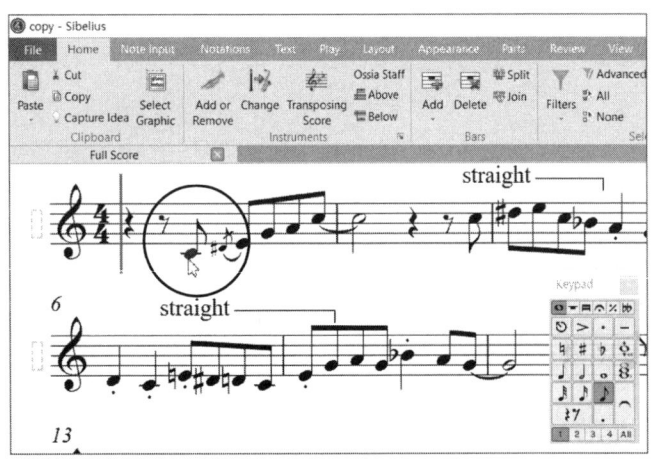

예제 'Copy.sib'를 불러온다.
선택 툴로 1번 마디의 1번째 음표를 클릭해 선택한다.

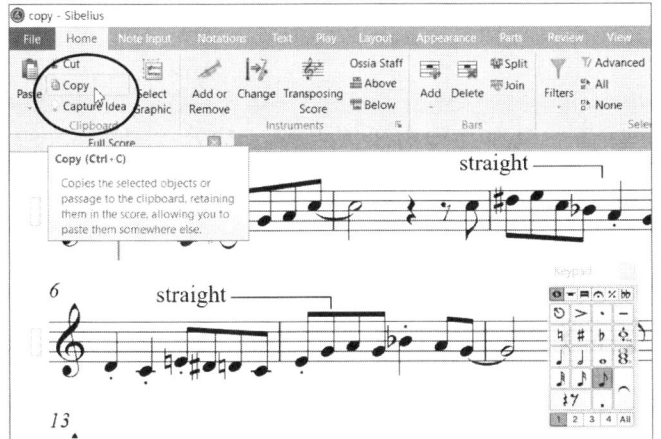

Home -> Copy 메뉴를 클릭해 복사한다. (복사 단축키 Ctrl + C.)

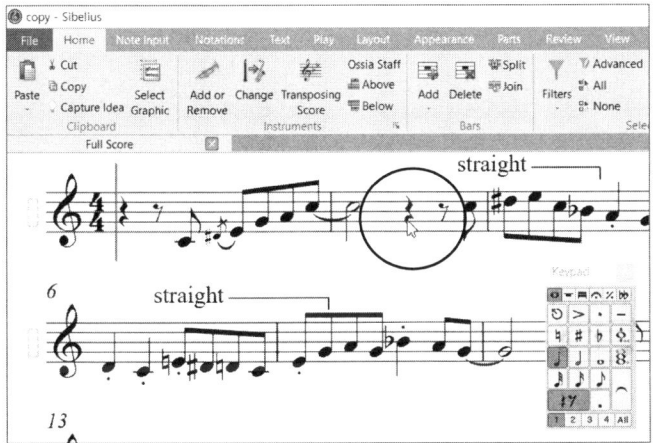

마우스로 붙여 넣을 위치를 클릭해 지정한다. 여기서는 2번 마디의 쉼표를 클릭해 붙여 넣을 위치로 지정한다.

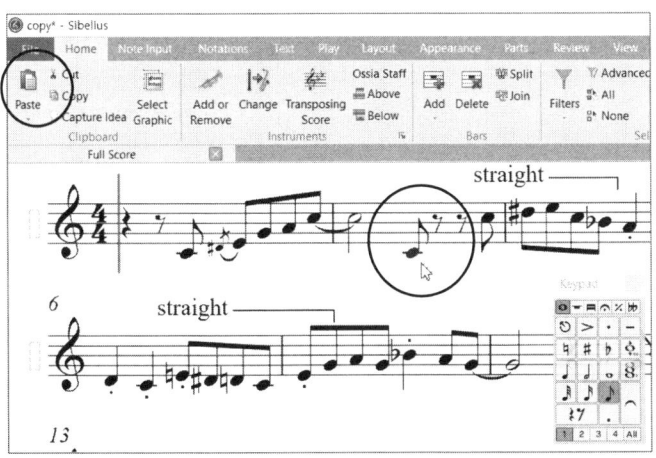

Paste 버튼을 클릭하면 복사한 음표가 붙여진다. (붙이기 단축키 Ctrl + V.)

2. Paste as Cue 메뉴

복사한 내용을 큐 노트(Cue Note)로 붙여 넣는다.

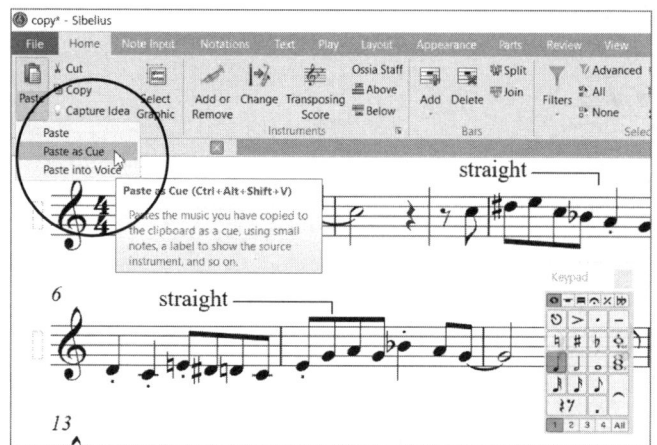

예제에서 쉼표 부분을 선택한 뒤 Home -> Paste -> Paste 메뉴를 실행한다.

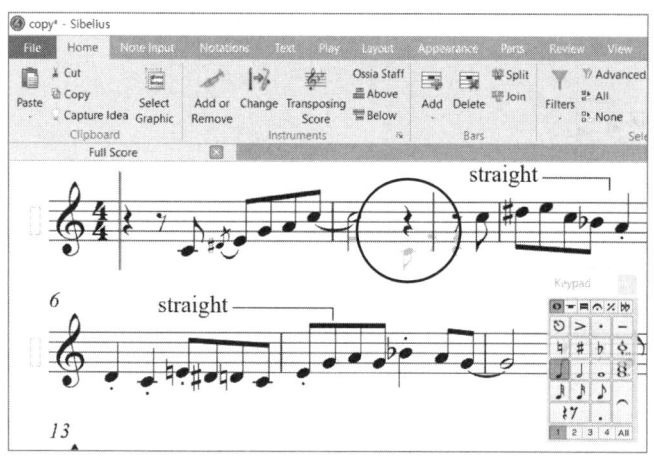

복사해둔 음표가 쉼표 밑에 큐 노트로 붙여진 모습이다.

3. Paste into Voice 메뉴

보이스(성부)가 있는 마디에서 보이스를 구별해 복사한 후 사용자가 원하는 보이스에 붙여 넣을 수 있다. 다성부 악보를 만들고 있을 때 현재 작업 중인 성부의 멜로디를 다른 성부로 가져갈 때 유용하다.

원하는 마디 등을 선택한 후 복사한 뒤 붙여 넣을 마디를 선택한 후 이 메뉴를 실행하면 다음과 같이 대화상자가 실행된다.

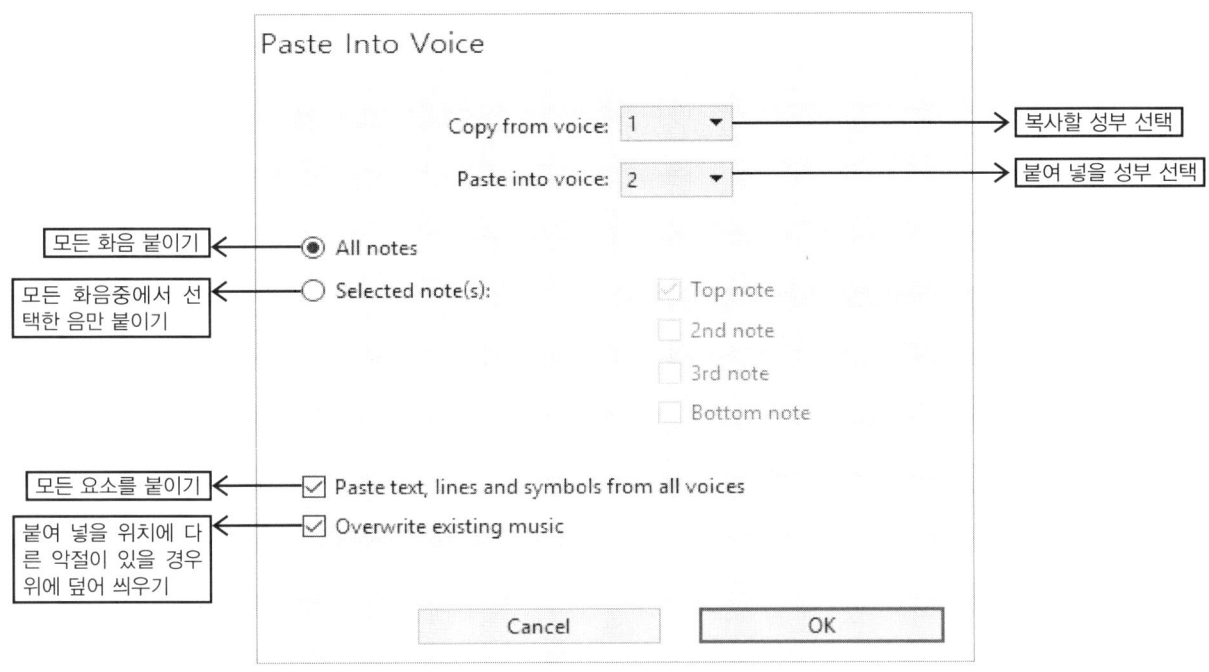

복사한 음표가 화음이 있는 음표일 경우, 붙여 넣을 때 All Notes 옵션을 선택하면 모든 화음을 그대로 가져와 붙여 넣을 수 있다.
만일 Selected Notes 옵션을 선택하면 붙여 넣을 때 화음의 맨 위 노트(Top Note), 두 번째 노트(2nd Note), 세 번째 노트(2nd Note), 맨 아래 노트(Bottom Note)중 선택해 붙여 넣을 수 있다.

화음이 있는 음표 복사(Copy)

All Notes 옵션으로 붙여 넣은 모습

Top Note 옵션으로 붙여 넣은 모습
(화음 중 맨 위 음만 붙여진다.)

Top Note+2nd Note 옵션으로 붙여 넣은 모습
(화음 중 맨 위와 2번째 음이 붙여진다.)

따라하기 | 성부 음악 편집하는 방법

샘플 'voice.sib'를 불러온 뒤 원하는 음표나 마디의 음표를 다른 성부에 붙여 넣는 방법을 알아본다.

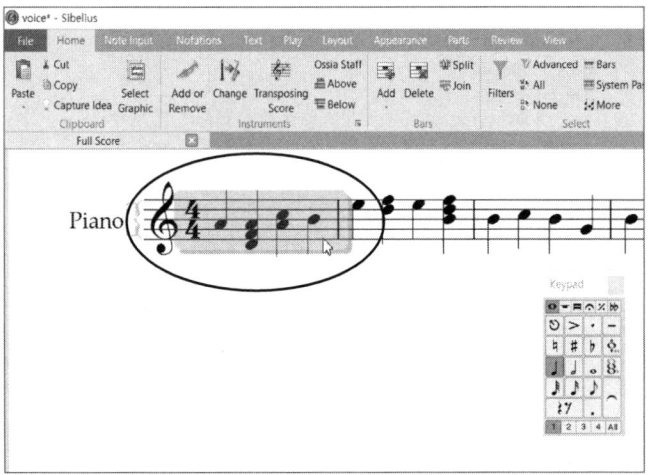

❶ 선택 툴로 1번째 마디를 클릭해 1번째 마디에 있는 음표 전체를 선택한다.

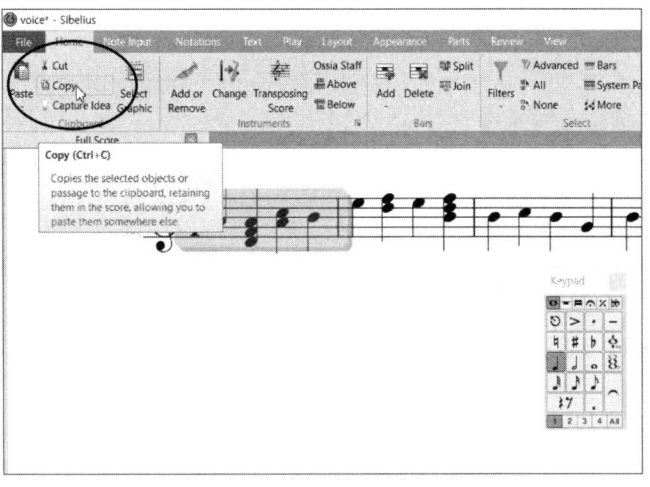

❷ Home -> Copy 메뉴로 선택한 부분을 복사한다.

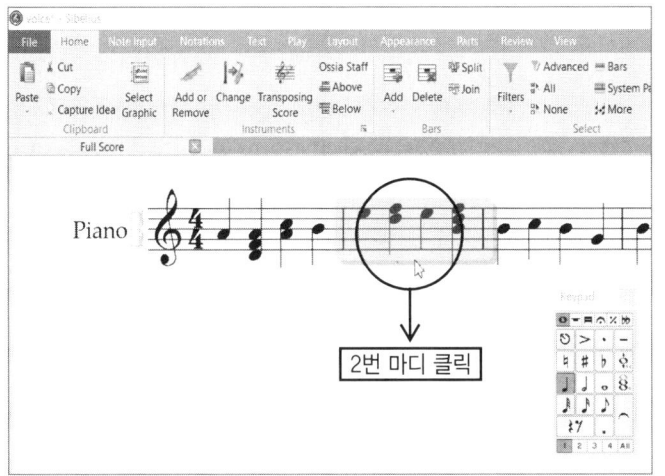

❸ 붙여 넣을 마디를 선택한다. 여기서는 2번 마디를 선택했다.

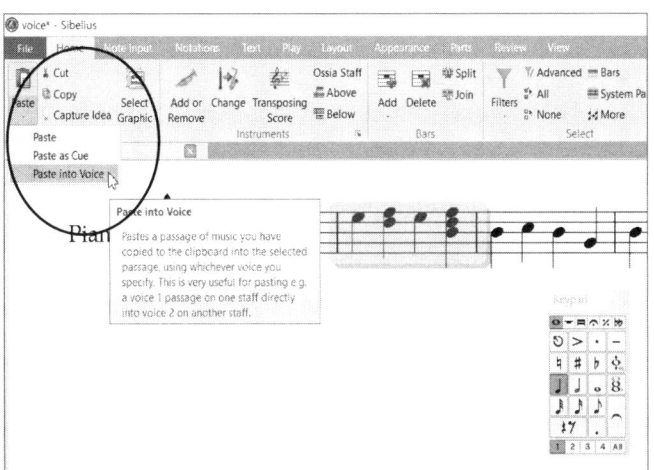

❹ 다른 성부에 붙여 넣기 위해 Paste -> Paste into Voice 메뉴를 실행한다.

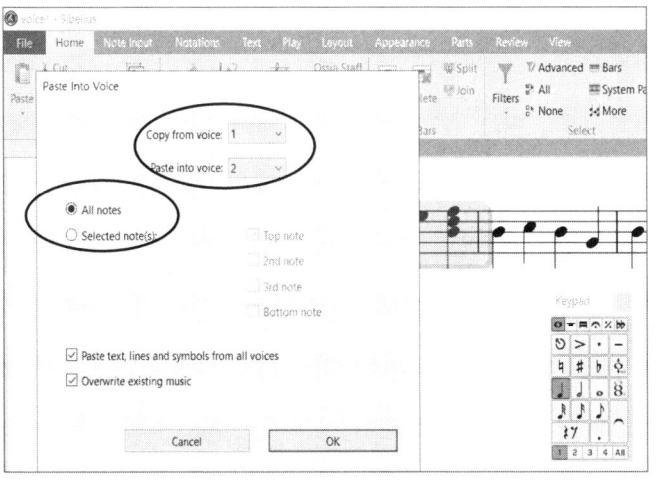

❺ 대화상자의 Paste into Voice 옵션에서 2번 Voice(성부)를 선택한다.
붙여 넣을 요소로는 All Notes를 선택한다.

Part 5. Home 메뉴 리본바 (복사, 편집, 교체 메뉴) **211**

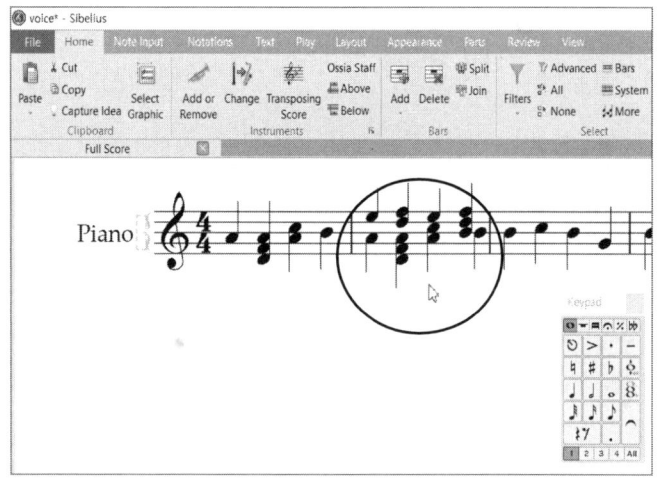

❻ 2번 마디에 붙여 넣은 모습이다. 일반적인 방식으로 붙여 넣으면 기존 음표가 사라지지만 특별히 2번 성부를 지정해 붙여 넣었으므로 기존 음표(1번 성부에 있던 음표)가 사라지지 않는다.

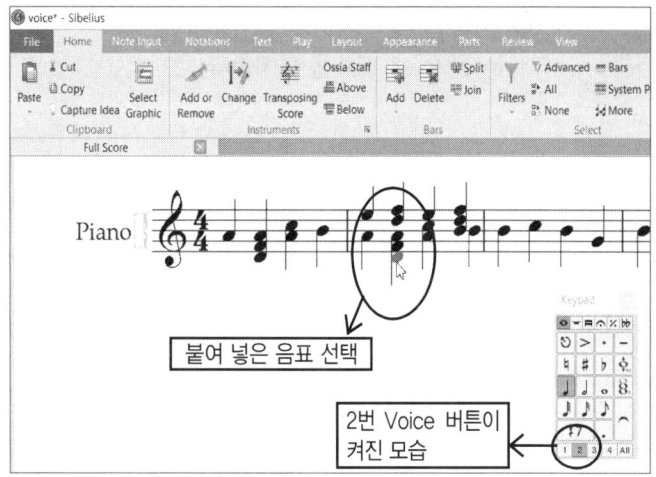

❼ 2번 성부에 정확히 붙여 넣은 것인지 확인해 보자.
방금 붙여 넣은 음표를 클릭해 선택하면 키패드에서 2번 Voice가 켜지는 것을 알 수 있다. 즉 붙여 넣은 음표들이 2번 성부에 삽입된 것을 알 수 있다.

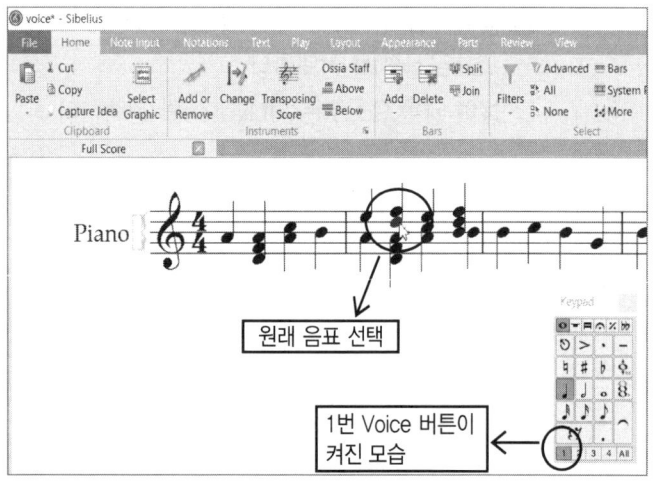

❽ 이번에는 붙여넣은 위치에 있었던 원래 음표를 클릭해 선택해 보자.
원래 음표는 1번 성부에 있었으므로 키패드의 1번 Voice가 켜지는 것을 알 수 있다.

02 Clipboard -> Cut 메뉴 (오려내기)

음표, Text, 쉼표, 마디, 각종 심볼을 선택한 상태에서 실행하면 선택한 오브젝트를 오려낼 수 있다. 오려낸 오브젝트는 메모리에 임시 보관되어 Paste 메뉴로 다른 위치에 붙여 넣을 수 있다.
[오려내기 단축키는 Ctrl + X]

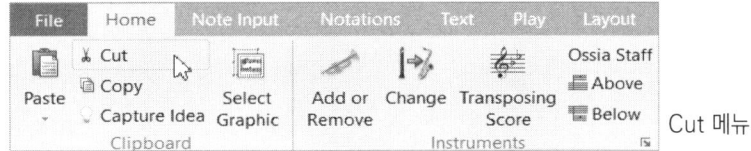
Cut 메뉴

03 Clipboard -> Copy 버튼 (복사하기)

선택한 오브젝트를 복사할 때 사용한다. 음표, Text, 쉼표, 마디, 각종 심볼들을 복사한 뒤 다른 위치에 Paste 메뉴로 붙여 넣을 때 좋다. [복사하기 단축키는 Ctrl + C]

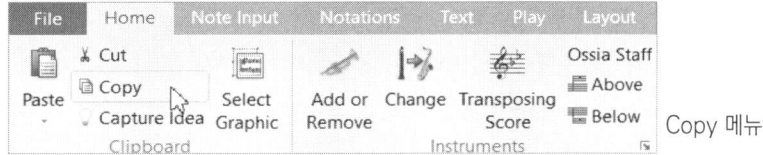
Copy 메뉴

04 Clipboard -> Capture Idea 메뉴 (아이디어 캡쳐하기)

선택한 구간의 멜로디를 캡쳐해 '아이디어 패널'에 등록하는 기능이다. 아이디어 패널이란 자신이 원하는 멜로디나 악절을 도서관처럼 등록한 뒤 나중에 다시 사용하는 기능이다. 어떤 악절이나 마디에 있는 멜로디를 나중에 다시 사용하고 싶을 때 이 메뉴를 사용해 아이디어 패널에 해당 멜로디를 등록하면 된다. 똑같은 멜로디를 반복해서 사용할 때 유용하다. 해당 멜로디가 있는 마디나 악절을 선택한 상태에서 이 메뉴를 실행해 아이디어 패널에 등록한 뒤, 필요할 때 아이디어 패널에서 복사한 후 악보에 붙여넣을 수 있다.

등록한 멜로디를 다시 사용하려면 View -> Panels -> Ideas 메뉴로 아이디어 패널을 불러온 뒤 그 곳에 등록된 것을 복사한 후 악보에 붙여넣으면 된다.

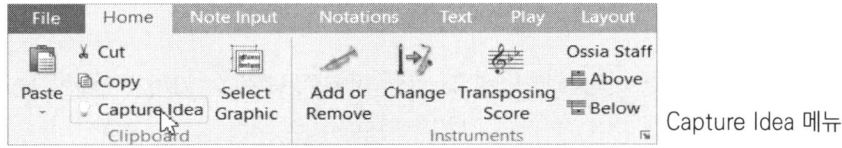
Capture Idea 메뉴

05 Clipboard -> Select Graphic 메뉴 (그림 파일로 복사하기)

악보에서 마우스로 지정한 부분을 그림 파일로 복사하는 기능이다. 먼저 이 버튼을 클릭한 뒤 악보에서 드래그하여 원하는 구간을 설정한다. 그런 뒤 Ctrl +C를 누르면 해당 영역이 그림 파일로 복사된다.
그 후 그래픽 프로그램에서 Paste 메뉴를 적용하면 복사한 부분이 그림 파일로 나타난다.

예제 'Basepiano.sib'를 불러온다.
Home -> Select Graphic 메뉴를 실행한 뒤 사각형 영역을 조절하여 설정한다.
Ctrl + C를 누르면 해당 사각형 영역이 그림 파일로 임시 저장된다.

포토샵에서 새 종이를 불러온 뒤 Ctrl + V로 붙여 넣은 모습

예제 'Basepiano.sib'를 불러온다.
Home -> Select Graphic 메뉴를 실행한 뒤 사각형 영역을 조절하여 설정한다.
Ctrl + C를 누르면 해당 사각형 영역이 그림 파일로 임시 저장된다.

TIP 악보에서 특정 부분을 다른 사람에게 보낼 때 그림 파일로 보낼 수 있어 유용한 기능이다..

Home -> Instrument 메뉴
(보표 추가와 악기 교체하기)

시벨리우스는 음악 시퀀서에서 흔히 보는 트랙 개념 대신 보표 개념이 있다. 시벨리우스에서의 보표는 곧 하나의 트랙을 말하므로, 보표마다 악기가 하나씩 연결되어 있다. 그러므로 보표 하나를 하나의 악기라고 생각하면 된다. 만일 특정 악기를 교체하려면 보표에 연결되어 있는 악기를 교체하면 된다.

Home -> Instrument 메뉴는 악보에서 원하는 보표(악기)를 다른 보표(악기)로 교체하거나, 새 보표(악기)를 추가하고, 조옮김 기능을 제공한다.

01 Instrument -> Add or Remove 메뉴 (보표 및 악기의 추가와 삭제)

악보에서 새 보표(오선보표)를 추가 하려면 시베리우스에서는 악기를 추가하면 된다. 시벨리우스에서 악기를 추가하면 해당 악기가 연결된 새 보표가 추가되고, 악기를 삭제하면 해당 악기가 연결된 보표가 삭제된다.

Add or Remove 메뉴를 실행하면 다음과 같이 대화상자가 실행된다.

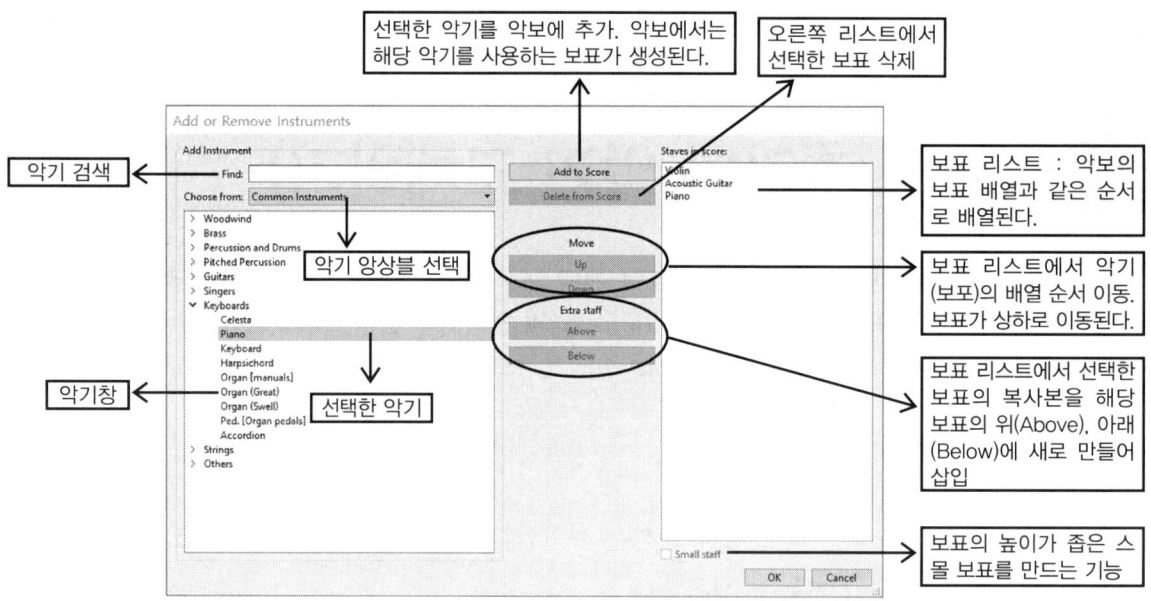

대화상자 왼쪽에서 원하는 악기(보표)를 선택한다. 그런 뒤 중앙의 Add to Score 버튼을 클릭하면 오른쪽의 현재 보표리스트에 해당 악기가 새 보표로 추가된다. 만일 보표를 삭제하려면 오른쪽에서 삭제할 보표를 선택한 뒤 중앙의 Remove 버튼을 클릭한다. 이 경우 해당 보표에 연결된 악기도 사라진다.

1. 악보에 새 악기 추가하기 (새 보표 추가하기와 동일 기능)

악기를 추가하면 악보창에서 해당 악기를 사용하는 새 보표가 만들어진다. 따라서 새 악기를 추가하는 것은 새 보표를 추가하는 것과 같은 기능이다.

샘플 'Bass dance.sib' 파일을 불러온다.   하단 +/- 슬라이더를 조절해 화면을 축소해 준다.

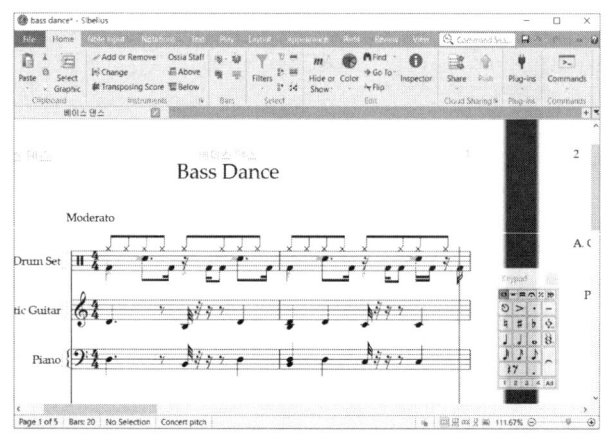
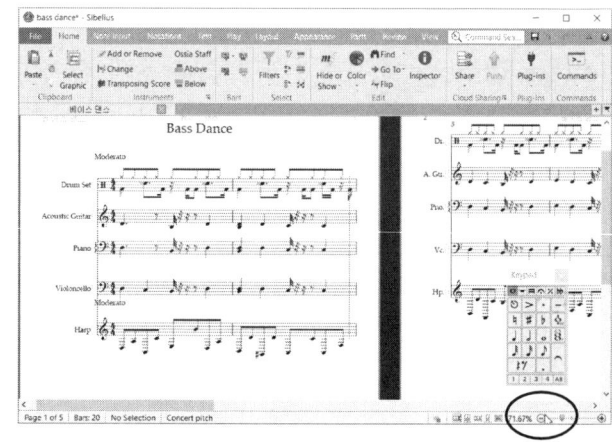

그림과 같이 5개의 보표가 있다. 각 보표는 드럼, 기타, 피아노, 첼로, 하프가 연결되어 있다.

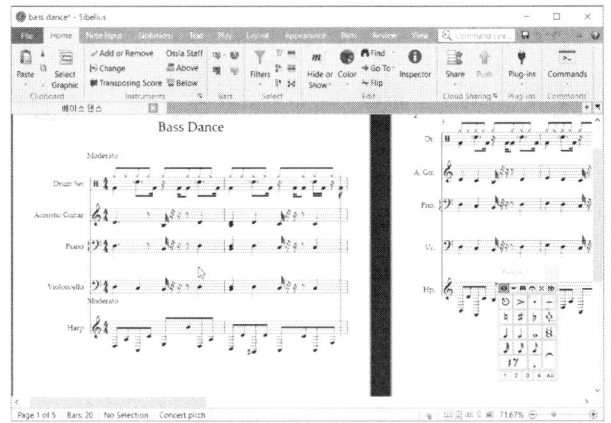

새 악기(보표)를 추가하기 위해 Home -> Add or Remove 메뉴를 클릭해 대화상자를 불러온다.

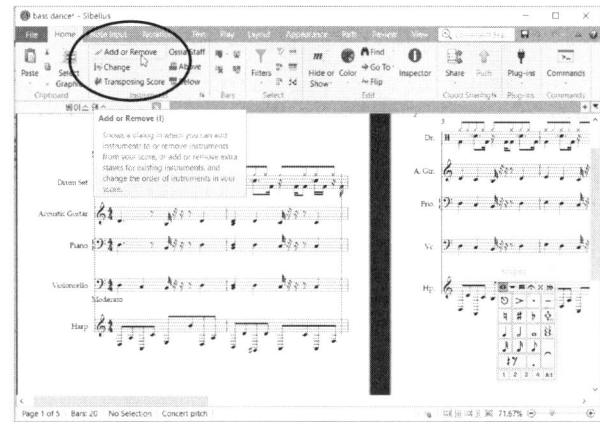

대화상자의 왼쪽 악기창에서 Keyboards -> Accordion 악기를 선택하고 Add 버튼을 클릭하면 오른쪽 보표 리스트에서 추가된다.

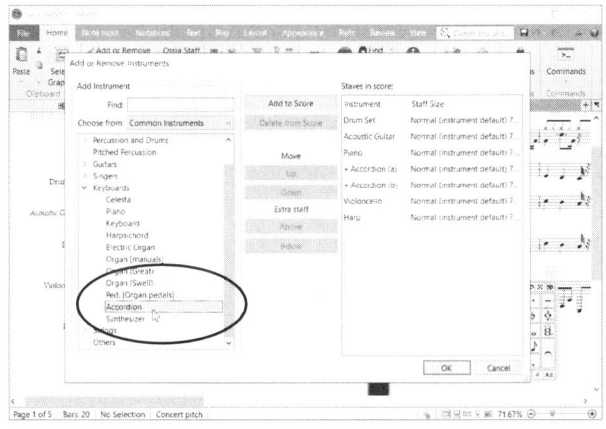

대화상자를 닫으면 아코디온 악기를 사용하는 보표 2개(높음음자리+낮은음자리 보표)가 만들어 진 것을 알 수 있다.

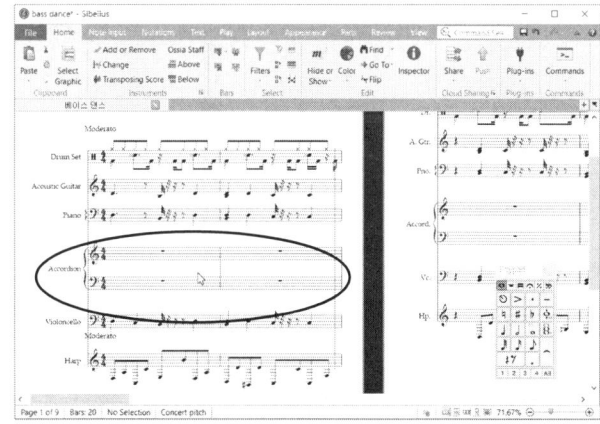

Part 5. Home 메뉴 리본바 (복사, 편집, 교체 메뉴) **217**

2. 필요없는 보표 삭제하기(악기 삭제와 동일 기능)

필요없는 보표를 삭제하는 방법이다. 예를 들어 위의 경우처럼 악기를 삽입할 때 건반악기류는 일반적으로 높은음자리 보표와 낮은음자리 보표가 함께 만들어진다. 이때 높은음자리 보표만 사용하고 싶은 경우에는, 낮은음자리 보표를 삭제해야 할 것이다. 참고로, 보표를 삭제할 때는 해당 보표에 입력한 음표도 함께 삭제되고, 해당 보표에 연결된 악기도 함께 삭제된다.

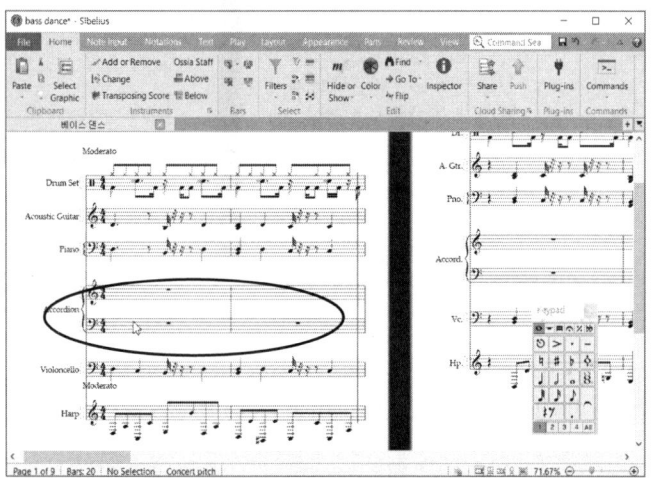

앞의 샘플에서 계속 작업을 따라해 본다.
여기서는 Accordion 파트의 높은음자리와 낮은음자리 보표 중에서 아래쪽 낮은음자리 보표를 삭제해 보자.

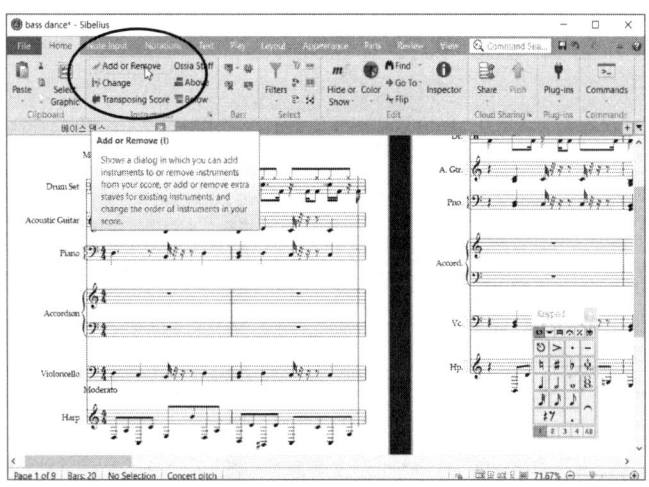

Home -> Add or Remove 메뉴를 클릭해 대화상자를 불러온다

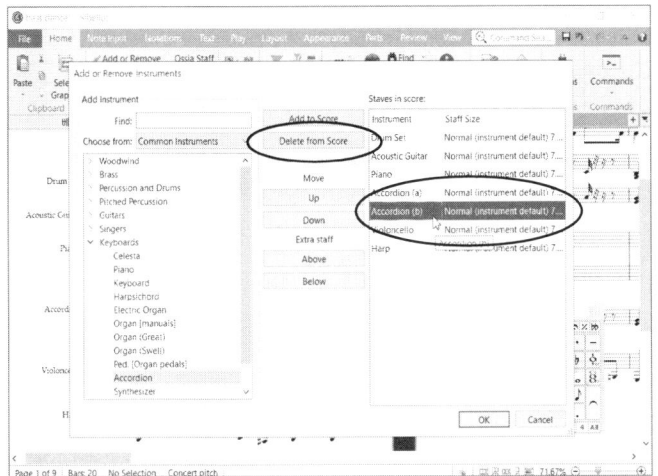

대화상자의 오른쪽 보표창에서 Celesta(b) 보표를 선택한 뒤 중앙의 Delete 버튼을 클릭한다.

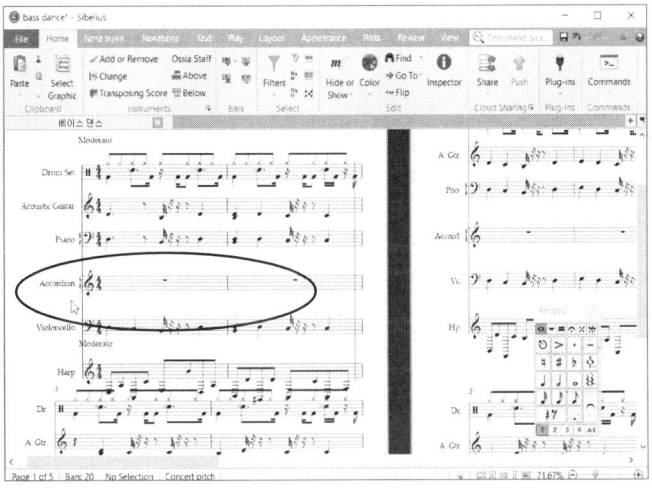

OK 버튼을 눌러 대화상자를 닫으면 그림처럼 아코디언 보표의 낮은음자리 보표는 삭제되고 높은음자리 보표만 남게 된다.

3. 악보에서 보표의 배치 순서 변경하기

악보에서 보표의 배열 순서를 상하로 변경할 때도 Add or Remove 대화상자를 사용한다.
앞의 악보에서 가운데에 있는 Piano 보표를 제일 상단으로 이동할 예정이다.

Home -> Add or Remove 메뉴를 클릭해 대화상자를 실행한 뒤 보표리스트 창의 Piano 보표를 선택한다.

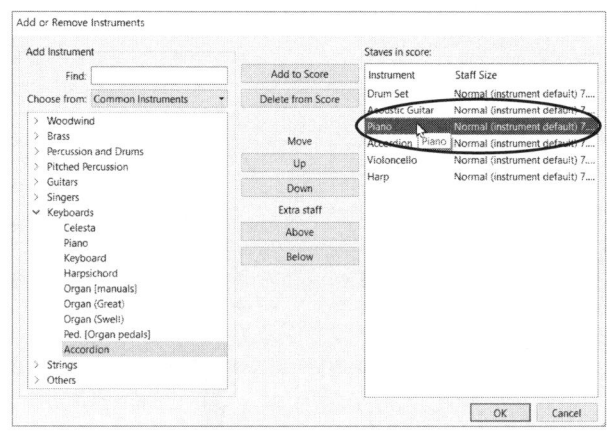

Up 버튼을 2회 눌러 두 단계 상단으로 올린 뒤 OK 버튼을 눌러 대화상자를 닫는다.

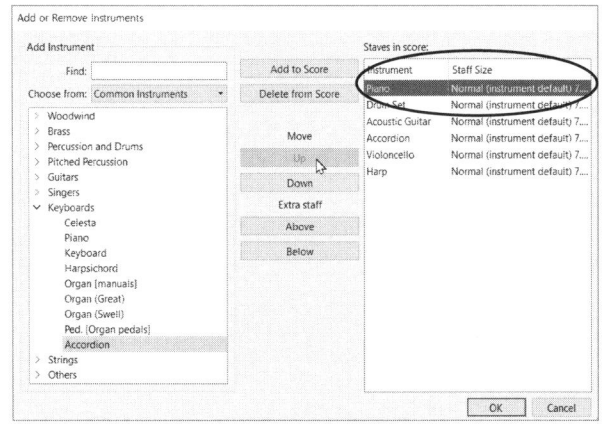

악보창에서 Piano 보표가 두 단계 올라간 것을 알 수 있다.

02. Instrument -> Change 메뉴 (악기 교체하기)

Change 메뉴는 보표는 원래대로 두고 보표에 연결되어 있는 악기를 교체하는 기능이다. 시벨리우스의 악기 교체 기능은 매우 영리하기 때문에 독자들은 놀랄 것이다. 영리한 것이 보통이 아니다. 원하는 악기를 선택했다고 가정해 보자. 그런 뒤 악보창에서 아무 음표나 마우스로 클릭하면 그 부분부터 바로 새 악기로 교체되는 것이다. 물론 그 이전 음표들은 원래 악기를 사용하고, 클릭한 부분부터 교체된 악기를 사용한다. 이보다 똑똑한 음악프로그램이 있을까?

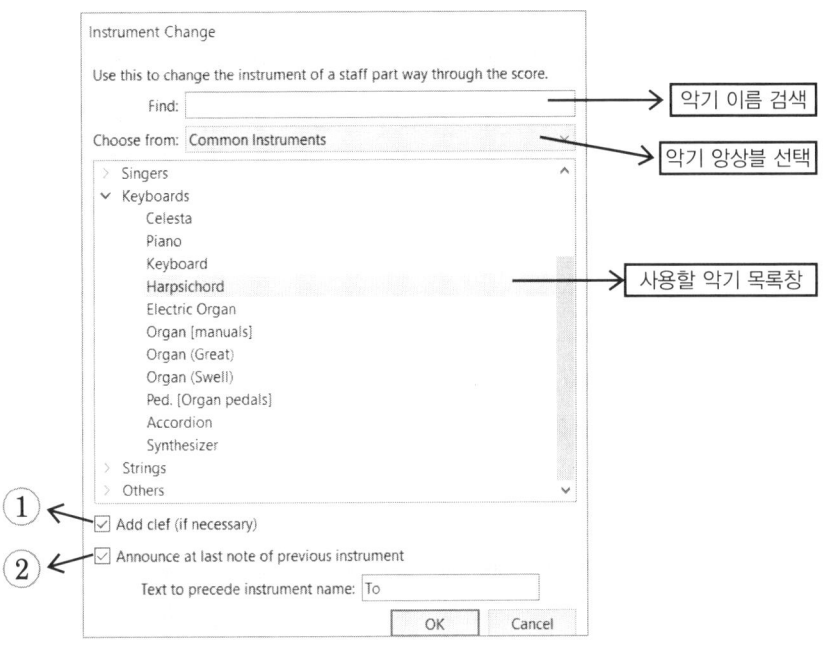

1. Add clef(if necessary) 옵션

악기를 교체할 때 높은 음 악기를 낮은 음 악기 등으로 교체할 경우 음자리표가 다를 수밖에 없는데, 이 옵션에 체크하면 악기가 사용하는 음자리표에 맞게 음표 위치를 자동으로 변경해 준다.

예를 들어 높은 음 악기를 사용하는 보표의 중간 부분에서 낮은 음 악기로 교체할 경우, 아래와 같이 그 악기에 맞게 음표 위치가 자동 수정된다.

Add clef 옵션을 사용하고 변경한 모습
(베이스 악기로 교체해도 음표 위치에 변화가 없다.)

Add clef 옵션을 사용하고 변경한 모습
(베이스 악기로 교체하면 음표 위치도 그에 맞게 변경된다.)

따라하기 | 악기의 교체와 악기 교체 위치 변경하기

특정 보표가 사용하는 악기의 교체는 보표의 시작 부분에서 교체하는 방법과 자신이 원하는 마디 위치에서 교체하는 방법이 있다. 보표의 시작에서 교체하면 해당 보표는 교체된 악기를 해당 보표 전체에서 사용한다. 만일 중간에 있는 마디나 음표 위치에서 교체를 하면 보표의 앞은 기존 악기를, 교체 지점부터는 교체된 악기로 연주된다.

지금부터 보표의 시작 지점에서 악기를 교체하는 방법, 중간 지점에서 교체하는 방법, 중간 지점에서 교체한 뒤 교체 지점을 이동하는 방법을 알아본다.

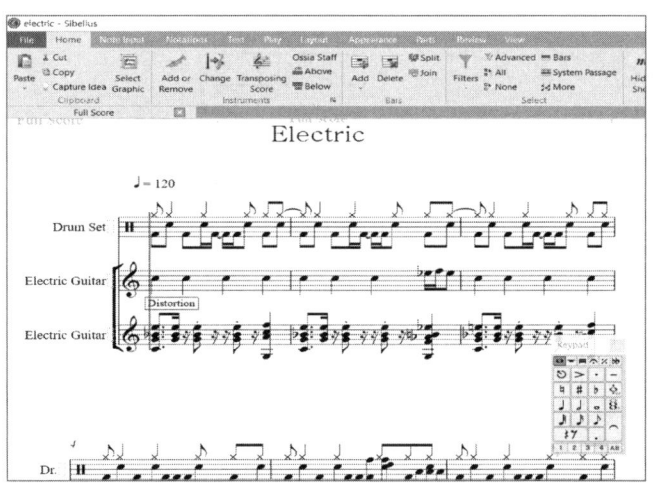

❶ 예제 파일인 'Electric.sib' 파일을 불러온다. 곡을 미리 확인하기 위해 스페이스바를 눌러 연주해 본다. 다시 스페이스바를 누르면 곡의 연주가 중단된다.

❷ 두 번째 보표에 연결된 일렉트릭 기타 악기를 피아노 악기로 교체해 보자.
Home -> Change 메뉴를 실행한다.

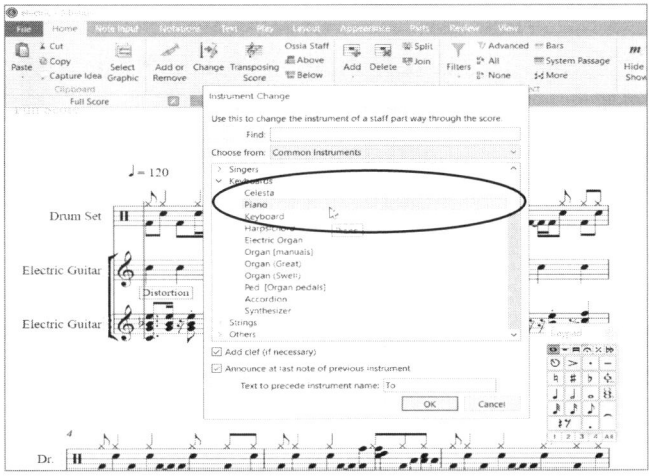

❸ 대화상자의 Strings 폴더에서 Harp 악기를 더블클릭해 선택한다.

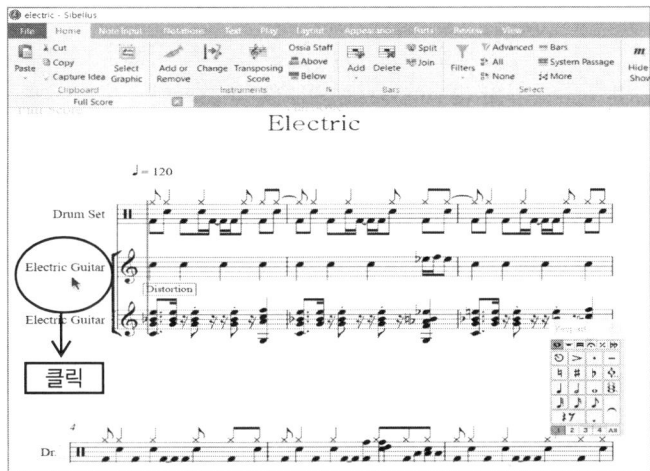

❹ 마우스 커서가 파란색 화살표로 바뀐다.
두 번째 보표의 시작 부분 악기이름인 Electric Guitar 글자를 클릭하면 해당 보표의 악기가 Harp 악기로 교체된다.

❺ 단축키 Ctrl + [를 눌러 플레이백라인을 맨 앞으로 이동시킨 뒤 스페이스바를 눌러 곡을 연주한다.
3번째 보표의 처음부터 하프로 악기음이 변경된 것을 알 수 있다.

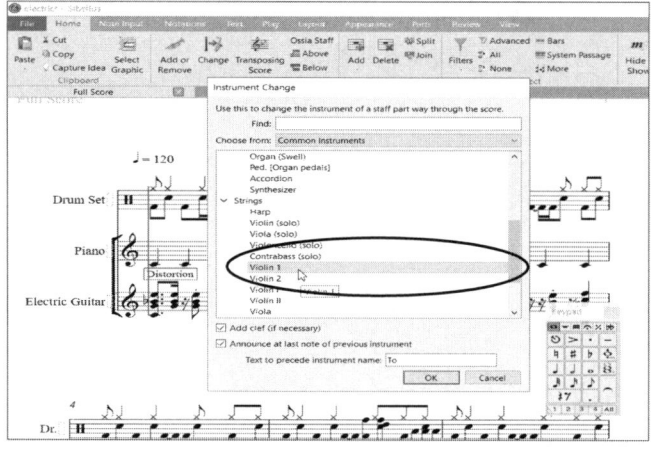

❻ 이번에는 보표의 중간 부분에서 악기를 교체해 보다. 다시 Home -> Change 메뉴를 실행한다. (Ctrl + Alt + Shift + I)
Strings 디렉토리에 있는 'Violin 1' 악기를 더블클릭으로 선택한다.

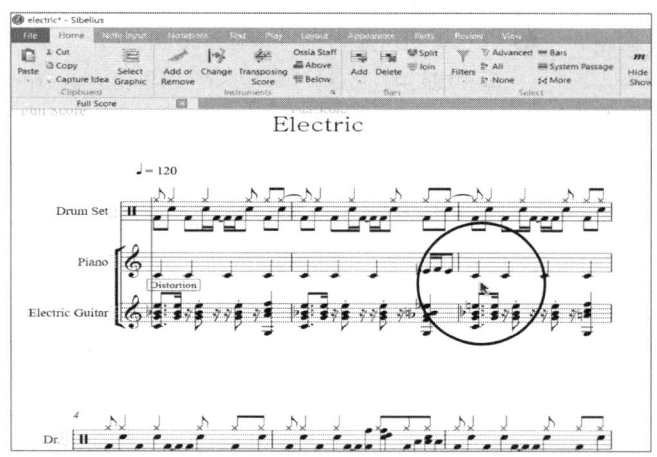

❼ 마우스 커서가 파란색 화살표로 바뀐다. 보표에서 원하는 음표를 클릭한다. 이렇게 하면 해당 음표에서부터 악기가 변경된다.

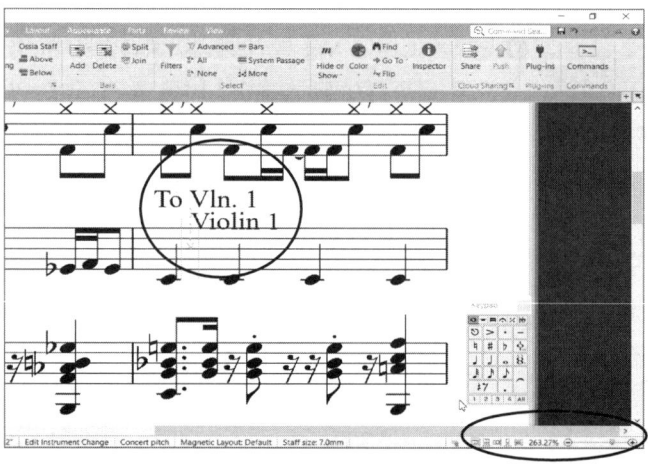

❽ 작업창 제일 하단 오른쪽 끝에 있는 +/- 슬라이드를 조절해 악보창을 확대한다. 악기가 변경된 부분에 사각형 핸들이 보인다. 이 핸들을 좌우로 드래그하면 사각형이 이동하면서 악기가 변경될 위치도 변경된다.
예를 들어 왼쪽으로 드래그하면 사각형을 따라다니는 화살표 점선이 함께 움직이는데 이 화살표 점선을 다른 음표에 붙이면 그 음표 부분에서 악기음이 변경된다.

❾ 곡을 연주해 보자(스페이스바).
악기가 변경된 상태이기 때문에 시벨리우스는 변경된 악기음원을 로딩한 뒤, 곡을 플레이한다.

❿ 곡을 플레이하면 초반에는 피아노음이 들리다가 악기가 변경되는 지점부터 바이올린 소리가 들릴 것이다.

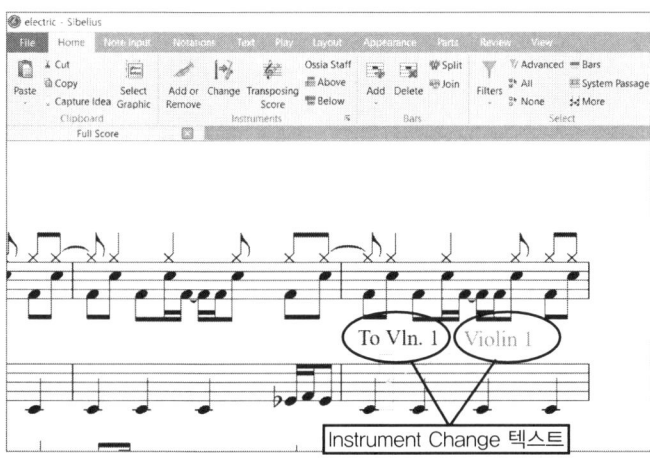

⓫ 보표 중간에 삽입한 악기의 변경을 취소하려면, 해당 위치에 있는 악기 변경을 알리는 텍스트를 삭제하면 된다. 그림처럼 'To Vin.1'과 'Violin 1' 글자를 삭제하면, 마디 시작부 악기음(피아노)으로 돌아갈 수 있다.
참고로, 악기 변경을 하면 변경된 악기의 조성에 따라 음표 위치가 바뀌는 경우도 있는데, 이때 악기 변경을 삭제/취소하면 음표의 위치가 오리지널 위치로 돌아오지는 않는다.

03 Instrument -> Transposing Score 메뉴 (이조악기 자동 조옮김)

이조악기(Transposing instruments)란 우리가 흔히 아는 악보상의 도레미 음계와 실제 소리나는 음정이 다른 악기를 말한다. 클라리넷, 트럼펫, 피콜로, 플루트, 베이스클라리넷, 소프라노색소폰, 테너색소폰, 알토색소폰, 바리톤색소폰, 베이스색소폰, 잉글리시호른, 프랜치호른(호른) 등이 이조악기이다. 이조악기는 일반 악기와 조성이 다르기 때문에 음표를 입력할 때는 해당 악기에 맞게 음표를 입력해야 원하는 음정으로 음악을 들을 수 있다.

문제는 이조악기마다 조성이 다르기 때문에 해당 조성에 맞게 음표를 입력하는 작업이 그 악기의 연주자가 아니면 모를 수밖에 없다. 시벨리우스는 이를 위해 자동 조옮김 기능인 Transposing Score 메뉴를 제공한다.

예를 들어 피아노를 사용한 보표에서 피아노 악기를 이조악기인 '클라리넷'으로 교체한 후에는 그 상태로 출력하면 소리가 이상하기 때문에 음표 위치를 클라리넷 연주자들이 알아볼 수 있도록 이조(조옮김)해야 한다. 이때 Transposing Score 메뉴를 On으로 설정하면 자동으로 이조 작업이 적용된다. 이 기능은 특히 A장조 클라리넷 악보를 F장조 호른 보표에 붙여 넣는 것처럼, 서로 다른 조성의 보표들 사이에서 음표를 붙여 넣은 뒤 수작업으로 이조하지 않고 자동으로 이조할 때 유용하다.

참고 이조 악기의 목록

목관악기와 금관악기는 대부분 이조악기에 속한다. 일반적인 방식으로 음표를 입력하면 멜로디가 다르게 들릴 수 있으므로 해당 악기에 맞게 음표를 입력해야 한다. 이를 쉽게 하는 방법은 일반적인 방식으로 멜로디를 입력한 뒤 해당 악기에 맞게 자동 이조시키는 방법이 있다.

색소폰 악기	클라리넷 악기	그 외 금관악기	이조악기가 아닌 악기
소프라노 Bb 소프라니노 Eb 앨토 Eb 테너 Bb 바리톤 Eb 베이스 Bb 콘트라베이스 Eb	클라리넷 Bb 클라리넷 A 앨토 Eb 베이스 Bb 베이스 Eb 콘트라베이스 Eb	호른 F 피콜로 트럼펫 Eb 트럼펫 Bb **그 외 이조악기** 리코더 E	※ 플루트, 튜바, 유포늄, 트롬본는 이조악기가 아닌 일반 C조악기이다. ※ 악기 중에서 C조 악기가 일반적인 음정을 가진 악기이다. 피아노 같은 건반악기, 바이올린 같은 현악기는 거의가 C조 악기이다.

옆 그림과 같이 상단 2개의 보표와 하단 큰 보표에 같은 멜로디를 같은 음정에 입력한 악보가 있다고 가정해 보자.

사용한 악기는 피아노와 키보드 악기이므로 흔히 말하는 이조악기가 아닌 일반적인 조성을 가진 악기이다. 따라서 연주자들은 표기된 음정에 맞게 연주를 하면 된다.

Home -> Change 메뉴로 첫 번째 보표의 악기를 피아노에서 Woodwind -> 베이스 클라리넷 in Bb 악기로 교체하였고, 두 번째 보표가 사용하는 악기는 Brass -> 호른 in F 악기로 교체하였다. 호른 in F와 베이스 클라리넷 in Bb는 보통의 악기와는 조성이 다른 이조악기이므로 해당 악기의 조성에 맞게 음표 위치를 이동시켜야 한다. 그렇지 않을 경우, 연주자들은 표기된 대로 연주하기 때문에 작곡자가 의도하는 음정과 다른 음정의 멜로디가 들리게 된다.

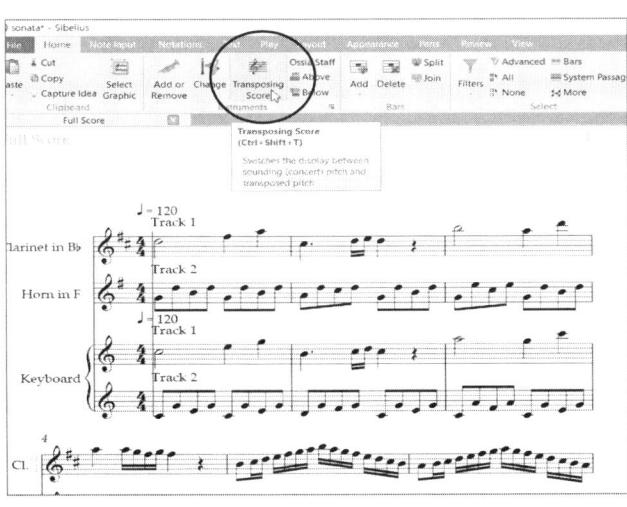

Home -> Transposing Score 메뉴를 On으로 설정하면 보표에 연결된 이조악기에 맞게 해당 보표의 음표들이 자동으로 이조(조옮김)하면서 위치를 변경하게 된다. 화면을 보면 음표의 위치가 해당 이조악기에 맞게 변경된 것을 알 수 있다.

키보드는 이조악기가 아니므로 키보드가 연결된 큰 보표의 음표들은 Transposing Score 메뉴를 적용해도 음표들이 조옮김을 하지 않는다.

04 Instrument -> Ossia Staff 메뉴 (오시아 악보 만들기)

오시아 악보는 보표의 상단이나 하단에 간략하게 첨부한 작은 보표를 말한다. 보통 연주하기 어려운 마디나 구간이 있을 때, 그 부분에 오시아 악보를 간편하게 추가해 더 쉬운 멜로디로 기보하는데, 이렇게 하면 연주자들이 연주하기 어려운 구간에서 첨부된 오시아 악보를 보며 연주할 수 있다.

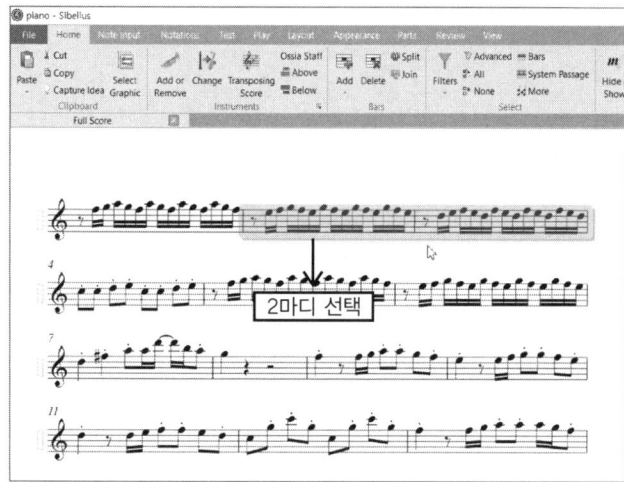

오시아 악보를 첨부시킬 마디를 선택한다.
여기서는 Shift + 클릭으로 2개의 마디를 선택했다.

Home -> Ossia Staff 메뉴에서 Above는 상단에, Below는 하단에 오시아 악보를 생성시킨다. 여기서는 Below를 클릭해 하단에 오시아 악보를 만들어본다.

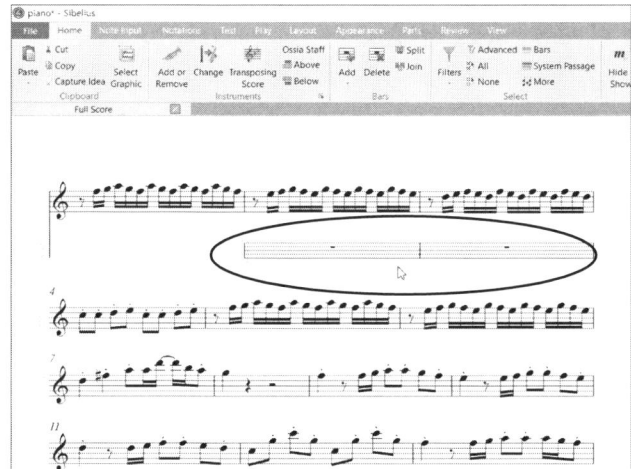

선택한 2마디 하단에 오시아 악보가 생성되었다.

오시아 악보에 원하는 멜로디를 입력해 준다. 일반적으로 원래의 2마디 멜로디를 복사한 뒤 오시아 악보에 붙여 넣은 다음 연주자들이 더 쉽게 연주할 수 있도록 멜로디를 수정하면 된다.

원래 멜로디를 붙여 넣고 수정 준비 중인 모습

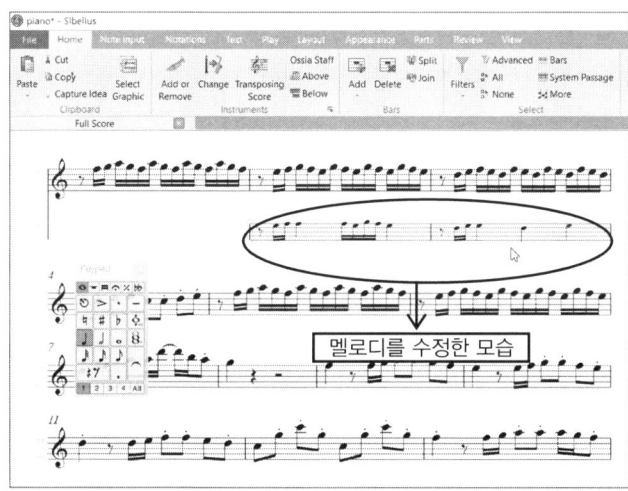

키패드의 각종 음표 입력 도구로 멜로디를 더 쉽게 연주할 수 있는 멜로디로 수정한 모습이다. 만일 삽입한 오시아 악보가 필요 없을 경우에는, 더블클릭으로 오시아 악보 전체를 선택한 뒤 Del 키로 삭제하면 된다.

멜로디를 수정한 모습

05 Instrument -> Instruments 메뉴 (악기 목록창 편집)

Home -> Instruments 메뉴의 '사각형 버튼'을 클릭하면 악기 목록창을 편집할 수 있도록 Edit Instruments 대화상자가 실행된다.

Edit Instrument 대화상자는 악기의 목록 구성을 사용자 임의대로 편집하거나 기존 악기 이름을 변경해 새 악기를 만들 때 사용한다. 시벨리우스의 번들 가상악기는 상당히 뛰어난 가상악기이자 앙상블의 목록 구성도 좋으므로 기본값 그대로 사용하는 것이 좋다.

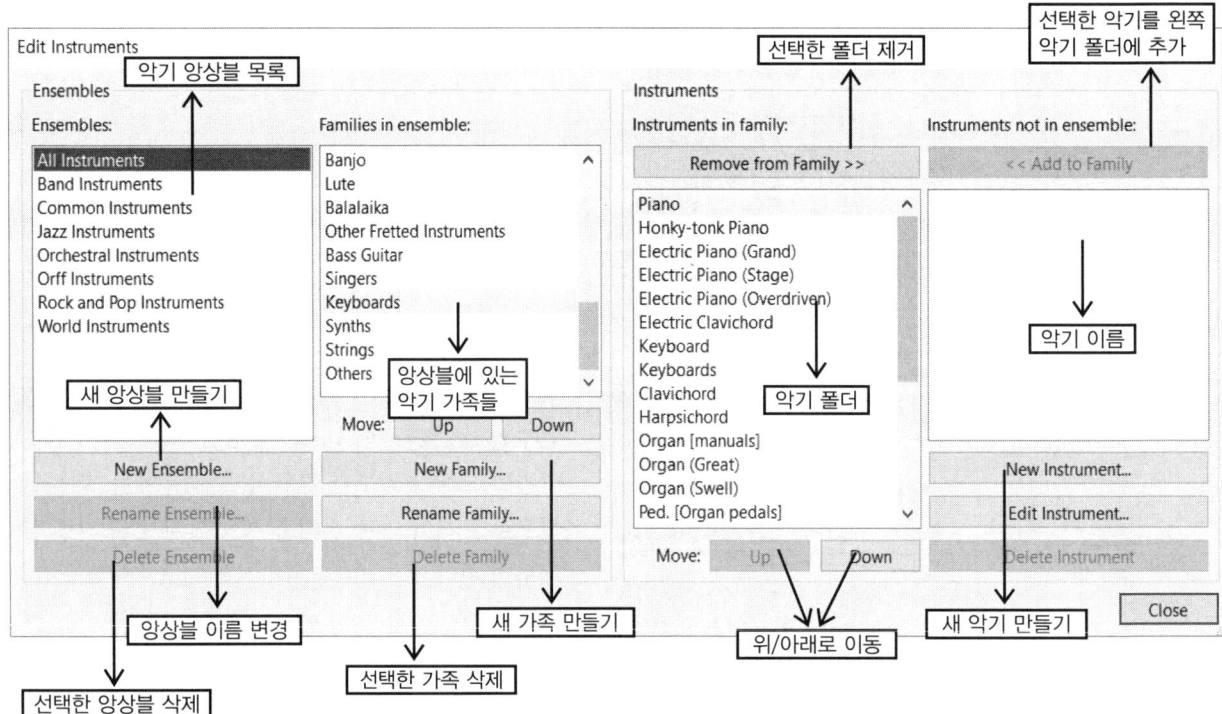

New Instrument(새 악기 만들기) 버튼은 선택한 악기를 기반으로 새 악기를 만들 때 사용한다.

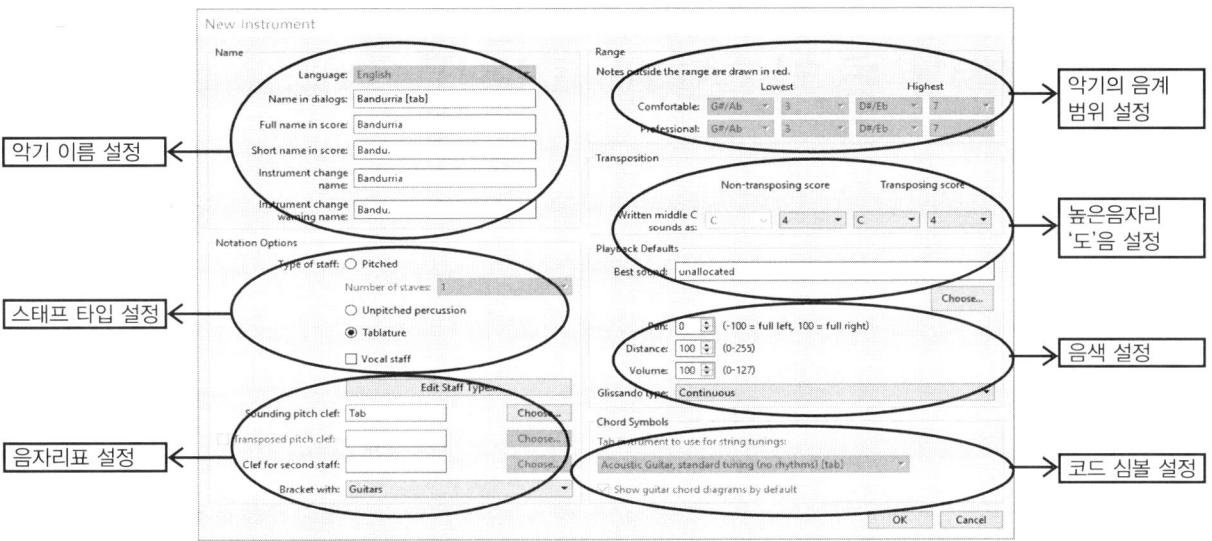

Home -> Bars 메뉴
(마디 추가, 삭제, 편집)

마디(Bar) 추가, 나누기, 삭제, 마디 연결 등의 마디 편집에 사용하는 기능이다.

01 Bars -> Add 메뉴 (새 마디 추가 방법)

Add 메뉴는 마디를 추가하는 기능이다. 3가지 방식으로 마디를 추가할 수 있다.

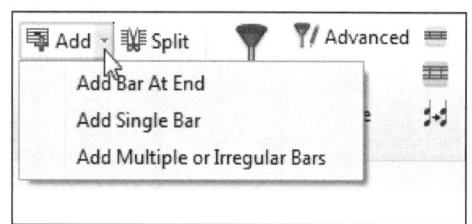

1. Add Bar At End 메뉴
보표 끝에 새 마디 1마디를 추가한다.

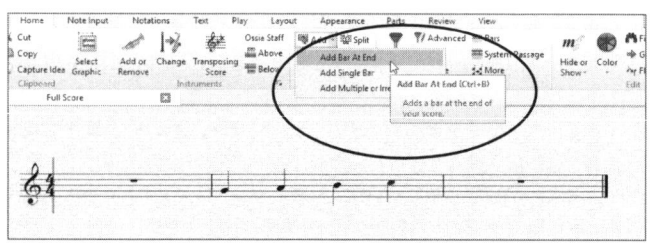

Home -> Add -> Add Bar At End 메뉴를 실행한다.

232 악보사보와 컴퓨터음악 작곡의 마술사 **시벨리우스 2023**

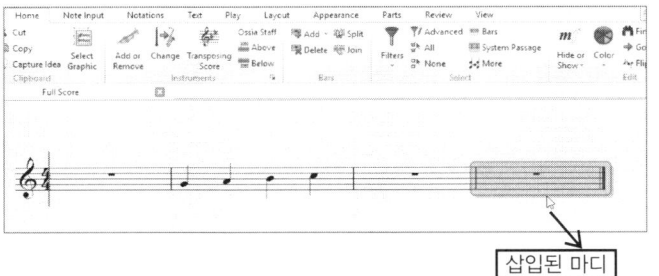

보표 끝에 1마디가 추가된다.

2. Add Single Bar 메뉴

선택한 음표 또는 선택한 마디에서 1마디를 추가한다. 또는 메뉴를 실행한 뒤 클릭하면 클릭한 부분에서 1마디가 추가된다.

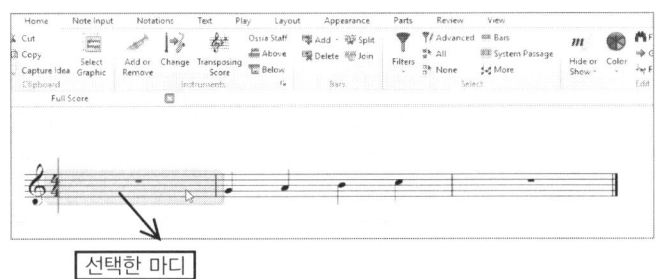

바로 뒤에 1마디를 삽입할 마디를 클릭해 선택한다.

Home -〉 Add -〉 Add Single Bar 메뉴를 적용하면 선택한 마디의 다음에 1마디가 추가된다.

3. Add Multiple or Irregular Bars 메뉴

여러 개의 마디를 일괄 추가할 수 있다. 대화상자의 Irregular 옵션은 원래 박자와 다른 '못갖춘마디'나 '박자수가 틀린 마디'를 생성시키는 기능이다.

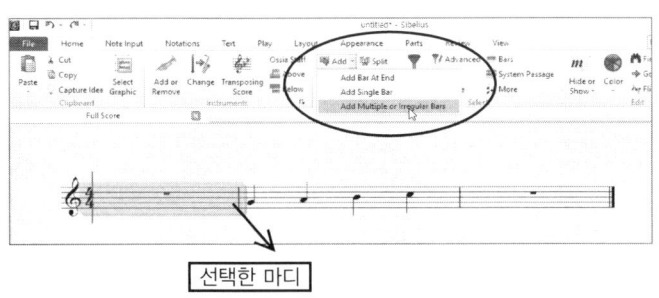

한 번에 여러 개의 마디를 삽입할 마디를 선택한 상태에서 Home -〉 Add -〉 Add Multiple or Irregular Bars 메뉴를 적용한다.

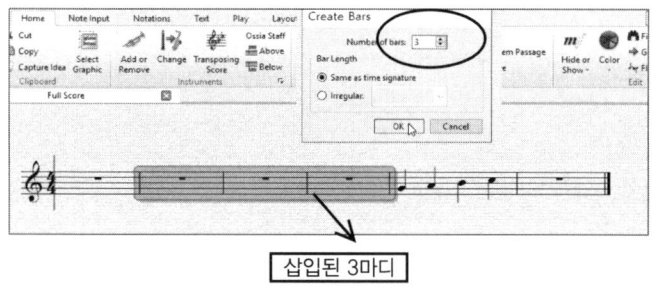

대화상자의 Number... 항목에서 생성될 마디 개수를 3으로 설정하고, Same... 옵션을 선택한다. 원래 악보와 같은 박자(4분의 4박자)의 마디 3개가 삽입된다.

> **TIP** 대화상자의 Irregular 옵션을 선택하면 음표를 선택할 수 있는 단축메뉴가 활성화된다. 단축메뉴에서 4분음표를 선택하면 악보의 원래 박자(4분의 4박자)가 아닌 4분의 1박자 마디가 삽입된다.

02 Bars -> Delete (마디 삭제 방법)

선택한 마디를 삭제하는 기능이다. 선택 툴로 마디를 Ctrl +클릭하면 마디가 붉은색 박스로 선택되는데 이때 Delete 키를 눌러 삭제하는 것과 같은 기능이다.

03 Bars -> Split (마디 분할 방법)

선택한 음표를 기준으로 마디를 나누는 즉, 마디 분할 기능이다. 이때 분할된 마디는 각자 독립적인 마디가 되는 것이 아니라 반 마디+반 마디 형태가 된다. 분할된 경계면(바라인)은 옵션에 따라 여러 모양으로 설정할 수 있다.

참고로 이 기능은 마디를 분할할 목적으로 사용하기도 하지만 특정 마디에서 원하는 지점을 아래쪽 보표로 이동시킬 목적으로 사용할 수도 있다.

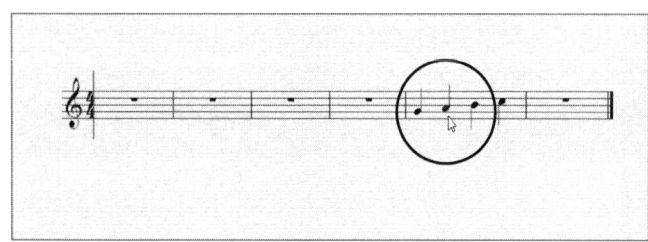

선택 툴로 원하는 음표를 클릭해 선택하면 해당 음표가 마디의 분할 지점으로 설정된다.

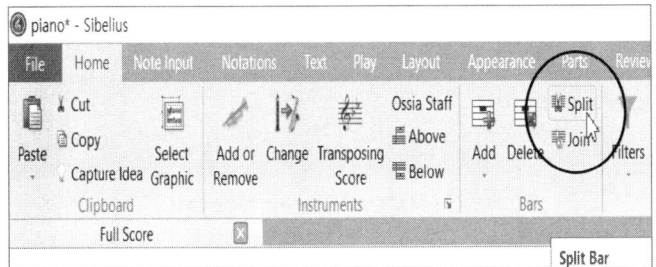

Home -> Split 메뉴를 적용한다.

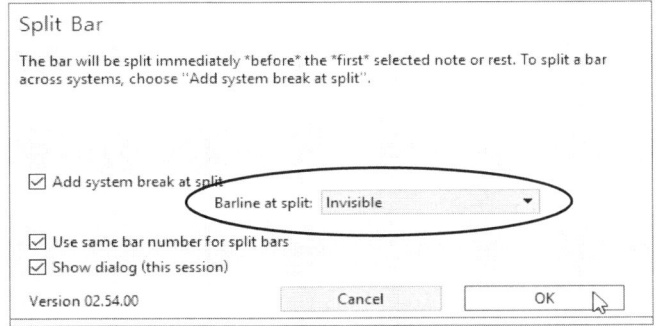

대화상자에서 Barline의 모양을 Invisible로 선택하고 OK 버튼을 눌러 적용한다.

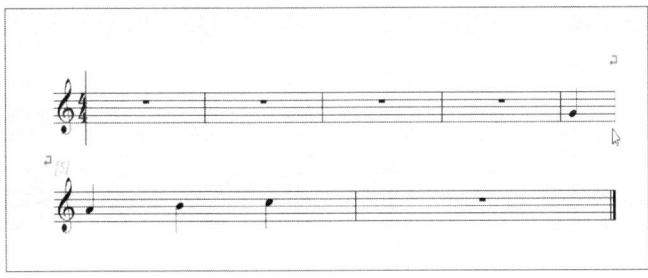

선택한 음표를 기준으로 마디가 분할된 모습이다. 분할된 경계면(바라인)은 Invisible 모양이다. 이때 분할된 부분이 아래 보표로 내려갈 수도 있다.

참고   Split 대화상자

Split 메뉴의 대화상자 사용법은 다음과 같다.

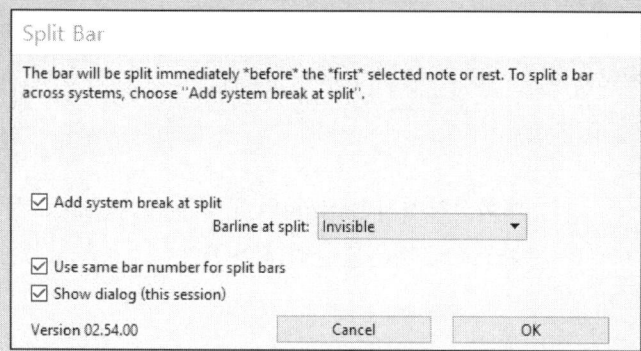

1. Add system break at split

분할된 부분을 아래 보표로 내려준다. 이 옵션에 체크하지 않으면 분할된 부분이 아래 보표로 내려가지 않는다.

2. Barline at split

분할된 마디 경계면의 모양(바라인의 모양)을 설정한다. 기본값은 Invisible이다. 다음은 분할된 마디의 바라인 모양을 비교한 모습이다.

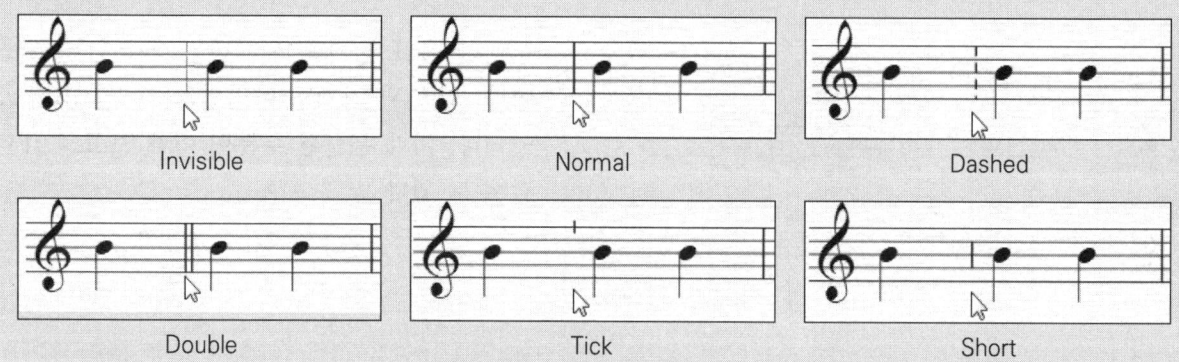

3. Use same bar number for split bars

새로 분할된 마디가 기존 마디와 같은 마디 번호를 사용한다. 이 옵션에 체크하지 않으면 분할된 마디가 개별적인 마디 번호를 사용하게 된다. 예를 들어 3번 마디를 분할할 경우, 앞쪽 마디는 3번을, 뒤쪽 마디는 4번을 사용하게 된다.

4. Show dialog

Split 메뉴를 실행할 때 Split 대화상자를 나타나게 한다.

04 Bars -> Join (마디 연결 방법)

2개 이상의 마디를 하나의 마디로 연결하는 기능이다. 연결된 마디는 박자수가 플러스(+) 된다. 만일 비어있는 마디가 있을 경우에는 비어있는 마디는 삭제한 뒤 합쳐준다.

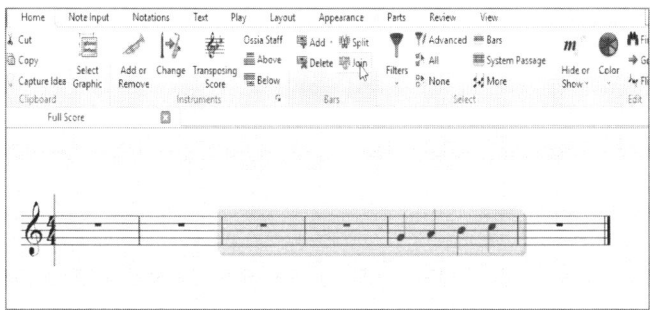

Shift + 클릭으로 마디 3개를 선택한다.

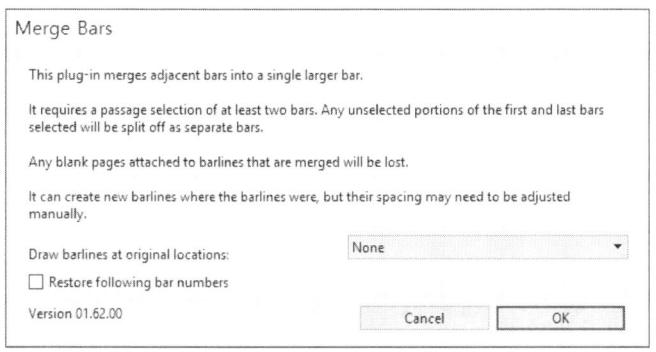

Home -> Join 메뉴를 실행한다. 대화상자의 설정값을 기본값으로 설정하고 적용한다.

마디 3개가 연결되어 하나의 마디가 된 것을 알 수 있다. 이때 각각의 마디에 있던 음표들이 박자수에 맞게 변경되는 것이 아니라 원래 박자가 모두 +되는 것을 알 수 있다. 예를 들어 4분의 4박자 마디라면 마디 3개가 연결되어 4분의 12박자가 된다.

CHAPTER 04
Home -> Select 메뉴 (선택 작업을 정교하게 하기)

악보에서 특정 요소를 찾아서 수정 및 편집을 하려면 먼저 그 요소를 선택해야 한다. Select 메뉴는 악보 전체에서 원하는 요소를 메뉴 방식으로 정교하게 선택할 때 사용한다.

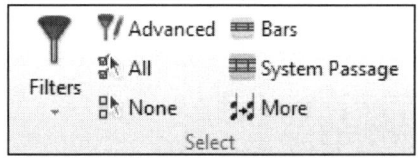

01 Select -> Filters 메뉴 (필터링으로 선택하기)

단축메뉴에서 체크한 항목만 전체 악보에서 찾아낸 뒤 선택 상태로 만들어준다. 만일 선택한 마디, 보표, 구간이 있을 경우 그 구간 안에서만 선택 작업을 진행한다.

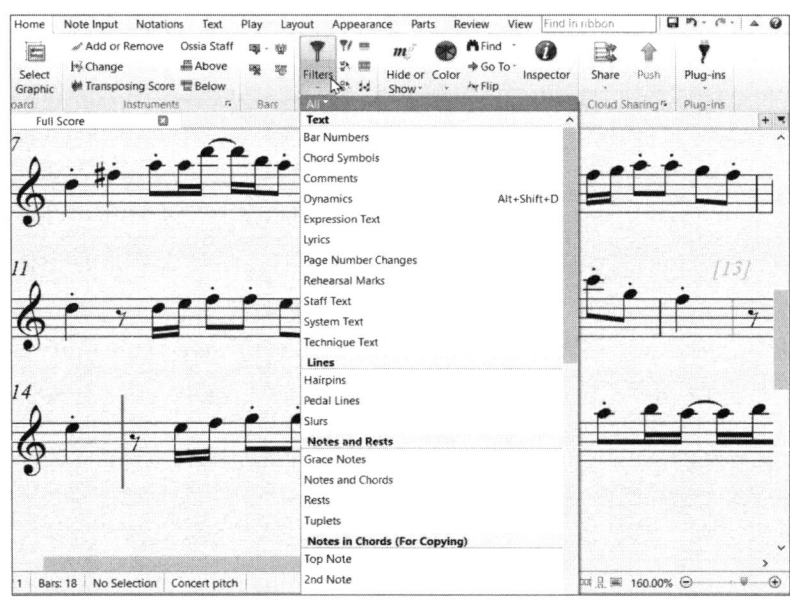

1. Bar Numbers
마디 번호와 변경된/신규 생성된 마디 번호를 선택 상태로 만들어 준다. 해당 마디 번호를 일괄 이동시킬 때 유용하다.

2. Chord Symbols
코드 심볼들을 선택해 준다.

3. Comments
Sticky Note 코멘트들을 선택해 준다.

4. Dynamics
Expression 심볼과 헤어핀 라인들을 선택해 준다. 단축키 Shift+Alt+D

5. Expression Text
Expression 심볼들을 선택해 준다.

6. Page Number Changes
변경된 페이지 번호들을 모두 선택해 준다.

7. Rehearsal Marks
리허설 마크들을 선택해 준다.

8. Staff Text
박스 텍스트, 익스프레션 텍스트 등의 악보상의 텍스트들을 선택해 준다.

9. System Text
템포 등의 시스템 텍스트를 선택해 준다.

10. Technique Text
모든 테크닉 텍스트를 선택해 준다.

11. Hairpins
모든 헤어핀 라인을 선택해 준다.

12. Pedal Lines

건반의 페달 심볼들을 선택 상태로 만들어 준다.

13. Slurs

슬러들을 선택 상태로 만들어 준다.

14. Grace Notes

Acciaccaturas, Appoggiaturas, Stemless를 포함해 장식음(Grace notes)들을 선택한다.

15. Notes and Chords

노트(음표)들을 선택 상태로 만들어 준다.

16. Rests

쉼표들을 선택 상태로 만들어 준다.

17. Tuplets

잇단음표들을 선택 상태로 만들어 준다.

18. Top/2nd/3rd/Bottom Note

화음이 있는 음표가 있을 경우, 맨 위(Top)/2번째 음(2nd)/3번째 음(3rd)/제일 아래 음(Bottom)을 선택 상태로 만들어 준다.

19. Voice 1/2/3/4

해당 보이스(성부)에 있는 모든 요소들을 모두 선택해 준다.

20. Hidden Objects

Hide 기능으로 감춘 모든 요소들을 선택 상태로 만들어 준다.

21. Instrument Changes

변경된 악기들을 선택해 준다.

22. Repeat Bars

리피트 바를 선택해 준다.

02 Select -> Advanced Filter 메뉴 (고급 선택 기능)

6가지 세부 옵션을 사용해 악보에서 정밀한 선택 작업을 진행할 수 있다.

1. Notes and Chords 옵션

왼쪽 View 옵션에서 Notes and Chords 옵션을 선택하면 음표(Note)와 화음(Chord)을 대상으로 정교한 선택 작업을 할 수 있다.

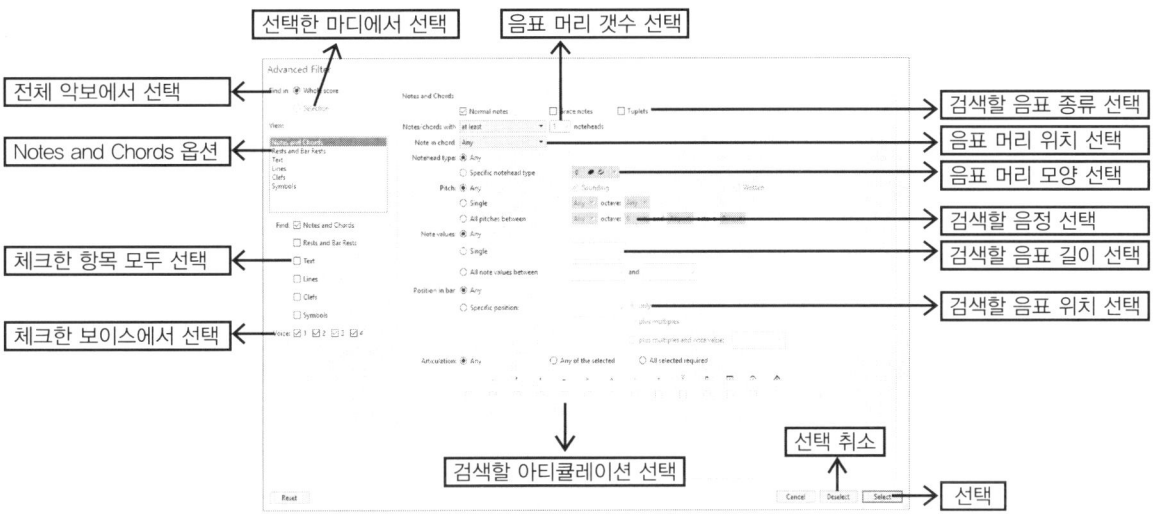

2. Rests and Bar Rests 옵션

대화상자의 View 옵션에서 Rests and Bar Rests 옵션을 선택하면 쉼표와 마디 쉼표를 대상으로 선택할 수 있다.

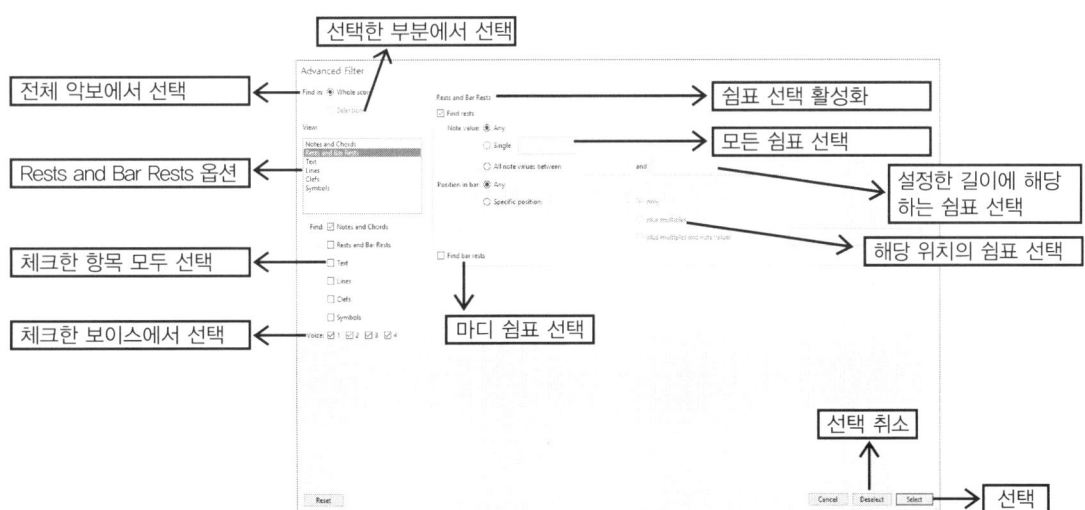

3. Text 옵션

왼쪽 View 옵션에서 Text 옵션을 선택하면 문자열을 대상으로 정교한 선택 작업을 할 수 있다.

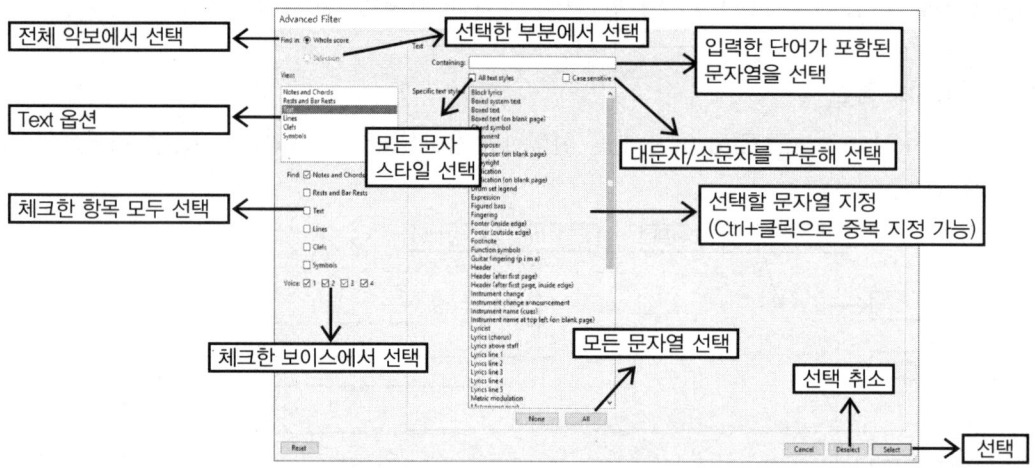

4. Lines 옵션

왼쪽 View 옵션에서 Lines 옵션을 선택하면 라인을 대상으로 선택할 수 있다.

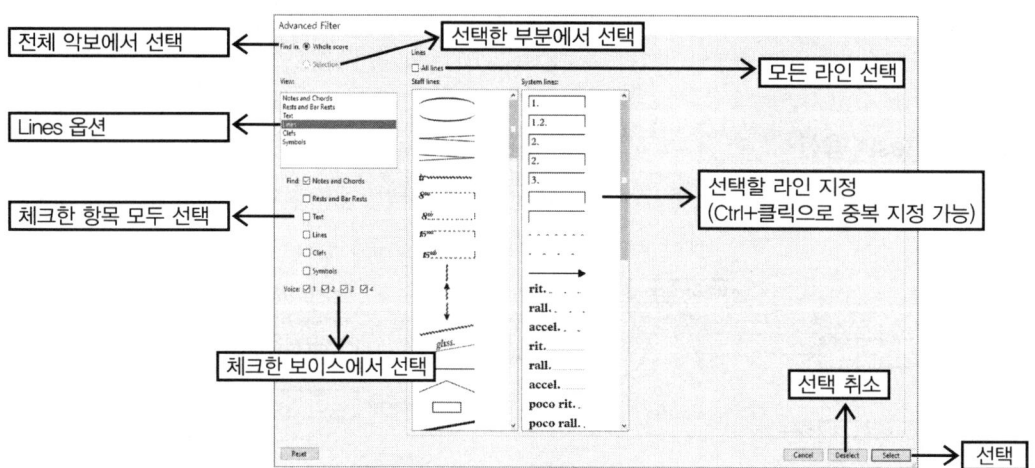

5. Clefs 옵션

왼쪽 View 옵션에서 Clefs 옵션을 선택하면 음자리표를 대상으로 정교한 선택작업을 할 수 있다.

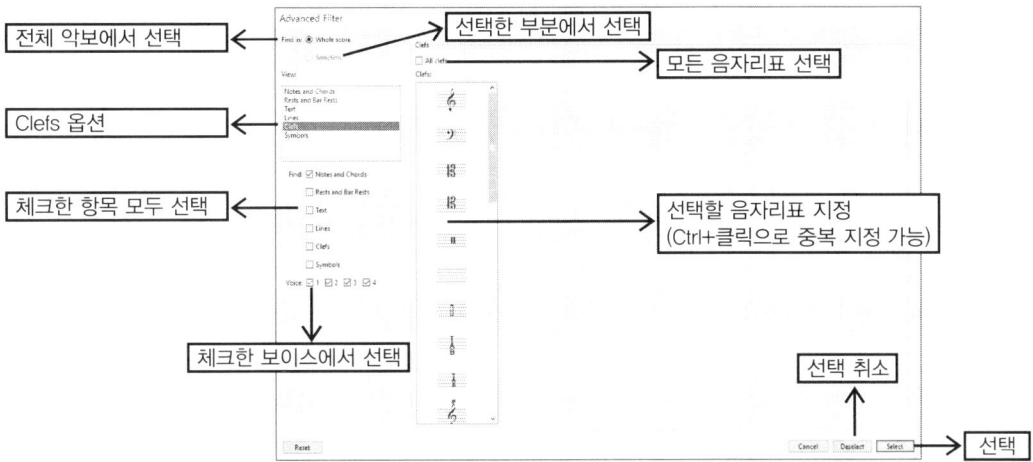

6. Symbols 옵션

왼쪽 View 옵션에서 Symbols 옵션을 선택하면 심볼을 대상으로 정교한 선택을 할 수 있다.

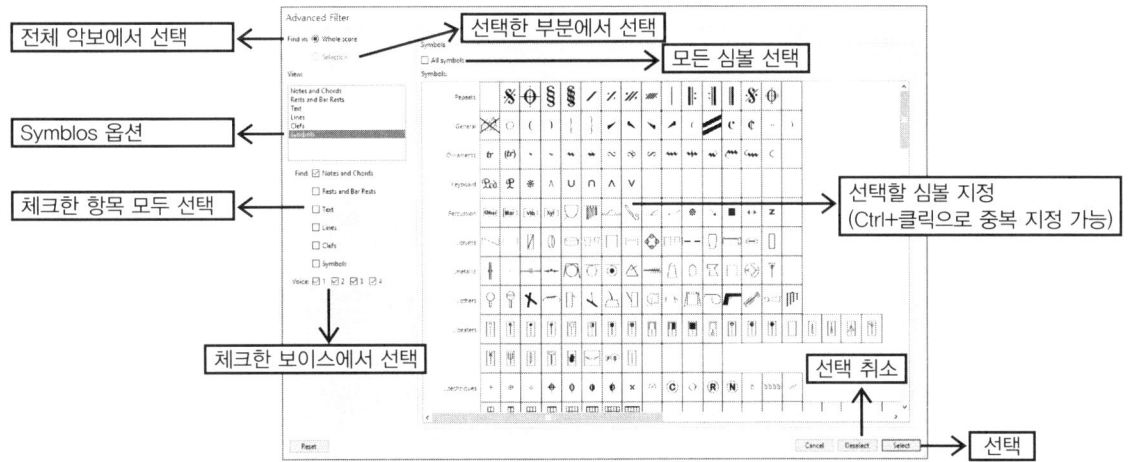

03 Select -> All 메뉴 (악보 요소 전부 선택하기)

Home -> Select -> All 메뉴는 악보창에서 모든 요소를 전부 선택할 때 사용한다. 모든 보표를 삭제하거나 모든 보표 내용을 복사할 때 사용한다. 참고로 모든 보표를 삭제하면 보표까지 완전 삭제되고 빈 악보 종이만 남는다.

악보창의 모습

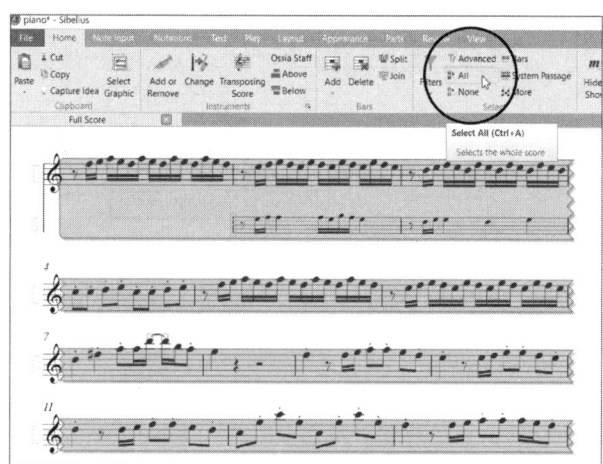
All 메뉴로 모든 보표를 선택한 모습

04 Home -> Select -> None 메뉴 (선택 취소하기)

선택 상태를 취소하고 선택하지 않은 상태로 돌아간다.

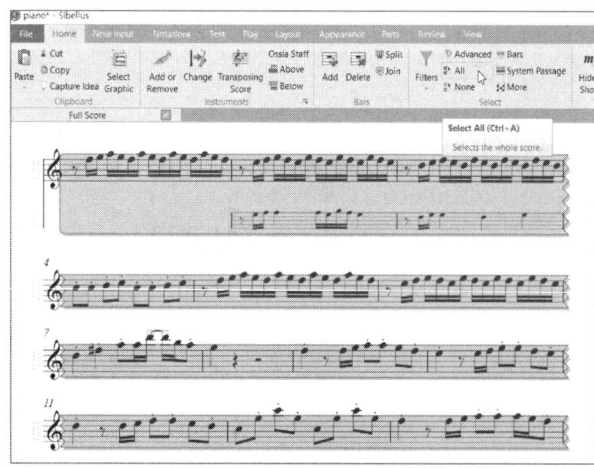
All 메뉴로 모든 보표를 선택한 모습

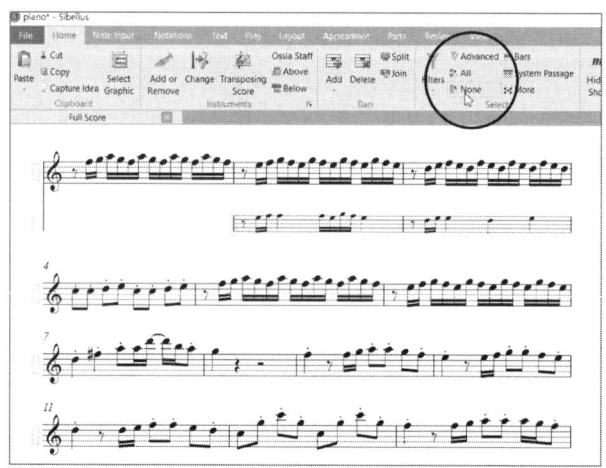
None 메뉴로 선택을 취소한 모습

05 Select -> Bars 메뉴 (마디 구간 선택 방법)

대화상자에서 선택할 마디 구간을 지정해 그 구간 안의 마디들을 선택하는 기능이다.

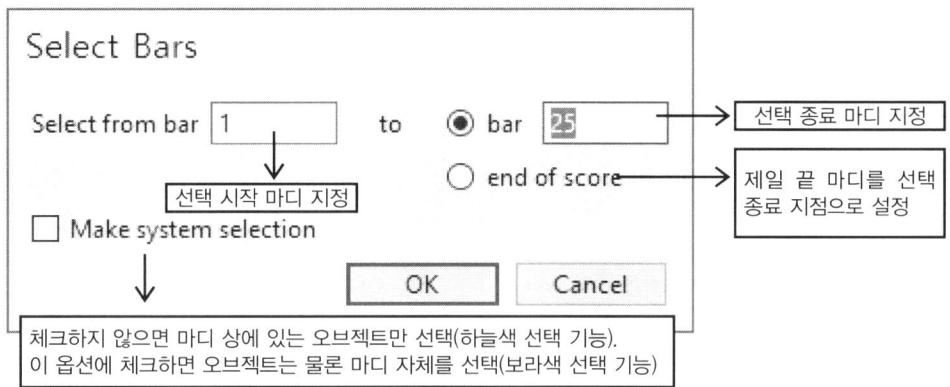

06 Select -> System Passage 메뉴 (시스템 마디 선택하기)

시스템 보표(여러 개의 보표가 1개의 단을 이룬 보표단)라고 해도 선택 툴로 클릭하면 클릭한 마디만 선택된다. 이 메뉴는 선택한 마디와 시스템을 이룬 마디를 전부 선택 상태로 만들 때 사용한다.

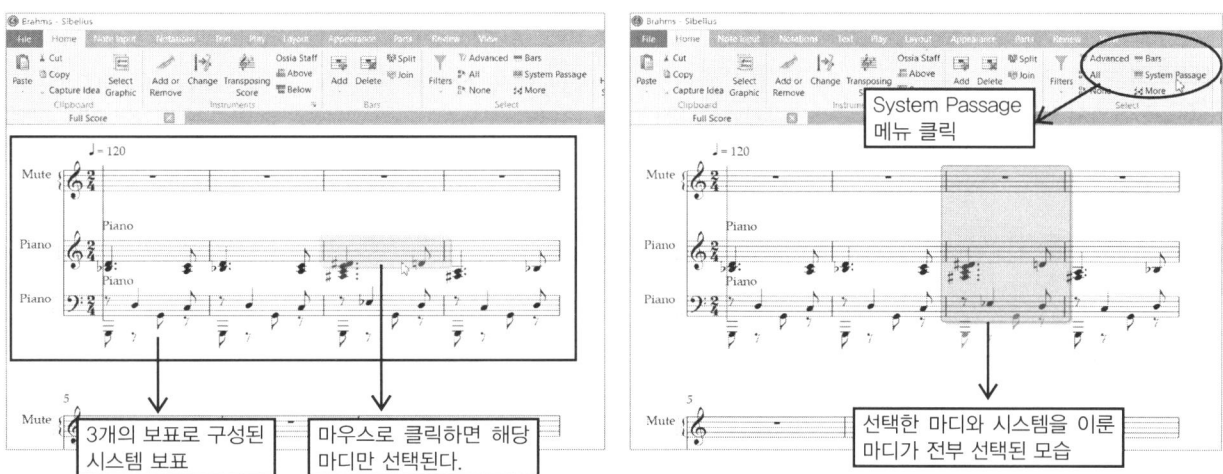

07 Select -> More 메뉴 (마디에서 선택 확장하기)

어느 음표 하나를 선택한 경우에 사용할 수 있는 메뉴이다. 이 메뉴를 실행하면 선택한 음표가 있는 마디 안의 모든 음표로 확장해서 선택할 수 있다.

CHAPTER 05 Home -> Edit 메뉴

어떤 오브젝트를 악보에서 감추거나 다시 표시하기, 음표 색상 변경하기, 이동, 뒤집기 기능을 사용할 수 있다. 중요한 기능으로는 Inspector 메뉴가 있다.

01 Edit -> Hide or Show 메뉴 (악보에서 특정 요소 감추기)

악보에서 선택한 오브젝트를 감추거나 다시 표시하는 기능이다.

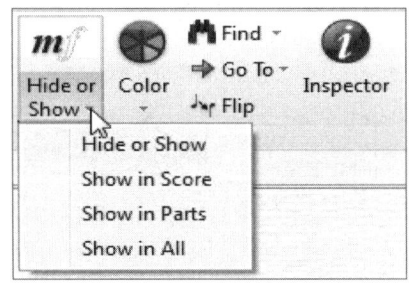

1. Hide or Show

선택한 오브젝트를 악보창에서 감출 수 있다. 감춘 오브젝트는 회색으로 표시된다. 다시 이 메뉴를 실행하면 감춘 오브젝트가 정상적으로 표시된다.

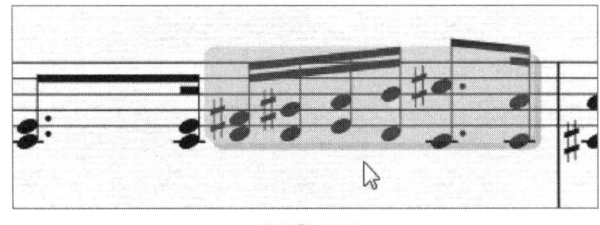

선택한 부분

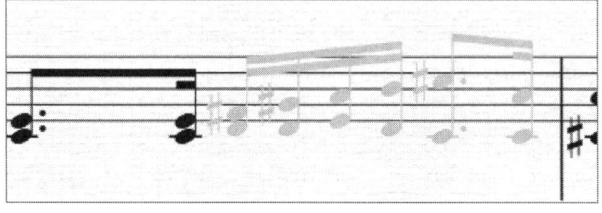

Hide or Show 메뉴로 감춘 모습

2. Show In Score

파트보에서 감춘 오브젝트를 총보에만 다시 표시한다. 파트보에서는 보이지 않는다. 파트보란 모든 악기 보표를 보여주는 총보와 달리 해당 악기 보표만 분리하여 보여주는 '파트 악보창'을 말한다.

3. Show In Parts
총보 등에서 감춘 오브젝트를 파트보에서만 다시 표시한다. 총보에서는 보이지 않는다.

4. Show In All
사용자가 감춘 오브젝트를 총보는 물론 파트보에서도 다시 보여지게 해 준다.

02 Edit -> Color 메뉴 (악보 요소 색상 지정하기)

오브젝트의 색상을 변경하는 기능이다. 음표 머리, 쉼표, 박자표, 심볼 등의 색상을 변경할 수 있다.

1. Choose Color 메뉴
오브젝트를 선택한 뒤 이 메뉴를 실행하면 색상을 변경할 수 있다.

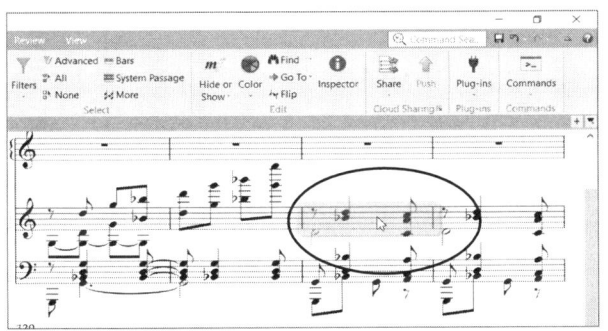
색상을 변경할 음표들을 Shift + 드래그로 선택

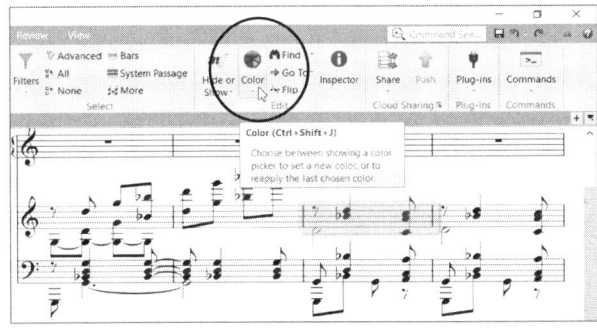
Choose Color 메뉴 실행

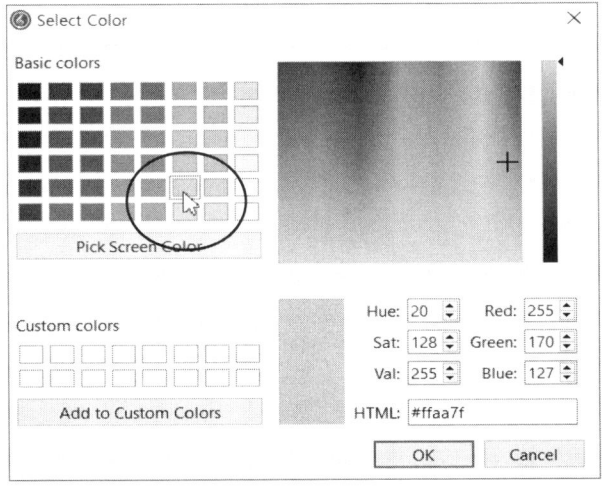
원하는 색상 선택

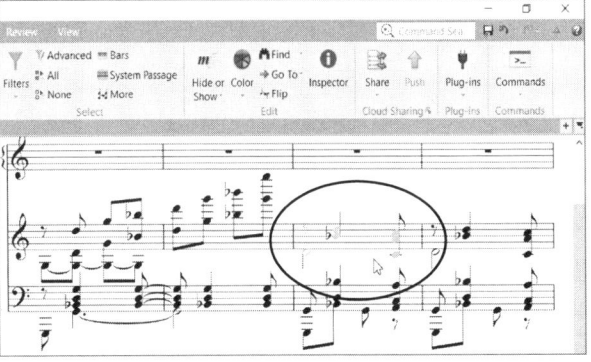
음표 머리 색상이 변경된 모습

2. Reapwply Color 메뉴

바로 전 진행했던 색상 변경 작업을 다른 오브젝트에 동일하게 적용하는 기능이다. 예를 들어 Choose Color 메뉴로 음표 머리를 주황색으로 변경한 경우, 다른 오브젝트인 쉼표 등을 선택한 뒤 Reapply Color 메뉴를 실행하면 바로 주황색이 적용된다.

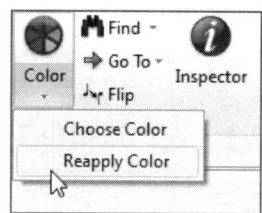

03 Edit -> Find 메뉴 (악보에서 특정 요소 검색 방법)

7페이지 앞에서 설명한 Home -> Select -> Advanced Filter 메뉴와 같은 기능이지만 선택 기능으로 사용하지 않고 검색 기능으로만 동작한다. 쉽게 말하면 대화상자에서 체크한 내용을 악보에서 찾아가는 기능이다. 대화상자의 사용법은 Advanced Filter 메뉴와 동일하므로 7페이지 앞을 참고한다.

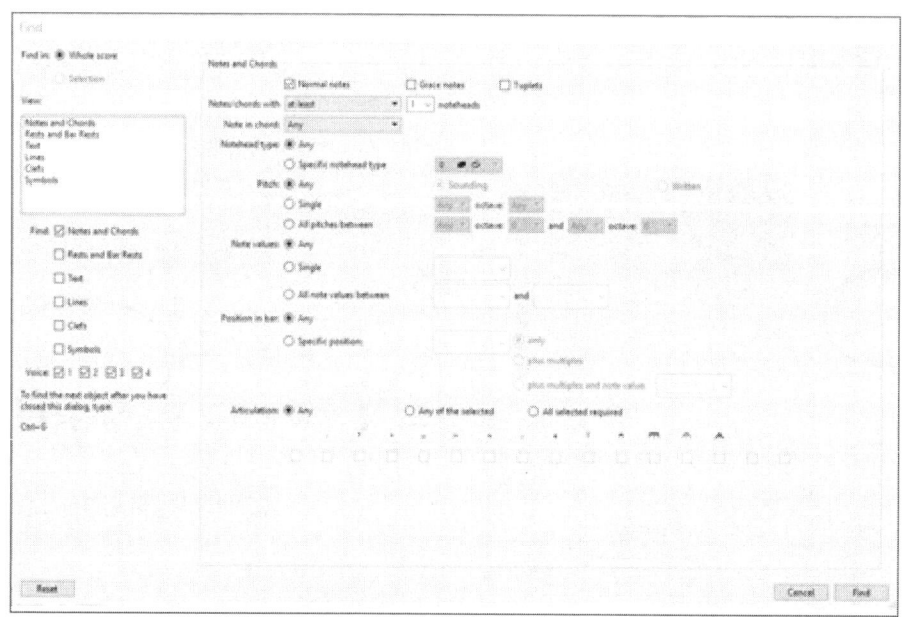

04　Edit -> Go To 메뉴 (대화상자로 이동하기)

원하는 마디나 페이지를 대화상자를 통해 찾아가는 기능이다. Go to Bar 메뉴는 원하는 마디로 이동할 때 사용하고, Go to Page 메뉴는 원하는 페이지로 이동할 때 사용한다.

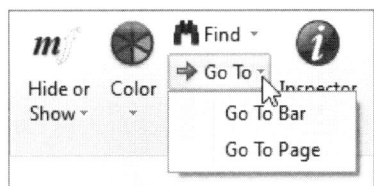

예를 들면, Go to Bar 메뉴를 실행한 뒤 227을 입력하면 227번째 마디로 이동할 수 있으므로 원하는 마디로 바로 찾아갈 때 유용하다.

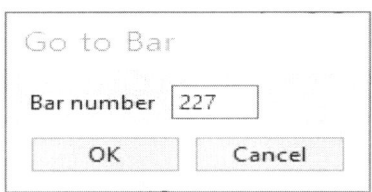

Go to Bar 메뉴 대화상자

05　Edit -> Flip 메뉴 (음표 뒤집기 방법)

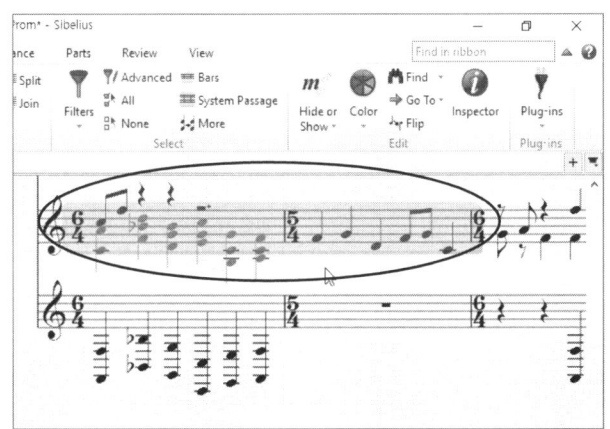

Shift + 클릭으로 2마디를 선택한 모습

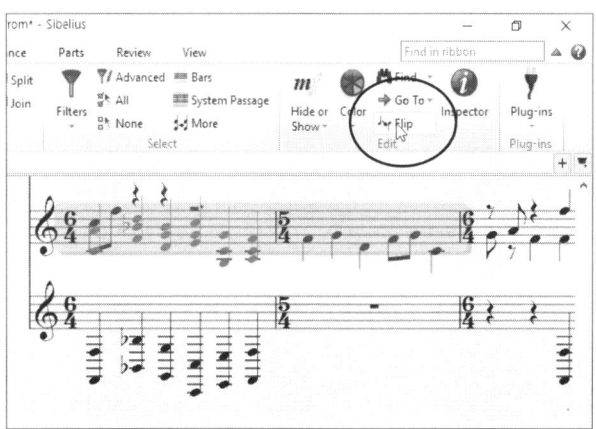

Flip 메뉴로 선택한 음표를 상하 뒤집은 모습

Part 5. Home 메뉴 리본바 (복사, 편집, 교체 메뉴) **249**

06 Edit -> Inspector 메뉴 (인스펙터 페널 메뉴)

악보에서 선택한 오브젝트(음표, 쉼표, 마디, 심볼, 박자표, 마디선 등)의 정보를 확인하고 세밀하게 편집할 수 있도록 인스펙터 패널을 실행한다. 오브젝트의 종류에 따라 인스펙터 패널의 모양이 달라지므로 각 패널 별 사용법을 알아본다. 참고로, 인스펙터 패널은 오브젝트를 마우스 오른쪽으로 클릭한 뒤 단축메뉴의 Inspector 메뉴로도 실행할 수 있다.

1. 인스펙터 -> General 패널

선택한 오브젝트의 위치를 이동시키거나 화면에서 감추고 다시 표시할 수 있다. 음표 등의 오브젝트를 마우스 오른쪽으로 클릭한 뒤 단축메뉴의 Inspector 메뉴로 실행하면 된다.

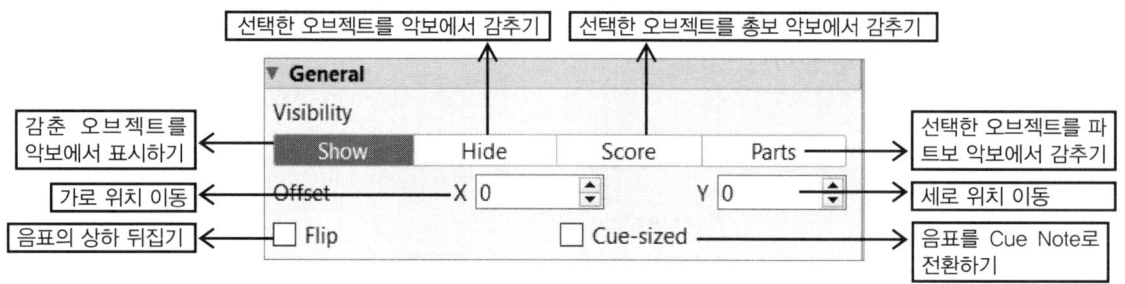

2. 인스펙터 -> Playback 패널

Live Playback할 때의 옵션을 설정할 수 있다. Live Playback이란 시벨리우스가 곡을 플레이할 때 인간이 연주한 듯한 효과를 보여주면서 곡을 플레이하는 것을 말한다. 인간이 연주한 듯한 효과란 컴퓨터 음악의 특징인 기계적이고 딱딱한 연주가 아니라 템포나 음정 등을 미세하게 틀리게 연주하도록 하여 인간이 연주한 듯한 느낌을 준다는 뜻이다.

참고로, 시벨리우스는 기본적으로 모든 악보를 Live Playback 기법으로 플레이 한다. 만일 Live Playback 기능을 끄려면 Play 메뉴의 Live Playback 버튼을 끈다.

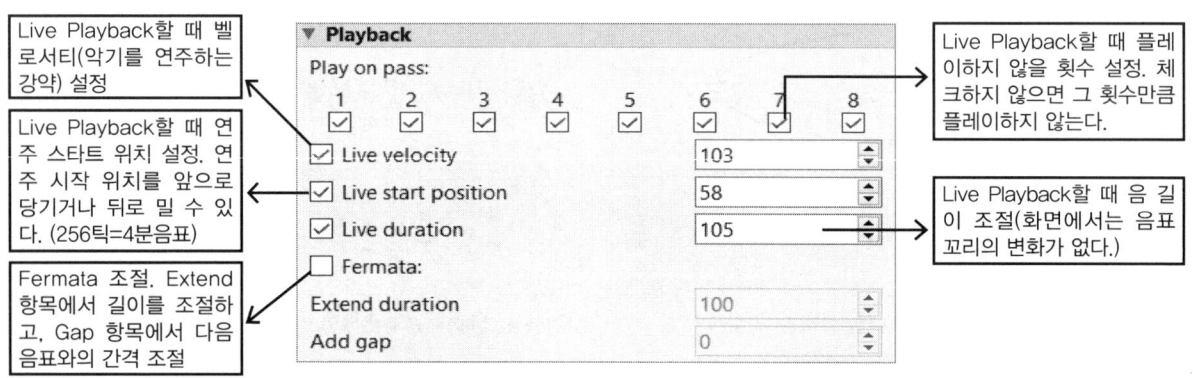

3. 인스펙터 -> Notes 패널

음표, 쉼표, 잇단음표, 붙임줄(Tie) 등이 다 선택된 상태일 때 인스펙터 패널에 나타나는 옵션이다.

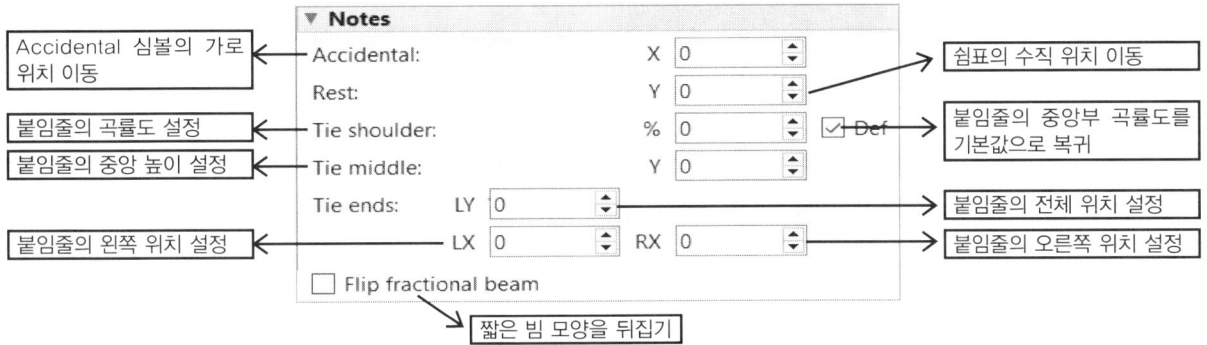

붙임줄의 곡률도(Tie Shoulder)를 조절하는 모습이다. 붙임줄의 곡률도가 달라지는 것을 알 수 있다.

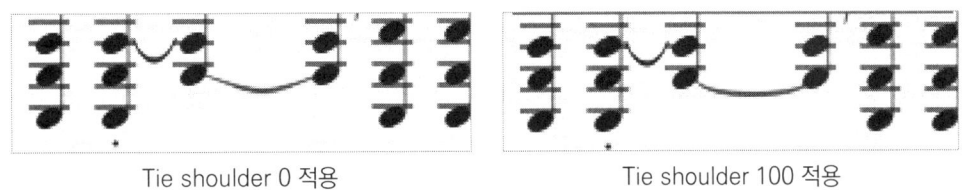

Tie shoulder 0 적용   Tie shoulder 100 적용

잇단음표의 숫자를 선택한 경우, 인스펙터의 Notes 패널에 잇단음표(Tuplet) 옵션이 추가로 나타난다.

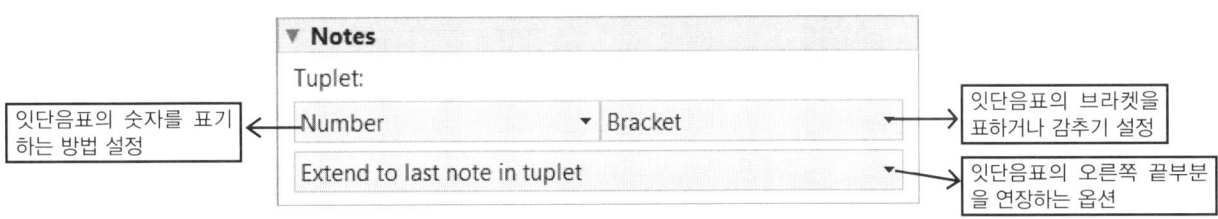

다음은 Tuplet 옵션에서 잇단음표의 숫자 표시 방법을 변경한 모습이다.

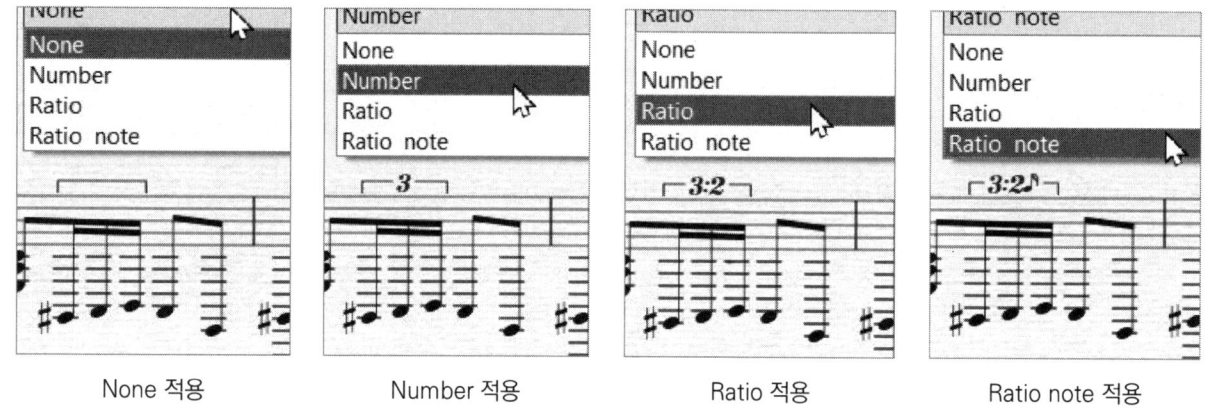

| None 적용 | Number 적용 | Ratio 적용 | Ratio note 적용 |

4. 인스펙터 -> Bars 패널

마디를 선택한 경우, 인스펙터 패널에서 마디와 보표 모양을 조절할 수 있는 Bars 패널이 나타난다. 마디를 마우스 오른쪽으로 클릭한 뒤 단축메뉴의 Inspector 메뉴로 실행하면 된다.

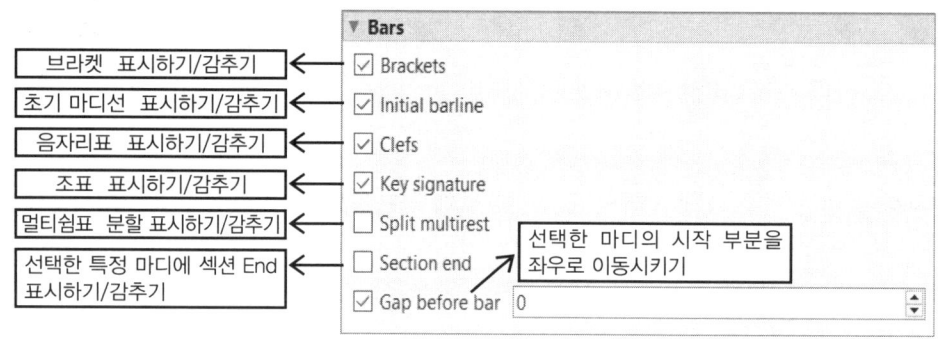

앞의 인스펙터 옵션에 따라 악보가 어떻게 변하는지 정리하였다.

인스펙터의 Bracket 옵션을 클릭하면 보표단의 브라켓을 표시하거나 감추는 모습이다.

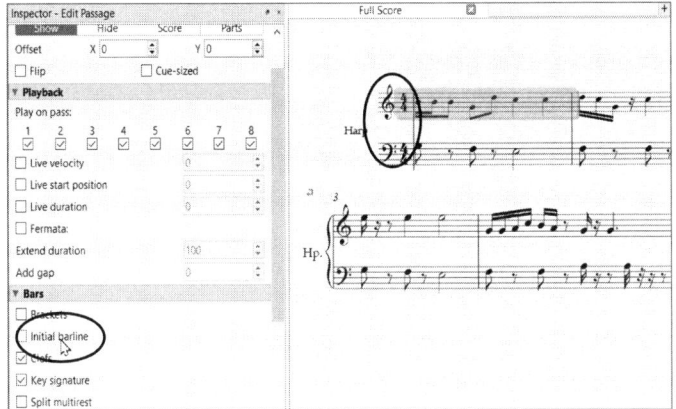

Initial Barline 옵션을 클릭하면 보표의 시작 마디선을 표시하거나 감출 수 있다.

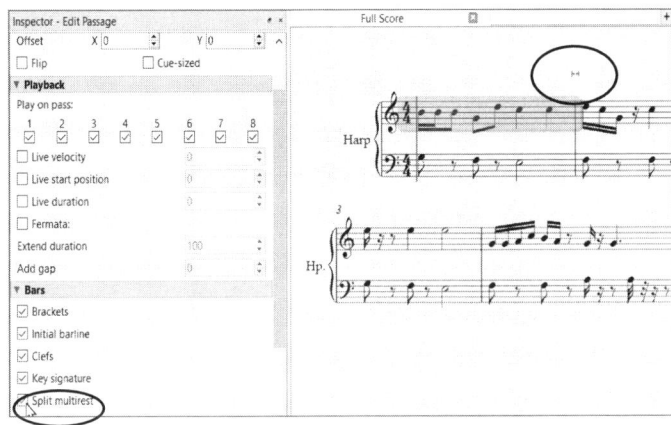

Split Multirest 옵션을 켜면 선택한 마디의 끝 상단에 Split Multirest 아이콘이 표시된다.

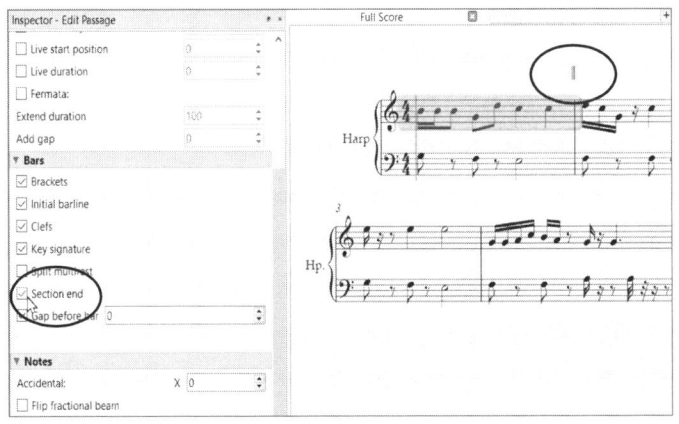

Section end 옵션을 켜면 선택한 마디의 끝 상단에 Section end 아이콘이 나타난다.

CHAPTER 06
Home -> Plug ins 메뉴 (플러그 인 메뉴)

Plug Ins 메뉴란 시벨리우스에서 추가 설치하여 사용하는 각종 자동화 작업 메뉴이다. 시벨리우스는 각 메인 메뉴별로 Plug Ins 메뉴를 제공하면서 각종 자동 처리 메뉴를 추가 제공하고 있다. Home 메뉴의 Plug Ins 메뉴에는 악보 정보 입수 등의 간단한 자동화 작업 기능이 모여 있다.

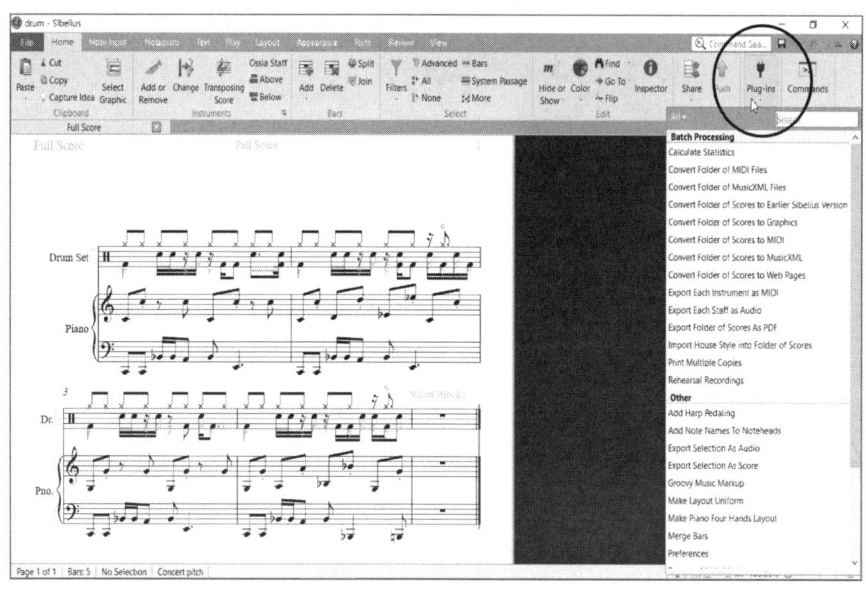

Home -> Plug ins 메뉴

01 Plug ins -> Calculate Statistics 메뉴 (통계 정보 입수)

Home -> Plug ins -> Calculate Statistics 메뉴는 악보에 있는 마디 개수, 보표 개수, 시스템 개수 등의 다양한 통계 정보를 입수할 수 있는 플러그 인 기능이다. 첫 번째 대화상자에서 정보를 입수할 악보를 선택하면 해당 악보에 대한 통계가 두 번째 대화상자에 표시된다.

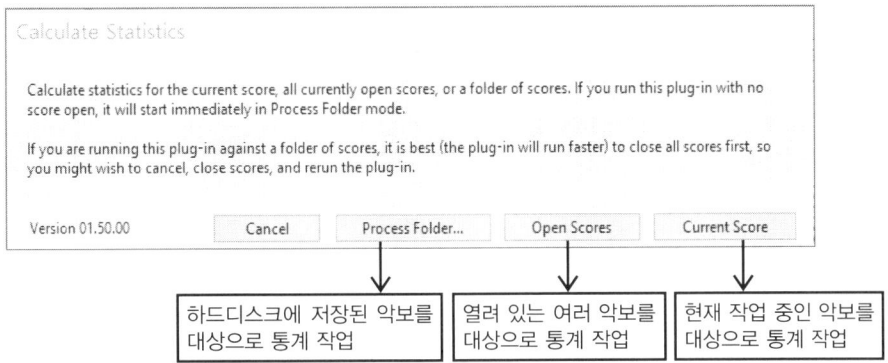

두 번째 대화상자는 악보에서 얻은 통계를 보여준다. 전체 페이지 개수, 시스템 개수, 보표 개수, 마디 개수, 헤어핀 개수, 슬러 개수 등의 모든 통계를 알 수 있다.

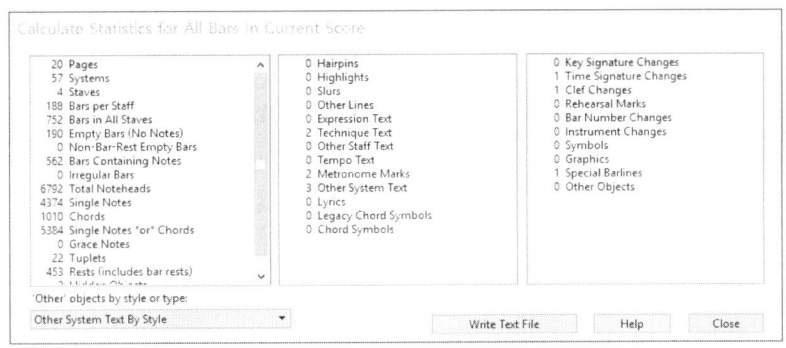

열려있는 악보에서 통계를 낸 모습

02 Plug ins -> Convert Folder of MIDI Files 메뉴

Home -> Plug ins -> Convert Folder of MIDI Files 메뉴는 선택한 폴더 안의 모든 MIDI 파일을 시벨리우스 파일인 *.sib 파일로 전환해 준다.

03 Plug ins -> Convert Folder of MusicXML Files 메뉴

선택한 폴더 안의 모든 XML 파일을 시벨리우스 파일인 *.sib 파일로 전환하는 기능이다.

04 Plug ins -> Convert Folder of Scores to Earlier Version 메뉴

선택한 폴더 안의 모든 *.sib 파일을 현재 열려있는 이전 버전의 *.sib 파일로 전환하는 기능이다.

05 Plug ins -> Convert Folder of Scores to Graphics 메뉴

선택한 폴더 안의 모든 *.sib 파일의 악보를 그래픽 파일로 전환하는 기능이다.

06 Plug ins -> Convert Folder of Scores to MIDI 메뉴

선택한 폴더 안의 모든 *.sib 파일을 MIDI 파일로 전환하는 기능이다.

07 Plug ins -> Convert Folder of Scores to MusicXML Files 메뉴

Home -> Plug ins -> Convert Folder of Scores to MusicXML Files 메뉴는 선택한 폴더 안의 모든 *.sib 파일을 XML 파일로 전환한다.

08 Plug ins -> Convert Folder of Scores to Web Pages 메뉴

선택한 폴더 안의 모든 *.sib 파일을 링크되어 있는 각각의 웹 페이지 파일로 전환한다.

09 Plug ins -> Export Each Instrument as MIDI

시벨리우스 작업창에 열려있는 악보의 악기 파트를 각각의 미디 파일로 저장한다.

10 Plug ins -> Export Each Staff as Audio 메뉴

악보의 보표들을 분리해 각각의 오디오 파일로 저장해 준다.

11　Plug ins -> Export Foder of Scorss as PDF 메뉴

선택한 폴더 안의 모든 *.sib 파일을 각각의 PDF 파일로 전환한다.

12　Plug ins -> Import House Style into Folder of Scores 메뉴

선택한 폴더 안의 모든 *.sib 파일을 하우스 스타일 파일로 저장한다.

13　Plug ins -> Print Multiple Copies 메뉴 (악보 인쇄하기)

폴더에서 선택한 여러 개의 *.sib 파일 악보를 프린터로 인쇄해 준다.

14　Plug ins -> Rehearsal Recording 메뉴 (솔로이스트 파트 강조해 믹스다운 방법)

Home -> Plug ins -> Rehearsal Recording 메뉴는 오디오 믹스다운과 비슷하지만 조금 다른 리허설 믹스다운 기능이다. 여러 보표가 있을 때 어느 하나의 보표를 솔로이스트(독주자)라고 가정한 뒤 상대적으로 큰 볼륨으로, 나머지 보표는 반주부 파트라고 가정하고 상대적으로 낮은 볼륨으로, 솔로이스트와 반주부 파트를 합쳐서 믹스다운하는 기능이다.

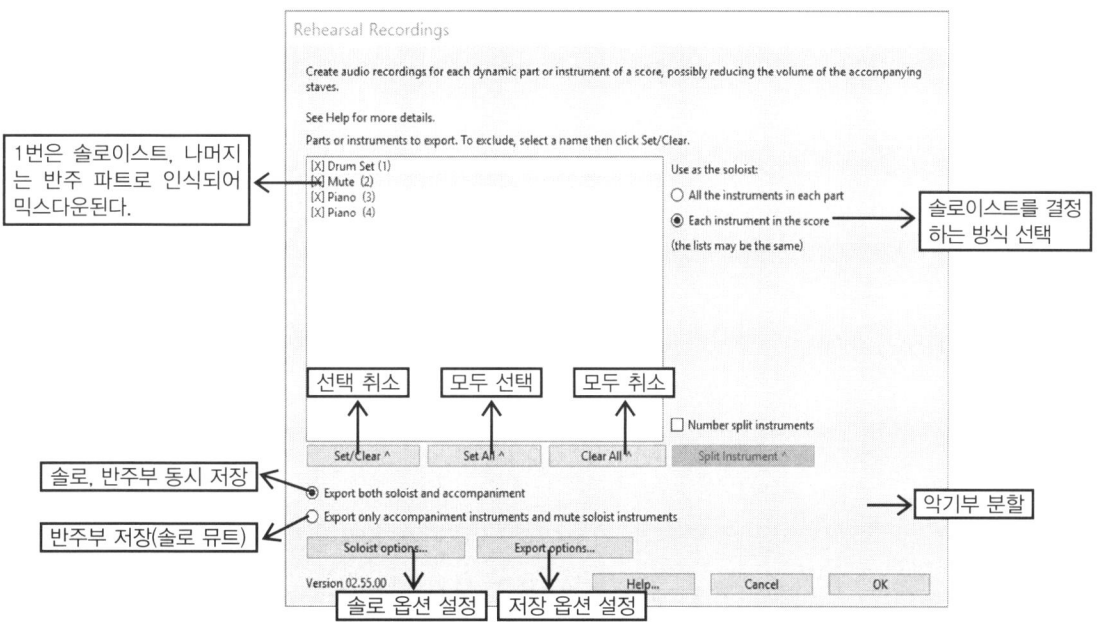

15　Plug ins -> Add Harp Pedaling 메뉴 (하프 페달 다이아그램)

하프 보표에 삽입하는 Harp Pedal Diagrams과 하프 관련 텍스트를 삽입하는 기능이다. 먼저 하프 악기 보표를 만든 뒤 원하는 마디를 선택하고 이 메뉴를 실행한다.

하프 페달 다이아그램을 삽입한 모습

16　Plug ins -> Add Note Names to Noteheads 메뉴 (음표 이름 표기)

음표나 마디를 선택한 상태에서 실행한다. 음표의 머리에 음표 이름을 삽입하는 기능이다.

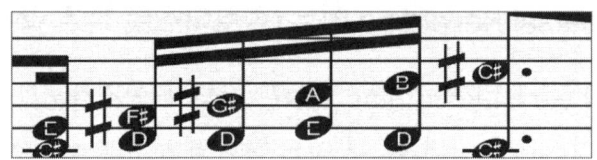

음표 머리에 이름을 삽입한 모습

17　Plug ins -> Export Selection as Audio 메뉴

Plug ins -> Export Selection as Audio 메뉴는 악보에서 선택한 구간만 오디오 파일(Wav)로 저장해 준다.

18　Plug ins -> Export Selection as Score 메뉴

악보에서 선택한 구간만 *.Sib 파일로 저장할 수 있다. 필요한 구간만 악보 파일로 저장할 때 유용하다.

19　Plug ins -> Groovy Music Mark-up 메뉴

자신이 원하는 구간을 그루브 파일로 만드는 기능이다. 먼저 원하는 음표들이나 마디를 선택한 뒤 이 메뉴를 적용하면 Groovy Jungle이나 Groovy City용 그루브 뮤직 주석이 삽입된다. 그루브 뮤직 주석을 삽입한 악보는 미디 파일로 저장한 뒤 Groovy Jungle이나 Groovy City에서 사용할 수 있다.

20 Plug ins -> Make Layout Uniform 메뉴 (레이아웃 메뉴)

악보의 레이아웃을 강제 변경할 수 있다. 하나의 보표단(시스템 보표)에 들어가는 마디 개수, 페이지당 시스템 개수를 지정하는 방식이다.

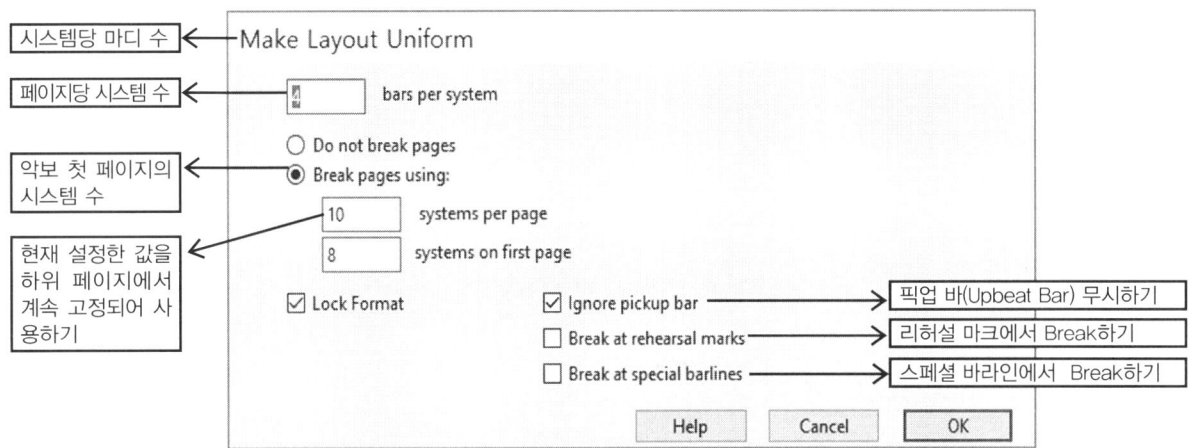

21 Plug ins -> Make Piano Four Hands Layout 메뉴(4손 피아노 악보 만드는 방법)

Plug ins -> Make Piano Four Hands Layout 메뉴는 4손 악보 즉, 피아노 듀엣용 악보를 만드는 기능이다. 먼저 이 기능을 실행하려면 큰 보표 두 세트가 작성된 악보가 열려있는 상태여야 한다.

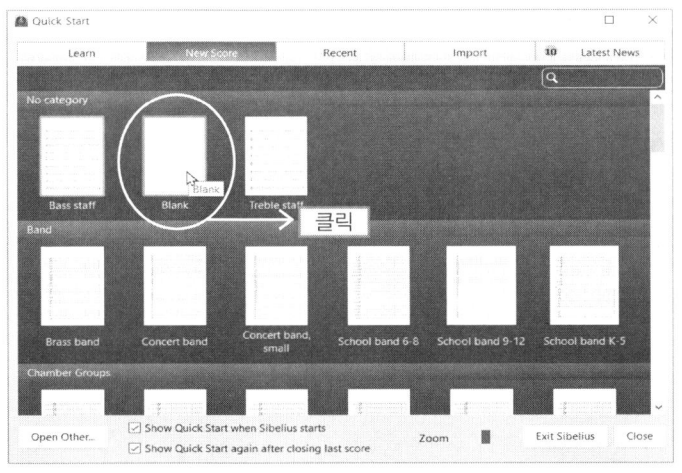

시벨리우스를 실행한 뒤 New Score 창에서 Blank 악보를 클릭한다. 더블클릭하지 않고 클릭을 해야 한다.

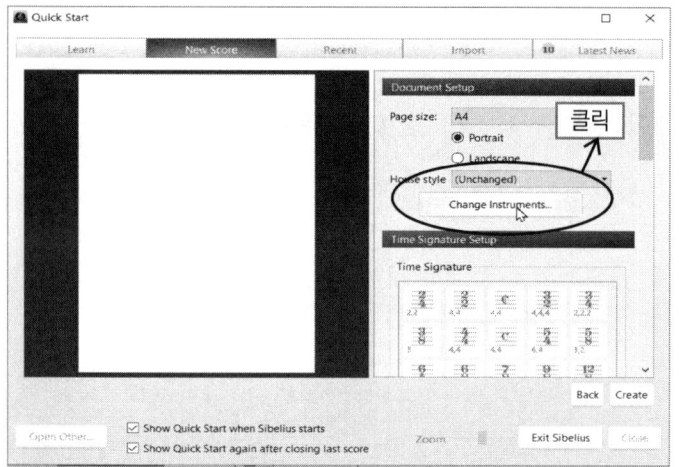

생성될 보표 갯수를 지정하기 위해 Change Instruments 버튼을 클릭한다.

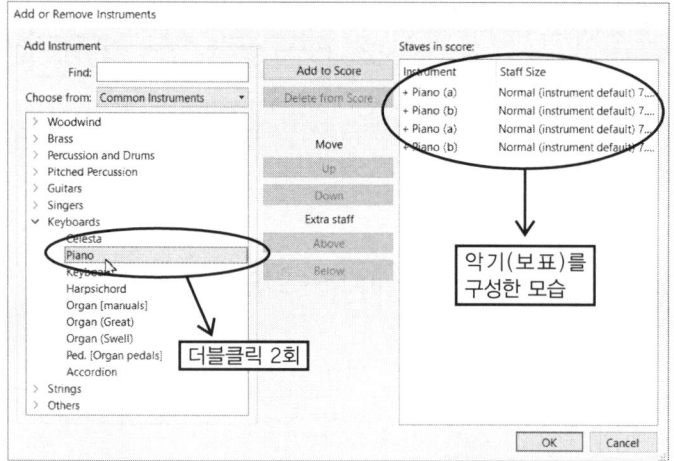

Paino 악기를 더블클릭하면 첫 번째 a, b 큰 보표가 삽입된다. 다시 더블클릭하면 두 번째 a, b 큰 보표가 삽입된다.
즉 Piano a, b와 Piano a, b를 삽입하여 2개의 큰 보표 구성을 완료한다.
OK 버튼을 눌러 대화상자를 닫는다.

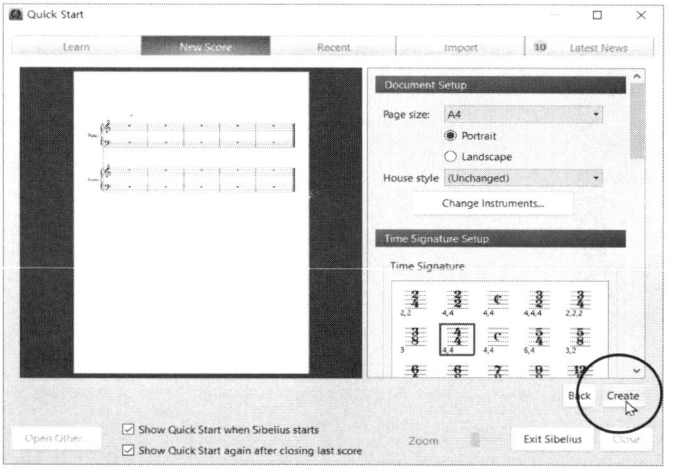

보표 구성을 하였으므로 Create 버튼을 클릭해 설정한 상태로 악보를 만든다.

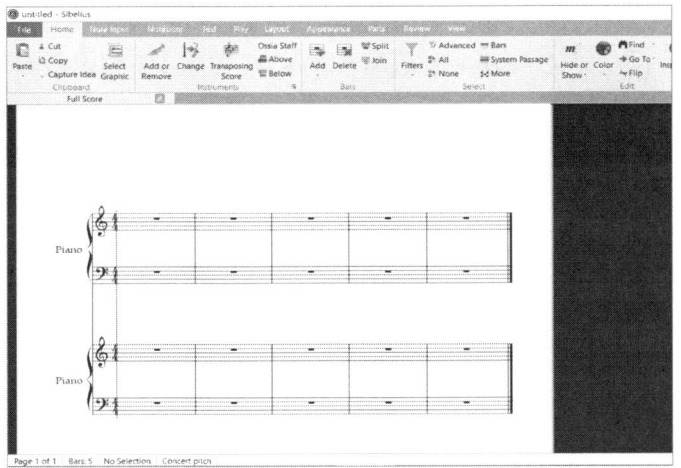

큰 보표 2개가 있는 악보가 만들어졌다.

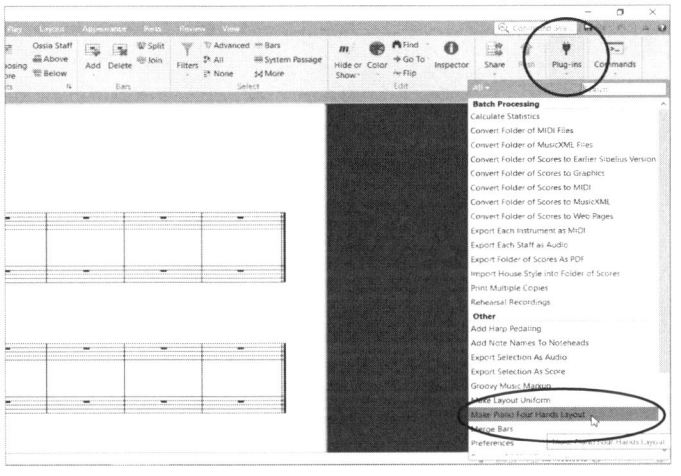

4손 피아노 악보를 만들기 위해 Home -> Plug ins -> Make Piano Four Hands Layout 메뉴를 실행한다.

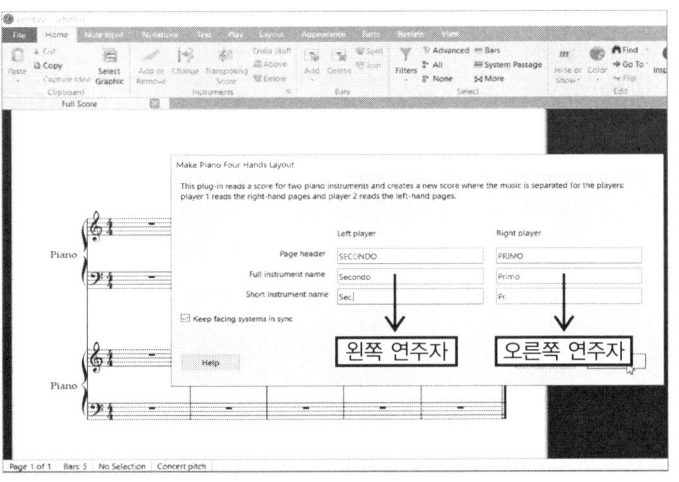

왼쪽 연주자/오른쪽 연주자 별로 적당하게 이름을 설정한다. 여기서 설정한 이름은 악보에서 사용된다.

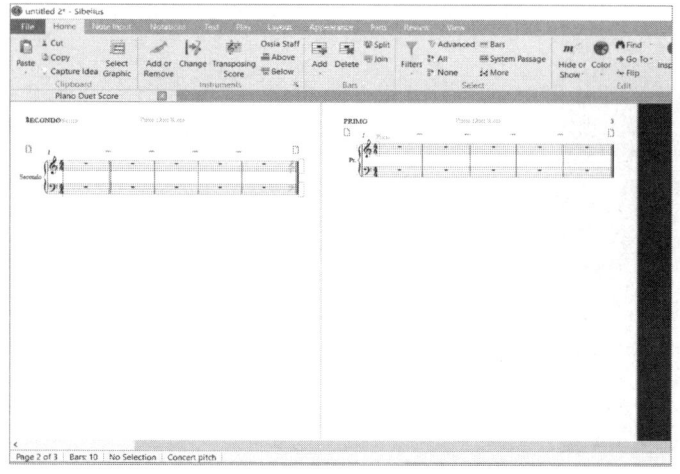

대화상자에서 OK 버튼을 누르면 4손 피아노 악보가 만들어진다. 이제 멜로디를 입력해 작곡을 시작한다.

피아노 듀엣용 4손 피아노 악보를 손쉽게 만들 수 있음을 알 수 있다.

22 Plug ins -> Merge Bar (마디 합치는 방법)

2개 이상의 마디를 하나로 합치는 기능이다. 예를 들어 4박자 마디 2개를 선택한 뒤 이 메뉴를 실행하면 하나의 마디가 되고, 박자수는 8박자가 된다.

23 Plug ins -> Preferences 메뉴 (플러그 인 메뉴 설정)

플러그 인 메뉴의 동작 환경을 설정한다. 플러그 인 메뉴의 이름을 변경하는 등의 작업을 수행할 수 있다.

24 Plug ins -> Remove All Highlights 메뉴

Review -> Highlight 메뉴는 악보에 하이라이트 표시를 하는 기능이다. 이 메뉴는 악보에 표시된 하이라이트 표시를 제거할 때 사용한다.

25 Plug ins -> Resize Bar 메뉴 (마디 리사이즈)

선택한 마디의 박자를 다른 박자로 변경하는 기능이다. 예를 들어 4박자 마디 2개를 하나로 합치면 박자수도 더해지면서 8박자가 된다. 이 경우 4박자로 변경하거나, 또는 5박자, 6박자의 다른 박자로 변경하고 싶을 때 이 메뉴를 사용한다.

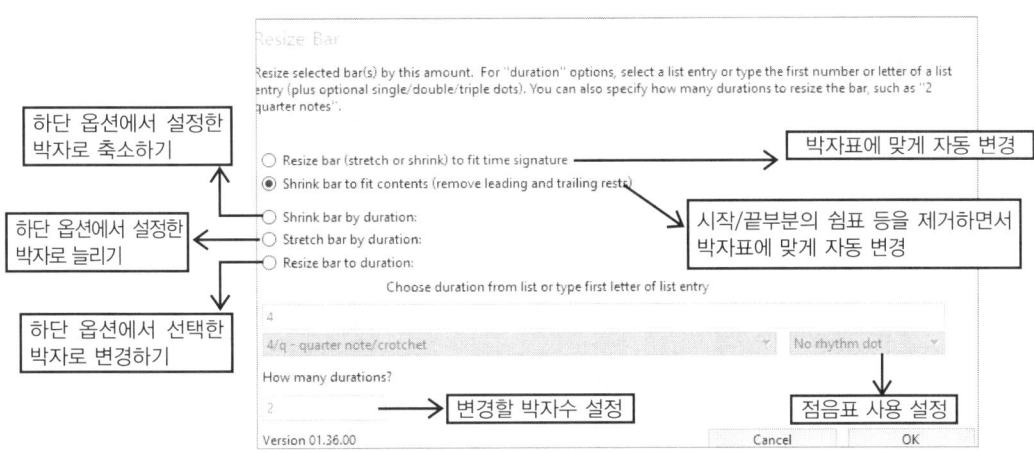

26 Plug ins -> Scales and Arpeggios 메뉴(스케일 & 아르페지오 교재악보 만들기)

피아노 교습할 때 필요한 스케일 교습용 아르페지오 교재악보를 자동으로 만드는 기능이다. 대화상자에서 메이저, 마이너 등의 스케일을 선택한 뒤, 스케일 유형, 시작 음정 등을 설정하면 새 악보창에 스케일 & 아르페지오 악보가 만들어진다.

27 Plug ins -> Set Metronome Mark 메뉴 (사용자 정의 메트로놈 마크 템포 만들기)

사용자가 열 두번 클릭한 마우스 클릭 속도를 새 템포로 산출한 뒤 악보에 메트로놈 마크(♩=120 형식으로 생긴 마크)로 삽입해 준다. 선택한 구간이 있을 경우, 선택 구간의 첫 번째 마디에 메트로놈 마크가 삽입되고, 선택 구간이 없을 경우 악보 전체의 첫 번째 마디에 메트로놈 마크가 삽입된다. 이후 악보의 연주 템포는 삽입한 메트로놈 마크의 템포에 의해 변경된다. 2개의 대화상자에서 첫 번째 대화상자는 마우스 클릭으로 템포를 설정하는 기능이고, 두 번째 대화상자는 산출된 템포를 사용할 방식을 선택하는 기능이다.

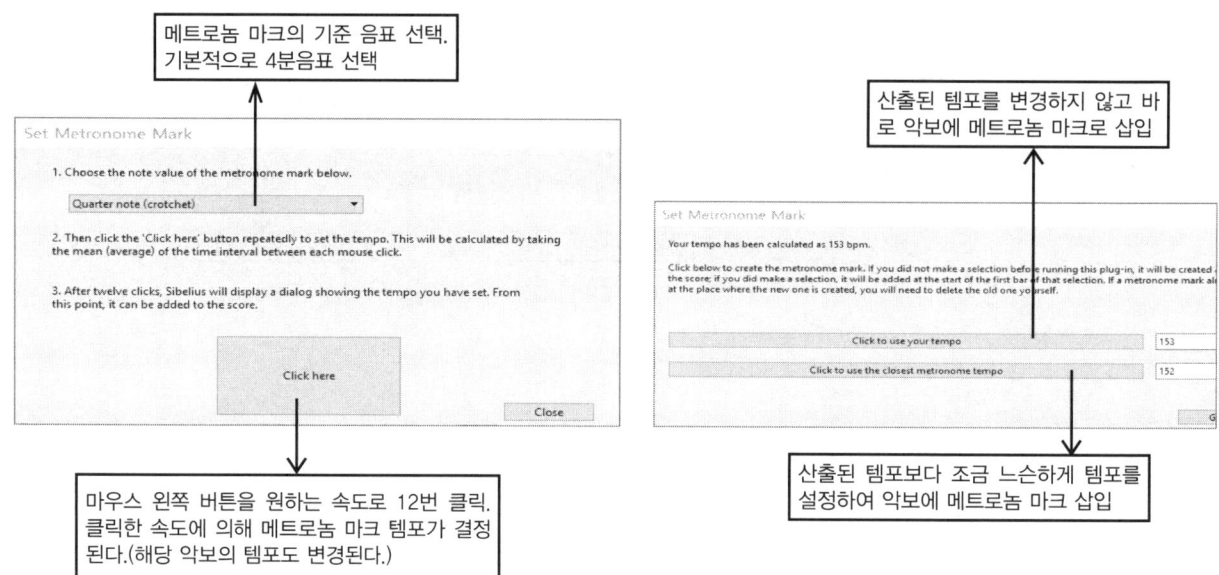

Part 6

Note Input 메뉴 (음표 입력 메뉴)

음표 작업과 관련된 기능이다. 각종 음표 입력 기능과 음표들을 개별적으로 엑세스하여 편집하는 기능을 사용할 수 있다.

CHAPTER 01 Note Input -> Setup 메뉴 (미디 입력 장치 설정 방법)

미디 입력장치인 마스터 건반, 미디 기타, 미디 드럼 등의 사용 환경을 설정한다.

01 Input Devices 메뉴 (미디 입력장치 선택하기)

미디 입력장치에 대한 설정을 할 수 있다. File -> Preferences 메뉴의 Input Devices 옵션과 같은 기능이다. 컴퓨터에 마스터 건반 또는 미디 기타를 연결하고 드라이버를 설치하면 시벨리우스에서 미디 입력장치를 자동 인식하므로 옵션 변경 없이 사용해도 무방하다.

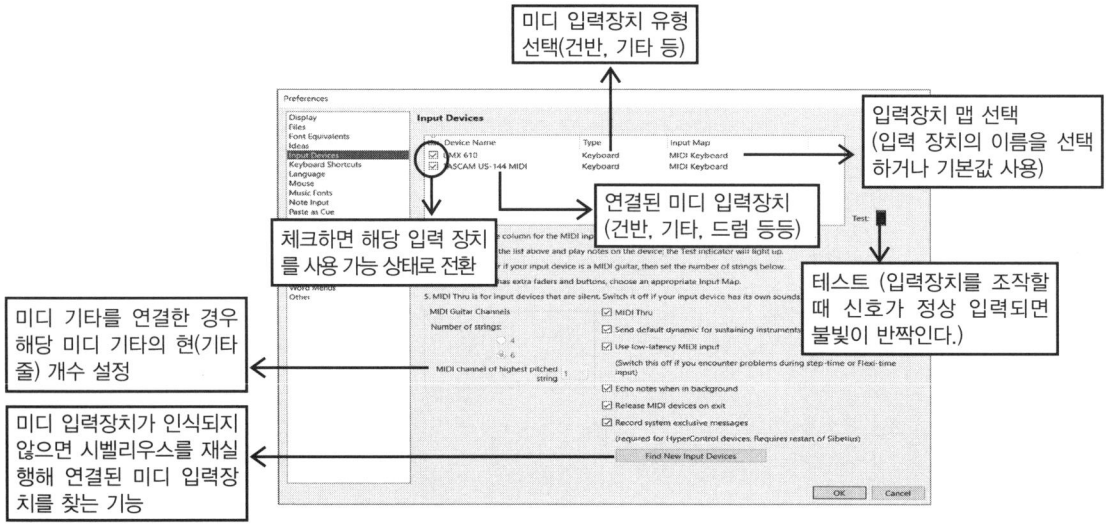

MIDI Thru 옵션은 음원 장치가 내장되지 않은 마스터 건반을 사용할 경우 체크한다. 이렇게 하면 시벨리우스 또는 다른 음원장비로 사운드를 출력할 수 있다.

Use low-latency MIDI input 옵션은 입력시 최대한 레이턴시(시간차)가 발생하지 않도록 해 준다.

Echo notes when in background 옵션은 시벨리우스가 열려있는 상태에서 다른 프로그램을 사용할 때도 미디 장비의 사운드를 들리게 해 준다.

Release MIDI devices on exit 옵션은 시벨리우스를 종료할 때 미디 입력 장비의 디바이스 연결을 종료해 준다.

Record system exclusive messages 옵션은 하이퍼컨트롤 미디 장치를 사용할 경우 반드시 체크해야 한다. 하이퍼컨트롤이 되는 미디 입력장치에서 보내오는 system exclusive MIDI messages를 시벨리우스가 인식할 수 있다.

Note Input -> Note Input 메뉴 (음표 입력하기)

악보에 음표를 스텝바이스텝 방식으로 입력하고 잇단음표 입력 기능을 사용할 수 있다.

01 Note Input -> Input Notes 메뉴 (단축키 N, 스텝 입력)

노트(음표)를 한 스텝씩 이동하면서 입력하는 스텝 입력 기능이다. 메뉴를 적용하면 노트를 입력할 수 있도록 기다란 선 모양의 커서가 나타난다. 컴퓨터 키보드의 좌우 화살표 키로 커서를 이동시키면 입력위치를 이동시킬 수 있다. 이 후 건반으로 원하는 노트를 입력한다. 다시 화살표 키로 다음 위치로 이동시킨 뒤 건반으로 노트를 입력한다. 일반적으로 초보자들이 건반으로 화음을 입력할 때 사용한다. Esc 키를 누르면 스텝 입력을 종료할 수 있다.

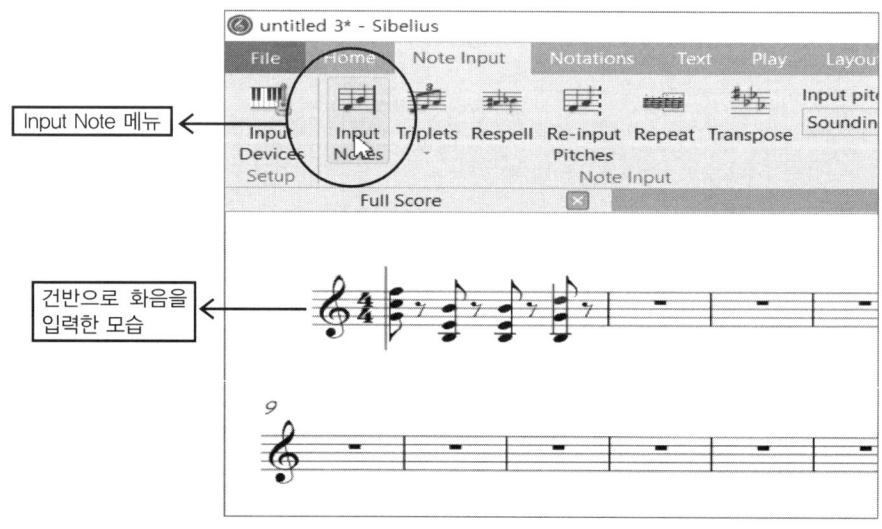

02 Note Input -> Triplets 메뉴 (잇단음표 입력 방법)

잇단음표를 입력하는 기능이다. 이 메뉴의 삼각형 버튼에서 원하는 잇단음표를 선택한 뒤, 악보에서 잇단음표를 만들 음표를 클릭하면 잇단음표 숫자가 표시된다. 이후 해당 잇단음표 숫자에 맞게 음표를 추가 입력하면 잇단음표가 완성된다.

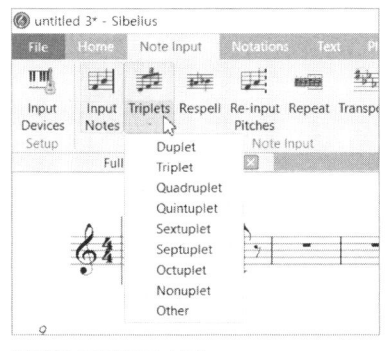

입력할 잇단음표 선택

Duplet(2잇단음표)　　Triplet(3잇단음표)　　Octuplet(8잇단음표)

따라하기 | 빔음표가 아닌 잇단음표 입력 방법

시벨리우스는 꼬리가 있는 음표를 연속해서 입력하면 잇단음표처럼 꼬리가 연결된 음표가 만들어지는데 이는 정확히 말해 잇단음표가 아니라 빔음표이다. 빔음표는 손글씨로 악보를 기보하던 옛날 작곡가들과 악보사보자들이 음표 꼬리를 일일이 그릴 시간을 절약하기 위해 꼬리 부분을 작대기 형태로 이어놓으면서 나타났다.

빔음표와 달리 잇단음표는 반드시 잇단음표 상단이나 하단에 브라켓 기호()가 표시되어야 하며, 브라켓 기호에 잇단음표 숫자가 함께 표시되어 있으면 더 좋다.

여기서는 Note Input -> Note Input -> Triplets 메뉴로 잇단음표를 정확히 작성하는 방법을 알아본다. 만약 단축키로 잇단음표를 입력하려면 음표를 선택한 상태에서 Ctrl +2~9를 누른다. 예를 들어 Ctrl +3을 누르면 선택한 음표에서 3잇단음표가, Ctrl + 9를 누르면 9잇단음표가 만들어진다.

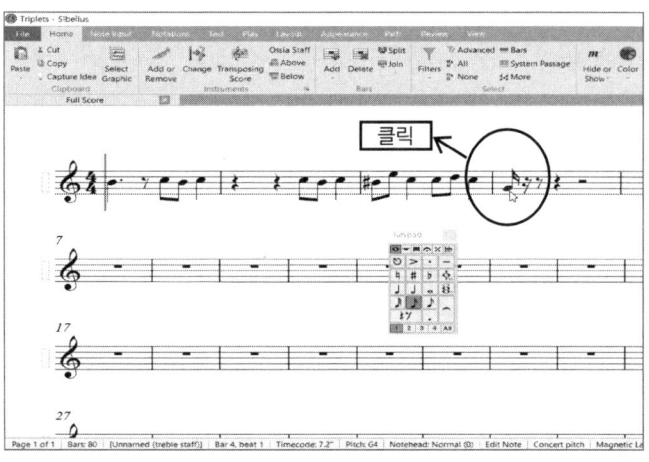

❶ 시벨리우스를 실행한 뒤 File -> Open 메뉴로 샘플 'triplets.sib'을 불러온다.
잇단음표로 만들 음표인 16분음표를 클릭해 선택한다.

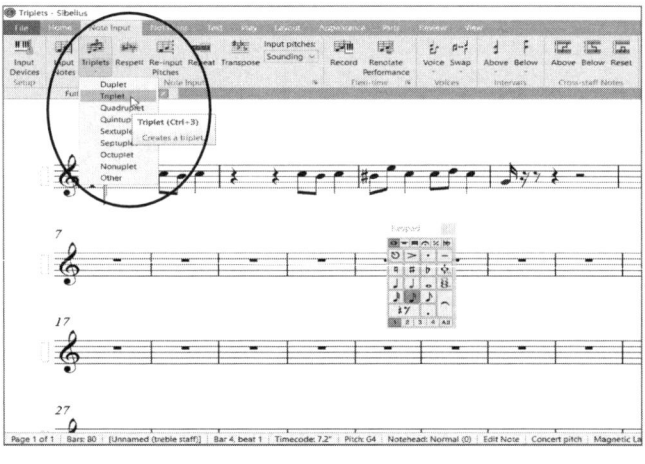

❷ Note Input -> Note Input -> Triplets 메뉴를 실행한 뒤 3잇단음표인 Triplet 메뉴를 선택한다.

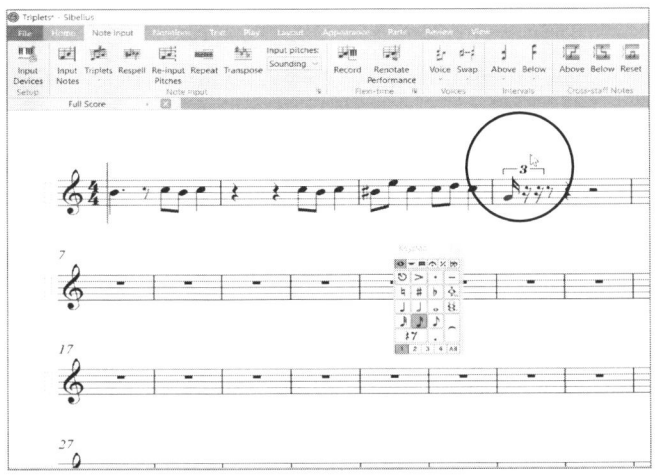

❸ 선택한 음표에 3잇단음표 표시가 나타난다.

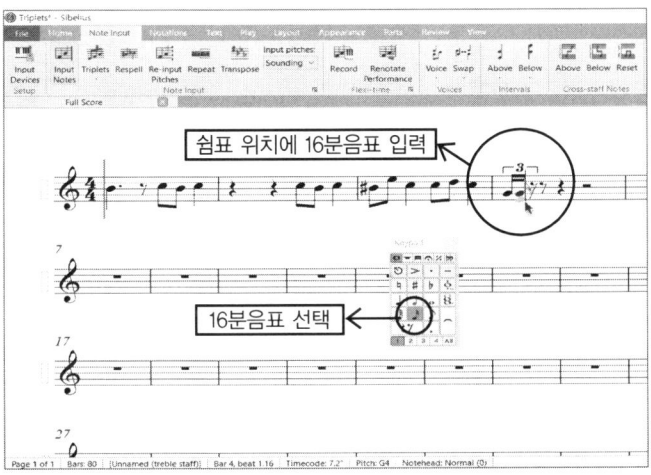

❹ 잇단음표를 완성해 보자. 키패드(Ctrl +Alt + K)에서 16분음표를 선택한 뒤 쉼표가 있는 부분에 입력한다.

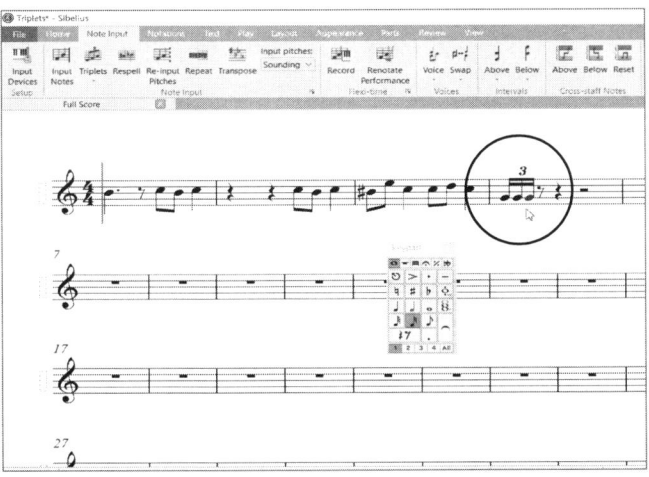

❺ 순서대로 16분음표를 마저 입력하면 3잇단음표가 완성된다. 이후 잇단음표 입력을 완료하려면 Esc 키를 누른다.

> **참고** 대화상자로 잇단음표 입력하는 방법

Note Input -> Input Note -> Triplets -> Other 메뉴는 대화상자를 통해 잇단음표를 입력하는 기능이다. 먼저 잇단음표로 만들 음표를 선택한 상태에서 이 메뉴를 실행한다.

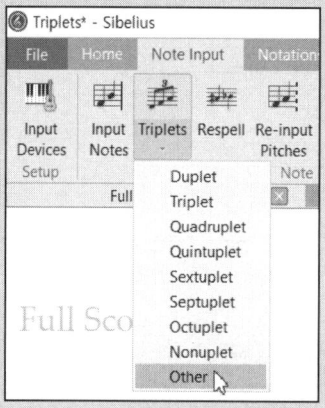

Other 메뉴

Other 메뉴의 대화상자 사용법은 아래와 같다.

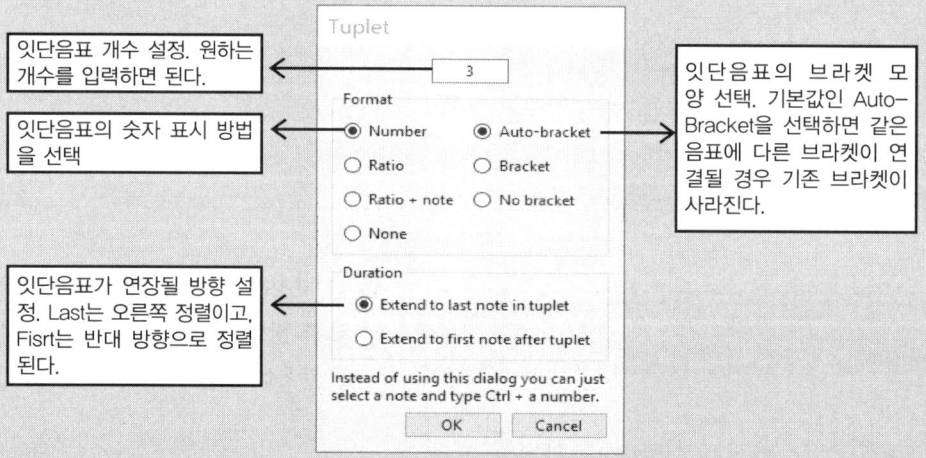

잇단음표의 숫자 표기 방법은 다양한 방법이 있지만 일반적인 표기 방식인 Number 포맷을 사용하는 것이 좋다.

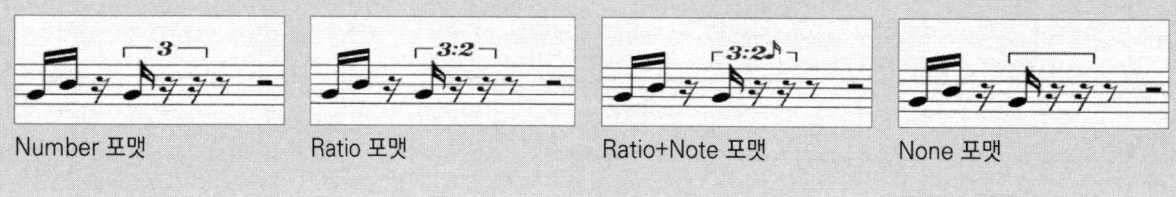

Number 포맷　　　　Ratio 포맷　　　　Ratio+Note 포맷　　　　None 포맷

03 Note Input -> Respell 메뉴 (리스펠링, 이명동음 교정)

오선지에서의 표기 위치는 다르지만 실제 건반을 칠 때는 동일한 음으로 간주되는 음들을 '이명동음(엔하모닉)' 관계라고 한다. Respell 메뉴는 마스터 건반 등으로 입력한 뒤 '이명동음(엔하모닉)'으로 교정할 때 사용한다. 이 기능을 사용하면 건반으로 입력한 음표 등을 '이명동음' 상으로 같은 음을 찾아 변경해 주는데 예를 들어 C#을 D♭으로 자동으로 바꾸어 준다. 건반으로 입력 작업을 한 뒤 필요에 따라 노트, 화음, 쉼표, Accidental 등을 선택한 뒤 이 기능을 실행하기도 한다.

선택한 음표　　　　　　　　　　Respell 적용

04 Note Input -> Input pitches 메뉴 (트랜스포즈 적용하기)

마스터 건반으로 이조악기 파트를 기보할 때 자동으로 트랜스포즈(조옮김)되어 들리게 하려면 이 메뉴 하단에서 Written 옵션을 선택한다. 먼저 원하는 음표를 선택한 뒤 Written 옵션으로 전환하고 마스터 건반을 누르면 된다. 만일 Sounding 옵션을 선택하면 트랜스포즈되지 않고 원래 음으로 입력된다.

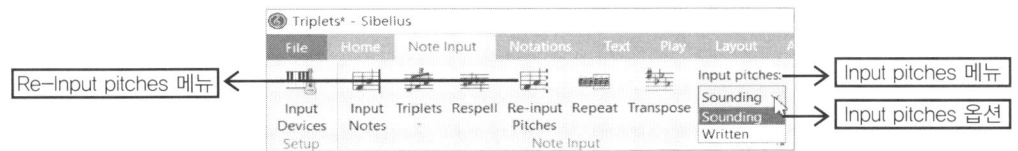

05 Note Input -> Re-input pitches 메뉴

작곡을 하다 보면 여러 이조악기 파트에서 같은 멜로디를 기보하는 경우가 있다. 이때 악보상에서는 같은 멜로디라고 해도 이조악기의 경우엔 실제 들리는 음정이 각 악기에 맞게 들리게 되므로 멜로디에서 불협화음이 발생할 수 있다.

이 경우 Re-input pitches 메뉴 버튼을 켠다. 그런 뒤 개개별 음표를 선택한 뒤 마우스 키보드(↑↓)로 조절하여 음정을 맞출 수 있다. 만일, 마스터 건반을 사용해 연주 방식으로 수정하려면 마디 단위로 수정해야 한다.

06 Note Input -> Repeat 메뉴 (멜로디 반복 입력 방법)

선택한 부분이나 멜로디를 반복 입력하는 기능이다. 계속 이 메뉴를 클릭하면 계속 반복 입력된다. 음표를 선택한 경우 해당 음표가 반복 입력되고, 마디를 선택한 경우 해당 마디가 반복 입력된다.

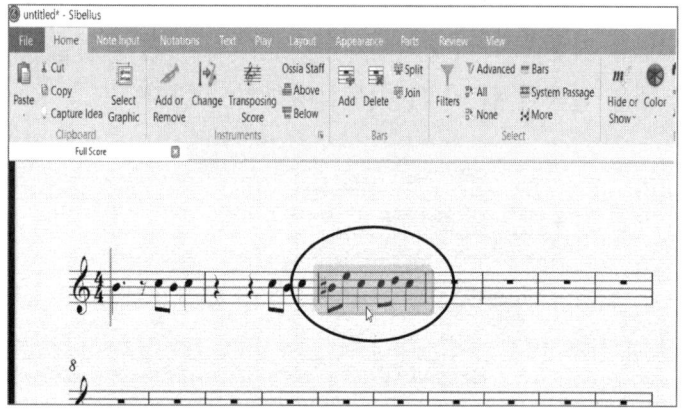

선택 툴로 반복시킬 음표나 마디를 클릭해 선택한다.
(ESC 키를 누르면 마우스 커서가 선택 툴이 된다.)

Note input -> Note input -> Repeat 메뉴를 클릭하면 선택한 부분이 1회 반복되어 입력된다.

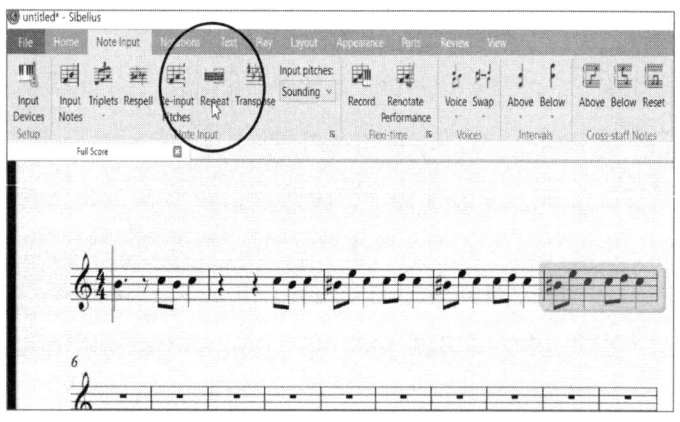

Repeat 메뉴를 다시 클릭하면 다시 1회 반복되어 입력된다.

07 Note Input -> Transpose 메뉴 (조옮김 메뉴)

수작업으로 조옮김 작업을 하는 기능이다. 선택한 마디가 있을 경우 해당 마디만, 선택한 마디가 없을 경우 전체 악보를 대상으로 조옮김을 한다. 일반적으로 Key(조)가 맞지 않을 때 자신이 원하는 키로 조옮김을 하거나 작곡자 임의의 목적으로 실행할 수도 있다.

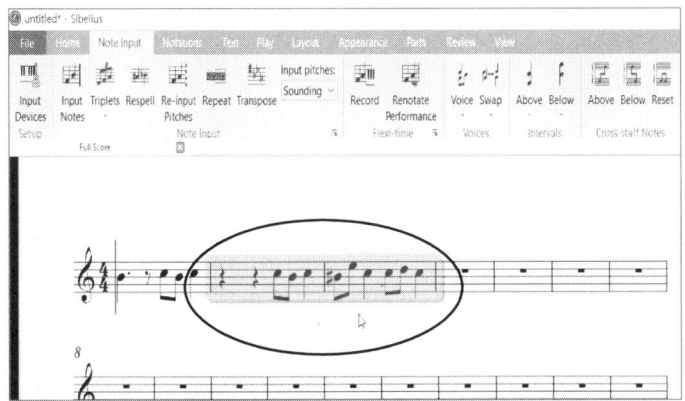

조옮김할 마디를 클릭해 선택한다.

Note Input -> Note Input -> Transpose 메뉴를 클릭해 실행한다.

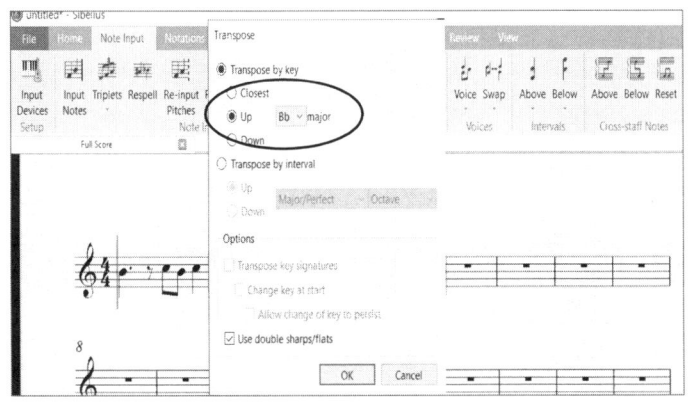

조옮김 옵션을 설정한다. 여기서는 Up, Bb로 설정했다.

Part 6. Note Input 메뉴 (음표 입력 메뉴) **275**

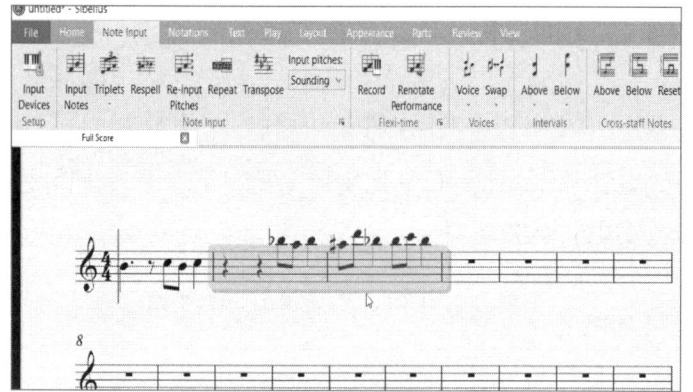

OK 버튼을 눌러 대화상자를 닫으면 선택한 부분이 조옮김된다.

> **참고** **Transpose 대화상자**
>
> Transpose 대화상자의 사용법은 다음과 같다.
>
>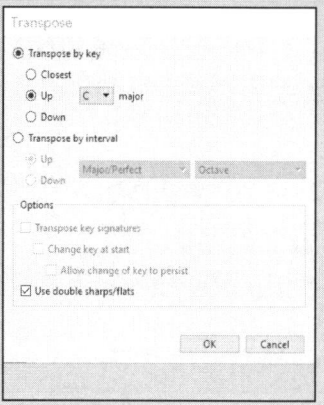
>
> 1. **Transpose by Key** : 키 단위로 조옮김을 할 때 선택한다. 하단에서 Closest(시벨리우스가 판단한 가장 작은 단위로 조옮김), Up(위로 조옮김), Down(아래로 조옮김)을 할 수 있다. 옆의 팝업메뉴를 클릭해 조옮김할 조를 선택한다.
>
> 2. **Transpose by interval** : 옥타브 단위로 조옮김을 할 때 선택한다.
>
>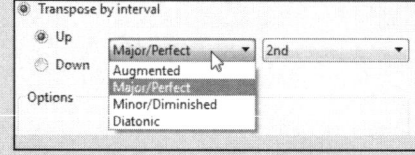
>
> Augmented 옵션은 반음 더하는 방식, Major/Perfect 옵션은 조 단위, Minor/Diminished 옵션은 반음 빼는 방식, Diatonic 옵션은 악보에 조표(Key Signature)가 있을 경우 그것을 기준으로 조옮김을 한다.
>
> 3. **Transpose key signatures** : 악보의 맨 왼쪽에 조표(Key Signature)가 있을 때, 조표도 함께 옮기는 기능이다. 이 기능은 시스템이나 전체 악보를 대상으로 조옮김할 때 사용할 수 있으며, 기본적으로 선택된 상태이다.
>
> 4. **Use double sharps/flats** : 조옮김할 때 필요한 경우 더블샵과 더블플랫을 사용한다.

CHAPTER 03
Note Input -> Flexi-time 메뉴
(마스터 건반으로 악보에 멜로디 입력하기)

Flexi-time 메뉴는 마스터 건반으로 연주한 멜로디를 실시간 음표로 전환해서 악보에 입력하는 것을 말한다. 이를 리얼(플렉시 타임) 입력이라고 한다. 즉 마스터 건반이나 미디 기타로 연주 중인 내용을 실시간 받아서 악보 상에 음표로 전환해 입력하는 기능이다.

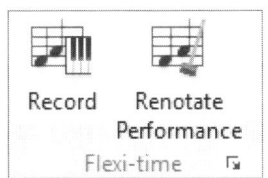

01 Flexi-time -> Record 메뉴 (마스터 건반으로 음표 입력)

이 메뉴를 누르면 마스터 건반으로 연주한 멜로디가 실시간 음표로 전환되어 악보에 입력할 수 있는 상태가 된다. 먼저 리얼 입력할 마디를 선택한 뒤, Record 메뉴를 누르면 메트로놈이 1마디 길이만큼 들린 후 그때부터 연주를 한다. 마스터 건반 등의 입력 장비로 연주한 내용이 실시간 음표로 전환되어 악보창에 입력된다.

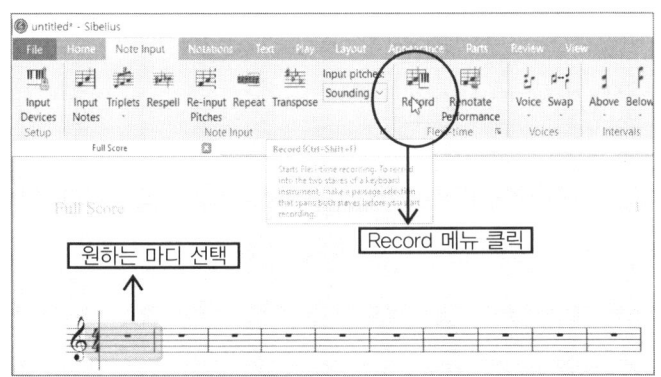

음표가 입력될 마디를 선택한다. 그런 뒤 Note Input -> Record 메뉴를 누른다.

> **TIP** 선택한 마디는 리얼 입력(녹음)이 시작되는 부분이 된다. 즉 다른 마디를 선택하면 그 마디부터 리얼 입력이 된다.

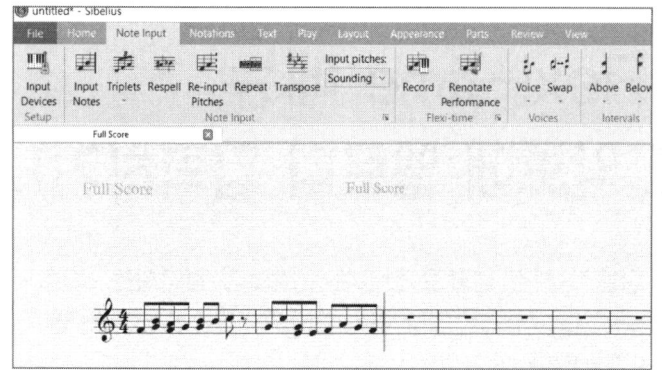

1마디 길이만큼 메트로놈 사운드가 끝나면 그때부터 리얼 입력을 시벨리우스가 인식하게 된다. 이때 마스터 건반으로 연주하면 연주한 내용이 실시간 음표로 전환되어 입력된다.

녹음을 종료하려면 스페이스 바를 누른다. 다시 스페이스 바를 누르면 정지된 부분부터 녹음이 다시 시작된다.

02 Flexi-time -> Renotate Performance 메뉴 (마스터 건반 입력 정돈하기)

리얼 타임으로 입력한 음표들의 문제점을 정돈하는 기능이다. 건반 연주로 입력을 하다보면 음표가 짧게 입력되거나 의도하지 않은 화음이 입력되기도 한다. 또한 너무 복잡한 멜로디는 밀려서 입력되면서 멜로디가 이상하게 입력되기도 있다. 대개 건반 플레이가 미숙하거나 레이턴시가 심한 오디오카드를 사용하면 잘못 입력되는 확률이 더 높아진다.

이 경우 Renotate Performance 메뉴로 입력한 내용들을 깔끔하게 정돈할 수 있다. 먼저 수정할 부분(마디나 보표)을 선택한 뒤 이 메뉴를 실행하면 대화상자가 실행되어 수정할 항목을 지정할 수 있다. 간단히 말하면 큐베이스와 소나에서 볼 수 있는 '퀀타이즈 기능'과 유사한 기능이다.

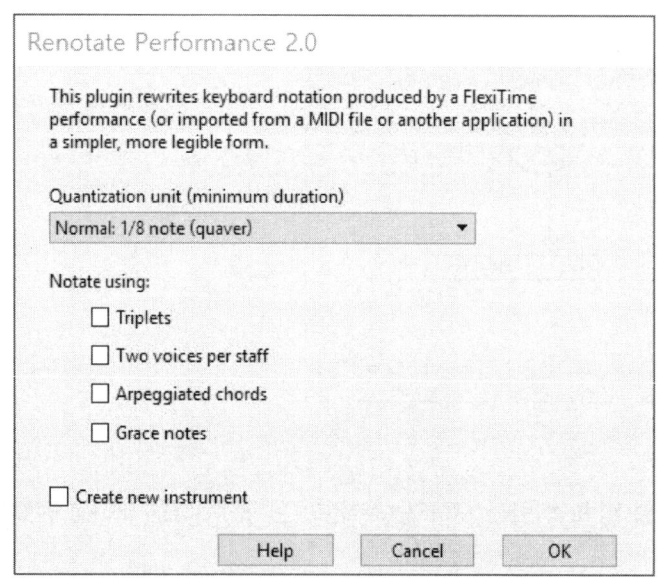

1. Quantization unit

퀀타이즈(정돈)할 최소 음 길이를 설정한다. 예를 들어 1/16 note로 설정하면 16분음표가 최소 음 길이가 되므로, 32분음표가 있을 경우 16분 음표로 합산되어 표시된다.

2. Notate using

퀀타이즈 작업을 할 때 어떤 요소까지 퀀타이즈할 것인지 선택하는 기능이다.
Triplets 옵션에 체크하면 퀀타이즈할 때 잇단음표가 나타날 수도 있고, 기존의 잇단음표는 일반 음표로 바뀔 수도 있다. two voices per staff 옵션에 체크하면 필요한 경우 stave가 2개 보이스를 사용할 수도 있다. arpeggio lines 옵션에 체크하면 펼쳐진 화음이 아르페지오 라인으로 퀀타이즈될 수도 있다. grace notes 옵션에 체크하면 일반 음표가 그레이스 노트(장식음)으로 퀀타이즈될 수도 있다.

3. Create new instrument

체크하면, 필요에 따라 새 악기를 사용하는 2개의 보표를 추가해 퀀타이즈될 수도 있다.

 Renotate Performance 메뉴는 일반적으로 리얼 입력한 악보를 대상으로 퀀타이즈할 때 사용하지만 일반 미디 악보에도 사용할 수 있다.

따라하기   건반으로 입력한 악보의 정돈, 보완 방법

Note input -> Record 메뉴를 사용해 마스터 건반으로 입력한 악보가 있다고 가정해 보자. 마스터 건반의 특정 키를 잘못 눌러 원하지 않는 형태로 악보가 입력되었다고 가정해 보자. 이런 경우 수작업으로 일일이 수정해야 하지만 처음부터 끝까지 수작업으로 수정하기에는 시간이 많이 걸릴 것이다. 이런 경우 Renotate Performance 메뉴로 입력한 내용을 대략적으로 정돈한 뒤, 정돈한 내용을 대상으로 최종 수정하는 것이 노동력을 절감할 수 있다.

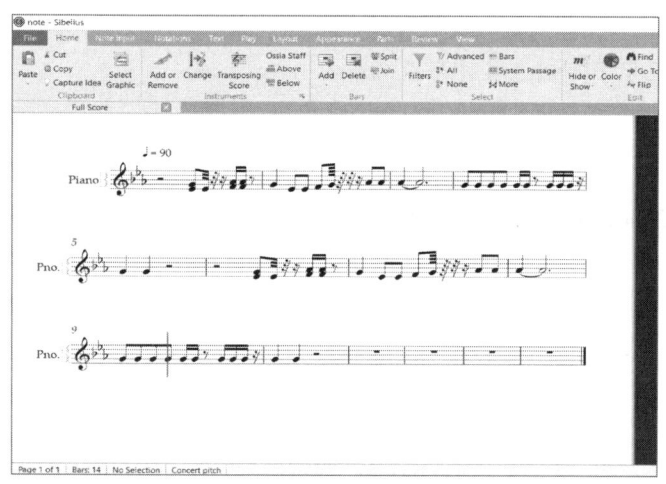

❶ File -> Open 메뉴로 샘플 'note.sib' 파일을 불러온다.
마스터 건반으로 리얼 입력하였다. 그런데 몇 군데서 건반키를 짧게 여러 번 누르는 바람에 음표가 원하지 않는 형태로 리얼 입력된 상태이다.

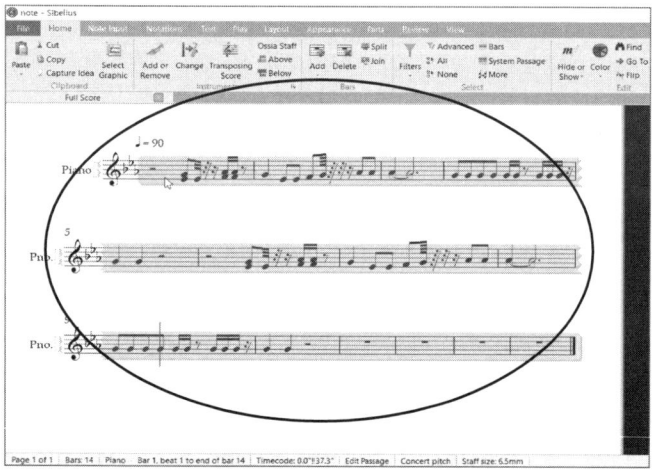

❷ 1번 마디를 연속으로 세 번 클릭해 마디 전체를 파란색으로 선택한다.
이때 일부 구간만 수정하려면 Shift + 클릭으로 해당 마디들만 선택하면 된다.

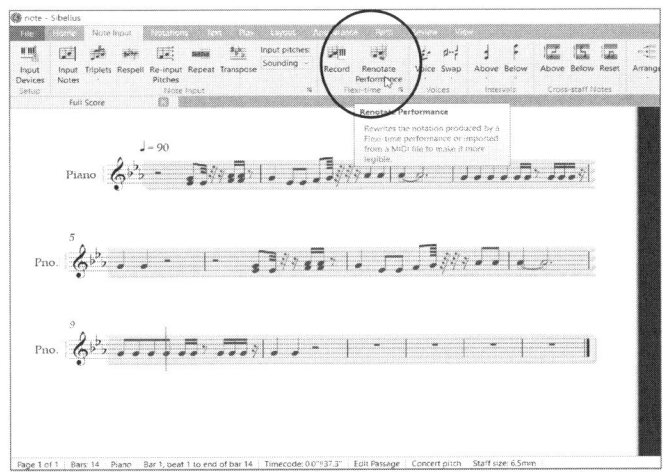

❸ Note input -> Renotate Performance 메뉴를 클릭한다.

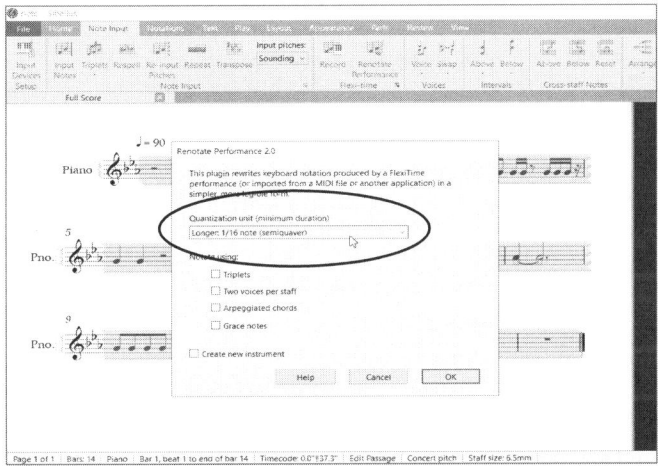

❹ 대화상자에서 1/16 note 옵션을 선택하고, 다른 옵션은 체크하지 않는다.
OK 버튼을 눌러 적용하면 16분음표 길이 이하의 음표는 정돈하겠다는 뜻이다. 여기서 정돈이란 32분 음표 등을 합쳐서 16분 음표나 8분 음표로 만든다는 뜻이다. 물론 멜로디가 완전 파이한 음표끼리를 합칠 수 없고, 같은 음정에서 16분 음표와 16분 음표가 연이어 있다면 이를 합쳐서 8분 음표로 만든다는 뜻이다. 아무래도 악보가 깨끗하게 보일 것이다.

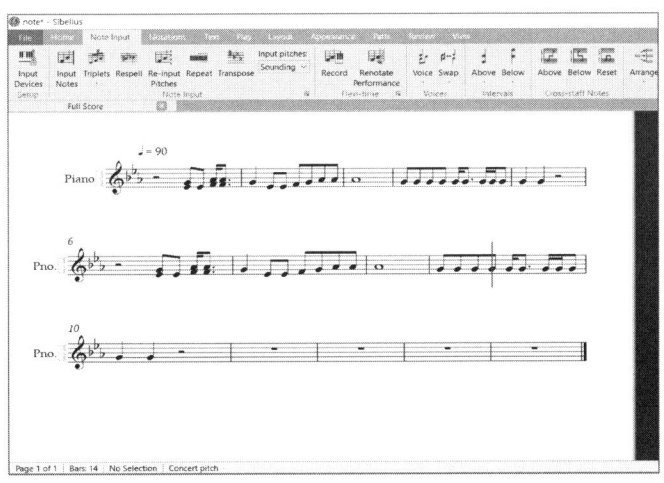

❺ Renotate Performance 메뉴를 실행한 뒤 1/16 note 옵션으로 퀀타이즈(정돈)한 모습이다. 원래 악보보다 깔끔하게 정돈된 것을 알 수 있다.
현재의 악보를 조금 더 정확하게 수정하고 싶다면 지금부터는 수작업으로 수정해야 한다. 삭제할 음표는 삭제하고, 음정이 틀린 음표는 상하로 이동시키는 방법으로 음정을 수정하면 된다.

Part 6. Note Input 메뉴 (음표 입력 메뉴) **281**

CHAPTER 04
Note Input -> Voices 메뉴 (성부 관리)

성부 악보에서 음표들의 보이스(성부)를 다른 성부로 변경하거나 관리할 때 사용한다.

01 Voices -> Voice 메뉴 (성부 교체하기)

성부 악보에서 선택한 음표를 다른 보이스(성부)로 이동시킬 때 사용한다. 예를 들어 1번 성부에 있는 음표를 선택한 뒤 이 메뉴를 클릭하고 2를 선택하면 2번 성부로 이동된다.

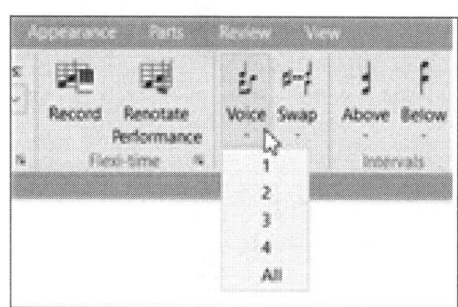

다른 보이스로 이동시키는 모습

02 Voices -> Swap 메뉴 (성부 일괄 교체하기)

성부 악보에서 원하는 보표를 클릭해 선택한 뒤 이 메뉴를 실행하면 1번 보이스에 있는 음표와 2번 보이스에 있는 음표가 서로 성부를 일괄적으로 바꾼다. 예를 들면, 1번 보이스의 음표들은 2번 보이스로 이동하고, 2번 보이스의 음표들은 1번 보이스로 일괄 이동한다.

File -> Open 메뉴로 샘플 'fine.sib' 파일을 불러온다.
예제 그림처럼 하단 음표 아무거나 클릭해 선택하면 키패드에서 1번 보이스 버튼이 On되는 것을 알 수 있다.

이때 2번 보이스 버튼을 클릭하면 선택했던 음표가 2번 보이스로 옮겨간다.

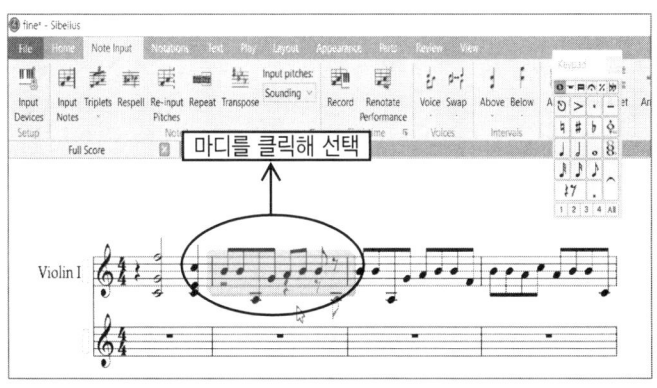

이제 이 악보는 1, 2번 보이스로 구성된 성부악보가 되었다. 여기서 만약 1, 2번 보이스에 있는 음표들의 자리를 서로 바꾸려면 Swap 메뉴를 사용해야 한다. 먼저 서로 보이스를 바꿀 마디를 마우스로 클릭해 선택한다.

Note input -〉 Swap 메뉴를 클릭한 뒤 팝업메뉴에서 Swap 1 and 2를 선택한다. 이렇게 하면 1번 보이스에 음표들과 2번 보이스에 있는 음표들이 서로 성부를 바꾸게 된다. 즉 1번 보이스에 있는 음표들은 2번 보이스로 이동하고, 2번 보이스에 있는 음표들은 1번 보이스로 이동하게 된다.

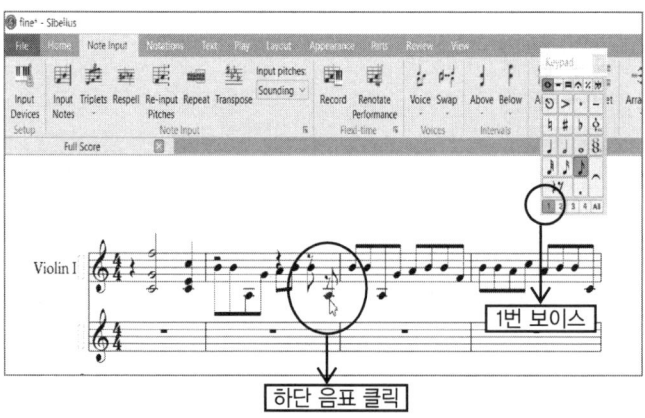

자리를 바꾼 뒤 확인해 보자. 2번 보이스에 옮겼던 아까의 하단 음표를 클릭하면 키패드에서 1번 보이스 버튼이 On 되는 것을 알 수 있다. 또한 다른 음표를 클릭하면 1번 보이스에 있었던 음표가 2번 보이스로 옮겨간 것을 알 수 있다. Swap 메뉴는 이처럼 선택한 마디에 있는 음표들의 성부를 서로 바꿀 때 사용한다.

CHAPTER 05 Note Input -> Intervals 메뉴 (인터벌 메뉴)

메뉴 방식으로 화음(코드)을 입력할 수 있다. 먼저 음표나 마디를 선택한 뒤 Above 또는 Below 메뉴를 적용한다. 해당 음표의 상단 혹은 하단에 음표가 추가되어 화음이 만들어진다.

01 Above 메뉴 (상단에 화음 만들기)

선택한 음의 상단에 새 음표를 추가해 화음을 만드는 기능이다. Unison을 선택하면 같은 음정에, 2nd를 선택하면 1 음정 위에, 3nd를 선택하면 2 음정 위에 새 음표가 추가된다.

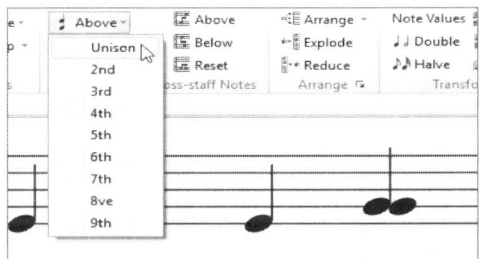
Unison으로 화음을 만든 모습

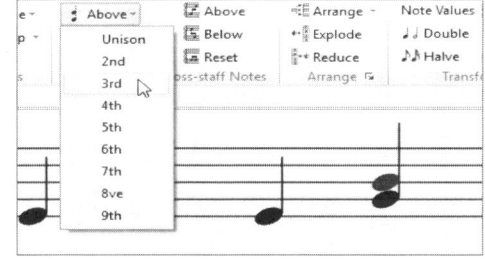
3rd Above로 화음을 만든 모습

02 Below 메뉴 (하단에 화음 만들기)

선택한 음의 하단에 새 음표를 추가해 화음을 만들 수 있다.

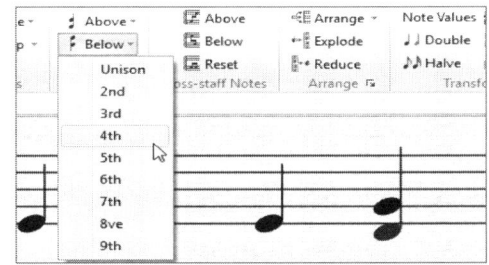
4rd Below 화음을 만든 모습

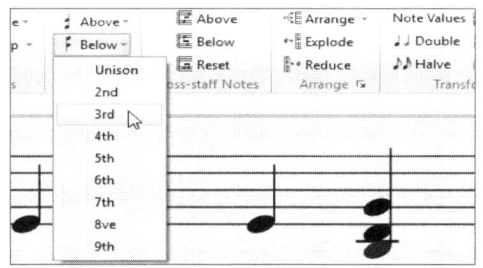
다시 3rd Below 화음을 만든 모습

CHAPTER 06

Note Input -> Cross staff Notes 메뉴
(보표 이동 편집 방법)

큰 보표에서 음표의 위치를 상단 보표(Staff)나 하단 보표(Staff)로 이동시킬 때 사용한다. 이때 두 보표는 같은 악기를 사용하는 보표여야 한다.
Reset 메뉴는 상, 하 보표로 이동시킨 작업을 취소하고 원래대로 되돌리는 기능이다.

01 Above 메뉴 (상단 보표로 이동시키기)

큰 보표에서, 하단 보표에 있는 음표를 상단 보표로 이동시킬 때 사용한다.

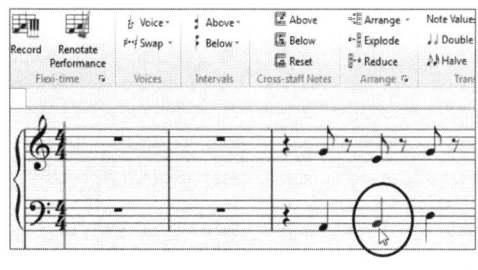
선택한 음표

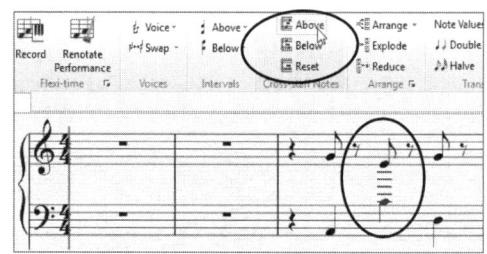
Above 메뉴로 상단 보표로 이동시킨 모습

02 Below 메뉴 (하단 보표로 이동시키기)

큰 보표에서, 상단 보표에 있는 음표를 하단 보표로 이동시킬 때 사용한다.

선택한 음표

Below 메뉴로 하단 보표로 이동시킨 모습

Note Input -> Arrange 메뉴 (오케스트라 편성 악보로 전환하기)

성부(Voice) 또는 화음을 시벨리우스가 자동으로 재배치하는 방식으로 오케스트라 편성 악보를 만드는 기능이다. 150가지의 다양한 스타일을 제공하므로 소스 음악만 있으면 오케스트라 편성처럼 다수의 악기 편성을 가진 악보를 만들 수 있다. 예를 들면 화음이 있는 파트를 선택해 어레인지하면 하프+현악 파트 또는 피아노+바이올린+호른 등으로 구성된 오케스트라 편성 악보를 반자동으로 만들 수 있어 시간을 절감할 수 있다.

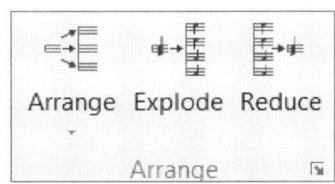

01 Arrange -> Arrange 메뉴 (오케스트라 편성 만들기)

수작업으로 오케스트라 편성 악보를 만드는 기능이다. 이 기능을 사용하려면 원본 소스가 화음을 이룬 음악이거나 2개 이상의 보이스를 가진 음악이어야 한다. 먼저 소스 음악을 하나의 보표에 화음으로 작곡하고, 그 밑에 원하는 악기 편성의 보표를 추가한다.

소스음악을 복사한 뒤 악기 편성을 한 모든 보표를 선택한 상태에서 Arrange 메뉴를 실행하고 스타일을 선택한 뒤 적용한다. 주의할 점은 시벨리우스가 제공하는 150가지 어레인지 스타일에 맞지 않은 악보편성에는 이 기능을 적용하는 것이 까다롭다. 또한 이조악기로 악보를 편성한 경우이거나 타악기로 편성한 악보에도 적용하는 것이 까다롭다.

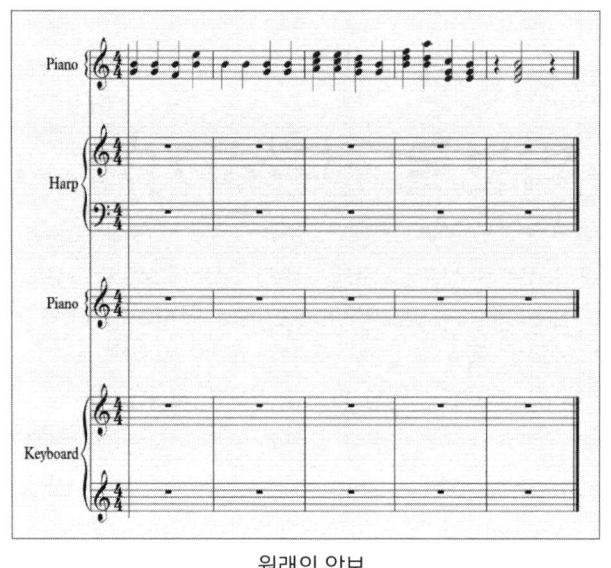
원래의 악보

오케스트라 편성 악보로 만든 모습

02 Arrange -> Explode 메뉴 (화음악보를 오케스트라 편성 악보로 만들기)

앞의 Arrange 메뉴와 비슷한 기능이지만 주로 화음을 가진 보표에서만 사용할 수 있다. 화음을 분리하여 여러 보표에 각각 붙여주는 방식으로 오케스트라 편성 악보를 만들어 주므로 사용법이 훨씬 쉽다. 실행법은 미리 악기편성을 한 보표에 Explode 메뉴로 붙이는 방법과 악기편성없이(빈 보표 없이) Explode 메뉴로 오케스트라 편성 파트를 자동으로 만드는 방법이 있다.

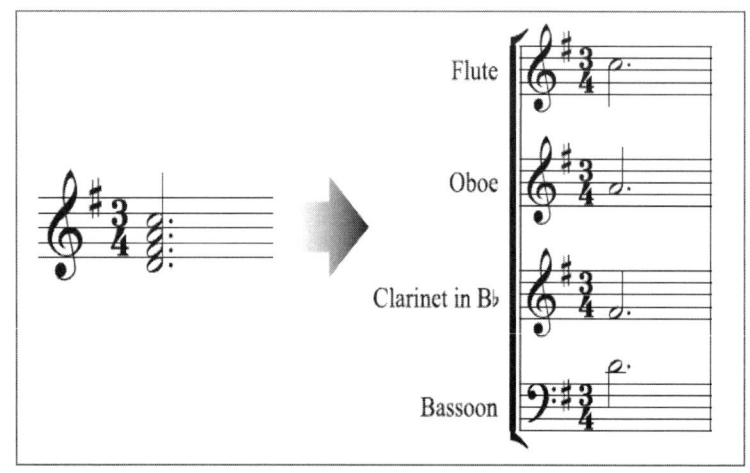

03 Arrange -> Reduce 메뉴 (오케스트라 편성 합치기)

Arrange 메뉴나 Explode 메뉴와는 반대되는 개념으로 선택한 오케스트라 파트를 합쳐서 하나의 단일 보표에 모아 준다.

3개의 오케스트라 파트를 모두 선택한 뒤 Ctrl + C로 복사한다.

상단 비어있는 보표를 선택한다.
Reduce 메뉴를 적용하면 3개의 오케스트라가 합쳐진 뒤 상단 비어있는 보표에 붙여진다.

> **참고**　일반 악보를 오케스트라 편성 악보로 만들기

단순하게 입력된 기본 악보를 Explode 메뉴를 사용해 오케스트라 편성 악보로 만드는 방법이다. 먼저 단순하게 입력한 악보를 만들어 사용하되 반드시 화음으로 만든 멜로디여야 오케스트라 악보로 전환할 수 있다.

예제 파일인 'orch.sib' 파일을 불러온다. 제일 상단 Piano 보표에는 화음을 사용해 멜로디를 입력해 놓았다. Piano 보표 하단에는 미리 만들어놓은 Keyboard, Trobone, Violin 보표가 있다.

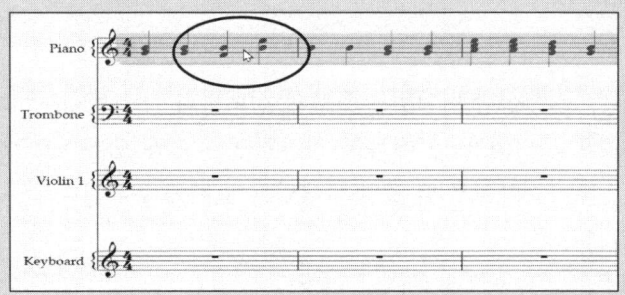

먼저 소스로 사용할 멜로디를 선택해야 한다. 그림처럼 제일 상단 보표를 3회 연속 클릭하면 그 보표가 모두 선택 상태가 된다.

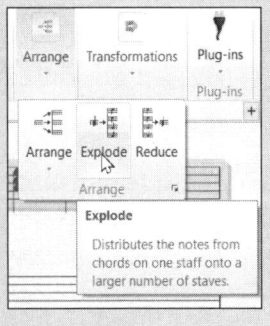

Note input -> Arrange -> Explode 메뉴를 실행한다.

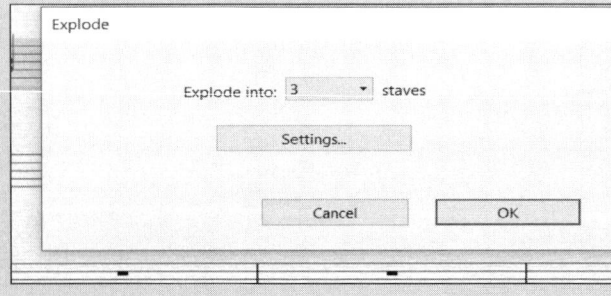

첫 번째 대화상자의 Explode Into 옵션을 3으로 설정하고 OK 버튼을 클릭한다.
이렇게 하면 첫 번째 보표(소스 보표)의 화음들이 3개의 하단 보표로 분리되면서 오케스트라 편성 악보가 만들어진다.

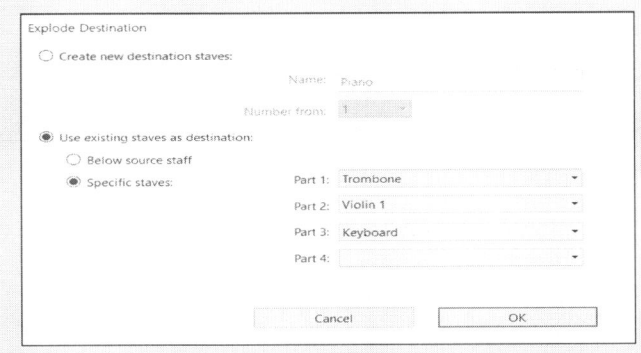

두 번째 대화상자에서 Use Existing stave as Destination 옵션을 선택하고 하단의 Specific staves 옵션을 선택한다.

오른쪽에서 보표 1~4중에서 3개를 선택하는데 Piano 보표는 소스 음악이 있는 보표이므로 선택하지 않고 Keyboard, Trobone, Violin 보표를 선택하면 된다.

대화상자의 OK 버튼을 누르면 Keyboard, Trobone, Violin 보표에 음표들이 붙여진다. 소스 멜로디인 보표1의 화음으로 Keyboard, Trobone, Violin 3개 악기를 가진 오케스트라 편성 악보를 만든 것이다. 마지막으로 소스 보표인 보표1은 필요가 없으므로 삭제한다.

> **TIP** **Explode Destination 대화상자**
>
> Explode Destination 대화상자의 사용법은 다음과 같다.

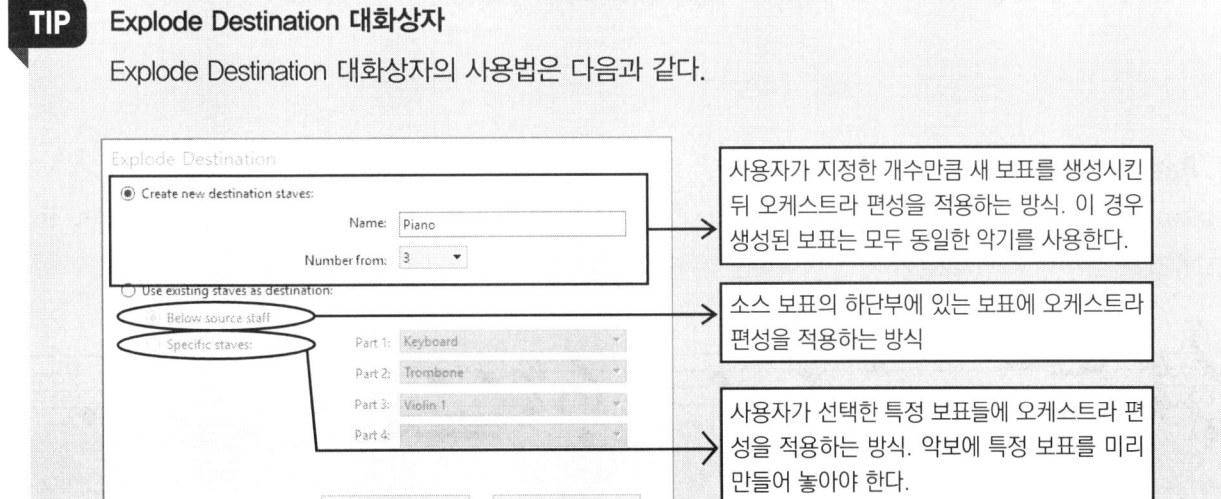

CHAPTER 08. Note Input -> Transformations 메뉴 (트랜스포메이션)

이 메뉴는 음 길이 변경, 멜로디 역행 등의 작업을 메뉴 방식으로 사용하는 기능이다.

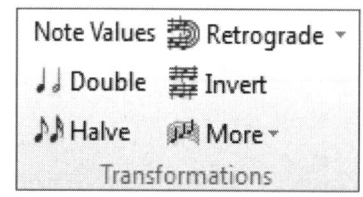

01 Transformations -> Retrograde 메뉴 (멜로디 역행 배치)

멜로디를 역방향으로 역행시키는 기능이다. 3가지 방식으로 사용할 수 있다.

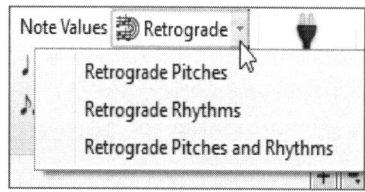

1. Retrograde Pitches 메뉴 (음정 역행 배치)

선택한 마디에 있는 멜로디를 역방향으로 바꾸는 기능이다. 예를 들어 선택한 부분에 1~7개의 음표가 있다고 가정해 보자. 1~7번 음표가 서로 역방향으로 배치된다.

원래의 음정 배치 상태

Retrograde Pitches 메뉴를 적용한 모습

2. Retrograde Rhythms 메뉴 (음길이 역행 배치)

선택한 마디의 음표 음길이를 역방향으로 바꾸는 기능이다. 예를 들어 선택한 부분에 1~7개의 음표가 있다고 가정해 보자. 이때 1번은 16분음표, 7번은 4분음표일 때, 1~7번의 음길이가 서로 역행되어 배치된다.

원래의 음길이 배치 상태

Retrograde Rhythrms 메뉴를 적용한 모습

3. Retrograde Pitches and Rhythms 메뉴 (음정, 음길이 동시 역행 배치)

앞의 Retrograde Pitches 메뉴와 Retrograde Rhythms 메뉴를 동시에 적용해 준다.

원래의 음정

메뉴를 적용한 모습

02 Transformations -> Double 메뉴 (음길이 2배 늘리기)

마디나 보표에 있는 음표와 쉼표들의 음 길이를 2배로 늘리는 기능이다. 이때 음 길이가 늘어나므로 박자표도 자동 변경된다. 작업을 완료하면 자동으로 새 악보창이 열리고 그것에 완료된 결과가 나타난다.

원하는 마디를 마우스 클릭으로 선택한 뒤 Note input -> Transformations -> Double 메뉴를 클릭한다.

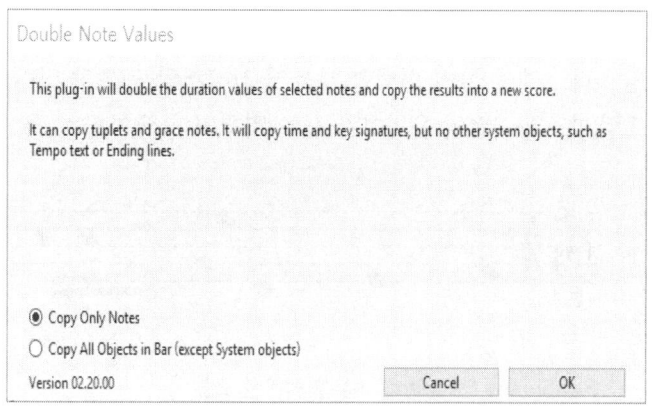

대화상자가 나타나면 Copy Only Notes (노트와 쉼표만 복사) 또는 Copy All Object(심볼도 모두 복사) 중 하나를 선택하고 OK 버튼을 눌러 적용한다.

늘어난 음표는 새 악보창에서 나타난다. 음 길이가 늘어났으므로 박자표도 4분의 4박자에서 2분의 4박자로 변경된 것을 알 수 있다.

03 Transformations -> Halve 메뉴 (음길이 반으로 줄이기)

선택한 마디에 있는 음표와 쉼표의 음 길이를 절반으로 줄이는 기능이다. 이때 전체적으로 음 길이가 절반이 되기 때문에 박자표도 자동 변경된다. 음 길이가 변경된 부분은 복사된 뒤 자동으로 새 악보창에 열린다.

원하는 마디를 선택한 뒤 Note input -> Transformations -> Halve 메뉴를 클릭한다.

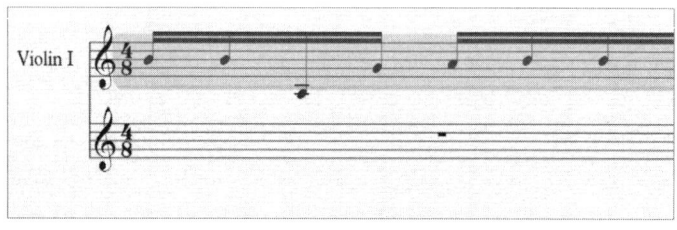

각각의 음표와 쉼표 길이가 절반으로 줄어든 뒤, 새 악보창이 열리면서 자동으로 붙여진다. 음 길이가 줄어들었으므로 박자표도 4분의 4박자에서 8분의 4박자로 변경된 것을 알 수 있다.

04 Transformations -> Invert 메뉴 (옥타브 이동 후 뒤집기)

음표들을 사용자가 지정한 옥타브로 이동시킨 후 음표 모양을 뒤집어준다.

선택한 음표들

3옥타브 C음정으로 이동시킨 모습

대화상자의 사용법은 다음과 같다.

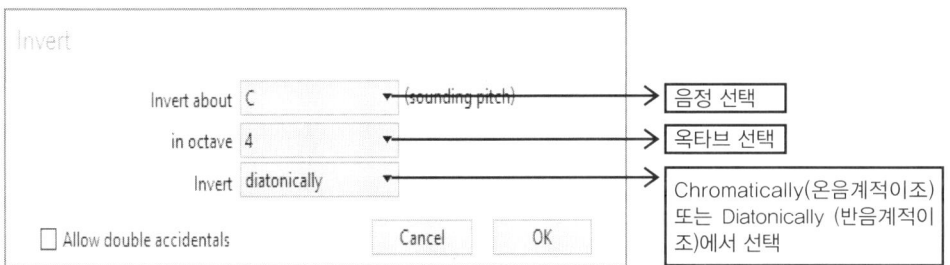

음정 선택
옥타브 선택
Chromatically(온음계적이조) 또는 Diatonically (반음계적이조)에서 선택

05 Transformations -> More 메뉴 (세밀한 음표 변형 메뉴)

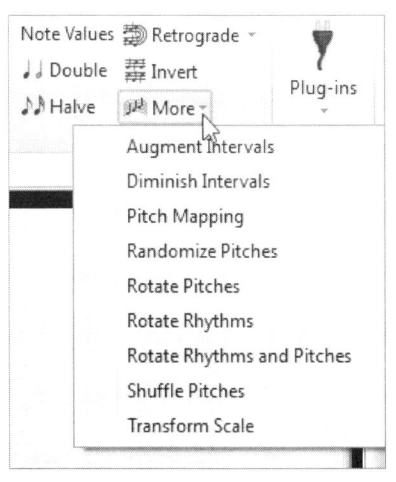

Note Input -> Transformations -> More 메뉴에서는 음표 편집과 관련된 추가 기능을 사용할 수 있다.

Part 6. Note Input 메뉴 (음표 입력 메뉴)

1. Augment Intervals 메뉴 (음정 간격 증가시키기)

선택한 구간의 음표들을 대상으로 음정의 간격을 증가시키는 기능이다. 먼저 마디를 선택한 뒤 이 메뉴를 실행하고 대화상자에서 음정의 증가폭을 지정한다.

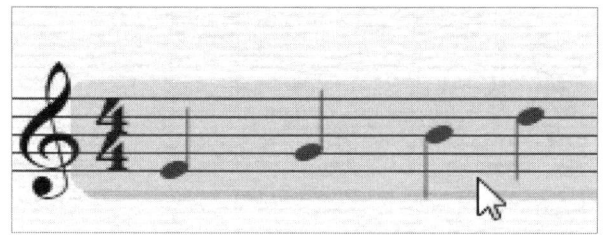

마디를 선택한 모습

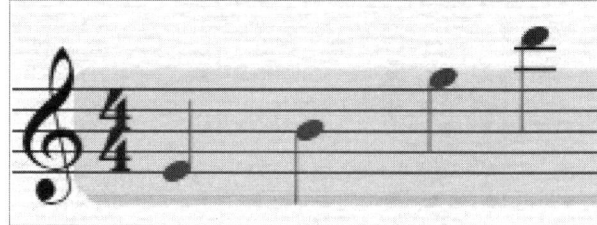

음정 간격을 Major 3rd 만큼 증가시킨 모습

메뉴를 실행하면 다음과 같이 대화상자가 실행되어 증가시킬 음정 간격을 지정할 수 있다.

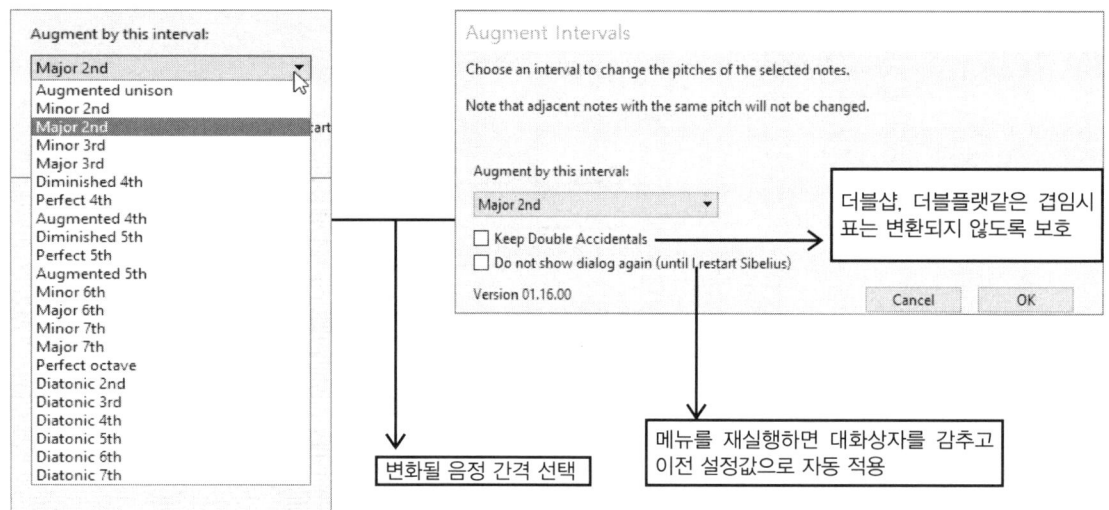

2. Diminish Intervals 메뉴 (음정 간격 감소)

연속된 음표 사이에서 음정 간격을 감소시킨다. 먼저 마디를 선택한 뒤 이 메뉴를 실행하고 대화상자에서 감소시킬 간격을 지정한다. 대화상자의 사용법은 앞의 Augment Intervals 메뉴와 같다.

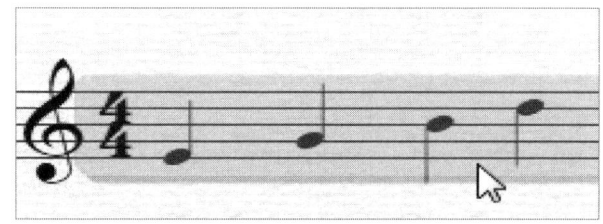

마디를 선택한 모습

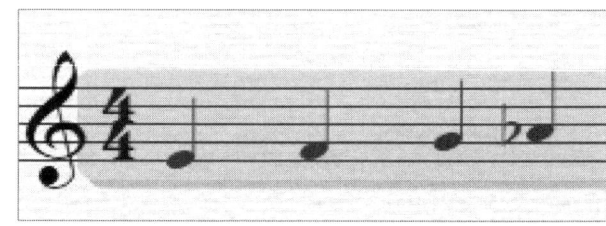

음정 간격을 Major 2nd 만큼 감소시킨 모습

3. Pitch Mapping 메뉴 (원래 음정을 맵핑해 변경시키기)

선택한 구간의 음표들의 음정을 임시로 다른 음정으로 맵핑할 수 있다. 예를 들어 C(도)를 F(파)로 맵핑하면 보표상에서 C에 있던 음표가 F로 자동 이동된다. 작업할 마디를 선택한 뒤 이 메뉴를 실행하고 대화상자에서 원하는 형태로 맵핑하면 해당 마디에서 음표들이 맵핑된 위치로 이동된다.

예를 들어 원래 음정 C/B#/Dbb 항목에서 F를 선택하면 C, B샵, D더블플랫 음정이 F 음정으로 바뀌게 된다. 만일 C, B샵, D더블플랫마다 각각 다르게 음정을 연결하려면 More Option 버튼을 클릭한다.

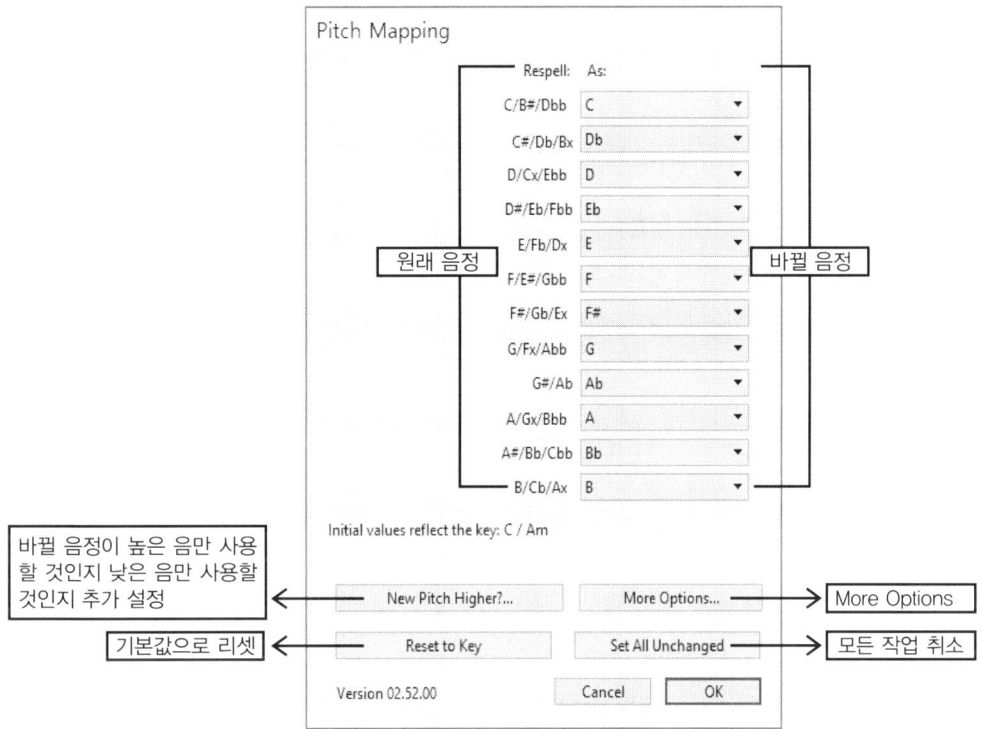

4. Randomize Pitches 메뉴 (랜덤으로 음계 변화시키기)

음표들의 음계를 무작위로 변화시킨다. 이 메뉴를 실행할 때 마다 무작위로 음표들의 음계가 변화된다.

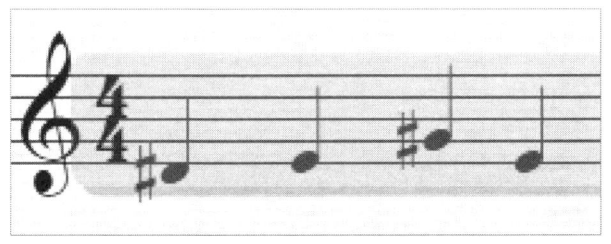

마디를 선택한 모습

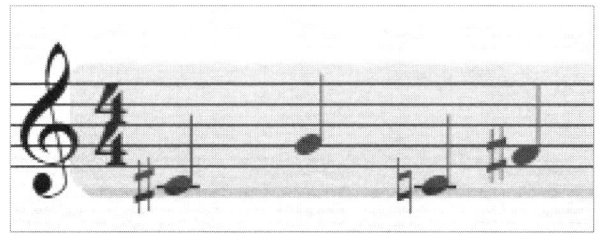

무작위로 음정이 변화된 모습

5. Rotate Pitches 메뉴 (음표 회전 이동)

음표들을 한 단계씩 오른쪽으로 이동시키는 기능이다. 이때 맨 뒤에 있는 음표는 맨 앞으로 이동되기 때문에 음표들이 오른쪽으로 한 단계씩 회전하는 효과가 있다. 마디를 선택한 뒤 메뉴를 실행하면 한 단계씩 음표들이 옆으로 이동된다.

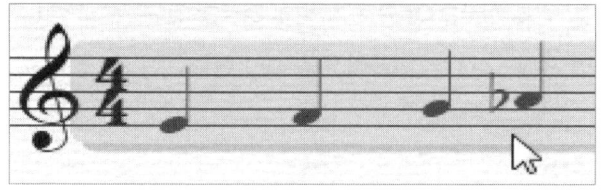
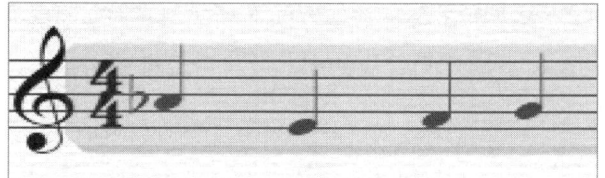

마디를 선택한 모습 　　　　　　　　　　　음표들이 오른쪽으로 한 단계씩 회전된 모습

6. Rotate Rhythms 메뉴 (음길이 회전 이동)

음길이를 한 단계씩 오른쪽으로 이동시키는 기능이다. 이때 맨 뒤에 있는 음표의 음길이는 맨 앞 음표의 음길이로 이동되기 때문에 음길이가 오른쪽으로 한 단계씩 이동하는 효과가 있다. 마디를 선택한 뒤 메뉴를 실행하면 한 단계씩 음길이가 옆으로 이동한다.

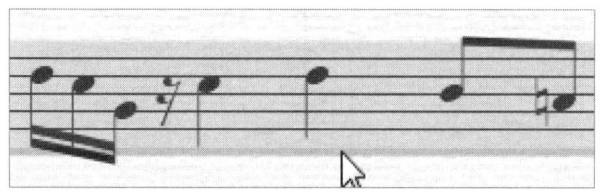
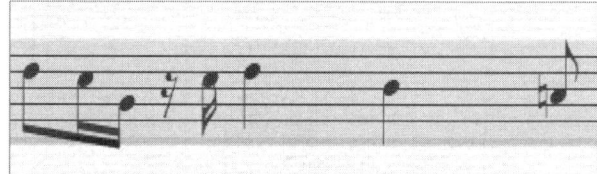

마디를 선택한 모습 　　　　　　　　　　　음길이가 오른쪽으로 한 단계씩 이동한 모습

7. Rotate Rhythms and Pitches 메뉴 (음정과 음길이 회전 이동)

위의 Rotate Pitches 메뉴와 Rotate Rhythms 메뉴를 동시에 적용할 때 사용한다. 음정 위치와 음길이가 오른쪽으로 한 단계씩 이동하는 효과가 있다.

8. Shuffle Pitches 메뉴 (음정 뒤섞기)

해당 마디 안에 있는 음정들끼리 뒤섞는 기능이다. 마디를 선택한 뒤 메뉴를 실행하면 해당 마디에 있는 음정들이 뒤섞인다.

마디를 선택한 모습 　　　　　　　　　　　메뉴를 적용해 음정을 뒤섞은 모습

9. Transform Scale 메뉴 (스케일 변경하기)

사용자가 원하는 스케일로 변경할 때 사용한다. 작업할 마디를 선택한 뒤 메뉴를 실행하면 대화상자가 실행된다. 대화상자에서 원하는 '새 스케일'을 선택하면 해당 스케일이 적용된다. 예를 들어 작업중인 마디에 Blues 스케일을 적용하면 블루스 풍의 리듬감 있는 음악으로 스케일이 바뀌게 된다.

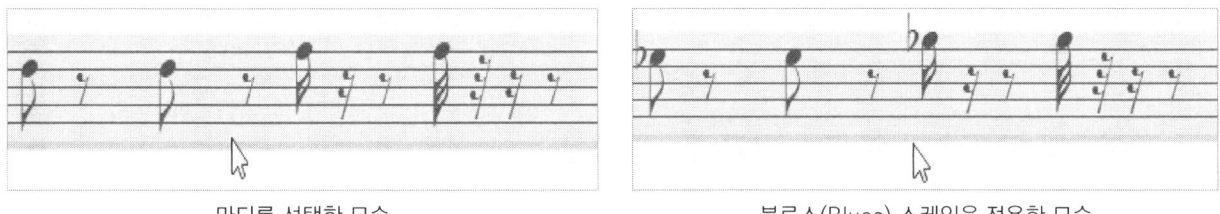

마디를 선택한 모습 / 블루스(Blues) 스케일을 적용한 모습

대화상자에서 '새 스케일'을 클릭해 원하는 스케일을 선택하면 스캐일이 맵핑된 모습이 오른쪽 맵핑창에 나타난다. 때에 따라 맵핑창에서 세부 맵핑 상태를 개별적으로 수정할 수도 있다. OK 버튼을 누르면 선택한 마디에 새 스케일이 적용되어 음표 위치에 변화가 생긴다.

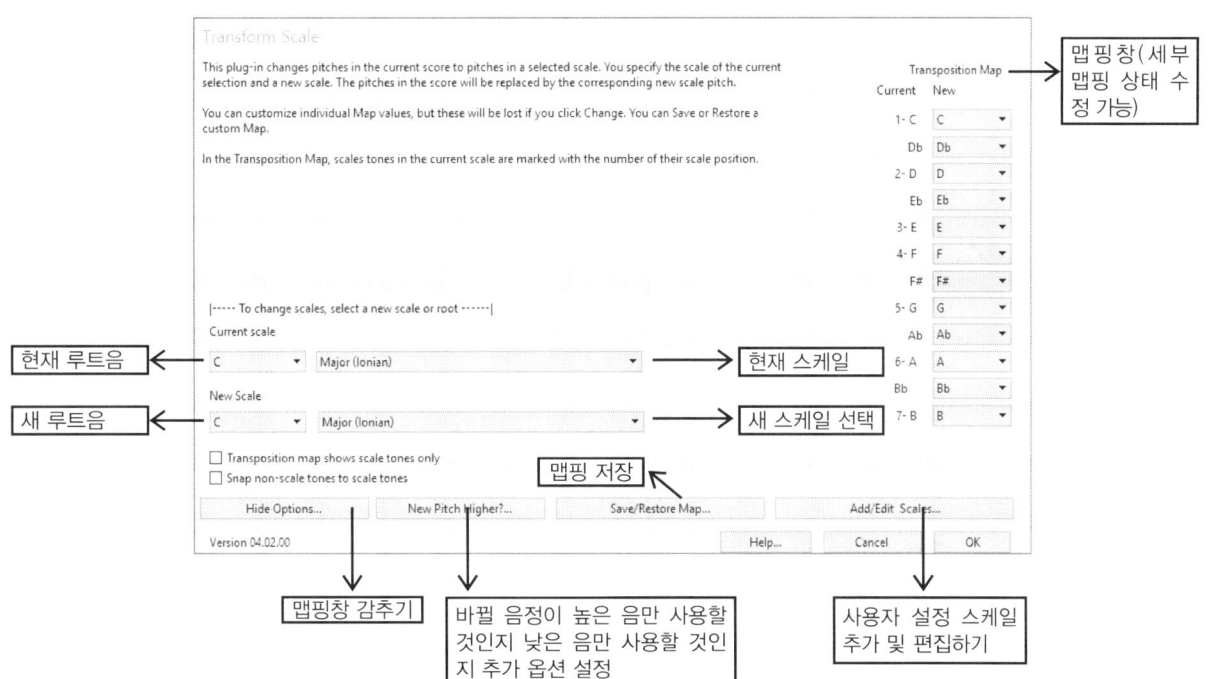

따라하기   음악의 분위기(스케일) 바꾸기

Transform Scale 메뉴는 장조(Major) 음악을 단조(Minor) 음악으로 변경하거나, 곡의 스케일을 변경할 목적으로 사용한다. 간단히 말해 곡조의 분위기를 변경하고 싶을 때 유용하다.

❶ 예제 'Sonata.sib' 파일을 불러온다. 스페이스 바를 눌러 곡을 연주하면 장조(Major)로 입력된 밝은 분위기의 소나타 곡을 감상할 수 있다. 이 곡을 한번에 어두운 풍으로 변경해 보자.

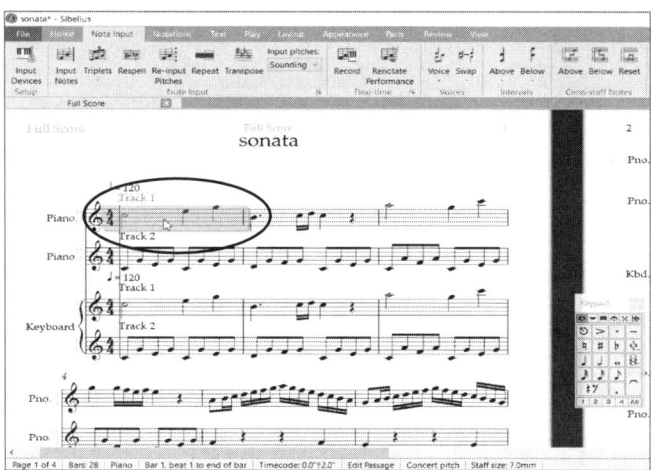

❷ 컴퓨터 키보드의 Esc 키를 눌러 선택 툴로 전환한다. 첫 번째 마디를 클릭해 선택한다.

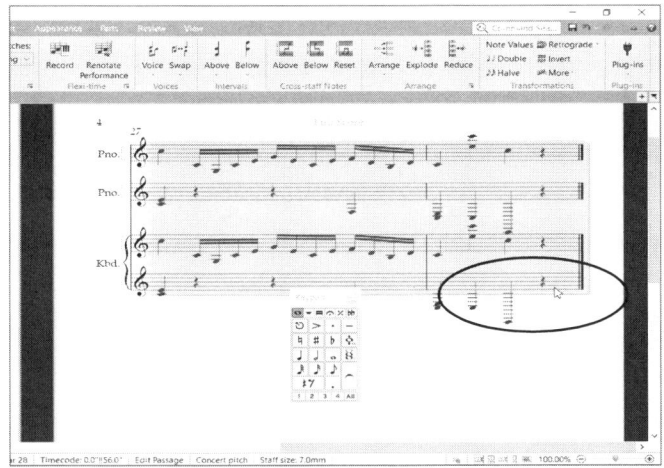

❸ 마지막 마디를 Shift + 클릭하면 전체 마디가 파란색으로 선택된다.

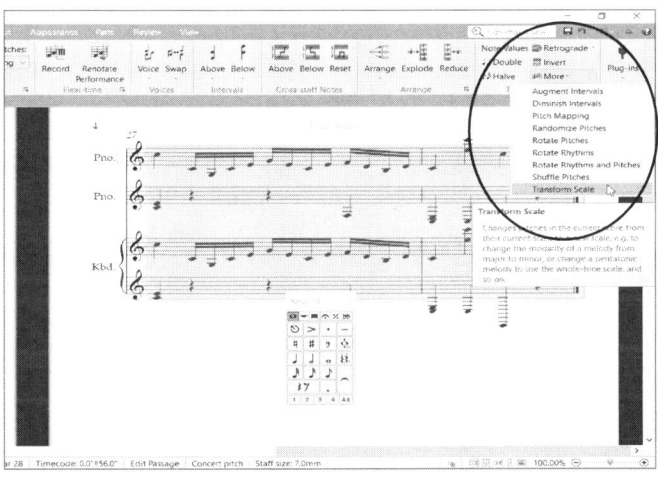

❹ Note Input -> More -> Trasform Scale 메뉴를 실행한다.

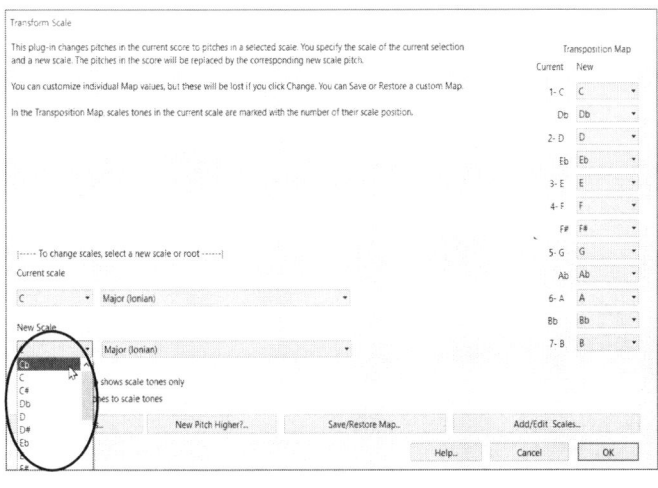

❺ New Scale 옵션에서 루트음 버튼을 클릭해 원하는 루트음(근음)을 선택한다. 여기서는 마이너 곡조로 가기 위해 C플랫(Cb)을 선택한다.

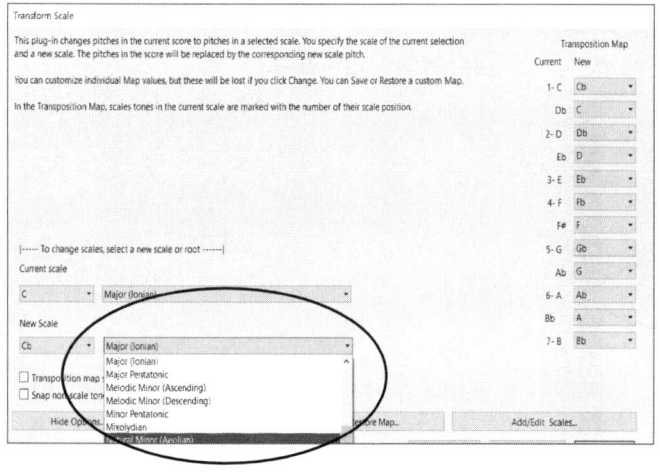

❻ New Scale 옵션에서 스케일 버튼을 클릭해 원하는 스케일을 선택한다. 여기서는 'Natural Minor'를 선택했다.

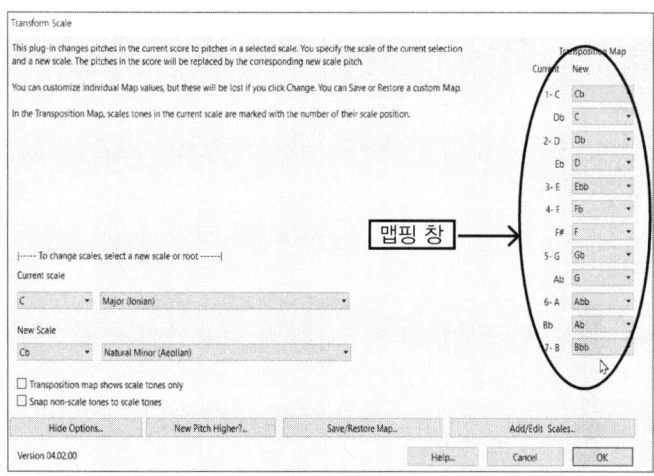

❼ 오른쪽 맵핑창을 보면 현재의 음이 어떻게 변했는지 파악할 수 있다.
하단 OK 버튼을 눌러 작업을 적용한다.

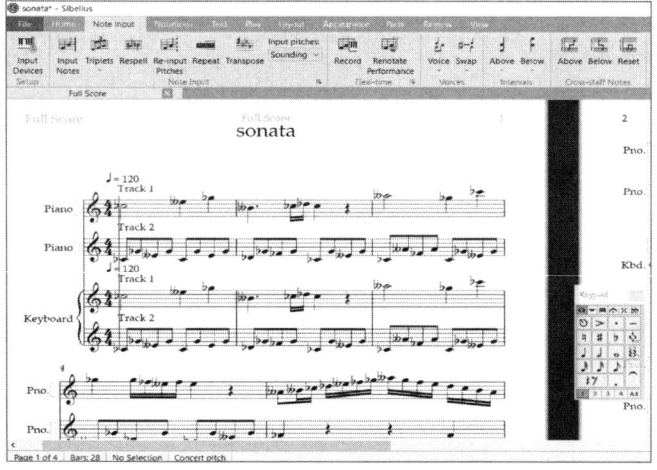

❽ 악보를 보면 C플랫의 내츄럴 마이너 스케일이 적용된 것을 알 수 있다.
스케일을 변경했으므로 음악의 곡조도 달라진다.
밝은 풍의 소나타 곡이 조금 어두운 풍의 소나타 곡이 되었다.

CHAPTER 09 Note Input -> Plug ins 메뉴

Note Input -> Plug ins 메뉴에는 음표 입력 및 음표 편집에 사용할 수 있는 자동화 기능들이 있다. 예를 들면 임시표를 추가하거나 노트 모양을 자동으로 변경할 수 있고, 드럼 악보를 자동으로 생성시키는 기능을 사용할 수 있다.

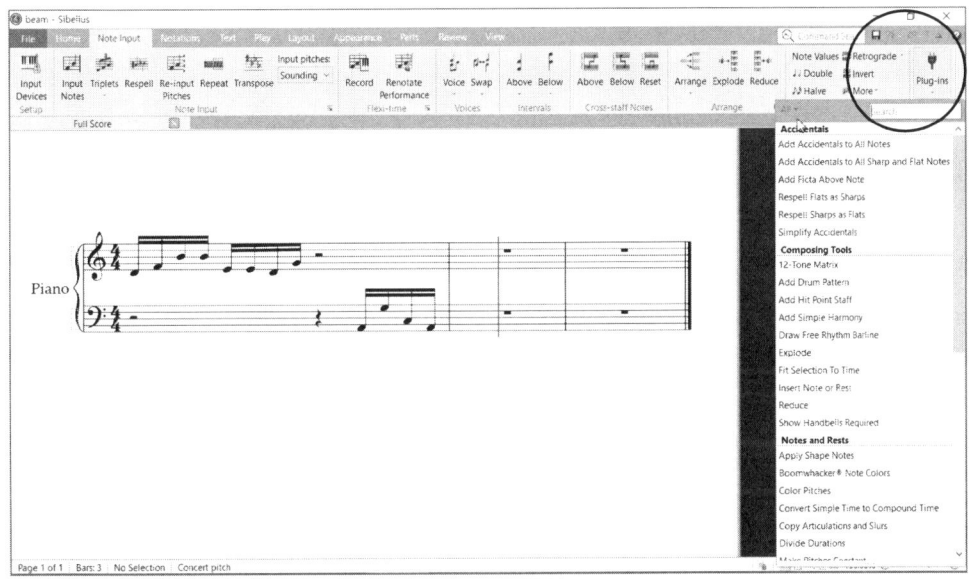

Note Input → Plug ins 메뉴

01 Add Accidentals to All Notes 메뉴 (모든 음표에 임시표 추가하기)

마디를 선택하거나 일부 구간을 선택하고 실행한다. 기존 임시표의 존재 유무와 상관없이 선택한 구간에 있는 모든 음표마다 강제적으로 임시표를 추가한다. 작업을 적용한 뒤 임시표가 음표 등과 겹치는 현상이 발생할 때는 Appearance -> Reset Note Spacing 메뉴로 정돈한다.

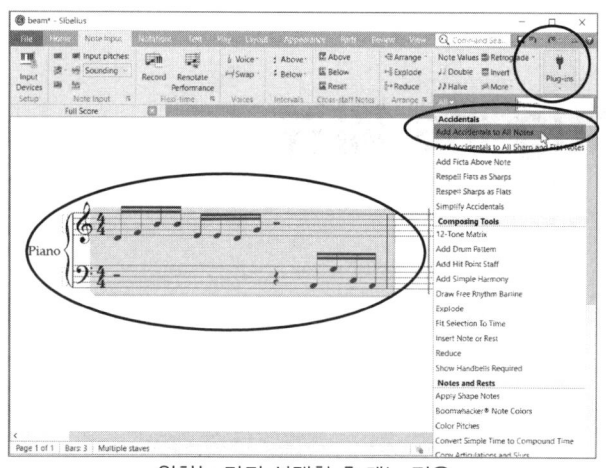
원하는 마디 선택한 후 메뉴 적용

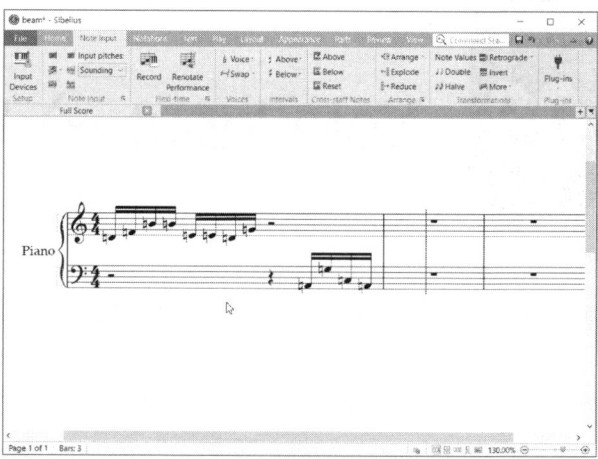
메뉴를 적용한 모습

02 Add Accidentals to All Sharp and Flat Notes 메뉴 (빠진 임시표 추가하기)

이 메뉴는 임시표가 붙어있는 선행 음표와 동일한 줄에 있는 음표 중 임시표가 빠져있는 음표를 찾아 임시표를 붙일 때 사용한다. 임시표를 붙일 구간이나 마디를 선택한 뒤 이 메뉴를 실행한다.

임시표가 빠진 음표들

메뉴를 적용해 선행에 맞게 임시표를 붙인 모습

03 Add Ficta Above Note 메뉴 (무지카 픽타 임시표)

고전음악 이전의 대위법적 악보에서 사용된 Musica ficta(무지카 픽타) 기법으로 임시표를 붙이는 기능이다. 메뉴를 실행하면 음표 앞에는 Hide 기법으로 임시표가 붙여지고, 해당 음표 상단에는 작은 크기로 임시표가 붙여진다. 음표를 선택한 뒤 이 메뉴를 실행한다.

음표를 선택한 모습

메뉴를 적용한 모습

메뉴를 실행한 뒤 대화상자에서 붙이고 싶은 임시표를 선택할 수 있다. 샵(#), 플랫(b), 제자리표(Natural) 중에서 선택한다.

04 Respell Flats as Sharps 메뉴 (샵으로 바꾸기)

악보에서 플랫(b)을 찾아서 샵(#)으로 바꿔준다. 음표를 선택하거나 마디를 선택한 상태에서 이 메뉴를 실행한다.

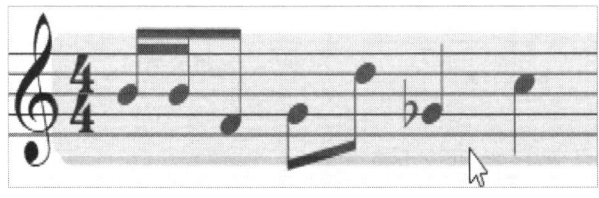
플랫이 붙어있는 음표

샵으로 바꾼 모습

05 Respell Sharps as Flats 메뉴 (플랫으로 바꾸기)

악보에서 샵(#)을 찾아서 플랫(b)으로 바꿔준다. 음표를 선택하거나 마디를 선택한 상태에서 이 메뉴를 실행한다.

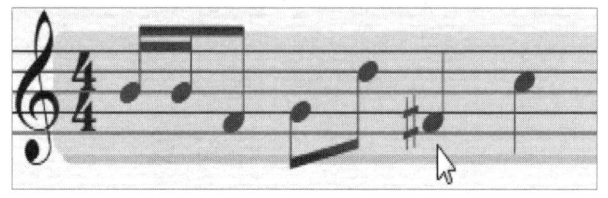
샵이 붙어있는 음표

플랫으로 바꾼 모습

06 Simplify Accidentals 메뉴 (임시표 단순화하기)

임시표가 복잡하게 있는 악보에서 임시표를 단순화시켜 깔끔한 악보로 정돈해 준다. 조표를 기반으로 작업이 적용되기 때문에 임시표를 정돈한 뒤에도 멜로디 면에서는 거의 변화가 없다. 먼저 작업을 적용할 마디를 선택한 뒤 이 메뉴를 적용한다.

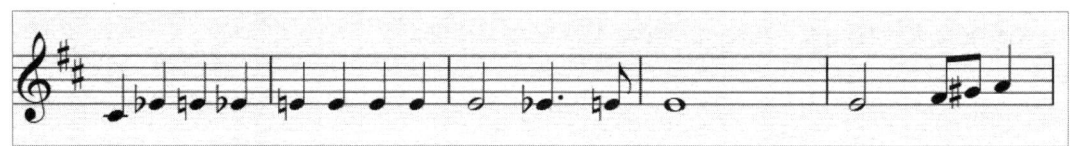
전체 마디 선택

작업을 적용해 조표를 기반으로 임시표를 정리한 모습

07 | 12-Tone Matrix 메뉴 (12음열 매트릭스)

쇤베르크가 창시한 12음 기법으로 음악을 만들 때 사용한다. 12음 음악은 기본적으로 하나의 옥타브 안에 12개의 음계를 사용하며, 12개의 음계는 0~11까지의 번호가 붙어있다. 메뉴를 실행하면 대화상자가 실행되는데 Type 항목에 0~11까지의 12개 번호를 특별한 순서로 입력하되, 숫자와 숫자 사이는 스페이스바로 띄어서 입력한다. 이때 반드시 0~11까지의 숫자를 모두 사용해야 하며, 어떤 번호 하나를 중복으로 사용할 수 없다. 그런 뒤 Type Row 버튼을 클릭하면 입력한 12개의 숫자 순서를 계산하여 12-Tone Matrix 창이 채워진다. 이후 Rows in Notation 버튼을 클릭하면 12음을 사용한 악보가 만들어진다.

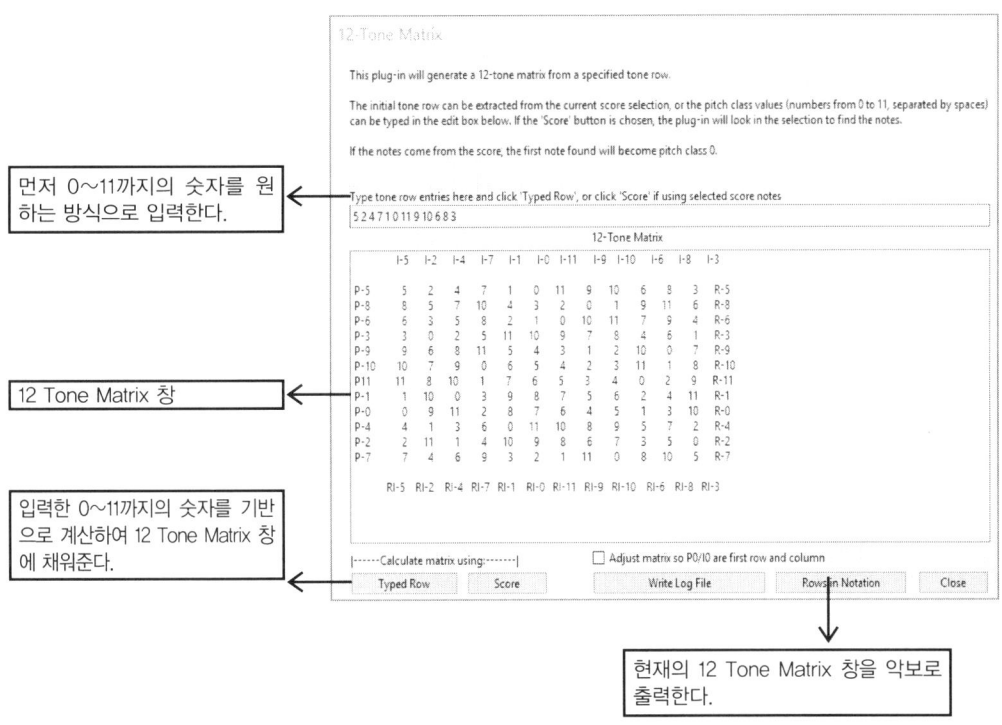

먼저 0~11까지의 숫자를 원하는 방식으로 입력한다.

12 Tone Matrix 창

입력한 0~11까지의 숫자를 기반으로 계산하여 12 Tone Matrix 창에 채워준다.

현재의 12 Tone Matrix 창을 악보로 출력한다.

> **TIP** 12음 악보에서 데이터 가져오기
> 12음 악보가 있다면 보표를 모두 선택한 뒤 Score 버튼을 클릭해 12 Tone Maxtrix 창으로 데이터를 가져올 수 있다.

다음은 위 대화상자의 설정대로 작곡된 12음 기법 음악이다.

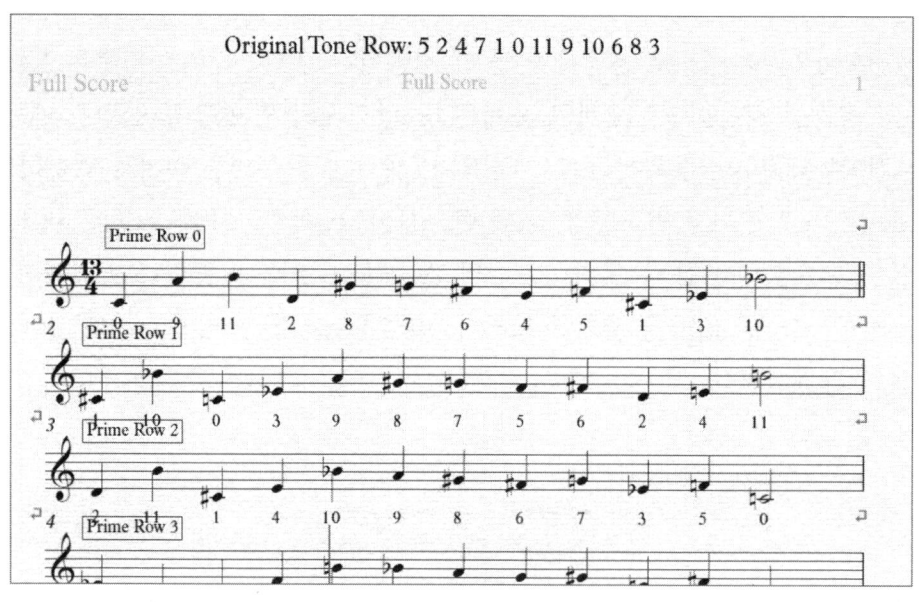

현대음악 작곡 기법의 하나인 12음 음악

> **TIP** **12음 음악**
> 12음 음악은 0~11까지 12개의 숫자를 모두 사용하되 숫자를 배열하는 방식은 매우 복잡하고 여러 가지 원칙이 있다. 자세한 12음 작곡 기법에 대해서는 현대음악 작곡법을 다룬 전공서를 참고한다.

08 Add Drum Pattern 메뉴 (드럼 파트 쉽게 작곡하기)

Note Input -> Plug ins -> Add Drum Pattern 메뉴는 악보에 자동으로 드럼 파트를 만들 때 사용한다. 대화상자에서 24개의 드럼 패턴을 제공하므로 원하는 패턴으로 드럼 파트를 만들 수 있다. 드럼 파트는 악보의 상단에 드럼 보표로 삽입된다.

마디를 선택해 적용하면 해당 마디에만 드럼 파트가 만들어지고, 선택한 구간이 없을 경우에는 전체 악보에 드럼 파트가 만들어진다.

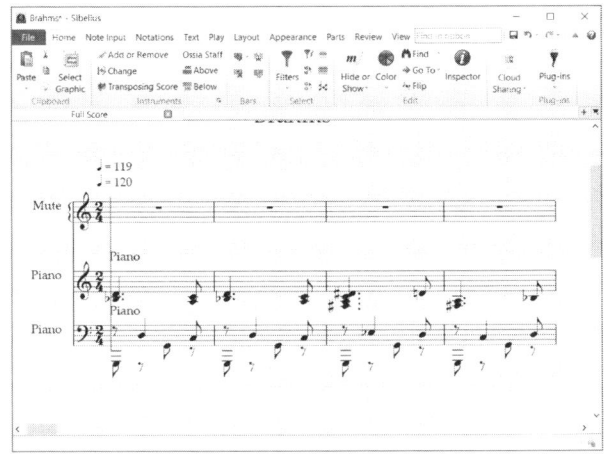

| 드럼 파트가 없는 악보 | 드럼 파트가 만들어진 모습 |

메뉴를 실행하면 다음과 같이 대화상자가 실행된다.

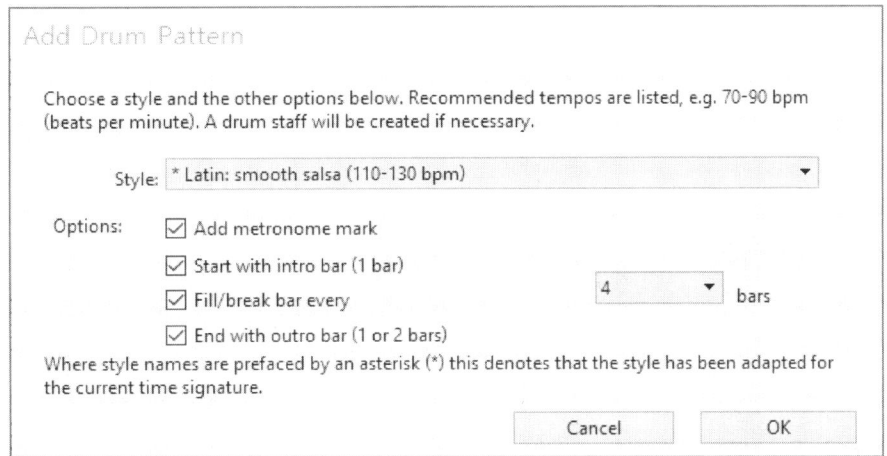

1. Style : 24개의 드럼 패턴이 제공된다. 작업중인 곡의 분위기에 맞는 드럼 패턴을 선택하면 된다.
2. Add metronome mark : 메트로놈 마크를 추가한다.
3. Start with intro bar(1 bar) : 곡의 시작지점에 1바 길이만큼 드럼 시작 패턴(인트로)이 채워진다.
4. Fill/break bar every 4 bar : 드럼 Fill이 4마디 간격으로 나타난다. 마디 간격을 변경할 수 있다.
5. End with outer bar(1 or 2 bars) : 드럼 연주의 종료부를 곡의 끝 1~2마디에서 삽입한다.

따라하기 | 드럼 파트 자동으로 작곡하기

Note Input -> Plug ins -> Add Drum Pattern 메뉴로 드럼 파트를 자동으로 만들어보자.

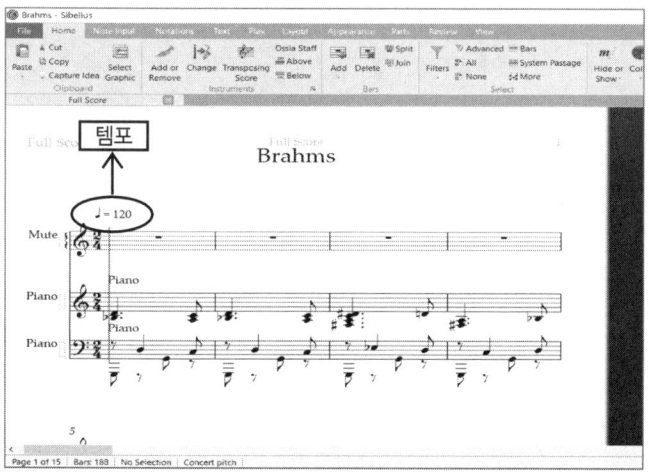

❶ File -> Open 메뉴로 'brahms.sib' 파일을 불러온다. 악보의 왼쪽 상단을 보면 알 수 있듯 곡의 템포가 120임을 알 수 있다.
Ctrl + [키를 눌러 곡의 처음으로 이동한 뒤 스페이스바를 눌러 곡을 연주해본다. 브람스의 곡이다.

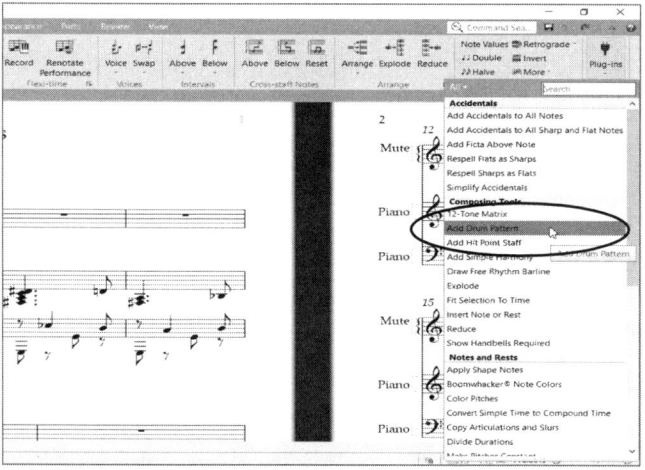

❷ Note Input -> Plug ins -> Add Drum Pattern 메뉴를 실행한다.

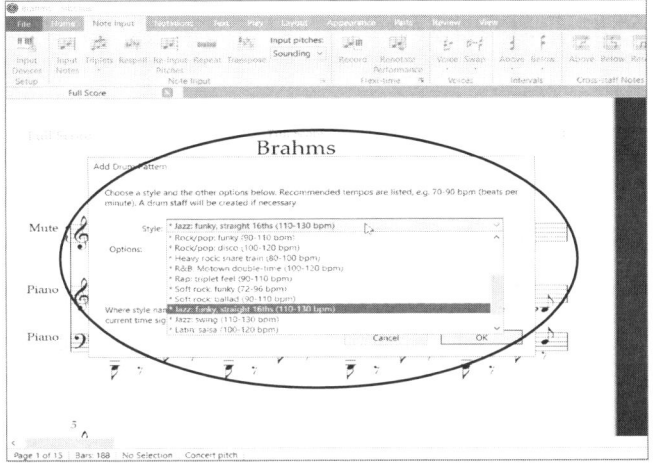

❸ 앞에서 살펴봤듯 곡의 템포가 120이므로 드럼 패턴의 템포도 120bpm을 가지고 있는 것이 박자도 알맞다.

Style 옵션을 클릭해 똑같은 템포의 드럼 패턴이 있는지 확인해본다. 똑같은 템포의 패턴이 없으므로 비슷한 것을 고르는데 여기서는 'Jazz::Funky Straight 16ths (110-130bpm)'를 선택했다.

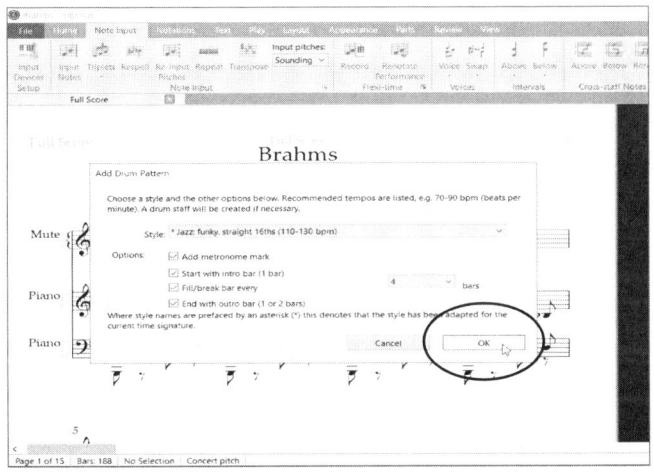

❹ OK 버튼을 눌러 대화상자를 닫는다.

❺ 보표 상단에 드럼 보표가 만들어진 것을 알 수 있다.

Ctrl + [키를 눌러 곡의 처음으로 이동한 뒤 스페이스바를 눌러 곡을 연주하면 드럼 연주가 들리는 것을 알 수 있다.

09 Add Hit Point Staff 메뉴 (히트포인트 보표 만들기)

히트포인트 보표는 비디오 영상과의 싱크 지점을 지정하기 위해 만들거나, 악보의 특정 위치를 강조하거나, 악보의 특정 위치를 손쉽게 찾을 목적으로 만든다. 일반적으로 히트포인트 마크와 함께 사용하면서 히트포인트 마크를 이동시키는 기능으로도 활용한다.

먼저 Play -> Hit Point 메뉴로 플레이백 라인이 있는 곳에 히트포인트 마크를 삽입한다.
플레이백 라인이란 곡의 연주 위치를 알려주는 녹색 라인을 말한다.

Note Input -> Plug ins -> Add Hit Point Staff 메뉴를 적용하면 히트포인트 보표가 만들어진다.
이때 히트포인트 마크가 있는 하단에는 'X머리 음표'가 삽입되는데, X머리 음표를 좌우로 드래그하면 히트포인트 마크와 마디가 함께 움직이면서 마디 너비를 조절하는 효과도 생긴다.

> **TIP** 히트포인트 보표를 삭제하려면 히트포인트 보표를 3회 연속으로 클릭해 모두 선택한 뒤 Del 키를 눌러 삭제한다.

10 Add Simple Harmony 메뉴 (자동으로 화음 만들기)

Note Input -> Plug ins -> Add Simple Harmony 메뉴는 보표나 마디의 하단에 자동으로 화음(Chord)을 만들 때 사용한다. 선택 구간이 없을 경우 전체 보표 하단에 화음이 만들어진다.

작업할 보표

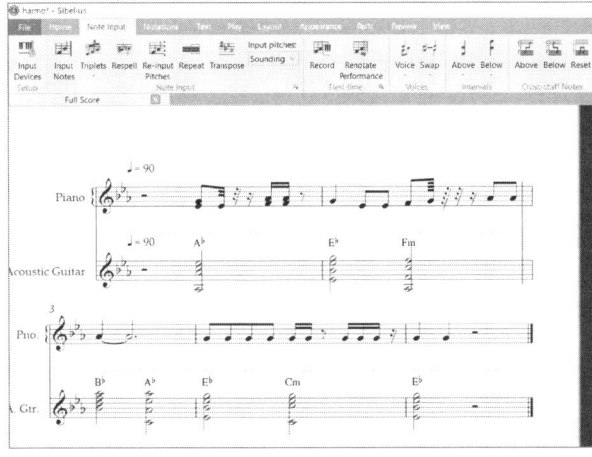
화음(보표)이 생성된 모습

메뉴를 실행하면 대화상자에서 화음 스타일을 지정할 수 있다.

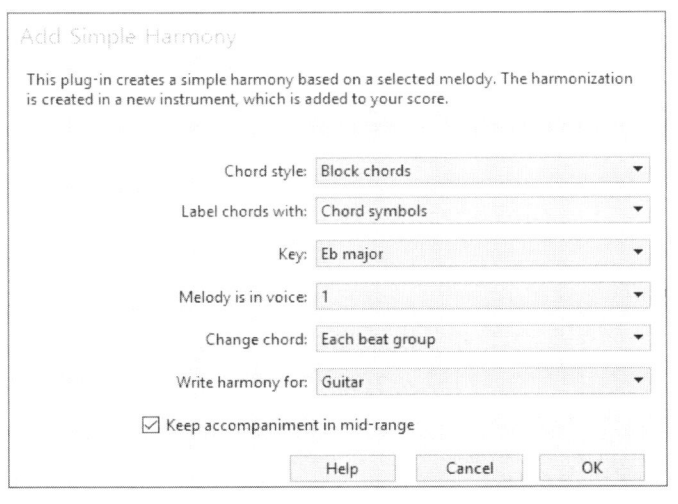

1. Chord style : 화음의 스타일을 선택한다.

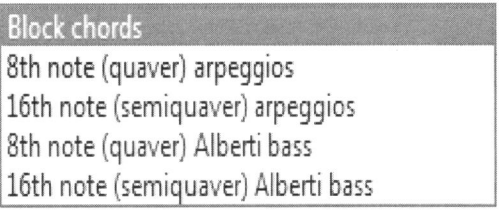

2. Label chords with : 생성되는 화음과 함께 표기되는 라벨의 모양을 선택한다. 일반적으로 Chord symbols을 선택한다.

3. Key : 키(조성)를 선택한다. 키는 음악에 따라 자동으로 붙지만, 마이너 키의 경우 수작업으로 변경한다. 예를 들어 E minor인 경우 G Major로 지정한다.
4. Melody in voice : 성부가 있을 경우 어느 성부에 화음을 붙여 넣을지 결정한다.
5. Change chord : 코드의 길이를 마디 단위나 박자 단위에서 선택할 수 있다. 일반적으로 Each beat group 단위를 선택한다.

6. Write harmony for : 화음이 사용할 악기를 선택한다. 기본적으로 어쿠스틱 기타를 사용한다.
7. Keep accompaniment in mid-range : 작곡중인 음악의 음역대가 넓을 경우 화음의 음정 폭도 넓게 형성된다. 이 옵션을 켜면, 음역대가 넓은 경우에도 가운데 음 위주의 화음이 만들어지므로 더 좋은 화음이 된다.

11 Draw Free Rhythm Barline 메뉴 (마디선 인위적 만들기)

음표 위치에서 마디를 양쪽으로 나누는 마디선(바라인)을 삽입한다. 대화상자에서 마디선 옆에 박자표를 넣을 것인지 지정할 수 있다.

선택한 음표

바라인을 만든 모습

12 Fit Selection to Time 메뉴 (선택한 구간의 템포 조절)

선택한 구간의 템포를 사용자가 입력한 타임코드나 길이에 맞게 조절해 준다. 곡을 연주하면 변경된 템포로 곡이 연주된 뒤, 해당 구간을 지나면 원래 템포로 돌아온다.

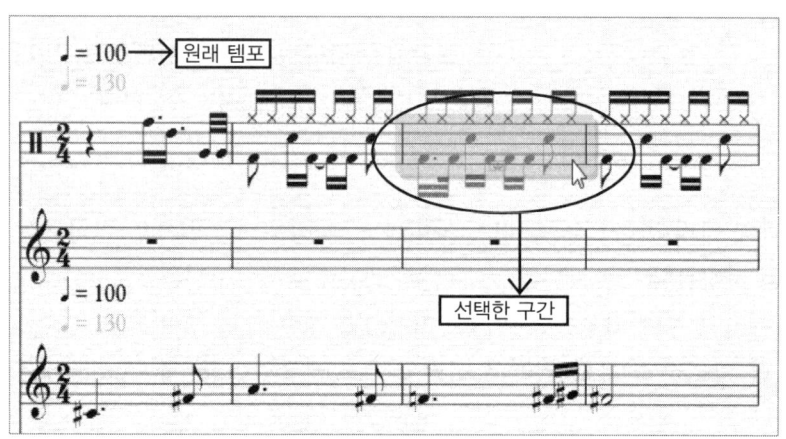

먼저 템포를 변경할 마디 또는 구간을 선택한다.

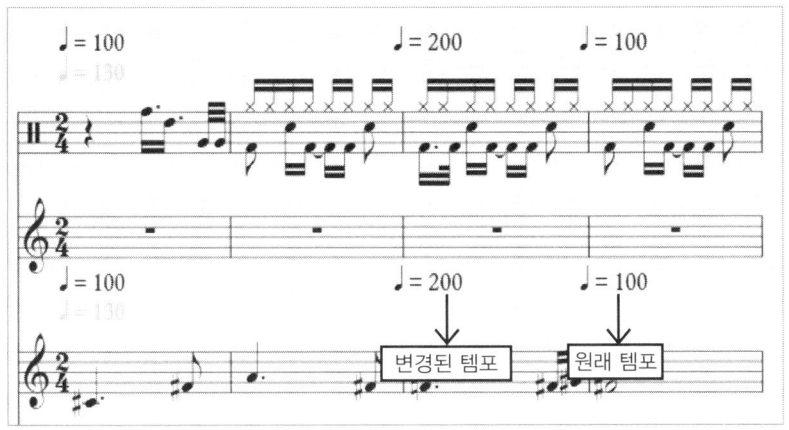

메뉴를 적용해 선택 구간의 템포를 변경한 모습이다. 선택 구간의 시작점에 새로 적용한 템포가 나타나고, 선택 구간 종료점에서 원래 템포로 돌아간다.

메뉴를 실행하면 나타나는 대화상자는 선택 구간의 템포를 상세히 조절하게 해 준다.

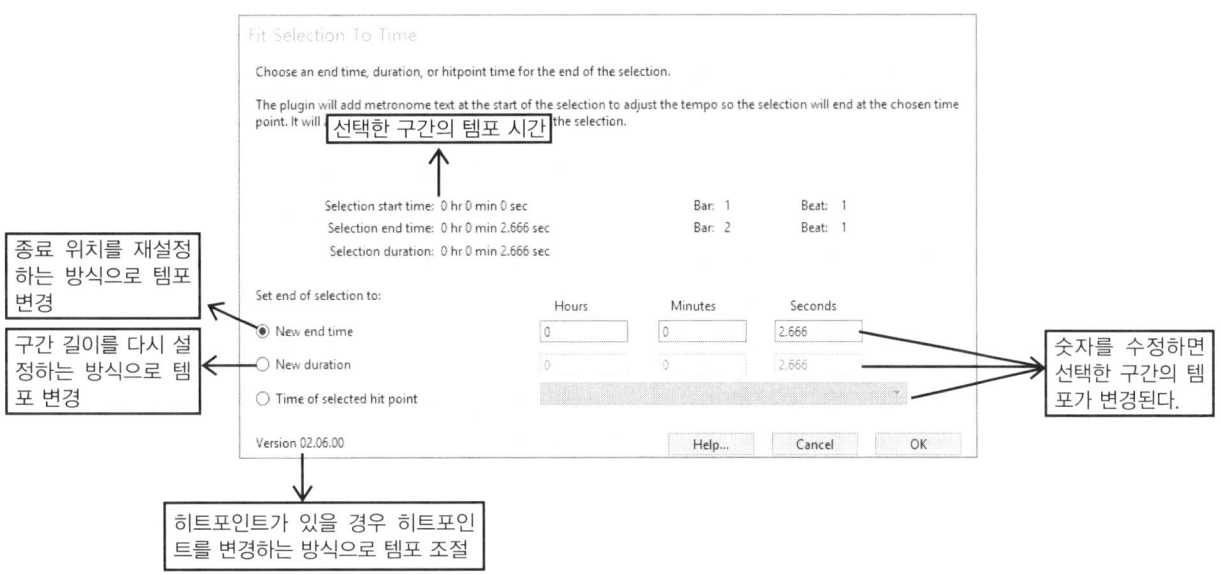

13 Explode/Reduce 메뉴 (오케스트라 편성으로 확장/축소)

Note Input -> Explode/Reduce 메뉴와 같은 기능이다. 선택한 보표를 오케스트라 편성 악보로 확장하거나, 오케스트라 편성을 축소할 때 사용한다. 21페이지 앞의 Explode 메뉴와 Reduce 메뉴를 참고한다.

14 Insert Note or Rest 메뉴 (음표, 쉼표의 전환과 삽입)

음표나 쉼표를 선택한 뒤 다른 음표나 쉼표로 전환시킬 수 있다. 또는 선택한 마디에 음표, 쉼표를 넣을 수 있다. 또한 선택한 마디의 길이를 조절할 수 있다. 대화상자에서 버튼을 누르면 해당 음표나 쉼표 삽입이나 교체가 가능하고 마디 길이도 조절된다. 참고로 빈 마디에 삽입되는 음표는 기본적으로 C 음계 위치에 삽입된다.

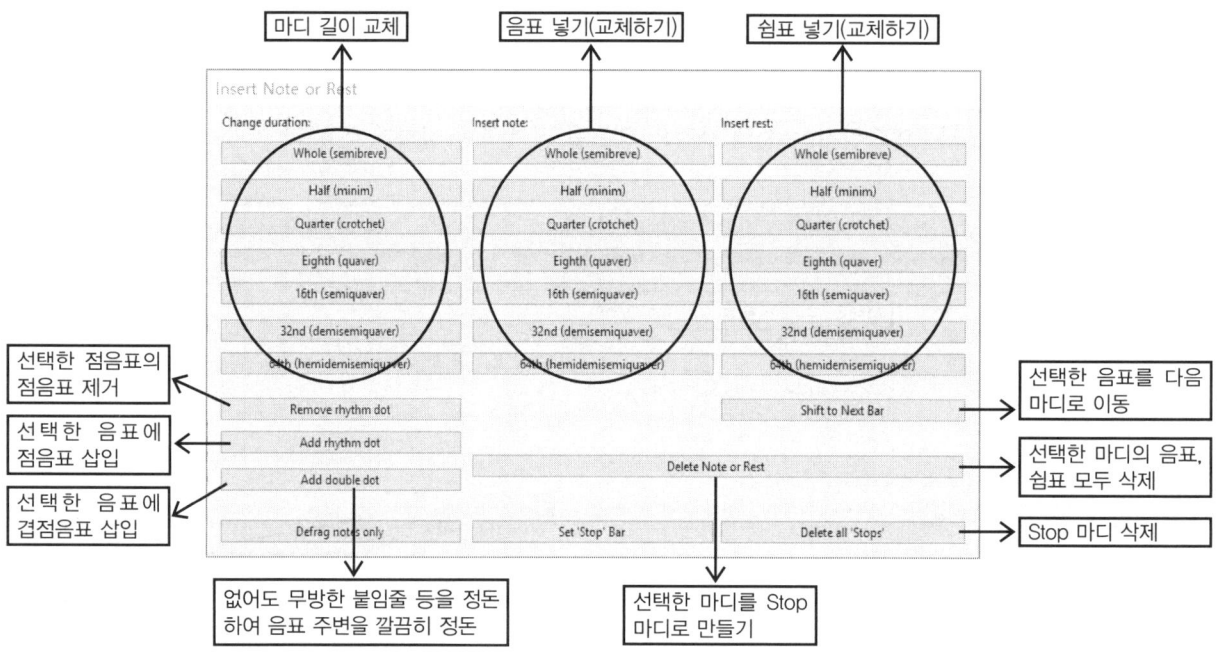

15 Show Handbells Required 메뉴 (핸드벨 표시)

핸디벨 앙상블 악보에서만 사용하는 기능이다. 악보 전체에서 핸드벨이 필요한 음정만큼을 찾아 시작 마디에 표시해 준다. 핸드벨 음이 불필요하게 들리는 것을 막을 수 있다.

16　Apply Shape Notes 메뉴 (쉐이프 노트 만들기)

음표의 머리 모양을 4쉐이프 음표 또는 7쉐이프 음표 모양으로 변경해 준다. 4쉐이프/7쉐이프 음표는 음표머리 모양이 어떤 음정에서는 삼각형 또는 사각 모양을 가진다. 중세 유럽에서 만들어진 표기 시스템의 하나로 교회 음악 등에서 사용된 음표 모양이다.

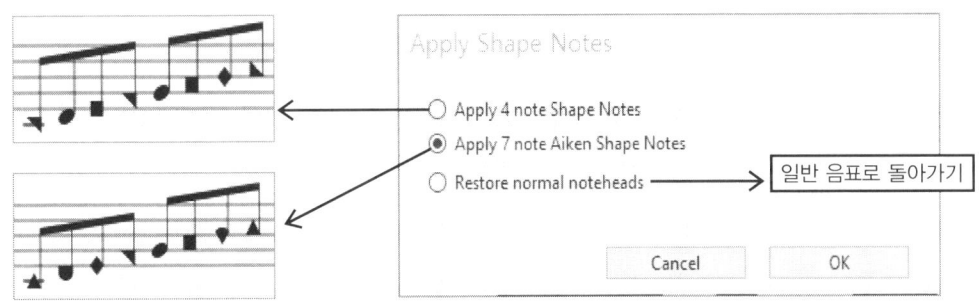

17　Boomwhackers® Note Colors 메뉴 (무지개 색 적용)

음표 머리의 색상이 Boomwhackers® 무지개 색상으로 바뀐다. 선택 여부와 상관없이 악보 전체에서 음표 머리 색상이 무지개 색상으로 바뀐다. Boomwhackers® 색상은 음정에 따라 다른 색상을 사용하는데 예를 들어 C는 빨간색, E는 노란색 등을 사용하고 플랫이나 샵에 따라서도 색상이 달라진다. Boomwhackers® 색상을 만든 회사는 음표에도 특정 색상을 주고, 실로폰같은 악기의 건반 부분에도 같은 색상을 주어 음악을 쉽고 재미있게 배울 수 있도록 하는 괴짜 음악 회사이다.

일반적인 음표 머리 색상은 검정색이다.

Boomwhackers® 색상을 적용한 모습　　　　　Boomwhackers®의 무지개색 실로폰악기

18 Color Pitches 메뉴 (음정마다 색상 지정하기)

음표의 머리 색상을 음계에 따라 다른 색상으로 지정할 수 있다. 먼저 원하는 마디를 선택한 뒤 메뉴를 실행하고 대화상자에서 원하는 색상을 지정하면 된다.

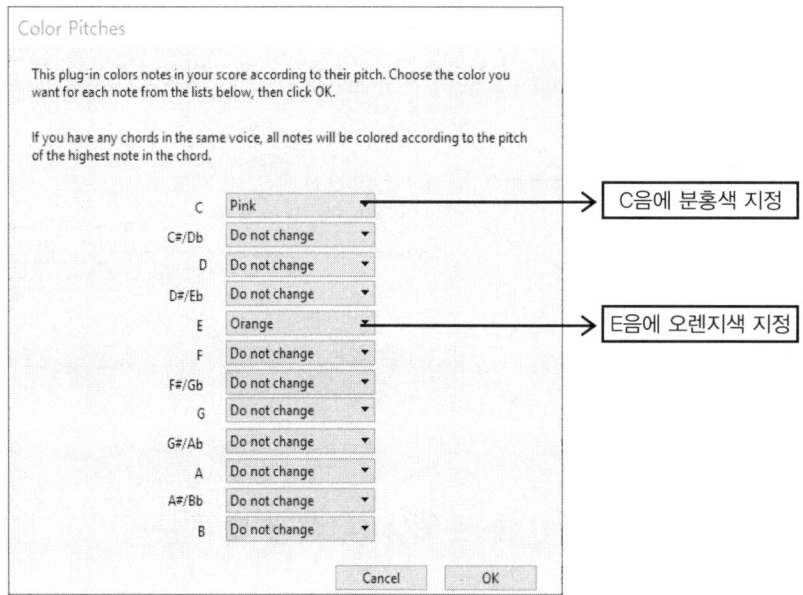

19 Convert Simple Time to Compound Time 메뉴 (겹박자)

원하는 마디 다음에 Compound Time(겹박자)를 삽입한다. 2/4, 4/4박자표가 있는 마디에서 겹박자는 12/4, 8/6박자같은 스타일을 가지고 있다. 일반적으로 2박자 음악의 경우 각 박자를 나누어 6박자로 만들거나, 3박자 음악의 경우 각 박자를 나누어 9박자로 만들면 겹박자가 된다.

겹박자

먼저 마디를 선택한 뒤 메뉴를 실행하면 그 다음 마디에 자동으로 겹박자표가 삽입된다.

20 Copy Articulations and Slurs 메뉴 (어법 복사해 사용하기)

음악 어법(슬러나 아티큘레이션 등이 음악 어법이다)을 복사해 전체 악보에서 그와 유사한 어법이 필요한 위치를 검색해 붙여 넣는 기능이다. 먼저 어법이 있는 마디나 구간을 선택한 뒤 Home -> Copy 메뉴로 복사하고, 그 다음에 이 메뉴를 실행한 뒤, 붙여 넣을 곳을 '선택한 구간'으로 할지 '전체 악보'로 할지 지정하면 된다. 예를 들어 '전체 악보'로 지정하면 복사해둔 마디의 슬러나 아티큘레이션이 비슷한 쓰임새 구간을 찾아서 붙여진다.

참고로, 슬러(Slur, 이음줄)와 모양이 비슷한 타이(Tie, 붙임줄)는 음악 어법에 들어가지 않으므로 이 작업에서 인식되지 않는다.

메뉴를 실행하면 다음과 같이 대화상자가 나타난다.

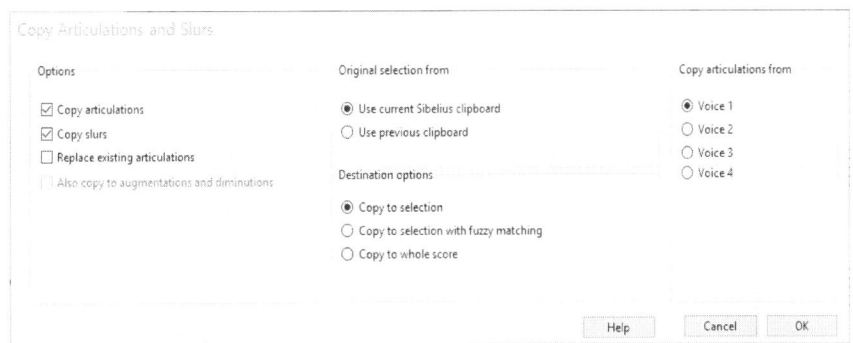

1. Options : Copy articulatiosn 옵션은 복사해둔 부분에서 아티큘레이션을 뽑아서 사용할 때 선택한다. Copy slurs 옵션은 복사해 둔 부분에서 슬러를 뽑아서 사용할 때 선택한다. Replace existing articulations 옵션은 대상이 되는 곳에 아티큘레이션이 있을 경우 붙여 넣을 아티큘레이션으로 교체할 때 선택한다. Also copy to augmentation and diminutions 옵션은 음표의 음 길이도 복사해올 때 선택한다.
2. Original selection from : Use current sibelius clipboard 옵션은 이 메뉴를 실행하기 바로 전 Copy 메뉴로 복사해 둔 마디에서 아티큘레이션과 슬러를 가져온다는 뜻이다. Use previous clipboard 옵션은 그 이전에 복사한 곳에서 아티큘레이션과 슬러를 가져온다는 뜻이다.
3. Destination options : Copy to selection은 사용자가 선택한 구간에 아티큘레이션이나 슬러를 붙여 넣을 때 선택한다. Copy to selection with fuzzy matching 옵션은 사용자가 선택한 구간에서 어법상 잘 매칭되는 곳에 아티큘레이션이나 슬러를 붙여 넣을 때 선택한다. Copy to whole score 메뉴는 전체 악보에서 매칭되는 위치를 찾아낸 뒤 아티큘레이션이나 슬러를 붙여 넣을 때 선택한다.
4. Copy articulations from : 만일 Copy 메뉴로 복사해 둔 마디가 성부악보일 경우, 어느 성부의 아티큘레이션과 슬러를 가져올 것인지 지정한다.

따라하기 | 음악 어법 복사한 뒤 다른 구간에서 사용하기

슬러나 아티큘레이션같은 어법이 사용된 곳을 복사한 뒤 비슷한 어법이 필요한 위치에 붙여넣는 방법을 알아본다.

❶ 예제 'kbd.sib' 파일을 불러온다.
여러 군데서 슬러가 많이 사용된 악보이다.

❷ Shift + 드래그로 그림처럼 슬러 어법을 복사하고 싶은 구간을 선택한다.
Ctrl + C를 눌러 선택한 구간의 어법을 복사한다.

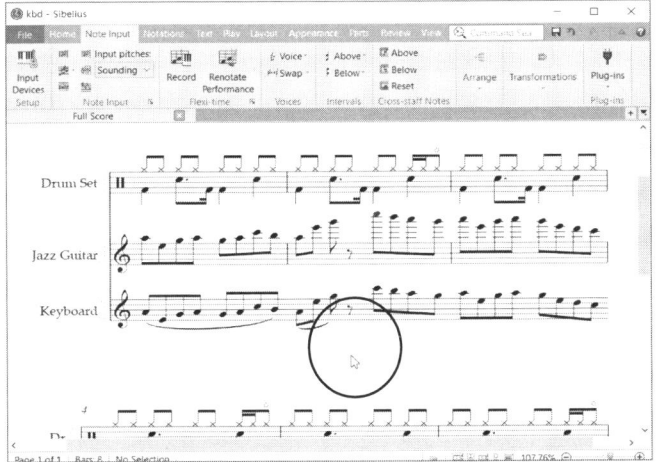

❸ 화면의 빈 곳을 클릭해 선택을 해제한다.

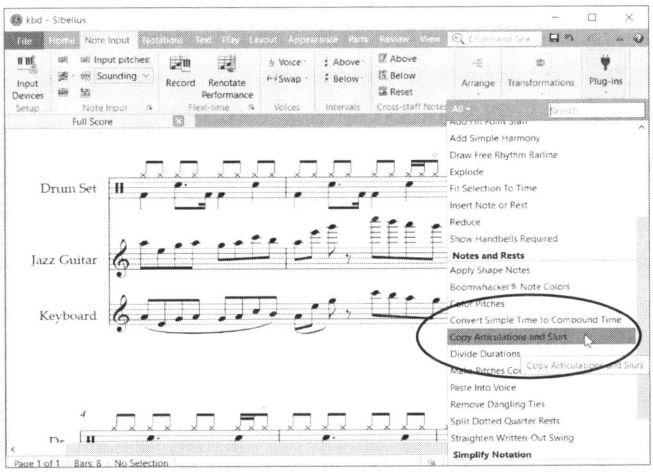

❹ Note Input -> Plug ins -> Copy Articulations and Slur 메뉴를 실행한다.

❺ 대화상자의 나머지 옵션 값은 기본값을 그대로 두고, Destination 옵션에서 Copy to Whole Score 항목에 체크하고 OK 버튼을 눌러 적용한다.

❻ 앞에서 Copy to Whole Score 항목에 체크했으므로 모든 악보를 검토한 뒤 비슷한 어법을 적용할 수 있는 위치를 시벨리우스가 찾아낸 뒤 슬러를 자동으로 붙여준다.

❼ 이때 기존의 슬러가 있는 곳에도 슬러가 새로 붙으면서 겹으로 슬러가 있는 곳이 나타날 수도 있다. 겹으로 슬러가 있는 곳에서 하나를 선택해 삭제한다.

❽ 이처럼 Copy Articulations and Slur 메뉴는 필요한 음악 어법을 복사해 그 어법을 유사한 위치를 찾아 자동으로 붙일 때 유용하다.

21 Divide Durations 메뉴 (음표, 쉼표 2개로 나누기)

선택한 음표 또는 쉼표를 2개로 나누거나, 선택한 마디에 있는 모든 오브젝트를 2개로 나눈다. 즉, 4분 음표를 2개로 나누면 8분음표 2개가 되는데 그와 같은 방식으로 선택한 음표나 쉼표를 나눈다. 선택 구간이 없으면 악보 전체를 대상으로 적용된다.

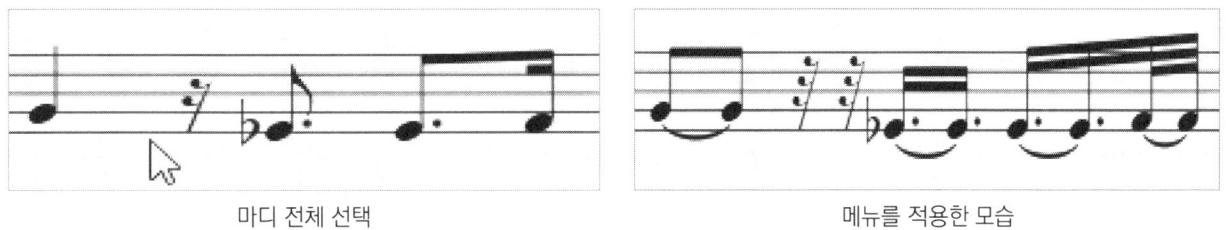

마디 전체 선택 / 메뉴를 적용한 모습

대화상자의 사용법은 다음과 같다. 기본값은 2개로 나눌 수 있다.

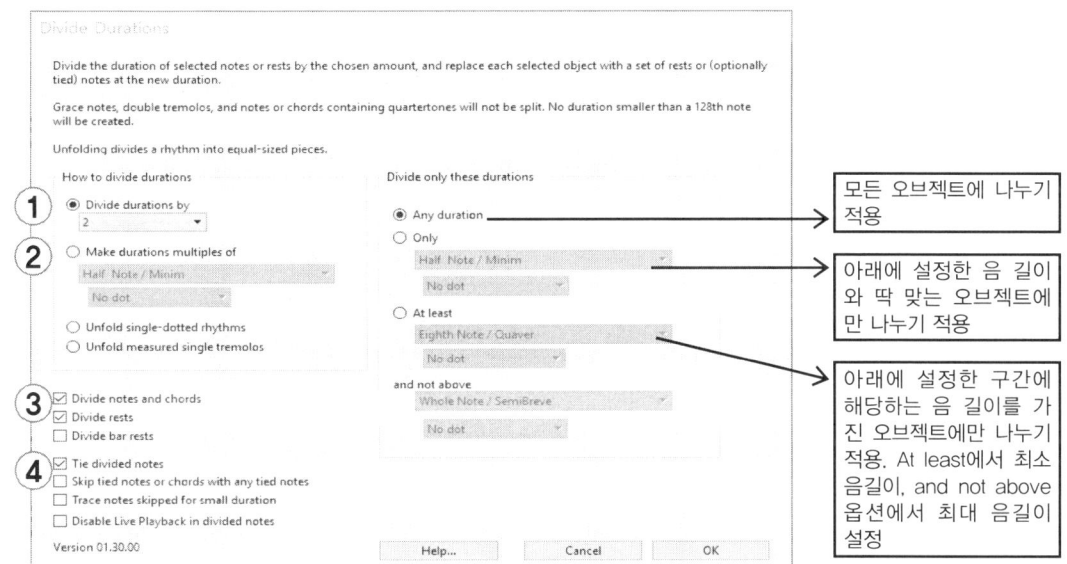

1. Divide durations : 나누어질 개수 설정. 2를 선택하면 2개로, 3을 선택하면 3개로 나누어진다.
2. by Make durations multiples of : 미리 특정 음표를 지정해 해당 음표와 같은 길이로 나눌 수 있다. 그러므로 선택한 음표보다 긴 음표를 선택하면 나누기가 진행되지 않는다.
3. 3개의 Divide 옵션 : 3개의 Divide 옵션은 나누기할 대상을 지정하는 기능이다. notes and chords는 음표를 대상으로, rests 옵션은 쉼표를 대상으로, Divide bar rests는 마디쉼표를 대상으로 나누기를 적용한다.
4. Tie divided notes : 나누어진 음표를 붙임줄로 이어준다.

22 Make Pitches Constant 메뉴 (같은 음정으로 이동)

음표들을 사용자가 지정한 음계로 이동시킬 수 있고 이동시킬 때 음표의 머리 모양을 변경할 수 있다. 먼저 작업할 마디를 선택한 뒤 이 메뉴를 적용한다.

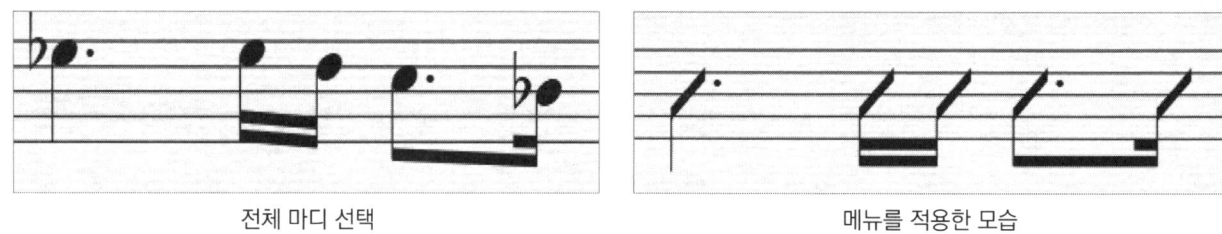

전체 마디 선택   메뉴를 적용한 모습

메뉴를 실행하면 다음과 같이 대화상자가 실행된다. 상단 옵션은 음표를 이동시키는 기능이고, 하단 옵션은 음표를 선택한 마디에 채우는 기능이다.

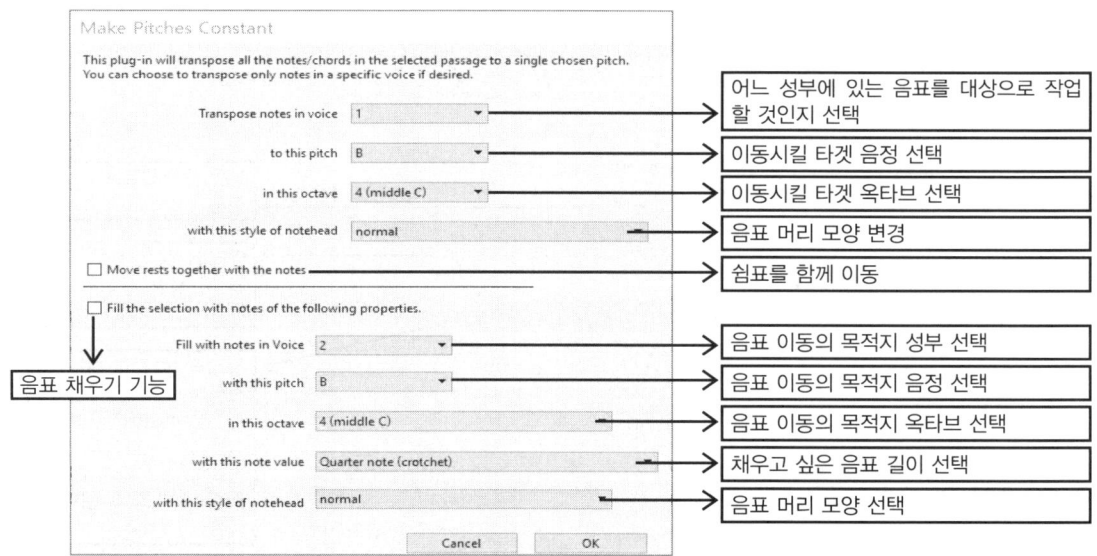

음표의 머리 모양은 다음과 같이 7가지에서 선택할 수 있다.

Normal   Cross   Diamond   Beat without stem   Beat   Headless   Stemless

23 Paste Into Voice 메뉴 (다른 성부에 붙여 넣기)

복사한 오브젝트를 선택한 마디의 특정 성부에 붙여 넣을 때 사용한다. 먼저 원하는 음표나 구간을 Copy 메뉴로 복사한다. 그 후 특정 마디를 클릭해 선택하고 이 메뉴를 적용하면 해당 마디의 지정한 성부에 붙여 넣을 수 있다.

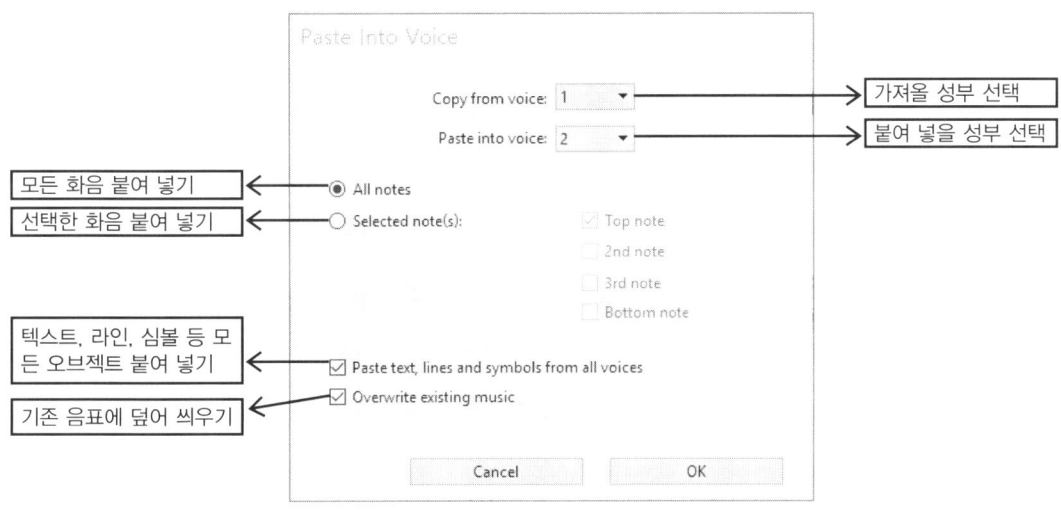

24 Remove Dangling Ties 메뉴 (잘못된 붙임줄 삭제하기)

이음줄(슬러)인줄 알고 삽입했는데 붙임줄(타이)을 삽입한 경우가 있다. 붙임줄은 같은 음정의 음표끼리 연결해야 하지만, 이음줄처럼 서로 다른 음정의 두 음표에 붙임줄을 연결하는 것이다. 이런 붙임줄을 잘못된 붙임줄(Dangling Tie)라고 한다. 이 메뉴는 잘못된 Dangling Tie를 찾아서 제거하는 기능이다.

Part 6. Note Input 메뉴 (음표 입력 메뉴) **325**

대화상자에서 잘못된 붙임줄(Dangling Tie)을 처리하는 방법을 선택할 수 있다. 잘못된 붙임줄의 위치를 알려주는 옵션과 삭제 옵션을 사용할 수 있다.

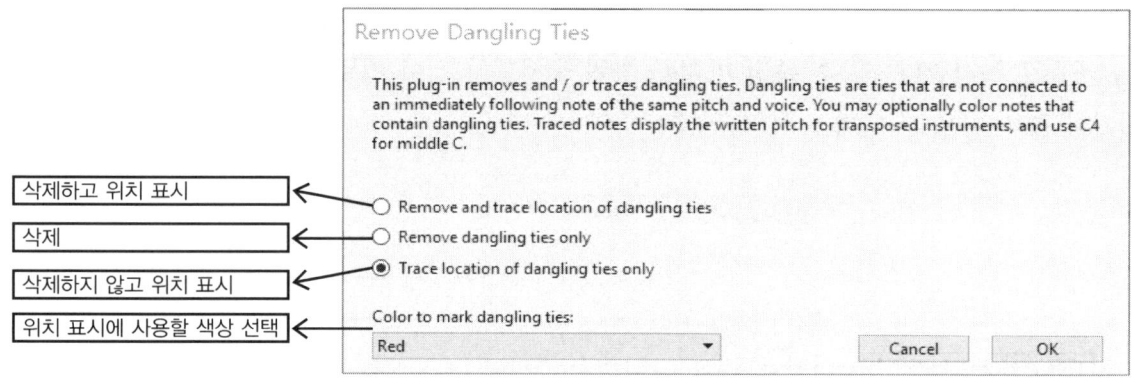

25 Split Dotted Quarter Rests 메뉴 (4분점쉼표 분리하기)

겹박자 마디에 있는 4분점쉼표를 분리해 4분쉼표와 8분쉼표로 만들어 준다. 악보를 좀 더 쉽게 읽게 할 목적으로 사용한다.

겹박자 마디의 4분점쉼표　　　　　　　　　　메뉴를 적용한 모습

26 Straighten Written-Out Swing 메뉴 (점 스윙노트 펴기)

점 스윙노트에서 점음표를 이동시켜서 일반 음표로 만들어 준다. 이때 일반 음표로 전환하면 스윙 노트임을 알아볼 수 없는 경우도 있기 때문에 'Swing'이라는 텍스트를 음표 상단에 추가할 수도 있다.

점 스윙노트　　　　　　　　　　　　　　　　메뉴를 적용한 모습

27 Change Split Point 메뉴 (큰 보표의 분할 위치 변경하기)

오른손/왼손 피아노 악보는 큰 보표를 사용한다. 큰 보표는 상하를 분할하여 높은음자리표 보표와 낮음자리표 보표로 나누어지는데 이 큰 보표의 상하 분할되는 지점을 변경할 때 이 메뉴를 사용한다. 먼저 큰 보표의 상하 두 보표를 모두 선택한 뒤 이 메뉴를 적용한다.

Shift + 클릭으로 큰 보표의 상하 보표를 같이 선택한 뒤 hange Split Point 메뉴를 실행한다.

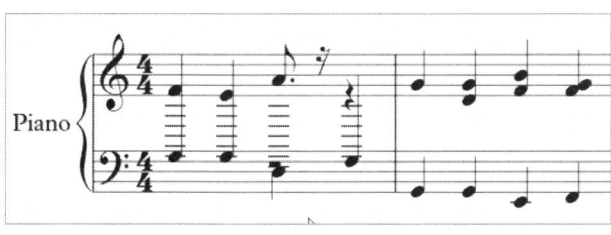

분할 위치를 2옥타브 C음으로 설정한 뒤 적용한 모습이다. 분할 위치가 변경되면 음표 위치가 변경되는데 변경되는 음표들을 상단 보표 또는 하단 보표로 이동시킬 수 있다.

28 Combine Tied Notes and Rests 메뉴 (붙임줄 음표 합치기)

붙임줄(Tie)로 이어진 음표나 쉼표를 하나로 합쳐준다. 선택한 구간이 없을 경우 악보 전체에서 붙임줄 음표나 쉼표를 찾아서 하나로 합쳐준다.

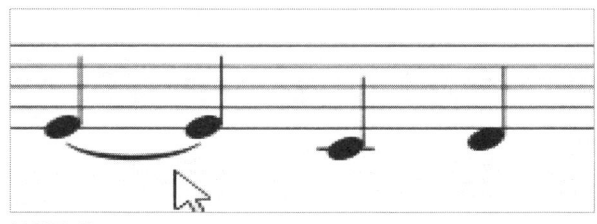

붙임줄 음표

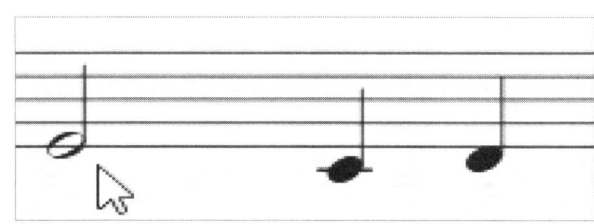

하나로 합친 모습

29. Duplicates In Staves 메뉴 (이중음 찾아서 편집하기)

두 보표에서 같은 시간에 같은 음에 나타나는 음표가 이중음이다. 이 메뉴는 이러한 이중음을 검색한 뒤 특정 색상으로 표시해 준다. 이중음을 발견한 작곡가는 수정 여부를 결정할 수 있다. 예를 들어 2개의 악기를 사용하는 오케스트레이션 편성에서 두 보표를 선택한 뒤 이 메뉴를 적용하면 같은 시간에 같은 음정에서 들리는 겹쳐진 음표를 찾아서 빨간색으로 표시해주는데 이때 작곡자는 수정 여부를 결정할 수 있다.

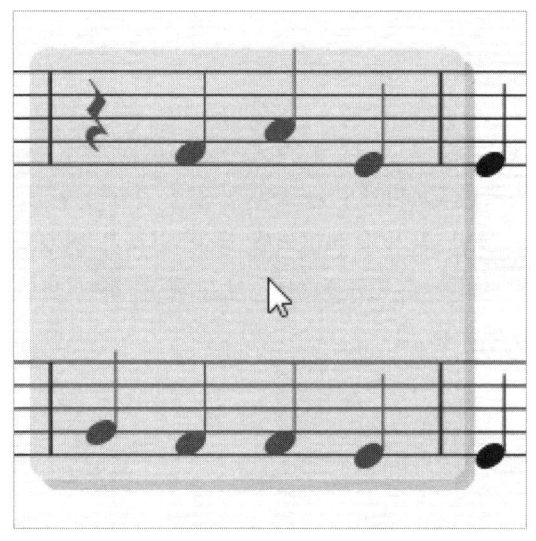

일단 메뉴를 적용할 두 보표를 선택한다. 만일 2개의 보표를 선택하지 않으면 전체 악보를 대상으로 작업이 적용된다.

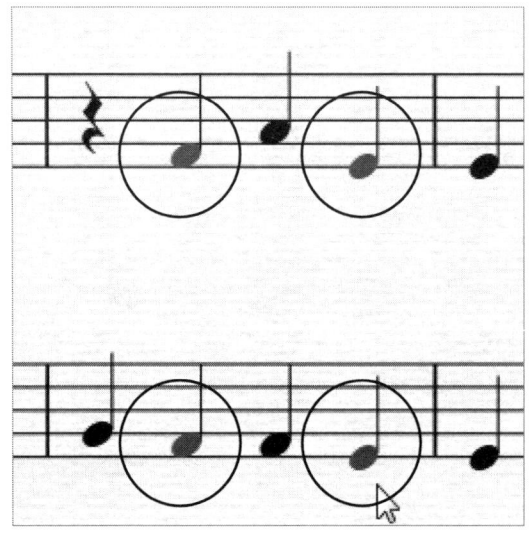

메뉴를 적용하면 두 보표에서 같은 시간대에 같은 음정 위치에 있는 음표들을 검색해 빨간색으로 표시해 준다.

30 Move to Other Staff 메뉴 (다른 보표로 이동시키기)

큰 보표에서 선택한 음표를 아래 보표나 위 보표로 이동시킬 때 사용한다. 예를 들어 큰 보표에서 상단 보표에 있는 음표를 선택한 뒤 이 메뉴를 적용하면 하단 보표로 이동이 된다.

큰 보표에서 원하는 음표를 선택한다. 여기서는 상단 음표중 하나를 선택했다.

메뉴를 적용하면 하단 보표로 이동된 것을 알 수 있다.

31 Remove Overlapping Notes 메뉴 (겹친 음표 제거하기)

하나의 보표에서 동일 음정에 입력을 잘못해서 음표가 겹쳐있을 때 찾아서 삭제해 준다. 리얼 입력을 할 때 건반을 잘못 눌러 음표가 겹쳐서 입력되는 경우가 있는데 이런 음표들을 찾아낸 뒤 청소할 때 유용하다. 또한 Dangling Ties같은 잘못된 붙임줄이 있을 때도 찾아서 표시해 준다.
다시 말해 리얼 입력을 한 뒤 악보 상태가 좋지 않거나 정돈할 필요가 있을 경우, 또는 미디 파일을 불러왔는데 음표들이 겹쳐있는 느낌이 들 경우, 이 메뉴를 적용하는 것이 좋다.

32 Remove Rests 메뉴 (쉼표 정리)

멜로디의 매끄러움을 방해하는 쉼표, 의미 없이 삽입된 쉼표, 연속되는 쉼표를 찾아서 정리하는 기능이다. 쉼표를 정리하면 그만큼 여유 박자가 발생하는데 이들 박자는 음표에 합산되어 음표의 길이가 늘어나게 된다. 보통 임포트한 미디 파일에서 쉼표가 너저분하게 연속되어 있거나, 리얼 입력 작업을 한 뒤 쉼표가 너저분하게 연속되어 있을 때 이 메뉴를 적용하는 것이 좋다.

보표나 마디를 선택

작업을 적용한 모습

33 Remove Unison Notes 메뉴 (유니즌 음표 자동 삭제하기)

하나의 음표에 2개의 머리가 같은 음정에서 붙어있을 때 이것을 유니즌 음표라고 한다. 이 메뉴는 유니즌 음표를 검색한 뒤 필요 없는 한 쪽 머리를 자동으로 제거할 때 사용한다. 참고로, 두 음표가 각기 다른 성부에서 같은 음정에 있을 경우 이 역시 유니즌 관계의 음표라고 한다.

일반적으로 미디 파일을 임포트했을 때 때때로 유니즌 음표가 발견되기도 하므로 이 메뉴를 실행해 유니즌 음표의 한쪽 머리를 제거하는 것이 좋다.

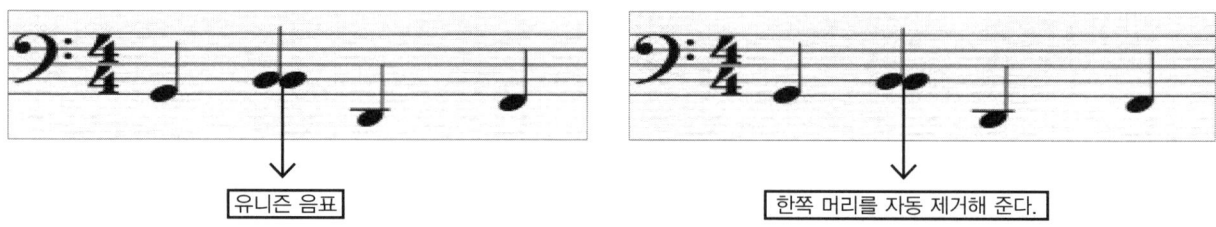

대화상자에서 동작 옵션을 설정할 수 있다.

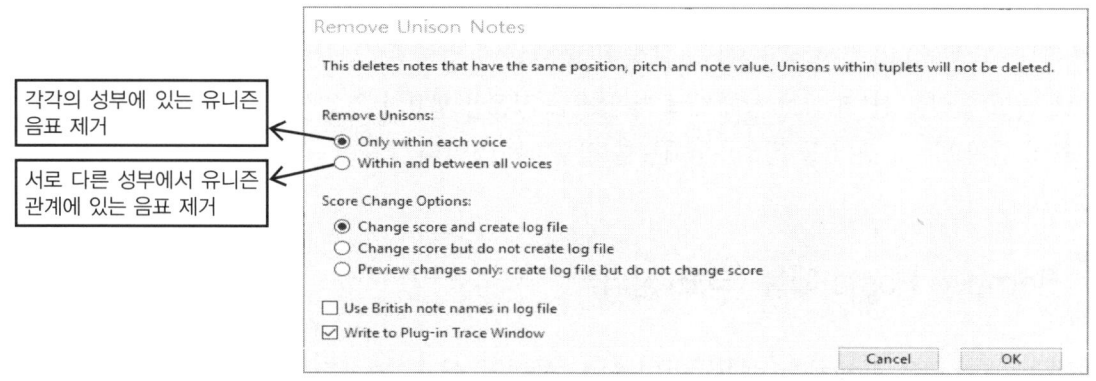

34 Renotate Tublet (해독 불가능한 잇단음표 자동 수정하기)

마스터 건반으로 리얼 입력을 하다보면 레이턴시 때문에 잇단음표가 해독 불가능할 정도로 복잡하게 입력되거나, 예상보다 많은 음표가 연속 입력되어 해독이 어려운 경우가 있다. 이 메뉴는 해독이 어려운 잇단음표를 깨끗하고 예쁘게 수정해주는 기능이다. 먼저 잇단음표가 있는 마디를 선택한 뒤 이 메뉴를 적용한다.

이 메뉴는 Note Input -> Flexi time -> Renotate Performance 메뉴와 유사한 기능이므로 대화상자의 사용법은 Renotate Performance 메뉴를 참고한다.

해독 불가능한 잇단음표와 음표들

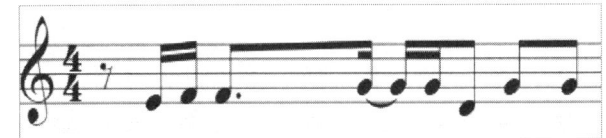

메뉴를 실행해 자동 수정한 모습

35 Add Notes to Tuplet 메뉴 (잇단음표에 음표 추가하기)

비율을 높이는 방식으로 잇단음표에 음표를 추가하는 기능이다. 5잇단음표에서 1개의 음표를 선택한 뒤 이 메뉴를 적용하면 6잇단음표가 된다. 만일 5잇단음표에서 2개의 음표를 선택한 뒤 이 메뉴를 적용하면 7잇단음표가 된다.

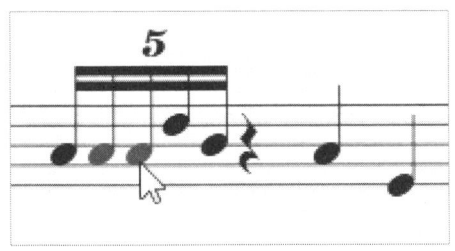

5잇단음표에서 2개의 음표 선택

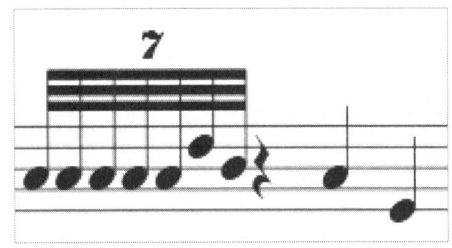

메뉴를 적용해 7잇단음표를 만든 모습

참고   잇단음표 Vs 빔음표 구별 방법

잇단음표는 음표 꼬리 대신 줄로 이어진 음표라고 생각하는데 반드시 숫자가 있는 것이 잇단음표이다. 이때 이 숫자는 한 박자를 이루는 잇단음표 내의 음표나 쉼표 개수를 뜻한다.

줄로 이어진 음표이지만 음표 상단에 숫자가 없는 음표는 꼬리를 일일이 그리기 싫기 때문에 편의상 꼬리 대신 줄로 이어놓은 일반 음표이고 특별히 빔음표라고 말한다. 과거에 기악곡을 작곡할 때 연속되는 음표의 꼬리는 귀찮니즘 때문에 직선으로 쓱쓱 그리는 표기법이 생겼다. 빔음표는 8분음표의 경우 1줄, 16분음표의 경우 2줄, 32분음표의 경우 3줄로 표시한다.

다음은 잇단음표와 잇단음표로 착각하는 음표를 비교한 모습이다.

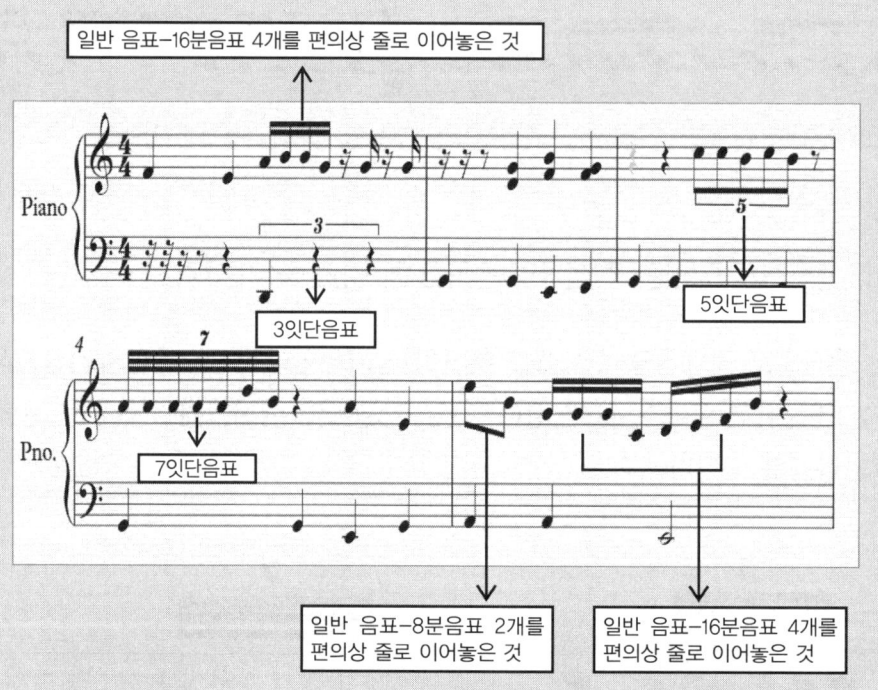

36 Change Tuplet Ratio 메뉴 (잇단음표 비율 변경)

어떤 시간 동안 잇단음표가 연주되는 잇단음표 비율을 변경할 수 있다. 잇단음표 비율은 3:2, 3:4, 6:4, 6:8, 7:4 등의 숫자로 표시된다. 비율에서 앞자리 수는 음표 개수를, 뒷자리수는 시간(음 길이) 개수를 뜻한다. 예를 들어 3:2일 경우, 음표는 3개이므로 3잇단음을 뜻하고, 지정한 시간은 2타임이다. 따라서 3잇단음표가 2타임 간격으로 연주된다.

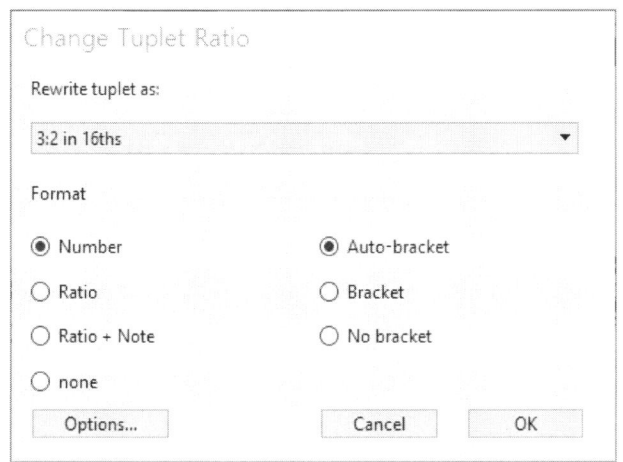

예를 들어 잇단음 비율이 7:4일 경우, 음표가 7개이므로 7잇단음표이고, 지정한 시간은 4타임이므로, 7잇단음표가 4타임 간격으로 들리게 된다. 이 때문에 잇단음표 위에 표기되는 숫자를 버리고, 그 대신 비율로 표기하면 잇단음표의 연주 템포를 파악하는 것이 한층 용이하다. 먼저 잇단음표의 번호 부분을 클릭해 선택한 뒤 이 메뉴를 실행하면 비율을 변경할 수 있다.

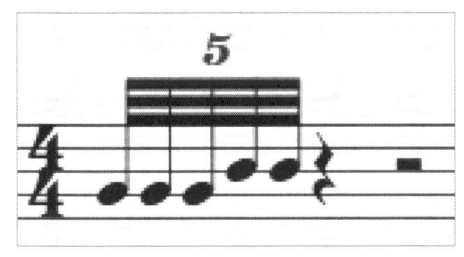
숫자 표기 방식 잇단음표

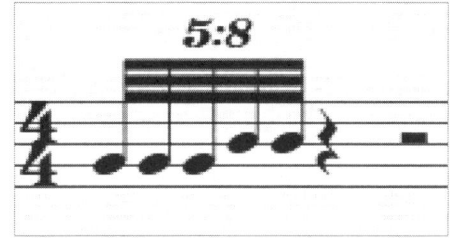
비율 표기 방식 잇단음표

37 Lengthen Tuplet 메뉴 (잇단음표 늘리기)

잇단음표와 잇단음표를 합치거나, 잇단음표와 일반 음표를 합쳐 잇단음표의 길이를 늘리는 기능이다. 먼저 합치고 싶은 잇단음표와 잇단음표, 또는 잇단음표와 음표를 모두 선택한 상태에서 이 메뉴를 실행한다.

38 Make Into Tuplet 메뉴 (음표들을 합쳐 잇단음표 만들기)

선택한 음표들을 합쳐 잇단음표로 만든다. 먼저 잇단음표로 만들고 싶은 음표들을 모두 선택한 뒤 이 메뉴를 적용한다.

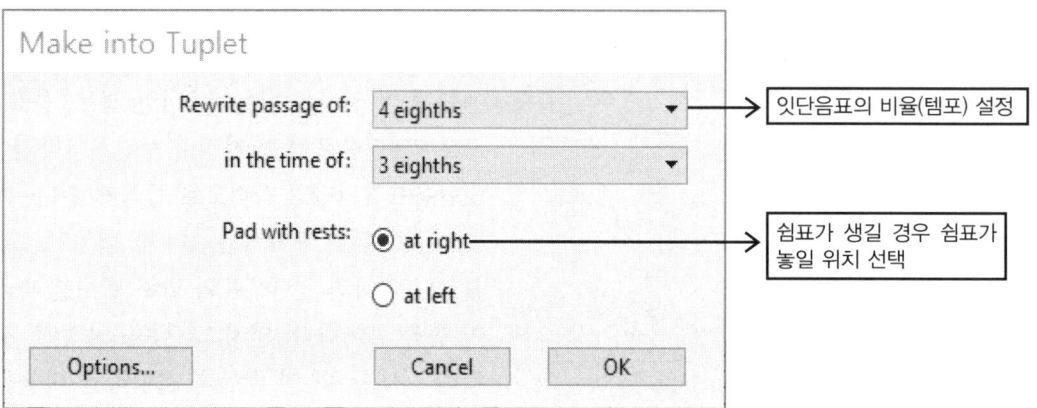

39 Remove Notes from Tuplet 메뉴 (잇단음표의 음표 정리하기)

잇단음표를 형성하고 있는 음표들을 삭제하는 기능이다. 음표가 삭제되면 그 공간엔 쉼표가 생성된다. 먼저 잇단음표를 선택한 뒤(잇단음표의 번호를 클릭하면 잇단음표가 선택된다.) 이 메뉴를 적용한다.

40 Shorten Tuplet 메뉴 (잇단음표 짧게 만들기)

잇단음표에서 삭제할 음표를 몇 개 선택한 뒤 적용하면 해당 부분이 삭제되고 잇단음표가 짧아진다. 경우에 따라 아예 잇단음표가 사라지고 일반 음표로 바뀔 수도 있다.

41　Split or Join Tuplets 메뉴 (잇단음표 분할/병합하기)

잇단분표를 양쪽으로 분할하거나, 2개의 잇단음표를 하나로 병합할 수 있다.

잇단음표에서 분할하고 싶은 위치에 있는 음표를 클릭해 선택한다. 메뉴를 적용하면 선택한 음표를 기준으로 잇단음표가 분할된다.

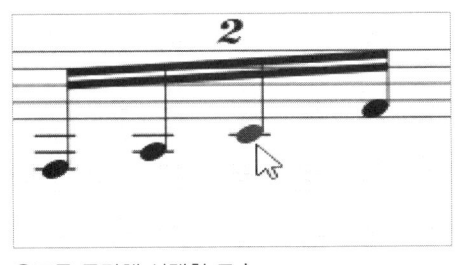
음표를 클릭해 선택한 모습

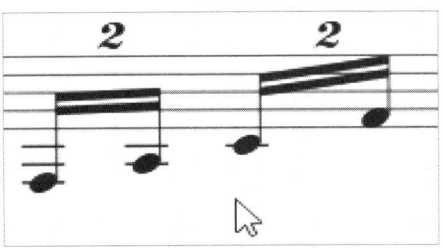
메뉴를 적용한 모습

병합할 잇단음표를 모두 선택한다. 메뉴를 적용하면 선택한 이단음표가 하나의 잇단음표로 합쳐진다.

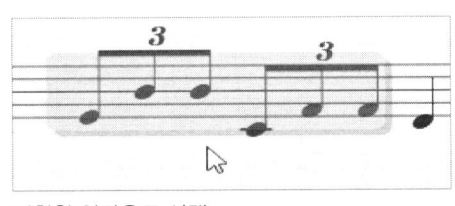
병합할 잇단음표 선택

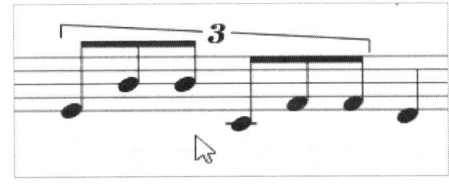
메뉴를 적용해 합친 모습

42　Tuplet Preferences 메뉴 (잇단음표의 속성 설정하기)

잇단음표를 선택한 상태에서 이 메뉴를 실행하면 잇단음표의 속성을 변경할 수 있도록 대화상자가 나타난다.

Part

7

Notations 메뉴 (노테이션 메뉴)

노테이션 메뉴는 악보를 구성하는 음악 심볼인 박자표, 음자리표, 조표, 브라켓, 빔 등의 각종 음악 심볼을 입력하는 기능들이 모여있다.

CHAPTER 01

Notations -> Common 메뉴
(악보 기본 요소 삽입 메뉴)

악보의 기본 구성요소인 음자리표, 박자표, 조표, 바라인을 입력할 때 사용한다.

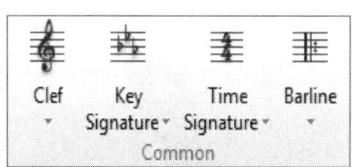

01 Common -> Clef 메뉴 (음자리표 삽입 방법)

피아노 건반 개수를 보면 알 수 있듯 그 넓은 음계대를 하나의 보표에서 표기할 방법은 없다. 따라서 음표를 다섯 선의 오선보에 입력할 때는, 보표가 어떤 음계대용 보표인지 알려주기 위해 삽입하는 심볼이 음자리표이다. 높은 음자리표, 낮은 음자리표 등이 있다.
이 메뉴는 음자리표를 삽입하거나, 변경할 때 사용한다.

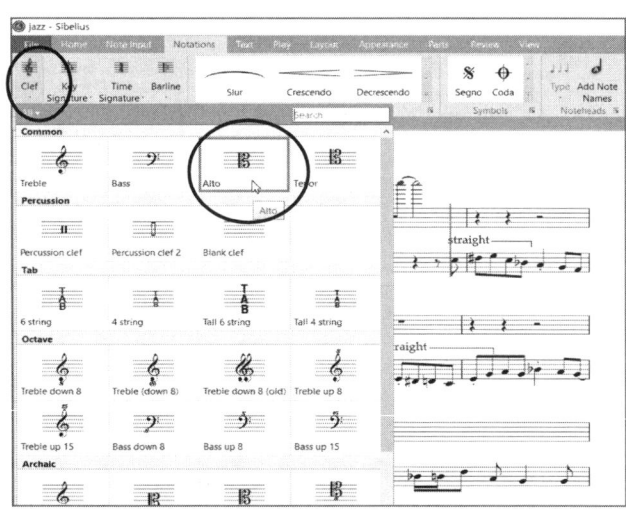

예제 'Jazz.sib' 파일을 불러온다.
높은 음자리를 다른 음자리로 변경하기 위해 Notations -> Clefs 메뉴를 실행한 뒤 사용하고 싶은 음자리표를 선택한다. 여기서는 Alto 음자리표를 선택했다.

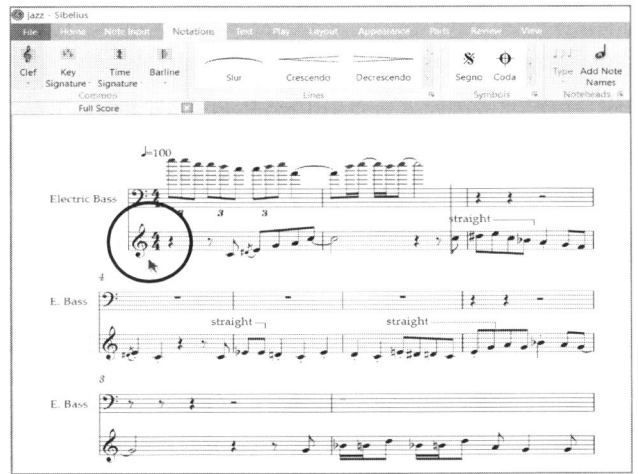

커서 모양이 두꺼운 화살표로 변한다. 이때 악보의 음자리표 심볼이 있는 곳을 클릭한다. 여기서는 높은음자리표를 클릭하기 전이다.

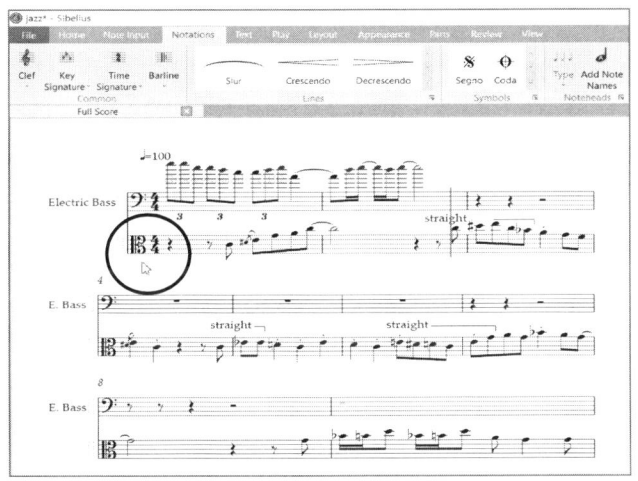

클릭하면 높은음자리표가 Alto 음자리표로 변경된다. Alto 음자리표는 비올라 악기용 음자리표이므로 높은 음자리표보다 낮은 음계대를 표시한다. 따라서 기존의 음표들이 오선보표 상에서 높은 음정으로 이동된 것을 알 수 있다.

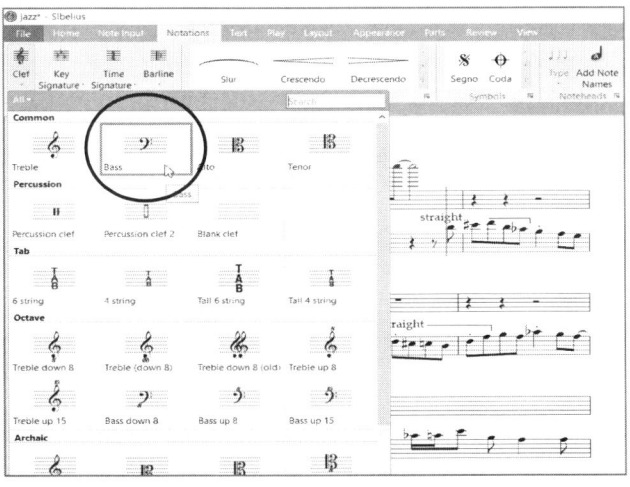

음자리표는 보표의 맨 처음 뿐 아니라 보표의 중간에도 삽입할 수 있다.
이번에는 Notations -> Clefs 메뉴를 실행한 뒤 Bass clefs(낮은음자리표)를 선택한다.

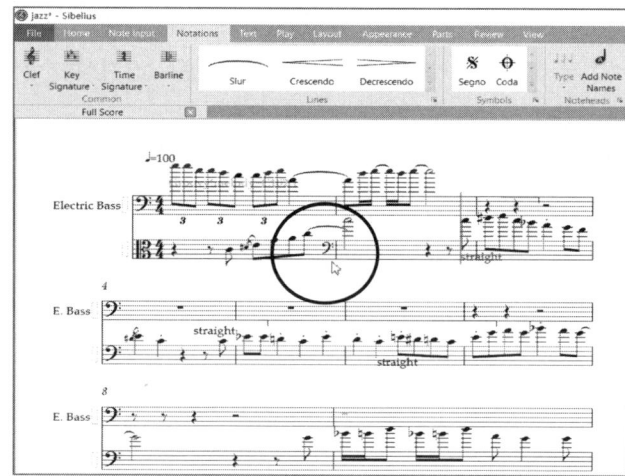

보표의 중간부(특정 마디의 시작부)에서 클릭하면 음자리표가 삽입된다.

이렇게 되면 이 보표의 앞쪽은 Alto 음자리표를 사용하고, 중간 부분부터 끝부분까지는 방금 삽입한 낮은 음자리표를 사용하게 된다.

스페셜 TIP 음자리표 종류 공부하기

음자리표의 종류와 각 음자리표의 올바른 사용처에 대해 정리한다.

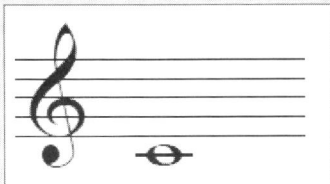

Treble clef (트레블 클레프, 높은음자리표, G 음자리표)
일반적인 음계대에서 사용하는 기본 음자리표이다. 일반적으로 흔히 듣는 노래를 작곡할 때 사용한다. 양손 피아노용 큰 보표에서는 높은음 보표에 사용하는 음자리표이다. G=사 이므로 사 음자리표라고도 한다.

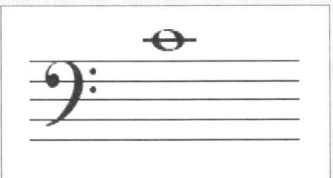

Bass clef (베이스 클레프, 낮은음자리표, F 음자리표)
낮은음 보표에 사용하는 음자리표. 보통 낮은음 음악을 작곡하거나 베이스 파트를 작곡할 때 낮은음계대임을 표시하기 위해 사용하는 음자리표이다. 큰 보표에서는 경우 낮은음 보표에 입력한다.

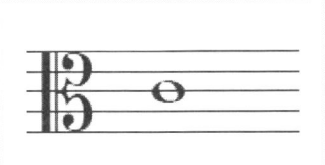

Alto clef (알토 클레프, 알토음자리표, 알토 보표)
특별히 비올라 보표에 사용하는 음자리표이다. 높은음자리표에 비해 낮은 음역대를 가리킨다.

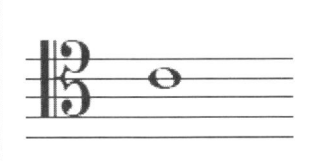

Tenor clef (테너음자리표, 테너 보표, 가온 음자리표)
하이 바순, 트롬본, 첼로 악보에 사용하거나 성악의 테너 악보에 사용하는 음자리표이다. 테너 음자리는 높은음자리와 낮은음자리 사이에 있다. C 음자리표라고도 한다.

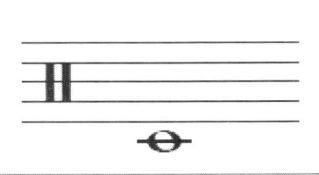

Unpitched percussion clef (언피치드 퍼쿠션 음자리표)
타악기 악보와 음의 높낮이가 없는 리듬악기 등의 무선율타악기(Unpitched percussion) 보표에 사용한다. 무선율타악기로는 팀발레스, 카우벨, 잼 블록, 심벌, 드럼, 쉐이커, 탬버린, 트라이앵글 등이 있다.

Unpitched percussion clef (언피치드 퍼쿠션 음자리표)
앞과 마찬가지로 음의 높낮이가 없는 리듬악기 등의 무선율타악기 보표에 사용한다.

Standard tab clef (기본 모양의 기타용 음자리표)
어쿠스틱 기타 및 일렉 기타 악보용 음자리표이다.

Treble clef up two octaves (2옥타브 높은 음자리표)
높은음자리표에 비해 2옥타브 높은 음계대를 표시하는 음자리표로써 상단에 숫자 15가 표시된다. 글록켄슈필(Glockenspiel) 즉 '종금'이라고 불리는 악기의 보표를 작성할 때 사용하는 음자리표이다.

Treble clef up one octave (1옥타브 높은 음자리표)
높은음자리표에 비해 1옥타브 높은 음계대에 사용하는 음자리표로 상단에 숫자 8이 표시된다. 피콜로 악기용 보표에 사용한다.

Treble clef down one octave (1옥타브 낮은 음자리표)
높은음자리표에 비해 1옥타브 낮은 음계대에 사용하는 음자리표로 하단에 숫자 8이 표시된다. 성악의 테너 보표나 기타 보표에 사용한다.

Treble clef optionally down one octave
남성, 여성 성악용 보표이다. 하단에 괄호 숫자 (8)이 표시된다.

Double treble clef
옛날 버전의 Treble Clef로서 높은 음자리표에 비해 1 옥타브 낮은 음계대를 표시한다.

French violin clef (프랑스식 바이올린 음자리표, 사음자리표)
옛 프랑스에서 플루트나 바이올린 악보에서 사용한 음자리표이다. 높은 음자리표와 달리 '도'음이 2음정 낮다.

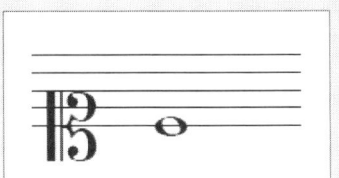

Soprano clef (소프라노 음자리표)
소프라노 성악 악보용 음자리표이다. 읽기 쉽기 때문에 옛 유럽에서는 클라리넷 악보나 오른손 피아노 악보에 사용한 기록이 있다.

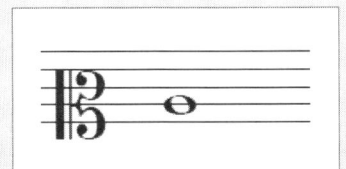

Mezzo-soprano clef (메조 소프라노 음자리표)
메조 소프라노 성악 악보용 음자리표이다.

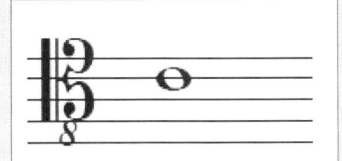

Tenor clef down one octave (1옥타브 낮은 테너 음자리표)
테너 음자리표에 비해 1옥타브 낮은 음계대를 표시하는 음자리표로서 하이 더블베이스 악기 보표에 사용한다. 숫자 8을 삭제하면 테너 음자리표가 된다.

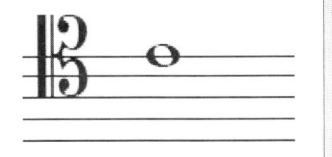

Baritone clef (바리톤 음자리표, 바리톤 보표)
바리톤 음역대를 표시하는 음자리표이지만 현재는 거의 사용하지 않는 음자리표이다.

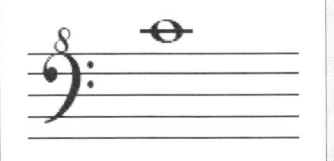

Bass clef up one octave (1옥타브 높은 낮은 음자리표)
왼손 첼레스타 악보에 사용하는 음자리표이다.

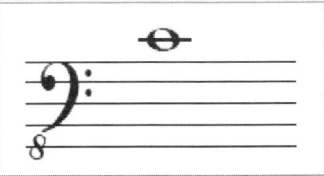

Bass clef down one octave (1옥타브 낮은 낮은 음자리표)
낮은 음자리표에 비해 1옥타브 낮은 음계대를 가르키는 음자리표이다. 더블베이스 악보에 사용한다.

Bass clef down two octaves (2옥타브 낮은 낮은 음자리표)
낮은 음자리표에 비해 2옥타브 낮은 음계대를 가르키는 음자리표이다.

Baritone clef (바리톤 음자리표, 바리톤 보표)
성악의 바리톤 악보에 사용하는 음자리표이다. 옛 프랑스에서는 왼손 키보드 악보에 사용하였다.

Sub-bass clef (서브 베이스 음자리표, 서브 낮은 음자리표)
중세 유럽의 작곡가들이 사용했던 음자리표로서 음악의 아버지 바하도 이 음자리표를 사용한 기록이 있다.

Blank clef (빈 음자리표)
음자리표가 없는 상태. 타악기에서 음의 높낮이가 없는 리듬악기 보표에 사용하기도 한다. 또는 보표에서 선행 음자리표를 제거할 목적으로 Blank clef를 삽입하기도 한다.

Bass guitar tab clef (베이스 기타 TAB)
베이스 기타용 음자리표이다.

Larger tab clef
기본형 TAB Clefs보다 큰 음자리표이다.

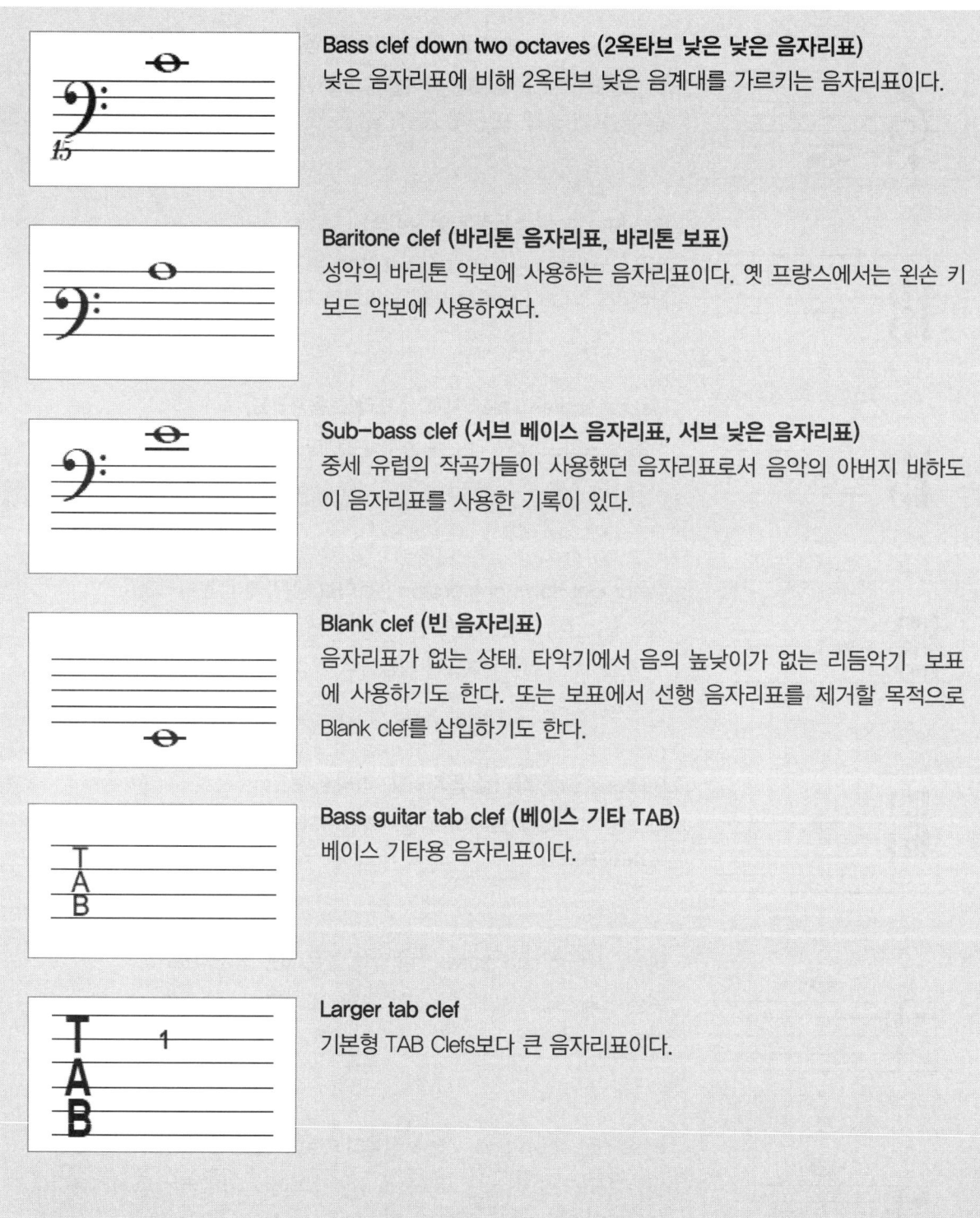

참고 | 인스펙터로 보표의 음자리표 감추기

보표에 있는 음자리표는 물론 악보에 있는 각종 음악 심볼들을 필요한 경우 악보에서 감출 수 있다. 이때 사용하는 기능이 인스펙터 기능이다.

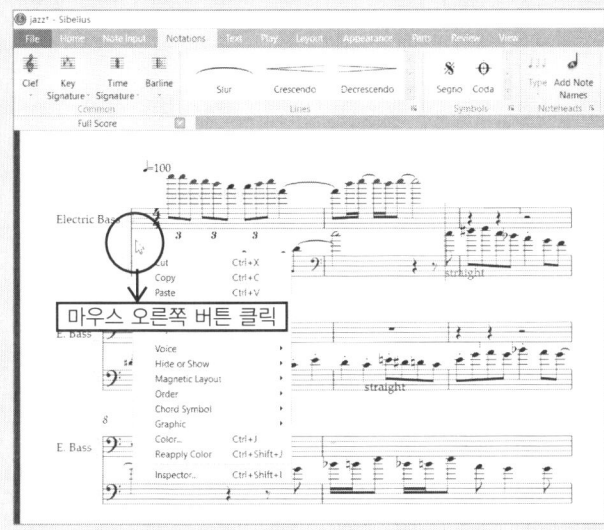

보표의 시작 부분(시스템의 시작 부분)에 있는 세로 라인을 마우스 오른쪽 버튼으로 클릭한 뒤 Inspector 메뉴를 실행한다.

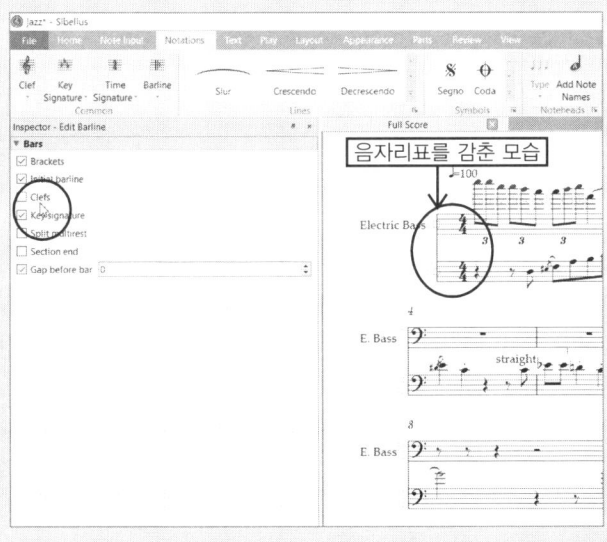

인스펙터의 Clefs 옵션 체크 표시를 끄면 악보의 시작 부분에 있는 음자리표를 감출 수 있다.
이때 악보 전체에서 음자리표를 감추는 것이 아니라 작업 중인 시스템(보표단)의 음자리표만 감출 수 있다.

02 Common -> Key Signature 메뉴 (조표 삽입 방법)

Notations -> Common -> Key Signature 메뉴는 조표를 삽입할 때 사용한다.

조표란 각각의 키에서의 스케일 구성을 나타내는 음악적 심볼이다. 샵(#, 올림표)과 플렛(♭, 내림표)이라는 심볼로 해당 보표에서 어떤 음정은 반음 올려서(#) 연주하고, 어떤 음정은 반음 내려서(♭) 연주하도록 지시하는 역할을 한다.

조표는 보표의 시작 부분에 삽입하면 보표가 끝나는 지점까지 적용되지만, 중간 마디에서 다른 조표를 삽입하여 반음 올림/내림을 지시할 수 있고, 개별적인 음표에도 임시적으로 반음 올림/내림을 지정할 수 있는데 이는 임시표라고 한다.

예제 'Wind.sib' 파일을 불러온다.

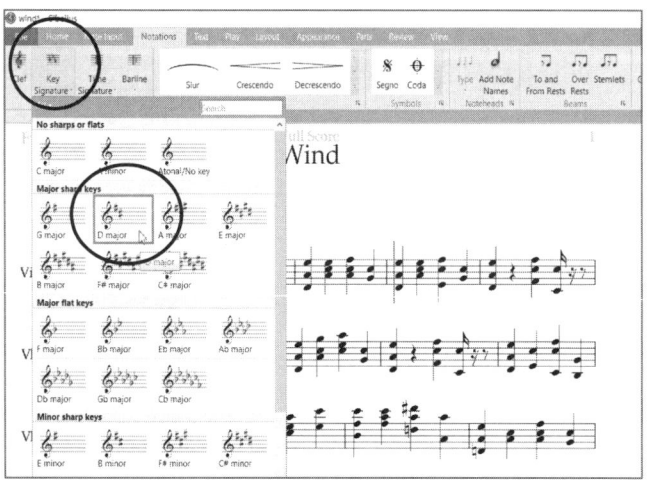

조표를 삽입하기 위해 Notations -> Key Signature 메뉴를 실행한 뒤 사용하고 싶은 조표를 선택한다. 여기서는 D Major를 선택했다.

마우스 커서가 파란색 화살표로 바뀌면 보표에서 음자리표와 박자표 사이를 클릭한다.

D Major 조표가 삽입된 모습이다. 2개의 샵(##)이 삽입된 것을 알 수 있다.

지금 삽입한 조표는 곡의 종료 지점까지 영향을 준다.

그런데 악보를 플레이하여 보면 조표를 삽입하기 전 음악과 동일한 음정으로 들린다.

왜 그럴까? D Major를 조표를 삽입해 반음 올려 치라고 지시했는데도 말이다.

보표를 자세히 보면 반음 올려쳐야 할 음표들 앞에 제자리표(♮)가 자동으로 삽입되어, 반음 올려치는 기능이 제어당한 상태임을 알 수 있다.

아마 시벨리우스 프로그램이 자체적으로 판단하기로 반음 올려치기에는 적합하지 않아서 제자리표를 자동 삽입한 것으로 보인다.

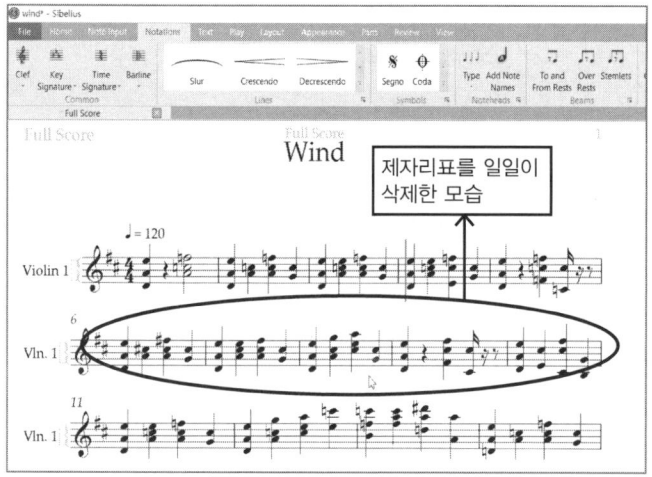

제자리표(♮)는 조표의 지시를 무시하고 원래 음정으로 연주하라는 뜻이므로, 조표의 영향을 받게 하려면 음표들 앞에 삽입된 제자리표를 일일이 선택해 삭제해야 한다.

그림처럼 제자리표를 삭제해 보자.

악보를 플레이하면 D Major 조표에 영향을 받는 음표들이 반음 올려진 채 플레이될 것이다.

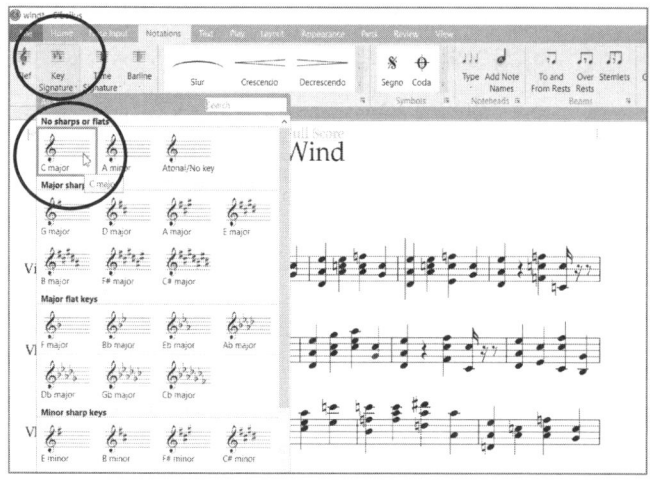

조표를 삽입한 뒤 멜로디가 더 나빠진 상태라면 원래 조표로 교체해야 한다. 참고로 이 악보는 원래 조표가 없는 악보였으므로 기본값인 C 메이저로 되돌려야 한다.

Notations -> Common -> Key Signature 메뉴를 실행한 뒤 C Major 조표를 선택한다.

마우스 커서가 파란색 화살표로 바뀌면 B Major 조표를 클릭해 C Major 조표로 교체한다. 반음 올려치라는 지시를 제거했으므로 음악은 원래 멜로디로 돌아온다.

스페셜 TIP 조표(Key Signature) 종류와 사용 방법

조표는 오선지에서 어떤 음을 반음 올려 연주하거나 내려 연주할 것을 보표 맨 왼쪽에 표시한 것을 말한다. 각각 7가지 종류가 있으므로 올림표와 내림표 포함 총 14종이다. 장조와 단조까지 합치면 총 28종이지만 장조와 단조는 같은 조표를 사용하므로 조표의 종류는 총 14종이라 할 수 있다. 총 14종의 조표 중에서 약 절반 정도를 흔히 사용한다.

조표에 의해 으뜸음 '도' 음계가 달라진다. 지금부터 설명하는 각각의 그림상에서 첫 번째 음표는 장조의 '도' 음이고, 두 번째 음표는 단조의 '도' 음이다.

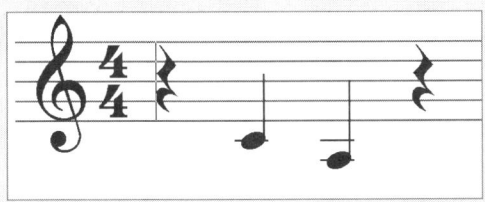

1. 다장조/가단조
다장조는 으뜸음이 '다'인 장음계를 말하며 조표상 #이나 b이 붙지 않는다. # 또는 b이 없으므로 피아노 연주시 그대로 도레미파솔라시도 흰건반만 친다. 가단조는 '가'가 으뜸음인 단음계(Minor Scale)이다.

2. 사장조/마단조
사장조는 으뜸음(도)이 '사'에서 시작하는 장조를 말하며, 마단조는 으뜸음이 '마'에서 시작하는 단조이다. 조표상 1개의 샵(#)이 붙는다. 오선지상에서 샵(#)이 붙은 줄이나 칸이 반음 올려치는 음이므로 그 부분 음을 칠 때는 흰건반 오른쪽 검정색 건반으로 올려친다.

3. 라장조/나단조
라장조는 으뜸음이 '라'인 장조를 말하며, 나단조는 으뜸음이 '나'인 단조이다. 조표상 2개의 샵(#)이 붙고 샵이 붙은 줄이나 칸에 있는 음을 칠 때는 흰건반 오른쪽 검정색 건반으로 올려친다.

4. 가장조/올림 바단조
조표상 3개의 샵(#)이 붙는다. 샵이 붙은 줄이나 칸을 건반으로 칠 때는 흰건반 오른쪽 검정색 건반으로 올려친다.

5. 마장조/올림 다단조
조표상 4개의 샵(#)이 붙는다. 샵이 붙은 줄이나 칸을 건반으로 칠 때는 흰건반 오른쪽 검정색 건반으로 올려친다.

6. 나장조/올림 사단조
조표상 5개의 샵(#)이 붙는다. 샵이 붙은 줄이나 칸을 흰건반 오른쪽 검정색 건반으로 올려친다.

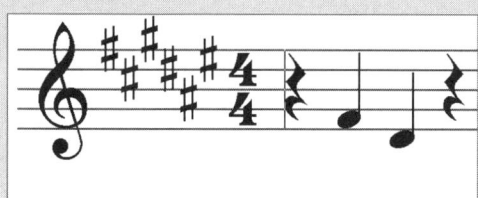

7. 올림 바장조/올린 라단조
조표상 6개의 샵(#)이 붙는다. 샵이 붙은 위치나 칸에 있는 음을 흰건반 오른쪽 검정색 건반으로 올려친다.

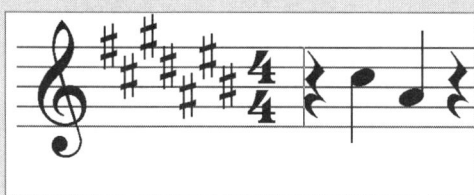

8. 올림 다장조/올림 가단조
조표상 7개의 샵(#)이 붙는다. 샵이 붙은 위치나 칸에 있는 음을 흰건반 오른쪽 검정색 건반으로 올려친다.

9. 바장조/라단조
조표상 1개의 플렛(b)이 붙는다. 플렛이 붙은 줄이나 칸에 있는 음을 건반으로 칠 때는 흰건반 왼쪽 검정색 건반으로 내려친다.

10. 내림 나장조/사단조
조표상 2개의 플렛(b)이 붙는다. 플렛이 붙은 줄이나 칸에 있는 음을 건반으로 칠 때는 흰건반 왼쪽 검정색 건반으로 내려친다.

11. 내림 마장조/다단조
조표상 3개의 플렛(b)이 붙는다. 플렛이 붙은 줄이나 칸에 있는 음을 건반으로 칠 때는 흰건반 왼쪽 검정색 건반으로 내려친다.

12. 내림 가장조/바단조
조표상 4개의 플렛(b)이 붙는다. 플렛이 붙은 줄이나 칸에 있는 음을 건반으로 칠 때는 흰건반 왼쪽 검정색 건반으로 내려친다.

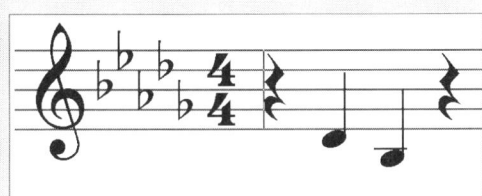

13. 내림 라장조/내림 나단조
조표상 5개의 플렛(b)이 붙는다. 플렛이 붙은 줄이나 칸에 있는 음을 건반으로 칠 때는 흰건반 왼쪽 검정색 건반으로 내려친다.

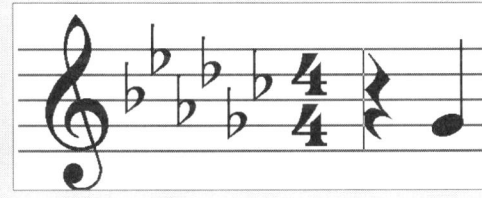

14. 내림 사장조/내림 마단조
조표상 6개의 플렛(b)이 붙는다. 플렛이 붙은 줄이나 칸에 있는 음을 건반으로 칠 때는 흰건반 왼쪽 검정색 건반으로 내려친다.

15. 내림 다장조/내림 가단조
조표상 7개의 플렛(b)이 붙는다. 플렛이 붙은 줄이나 칸에 있는 음을 건반으로 칠 때는 흰건반 왼쪽 검정색 건반으로 내려친다.

03 Time Signature 메뉴 (악보에 박자표 삽입 방법)

박자표 표시가 없는 음악 악보는 기본 박자표인 4/4 박자를 사용하는 악보이다. Notations -> Common -> Time Signature 메뉴는 악보에 박자표를 삽입하거나 수정할 때 사용하며, 음악의 박자는 신규 삽입한 박자표에 의해 전부 변경된다.
만일 박자표를 악보 중간에 삽입하면 그 이후 다른 박자표를 삽입하지 않는 한 삽입한 위치부터 곡의 종료까지 해당 박자를 사용하게 된다.

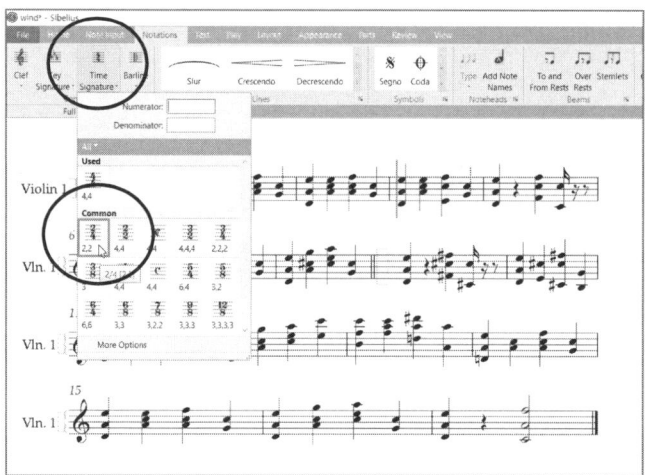

Notations -> Common -> Time Signature 메뉴를 실행하면 박자표를 선택할 수 있다.
여기서는 악보의 4/4박자를 2/4박자로 수정하기 위해 2/4박자표를 선택했다.

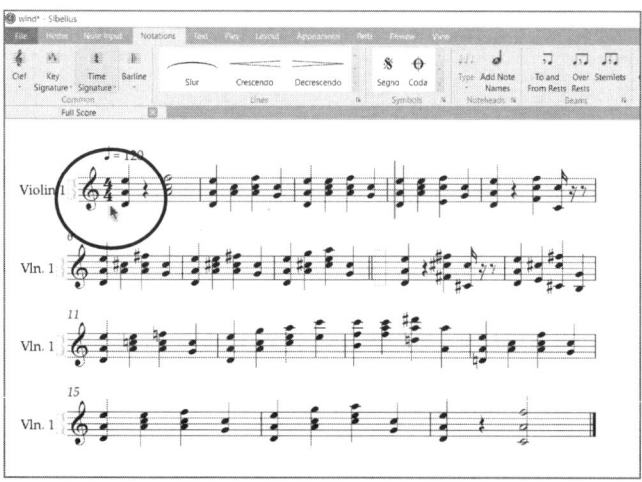

악보의 박자표가 있는 부분을 클릭한다.

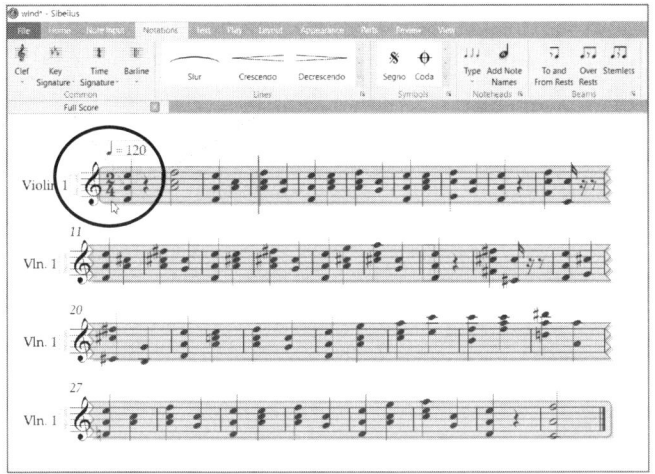

박자표가 2/4박자로 바뀌는 것을 알 수 있다.
화면의 빈 곳을 클릭해 선택을 해제한다.

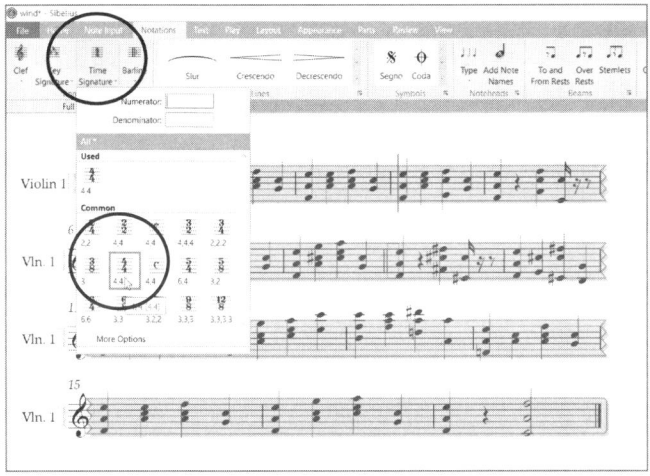

박자표는 일반적으로 보표 시작 부분에 삽입하지만 보표 중간에도 삽입할 수 있다.
Notations -> Common -> Time Signature 메뉴를 다시 실행한 뒤 이번에는 4/4박자를 선택한다.

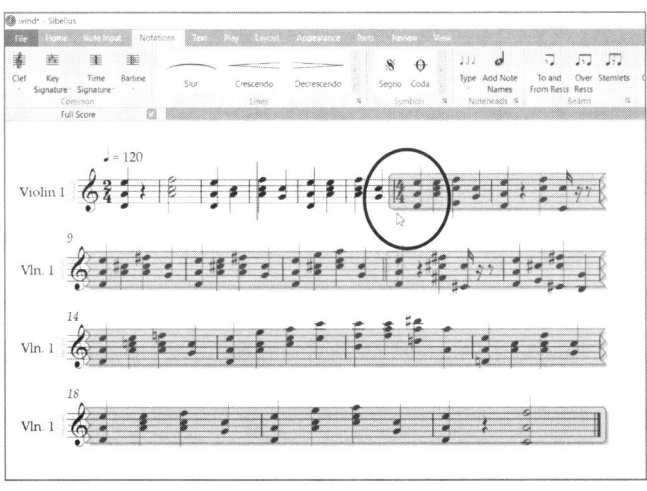

원하는 마디를 클릭하면 그 부분에 4/4박자가 삽입된다. 보표의 2/4박자가 이 부분을 연주할 때는 4/4박자로 바뀌게 된다.

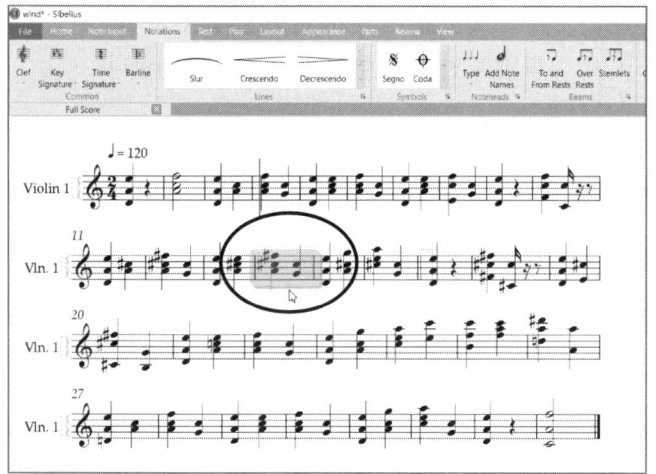

이번 예제는 마디를 선택한 뒤 선택한 마디에 박자표를 삽입해본다. 먼저 원하는 마디를 클릭해 선택한다.

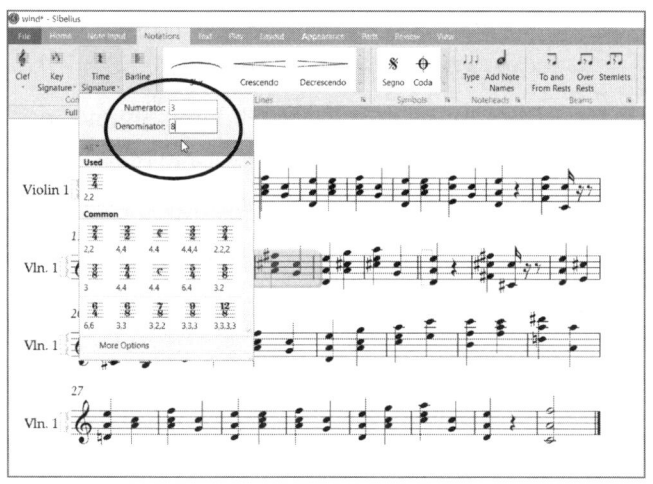

Notations -〉 Common -〉 Time Signature 메뉴를 실행한 뒤 이번에는 사용자가 직접 박자를 설정할 수 있는 입력란에 3/8박자라고 입력하고 엔터키를 누른다.

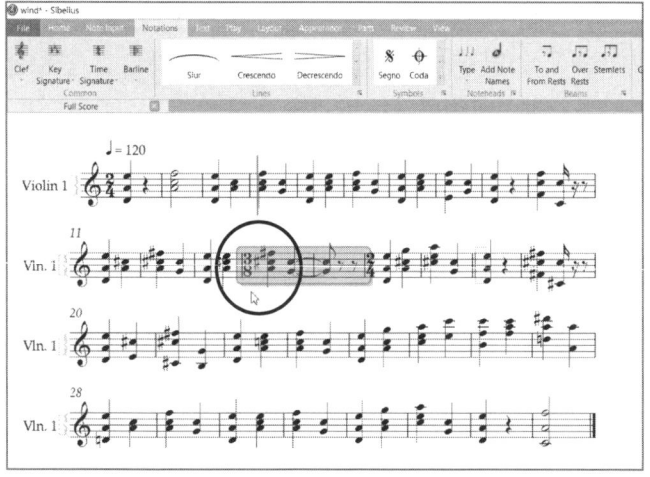

선택한 마디에 3/8박자가 입력된 것을 알 수 있다.

04 Barline 메뉴 (마디선/바라인 모양 변경 방법)

Notations -> Common -> Barline 메뉴는 마디선(바라인)의 모양을 수정 편집하는 기능이다. 먼저 수정할 마디선을 클릭 선택한다. 이 메뉴를 실행하고, 그런 뒤 원하는 마디선 모양을 적용하면 된다.

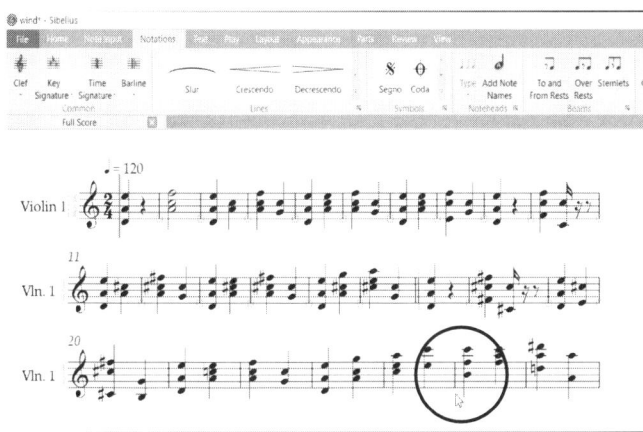

모양을 수정할 마디선을 클릭해 선택한다.

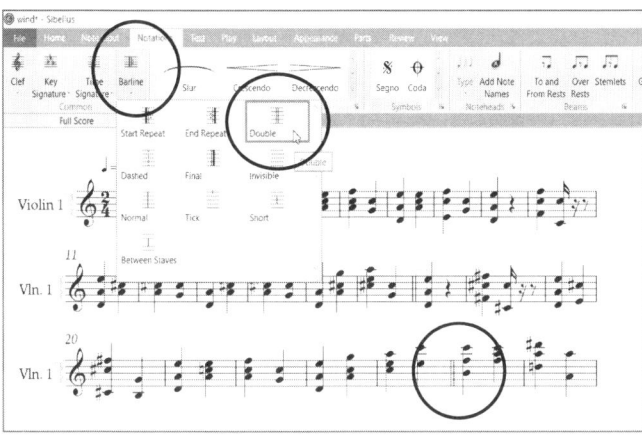

Notations -> Common -> Baline 메뉴를 실행한 뒤 원하는 모양을 적용하면 마디선 모양이 변경된다. 여기서는 2개 모양 마디선인 Double 모양을 적용하였다. 선택한 마디선의 모양이 Double 마디선으로 바뀐 것을 알 수 있다.

> **TIP** 원래 마디선 모양으로 돌아가기
> 수정한 마디선의 모양에 따라 리피트 등의 반복연주 설정이 달라지기도 한다. 따라서 마음에 들지 않을 경우에는 선택 툴로 해당 마디선을 선택한 뒤 Delete 키를 눌러 삭제한다. 수정한 마디선 모양을 삭제하면 원래 마디선 모양으로 돌아간다.

마디선(바라인)은 모양에 따라 다음과 같은 이름을 가지고 있다.

ut
Notations
Text
Play
Layout
Barline
Lines
Symbols
Type
Add Note Names
종료 도돌이표 마디선 (End Repeat Barline)
시작 도돌이표 마디선 (Start Repeat Barline)
Start Repeat
End Repeat
Double
겹세로줄(Double Barline)
점 마디선 (Dashed Barline)
Dashed
Final
Invisible
Invisible(회색 마디선)
일반 마디선
Normal
Tick
Short
짧은 마디선(Short Barline)
Between Staves
Between Staves
틱 마디선(Tick Barline)
마침줄 또는 끝세로줄(Final Barline)

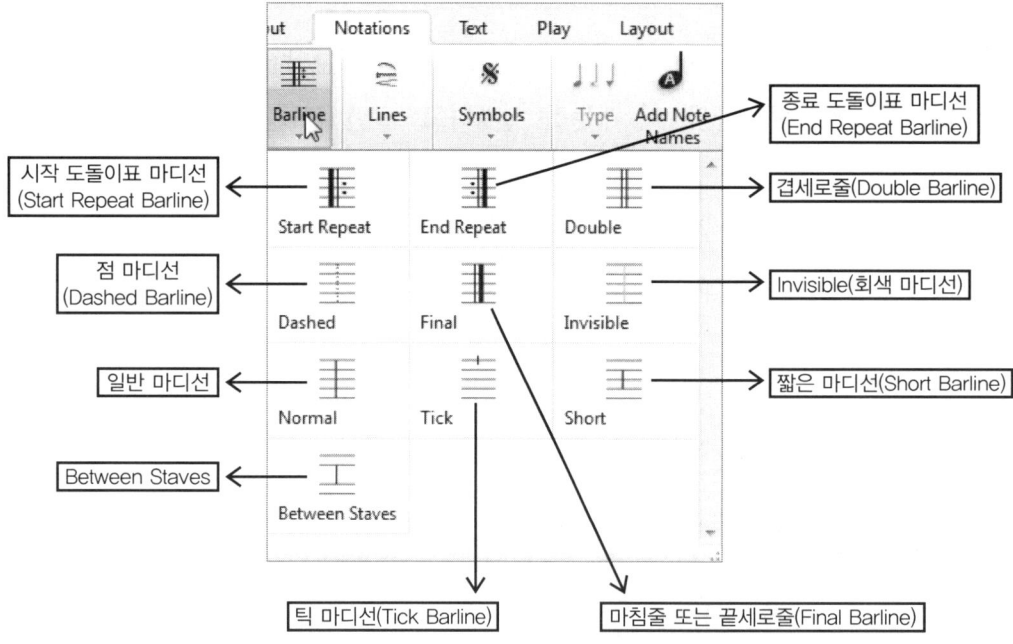

참고 마디선의 종류와 사용 방법

마디선은 모양 별로 다음과 같이 특별한 쓰임새가 있다.

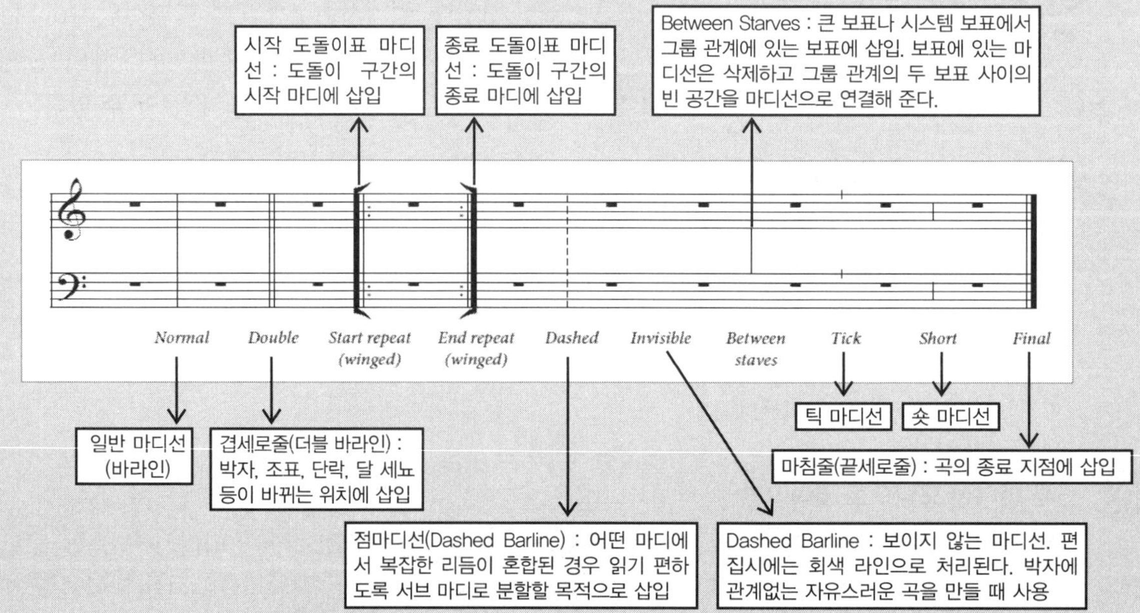

시작 도돌이표 마디선 : 도돌이 구간의 시작 마디에 삽입
종료 도돌이표 마디선 : 도돌이 구간의 종료 마디에 삽입
Between Starves : 큰 보표나 시스템 보표에서 그룹 관계에 있는 보표에 삽입. 보표에 있는 마디선은 삭제하고 그룹 관계의 두 보표 사이의 빈 공간을 마디선으로 연결해 준다.
Normal
Double
Start repeat (winged)
End repeat (winged)
Dashed
Invisible
Between staves
Tick
Short
Final
틱 마디선
숏 마디선
일반 마디선 (바라인)
겹세로줄(더블 바라인) : 박자, 조표, 단락, 달 세뇨 등이 바뀌는 위치에 삽입
마침줄(끝세로줄) : 곡의 종료 지점에 삽입
점마디선(Dashed Barline) : 어떤 마디에서 복잡한 리듬이 혼합된 경우 읽기 편하도록 서브 마디로 분할할 목적으로 삽입
Dashed Barline : 보이지 않는 마디선. 편집시에는 회색 라인으로 처리된다. 박자에 관계없는 자유스러운 곡을 만들 때 사용

따라하기 | 시스템 보표(보표단)에서 마디선 연결하기

시스템 보표란 2개 이상의 보표가 하나의 시스템 구룹을 이룬 보표단을 말한다. 시스템 보표에서 그룹을 이룬 상하 보표 사이를 마디선으로 연결하는 방법을 알아본다.

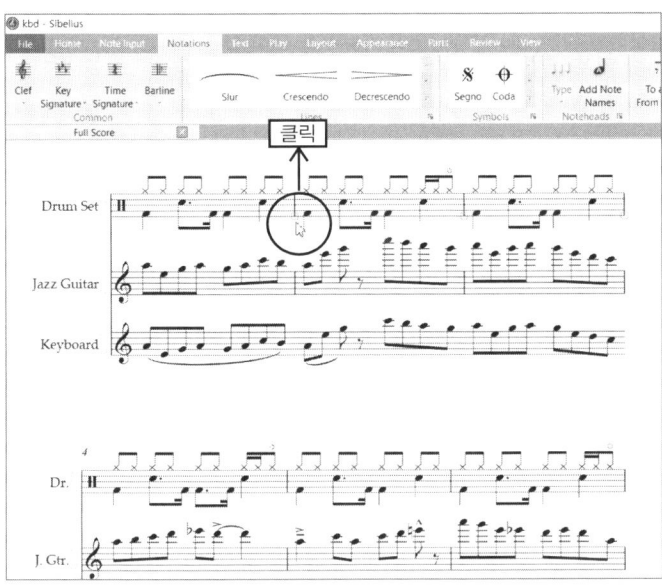

❶ 예제 'kbd.sib' 파일을 불러온다. 악보를 보면 3개의 악기 파트가 시스템을 이루고 있다. 일반적으로 큰 보표는 상하 보표 사이가 마디선으로 연결되어 있지만, 큰 보표가 아닌 일반 시스템 보표는 상하 보표가 마디선으로 연결되어 있지 않다.
연결하고 싶은 마디선의 위쪽 끝이나 아래쪽 끝을 클릭하면 핸들이 나타난다.

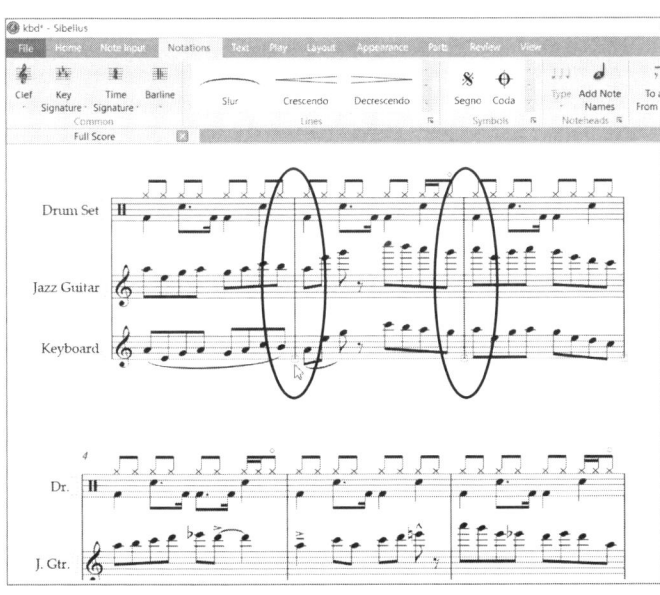

❷ 핸들을 연장하고 싶은 하단 보표로 클릭 + 드래그하면 상하 보표의 마디선이 서로 연결된다. 참고로 마디선 연결 기능은 시스템으로 그룹을 이룬 보표끼리만 연결할 수 있다.

CHAPTER 02
Notations -> Lines 메뉴
(플레이할 때 지시대로 연주되는 라인 심볼)

Notations -> Lines 메뉴는 보표에 각종 라인 모양의 심볼을 삽입하는 기능으로써, 이 메뉴의 단축키는 L이다. 이 메뉴는 슬러, 크레센도, 디크레센도, 트릴, 리피트 같은 곡선, 직선, 물결모양 등의 라인형 심볼을 악보에 기보할 때 사용한다.

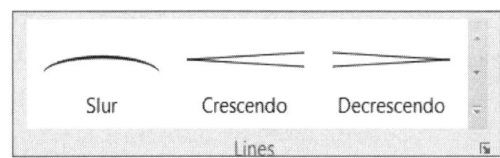

참고로 라인형 심볼은 플레이를 할 때 대부분 해당 라인 심볼이 지시하는 내용대로 곡을 해석해 연주해주는 특징이 있다. 예를 들어 포르타멘트 라인을 삽입하면 악보를 플레이할 때 포르타멘토 기법으로 플레이가 된다.

01 Lines 메뉴 (라인 심볼)

Lines 메뉴(L)를 클릭하면 사용할 수 있는 라인 심볼들이 나타난다. 원하는 라인을 선택하면 마우스 커서가 화살표 모양으로 바뀐다. 이때 삽입하고 싶은 위치의 음표를 클릭하면 해당 음표에 선택한 라인이 삽입된다. 또는 음표를 먼저 선택한 상태에서 Lines 메뉴를 클릭한 뒤 원하는 라인을 선택하는 방식으로 삽입할 수도 있다.
삽입한 라인은 종류에 따라 마우스 드래깅으로 길이를 조절할 수 있고 음표의 상하단으로 이동시킬 수 있다. 만일 라인을 삭제하려면 마우스로 선택한 뒤 Delete 키로 삭제한다.

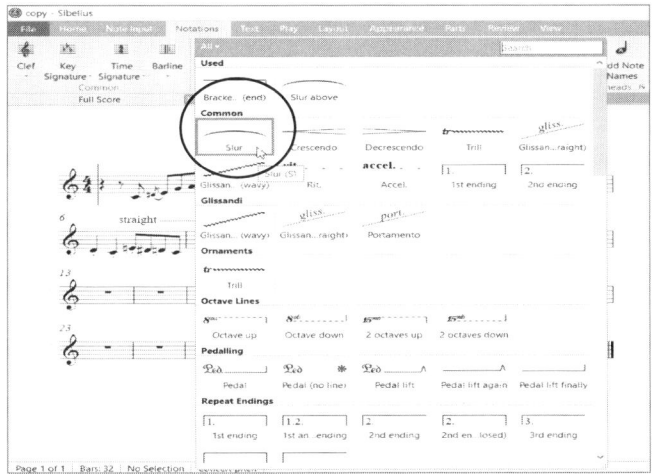

Notations -> Lines 메뉴를 실행한 뒤 슬러(Slur) 심볼을 선택한다.

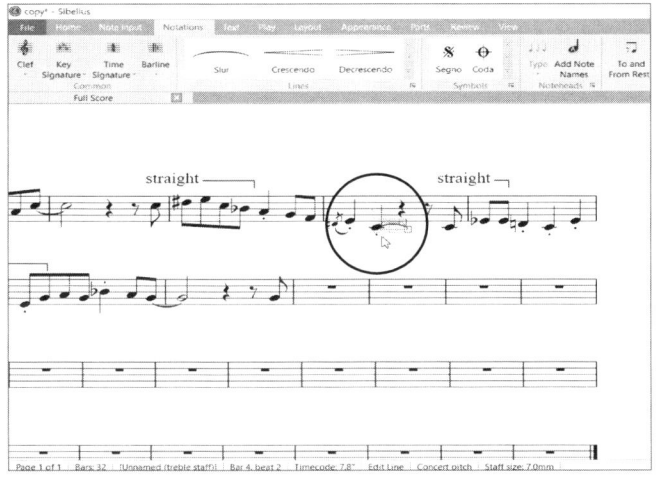

커서가 화살표 모양으로 변하면 원하는 음표를 클릭한다. 바로 슬러 심볼이 나타난다.

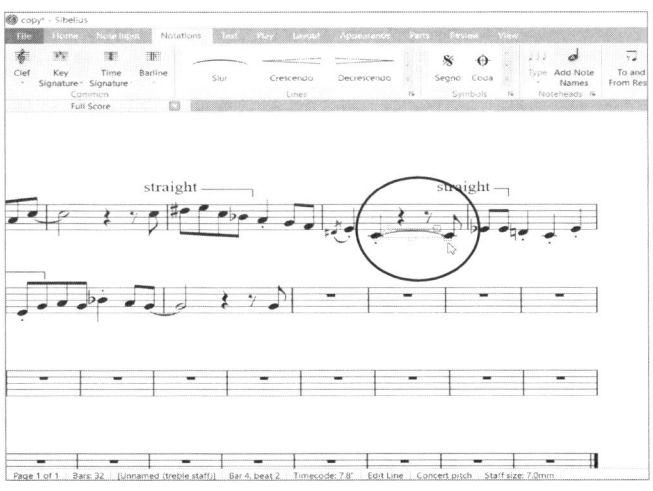

슬러의 양쪽 끝을 드래그하여 두 음표를 이어준다.

Part 7. Notations 메뉴 (노테이션 메뉴) **359**

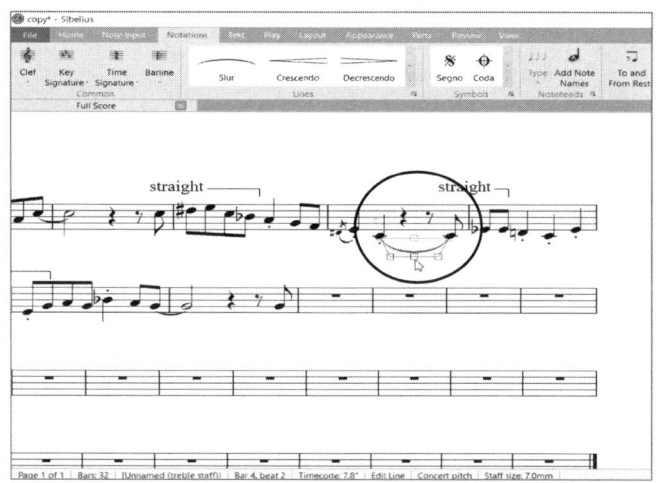

슬러의 핸들을 드래그하여 슬러의 모양을 만들어준다.

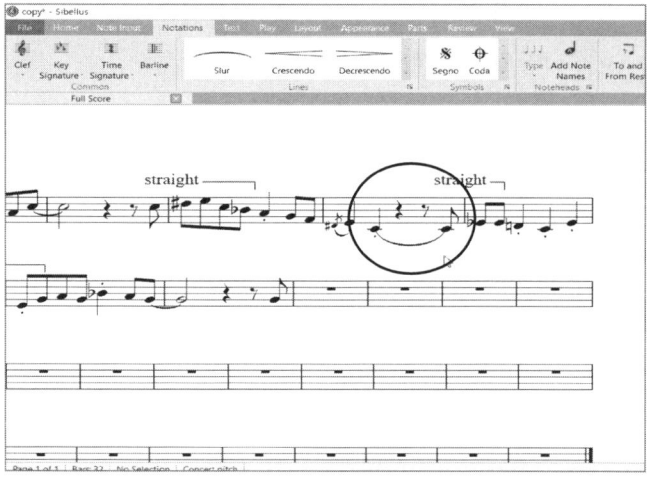

슬러를 완성한 모습이다. 해당 2개 음표를 연주할 때는 부드럽게 이어서 연주하라는 뜻이다.

슬러의 좌우 끝을 클릭하면 사각형 또는 희미한 점선 화살표가 나타난다.
점선 화살표가 가리키는 음표가 슬러 연주의 시작 음표이다.

이 점선 화살표가 가르키는 음표에서부터 슬러가 동작하므로 의도하지 않은 음표를 가리키지 않도록 주의한다. 아울러 다른 음표로 드래그하여 연결할 수 있는데 이 경우 해당 음표에서부터 부드럽게 연주하라는 지시가 된다.

02 Edit Lines 메뉴 (새 라인 등록하기)

Notations -> Lines 메뉴 하단의 Edit 버튼은 라인을 편집하거나 새 라인을 만들어 등록할 때 사용한다.

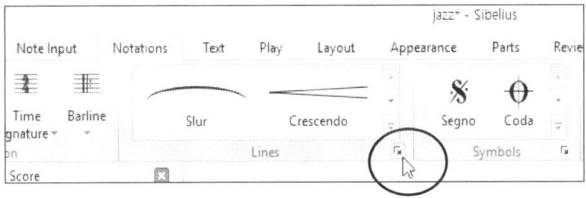

Edit Lines 버튼

Edit Lines 버튼을 클릭하면 대화상자가 실행되어 아래와 같이 라인을 편집하는 기능과 새 라인을 등록하는 기능을 제공한다.

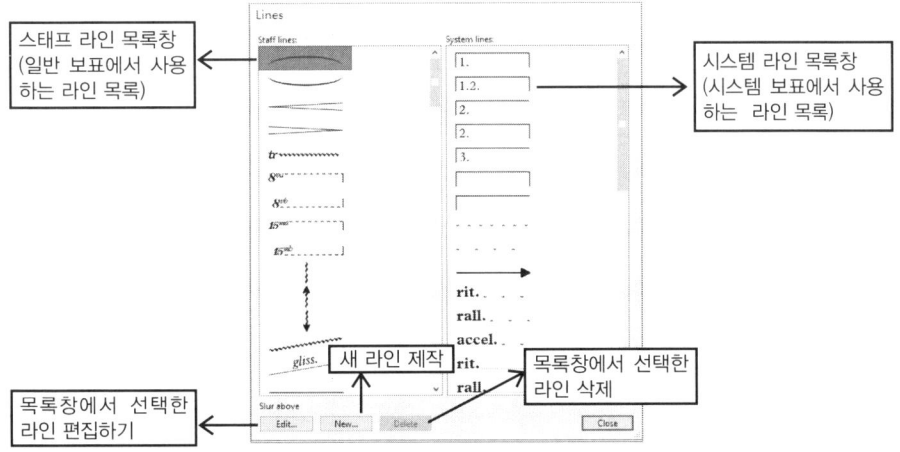

목록창에서 원하는 라인을 선택한 뒤 하단 Edit 버튼을 클릭하면 해당 라인을 편집할 수 있도록 편집대화상자가 실행된다. 만일 해당 라인을 열려있는 악보에서 사용하고 있는 상태이면 악보상에도 수정된 라인 모양이 적용된다.

New 버튼은 사용자가 원하는 형태의 새 라인을 만드는 기능이다. 예를 들면, 목록창에서 슬러를 선택한 뒤 New 버튼을 클릭하면 슬러의 복사본을 만든 뒤 복사본을 편집하여 새로운 라인 모양을 만들 수 있다.

목록창에서 슬러를 선택한 뒤 New 버튼을 클릭했다고 가정해 보자. 다음과 같이 편집창이 실행되기 때문에 슬러 모양을 변경하고 새 라인으로 등록할 수 있다.

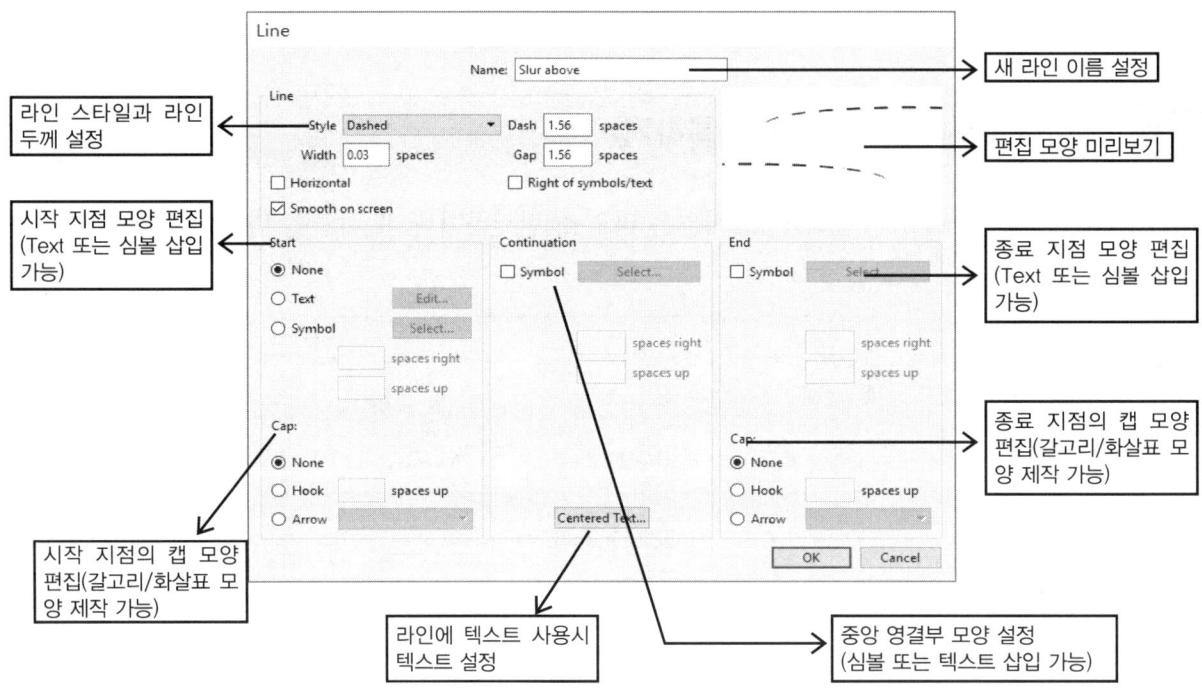

사용자가 제작한 새 라인은 Edit 대화상자의 목록창 제일 하단에 등록된다. 또한 Notations -> Lines 메뉴에도 등록되므로 필요한 경우 악보로 가져올 수 있다. 참고로 새로 만든 라인이 Lines 메뉴의 어느 파트에 등록되었는지 찾지 못하는 경우가 많은데, 예를 들어 슬러를 복제하여 만든 라인이라면, Lines 메뉴의 Slur 파트에 등록이 된다.

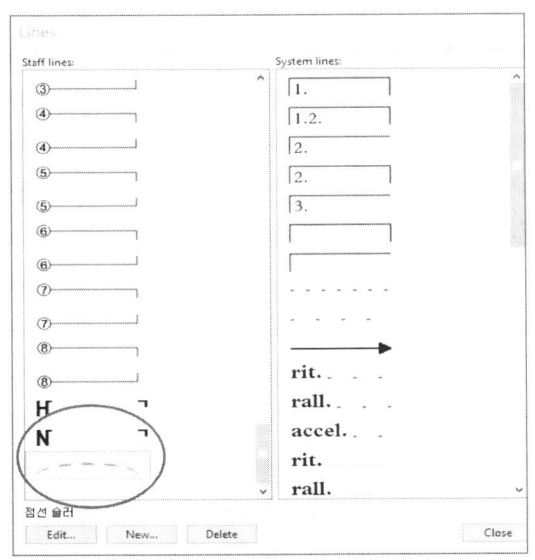
새로 만든 라인이 목록창 하단에 등록된 모습

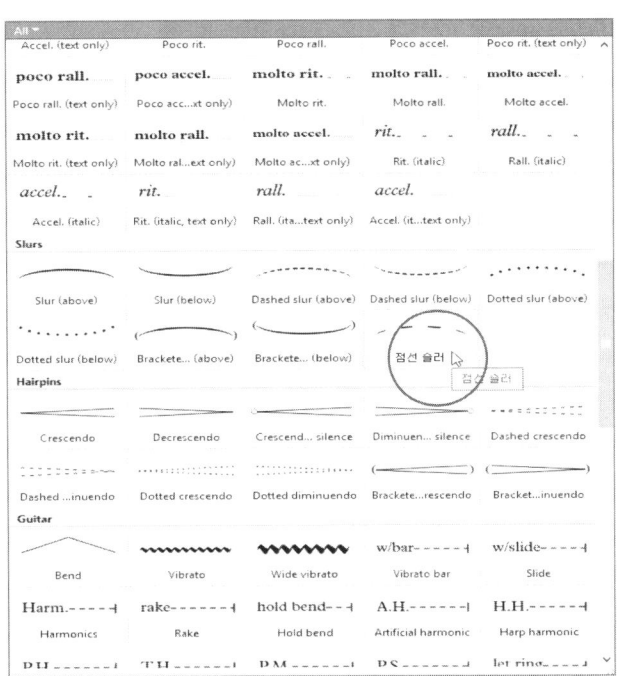
Lines 메뉴의 Slur 파트에 등록된 새 심볼

03 악보에 기보 가능한 라인(Line) 심볼 종류

악보에서 사용하는 라인형 심볼은 종류가 매우 많으므로 악보를 읽을 수 있는 사람들도 막상 해석하는 작업에서는 어려움을 느낀다. 그러나 다음 설명들을 참고하면 라인 심볼의 종류와 라인의 용도, 실제 연주할 때는 어떻게 연주하고, 시벨리우스에서 플레이를 하면 어떻게 들리는지 파악할 수 있을 것이다.

1. Common 라인 카테고리

악보에서 흔히 사용하는 라인 심볼이 모여 있다. 원하는 라인 심볼을 선택한 뒤 악보에서 음표를 클릭하면 해당 음표의 상단이나 하단에 자동 삽입된다.

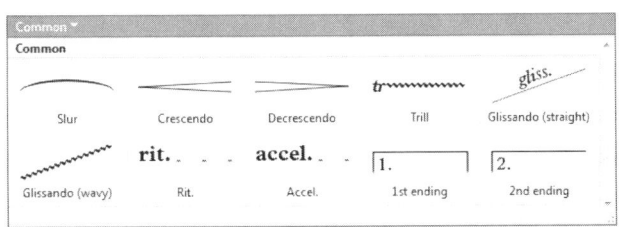

삽입이 되면 마우스 드래깅으로 모양을 만들거나 길이를 조절한 뒤, 음표 상하단의 적당한 곳으로 이동시켜 배치하면 된다. 각각의 용도는 아래 카테고리 별로 알아본다.

2. Glissandi(글리산도) 라인 카테고리

Glissandi 계열 라인 심볼을 입력할 수 있다. 해당 음표 구간을 글리산도로 연주하라고 지시할 때 삽입한다. 글리산도란 높이가 다른 두 음 사이에 작은 음표들을 계단처럼 늘어놓은 뒤 급속한 단계로 미끄러지듯 연주하는 기법을 말한다. 즉, 글린산도 라인을 2개의 음 사이에 걸치게 삽입하면 두 음 사이에 짧은 길이의 음표들이 계단처럼 놓여있는 상태라고 가정하고 연주하라는 뜻이다. 시벨리우스에서도 플레이를 하면 계단으로 놓여있는 모든 음이 들리게 된다.

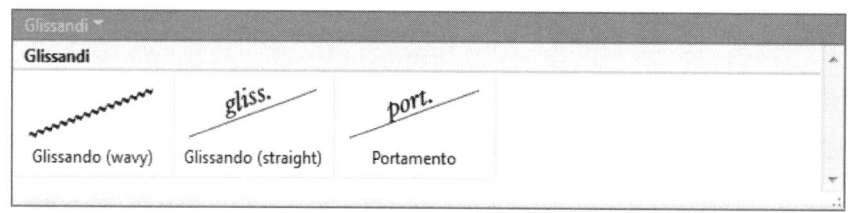

예를 들어 아래와 같이 글리산도를 기보하면 실제 연주하거나, 시벨리우스를 플레이할 때 아래와 비슷하게 들리게 된다.

글리산도 라인을 기보한 모습

이와 비슷하게 연주하거나 들린다.

3. Ornaments 라인 카테고리

Ornaments 라인 카테고리에는 트릴 심볼만 있다. 바이올린 같은 현악기 파트에서 특정 음표 부분을 트릴로 연주하라고 지시할 때 삽입한다.

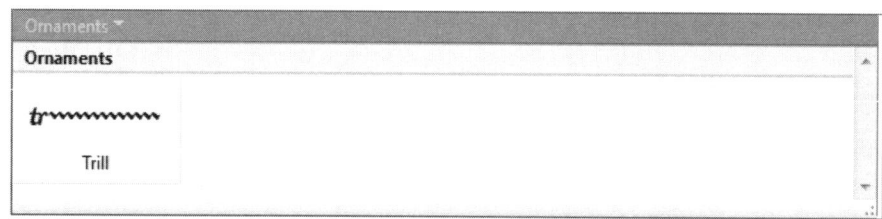

아래와 같이 트릴 심볼을 기보하면 실제 연주하거나, 시벨리우스를 플레이할 때 아래와 비슷하게 들리게 된다. 트릴의 연주 회수를 조절하려면 tr 문자열을 마우스 오른쪽으로 클릭한 뒤 인스펙터의 Speed 항목에서 트릴 횟수를 재설정한다.

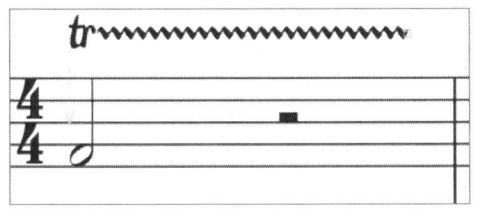
트릴을 기보한 모습

이와 비슷하게 연주하거나 들린다.

4. Octave 라인 카테고리

해당 구간의 옥타브를 1옥타브 또는 2옥타브씩 높이거나 낮출 것을 지시하는 심볼이다.

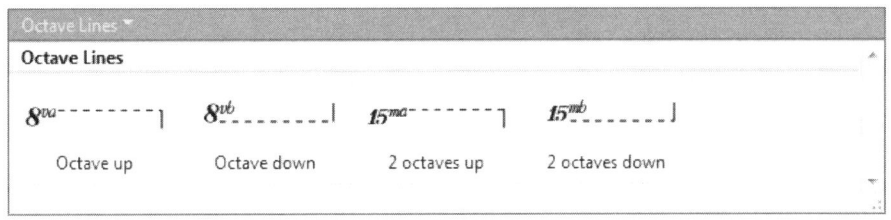

예를 들어 아래와 같이 옥타브 라인을 기보하면 실제 연주할 때 해당 구간은 1옥타브 높여서 연주해야 한다. 시벨리우스의 악보에 기보를 한 뒤 악보를 플레이하면 해당 구간이 1옥타브 높은 상태에서 플레이된다.

8 Ocvtave up을 기보한 모습

이 구간을 1옥타브 높여서 연주하거나/들리게 된다.

5. Pedalling 라인 카테고리

Notch 페달 라인을 삽입한다. 건반 계열 악보에서 페달 밟기와 떼기를 지시하는 라인이다.

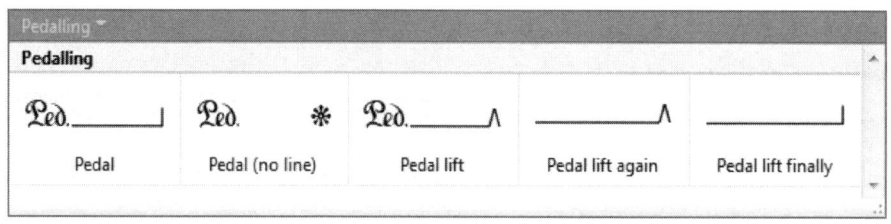

Notch 페달 라인은 다음과 같이 삽입한다. 삽입한 뒤에는 원하는 만큼 길이를 조절해 준다.

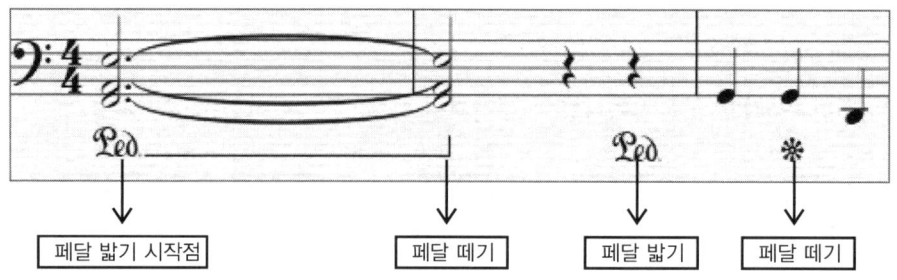

6. Repeat Ending 라인 카테고리

도돌이 횟수를 알려주는 리피트 라인을 삽입하는 기능이다. 이 도돌이 심볼들은 악보상에서 도돌이 횟수를 알려주는 기능이지만 보표에 도돌이 설정이 되지 않은 경우에는 동작하지 않는다. 시벨리우스를 플레이할 때 도돌이가 동작되게 하려면 일단 해당 보표에 도돌이 설정을 한 상태여야 한다.

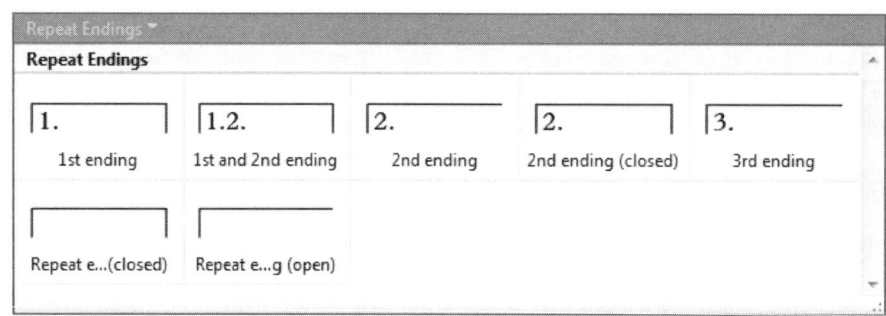

말하자면, 도돌이표가 있는 마디선이 존재할 경우, 해당 구간의 리피트 횟수 등을 리피트 라인 심볼로 표시할 수 있다.

다음은 리피트 라인을 잘못 사용한 예제와 올바르게 사용한 예제이다. 아래 그림을 해석하려면 도돌이표 마디선과 리피트 라인을 연관해서 해석해야 이해를 할 수 있다.

다음은 리피트 심볼을 잘못 사용한 예제이다.

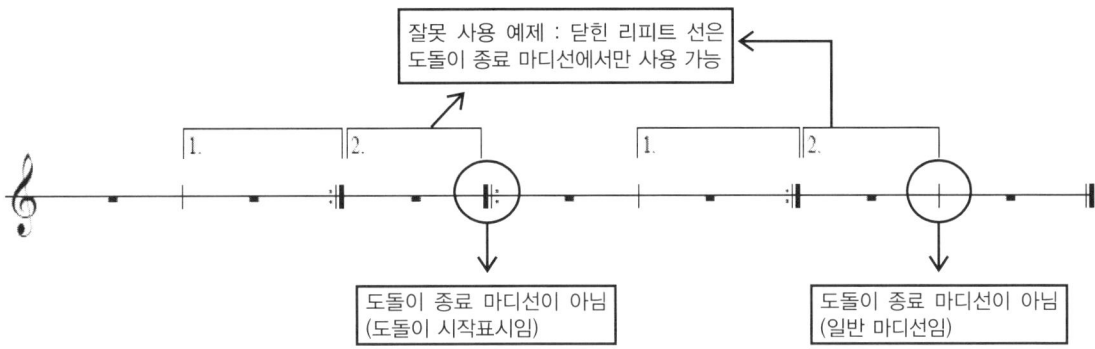

다음은 리피트 라인을 정확히 사용한 예제이다.

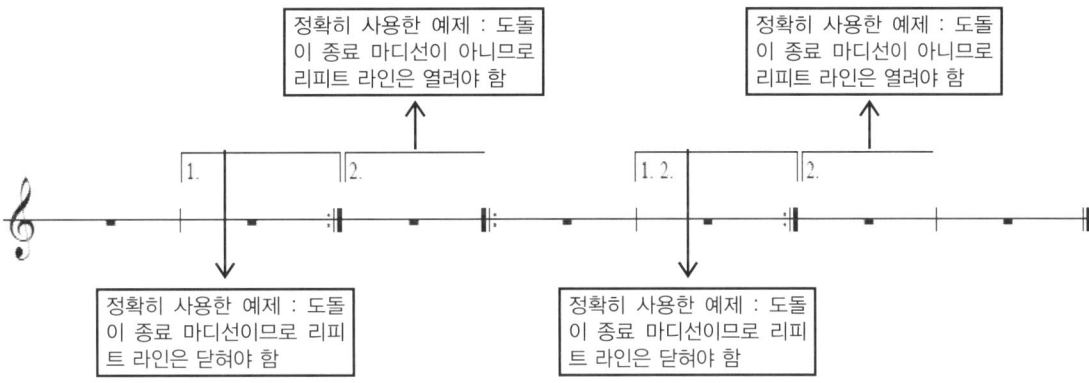

위와 같이 도돌이 설정을 하고 리피트 심볼을 넣은 경우 실제 연주를 하면 아래와 같이 도돌이 된다.

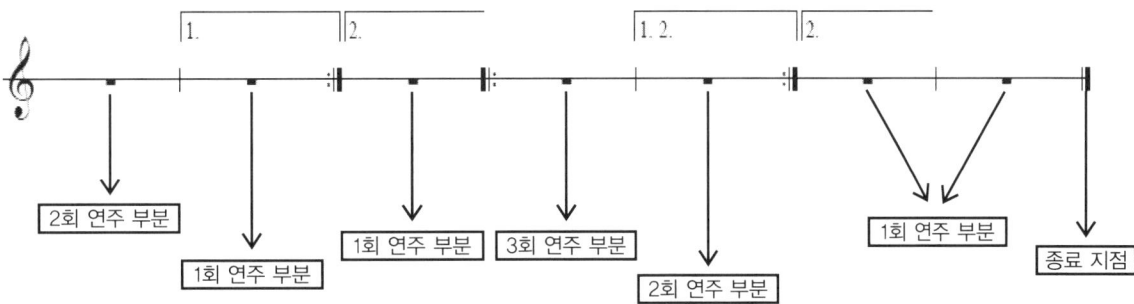

따라하기 — 플레이할 때 리피트 횟수 임의 변경하기

리피트 라인을 추가하면 리피트 라인에 있는 숫자만큼 도돌이 구간이 반복해서 플레이된다. 만일 2라고 쓰여 있으면 원래 플레이 1회+리피트 횟수 2회이므로 도돌이표가 있는 마디를 3회 플레이하게 된다. 물론 리피트 라인에 표기되어 있는 리피트 횟수와 다르게 내부적으로 리피트 횟수로 임의대로 변경할 수도 있고, 아예 리피트되지 않도록 할 수도 있다. 리피트 라인을 마우스 오른쪽으로 클릭한 뒤 인스펙터에서 설정하면 된다.

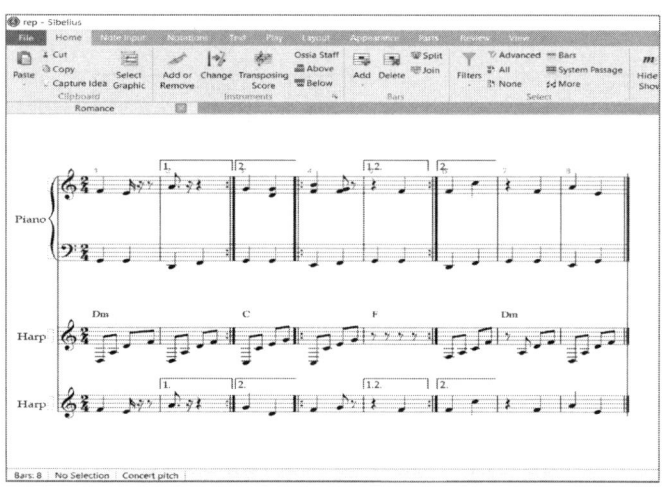

❶ File -> Open 메뉴로 'rep.sib' 파일을 불러온다.
단축키 Ctrl + [를 눌러 '플레이백라인'을 곡의 맨 앞으로 이동시킨 뒤 스페이스바를 눌러 곡을 연주해본다.

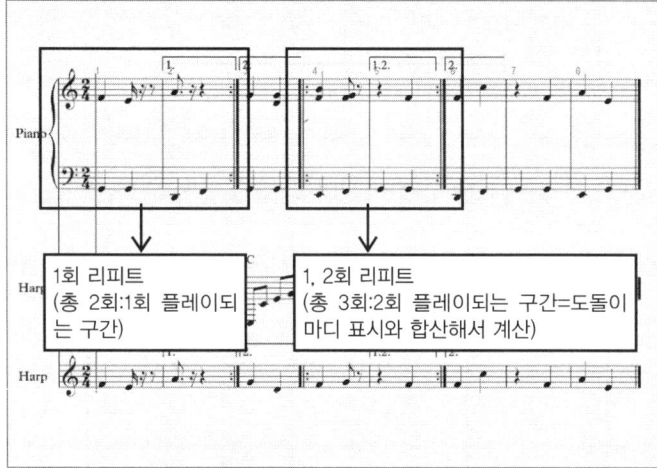

❷ 곡을 플레이하면 리피트 구간이 2곳이고, 리피트 횟수는 각기 다른 것을 알 수 있다.

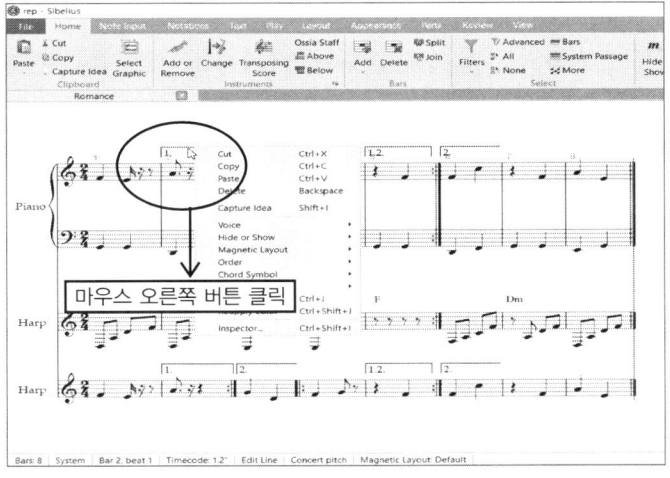

❸ 리피트 횟수를 수정하고 싶은 리피트 라인 (여기서는 첫 번째 리피트 라인)을 마우스 오른쪽으로 클릭해 Inspector 메뉴를 실행한다.

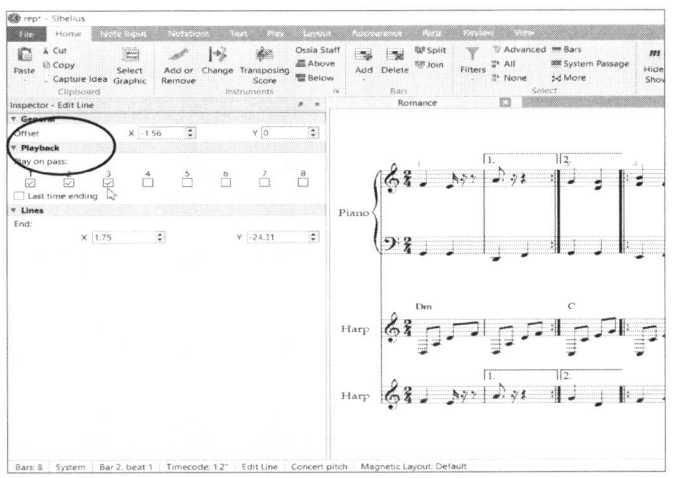

❹ Inspector의 Play on Pass 옵션을 확인하면 1번에만 체크되어 있고 2~8번 숫자는 체크 표시가 없다. 즉 1회 리피트하는 구간이기 때문에 1번에만 체크되어 있고 나머지 숫자는 모두 체크하지 않은 것이다.
만일 2번에 체크하면 리피트 횟수가 1회 더 추가되고, 3번에도 체크하면 리피트 횟수가 1회 더 추가된다.

❺ 앞에서 2번과 3번에 체크한 뒤 원래 악보창에서 곡을 연주해 보자.
2, 3번 항목에 체크했으므로 연주가 2회 늘어났다. 따라서 1~2번 마디를 총 4회:3회 플레이하고 다음 마디로 넘어가는 것을 알 수 있다.

7. Rit. and Accel. 라인 카테고리

rit. 는 ritardando(리타르단도, 점점 느리게)의 약자이고 accel. 는 accelerando(아첼레란, 점점 빠르게)의 약자이다. 둘 다 삽입을 하는 위치에서부터 곡의 종료 지점까지 영향을 주므로 반드시 뒤쪽에서 a tempo(본래 빠르기로)를 삽입해야 한다.

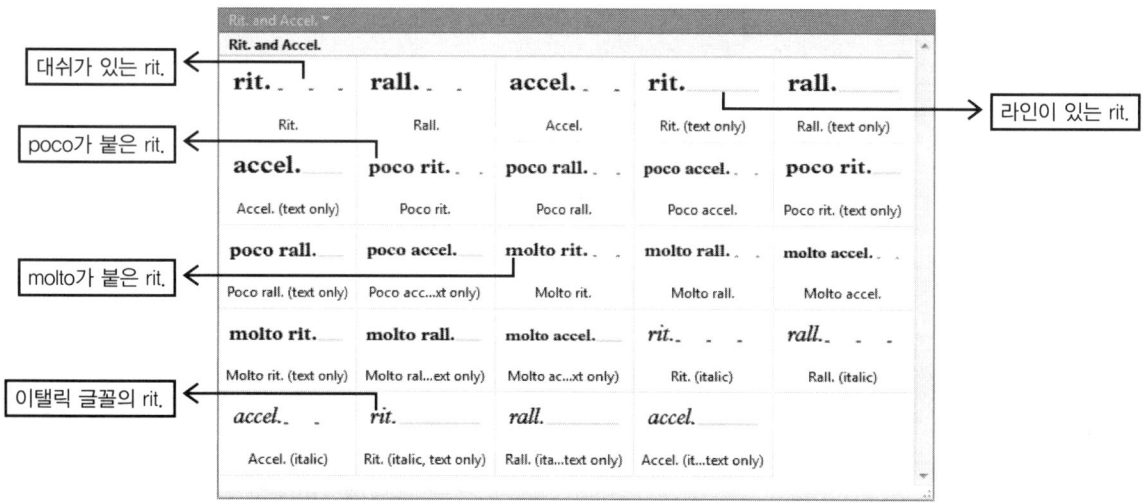

1. rit. (ritardando) : 리타르단도. 점점 느리게
2. rall (rallentando) : 랄렌탄도. 점점 느리게
3. accel. (accelerando) : 아첼레란. 점점 빠르게
4. poco (pocorit) : 포코. 조금씩 (poco rit. -> 조금씩 점점 느리게)
5. molto : 몰토. 아주, 대단히, 매우 (molto rit. -> 매우 점점 느리게)

rit. and accel. 사용 모습

> **TIP** **a tempo(본래 빠르기로) 삽입 기능이 없는 시벨리우스**
>
> 시벨리우스는 별도의 a tempo 삽입 기능이 없으므로 텍스트로 직접 입력해 삽입해야 한다. 따라서 텍스트로 입력한 a tempo는 임의로 입력한 것이기 때문에 시벨리우스에서 곡을 재생할 때 동작하지 않는다. rit. accel. 는 동작하는 반면 a tempo는 동작하지 않기 때문에 a tempo를 삽입한 위치에는 '메트로놈 마크'를 삽입해 템포를 원래 템포로 되돌리고, 메트로놈 마크를 감추어(Hide) 두는 것이 좋다. 이렇게 하면 시벨리우스로 플레이할 때 rit. 나 accel. 가 동작한 뒤에 a tempo 위치에서 원래 템포로 돌아갈 수 있다.

8. Slurs 라인 카테고리 (단축키 S)

여러 가지 종류의 슬러(이음줄)를 삽입할 수 있다. 먼저 보표에서 슬러를 붙일 음표를 클릭해 선택한다. 그런 뒤 여기서 원하는 슬러를 선택하면 해당 음표와 그 뒤에 있는 음표가 슬러로 이어진다. 슬러는 높이가 다른 두 음을 부드럽고 원활하게 이어서 연주하라는 지시다. 현악곡에서는 하나의 활로 연주라는 지시로 사용되고, 성악곡에서는 약간 다른 뜻으로 사용되기도 한다.

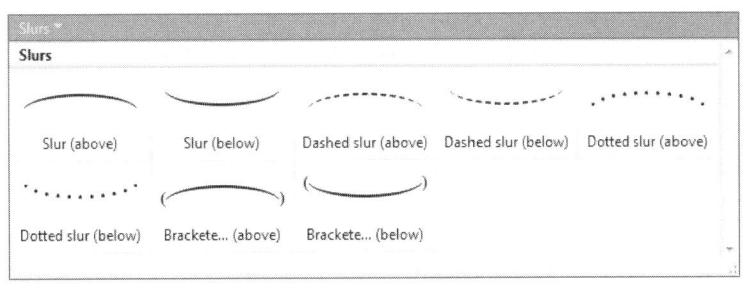

음표 입력 후 단축키 S를 누르고 다시 음표를 입력하면 슬러로 연결된다. 또는 음표 선택 후 단축키 S를 누르면 다음 음표와 슬러를 연결한다.

슬러 사용 예제

슬러를 입력한 뒤에는 마우스 드래깅으로 모양을 잡아주거나, 양쪽 끝을 드래그하여 길이를 조절할 수 있고, 여러 음 건너편에 있는 다른 음과 이을 수도 있다.

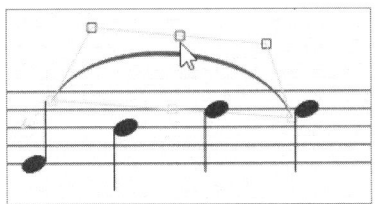

마우스 드래깅으로 슬러 형태를 다듬는 모습

9. Hairpins 라인 카테고리 (크레센도 단축키 H, 디미뉴엔도 단축키 Shift + H)

크레센도(점점 세게), 디크레센도(점점 여리게), 디미뉴엔도(=디크레센도) 등의 셈여림표 헤어핀을 삽입할 수 있다. 예를 들어 음표를 선택한 뒤 아래 대화상자에서 크레센도를 적용하면, 선택한 음표의 상단 혹은 하단에 크레센도가 삽입된다.

이후 스페이스바를 눌러 크레센도 길이를 조절하고, 길이 조절을 멈추려면 스페이스바+Shift를 누른다. 크레센도 라인에 걸쳐 있는 구간의 음표들은 '점점 세게' 연주하는 구간이 된다.

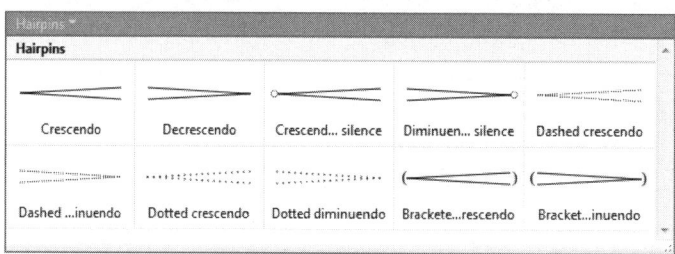

다음은 크레센도/디크레센도와 익스프레션 텍스트를 삽입한 모습이다.

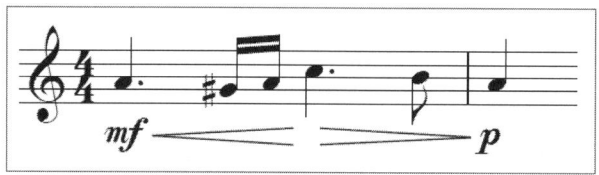

크레센도/디크레센도 라인의 가운데를 Alt + 드래그하면 양쪽으로 자를 수 있다. 아래 그림은 자른 위치에 익스프레션 텍스트를 삽입한 모습이다.

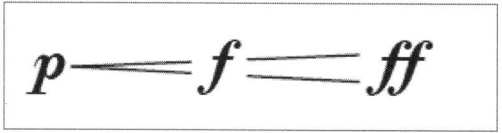

크레센도/디크레센는 마우스 드래깅으로 다른 시스템 보표로 가져갈 수 있다. 따라서 매번 번거롭게 삽입하는 것이 아니라, 필요할 때 마다 잘라서 사용하는 것이 좋다.

크레센도 단축키는 H이므로 음표 또는 마디를 선택한 상태에서 H를 눌러 크레센도를 생성시키는 방법이 가장 좋다.

> **TIP 익스프레션 텍스트**
> 익스프레션 텍스트는 Text -> Styles 메뉴를 실행한 뒤 Expression 기능으로 사용자가 직접 입력한다.

참고 헤어핀 심볼 인스펙터 사용 방법

헤어핀 심볼이 시스템이나 페이지 끝에 걸쳐있는 경우 헤어핀은 자동으로 분할되어 한쪽이 다음 시스템이나 다음 페이지로 넘어가게 된다.

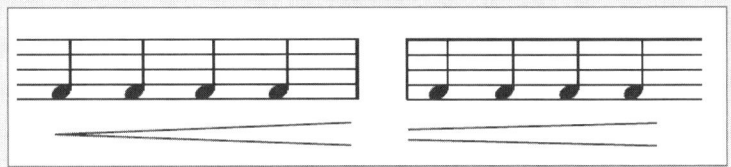

헤어핀이 다음 페이지로 넘어간 모습

이 경우 마우스 드래깅으로 조절하다보면 헤어핀의 각도가 틀어지는 증상이 발생한다.

이때는 헤어핀을 마우스 오른쪽으로 클릭한 뒤 Inspector에서 정교하게 조절해야 한다.

다음은 헤어핀 인스펙터의 사용 방법이다.

1. Hairpin : 헤어핀의 강약인 다이나믹을 조절한다. Auto, Change, of Maximum에서 조절할 수 있다. 기본값인 Auto를 선택하면 헤어핀의 점점 세게의 최대 다이나믹 값이 포르테시모(ff, 매우 세게)로 설정된다. Change를 선택하면 사용자가 임의대로 헤어핀의 다이나믹을 %로 조절할 수 있다. of Maximum을 선택하면 왼쪽에 설정된 % 값이 헤어핀의 최대 다이나믹이 된다.

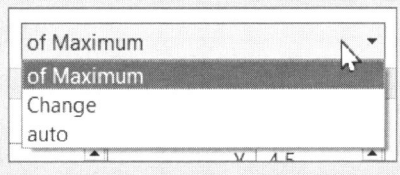

2. End : X는 헤어핀의 길이를 조절하고, Y는 회전각을 조절한다.
3. Closed : 헤어핀의 닫혀있는 부분을 입력한 수치만큼 열어준다.
4. Open : 헤어핀의 열려있는 부분의 벌어진 각도를 조절한다.
5. Small : 헤어핀의 세그먼트를 조절하는 것으로서, 헤어핀이 양쪽으로 분할되어 다음 페이지로 넘어간 경우, 넘어간 쪽의 헤어핀 모양을 조절할 때 유용하다.
6. Large : 헤어핀이 분할되어 다음 페이지로 넘어간 경우, 넘어가지 않은 쪽의 헤어핀 모양을 조절하는 기능이다.

10. Guitar 라인 카테고리

기타 타브 악보에 삽입하는 기타 연주 테크닉을 지시하는 심볼을 사용할 수 있다.

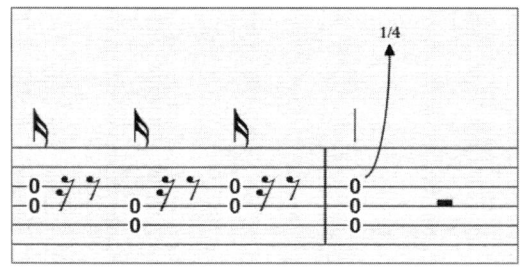

TAB 악보에서 Bend 라인을 삽입한 모습이다. 벤딩(초킹) 테크닉을 지시하는 상황이다. 벤딩이란 기타를 피킹하면서 왼손 손목의 힘으로 줄을 밀어 올리거나 내리면서 원래 음보다 높거나 낮은 음을 내는 연주 테크닉을 말한다.

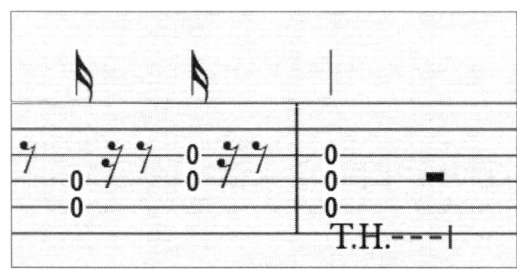

Touch Harmonic을 삽입한 모습이다. 연주 테크닉의 하나로서 기타 음이 부드러운 고음 하모니로 변한다.

11. Brackets(브라켓) 라인 카테고리

수평 혹은 수직 형태의 브라켓 심볼을 악보에 삽입할 수 있다.

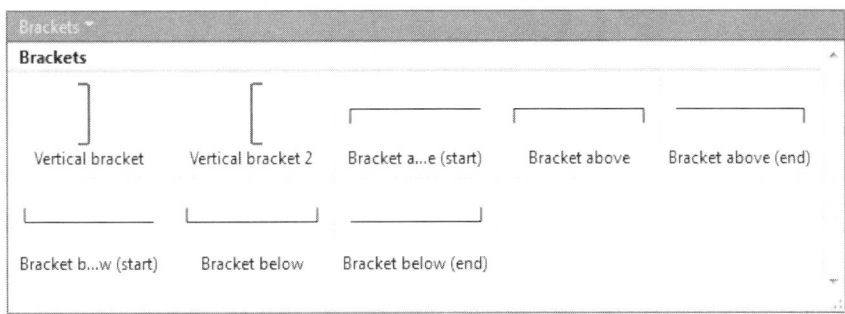

12. Lines(라인) 카테고리

악보를 기보할 때 다양한 목적으로 사용할 수 있는 그 외의 라인 심볼들이다.

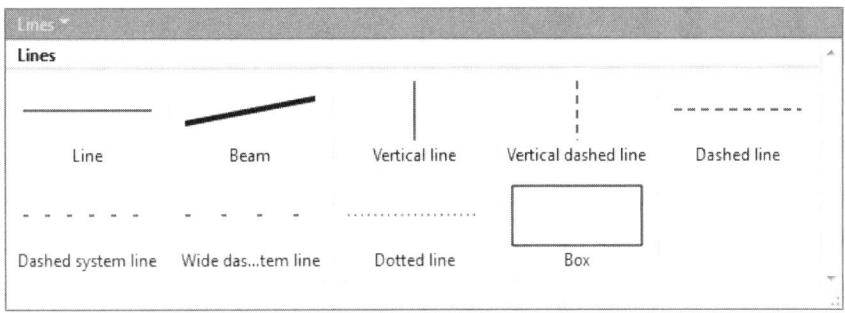

13. Arrows(화살표) 라인 카테고리

다양한 목적으로 사용할 수 있는 화살표 라인을 삽입할 수 있다.

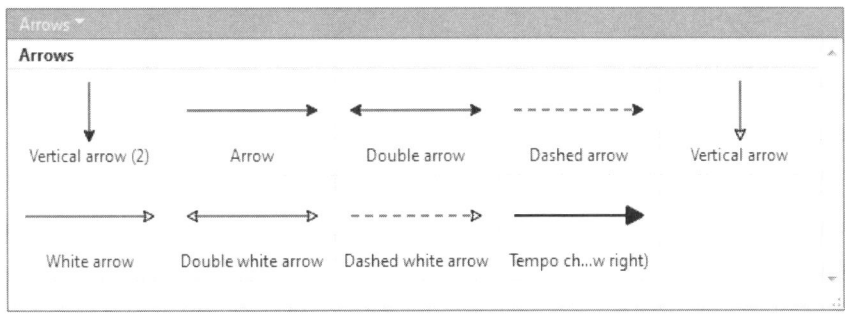

14. Arpeggios(아르페지오) 라인 카테고리

원하는 화음에 아르페지오 라인을 삽입한다. '펼친화음'이란 뜻에서 화음을 하나하나 분리해 연주하라는 지시이다.

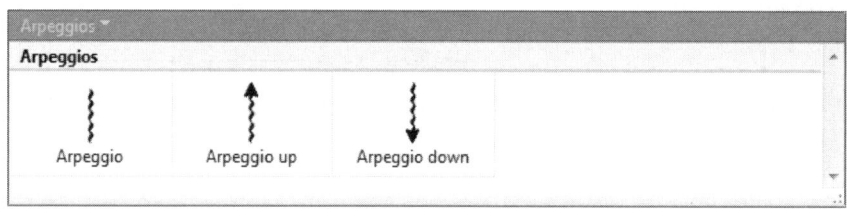

예를 들어 그림과 같이 Arpeggio up을 삽입한 경우, 해당 화음을 낮은 음에서 높은 음으로 하나하나 펼쳐서 연주하라는 뜻이 된다.

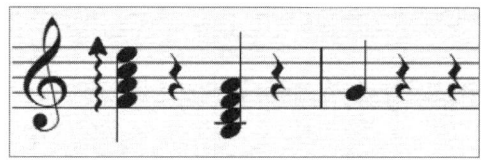

아르페지오를 삽입한 모습　　　　　　　　실제 연주하는 방법(들리는 모습)

15. Viennese(비어니즈) 라인 카테고리

Viennese는 비엔나 식이란 뜻이다. 제공되는 2개의 라인은 비엔나 학교 작곡가들이 즐겨 사용하는 라인 심볼이다. Hauptstimme 심볼은 어떤 구간에서 가장 눈에 띄는 중요한 악기를 표시할 때 사용하고, Nebenstimme 심볼은 두 번째로 중요한 악기를 표시할 때 사용한다.

Symbols 메뉴
(음악 심볼 삽입 방법)

레가토같은 각종 연주 주법을 가리키는 아티큘레이션, 엑시덴탈(임시표), 리피트 심볼들과 키보드, 기타 등의 악보에서 볼 수 있는 거의 모든 음악기호 심볼을 이 메뉴(단축키 Z)에서 삽입할 수 있다. 참고로, Symbols 메뉴에서 삽입한 심볼은 시벨리우스를 플레이할 때 인식되지 않는 그림형 심볼이다. 악보에 해당 심볼을 기보할 목적으로 사용하며 악보를 플레이할 때는 시벨리우스가 심볼을 인식해 연주해주지는 않는다.

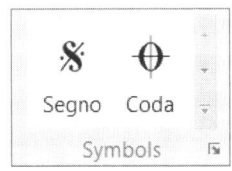

만일 악보를 플레이할 때 심볼이 지시하는 내용을 인식해 악보가 플레이되도록 하려면 Notations -> Lines 메뉴(단축키 L)로 라인형 심볼을 삽입해야만 한다. 참고로, 악보에서 볼 수 있는 음악 심볼은 그림형, 라인형, 글자형이 있으며 글자형 심볼은 Text -> Styles 메뉴에서 삽입한다. 시벨리우스는 악보를 플레이할 때 라인형, 글자형 심볼 위주로 인식하여 플레이할 때 연주 기법도 해당 심볼이 지정하는 방식으로 변경된다. 그림(기호)형 심볼만 플레이할 때 인식하지 않고 말 그대로 악보에 기보할 목적으로 사용한다.

01 Symbols 메뉴 (그림형 심볼 삽입하기)

심볼을 삽입할 위치에 있는 음표를 클릭해 선택한다. Symbosl 메뉴를 실행한 뒤 원하는 심볼을 선택하면 해당 음표에 자동 삽입된다. 또는 Symbols 메뉴에서 심볼을 먼저 선택한 뒤 원하는 음표를 클릭하여 삽입하는 방법이 있다.

심볼 대화상자 상단 왼쪽의 All 메뉴를 클릭하면 팝업 메뉴가 나타나 심볼 카테고리 별로 이동할 수 있다.

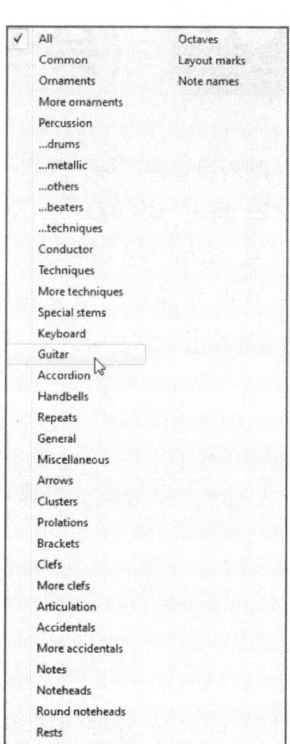

Notations -> Symbols -> More 버튼 (Z)

심볼 대화상자의 팝업 메뉴

1. Common 심볼 카테고리

악보에서 흔히 사용하는 심볼들이다.

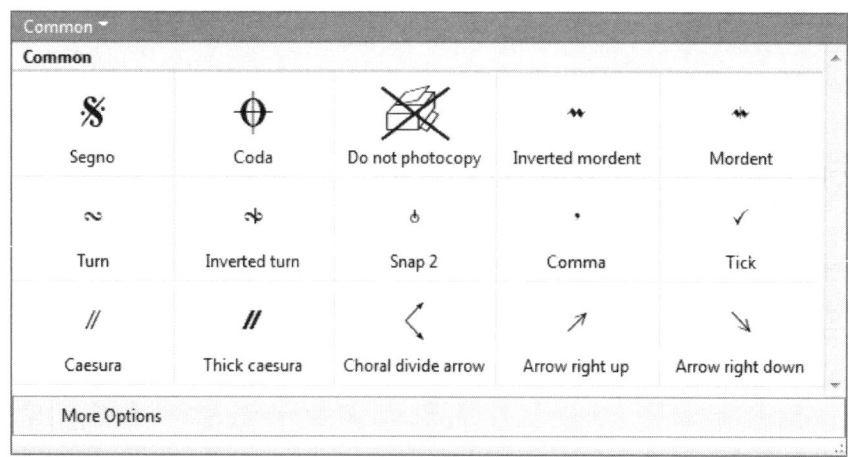

> **TIP** **심볼의 재생(Playback)**
> 여기서 설명하는 심볼들은 악보상에 기보할 목적으로 사용하며, 곡을 플레이할 때 인식되지 않으므로 심볼이 지시한 내용으로 플레이되지 않는다. 물론 scoops 심볼이나 falls 심볼은 사운드장치가 지원할 경우 시벨리우스가 인식을 하여 해당 효과로 플레이되기도 한다. 만일 악보를 플레이할 때 심볼이 지시한 대로 연주되도록 하려면 Play -> Dictionary 메뉴에서 각각의 심볼마다 Sound ID를 지정해야 하는데 Sound ID를 지정해도 연주되지 않는 경우가 많다. 시벨리우스는 주로 Lines 형 심볼과 텍스트형 심볼을 인식하여 플레이할 때 심볼이 지시한 대로 플레이를 해 준다.

2. Ornaments 심볼 카테고리 & More Ornaments 심볼 카테고리

꾸밈음(장식음) 기보와 관련된 심볼들이다. 이곳에서 삽입할 수 있는 트릴(Tr) 심볼은 그림형이므로 삽입한 뒤 플레이해도 트릴 연주가 되지 않는다. 악보를 플레이할 때 트릴 연주가 재생(Playback)되도록 하려면 Lines 메뉴(L)의 트릴(Tr) 심볼을 삽입해야 한다.

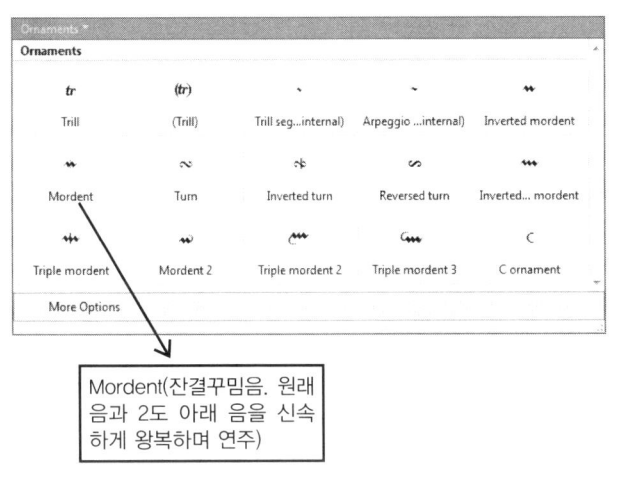

Mordent(잔결꾸밈음. 원래 음과 2도 아래 음을 신속하게 왕복하며 연주)

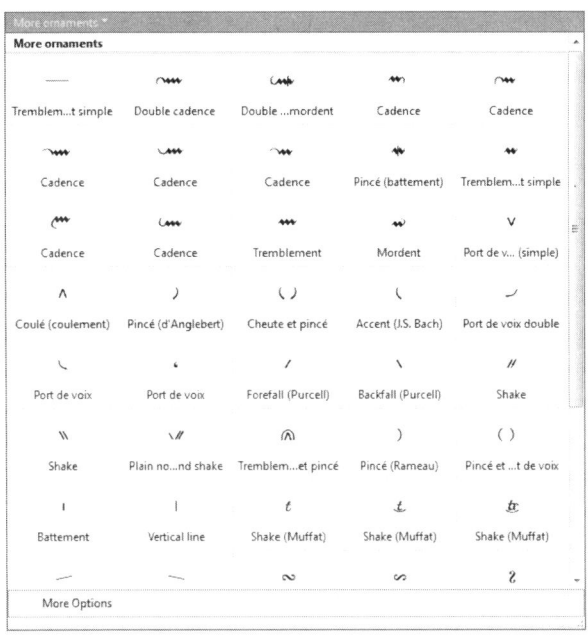

3. Percussion 심볼 카테고리

Percussion 카테고리는 모두 6개의 파트로 나누어져 있고, 주로 타악기나 드럼 보표에 기보하는 심볼들이다. 타악기 보표에서 종종 볼 수 있는 겐트 타악기 글꼴(Ghent Percussion Font)를 사용한 심볼도 만날 수 있다.

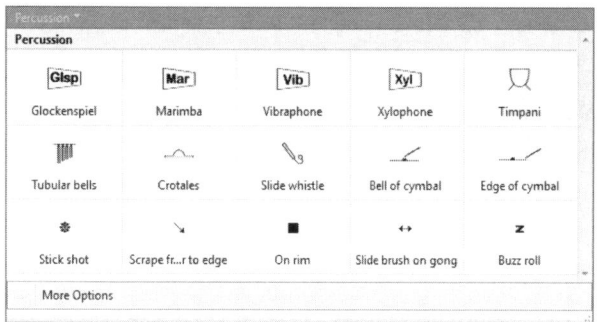

Percussion 심볼 카테고리

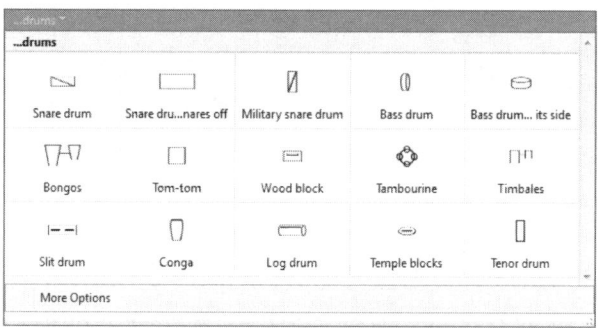

drum 심볼 카테고리

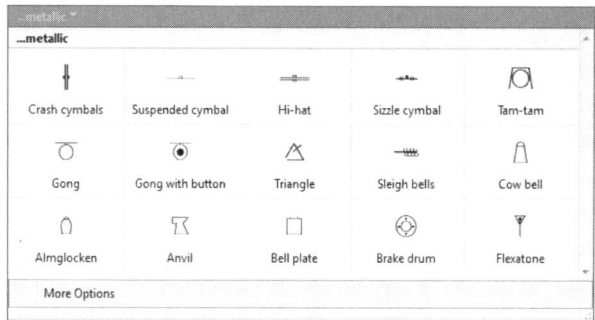

metalic 심볼 카테고리

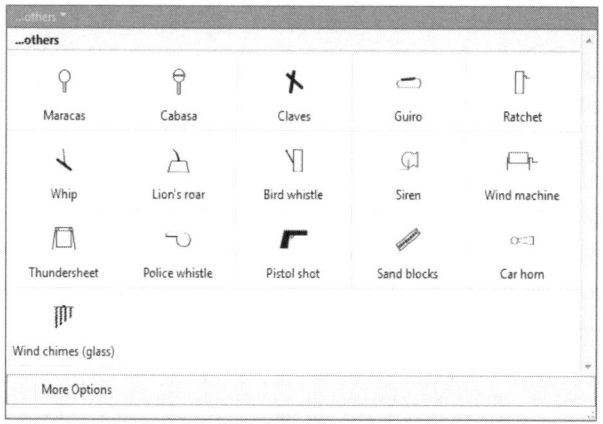

others 심볼 카테고리

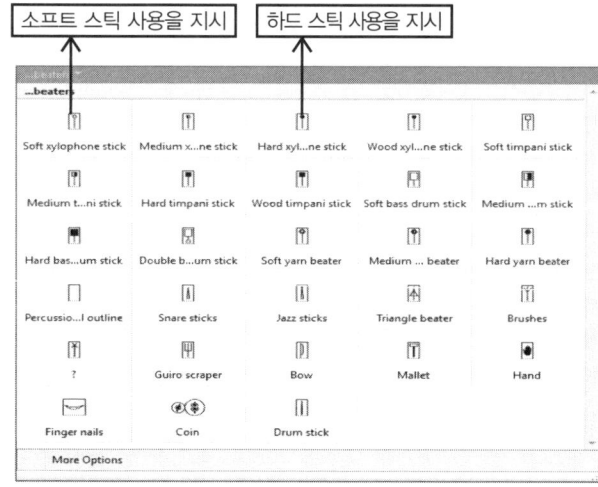

beaters 심볼 카테고

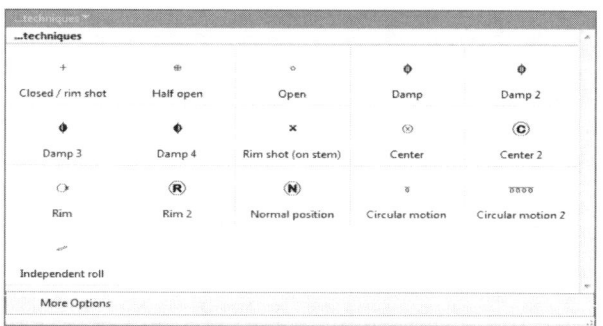

Techniques 심볼 카테고리

4. Conductor 심볼 카테고리

합창단이나 악단 지휘자(컨덕터)에게 지시하는 심볼들이다.

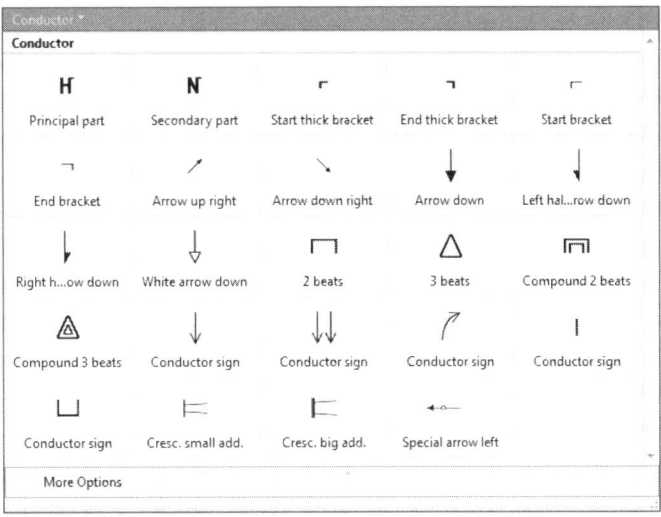

5. Techniques 심볼 카테고리

흔하게 알려지지 않은 음악 심볼들을 사용할 수 있다.

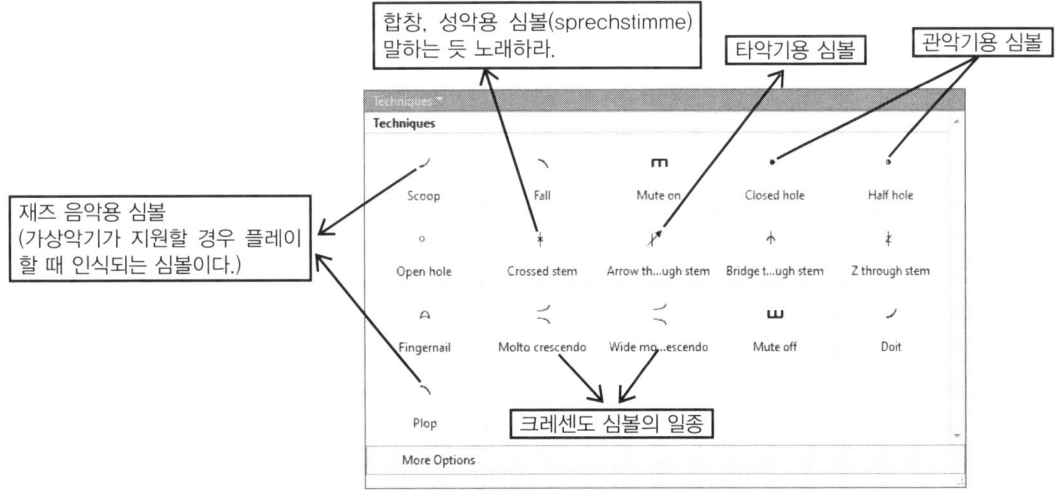

6. Special stems 심볼 카테고리

음표 줄기(stem)와 음표 꼬리 모양을 변경하는 심볼들이다.

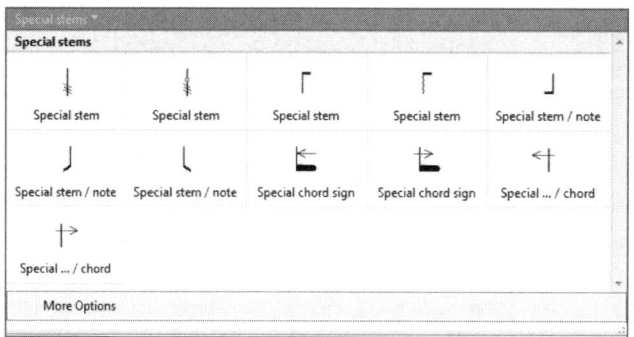

7. Keyboard 심볼 카테고리

건반 악기 보표에 기보하는 심볼들이다. Pedal 심볼은 페달을 밟아야 할 위치에 기보한다.

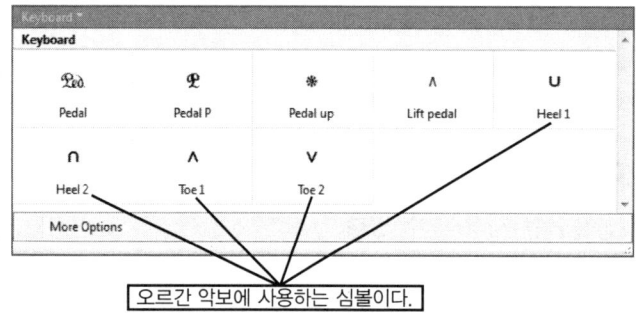

8. Guitar 심볼 카테고리

기타 보표에 기보하는 코드 심볼 종류이다.

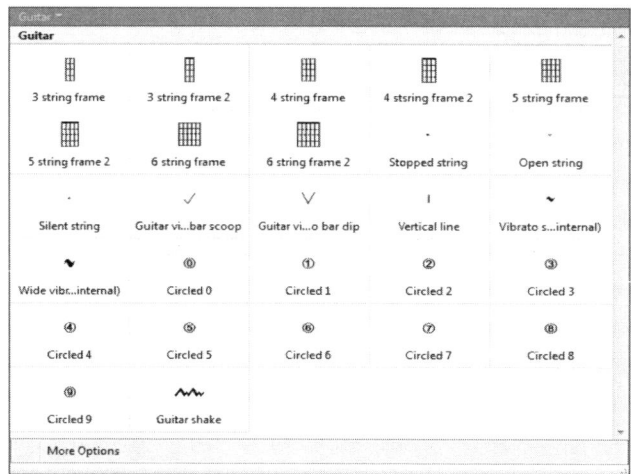

9. Accordian 심볼 카테고리

아코디언 보표에 기보하는 심볼 종류이다.

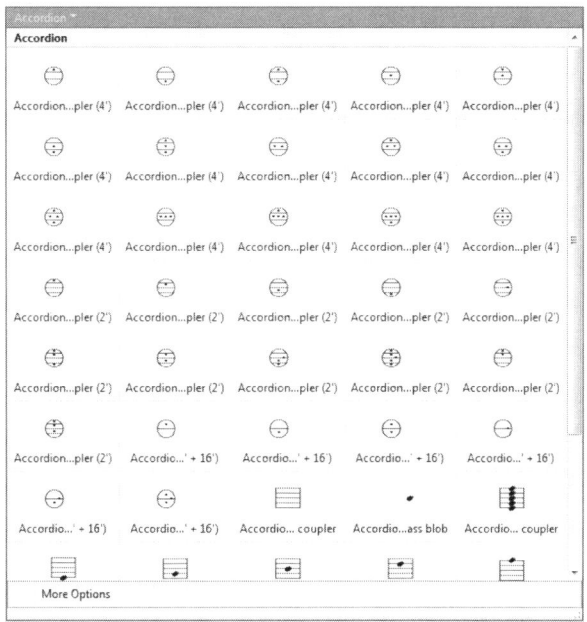

10. Handbells 심볼 카테고리

핸드벨 보표에 기보하는 심볼 종류이다.

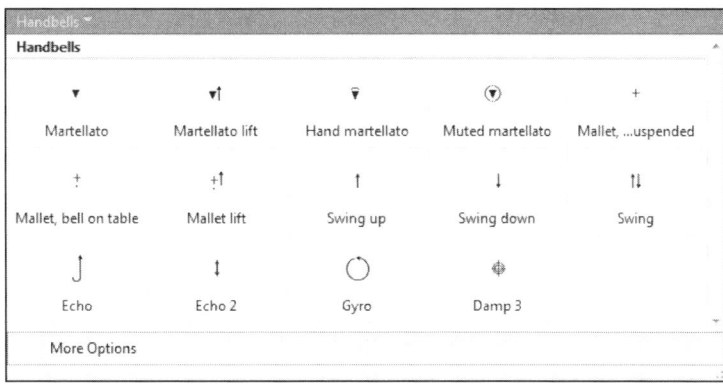

11. Repeats 심볼 카테고리

도돌이를 지시하는 도돌이표 심볼이다. 앞에서도 말했듯 Symbols 메뉴에서 삽입하는 심볼들은 그림 형태의 심볼이므로 악보 연주에 도돌이 효과가 만들어지지 않는다. 도돌이 효과는 마디선 기능으로 만들어야 하며, 그 부분에 도돌이가 있음을 표시할 목적으로 이 심볼들을 사용한다.

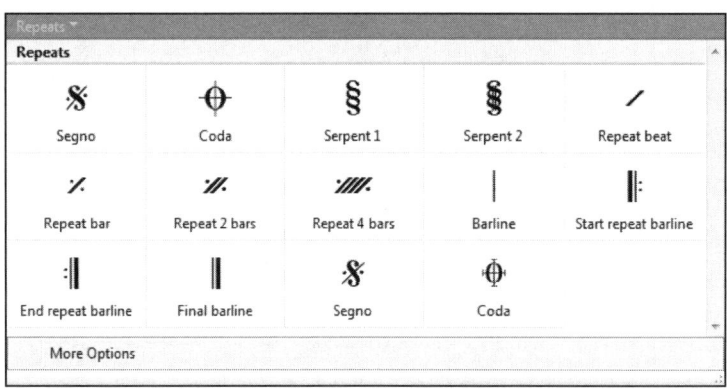

12. General 심볼 카테고리

일반적인, 적합한 위치라면 사용할 수 있는 심볼 종류이다.

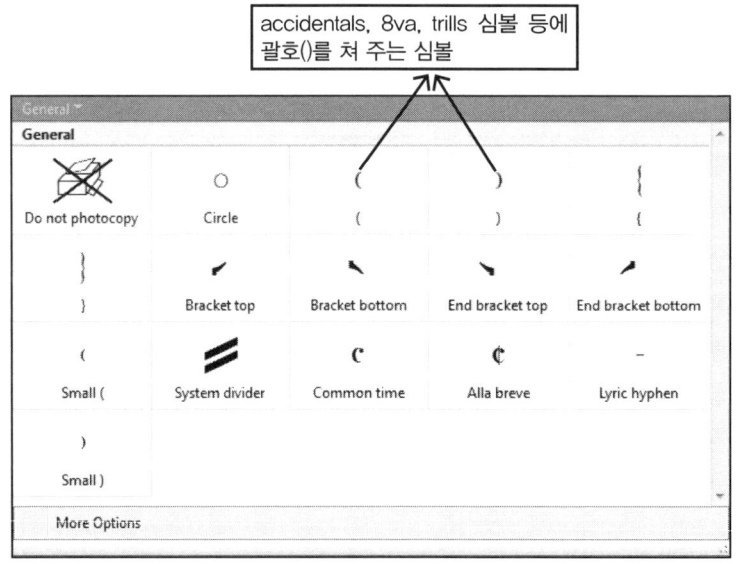

13. Prolations 심볼 카테고리

중세 유럽 르네상스 시절에 유행했던 음악 기보법인 정량기보법에 사용하는 심볼 종류이다. 정량음악은 정량검은표기보법에서 발전하여 정량흰표기보법이 탄생하였고 훗날 지금의 오선지 모양의 기보법으로 발전하였다.

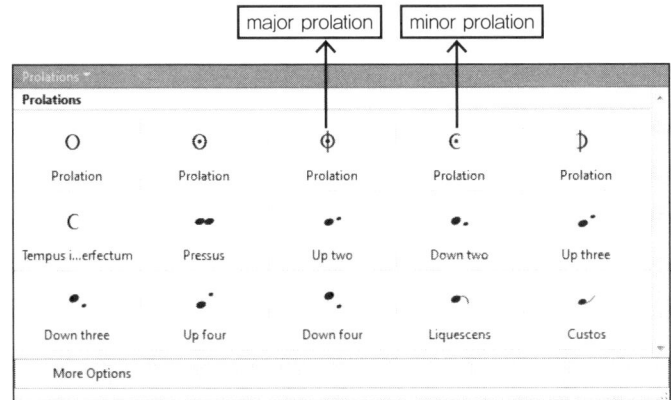

여기서는 정량기보법에서 사용하는 심볼 종류들을 사용할 수 있는데 주로 중세음악 악보를 만들 때 사용한다.

14. Brackets 심볼 카테고리

다양한 모양의 브라켓 심볼을 사용할 수 있다.

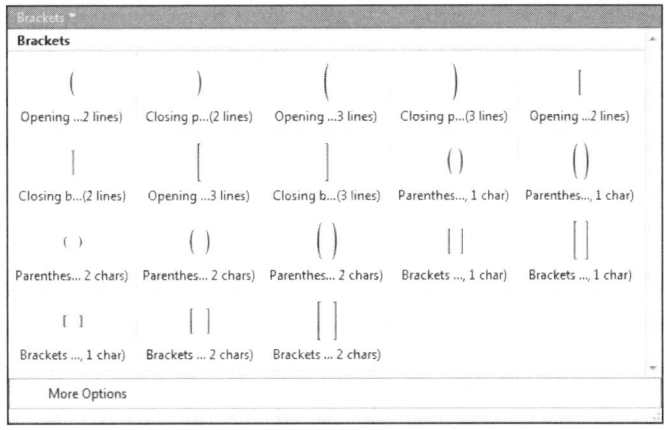

15. Clefs 심볼 카테고리

음자리표 심볼이다. 그림 형태의 심볼이므로 마디의 어느 곳이든 붙여 넣을 수 있다. 그림형 심볼이므로 악보에 붙여 넣어도 보표와 음표는 영향을 받지 않는다.

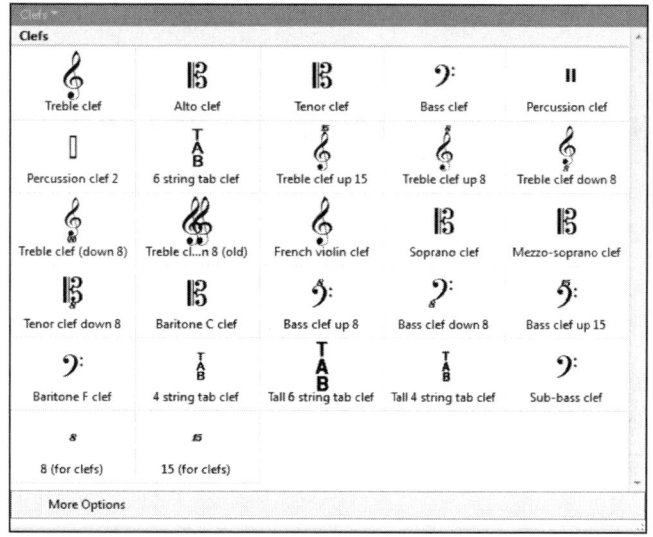

보표에 영향을 주는 진짜 음자리표는 Notations -> Clef 메뉴(Q)에서 삽입한다.

16. Articulations 심볼 카테고리

다양한 아티큘레이션을 악보에 기보할 수 있다. 그림 형태의 심볼이므로 악보를 플레이할 때 실제 이들 아티큘레이션이 적용되지 않는다. 다양한 아티큘레이션 심볼이 제공되므로 원하는 심볼을 악보에 기보한 뒤 해당 아이큘레이션이 내는 효과는 다른 메뉴(이를 테면 라인형 심볼)로 만들어야 한다.

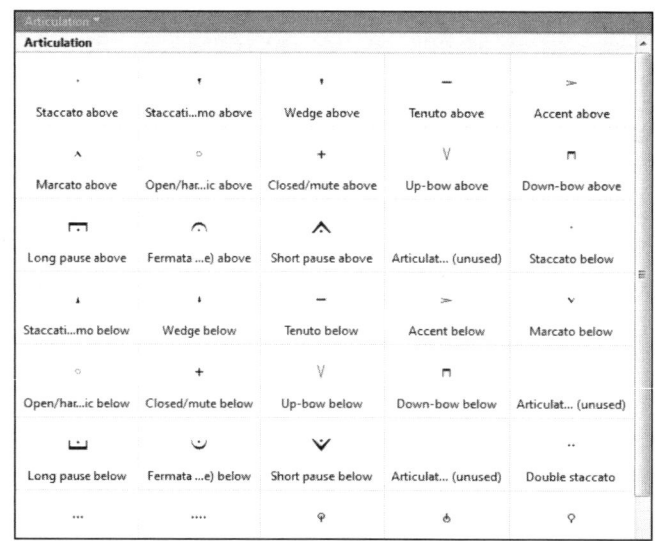

17. Accidentals 심볼 카테고리

음표에 임시표 심볼을 기보할 수 있다. 그림 형태의 심볼이므로 음표에 기보를 해도 음정의 변화는 발생하지 않는다.

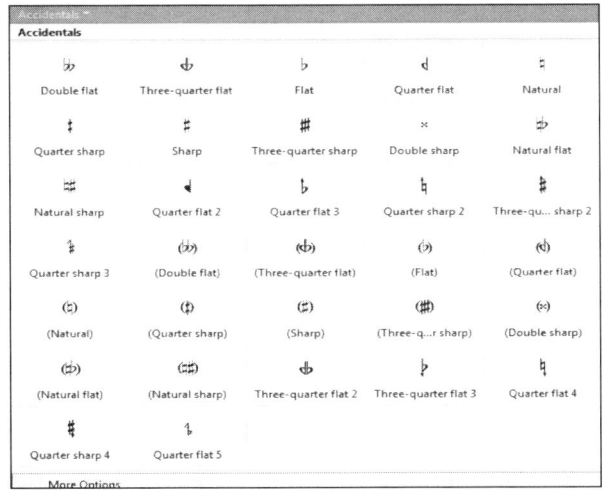

악보를 플레이할 때 실제 동작하는 임시표는 키패드 (Ctrl +Alt +K)에서 삽입해야 한다. 키패드를 통해 임시표를 삽입하면 악곡을 플레이할 때 음이 반음 올라가거나 반음 내려가는 등 플레이할 때 인식이 된다.

18. Notes 심볼 카테고리 & Notehead 심볼 카테고리

노트(음표)와 음표 머리 모양과 관계있는 심볼 종류이다. 그림 형태의 심볼이므로 악보를 플레이할 때 인식되지 않는다. 오선지 상에 기보가 되지 않으므로 악보에서 특별한 것을 알려줄 목적으로 사용한다. Notehead 심볼 카테고리에서 볼 수 있는 다양한 음표 머리도 그림 형태의 심볼이므로 실제 음표 머리를 교체하는 기능을 하지 않는다. 보표에 기보한 음표의 머리를 실제 교체하려면 Notations -> Type 메뉴에서 작업해야 한다.

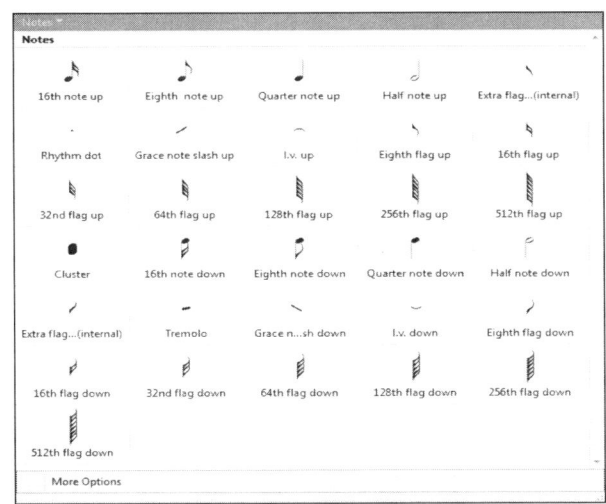

Notes 심볼 카테고리

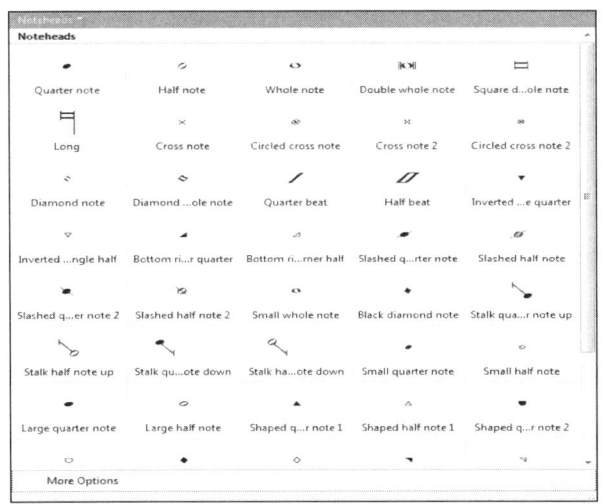

Notehead 심볼 카테고리

19. Rounded Notehead 심볼 카테고리

음표 머리 모양과 관계있는 심볼 종류이다. 그림 형태의 심볼이므로 악보를 플레이할 때 인식되지 않는다. 악보에서 특별한 것을 알려줄 목적으로 사용한다.

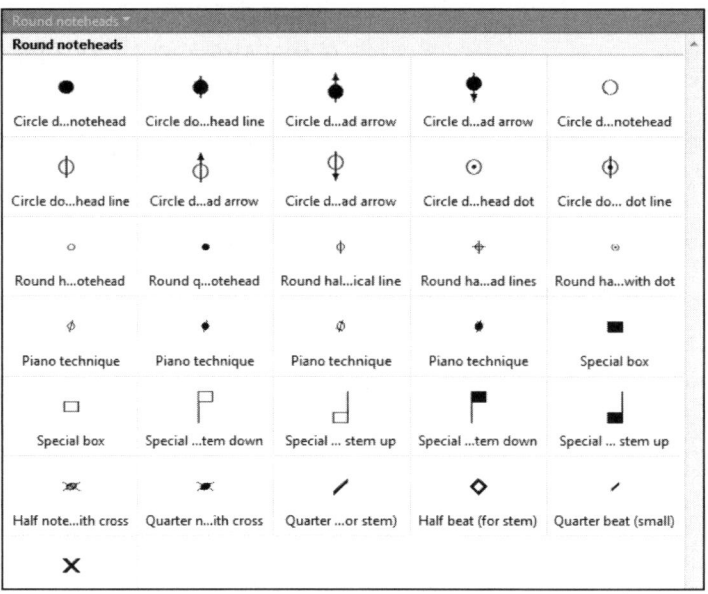

20. Rests 심볼 카테고리

쉼표와 관계있는 심볼 종류이다. 그림 형태의 심볼이므로 실제 쉼표로 동작하지 않는다. 악보에서 특별한 것을 알려줄 목적으로 사용한다.

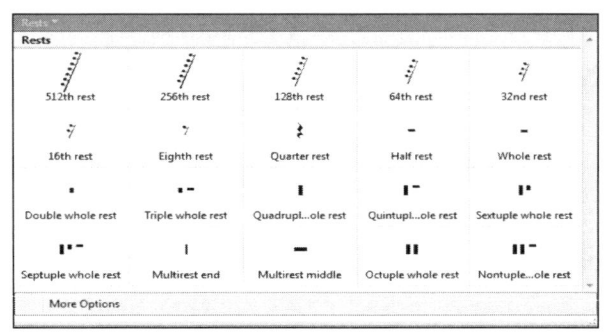

더블 온음표 사용 예제

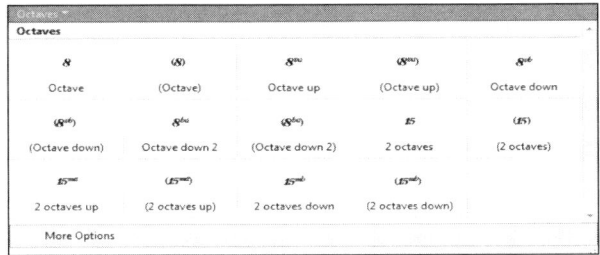

21. Octaves 심볼 카테고리

옥타브를 올리거나 내리는 것을 지시하는 심볼 종류이다. 그림 형태의 심볼이므로 실제 옥타브를 올려주거나 내려주지는 않는다. 악보에서 해당 사항을 지시할 때 사용한다.

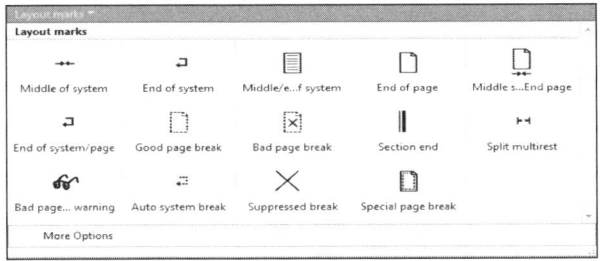

22. Layout marks 심볼 카테고리

악보 레이아웃과 관련 있는 심볼 종류이다. 악보를 인쇄하기 전 레이아웃을 꾸밀 때 사용한다.

23. Note names 심볼 카테고리

음표 머리에 이름이 들어가있는 심볼들이다. 그림 형태의 심볼이므로 선택한 음표에 실제로 이름을 삽입해주지는 않는다. 악보에서 어떤 것을 알려주기 위해 사용한다. 예를 들어 교육용 악보책을 만들 때 사용할 수 있다.

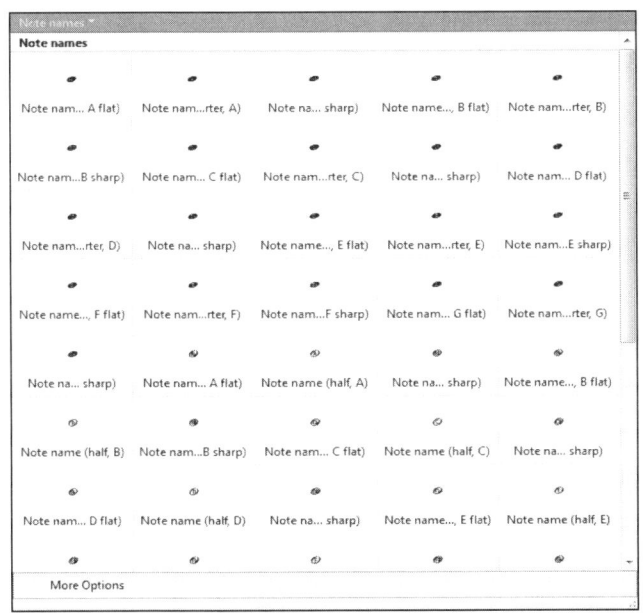

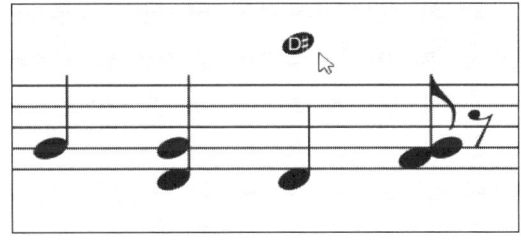

심볼 사용 예제

Noteheads 메뉴 (음표 머리 유형 메뉴)

노트헤드(Notehead)란 음표의 머리(콩나물 머리)를 말한다. 이 메뉴는 음표의 머리 모양을 변경하거나, 음표에 이름을 추가하는 기능으로 구성되어 있다.

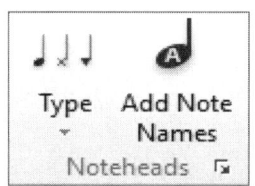

01 Noteheads -> Type 메뉴 (음표 머리 유형 변경)

Note Input -> Noteheads -> Type 메뉴는 음표 머리를 다른 모양으로 변경할 때 사용한다. 특이한 음표 모양을 만들 때 사용하는데, 특히 드럼 악보나 국악 악보를 만들 때 유용하다.

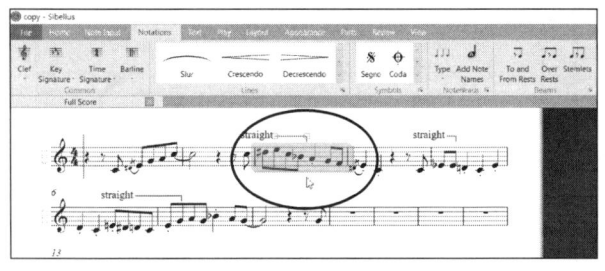

머리 모양을 바꿀 음표나 마디를 클릭해 선택한다. 여기서는 마디를 선택했다.

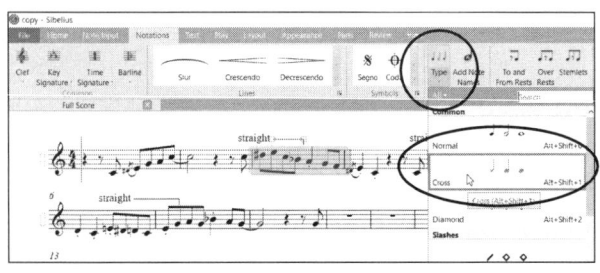

Note Input -> Type 메뉴를 실행한 뒤 원하는 머리 모양을 선택해 적용한다. 여기서는 Cross 모양을 적용하였다.

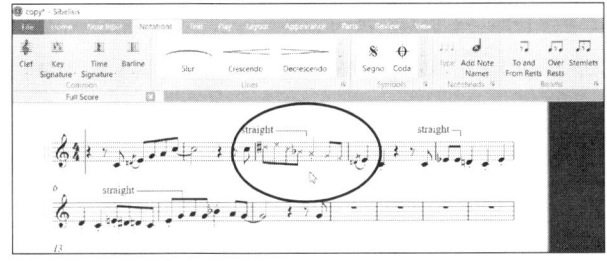

음표의 머리가 Cross 모양으로 바뀌었다. Cross 음표는 드럼악기 보표에서 사용하는 음표로서 오선에서 음표의 위치가 음정을 뜻하지 않고 그 음정에 맵핑된 드럼악기를 치라는 뜻으로 사용된다. 그러므로 Cross 음표는 일반 보표에서는 효과가 없고, 드럼세트를 연결한 보표에서는 오선상 위치에 따라 해당 위치에 맵핑된 드럼악기를 연주하는 효과가 발생한다.

1. Common 음표 카테고리

Normal은 일반적으로 흔히 사용하는 머리 모양의 음표를 말한다.

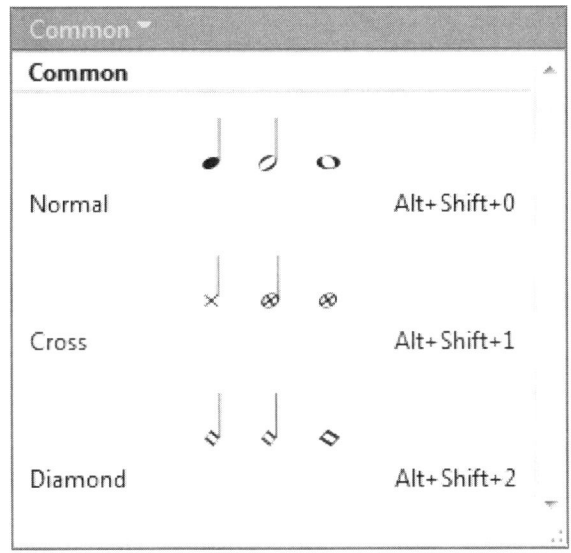

크로스 음표(Cross Note)는 음표 머리를 X로 표시한다. 불분명한 음정, 규정할 수 없는 음정을 뜻한다. 드럼 보표에서 흔히 볼 수 있듯, 리듬악기나 무선율타악기(unpitched percussion)에서 기보할 때 사용한다. 그냥 그 타악기(해당 음계에 맵핑된 타악기)를 꽝 치라는 뜻이다. (단축키는 Shift+Alt+1)

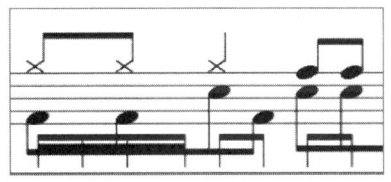

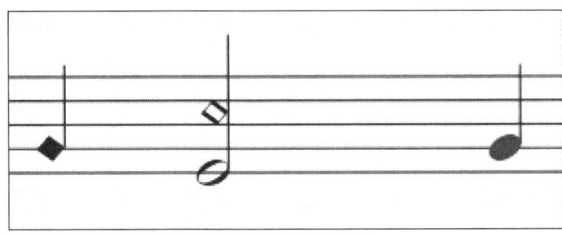

Diamond note는 다이아몬드 음표라고도 한다. 현악곡과 기타곡에서 하모닉스 주법을 기보할 때 사용한다. 피아노곡 기보에서도 사용할 수 있다. 보통은 기타나 첼로 같은 저음현악기 기보에서 하모닉스 주법을 기보할 때 많이 사용한다. (단축키는 Shift+Alt+2)

2. Slashes 음표 카테고리 (리듬 슬래쉬)

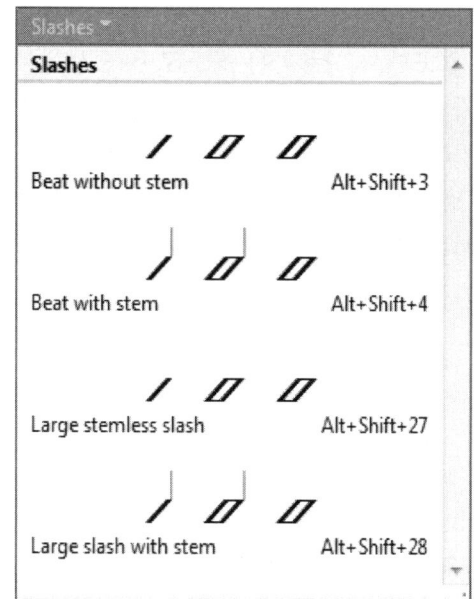

슬래쉬 모양의 음표이다. '리듬 슬래쉬'라고 불린다. 재즈, 기타, 록, 상업 음악 기보에서 흔히 사용한다. (단축키 Shift+Alt+4) 슬래쉬 음표를 보표에 기보할 때는 반드시 오선의 가운데인 3번째 줄에 기보해야 한다. 슬래쉬 음표는 음정이 없으므로 시벨리우스를 플레이할 때 연주되지 않는다. 슬래쉬 음표는 그 부분을 즉흥적으로 코드심볼에 맞게 화음으로 연주하라는 뜻이다. 따라서 슬래쉬 음표를 기보할 때는 반드시 해당 마디에 코드 심볼도 입력하는 것이 좋다.

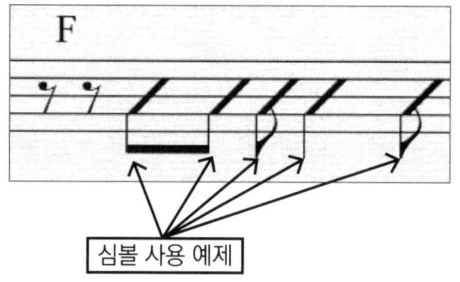

3. Special 음표 카테고리

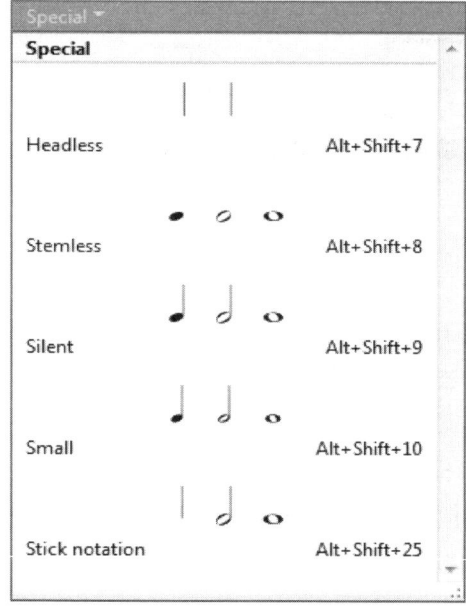

음표 머리와 꼬리의 모양을 아래와 같이 특별한 형태로 변경할 때 사용한다.

Headless Note(머리가 없는 음표)는 현대 음악 기보에서 사용하는데 앞 구절이 리피트될 경우 머리 없이 대(stem)만 그리면서 사용되었다. 또는 크로스 음표(Cross Notehead)처럼 무선율타악기에서 기보할 때 사용한다.

Stemless Note(대가 없고 머리만 있는 음표)는 그레고리안 성가처럼 단선율 성가나 리듬이 없는 Arhythmic 음악을 기보할 때 사용한다. Slient는 일반 음표와 같지만 시벨리우스를 플레이할 때 연주되지 않는 음표이다.

Small은 큐 사이즈 노트를 말한다. 보표에서 일반 크기의 음표와 큐 사이즈 크기의 음표를 섞어서 기보할 때 사용한다. (단축키 Shift+Alt+10)

Stick Notation은 Kodály stick Notation 방식으로 음표 모양을 변경한다.

4. Percussion 음표 카테고리

드럼 보표나 리듬악기 보표에서 기보할 때 사용하는 음표들이다.

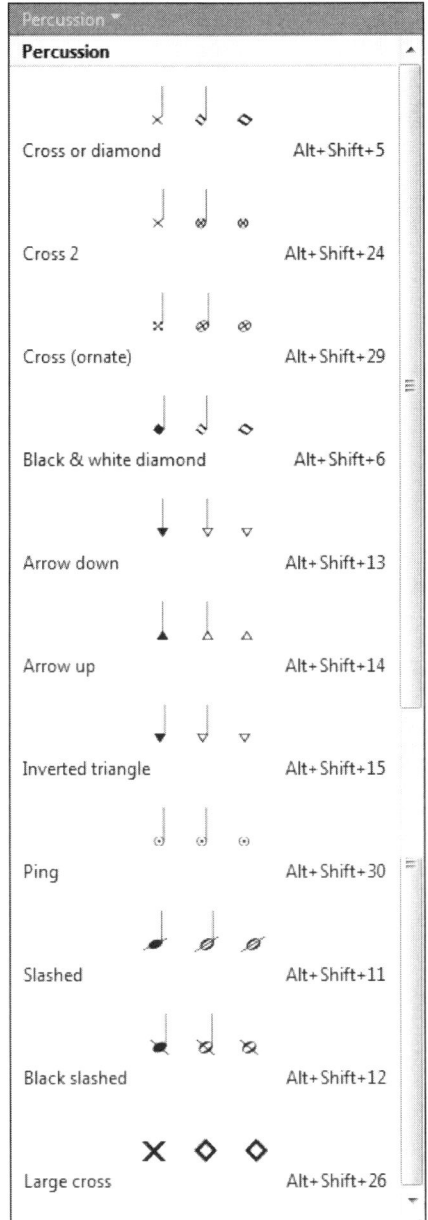

Cross 2는 크로스 음표(Cross Note)의 볼드체 모양 음표이다.

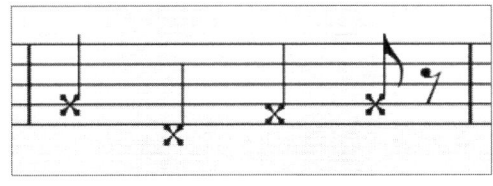

Cross 2 노트

Arrow down 음표는 불특정한 매우 낮은 음정임을 알려주기 위해 기보한다. 마우스 드래깅으로 음정의 낮음을 조절할 수 있다.

Arrow up은 매우 높은 음정임을 알려주기 위해 기보하며, 역시 마우스 드래깅으로 높이를 조절할 수 있다.

Arrow down 노트와 Arrow up 노트

Ping은 림샷 같은 타악기의 'Ping'을 표현하기 위해 기보한다.

Slashed 음표는 림샷(Rimshot) 종류의 타악기에서 기보할 때 사용한다.

Large cross 음표는 마칭밴드 보표에서 기보할 때 사용한다. 마칭밴드의 모든 드럼을 동시에 치라는 뜻을 가지고 있다.

5. Shaped 음표 카테고리

음표 모양을 쉐이프 음표로 바꿀 수 있다. 쉐이프 노트(음표)는 중세 유럽에서 만들어진 표기 시스템으로 교회 음악 등을 통해 널리 알려졌고 19세기경에야 미국에 알려질 정도로 오랫 동안 사용되었다. 옛 쉐이프 노트 방식의 악보를 만들 때 사용할 수 있다.

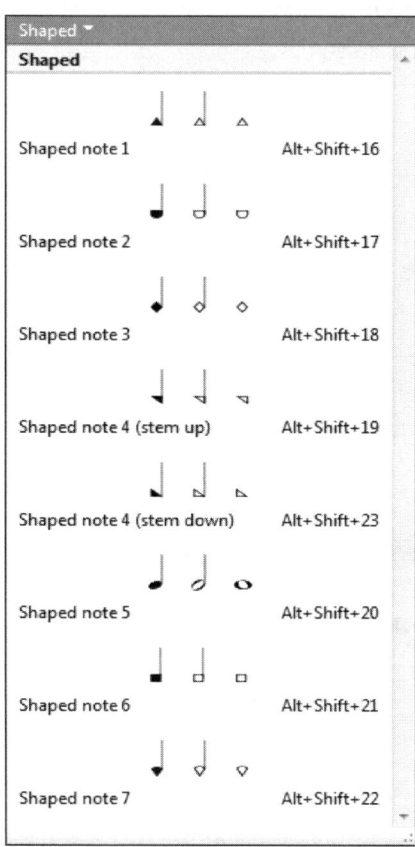

6. Other 음표 카테고리

음표 머리에 C(도), D(레), E(미)... 등의 알파벳 이름을 삽입해 준다. 삽입한 이름은 고정된 상태이므로, 음표의 음계를 변경해도 음표이름은 변경되지 않는다.

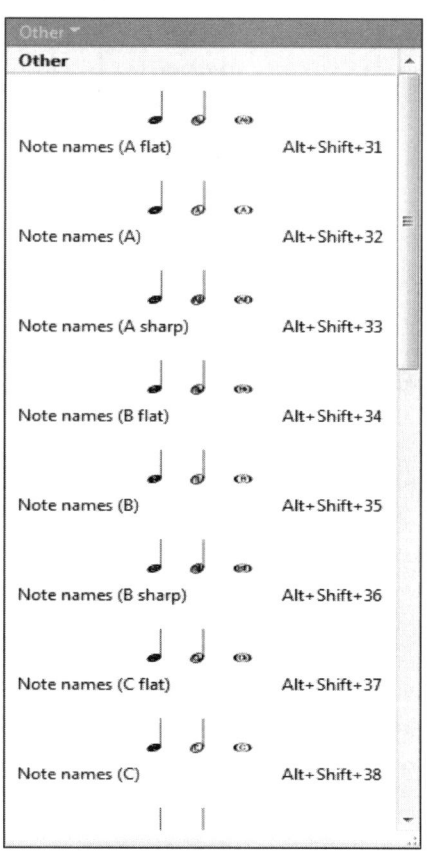

02　Noteheads -> Add Note Names 메뉴 (음표 이름 추가 메뉴)

음표 머리에 C(도), D(레), E(미)... 등의 이름을 추가한다. 선택한 음표나 마디가 있을 경우 선택한 음표에만 이름이 추가되고, 선택한 구간이 없을 경우 악보 전체의 음표 머리에 이름을 추가한다. 교육용 악보를 만들 때 유용하다.

Add Note Names 메뉴 실행　　　　　　　　　노트 이름을 추가한 모습

03　Noteheads -> Edit Noteheads 버튼 메뉴 (머리 유형 수정/머리 유형 새로 만들기)

Noteheads 버튼 메뉴는 음표의 머리 모양을 수정하거나 새로 만들 때 사용한다.

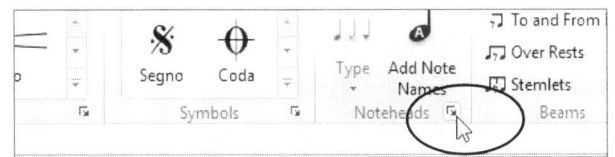

Edit Noteheads 버튼 메뉴는 클릭한다.

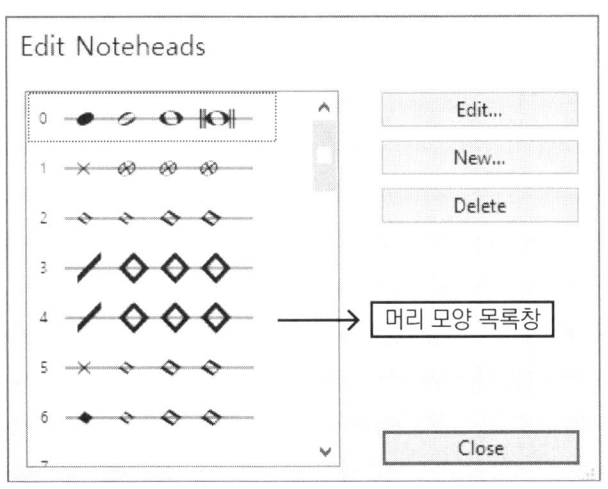

Edit Noteheads 대화상자의 왼쪽에는 머리 모양 목록창이 있다.
목록창에서 편집하고 싶은 머리 모양을 선택한 뒤 Edit 버튼을 클릭하면 해당 머리 모양을 수정할 수 있다. 만일 수정중인 머리 모양을 악보에서 사용하고 있는 상태이면, 수정 작업을 종료할 때 악보에도 수정된 머리 모양이 적용된다.
만일, 머리 모양을 새로 만들어 등록하고 싶다면 New 버튼을 클릭한다.

앞의 대화상자에서 New 버튼 또는 Edit 버튼을 클릭하면 다음과 같이 Notehead 대화상자가 실행되어 머리 모양을 마음대로 만들거나 편집할 수 있다.

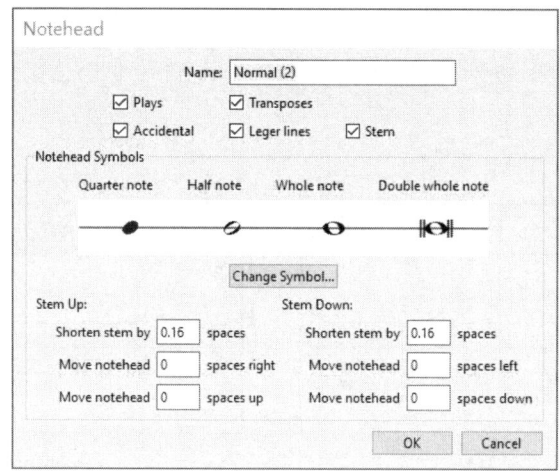

1. Name : New 버튼을 클릭해 머리 모양을 새로 만들 때 새로 만들 머리 모양의 이름을 지정한다.
2. Plays : 해당 노트가 재생(Play)되게 할 것인지 선택한다. 체크하지 않으면 해당 노트는 묵음으로 처리된다. 예를 들러 슬래쉬 노트는 사운드가 없는 묵음 음표이다.
3. Accidental : 체크하지 않으면 해당 노트에 임시표를 붙일 수 없다.
4. Transposes : 체크하지 않으면 해당 노트는 음정을 가지지 않는다. 무선율타악기용 음표를 만들 때 체크하지 않는다.
5. Leger lines : 체크하지 않으면 해당 노트는 덧줄(leger lines)을 가지지 못한다.
6. Stem : 체크하지 않으면 해당 노트는 음표 줄기(stem)를 가지지 못한다.

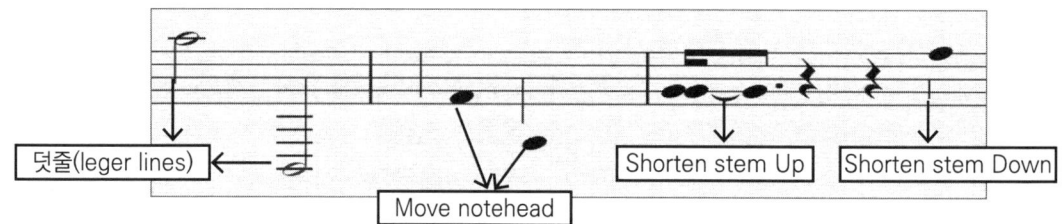

7. Change Symbols : 음표의 머리를 사용자가 선택한 심볼 이미지로 교체할 수 있다.
8. Shorten stem by : 음표 대의 길이를 조절한다. Up은 순방향 음표의 대 길이, Down은 역방향으로 뒤집어진 음표의 대 길이를 조절한다.
9. Move notehead x spaces right/left : 음표의 머리를 왼쪽/오른쪽으로 이동시킬 수 있다.
10. Move notehead x spaces up/down : 음표의 머리를 상/하로 이동시킬 수 있다.

Notations -> Beams 메뉴 (빔음표 편집 메뉴)

빔음표의 모양을 편집할 때 사용한다. 빔음표란 음표의 꼬리 부분을 막대(작대기) 형태로 그린 음표를 말한다. 여기서 빔 모양을 수정하면 악보 전체의 빔 모양이 영향을 받는다.

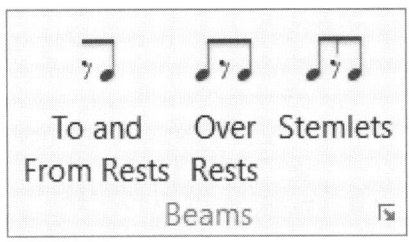

01 Beams -> To and From Rests 메뉴 (빔과 쉼표 잇기)

빔음표 옆에 쉼표가 있을 때, 빔을 쉼표 쪽으로 연장시키는 기능이다.

적용하기 전 빔음표

메뉴를 적용해 빔을 연장한 모습

02　Beams -> Over Rests 메뉴 (쉼표 너머로 빔 연결하기)

빔음표 옆에 쉼표가 있을 때, 쉼표 너머의 음표와 빔을 연결해 준다.

적용하기 전 빔음표

메뉴를 적용해 쉼표 너머로 빔을 연결한 모습

03　Beams -> Stemlets 메뉴 (쉼표에 줄기 잇기)

빔음표 안에 쉼표가 있을 때, 쉼표에 대(stem)를 만들어 빔과 연결해 준다.

적용하기 전 빔음표

메뉴를 적용해 쉼표에 대를 연결한 모습

따라하기 두 음표의 중간에 빔 작대기 만들기

음악은 현저하게 낮은 음에서 갑자기 높은 음으로 연주하도록 작곡하기도 한다. 만약 이들 음표 그룹이 빔으로 연결된 상태라면 낮은 음 그룹과 높은 음 그룹 사이에 빔을 배치할 수 있다. 옛 클래식 악보에서 흔히 볼 수 있는 빔 디자인 방법이다.

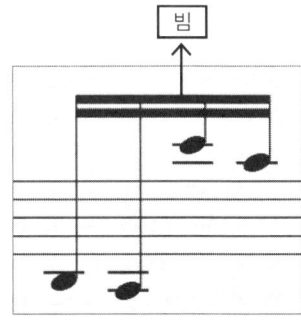

❶ 16분음표를 그림처럼 기보한다. 낮은 음 그룹과 높은 그룹이 빔으로 연결되어 있다.

❷ 높은 음 그룹의 빔 부분을 Shift + 드래그하여 선택한다.

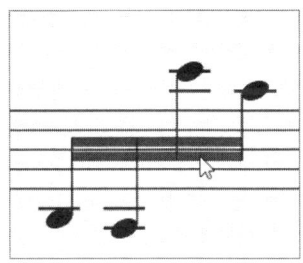

❸ 선택한 빔을 아래로 드래그하여 이동시킨다.

❹ 빔이 낮은 음 그룹과 높은 음 그룹 사이에 놓이게 된다.

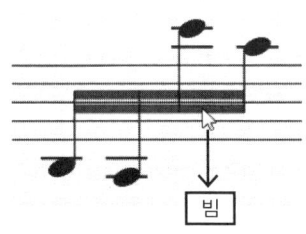

> **참고** 상하 보표 사이에 크로스 스태프 빔 만드는 방법

피아노용 큰 보표 악보를 보면 때때로 크로스 스태프 빔을 볼 수 있다. 예를 들어 높은음자리 보표에 빔 음표가 있고, 낮은음자리 보표에도 빔 음표가 있다고 가정해 보자. 위, 아래는 서로 다른 보표를 사용하기 때문에 두 빔을 연결할 수 없지만, 아래 방법을 사용하면 두 빔 음표가 빔 부분(막대 부분)을 같이 공유하게 만들 수 있다. 이러한 빔을 '크로스 스태프 빔'이라고 한다.

예제 'Beam.sib' 파일을 불러온다.
크로스시킬 음표를 선택한다. 상단 음표에서 맨 오른쪽에 있는 음표를 클릭해 선택한다.

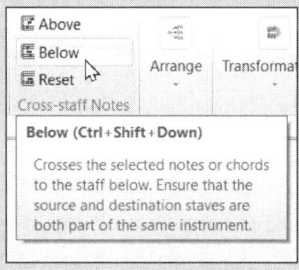

Note Input -> Cross staff notes -> Bellow 메뉴를 클릭한다.

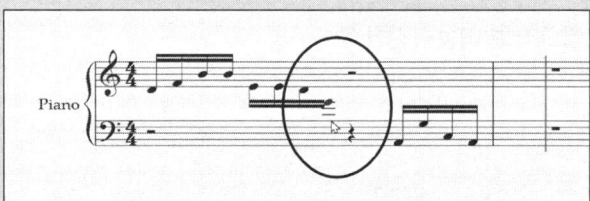

빔 부분이 아래로 뒤집어지는 것을 알 수 있다.

아까 선택했던 빔을 마우스로 그래그하여 아래 보표로 이동시킨다. 크로스 빔이 완성되었다.

Notations -> Graphics 메뉴 (그림 악보 만들기)

악보의 배경부에 배경그림을 삽입할 때 사용한다. 그래픽 이미지의 삽입과 그래픽 뒤집기 기능, 그래픽 밝기와 색조를 조절할 수 있다.

01 Graphic -> Graphic 메뉴 (그림 파일 불러오기)

jpg, gif, png, tif 포맷의 이미지를 불러올 수 있다. 일반적으로 음악 심볼을 그래픽 이미지로 만든 뒤 불러오는 경우가 더 많다. 때때로 악보의 배경으로 사용하기 위해 사진 이미지를 불러오기도 한다.

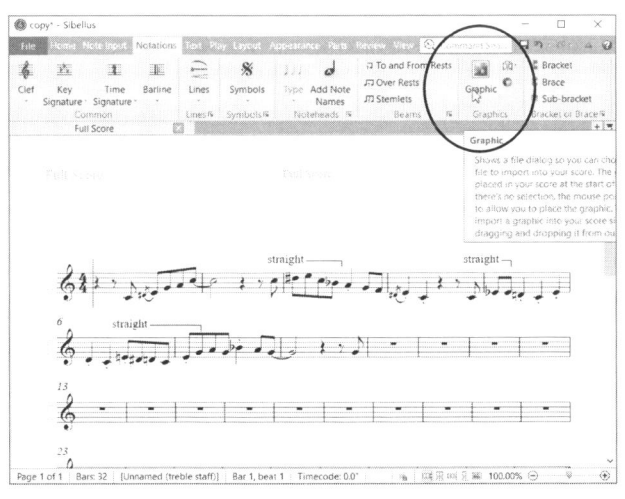

Notations -> Grapics 메뉴를 실행한 뒤 원하는 이미지 파일을 불러온다.

사진, 아이콘, 심볼 이미지를 불러올 수 있다. 불러올 수 있는 그래픽 포맷은 jpg, gif, tif, png, bmp 포맷 등이다.

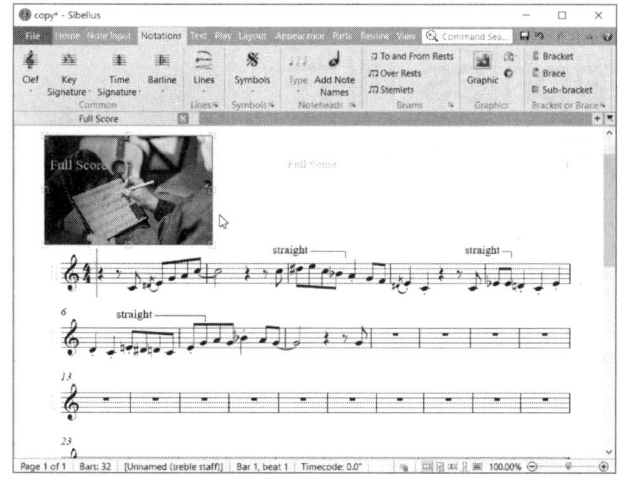

불러온 이미지는 원하는 위치로 드래그하여 배치한 뒤 크기를 적합하게 조절해 준다.

이 기능은 보표 이름 부분에 해당 보표가 사용하는 악기 그림을 삽입하거나, 악보의 여백에 사진 따위를 넣거나, 어린이용 악보책을 만들면서 그림을 넣을 때 유용하다.

삽입한 그림은 나중에 선택한 뒤 Del 키를 누르면 삭제할 수 있다.

02 Graphic -> Flip 메뉴 (그림 이미지 뒤집기)

악보에 삽입한 그림을 수평, 수직 방향으로 뒤집을 때 사용한다.

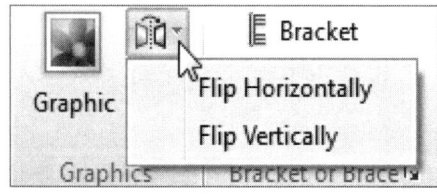

Flip Horizontally 메뉴는 선택한 이미지를 수평(좌우 방향)으로 뒤집는다.

Flip Vertically 메뉴는 선택한 이미지를 수직(상하 방향)으로 뒤집는다.

03 Graphic -> Adjust Color 메뉴 (그림 색상 조절하기)

악보에 삽입한 그림의 색상을 조절할 때 사용한다. 먼저 그림을 클릭해 선택한 뒤 이 메뉴를 실행한다.

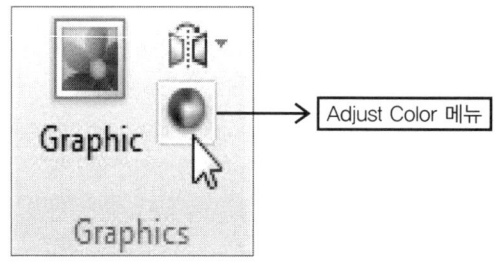

메뉴를 실행하면 다음과 같이 대화상자가 실행되어 이미지의 밝기, 콘트라스트, 색감, 투명도를 조절할 수 있다.

1. Brightness : 선택한 이미지의 밝기를 조절한다.
2. Contrast : 선택한 이미지의 명암대비 즉 콘트라스트를 조절한다.
3. Saturation : 선택한 이미지의 색상 상태인 채도를 조절한다. 색상의 순도를 높이거나 낮추는 기능이다.
4. Opacity : 선택한 이미지의 투명 상태를 조절한다. 수치를 낮추면 이미지가 투명해진다.

Notations -> Bracket or Brace 메뉴 (브라켓 또는 브레이스 메뉴)

큰 보표나 시스템 보표에 브라켓(Bracket), 브레이스(Brace), 서브 브라켓(Sub-Bracket)을 삽입하는 기능이다.

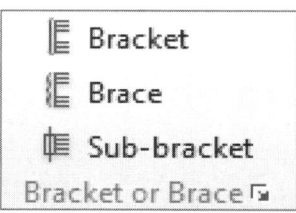

01 Bracket or Brace -> Bracket 메뉴 (브라켓 만들기)

큰 보표나 시스템 보표에서 선택한 2개 이상의 보표에 브라켓(Bracket)을 만들어 준다. 브라켓이란 보표의 시작 부분에 있는 각이 진 대괄호를 말한다. 상,하 2개 이상의 보표를 선택한 뒤 적용하면 상, 하 2개의 보표를 브라켓으로 이어준다. 브라켓은 일반적으로 관련된 악기 그룹을 하나의 큰 보표로 묶을 때 사용한다.

브라켓으로 연결할 2개 이상의 보표를 Shift + 클릭으로 선택한다.

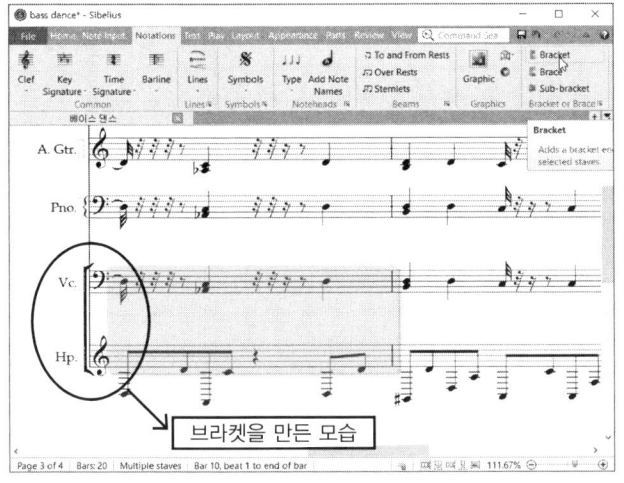

Notations -> Brackets 메뉴를 적용하면 선택한 상, 하 보표에 브라켓이 만들어진다.

> **TIP** Brackets 메뉴를 먼저 실행한 뒤 보표를 클릭하면 하단 보표와 브라켓으로 묶을 수 있다.

02 Bracket or Brace -> Brace 메뉴 (브레이스 만들기)

큰 보표나 시스템 보표에서 2개 이상의 보표를 브레이스(Brace)로 묶어 준다. 브레이스(Brace)란 곡선 모양의 대괄호를 말한다. 먼저 2개 이상의 보표를 선택한 뒤 Brace 메뉴를 적용한다. 또는 Brace 메뉴를 실행한 뒤 원하는 보표를 클릭하면 브레이스로 묶을 수 있다.

03 Bracket or Brace -> Sub-bracket 메뉴 (서브 브라켓)

큰 보표나 시스템 보표에서 선택한 2개 이상의 보표를 서브 브라켓으로 묶어 준다. 먼저 2개 이상의 보표를 선택한 뒤 Sub-bracket 메뉴를 적용하면 된다. 또는 Sub-bracket 메뉴를 먼저 실행한 뒤 원하는 보표를 클릭하면 하단 보표와 서브 브라켓으로 묶을 수 있다.

> **TIP** 브라켓, 브레이스, 서브 브라켓의 삭제
> 브라켓, 브레이스, 서브 브라켓은 마우스로 클릭 선택한 뒤 Delete 키로 삭제할 수 있다.

스페셜 TIP 브라켓, 브레이스의 종류와 사용 방법

이들 심볼들은 일반적으로 오케스트라 악보나 피아노 악보에서 사용하는 심볼들이다. 기본적으로 단일 보표에서는 사용할 수 없다. 큰 보표나 보표단(시스템 보표)이 있는 악보에서만 사용할 수 있다..

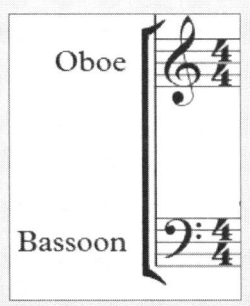

1. 브라켓(브래킷, Bracket)
브라켓은 같은 종류의 악기 군을 그룹으로 묶을 때 사용한다.
관악기(woodwind) 악기인 오보에, 바순, 클라리넷 보표 등은 하나의 브라켓으로 묶을 수 있다. 또는 브라스(brass) 악기인 호른, 트럼펫, 트롬본 등을 하나의 브라켓으로 묶을 수 있다. 서로 다른 패밀리의 악기는 브라켓으로 묶을 수 없다. 예를 들면 타악기 패밀리의 악기와 금관악기 패밀리를 브라켓으로 묶을 수 없다.

2. 브레이스(Brace)
보통은 건반 악기나 하프 악기를 묶을 때 사용한다. 건반 악기의 하나인 오르간 페달 보표는 브레이스로 묶을 수 없다. 예를 들면 양손 피아노 보표인 [높은음자리 보표]+[낮은음자리 보표]는 자동으로 브레이스로 연결되어 큰 보표가 된다.

3. 서브 브라켓(Sub-Bracket)
디비시 스트링(Divisi strings) 악보에서 사용한다. 오케스트라 악보에서 디비시 스트링이란 바이올린 같은 하나의 악기군에서 화음을 나누어 연주하거나, 성부(보이스)를 나누어 연주하는 것을 말한다. 이와 같은 디비시 스트링을 위해 보표가 2개 이상으로 나누어져 있을 경우, 이런 보표들을 서브 브라켓으로 묶을 수 있다. 때때로 비슷한 악기인 플루트와 피콜로를 서브 브라켓으로 묶거나, 제1바이올린 보표와 제2바이올린 보표를 서브 브라켓으로 묶기도 한다.

Part 8

Text 메뉴 (텍스트 메뉴)

악보에서 사용중인 텍스트의 글꼴 모양, 크기, 등을 변경할 수 있다. 또한 글자형 음악 심볼과 코드 심볼을 입력할 수 있고 노래가사를 입력할 수 있다.

Text -> Format 메뉴 (글꼴 편집 메뉴)

악보에서 선택한 각종 텍스트(글자)들을 편집하는 기능이다. 글꼴 스타일, 글꼴 종류, 글꼴 크기, 정렬 방식 등을 편집할 수 있다. 먼저 악보창에서 편집하고 싶은 텍스트를 선택한 뒤 작업한다.

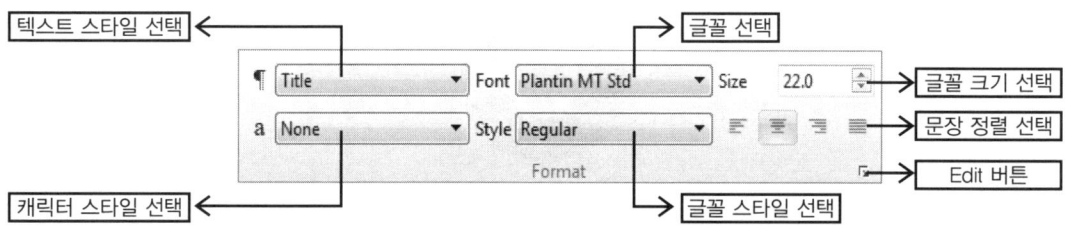

01 악보의 타이틀(곡 제목) 입력 방법

텍스트를 편집하는 방법을 공부하기 전 텍스트를 입력하는 방법을 알아본다. 먼저 악보의 제목을 입력하는 방법을 알아보고, 아울러 수정하는 방법을 알아본다.

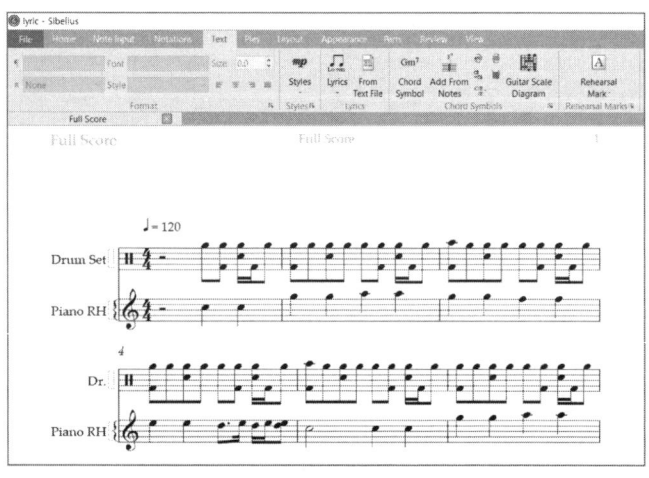

예제 'lyric.sib' 파일을 불러온다.
(단축키 Ctrl + O)

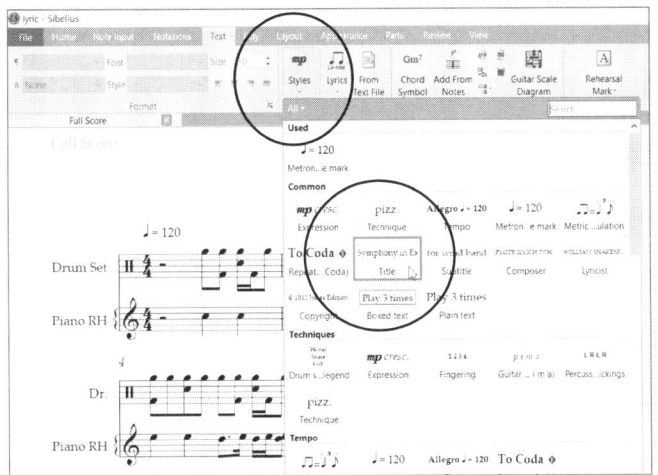

글자를 입력하기 위해 Text -〉 Style 메뉴를 클릭한 뒤, Common 카테고리에서 Title 아이콘을 클릭한다.

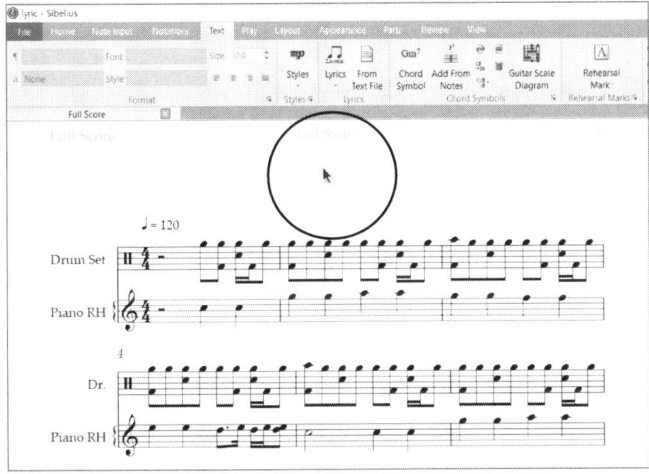

마우스 커서가 화살표로 바뀌면, 제목이 들어갈 부분을 클릭한다.

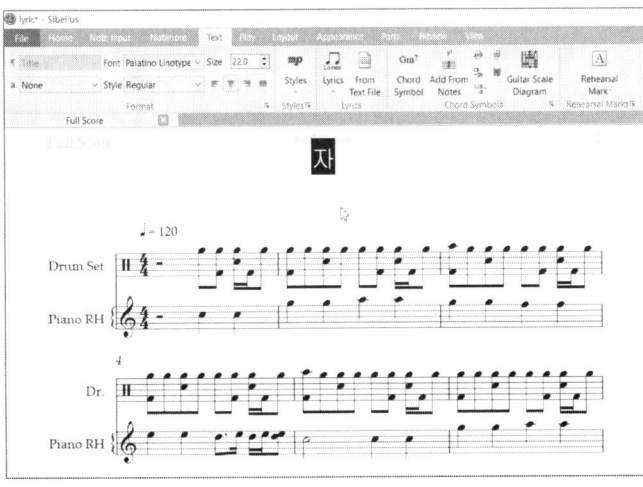

예제처럼 타이틀 문자를 입력한다.

텍스트를 수정하려면 방금 입력한 텍스트를 더블 클릭한 뒤 수정하면 된다.

02 텍스트 편집의 기초 기능 공부하기

악보에 입력한 텍스트의 글꼴과 크기를 변경하는 방법, 텍스트의 색상을 변경하는 방법, 텍스트의 배경색을 만드는 방법, 텍스트를 회전하는 방법 등 텍스트 편집의 기초 기능을 알아본다.

이번에는 바로 전 입력한 제목 텍스트를 삭제하고 영문 제목으로 입력해 보았다.

글꼴을 변경하려면 해당 글자를 블록으로 선택한 뒤 Text -> Font 메뉴를 클릭한 뒤 원하는 글꼴을 적용하면 된다.

제목 텍스트의 글꼴을 'Orato Std'체로 적용한 모습이다.

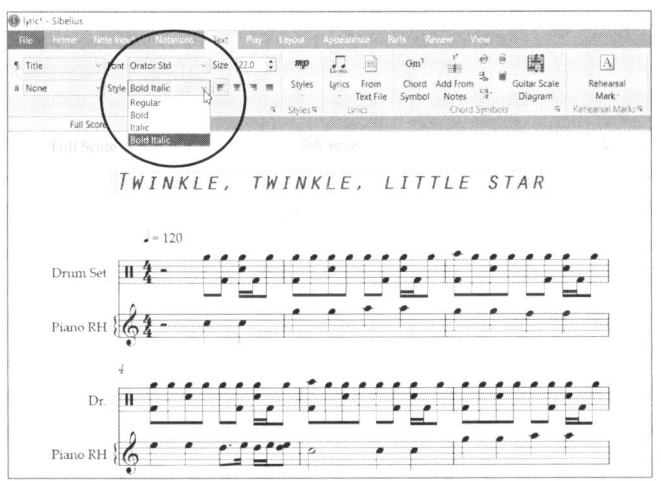

글꼴 스타일을 변경하려면 Font 메뉴 하단의 Style 메뉴를 클릭해 볼드체, 이탤릭체 등을 선택한다. 여기서는 'Bold Italic'체를 적용해 보았다.

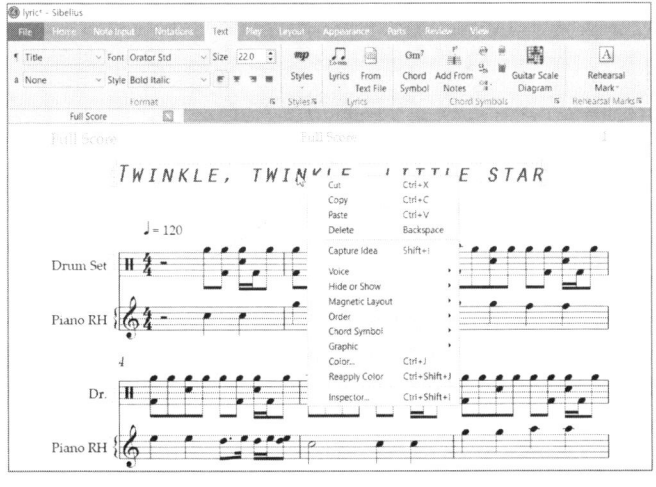

제목 텍스트의 색상을 변경하라면 제목 텍스트를 마우스 오른쪽으로 클릭한 뒤 'Color' 메뉴를 실행한다.

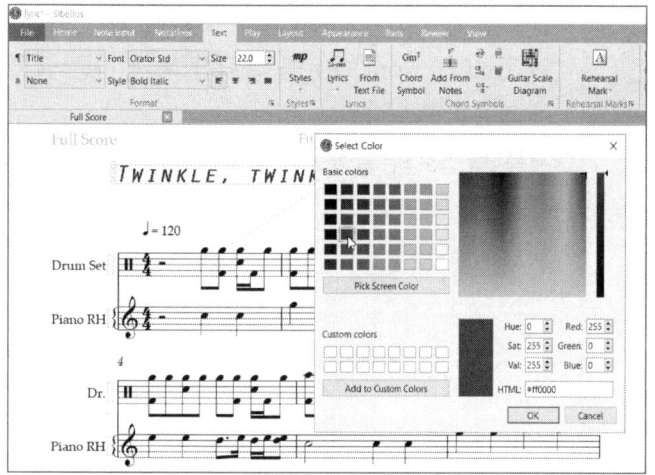

Color 대화상자가 실행되면 원하는 색을 선택하고 OK 버튼을 눌러 적용한다.

제목 텍스트의 색상이 변경되었다.

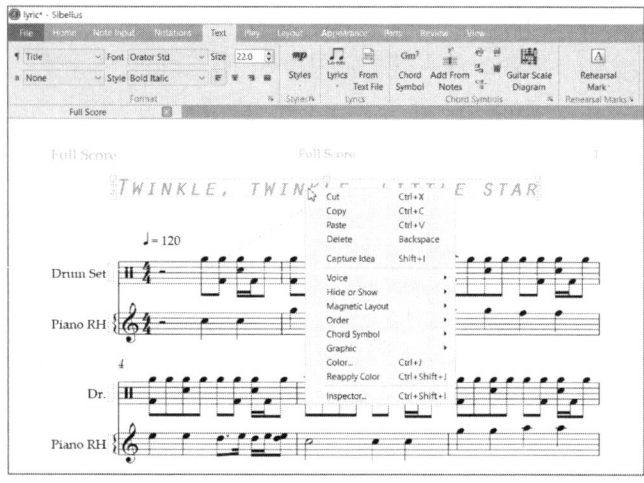

제목 텍스트에 바탕색을 넣는 방법이다.
제목 텍스트를 마우스 오른쪽으로 클릭한 뒤 'Inspector' 메뉴를 실행한다.
(인스펙터 단축키 Ctrl + Shift + I)

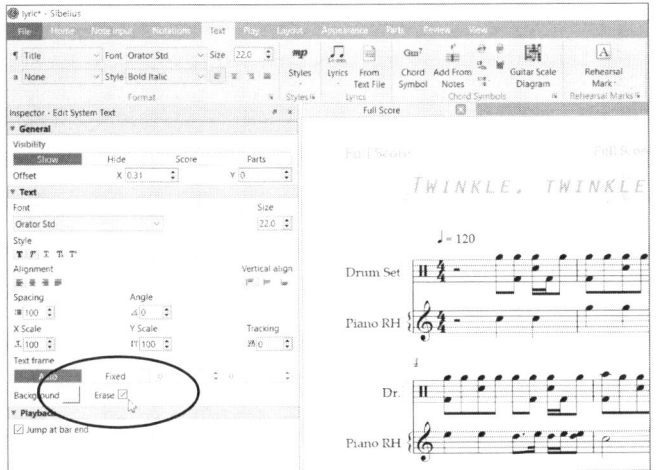

인스펙터에서 Erase Backgroud 옵션을 체크하면 선택한 제목 텍스트 뒤로 보이는 악보의 원래 색(악보의 질감이 있는 종이의 색)이 삭제되고 흰색으로 바뀐다.

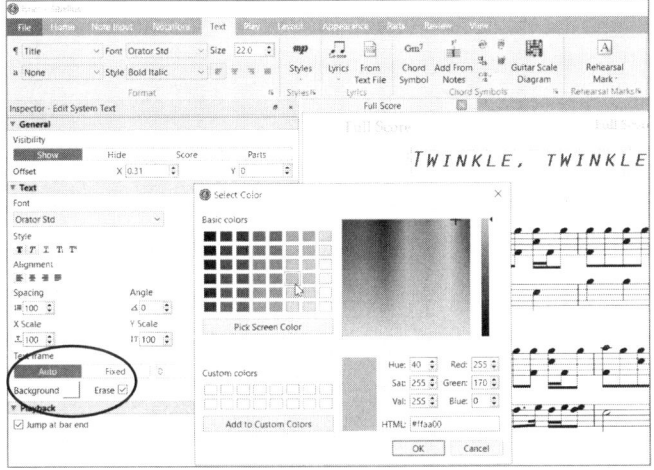

Background 버튼을 클릭한 뒤 대화상자에서 아무거나 원하는 색을 적용해 보았다.

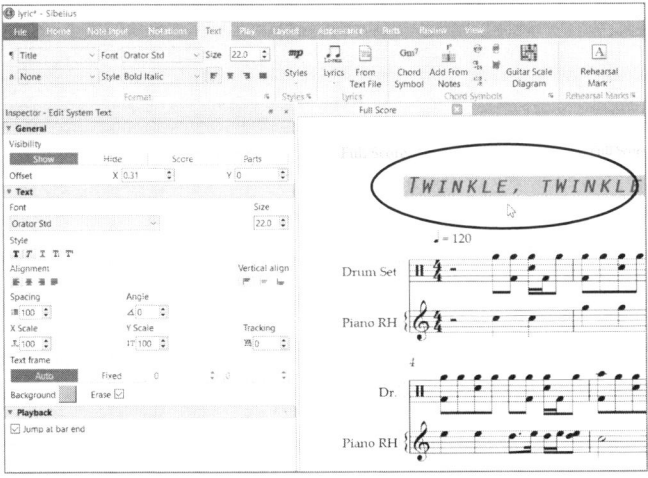

제목 텍스트의 바탕색으로 선택한 색이 삽입된 것을 알 수 있다.

Part 8. Text 메뉴 (텍스트 메뉴) **415**

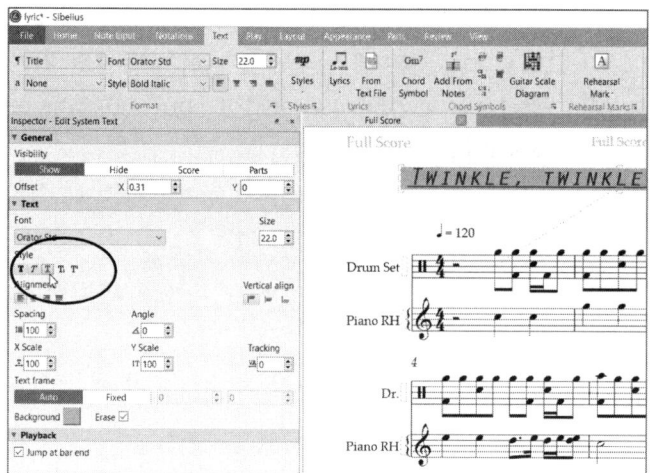

텍스트를 강조하기 위해 인스펙터의 Underline 옵션에 체크하면 텍스트에 언더라인(글자 하단의 줄)이 삽입된다.

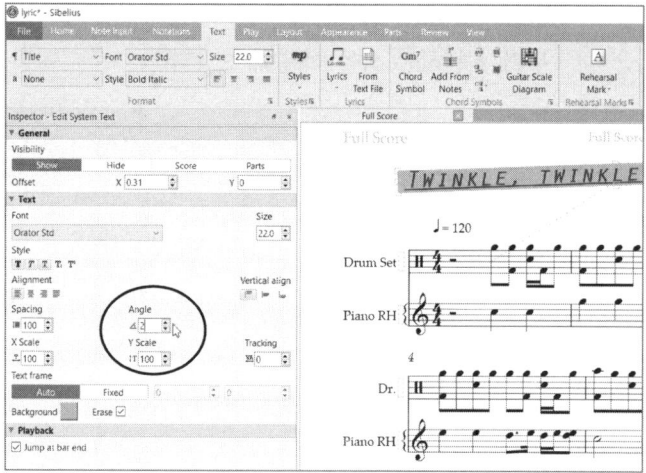

인스펙터의 Angle 옵션을 조절하면 텍스트가 회전하는 것을 알 수 있다.

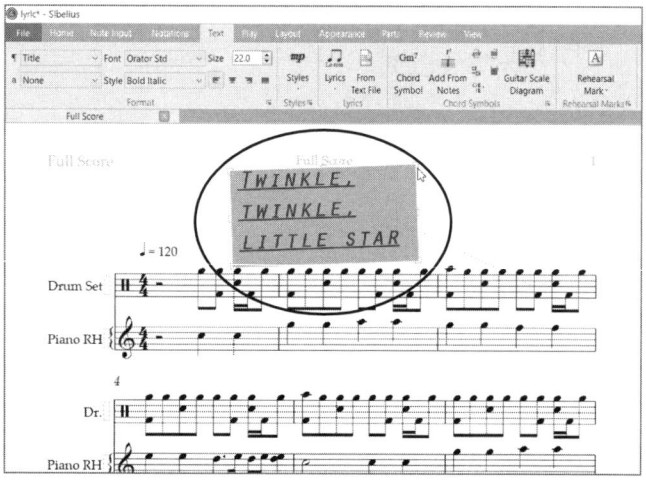

제목 박스의 테두리에 있는 핸들을 드래그하면 박스 크기를 조절할 수 있다.

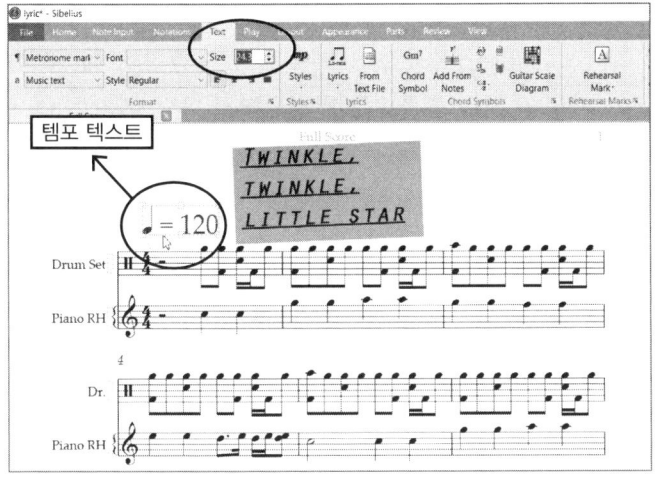

텍스트 편집은 제목이나 가사 뿐 아니라 악보상에 기보한 템포 텍스트, 셈여림 기호 등 글자로 된 모든 오브젝트를 대상으로 위와 같은 방식으로 편집할 수 있다.

여기서는 템포 텍스트를 선택한 뒤 Size 메뉴에서 글꼴 크기를 확대한 모습이다.

03 Format -> Text Style 메뉴 (텍스트 스타일 변경하기)

텍스트의 스타일을 변경할 수 있다. 예를 들어 제목으로 입력한 텍스트 스타일을 템포를 알려주는 Tempo 스타일이나 마디 번호를 알려주는 Bar Number 스타일, 악보 페이지를 알려주는 Page Numbers 스타일로 변경할 수 있다. 스타일을 변경하면 텍스트의 위치 등이 해당 스타일에 맞는 위치로 자동 재배치된다.

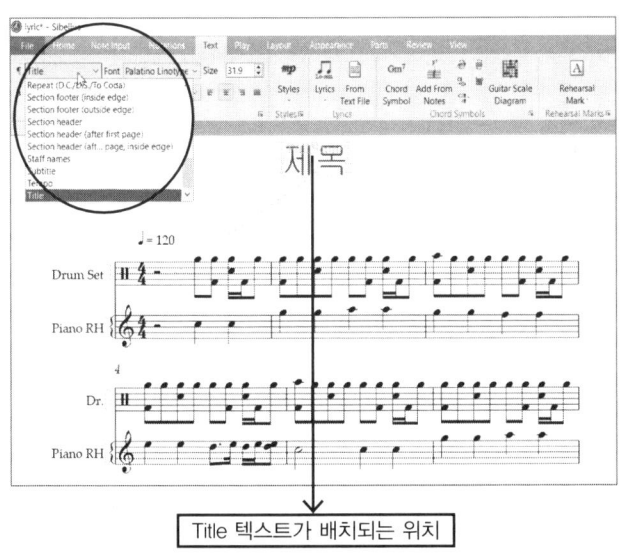

예제 텍스트는 Title 스타일이 적용된 상태이다. 제목 속성을 가지고 있는 텍스트이므로 악보의 제목 위치에 배치되어 있다.

Text -> Text Style 메뉴를 클릭해 텍스트 스타일을 Composer(작곡가) 스타일로 적용해 보았다. 작곡가명 텍스트 속성으로 변경되면서 해당 위치로 텍스트가 자동 이동하는 것을 알 수 있다. 또한 예를 들어 Page Numbers 스타일을 적용하면 텍스트는 타이틀 속성이 사라지고 페이지 번호 속성을 가지게 되므로, 악보의 페이지를 알려주는 위치로 텍스트의 위치가 변경된다. 그런 경우 텍스트를 더블클릭해 페이지 번호로 수정해주면 된다.

04 Format -> Character Style 메뉴 (뮤직 텍스트 입력과 캐릭터 스타일 변경)

글자의 캐릭터 스타일을 변경하는 메뉴이다. 일반적으로 시벨리우스에서 포르테시모(ff) 기호나 피아니시모(pp) 기호를 입력하려면 Text -> Styles 메뉴에서 Expression 기능으로 입력해야 한다. 이때 Expression 기능으로 입력해도 포르테시모(ff)나 피아니시모(pp) 기호가 일반 글자처럼 보인다는 약점이 있다.

이때 Format -> Character Style 메뉴에서 캐릭터 스타일을 뮤직 텍스트(Music Text)로 적용하면 포르테시모(ff)나 피아니시모(pp) 같은 셈여림 기호가 약간 볼드체의 모양으로 변하면서 뮤직 스타일 글꼴이 된다. 여기서 뮤직 텍스트란 악보집에서 흔히 봤음직한, 음악 기호 스타일의 글꼴을 말한다.

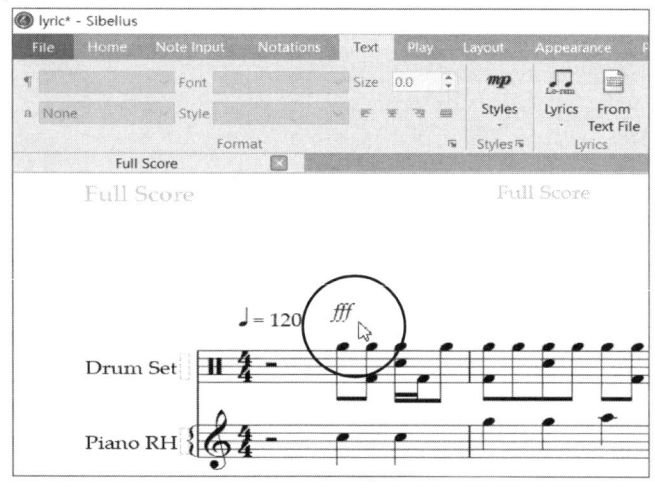

Text -> Styles 메뉴의 Expression 기능으로 입력한 셈여림 기호 (fff, 포르테시시모) 글자이다. 일반 글자처럼 입력되어 있으므로 이 글자가 셈여림 기호인지 노래 가사를 오타로 입력한 것인지 잘 모르게 된다.

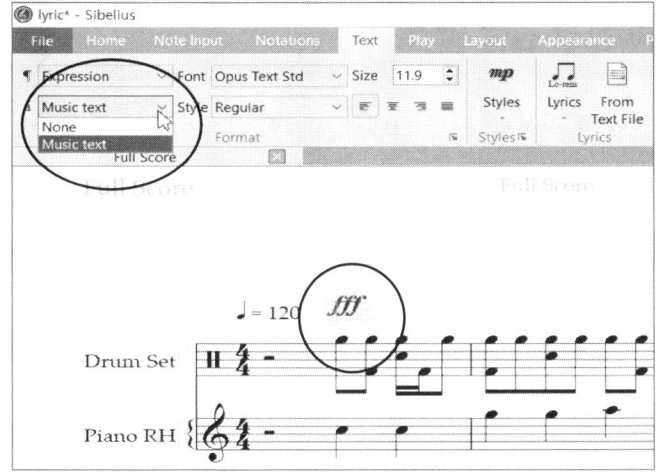

셈여림 기호를 선택한 상태에서 Text -> Character Style -> Music Text 메뉴를 적용한다. 악보에서 흔히 볼 수 있었던 볼드체의 뮤직 텍스트가 적용된다.

즉 입력한 텍스트를 노래 가사가 아닌 음악 기호처럼 보이게 할 목적일 때 Music Text 메뉴를 적용한다.

05 Format -> Size 메뉴 (글자 크기의 변경)

텍스트의 크기를 변경할 수 있다. 텍스트를 선택한 상태에서 크기를 변경하면 된다.

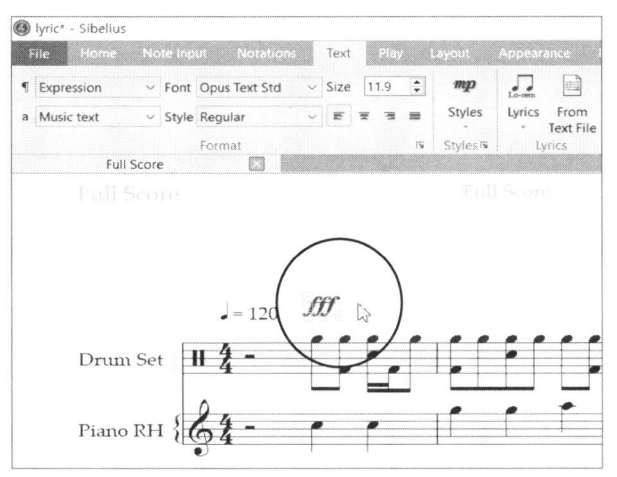

제목 텍스트를 클릭해 선택한 모습

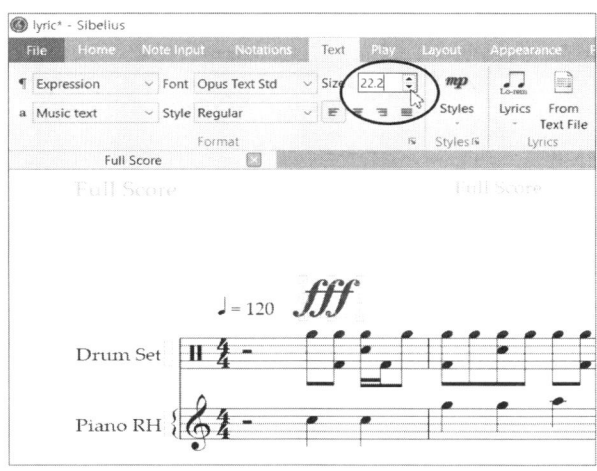

Text -> Size 메뉴에서 크기를 변경한 모습

06　Format -> Align 메뉴 (글자 정렬과 문장 정렬 방법)

텍스트 또는 문장을 중앙 정렬, 왼쪽 정렬, 오른쪽 정렬할 때 사용한다. 말 그대로 선택한 글자 그룹을 좌/우/중앙 정렬하는 기능이다. 박스 텍스트를 입력했을 경우 사용할 수 있다.

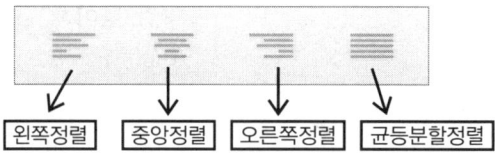

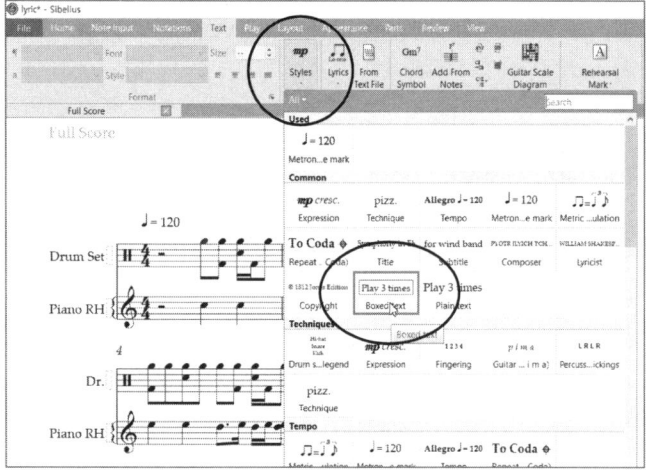

먼저 박스 텍스트를 입력해 보자.
Text -> Styles -> Common 카테고리에서 Boxed Text 아이콘을 클릭한다.

박스를 원하는 크기로 그린 뒤 박스 안에 글자를 입력한다.

박스를 선택한 상태에서 중앙 정렬 메뉴를 클릭하면 박스 안 문장들이 중앙에 정렬된다.

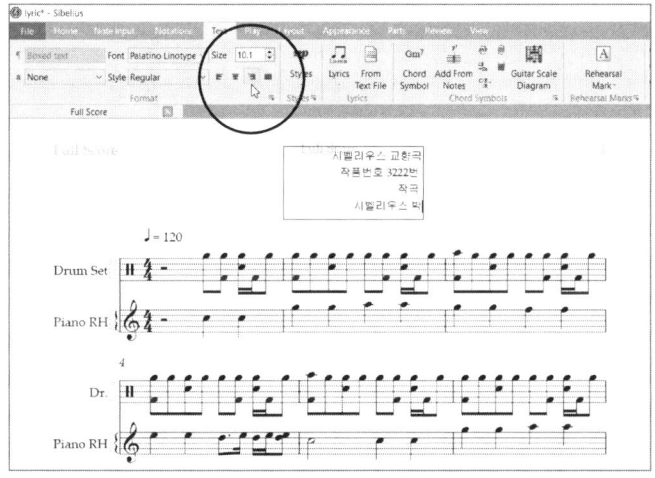

오른쪽 정렬 메뉴를 클릭하면 박스 안 문장들이 오른쪽으로 정렬된다.

CHAPTER 02

Text -> Styles 메뉴
(텍스트 스타일 음악 기호 입력 메뉴)

Text -> Styles 메뉴는 셈여림(Expression) 기호 같은 글자 형태의 음악 기호를 입력할 때 사용한다. 예를 들어 포르테시모(ff)같은 셈여림 기호를 입력하면 시벨리우스 프로그램은 셈여림 기호를 인식하기 때문에 악보를 플레이할 때 해당 부분을 '매우 세게' 연주를 해 준다. 또한 Styles 메뉴에서는 악보의 표지 글자, 곡 제목, 작곡가 이름, 마디 번호, 페이지 번호, 템포 마크 등을 입력할 수 있다.

01 Styles -> Styles 메뉴 (스타일 메뉴)

시벨리우스가 플레이할 때 자동 해석하면서 연주하는 각종 음악 심볼을 입력할 수 있다. 예를 들어 악보 제목을 입력하려면 Title 메뉴, 셈여림표를 입력하려면 Expression 메뉴로 입력한다. Expression 메뉴로 셈여림표, 발상기호, 템포를 입력하면 악보에서 인식이 되어 곡을 플레이할 때 음악기호가 지시한 내용을 해석한 후 악보가 연주된다.

메뉴를 실행하면 카테고리창을 통해 하위 메뉴를 선택할 수 있다. 한 번에 많은 카테고리가 보이므로 원하는 하위 메뉴를 찾지 못하는 경우도 많은데 이때는 카테고리창 상단의 All 메뉴를 클릭해 원하는 카테고리만 볼 수 있다.

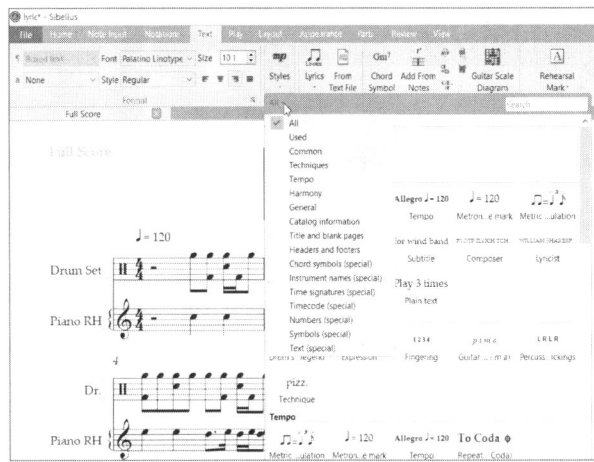

Text -> Styles 메뉴로 실행한 카테고리창 　　　　　Text -> Styles -> All 메뉴 실행

> **TIP** 발상 기호, 셈여림표, 템포를 일반 텍스트 입력 방식으로 입력하면 악보를 플레이할 때 인식되지 않는다. 반드시 Styles 메뉴의 Expression 메뉴로 입력해야 악보를 플레이할 때 발상 기호, 셈여림표, 템포가 인식되어 해당 기호가 지시하는 대로 악보가 플레이된다.

Part 8. Text 메뉴 (텍스트 메뉴) **423**

따라하기   악보를 플레이할 때 인식되는 셈여림 기호 입력 방법 (워드 메뉴)

ff, ppp, mf, sf 같은 셈여림 기호(다이나믹 마크, Dynamic Mark)는 일반적으로 음표 아래에 입력하지만, 음표 아래에 가사가 있을 경우 음표 위에 입력해도 무방하다. 셈여림 기호는 전체가 익스프레션 마크(발상기호, Expression Mark)에 속하는 음악기호이므로 글꼴은 Opus 글꼴이 좋으며, 글자를 입력한 뒤 뮤직 텍스트가 아닌 경우에는 Text -> Character Style -> Music Text 메뉴를 적용해 뮤직텍스트로 전환해주는 것이 좋다.

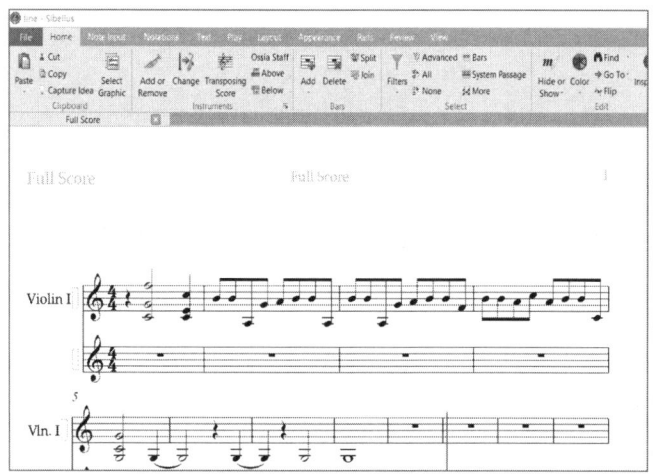

❶ 예제 'fine.sib' 파일을 불러온다.

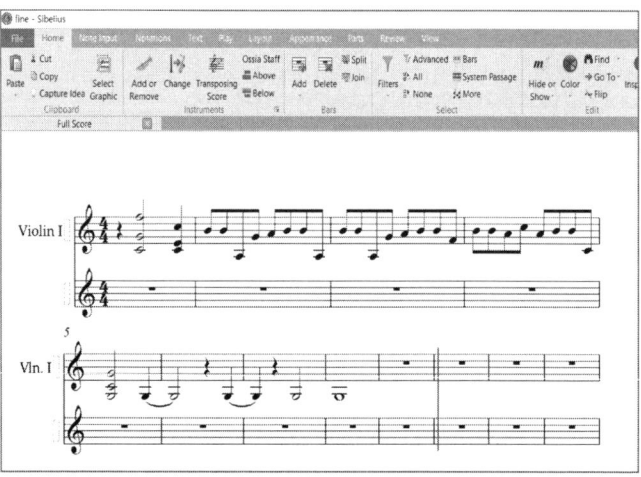

❷ 단축키 Ctrl + [를 눌러 곡의 시작부로 커서를 이동시킨 후 스페이스 바를 눌러 곡을 들어본다. 곡을 다 들은 뒤에는 악보의 맨 처음으로 화면을 이동시킨다.

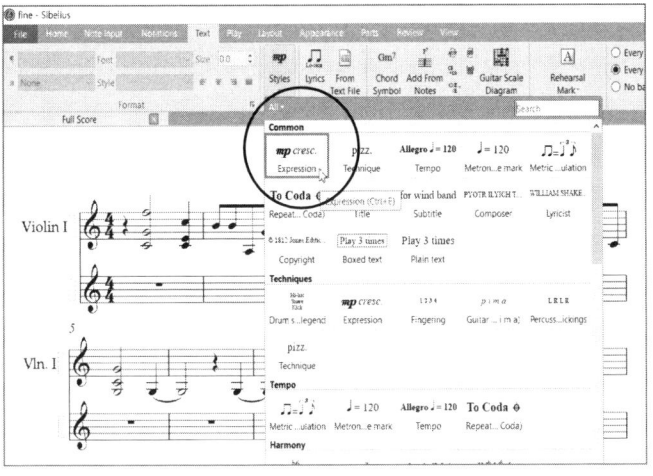

❸ 셈여림 기호의 하나인 fff를 입력해 보자.
Text -> Styles 메뉴를 실행한 뒤 Common 카테고리의 Expression 메뉴를 실행한다.

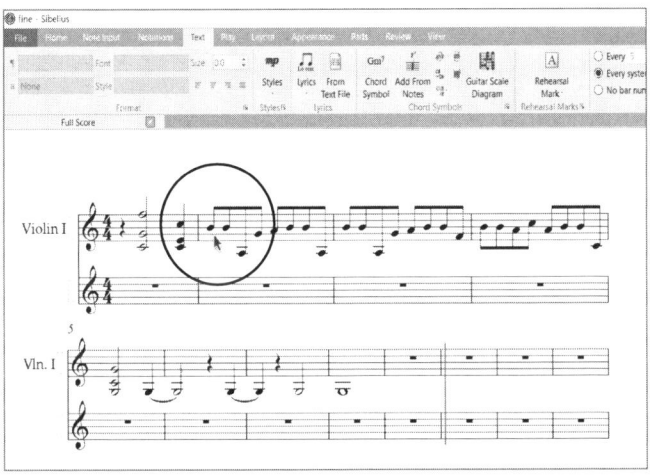

❹ 커서가 파란색 화살표 모양으로 변경되면 셈여림 기호를 입력할 부분을 클릭한다. 여기서는 두 번째 마디의 시작부분에 있는 음표를 클릭했다.

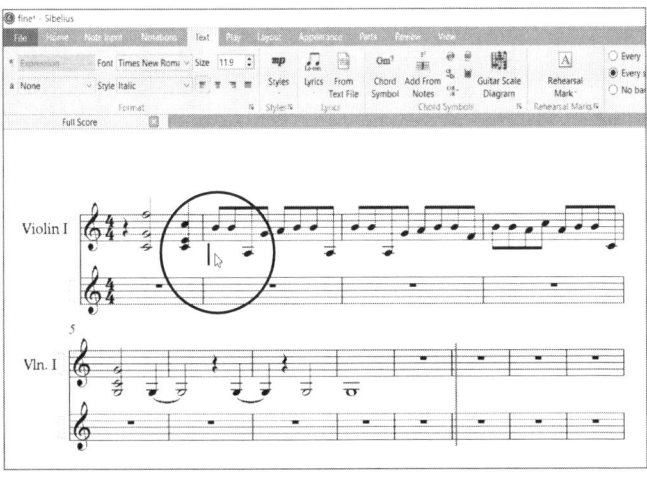

❺ 클릭한 부분 하단에 글자를 입력할 수 있도록 커서가 반짝인다. 이때 바로 '아주 세게'를 뜻하는 포르테시시모(fff) 글자를 컴퓨터 키보드로 입력해도 되지만 그럴 경우 글꼴 변경 등을 해야 하므로 여기서는 워드메뉴를 사용해 보자.
글자를 입력할 수 있도록 커서가 반짝이는 부분을 마우스 오른쪽으로 클릭한다.

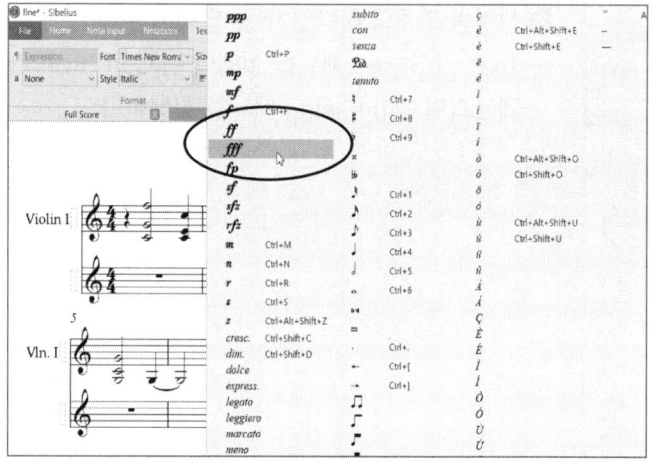

❻ 단축메뉴가 나타나는데 이 단축메뉴를 워드메뉴라고 부른다. 워드메뉴란 시벨리우스가 플레이할 때 인식할 수 있는 음악 기호를 입력하는 메뉴이다.
이 워드메뉴에서 포르테시시모(fff) 글자를 선택하면 커서가 반짝이던 위치에 바로 fff 글자가 뮤직텍스트 스타일로 입력된다.

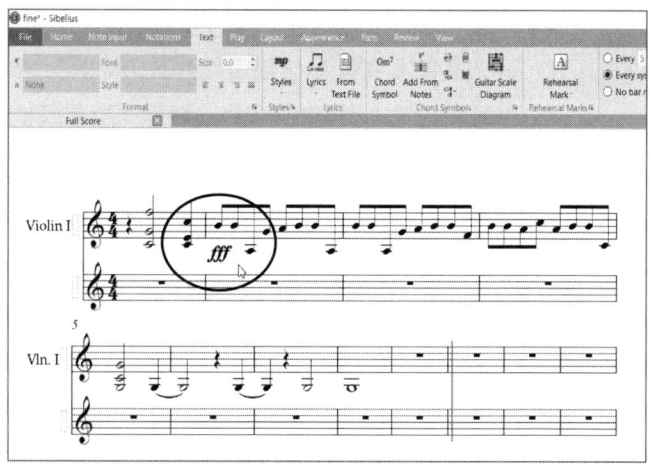

❼ 커서가 반짝이던 위치에 fff 글자가 입력된 모습이다. 화면의 빈 곳을 클릭해 입력 작업을 종료한다.

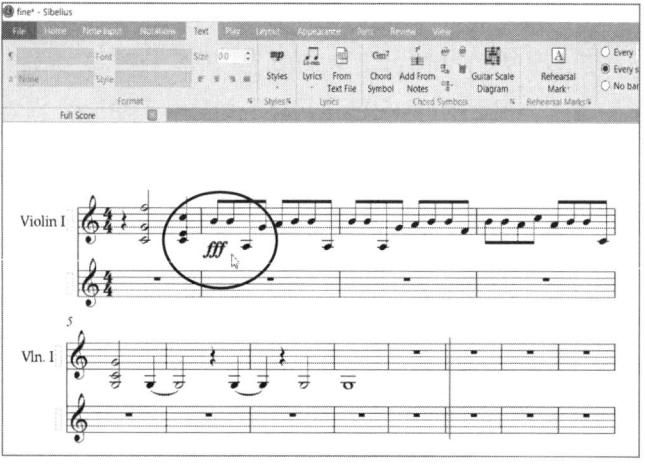

❽ 단축키 Ctrl + [를 눌러 곡의 시작부로 연주 위치를 이동시킨 후 스페이스 바를 눌로 곡을 플레이 해본다.
포르테시시모(fff) 기호가 있는 부분부터 아주 세게 연주될 것이다.

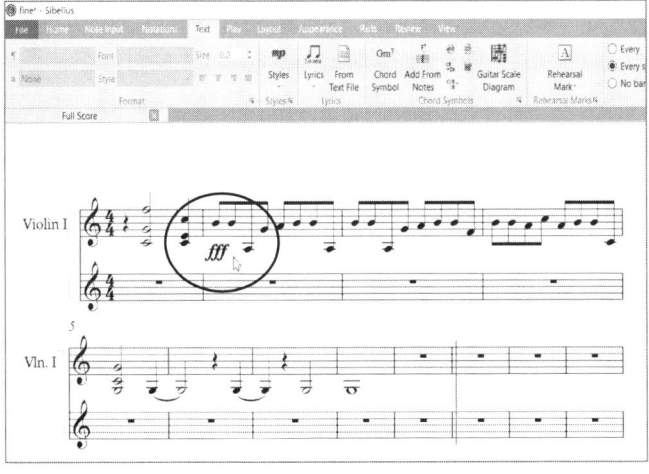

❾ 포르테시시모(fff)는 그 음에만 적용되는 것이 아니라 그 음 이후에도 계속 효력을 발휘하는 셈여림 기호임으로 다시 셈여림 기호를 추가해 셈여림의 강도를 낮추어야 한다.
새 셈여림 기호를 메뉴 방식으로 다시 입력하면 시간이 많이 소요되므로 이번에는 복사해서 사용해 보자. 먼저 복사할 셈여림 기호를 클릭해 선택한다.

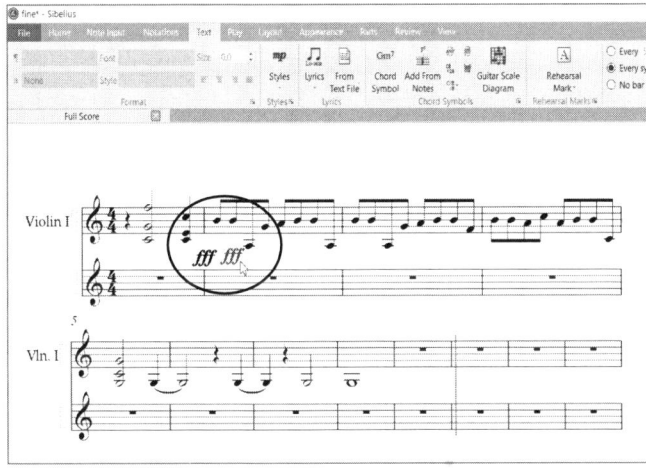

❿ 선택된 셈여림 기호를 Alt+ 클릭하면 복제할 수 있다.

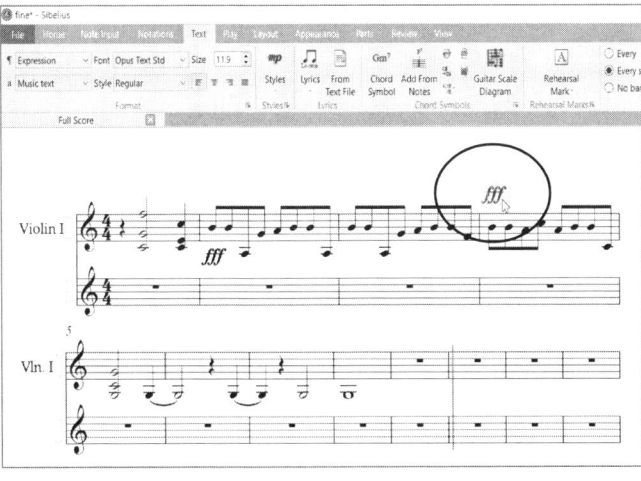

⓫ 복제한 셈여림 기호를 원하는 위치로 이동시킨다. 셈여림 기호는 때에 따라 보표 위에 배치하기도 한다.

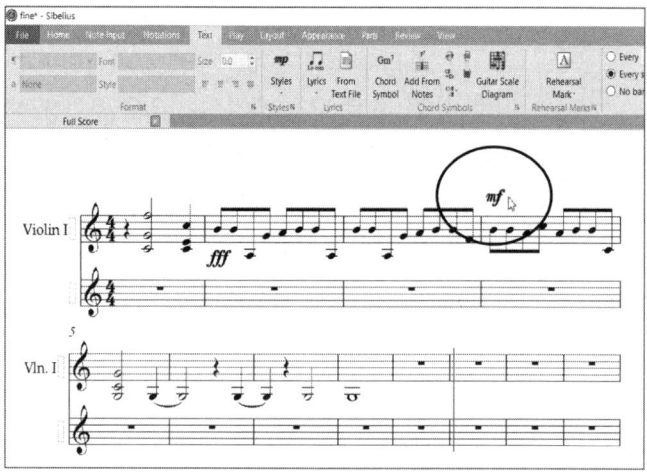

❷ 복제한 셈여림 기호를 더블클릭한 뒤 '조금 세게'를 뜻하는 메조포르테(mf)로 수정한다.

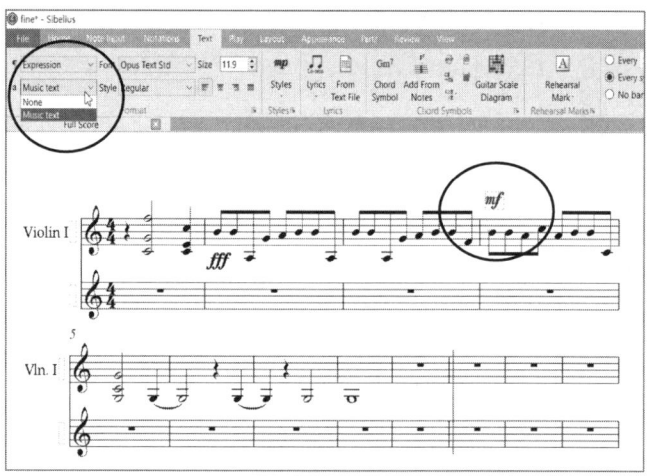

❸ 글꼴 모양이 일반 모양으로 변했거나, 혹은 워드 메뉴가 아닌 키보드로 글자를 입력한 경우에는 메조포르테(mf) 글자가 선택된 상태에서 Character Styles 메뉴를 클릭해 Music Text 메뉴를 적용한다. 메조포르테(mf) 글자가 뮤직 텍스트 스타일로 전환된다.

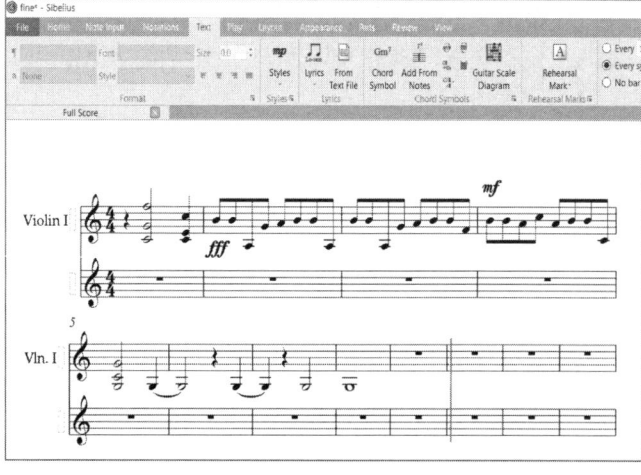

❹ 악보를 플레이하면 fff 구간에서 mf 구간까지 '매우 세게' 연주되고, mf 구간에서부터는 '조금 세게'로 바뀌어 연주될 것이다.

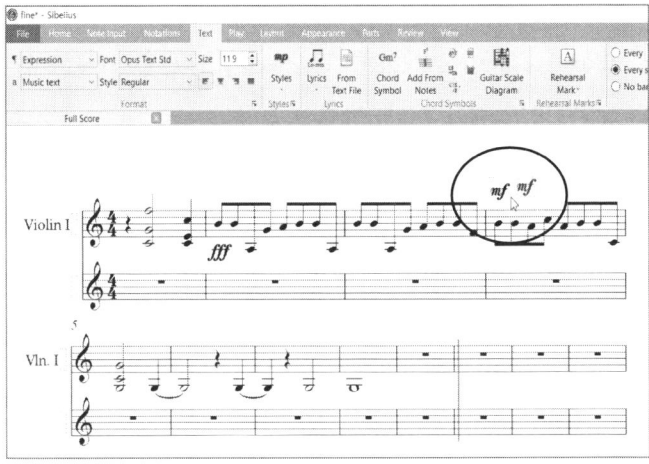

❶❺ 메조포르테(mf) 글자를 Alt + 클릭하여 복제한다.

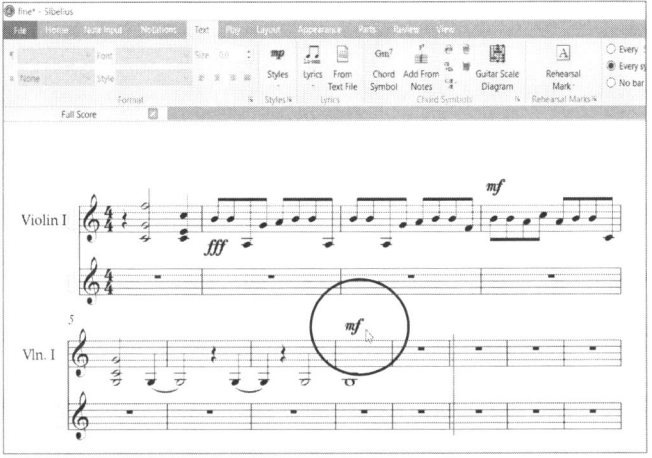

❶❻ 복제한 글자를 맨 마지막 온음표가 있는 위치로 이동시킨다. 이때 온음표의 하단부에 배치하면 온음표와 겹치기 때문에 여기서는 온음표 상단에 배치하였다.
이때 셈여림 기호가 어느 것은 보표 밑에 있고 어느 것은 보표 위에 있으므로 모든 셈여림 기호를 보표 위나 아래로 배치되도록 통일하는 것이 좋다. 왜냐하면 악보를 읽을 때 가독성을 높여주기 때문이다.

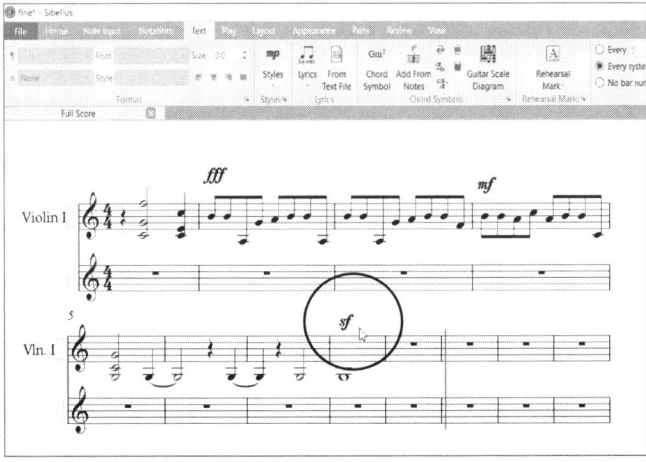

❶❼ 복제한 메조포르테(mf) 글자를 더블클릭한 뒤 스포르찬도(sf)로 수정한다. '그 음만 특히 세게' 연주하라는 뜻이다.
악보를 처음부터 플레이하면 fff에서 mf 구간은 '매우 세게' 연주되고, mf에서 sf 구간은 '조금 세게' 연주되고, 마지막 온음표는 스포르잔도(sf)이므로 '그 음만 특히 세게' 연주될 것이다.

Part 8. Text 메뉴 (텍스트 메뉴) **429**

1. Common 메뉴 카테고리

자주 사용하는 텍스트 형태의 기호를 입력할 수 있다. 셈여림표를 입력하려면 Expression 메뉴를 선택한 뒤, 컴퓨터 키보드 또는 워드메뉴로 원하는 셈여림 기호를 입력하면 된다. 연주 테크닉을 알려주는 음악 기호를 입력하려면 Technique 메뉴를 선택한 뒤 컴퓨터 키보드 또는 워드메뉴로 원하는 연주 테크닉을 입력하면 된다. 기호들의 자세한 용처는 각각의 카테고리 설명을 할 때 알아보자.

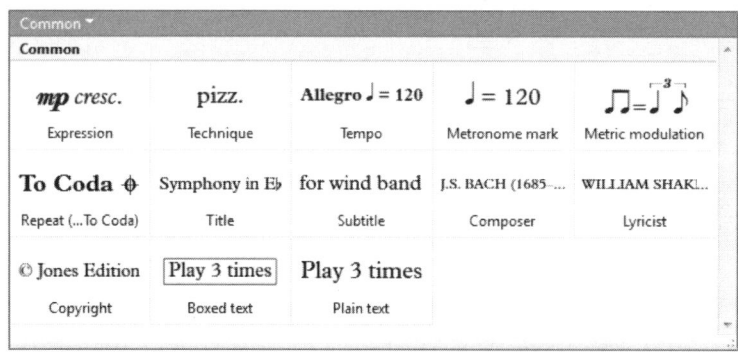

2. Technique 메뉴 카테고리 (Ctrl + E)

발상 기호(익스프레션 마크), 셈여림 기호(다이나믹 마크), 연주 테크닉(아티큘레이션)을 텍스트로 입력할 때 사용한다. 연주 테크닉은 악기 연주 테크닉인 mute, pizz., a2, solo, tremolo 등의 글자를 임시표처럼 입력하는 것을 말하고, 셈여림 기호는 fff, ff, ppp, mf 등의 셈여림을 나타내는 텍스트를, 발상 기호는 legato, appassionato 같은 발상을 지시하는 텍스트를 말한다.

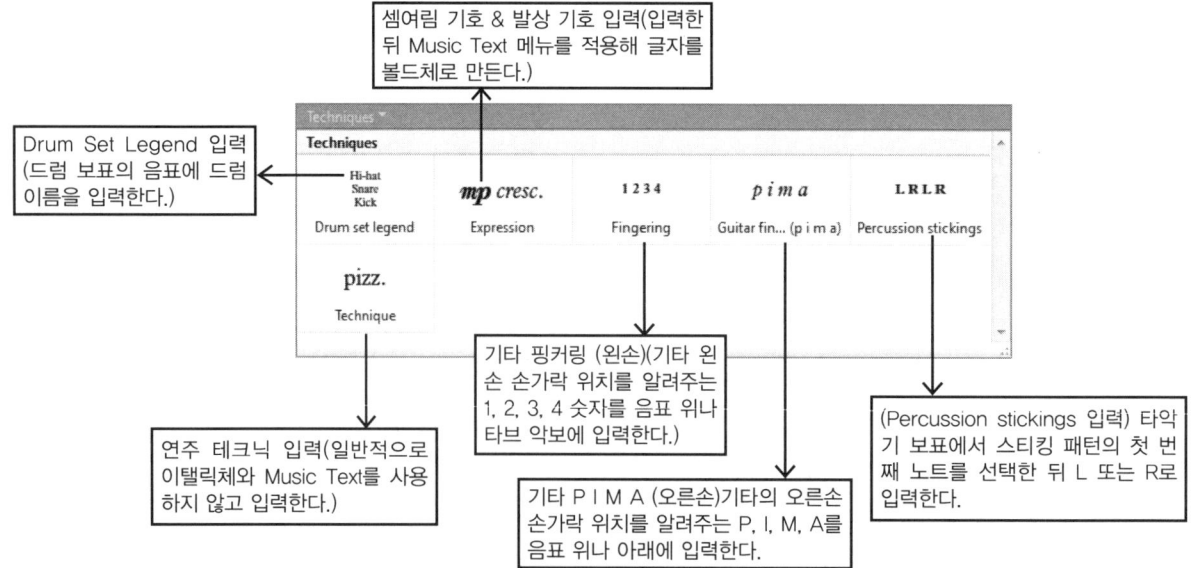

스페셜 TIP | 셈여림 기호의 종류와 사용 방법 (다이나믹 마크, Dynamic Mark)

발상 기호(익스프레션 기호)의 하나인 셈여림 기호(다이나믹 마크, Dynamic Mark)는 일반적으로 음표 하단에 입력하지만, 음표 아래에 가사가 있을 경우 음표 상단에 입력한다.

1. 곡의 구간(삽입한 위치부터 다른 기호가 나오기 전까지)에 적용하는 셈여림표

ppp	피아니니시모	아주아주 여리게
pp	피아니시모	아주 여리게
p	피아노	여리게
mp	메조피아노	조금 여리게
mf	메조포르테	조금 세게
f	포르테	세게
ff	포르티시모	아주 세게
fff	포르티티시모	아주아주 세게

2. 특정 음에 적용하는 셈여림표

cresc.	크레센도	점점 세게
decresc.	데크레센도	점점 여리게
dim.	디미누엔도	점점여리게
sf, sfz	스포르찬도	그 음만 특히 세게
fz	포르찬도	그 음만 특히 세게
rf, rfz. rinf.	린포르찬도	그 음만 특히 강하게
fp	포르테 피아노	세게 그리고 곧 여리게

스페셜 TIP 발상 기호의 종류와 사용 방법 (익스프레션 마크, Expression Mark)

셈여림 기호는 발상 기호의 하위에 속해 있다. 발상 기호는 일반적으로 음표 상단에 입력한다. 만일 2개의 보이스를 가진 성부 악보에서 발상 기호를 입력하려면, 1번 성부에 속하는 음표에 붙이는 발상 기호는 음표 상단에, 2번 성부에 속하는 음표에 붙이는 발상 기호는 음표 하단에 입력한다. 발상 기호의 종류로는 셈여림 기호가 있고, 템포를 나타내는 legato, lively, marcato를 포함해 appassionato, dolce, maestoso, espressivo 등이 있다. 심볼 형태의 발상 기호는 일반적으로 아티큘레이션 종류인데 엑센트 기호, 스타카토 기호 등이고 이음줄 등도 발상 기호에 해당한다.

1. 텍스트 형식 발상 기호들

    legato　　　　　레가토. 높이가 다른 2개 이상의 음을 이어서 연주
    marcato　　　　마르카토. 음 하나하나를 똑똑히 연주
    appassionato　　아파시오나토. 정열적으로
    dolce　　　　　 돌체. 우아하게
    maestoso　　　 마에스토소. 장엄하게
    espressivo　　　익스프레시보. 표정을 살려서
    lively　　　　　 급속히 빠르게

2. 심볼 형태 발상 기호들

    tenuto　　　　　테누토. 음을 제 길이로 충분히 유지하며 연주. 텍스트로 입력시 ten.
    accent　　　　　엑센트. 그 음만 특히 세게
    up-bow　　　　 업-보우. 올림활 연주
    fermata　　　　 페르마타. 그 음을 늘려서 연주. 끝세로줄 위에서는 곡의 종료를 표시.
    staccato　　　　스타카토. 그 음을 1/2 길이로 끊어서 연주
    wedge　　　　　 웻지. 스타카티시모와 동일
    staccatissimo　 스타카티시모. 스타카토보다 더 짧게 끊어서 연주
    notch staccato　노치스타카토. 음표가 아닌 음절에 강약을 주는 연주

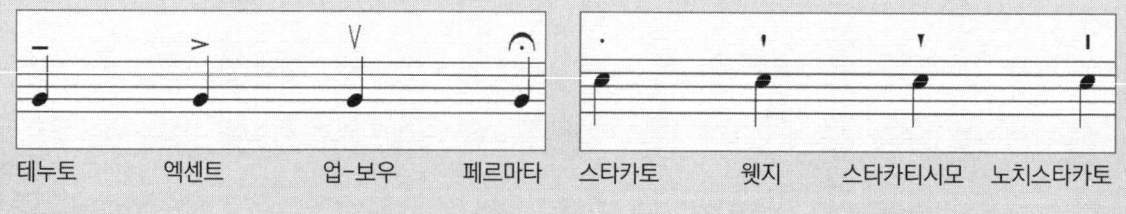

| 타브악보용어 | **기타 핑거링(Fingering) & 기타 PIMA** |

핑거링은 기타를 연주할 때의 왼손 운지법, Guitar P I M A는 오른손의 운지법을 음표나 타브 악보에 표시할 때 사용한다.

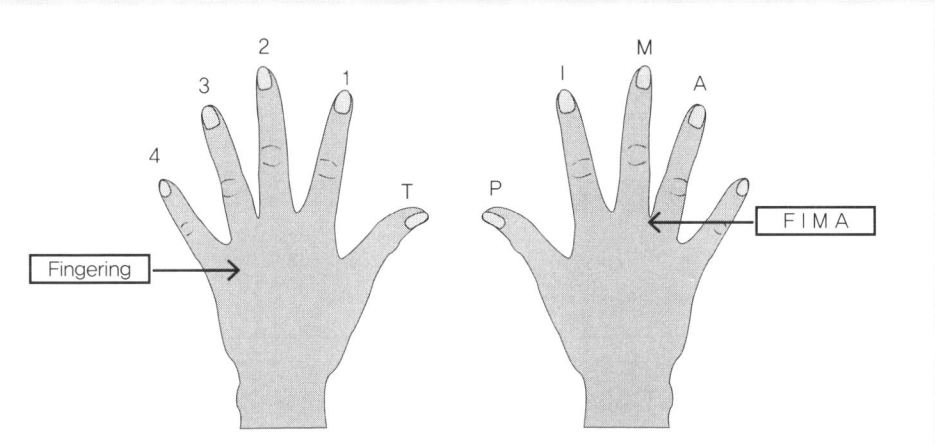

Guitar P I M A는 오른손의 손가락 위치를 말하는 것으로 다음과 같은 뜻을 가지고 있다.

P (Pulgar) = Thumb (엄지손가락)
I (Indice) = Index finger (검지손가락)
M (Medio) = Middle finger (중지손가락)
A (Anular) = ring finger (약지손가락)

작곡가는 Guitar + 타브 악보를 작성할 때 다음 예제와 같이 왼손, 오른손의 손가락 운지법에 도움을 줄 수 있다.

3. Tempo 메뉴 카테고리 (템포 마크와 l'istesso tempo 마크 사용하기)

템포 기호를 삽입하지 않은 악보에서 악보 시작 지점의 보표 상단에 곡의 템포를 알려주는 '템포 텍스트'를 삽입할 수 있다. Text -> Styles 메뉴를 실행한 뒤 Tempo 카테고리에서 원하는 표기 방법을 클릭해 사용하면 된다. 또한 보표 중간에서 템포를 변경할 목적으로 사용할 수도 있다. 예를 들면 Allegro non troppo 같은 글자를 입력하거나, ♩ = 120 같은 메트로놈 마크 등으로 곡의 템포를 지정하는데 이 경우 시벨리우스가 인식을 하여 플레이할 때 지정한 템포로 악보를 재생해 준다.

참고로, 보표에 표기된 Allegro 문자열이나 ♩ = 120 문자열은 Alt + 클릭으로 복사한 뒤 다른 마디에서 수정하여 사용할 수 있다.

1. Metric modulation 메뉴 : 흔히 l'istesso tempo 마크라고도 하며 '같은 템포로'라는 뜻이다. 보통 박자가 바뀌는 마디에서 삽입한다. 예를 들어 박자가 바뀌는 마디에서 ♩ = ♫ = ♪ 라고 입력하면 그 부분부터 점4분음표(♩.)는 4분음표(♩)와 같은 템포로 연주하라는 뜻이 된다. 또는 스윙풍의 리듬을 알려주기 위해 그림과 같이 입력할 수도 있다. 자세한 사용법은 10페이지 후에 나오는 따라하기 예제를 참고한다.

2. Metronome mark 메뉴 : 메트로놈 마크를 삽입하는 기능이다. 메트로놈 마크는 보통 원하는 마디의 첫 번째 음표에 붙이는(Attach) 방법으로 삽입한다. 반드시 '♩ = 120'과 같은 방식으로 Metronome Mark를 삽입해야 그 마디부터 템포가 변경된다. 음표, 이퀄, 숫자 사이의 간격은 반드시 띄어 써야 시벨리우스가 템포를 인식해 곡을 플레이해 준다.

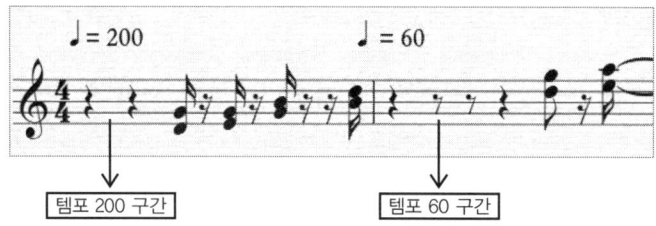

3. To coda 메뉴 : 보표에서 Coda 표시가 있는 마디로 이동해 연주하라는 코다 심볼 등을 삽입할 때 사용한다.

4. Tempo 메뉴 : 곡의 템포를 Allegro 또는 Adagio 같은 글자로 삽입해 곡의 템포를 알려준다. 필요한 경우 삽입한 글자를 Alt + 클릭으로 복사한 뒤 다른 마디에서 글자 내용을 Adagio 등으로 수정하는 방법으로 곡의 템포를 변경할 수 있다.

따라하기　곡의 템포를 조절하는 메트로놈 마크와 발상기호 사용하기

'♩ = 120' 스타일의 메트로놈 마크로 곡의 템포를 조절하는 방법과 Adagio, Allegro 글자같은 연주 속도를 지시하는 발상 기호를 입력해 곡의 템포를 조절하는 방법을 알아본다.

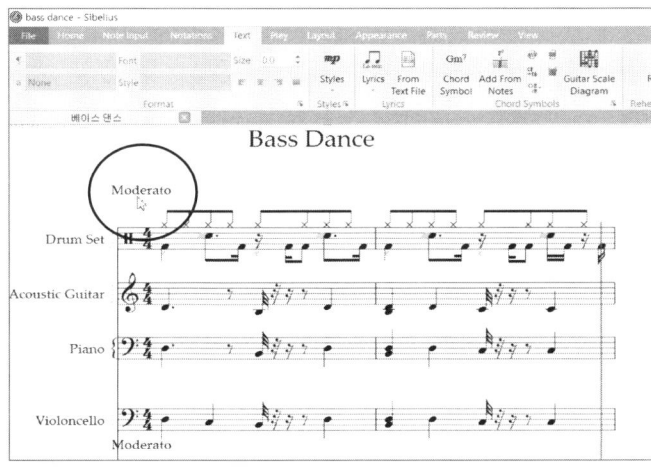

❶ 예제 'bass dance.sib' 파일을 불러온다.
악표 시작 부분을 보면 템포가 'Moderato'로 설정되어 있다. 모데라토이므로 곡의 템포는 보통 속도이다.
여기서는 'Moderato' 글자를 선택한 뒤 Del 키를 눌러 삭제한다.

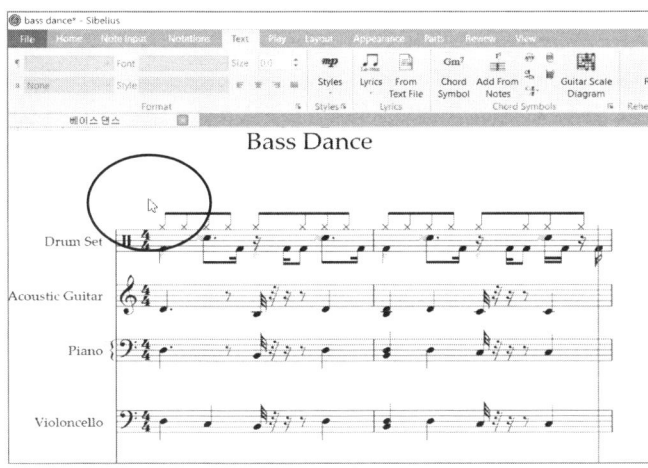

❷ 템포 텍스트가 없거나 삭제한 경우 시벨리우스는 기본 템포인 Tempo 100~120 속도로 악보를 연주한다.

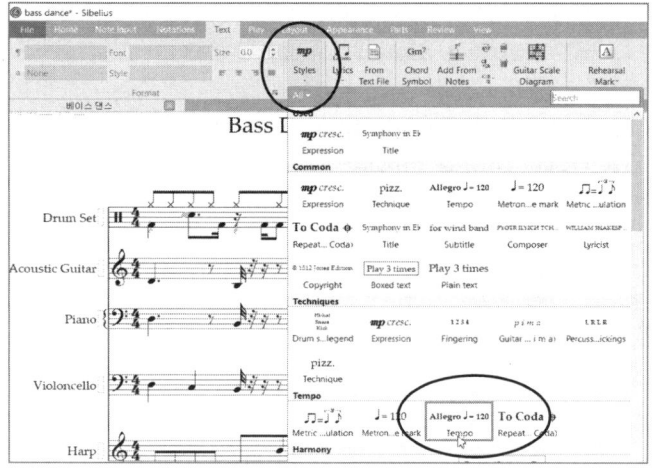

❸ 새 템포를 설정해 보자. 먼저 메트로놈 마크를 이용한 템포 설정 방법이다.
Text -> Styles 메뉴의 Tempo 카테고리에 있는 Metronome Mark 메뉴를 실행한다.

❹ 커서의 모양이 화살표 모양으로 변했다. 새 템포 텍스트를 삽입할 위치인 보표 맨 앞의 음자리표를 클릭하거나, 보표 맨 앞의 바라인, 혹은 그 상단부를 클릭한다. 이렇게 하면 해당 부분(보표 시작 부분)에서부터 새 템포를 적용할 수 있다.

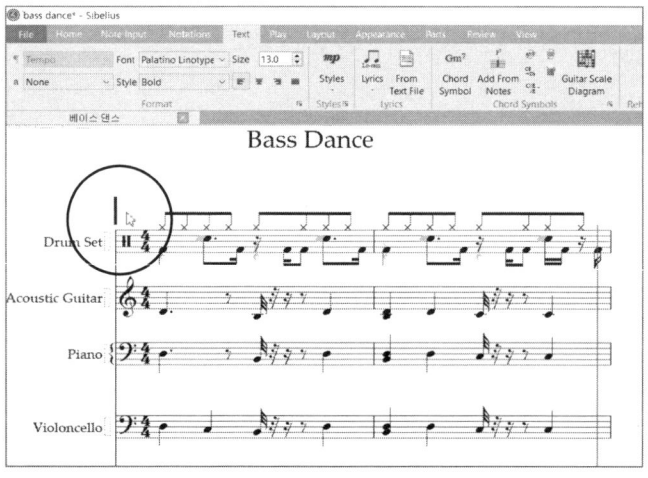

❺ 클릭한 곳에서 텍스트 입력난이 나타나면서 커서가 반짝인다. 그 부분을 마우스 오른쪽으로 클릭해 워드메뉴를 실행한다.

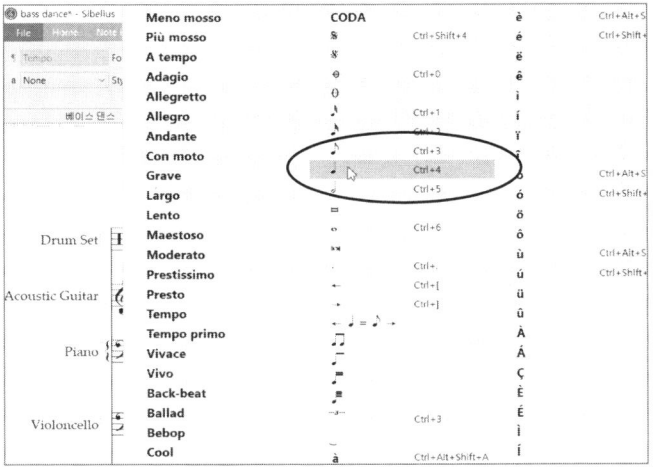

❻ 워드메뉴에서 4분음표 ♩를 선택해 적용한다.

❼ 4분음표 ♩가 입력된 모습이다.

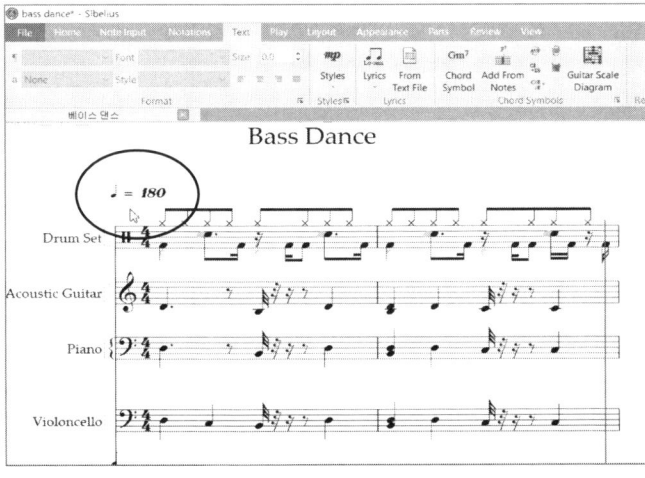

❽ 계속 이어서 입력을 하되 ♩ = 180 이라고 입력한다. 글자 사이는 한 칸씩 띄어쓰기를 하면서 입력해야 한다.

Part 8. Text 메뉴 (텍스트 메뉴) **437**

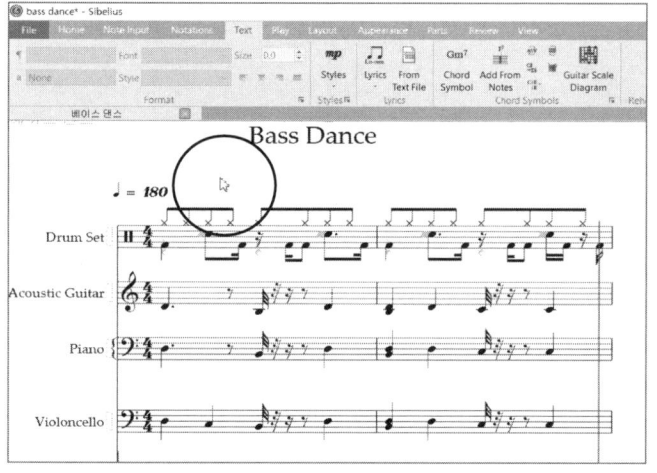

❾ 악보의 빈 곳을 클릭해 템포 텍스트 입력을 종료한다.

이제 이 악보는 시작 부분부터 템포가 '♩ = 180'으로 설정된 상태이므로 곡을 플레이하면 매우 빠른 속도로 연주될 것이다.

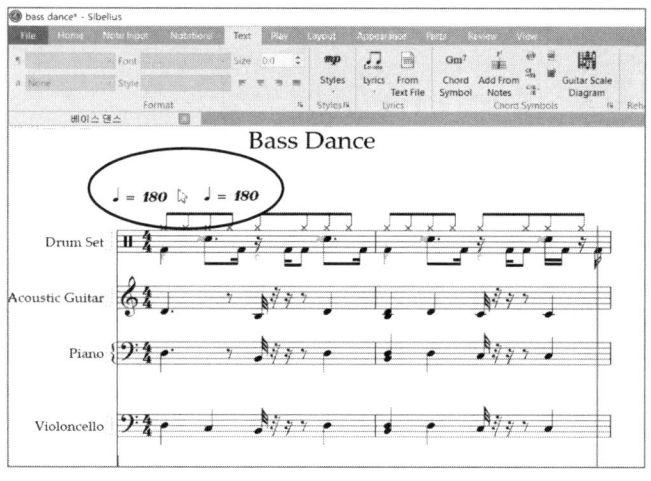

❿ 악보 중간에서 템포를 변경해보다.
'♩ = 180' 문자열을 Alt + 클릭하여 복제한다.

⓫ 복제한 '♩ = 180' 문자열을 하단 시스템보표의 시작 부분에 배치한다.

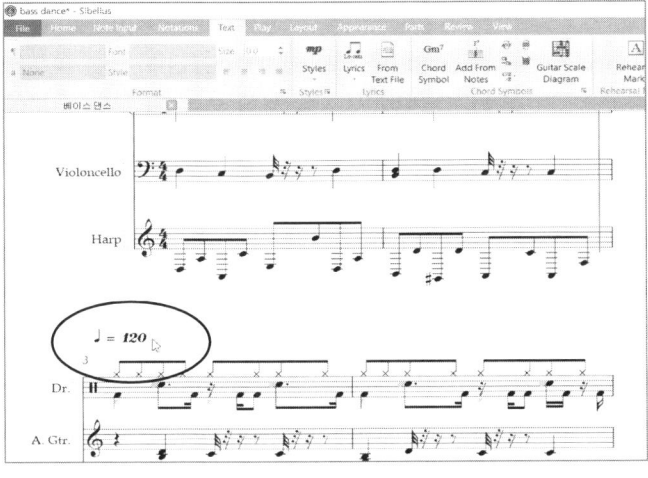

⓬ 그런 뒤 복제한 '♩ = 180' 문자열에서 숫자를 120으로 수정하면 새 템포인 120 속도가 적용될 것이다. 여기서는 숫자 수정 방식이 아닌 발상기호를 입력해 템포를 변경해본다.
방금 수정한 메트로놈 마크(♩ = 120)를 더블클릭한 뒤 글자 부분만 삭제할 수 있도록 블록으로 설정한다.

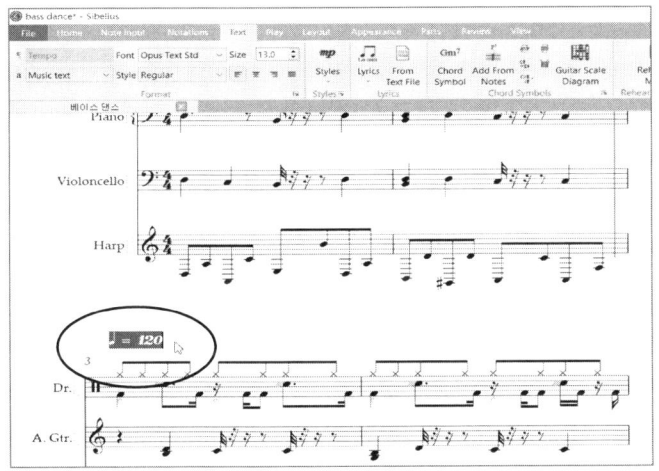

⓭ 블록으로 설정된 글자 부분을 Del 키로 삭제하거나 백스페이스 키를 눌러 삭제한다. 그럴 경우 텍스트 입력란만 남아있을 것이다.
(♩ = 180 텍스트 오브젝트를 통째로 삭제하면 워드메뉴 속성이 사라지므로 워드메뉴 속성이 살아있게 하기 위해 오브젝트 안의 글자 부분만 선택해 삭제하는 것이다.)

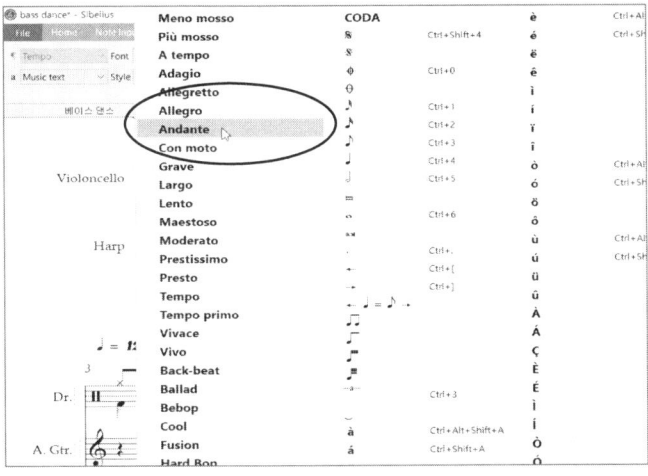

⓮ 텍스트 입력란에서 마우스 오른쪽으로 클릭한 뒤 워드메뉴에서 'Andante'를 선택해 입력한다. 또는 입력란의 커서가 깜빡일 때 컴퓨터자판으로 'Andante'라고 직접 입력해도 된다.

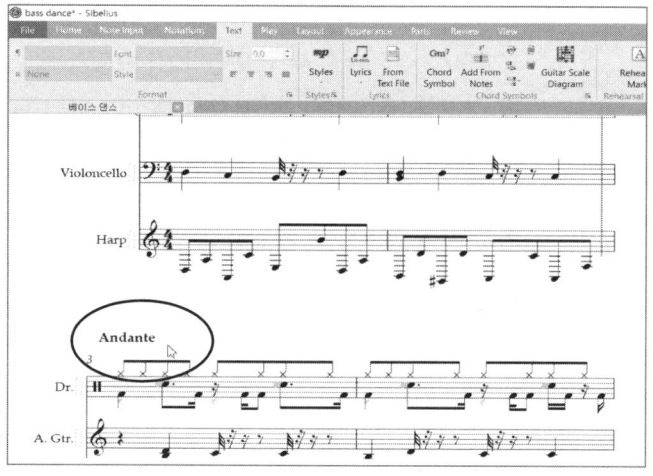

⑮ 이때 중요한 점이 있다. Andante 글자를 드래그하면 점선이 보이는데 이 점선이 원래 복사한 위치(첫 번째 시스템 시작 부분)의 음표에 붙어 있을 수 있다. Andante 글자를 드래그하여 점선을 두 번째 시스템의 시작 부분 음표로 이동시켜야 한다. 그 후 단축키 Ctrl + [을 눌러 '플레이백 라인'을 곡을 시작 부분으로 이동한다. 스페이스바를 눌러 곡을 연주해본다.

처음 2마디는 150 템포로 빠르게 연주된 후, 3번째 마디부터는 Andante 템포인 90~100 정도의 느린 템포로 연주될 것이다.

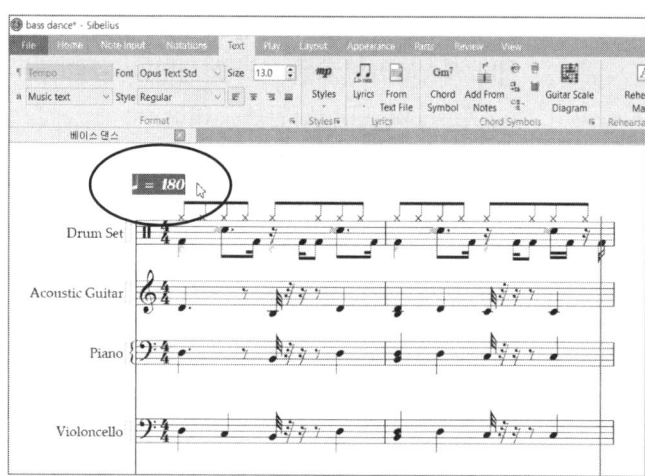

⑯ 첫 2마디의 연주 템포가 너무 빠르므로 원래 속도로 되돌려 본다.

♩ = 180 문자열의 숫자 부분만 블록으로 지정한다.

(♩ = 180 텍스트 오브젝트를 통째로 삭제하면 워드메뉴 속성이 사라지므로 워드메뉴 속성이 살아있게 하기 위해 숫자 부분만 선택해 삭제한다.)

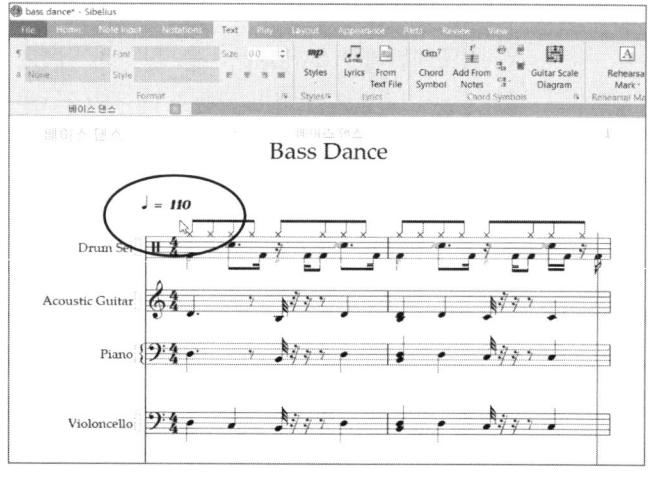

⑰ 블록으로 설정한 숫자를 110으로 수정하여 입력한다. ♩ = 110 으로 입력하면 된다.

이제 보표 중간에 110 템포를 적용해보기로 하자.

❶❽ ♩ = 110 텍스트를 Alt + 클릭으로 복제한다.

❶❾ 복제한 ♩ = 110 텍스트를 3번째 시스템보표의 상단으로 이동시킨다. 이때 텍스트에 붙어있는 점선도 함께 이동시켜야 한다.
이제 그 부분부터 템포 110이 새롭게 적용될 것이다.

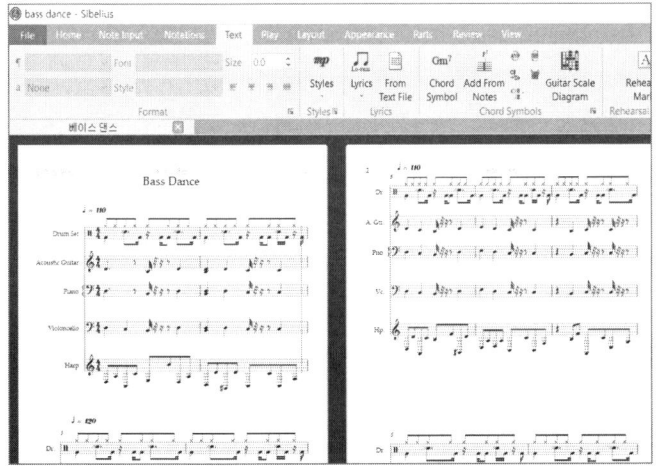

❷⓿ 곡을 처음부터 연주해본다. 첫 2마디는 템포 110으로 연주된 뒤 다음 2마디에서 Andante 템포로 연주된다. Andante 구간 2마디를 연주한 뒤에는 방금 적용한 템포 110으로 악보의 종료부분까지 연주된다.
즉 메트로놈 마크나 발상기호를 새로 입력하면 그 부분부터는 이전 템포가 무시되고 새 템포가 적용됨을 알 수 있다.

따라하기 | l'istesso tempo 기능으로 고급 템포 설정
– 박자가 바뀐 마디에서 선행 마디와 동일 템포 유지하기

♩ = ♩. 형식의 l'istesso tempo 마크를 삽입해 박자가 바뀌는 마디에서 어떤 음표를 다른 음표와 동일한 템포로 취급하는 방법에 대한 학습이다. l'istesso tempo 마크를 잘 사용하면 박자가 바뀐 마디에서도 선행 마디와 비슷한 템포를 유지할 수 있게 된다.

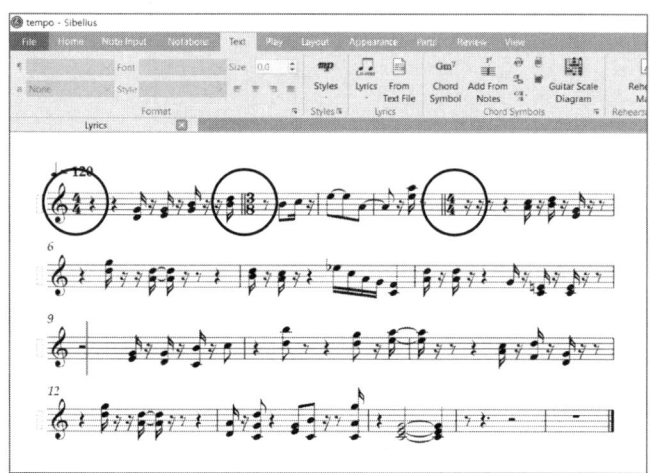

❶ 'tempo.sib' 파일을 불러온다. 그림과 같이 3개의 박자표가 삽입된 악보이다.
Ctrl + [를 눌러 곡의 시작 부분으로 '플레이백 라인'을 이동시킨 뒤 스페이스바를 눌러 곡을 연주해본다.

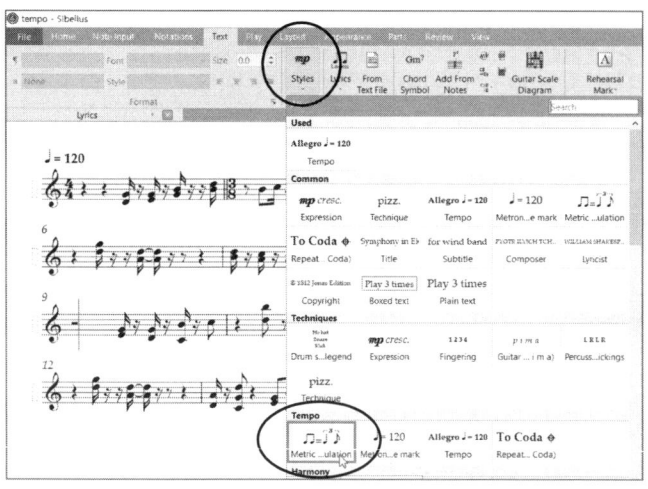

❷ Text -> Styles -> Metric modulation 메뉴를 실행한다.

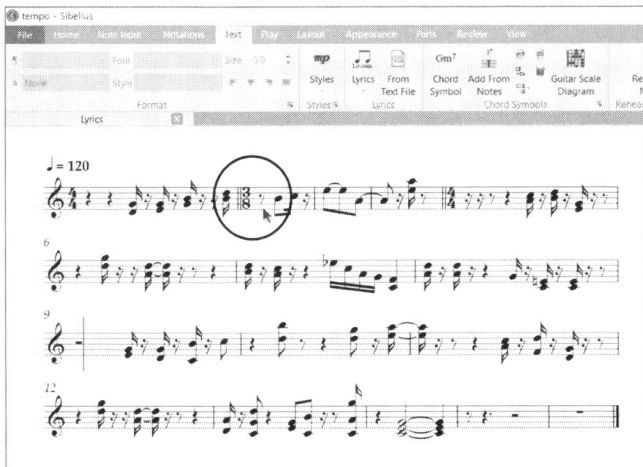

❸ 커서가 화살표 모양으로 변경되었다. 3/8박자 마디의 맨 앞에 있는 쉼표를 클릭한다.

❹ 클릭한 쉼표 상단에 텍스트를 입력할 수 있도록 반짝반짝하는 표시가 나타난다. 그 부분을 마우스 오른쪽으로 클릭해 팝업 메뉴를 실행한다.

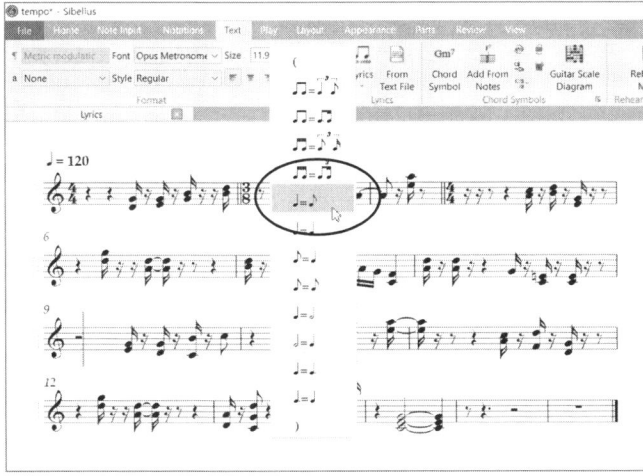

❺ 팝업 메뉴에서 ♩ = ♪ 을 선택한다..

❻ ♩ = ♪ 규칙의 l'istesso tempo 마크가 삽입되었다.

마크가 삽입된 부분부터 ♪ 음표는 ♩ 음표로 취급되므로, 8분음표(♪)는 4분음표(♩) 만큼의 길이로 연주하게 된다. 이 효력은 곡 종료지점까지 계속 이어진다.

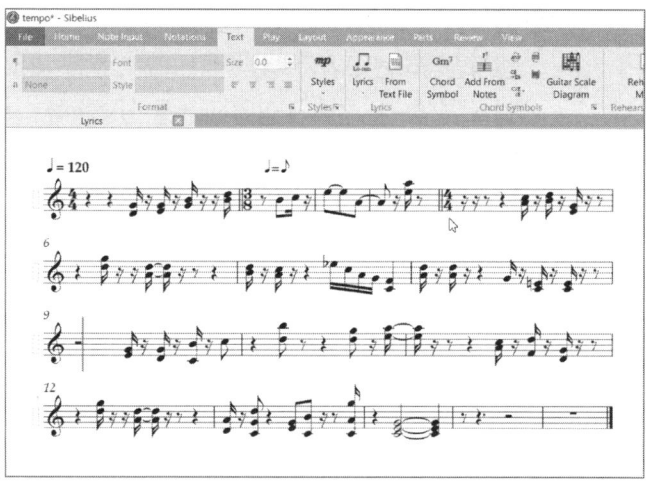

❼ Ctrl + [을 눌러 '플레이백 라인'을 곡의 맨 앞으로 이동시킨다.

스페이스 바를 눌러 곡을 연주하면 앞에서와 달리 3/8박자 구간부터 8분음표(♪)를 4분음표(♩) 길이로 연주하므로 곡의 템포가 늦어진 것을 알 수 있다.

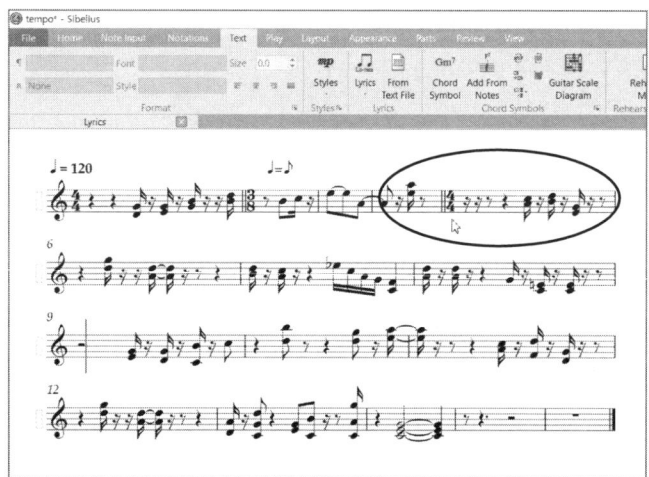

❽ 그런데 3/8박자 구간 뒤에 있는 4/4박자 구간도 ♩ = ♪ 마크의 효력 때문에 느린 템포로 연주가 되고 있다.

그렇다면 그 부분부터는 원래 템포로 되돌려 놓아야 한다. 즉 앞에서 삽입한 ♩ = ♪ 마크의 효력은 곡의 종료지점까지 발휘되기 때문에 그 효력이 필요하지 않는 마디에서는 그 효력을 강제적으로 정지시켜야 한다는 것이다.

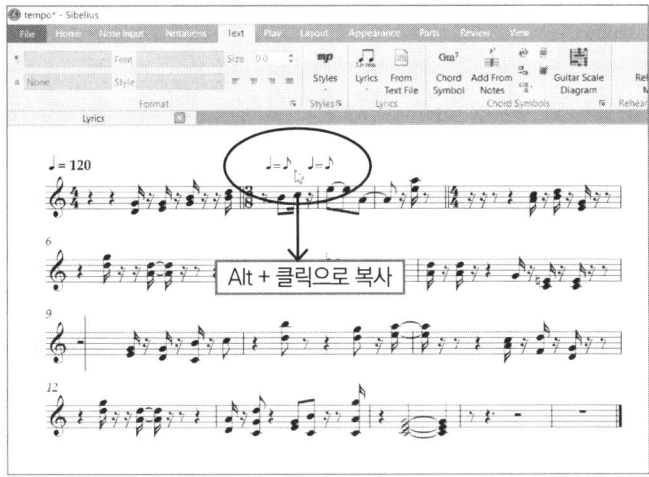

❾ 앞에서 삽입한 l'istesso tempo 마크를 클릭해 선택한 뒤, Alt + 클릭으로 복사한다.

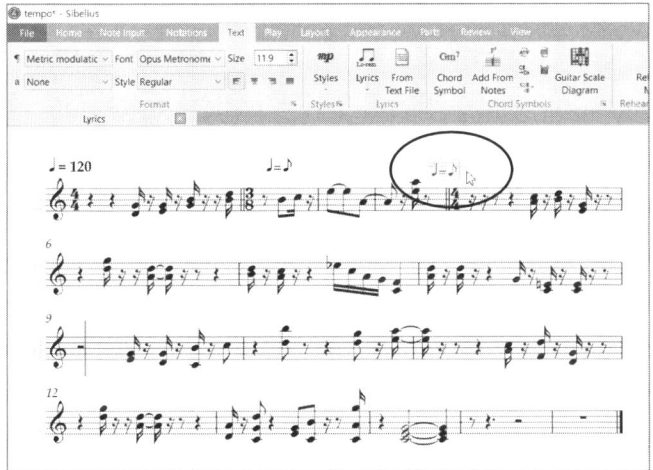

❿ 복사한 l'istesso tempo 마크를 드래그하여 3/8박자 구간의 맨 마지막 쉼표에 붙인다 (Attach).

l'istesso tempo 마크를 이동시킬 때 자세히 보면 점선화살표가 따라 다니는 것을 알 수 있다. 점선화살표를 3/8박자 구간 맨 마지막 쉼표에 붙이면, 해당 쉼표부터 다시 새로운 l'istesso tempo를 적용할 수 있을 것이다.

⓫ 이동시킨 ♩ = ♪ 마크를 더블클릭하면 수정할 수 있도록 커서가 깜빡인다. 이때 ♩ = ♪를 삭제하고, 마우스 오른쪽으로 클릭한 뒤 앞과는 정반대의 ♪ = ♩ 마크를 삽입한다.

말하자면, 3/8박자 구간 시작 부분에 ♩ = ♪를 삽입해 효력을 발생시켰으므로, 3/8박자 종료 지점엔 정반대의 ♪ = ♩ 마크를 삽입해 효력을 정지시킨 것이다.

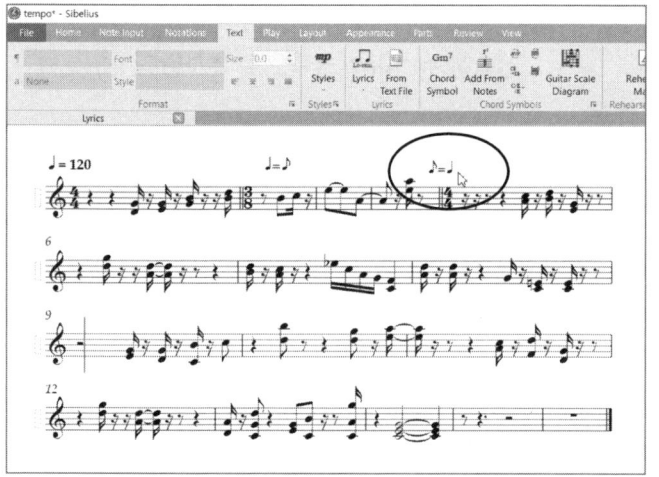

⓬ 이렇게 하면 3/8박자 구간 뒤에 이어지는 4/4박자 구간은 ♩ = ♪ 마크가 ♪ = ♩ 마크에 의해 효력을 정지당했으므로 (이 악보를 보면서 연주하는 연주자들은) 원래 음표 길이로 연주를 하게 된다.

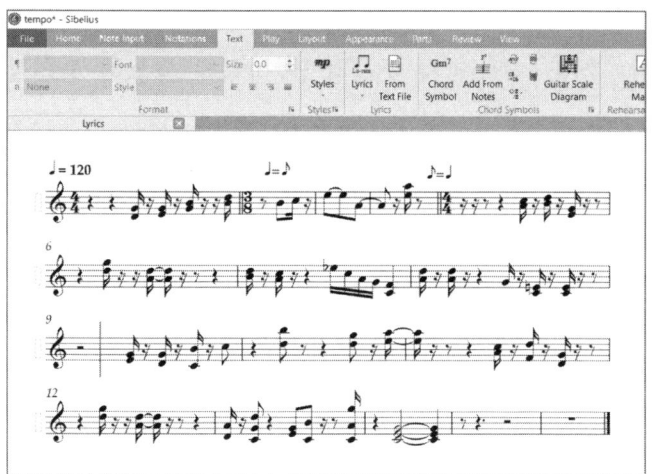

⓭ 곡을 다시 처음부터 플레이를 해본다.
시벨리우스는 악보 상에 기보된 l'istesso tempo 마크를 인식하기 때문에 인식한 대로 플레이를 해 줄 것이다.
연주자들 입장에서는, 첫 번째 4/4박자 구간은 원래 템포로 연주하는 구간이고, 두 번째 3/8박자표 구간은 박자표에 의해 템포가 변경된 구간이지만 ♩ = ♪ 마크에 의해 템포를 강제로 수정한 구간이고, 세 번째 4/4박자 구간은 ♪ = ♩ 의해 원래 템포로 돌아와 연주하는 구간이 된다.

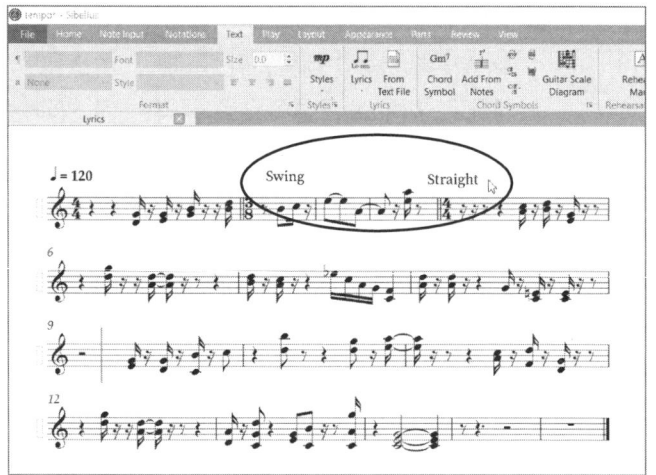

⓮ 이와 달리 악보에서 흔히 사용하는 알파벳 용어를 입력해서 곡의 템포를 조절할 수도 있다.
예를 들어 재즈 악보라면 Swing이라고 입력해 스윙 분위기를 내다가 어느 마디에서부터 원래 곡조로 돌아가려면 Straight라고 입력하면 된다. (악보에서 흔히 사용하는 텍스트 단어를 악보에 입력하면 시벨리우스에서 바로 인식되어 악보를 플레이할 때 동작한다. 예를 들어 템포 심볼의 글자를 Allegro라고 수정하면 바로 알레그로 템포로 변경된다. 주의할 점은 해당 심볼이 템포 속성이어야 한다는 점이다.)

4. Harmony 카테고리

특별한 방식의 코드 심볼을 작성하는 기능이다. 아래에서 원하는 메뉴를 클릭한 뒤 음표를 클릭하면 음표 상단에 입력란이 나타난다. 입력란을 마우스 오른쪽 버튼으로 클릭한 후 워드메뉴에서 원하는 내용을 추가하면 된다.

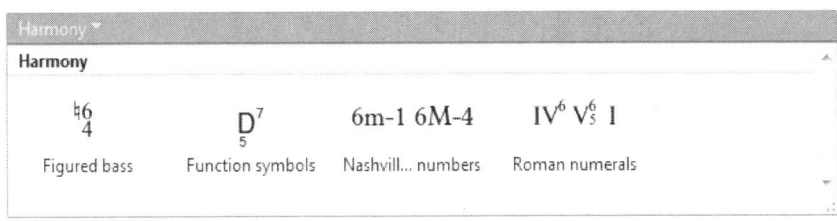

1. Figured bass 메뉴 : 베이스 악보에 즉흥적인 반주 파트를 숫자로 추가하여 연주하는 것을 Figured bass(통주저음)이라고 한다. 이 메뉴는 통주저음 방식의 코드(Chord)를 숫자나 기호로 입력할 때 사용한다.

   통주저음은 바로크 시대에 유행했던 반주 습관의 하나로서 저음파트 담당자가 왼손으로 저음(베이스)만 연주하는 것이 아니라, 고음파트의 화음이나 리듬을 빌려와 저음악보에 숫자 형식으로 붙인 뒤, 저음파트에 붙인 숫자를 보면서 놀고 있는 오른손으로 반주 삼아 함께 연주한 것을 말한다. 이를 통주저음이라고 하며, Figured bass 메뉴는 통주저음 악보를 만들 때 필요한 숫자나 기호를 입력할 때 사용하는 기능이다. 통주저음 악보의 원리를 아는 사람이라면 아래와 같이 붙일 수 있을 것이다.

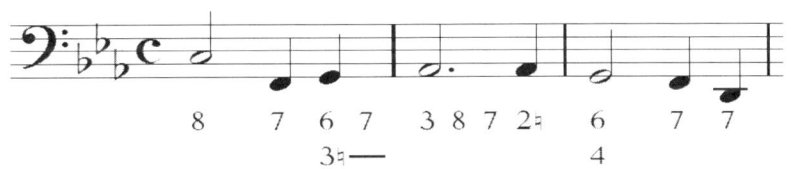

Figured bass 입력 예제

2. Function Symbols 메뉴 : 화음의 구조를 설명할 때 사용하는 Function Symbols을 입력할 수 있다. 후고 리만(Hugo Riemann)이 19세기경 개발한 기호를 사용해 화음의 조화 구조를 설명할 목적으로 입력한다. 기호가 뜻하는 것은 다음과 같다.
   - Tonic(T, 토닉) : 으뜸음, 조의 중심이 되는 음으로 보통 그 조의 첫 음이 으뜸음이다.
   - Dominant(D 또는 G, 도미넌트) : 딸림음, 으뜸음의 5도 위의 음. 그 조에서 으뜸음 다음으로 중요한 음이다.
   - Subdominant(S, 서브도미넌트) : 버금딸림음, 으뜸음의 5도 아래의 음. 딸림음 다음으로 중요한 음이다.

그 외 Dominant of the Dominant를 뜻하는 DD, Subdominant of the Subdominant를 뜻하는 SS 등이 있다. 다음과 같이 화음의 구조를 설명할 수 있다.

Function Symbols 입력 예제

3. Nashville Chord numbers 메뉴 : 코드(Chord)를 내쉬빌 코드 번호 방식으로 작성할 수 있다. Roman Numerals 코드와 Figured bass 코드의 장점을 혼합한 방식이라 할 수 있다. 대부분 번호를 사용해 표기하기 때문에 음악 초보자들이 더 알아보기 쉽지만 공식적인 코드 작성법으로 인정받지 않고 있다. 주로 재즈 음악의 기타 코드 작성에 사용하는 경우가 많다. 참고로, Text -> Plug-ins -> Nashville Chord Numbers 메뉴를 사용하면 일반 코드 심볼을 손쉽게 내쉬빌 코드 심볼로 전환할 수 있다.

4. Roman Numerals 메뉴 : 코드(Chord)를 로마식 숫자를 사용해 입력한다.

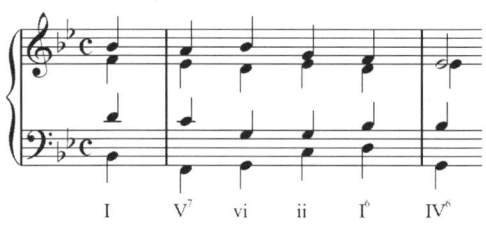

Roman Numerals 입력 예제

5. General 카테고리

악보에 박스형 텍스트나, 박스가 없는 텍스트를 입력할 때 사용한다. 아래에서 목적에 맞는 메뉴를 선택한 뒤 텍스트를 입력하면 된다.

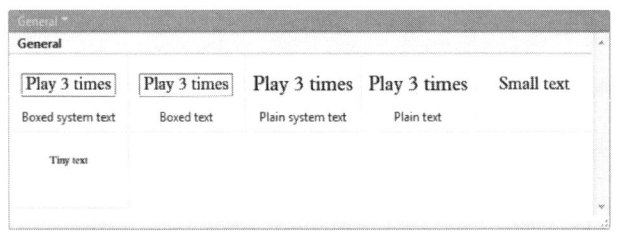

박스가 있는 텍스트는 일반적으로 악기 교체 지점에 사용하거나 특별한 주법을 표기하고자 할 때 사용한다.
박스가 없는(Plain) 텍스트는 악보상에 일반 여러 가지 정보(연주 테크닉 등)를 입력할 때 사용한다.

6. Catalog information 카테고리

Catalog Information 카테고리는 악보의 제목, 작곡가 이름, 작사가 이름, 저작권 정보 등을 악보에 입력하는 기능으로 구성되어 있다.

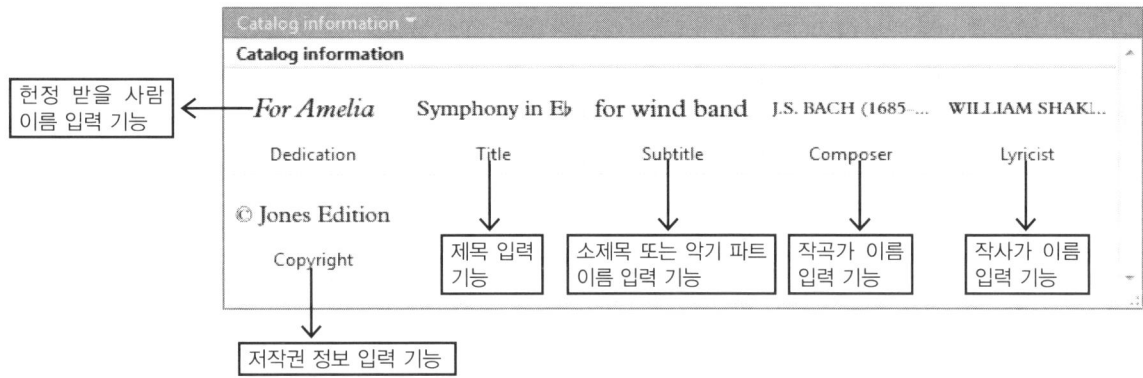

다음 예제는 위의 입력 기능을 사용해 악보에 기보한 모습이다.

7. Title and blank page 카테고리

악보의 표지 또는 빈 페이지에 텍스트를 입력할 때 사용한다. 즉 이 기능을 사용하려면 먼저 Layout -> Document Setup -> Title Page 메뉴로 빈 페이지를 만들어야 한다. 빈 페이지는 악보 앞에 삽입되고, 설정에 따라 여러 장의 빈 페이지를 동시에 만들 수 있다.

아래에서 원하는 메뉴를 클릭한 뒤 빈 페이지를 클릭하면 해당 내용을 입력할 수 있는 상태가 된다.

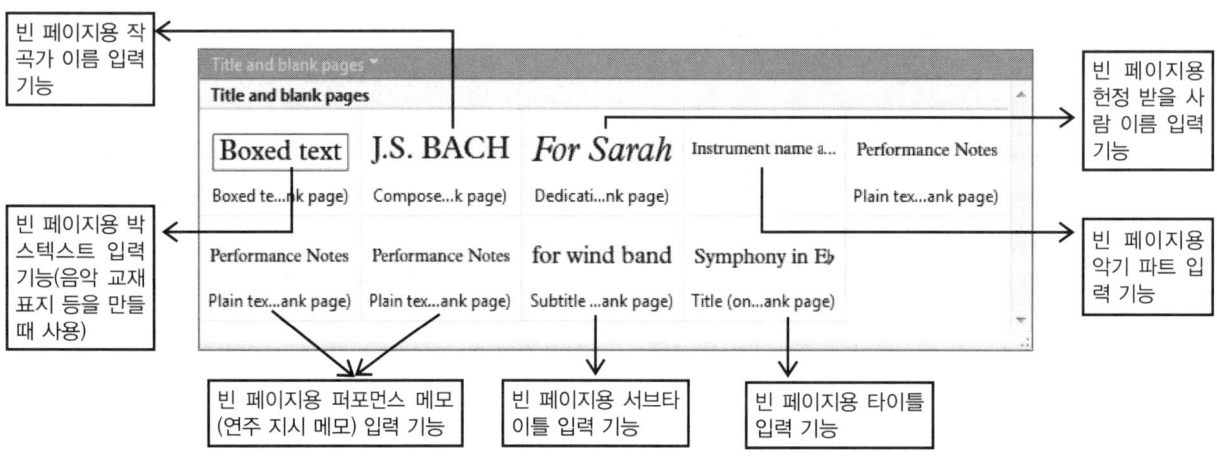

8. Headers and footers 메뉴

악보에 머리말, 꼬리말, 주석 등을 삽입할 수 있다.

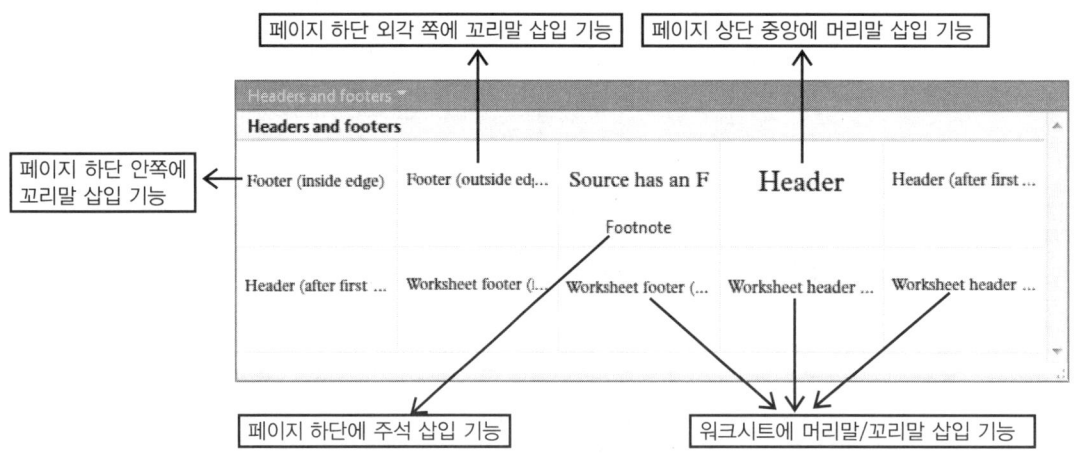

Header(after first page) 메뉴는 Header와 같은 용도이지만 페이지의 상단 모서리에 삽입된다. 1페이지에서는 Hide(감추어진) 상태로 삽입되고, 2페이지에서부터 화면에 노출된다.

워크시트는 학생들의 음악 교재용으로 사용하는 1~2페이지 분량의 음악교재나 음악시험지를 말한다. 워크시트는 File -> Teaching 메뉴에서 여러 가지 스타일로 만들 수 있다.

9. Chord symbols(Special) 메뉴

옛 방식의 코드 심볼을 입력할 때 사용한다. 자세한 사용법은 Text -> Chord Symbols 메뉴를 참고한다.

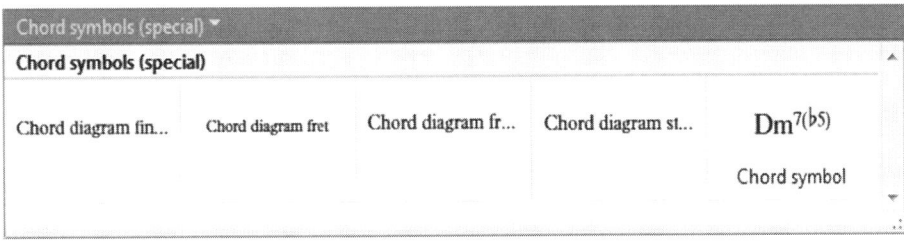

10. Instrument names (special) 메뉴

사용 중인 악기를 표기하거나 악기 변경 위치를 표기할 때 사용한다.

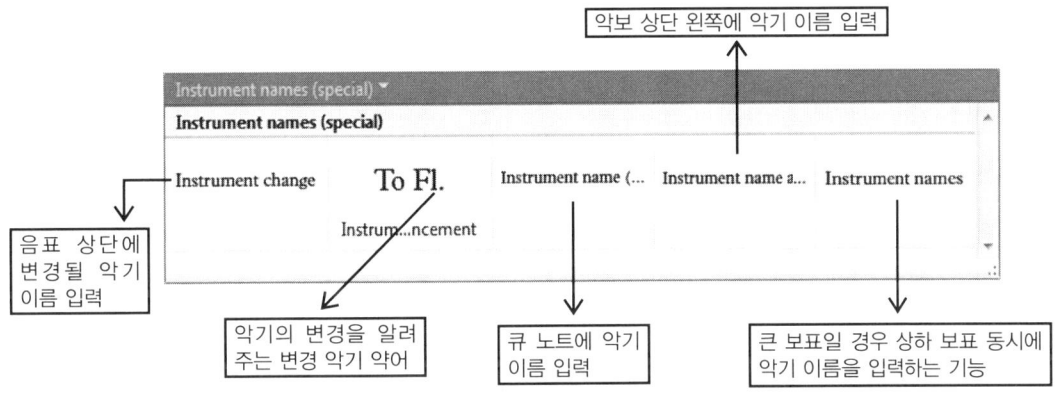

다음은 위의 기능을 사용해 사용 중인 악기를 표기한 모습이다.

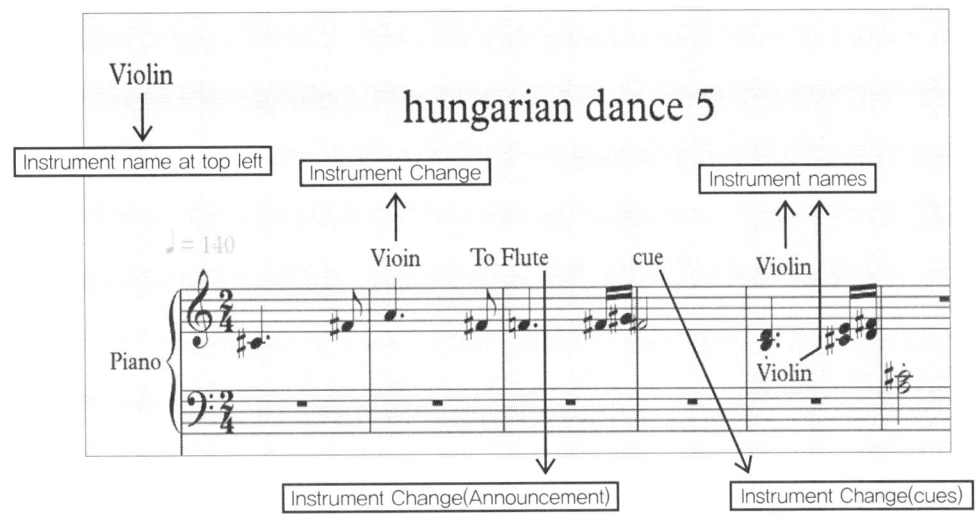

11. Time signatures (special) 메뉴

대형 박자표 같은 다양한 크기의 박자표를 입력할 수 있다. 아래에서 원하는 메뉴를 선택한 뒤 보표에서 음표를 클릭하면 입력할 수 있는 상태가 된다.

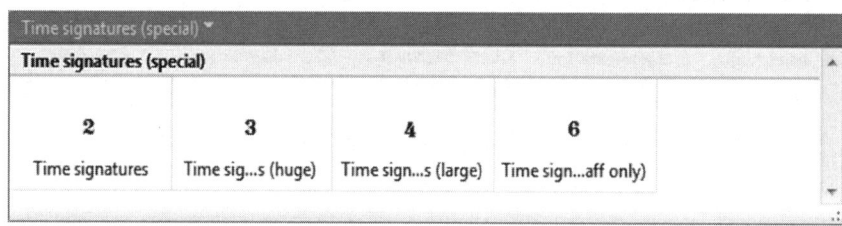

다음은 Huge, Large 등의 Time signature(박자표)를 입력한 모습이다.

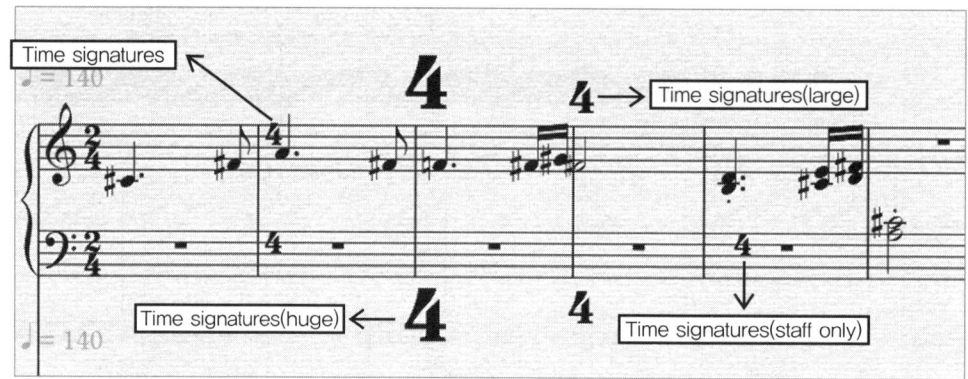

12. Timecord (special) 메뉴

클릭한 부분에 여러 가지 스타일의 타임코드 심볼을 입력할 수 있다.

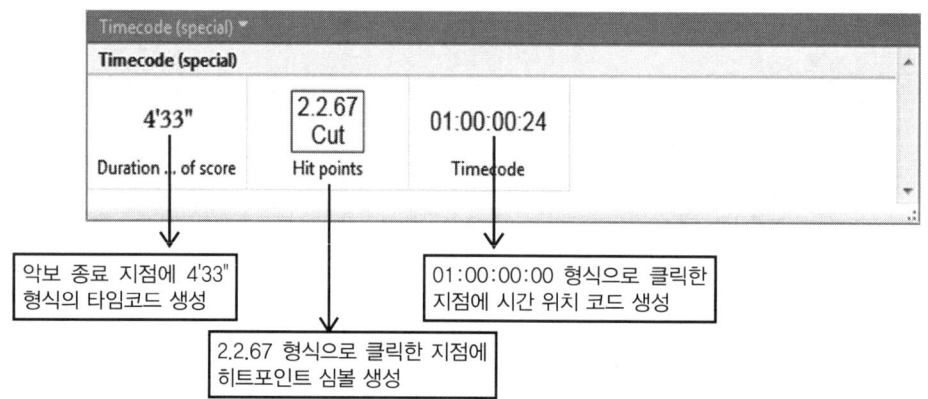

13. Numbers 메뉴

음표, 마디, 보표에 각종 번호나 숫자를 수작업으로 입력할 때 사용한다.

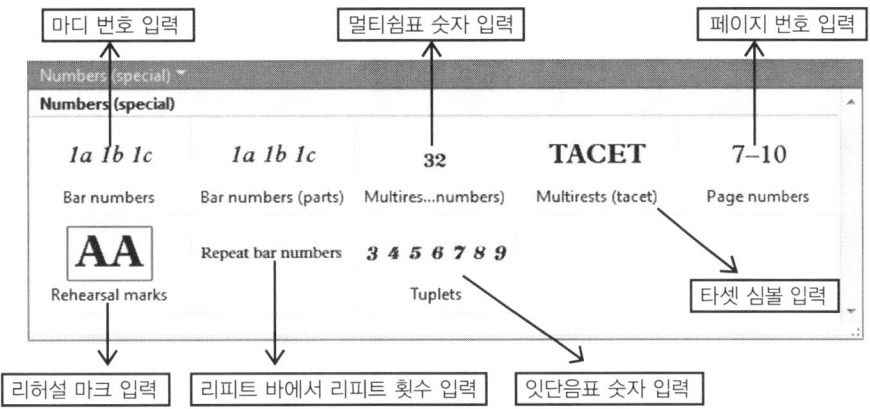

14. Symbols 메뉴

각종 심볼에서 볼 수 있는 여러 가지 구성 요소의 일부분을 입력할 수 있다. 아래에서 원하는 메뉴를 클릭한 뒤 보표에서 음표를 클릭하고 컴퓨터 자판으로 입력한다.

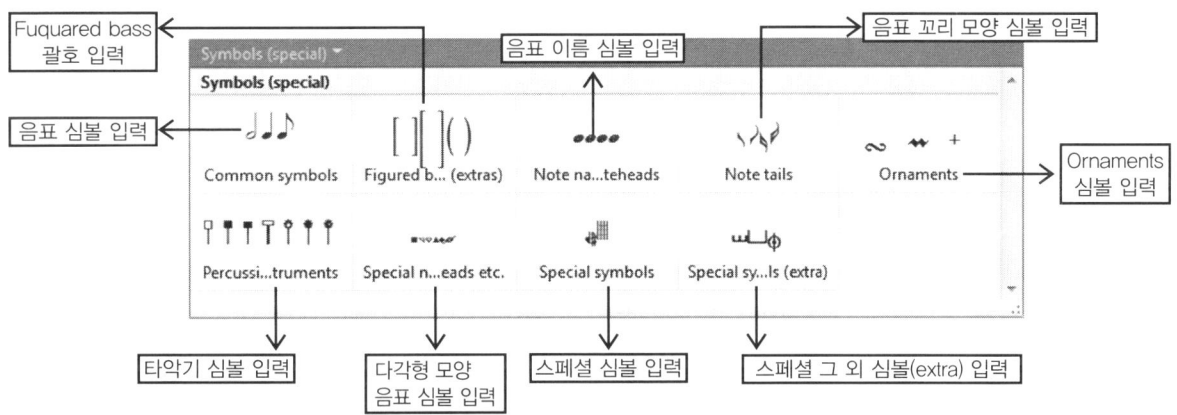

15. Text (special) 메뉴

특별한 형태의 메시지를 입력하는 기능이다. 아래에서 원하는 메뉴를 클릭한 뒤 음표를 클릭해 내용을 입력하면 된다.

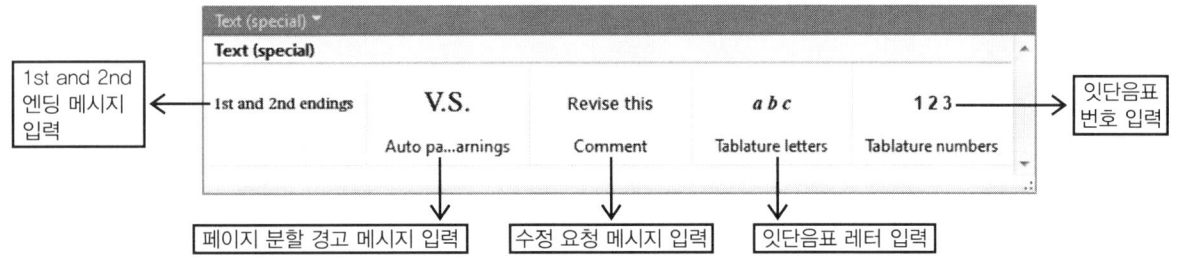

Text -> Lyrics 메뉴 (노래 가사의 입력)

노래 가사를 작성하는 기능이다. 여러 가지 방법으로 작성할 수 있다. 가사 내용이 길 경우에는 텍스트 파일로 작성한 뒤 삽입할 수도 있다.

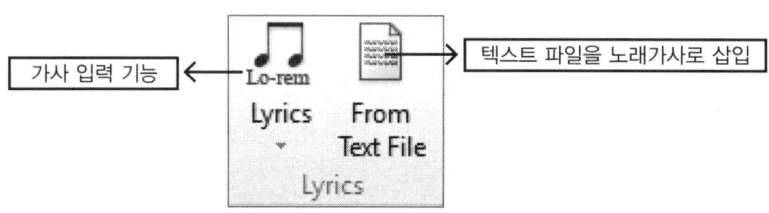

01 Lyrics 메뉴 (Ctrl + L, 가사 입력하기)

노래 가사를 8가지 방식으로 입력할 수 있다. 8개의 하위 메뉴에서 원하는 메뉴를 실행한 뒤 음표를 클릭하면 그 부분부터 입력이 된다. 노래가사를 입력할 때는 글자와 글자 사이를 스페이스바를 눌러 띄어쓰기를 해야 음표에 맞게 정렬된다.

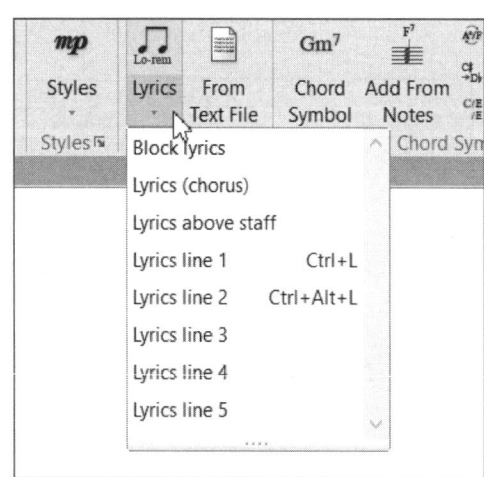

1. Block lyrics 메뉴

큰 박스를 만든 뒤 노래가사를 자유 방식으로 입력할 수 있다.

메뉴를 실행한 뒤 보표를 클릭하면 자동으로 악보 크기와 똑같은 큰 박스가 생성된다. 워드프로세서 사용하듯 박스 안에서 노래가사를 입력한다. 입력을 완료한 뒤에는 박스를 이동시켜 음표와 줄을 맞추면 된다.

2. Lyrics (Chorus) 메뉴

합창 가사를 입력할 때 사용한다. 합창 가사는 기본적으로 이탤릭체로 입력된다.

3. Lylics above staff 메뉴

보표 하단이 아닌 보표 상단에 노래 가사를 입력하는 기능이다.

4. Lyrics line 1, 2, 3, 4, 5 메뉴 (1~5절 메뉴)

노래가사를 입력할 때 절을 달리해 입력하는 기능이다. Lyrics Line 1은 1절에 해당하는 가사를, Lyrics Line 2는 2절에 해당하는 가사를 입력하는 방식이다.

따라하기 악보에서 노래 가사 입력하기

어떤 노래 가사를 입력한 뒤 글꼴 크기, 글꼴 모양, 글꼴 색상을 편집하는 방법을 알아본다. 입력한 가사에서 편집할 수 있는 요소는 글꼴 변경, 크기 변경, 색상 변경, 글꼴 스타일 변경 등이 있다.

❶ 예제 'ga.sib' 파일을 불러온다.

❷ Text -> Lyrics -> Lyrics Line 1 메뉴를 실행한다. 1절 가사를 입력할 수 있다.
만일 2절 가사를 입력하려면 Lyrics Line 2 메뉴를 선택하면 된다.

❸ 커서가 파란색 화살표로 바뀌면, 노래 가사가 시작될 부분에 있는 음표를 클릭한다.
여기서는 피아노 보표의 시작 부분에 있는 첫 번째 음표를 클릭했다.

❹ 음표 밑에 나타나는 입력난에 바로 가사를 입력하지 않고 Text -> Font 메뉴에서 글꼴을 '굴림'체로 설정한다.

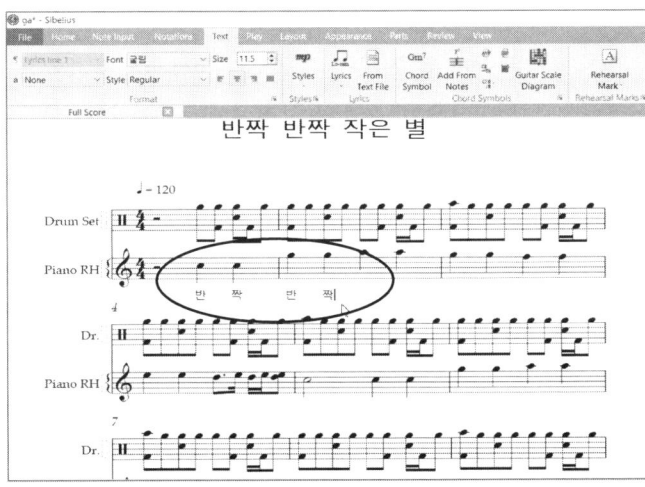

❺ '반짝반짝'이라는 글자를 입력한다. 이때 글자와 글자 사이는 스페이스바를 눌러 띄어쓰기를 해야 입력하는 글자가 음표와 똑같은 간격으로 자동 정렬된다.

Part 8. Text 메뉴 (텍스트 메뉴) **457**

❻ 가사를 계속 입력해 간다. 빔음표처럼 여러 음표가 있는 부분에서 글자를 한 자 입력한 뒤 이어지는 음표 밑에 가사를 입력하지 않고 띄어 쓰려면 그 부분에 하이픈을 삽입해 건너 띄어야 한다. 이때 스페이스바를 누르면 건너 띄우는 음표 부분에 자동으로 하이픈이 삽입된다.

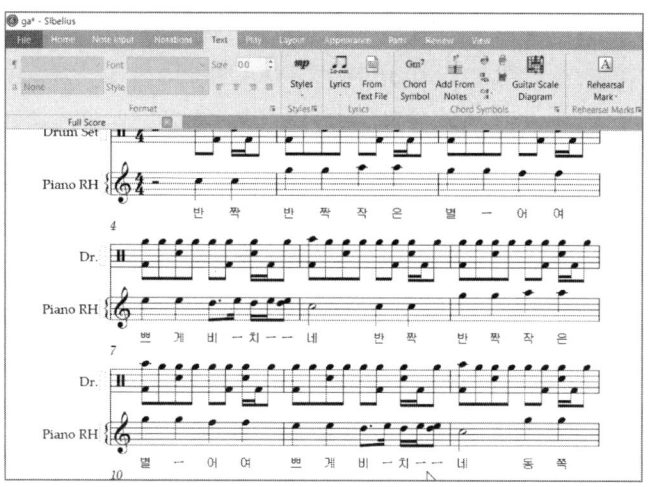

❼ 곡의 종료 지점까지 가사를 입력해 본다.

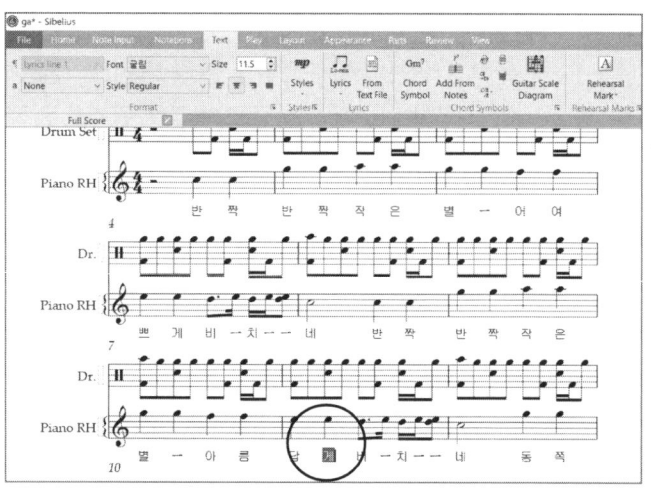

❽ 오타 글자는 그 부분을 더블클릭해 편집 상태로 전환한 뒤 블록으로 지정하고 삭제한 뒤 글자를 재입력해야 한다. 글자의 수정은 한 글자 단위로만 할 수 있다.
마우스로 글자를 클릭하면 글자만 파란색으로 변하면서 선택되는데, 이때 드래그하면 해당 글자를 다른 위치로 이동시킬 수도 있다.

❾ 만일 글자를 바(마디) 단위로 선택하고 싶다면 해당 마디를 클릭해 선택하면 된다. 해당 마디에 있는 가사들의 색상이 파란색으로 변하면서 선택된다.

마디를 선택하면 그 마디에 삽입되어 있는 노래 가사를 함께 선택할 수 있고, 보표 전체를 선택하면 해당 보표에 삽입된 모든 가사를 함께 선택할 수 있다.

❿ 선택한 구간의 가사는 글꼴을 바꾸거나 글자 크기를 변경할 수 있다.

옆 그림은 Text -> Font 메뉴에서 글꼴을 '궁서'체로 변경한 모습이다.

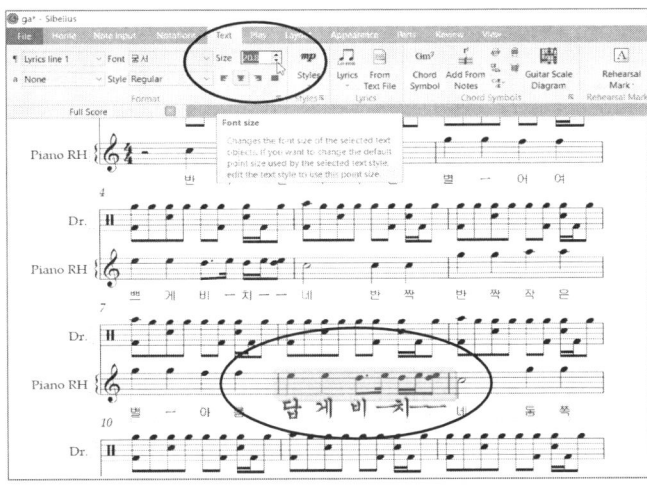

⓫ 글자 크기를 변경하려면 Text -> Size 메뉴에서 글자 크기를 변경하면 된다.

Part 8. Text 메뉴 (텍스트 메뉴) **459**

⓬ 만일 마디는 선택하지 않고 글자열만 선택하려면 그림처럼 Ctrl + 클릭으로 선택할 글자를 계속 클릭해가면 된다.

또는 한 글자만 선택한 뒤 Home -> Select -> Select More 버튼을 누르면 선택된 글자와 같은 열에 있는 글자들을 전부 선택 상태로 만들 수 있다.

⓭ 선택한 글자열은 앞의 방법과 마찬가지로 글꼴 종류 및 크기를 변경할 수 있다. 글자 색상을 바꾸려면 마우스 오른쪽으로 클릭한 뒤 단축메뉴에서 Color 메뉴를 실행한다.

옆 그림은 4개 글자를 선택한 뒤 글꼴 크기와 색상을 변경한 모습이다.

⓮ 글자들을 복사하여 다른 음표에 붙이려면 먼저 Ctrl + 클릭으로 글자들을 선택한다. 선택한 글자들을 Ctrl +C로 복사한 뒤, 붙여 넣을 위치에서 첫 번째 음표를 마우스로 클릭하여 선택한다. Ctrl + V를 누르면 그 음표에서부터 글자들이 음표 간격에 맞게 붙여진다. 해당 위치에 기존 가사가 있을 경우 그 위에 붙여진다.

겹쳐진 글자는 하나씩 선택한 뒤 Del 키를 눌러 삭제한다.

02 Lyrics -> From Text File 메뉴 (외부 텍스트 파일을 가사로 가져오기)

시벨리우스는 텍스트(txt) 형식의 파일을 가사로 사용할 수 있다. txt 파일은 윈도우 메모장으로 작성할 수 있다. 한글가사는 txt 파일로 삽입할 경우 음표 간격에 맞게 정렬하는 작업이 완전히 불가능하므로 불어온 txt 파일을 모두 삭제하고 재입력하는 경우가 많다. 따라서 From Text File 메뉴는 영문, 독어, 불어로 작성한 txt 파일을 가져 올 때 사용하길 권장한다.

1. 가사를 txt 파일로 작성 할 때는 음표 개수와 엇비슷한 글자 수로 작성해야 나중에 정렬하는 것이 용이하다.
2. 각각의 단어나 낱말들은 띄어쓰기를 할 수 있다. 띄어 쓴 간격은 나중에 음표와 음표 사이의 간격으로 자동 인식된다.
3. 만일 음표 개수와 txt 파일로 작성한 글자 개수가 현저하게 차이가 있다면, 나중에 악보에서 정렬하는 작업이 거의 불가능하다. 그러므로 가사를 작성할 때는 음표 전체 개수에 얼추 맞도록 단어를 분절시키거나, 띄어쓰기를 하여 작성하는 것이 좋다.

지금부터 From Text File 메뉴를 사용해 txt 파일로 작성한 노래 가사를 삽입해 보자.

노래 가사가 삽입될 마디나 보표를 선택한다. 여기서는 마디를 3회 연속으로 클릭하여 모든 보표를 선택하였다.

예제 파일의 경우 상단 보표는 드럼 보표이므로 선택하지 않고, 하단 피아노 보표를 3회 연속 클릭해 피아노 보표 전체를 선택하면 된다.

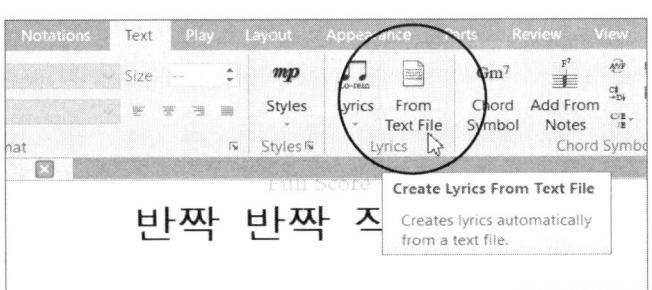

Text -> From Text File 메뉴를 실행한다.

메뉴를 실행하면 아래 대화상자가 실행된다. 그림과 같이 모든 옵션에 체크된 상태에서 사용한다.

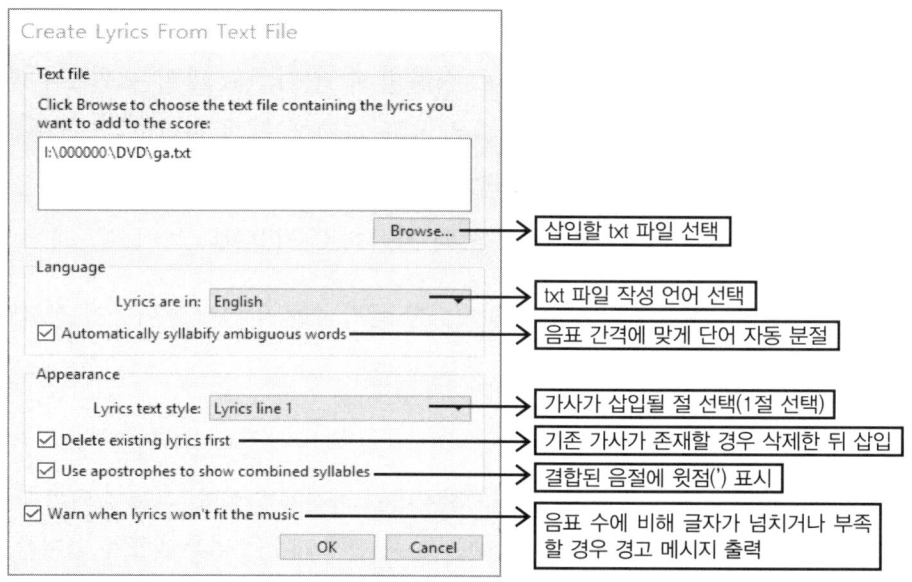

다음은 윈도우 메모장에서 가사를 작성한 뒤 txt 파일로 저장한 후, 이 text 파일을 From Text File 메뉴로 악보창에 삽입한 모습이다.

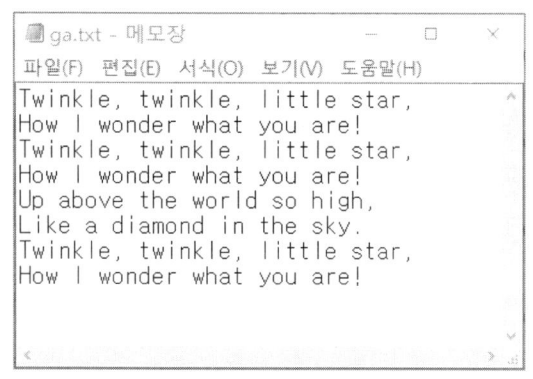

메모장에서 가사를 작성한 모습

텍스트 파일을 가사로 삽입한 모습

삽입한 가사는 해당 악보의 노래 가사임에도 불구하고, 보표 길이에 비해 글자 수가 많이 부족한 편이다. (위 그림을 보면 알 수 있듯 피아노 보표 하단 2줄에서 글자 수가 부족하다.)

그 이유는 빔음표 같은 음표들이 낱말이나 음절들을 하나씩 차지하고 있기 때문이다. 이 경우 글자 혹은 음절을 선택해 음표에 맞게 이동시켜야 하는데 그럴 경우 시간이 많이 걸리는 힘든 작업이 되므로 한 가지 트릭을 발휘해 본다.

앞의 노래 가사를 Txt 파일로 작성할 때 아예 음표 간격과 비슷한 간격이 되도록 악보에서 한 음절로 취급되는 - 표시를 글자에 넣어 작성하였다. 이때 스페이스바로 띄어쓰기를 여러 칸 하면서 인위적인 간격을 만들 수도 있지만 시벨리우스는 띄어쓰기를 한 공간을 무조건 1칸으로 인식하기 때문에 글자 사이의 띄어쓰기를 여러 칸 할 필요는 없다. 글자 사이의 있는 하이픈 역시 여러 개 입력해도 시벨리우스는 하나의 하이픈만 인식한다.

대략 아래와 같이 하이픈을 넣어서 작성하면 된다.

> Twinkle, twinkle, little star-, How I wonder what you are!
> Twinkle, twinkle, little star-, How I wonder what you are!
> Up above the world so high-, Like a diamond in the sky-.
> Twinkle, twinkle, little star-, How I wonder what you are-!

위와 같이 작성한 txt 파일을 From Text File 메뉴로 다시 삽입한 모습이다. 앞과 달리 글자의 배치가 조금 더 길어졌지만 역시 피아노보표 제일 하단 한 줄에서 글자 수가 부족하다.

따라서 글자들을 이동하거나 오려내어 붙이기 등을 하면서 음표 아래에 정확하게 배치되도록 수정작업을 추가로 해야만 한다.

따라하기 | Block lyrics 메뉴로 노래가사 붙여 넣기

시벨리우스에서의 한글 노래가사 입력은 정말 까다로운 작업이지만 그렇다고 해결책이 없는 것은 아닙니다. Block lyrics 메뉴로 박스를 만든 뒤 박스 안에 가사를 통째로 붙여 넣는 방법이다. 이 기법은 특히 한글 노래가사를 txt 파일로 작성한 뒤 신속하게 악보에 삽입할 때 매우 유용하다.

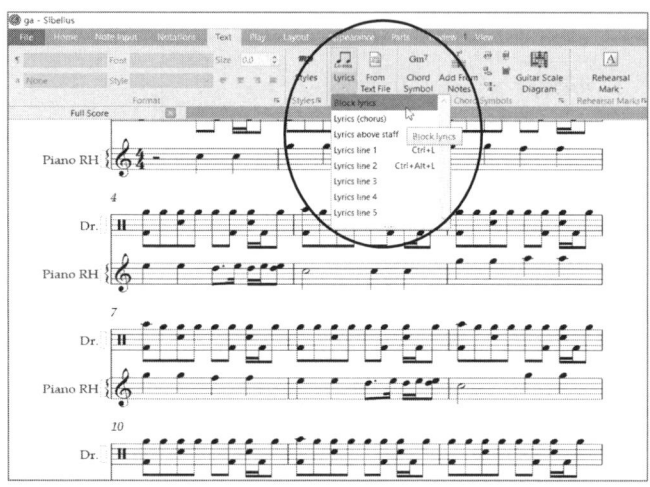

❶ 예제 'Ga.sib' 파일을 불러온다.
Text -〉 Lyrics -〉 Block lylics 메뉴를 실행한다.

❷ 화면의 빈 곳을 클릭하면 악보 크기의 박스가 자동으로 만들어진다. 박스 안에 텍스트를 직접 입력하거나, 다른 텍스트를 붙여 넣을 수 있다.

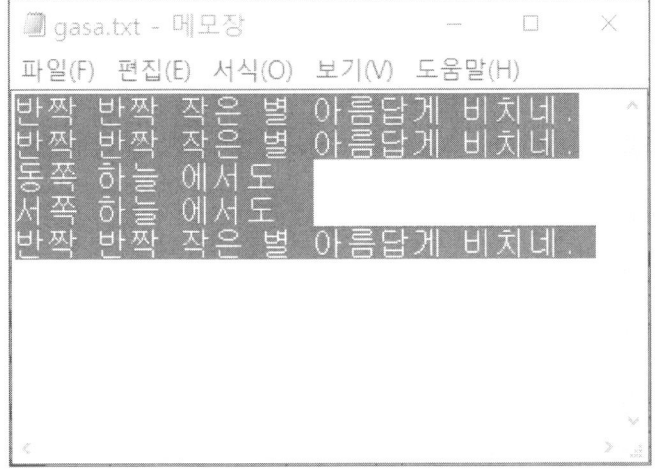

❸ 여기서는 txt 파일로 작성한 노래가사를 붙여 넣어보자.
DVD 부록의 'gasa.txt' 파일을 더블클릭하면 메모장이 실행된다.
메모장에서 노래가사를 블록으로 설정한 뒤 Ctrl + C로 복사한다.

❹ 시벨리우스에서 박스 안을 클릭한 뒤 Ctrl + V로 붙여 넣는다.
보표 위치에 맞게 박스를 이동시킨 후 박스 테두리의 핸들을 드래그하여 보표 전체 크기에 맞게 박스 크기를 조절한다.

❺ 박스 안 글자들을 음표 간격에 맞게 글자 간격을 조절해 준다.
간단하게 노래 가사가 있는 악보를 만들 수 있음을 알 수 있다.

참고 | 노래 가사를 입력할 때의 영문단어 분절 원칙

Note Input -> Input Note -> Triplets -> Other 메뉴는 대화상자를 통해 잇단음표를 입력하는 기능이다. 먼저 잇단음표로 만들 음표를 선택한 상태에서 이 메뉴를 실행한다.

1. 영어권 단어의 접두사 또는 접미사가 있을 경우 그 사이는 분절이 가능하다.
   예제) un-, -ing, -ed, -ly.
2. 발음이 변하는 음절 사이는 분절할 수 있다.
   예제) labor는 la-bor
3. 2음절 사이에 2개의 자음이 붙어 있을 경우, 2개의 자음 사이를 분절한다.
   예제) better는 bat-ter
   　　　Batman은 Bat-man

시벨리우스는 위의 분절원칙에 따라 하이픈(-)을 자동 삽입해주므로 txt 작성시 분절 단어 사이에 하이픈 표시를 일부로 입력할 필요는 없다.

만일 영단어의 분절 위치를 모를 경우에는 영어사전을 검색해 본다. 영어사전에서의 분절 위치는 아래처럼 정확히 알 수 있다.

　　영어사전 예제) dia · mond

'diamond'를 영어사전에서 검색하면 위와 같이 dia와 mond 사이에 점(·) 표시가 있는데, 점 표시가 있는 부분이 이 단어의 분절 위치이다.

또한 예를 들어 'complicated' 라는 단어를 영어사전에서 검색하면

　　영어사전 예) com · pli · cated

라고 검색이 된다. 따라서 이 단어는 com, pli, cated로 분절할 수 있다.

시벨리우스는 영어, 독어, 불어, 이태리어, 스페인어 단어의 분절 위치를 자동으로 찾아주므로 txt를 작성할 때 일부로 하이픈을 넣을 필요가 없다는 뜻이다.

한편, you같은 단어처럼 문법적으로 분절할 수 없는 단어들도 있다. 이 경우 y o u라고 작성하면 띄어 쓴 부분을 시벨리우스가 개개별 음표로 인식해주지만, 그러한 방식으로 영어가사를 작성하는 경우는 거의 없기 때문에 시도를 안 하는 것이 좋다.

Text -> Chord Symbols 메뉴
(코드 심볼 메뉴)

보표에 코드(화음을 말함) 심볼이나 기타 코드 다이어그램을 입력할 때 사용한다. 코드란 악보의 어떤 음 지점에서 어떤 화음, 즉 악보에 표기한 코드를 연주하라고 지시하는 기능이다.

악보에 코드 심볼을 입력하는 방법은 크게 두 가지가 있다. 첫 번째는 Chord Symbols 메뉴를 실행한 뒤 원하는 음표를 클릭해 입력하는 방법이다. 두 번째는 입력할 위치에 있는 음표 그룹(잇단음나 빔음표, 마디 등) 또는 화음 음표를 모두 선택한 뒤 메뉴를 실행하고, 그 후 컴퓨터 자판이나 마스터 건반으로 코드를 입력하는 방법이다.

01 악보에 기입된 코드 심볼 (Chord Symbols)의 재생 방법

Text -> Chord Symbols 메뉴로 삽입하는 코드 심볼은 악보를 플레이할 때 재생되지 않는 말 그대로 악보 상의 표기를 목적으로 하는 코드 심볼이다.

시벨리우스에서 코드 심볼이 인식이 되어 악보를 플레이할 때 코드 심볼이 지시한 화음을 들리게 하려면, Text -> Plug ins -> Realize Chord Symbols 메뉴로 코드 심볼을 작성해야 한다.

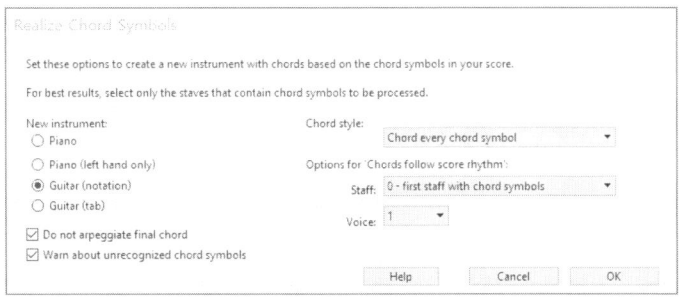

Text -> Plug ins -> Realize Chord Symbols 메뉴

02 Chord Symbols -> Chord Symbol 메뉴 (Ctrl + K, 스탠다드 코드 삽입하기)

숫자, 플랫(b), 샵(#), 알파벳 등으로 이루어진 스탠다드 코드 심볼을 입력할 때 사용한다. 코드(화음)는 클래식음악 악보는 음표로 기보하지만, 대중음악 악보는 코드 심볼로 기보한다.

1. Chord Symbols 메뉴 (스탠다드 코드 심볼 입력하기)

스탠다드 코드 심볼을 작성할 때 사용한다. 다음은 C 마이너 세븐스 코드인 Cm7을 입력하는 모습이다. Cm7은 해당 부분(마디)에서 악기의 '도, 미b, 솔, 시b' 4가지 음을 동시에 연주해 합성음 즉 화음을 연주하라는 뜻이다.

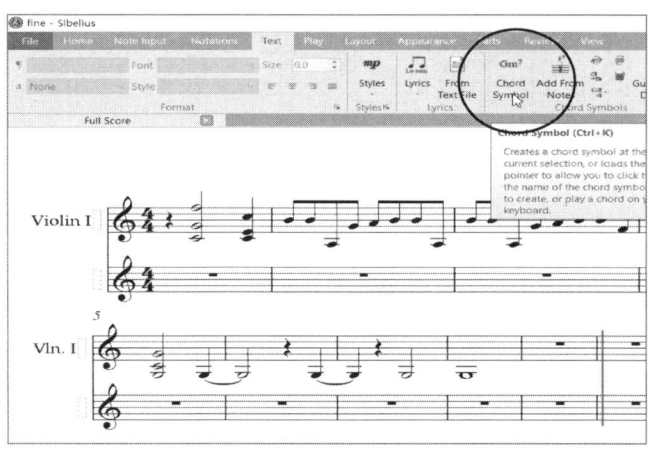

예제 fine.sib 파일을 불러온다.
Text -> Chord Symbol 메뉴를 실행한다.

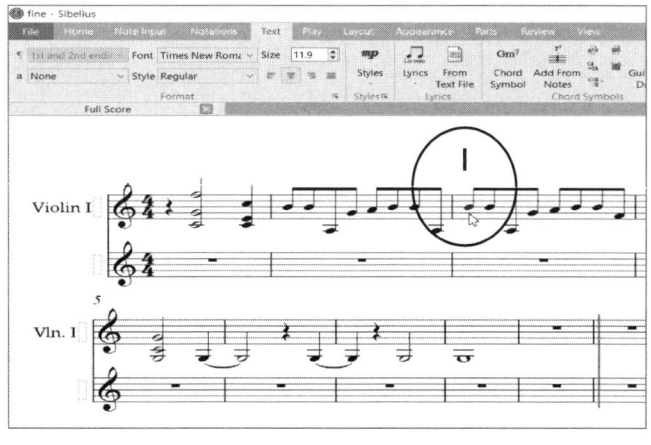

코드 심볼을 입력할 위치를 클릭한다. 음표를 클릭하면 그 음표의 상단부에 입력할 수 있도록 깜박이가 나타난다.

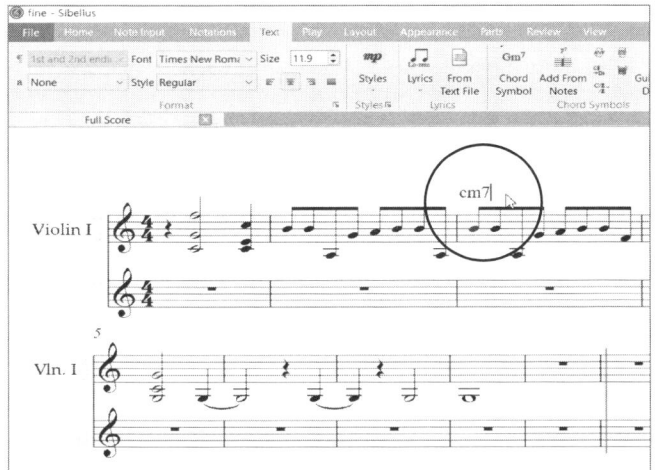

입력난에서 일반 단어를 입력하듯 cm7이라고 입력한다.

다른 방법으로 입력할 수도 있다. 예를 들어 마스터 건반 사용자는 마스터 건반 상에서 '도, 미b, 솔, 시b' 키를 동시에 누르면 해당 코드(화음)가 입력난에 자동 입력된다.

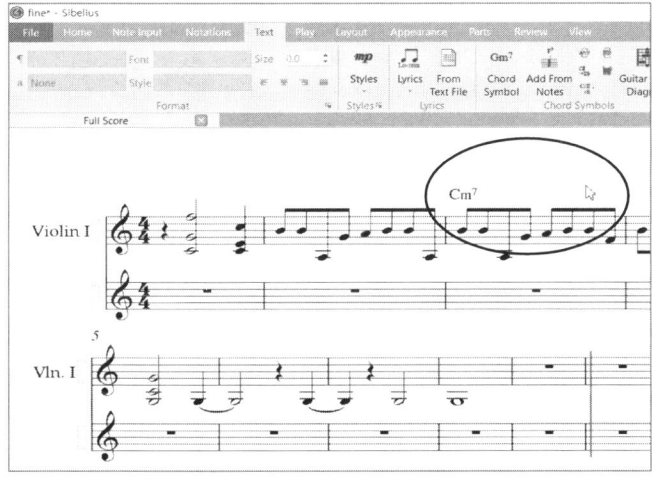

화면의 빈 곳을 클릭해 입력을 종료하면 그림처럼 Cm7 코드 심볼이 나타난다. (인식되는 코드의 경우 자동으로 대소문자가 설정되고 없는 코드일 경우 입력이 안 될 수도 있다.)

연주자들은 이 구간을 연주할 때 악보에 기재되어 있는 코드 심볼을 보고, Cm7 코드인 '도, 미b, 솔, 시b' 화음을 연주하면 된다.

스페셜 TIP 코드 심볼 개념 익히기

코드 심볼이란 연주자에게 어떤 화음을 연주하라고 지시할 때 사용하는 음악 기호의 한 종류이다. 여기서 화음이란 보표의 어떤 위치에서 하나의 악기에서 2개 이상의 음을 동시에 내는 것을 말한다. 즉, 건반에서 2개 이상의 키를 동시에 누르면 두 음의 합성음인 화음이 들리는데 화음의 영어 음악용어가 코드(Chord) 이다. 작곡가는 멜로디에서 어떤 부분에서 화음이 필요한 경우 코드 심볼을 보표에 삽입하여 연주자에게 2개 이상의 어떤 키를 눌러 화음을 연주하라고 지시할 수 있다. 여기서는 코드 심볼의 표기법과 그 뜻을 정리해 본다.

1. 코드 심볼의 표기법과 연주법

일반적인 음계대에서 사용하는 기본 음자리표이다. 일반적으로 흔히 듣는 노래를 작곡할 때 사용한다. 양손 피아노용 큰 보표에서는 높은음 보표에 사용하는 음자리표이다. G=사 이므로 사 음자리표라고도 한다.

1. C 메이저 코드(C Major Chord) : C로 표기한다.
   건반 위치 (으뜸음-장3도-완전5도), [건반키 동시 누름] 도미솔

2. C 마이너 코드(C minor Chord) : Cm로 표기한다.
   건반 위치(으뜸음-단3도-완전5도), [건반키] 도(미b)솔

해당 심볼이 가리키는 화음

3. C 세븐스 코드C Dominant Chord) : C7으로 표기한다.
   메이저 코드에 단7도음을 추가한 화음.
   건반 위치(으뜸음-장3도-완전5도-단7도) [건반키] 도미솔(시b)

4. C 메이저 세븐스 코드(7th 코드) : CM7, C major7, C maj7로 표기.
   C 코드에 7th 음(장도)을 추가한 코드이다.
   건반 위치(으뜸음-장3도-완전5도-장7도) [건반키] 도미솔시

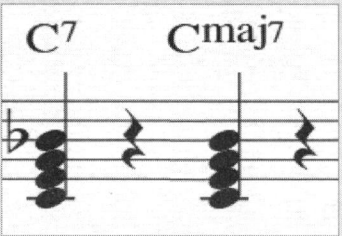

해당 심볼이 가리키는 화음

5. C 마이너 세븐스 코드 : Cm7, C minor7, C min7로 표기한다.
   건반 위치(으뜸음-단3도-완전5도-단7도) [건반키] 도(미b)솔(시b)

6. C 마이너 메이저 세븐 코드 : CmM7, Cmmaj7로 표기한다.
   건반 위치(으뜸음-단3도-완전5도-장7도) [건반키] 도(미b)솔시

해당 심볼이 가리키는 화음

7. D 메이저 코드(D Major Chord) : D로 표기한다.
   건반 위치 (으뜸음-장3도-완전5도), [건반키] 레(파#)라

8. D 마이너 코드(D minor Chord) : Dm로 표기한다.
   건반 위치(으뜸음-단3도-완전5도), [건반키] 레파라

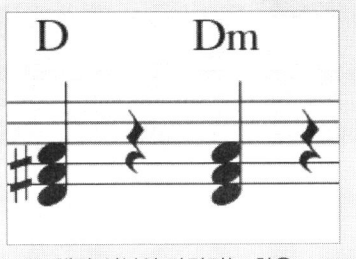

해당 심볼이 가리키는 화음

9. C 메이저 나인스 코드(9th 코드) : C9로 표기한다.
   7코드(7th 코드)에 9번째 음(장9도)을 하나 추가한 코드이다.
   재즈, 펑키 음악에 주로 사용하는 코드로 텐션 코드라고도 한다.
   건반 위치(으뜸음-장3도-완전5도-단7도-장9도) [건반키]
   도미솔(시b)레

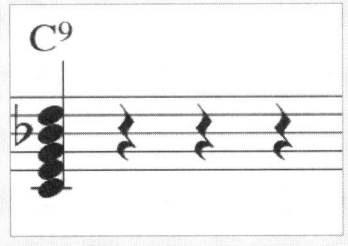

해당 심볼이 가리키는 화음

2. 기본 코드 심볼

음악은 조성에 따라 으뜸음이 달라지므로 코드 심볼도 조성에 따라 건반의 치는 위치가 달라진다. 다음은 조성을 기준으로 건반의 치는 위치를 비교한 모습이다.

코드 심볼	화음 (건반에서 동시에 눌러야하는 부분)
C	도 – 미 – 솔
Cm	도 – 미b – 솔
D	레 – 파# – 라
Dm	레 – 파 – 라
E	미 – 솔# – 시
Em	미 – 솔 – 시
F	파 – 라 – 도
Fm	파 – 라b – 도
G	솔 – 시 – 레
Gm	솔 – 시b – 레
A	라 – 도# – 미
Am	라 – 도 – 미
B	시 – 레# – 파#
Bm	시 – 레 – 파#

> **참고** **시벨리우스에서 코드 심볼 입력 방법**

코드 심볼의 으뜸음(근음, 루트 노트) 부분을 입력할 때는 컴퓨터 자판으로 일반 글자를 입력하듯 순서대로 타이핑한다. 예를 들어 C#이 으뜸음인 경우, C와 #을 순서대로 입력하면 된다.

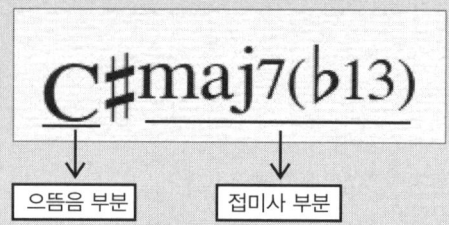

으뜸음 부분 / 접미사 부분

복잡한 코드의 경우 으뜸음을 제외한 접미사가 많이 붙는다. 접미사 부분을 입력할 때는 컴퓨터 자판에 없는 접미사도 있으므로 다음과 같이 입력한다. 시벨리우스가 자동 인식하여 입력해 준다.

halfdim	dim11	sus2	13	9
add6/9	maj9	add2	11	7
sus2/4	add9	maj	#9	6
omit5	maj7	dim	b9	5
omit3	dim9	6/9	b6	4
maj13	dim7	aug	#5	2
add13	sus9	alt	b5	m
maj11	sus4	b13	#4	/
dim13	add4	#11	nc	%

코드 심볼의 접미사들

위 목록 중에서 N.C.는 화음이 없음을 뜻하고, 슬래쉬(/)는 마디 심볼인 도돌이표를 입력할 때 사용한다.
만일 입력한 뒤 코드 심볼의 색상이 '빨간색'이거나 캐럿(^)으로 표시된 경우, 해당 코드 심볼은 사용할 수 없는 심볼(해당 악기에서 존재하지 않는 코드)이므로 수정 입력해야 한다.

| 따라하기 | 코드 심볼의 괄호 부분 표기 방법 수정하기 |

'D 마이너 메이저 세븐 코드'인 DmM7을 입력해 보자. 악보에는 Dm(Major7)로 표기되고, 연주자들에게 '레, 파#, 라, 도' 화음을 연주하라는 뜻이다. 이때, 마디의 구간이 짧은 경우, Dm(Major7) 심볼의 크기가 한 마디 길이보다 큰 경우도 있다. 이 경우를 대비하기 위해 Dm(Major7) 형태의 표기방법을 Dm(M7) 형태의 짧은 표기법으로 입력하는 방법을 알아보자.

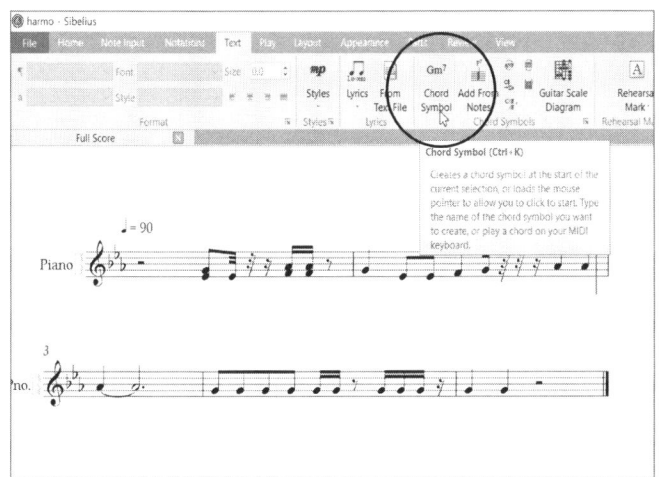

❶ 예제 harmo.sib 파일을 불러온다.
　Text -〉 Chord Symbol 메뉴를 클릭한다.

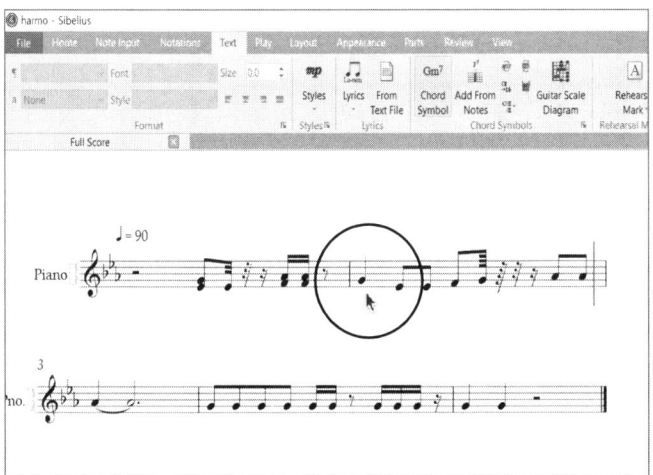

❷ 코드 심볼이 삽입될 위치에 있는 음표를 클릭한다.

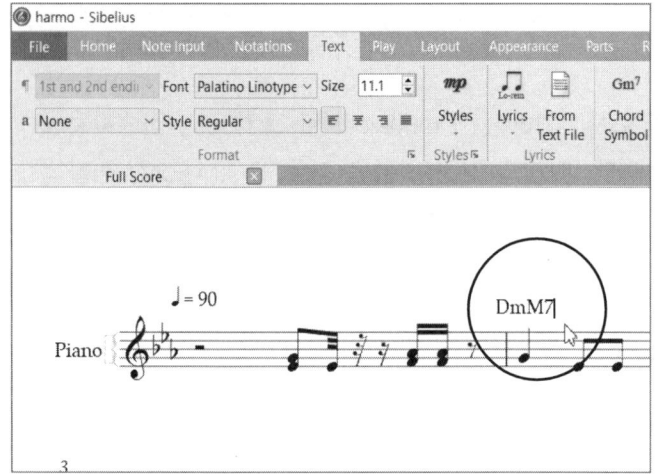

❸ 컴퓨터 자판으로 그림처럼 'DmM7'을 입력한다. 이때 소문자와 대문자를 주의한다. 나중에 소문자는 마이너, 대문자는 메이저로 인식되기 때문이다.

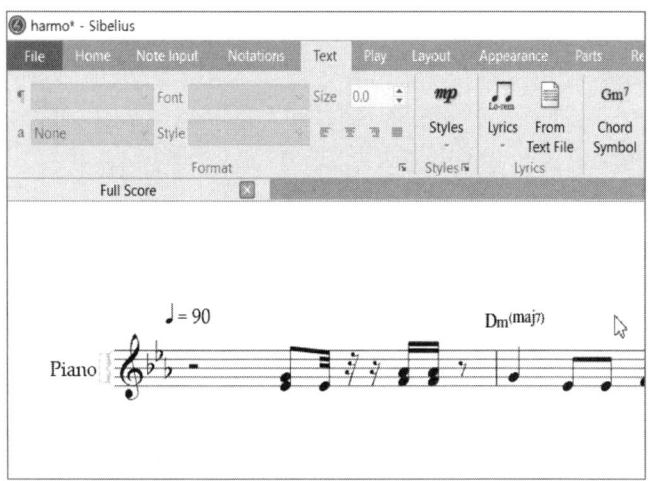

❹ 화면의 빈 곳을 클릭하면 입력이 마무리된다. DmM7의 M7 부분이 괄호 (maj7)로 변경되었다.

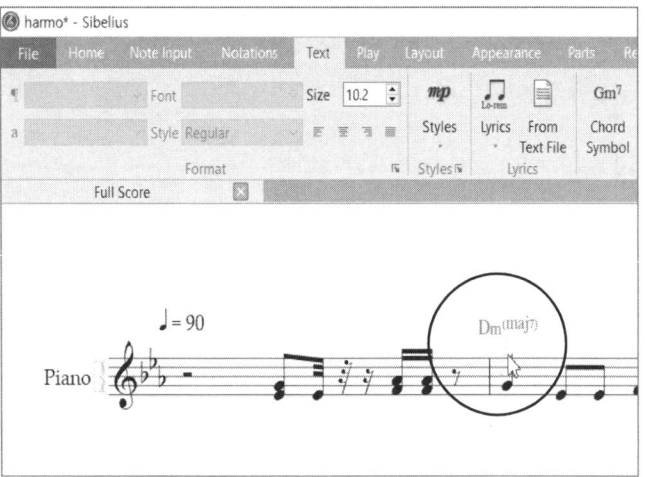

❺ (maj7)의 입력 형식을 더 짧은 형식으로 변경해 보자. 코드 심볼의 표기법을 변경하면 될 것이다. 먼저 코드 심볼을 클릭해 선택한다.

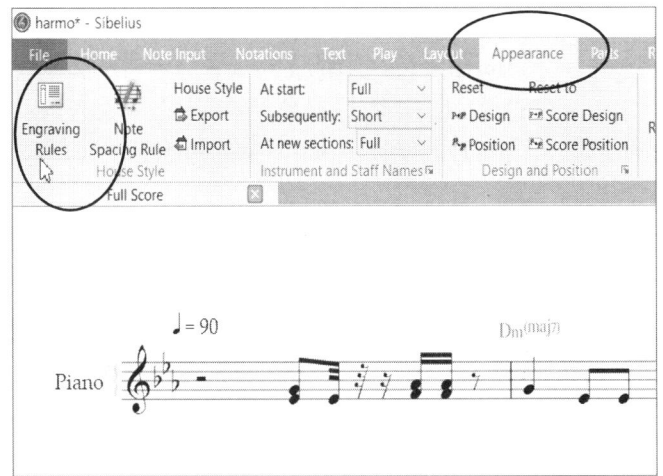

❻ Appearance -> Engraving Rules 메뉴를 클릭한다.
Engraving Rules 메뉴는 악보의 스타일(하우스 스타일)을 변경하는 기능이다.

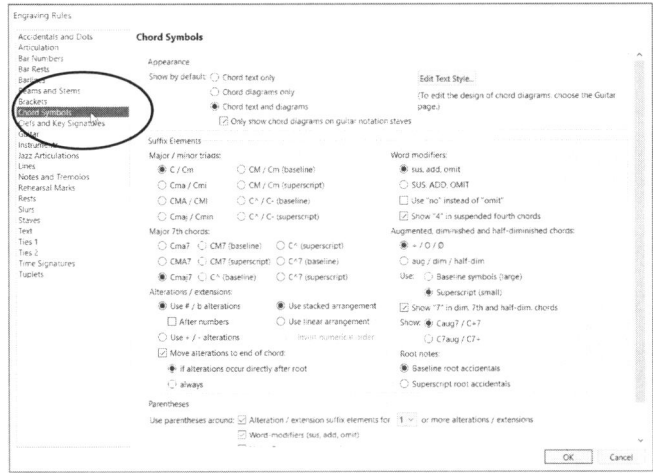

❼ 대화상자에서 Chord Symbols 탭을 선택한다.

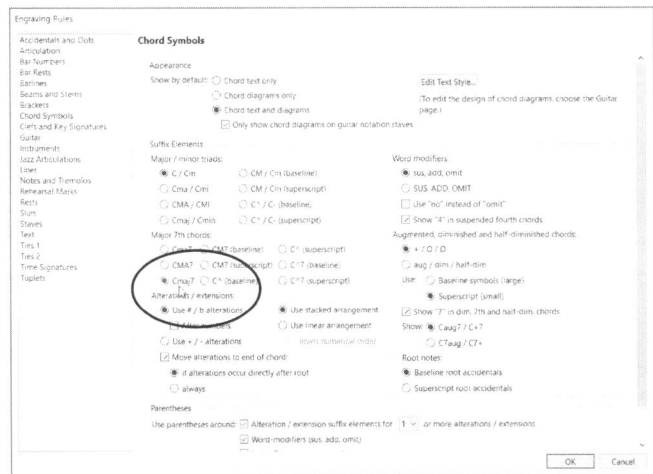

❽ 앞에서 입력한 (maj7)은 메이저 세븐스 코드이므로 Major 7th 항목에서 모양을 변경할 수 있다.
현재는 Cmaj7 옵션이 선택된 상태이므로 악보상에서 (maj7)로 표기된 것이다.

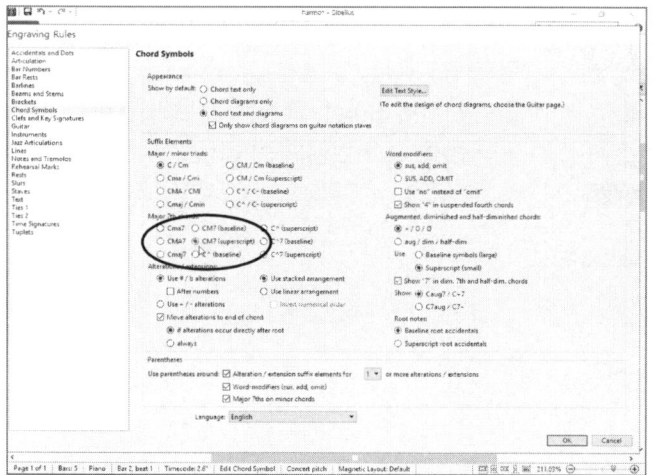

❾ 여기서 CM7 옵션을 선택해 보자. 악보상에서 (maj7) 부분이 (M7) 방식으로 표기될 것이다.
만일, Cma7 옵션을 선택하면 악보상에서 (maj7) 부분이 (ma7)로 표기될 것이다.

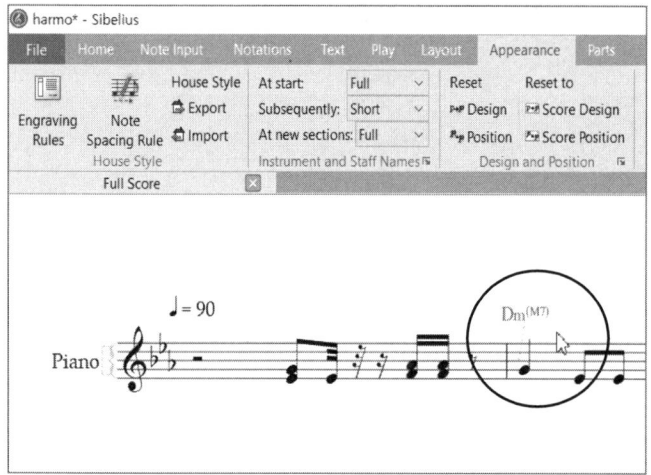

❿ 다음은 CM7 옵션을 선택하고 대화상자의 OK 버튼을 눌러 적용한 모습이다.
악보의 표기 방법을 변경했으므로 Dm(Maj7)이 Dm(M7)으로 변경되어 표기된다.

2. Add From Notes 메뉴 (화음을 코드 심볼로 표기하기)

선택한 마디나 음표의 화음을 분석한 뒤 해당 화음을 코드 심볼로 표기해주는 기능이다. 마디나 음표에 화음이 없을 경우에는 코드 심볼이 표기되지 않는다.

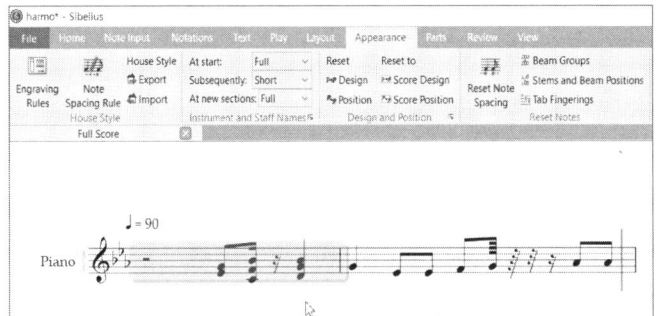

코드 심볼을 생성시킬 마디를 선택한다.

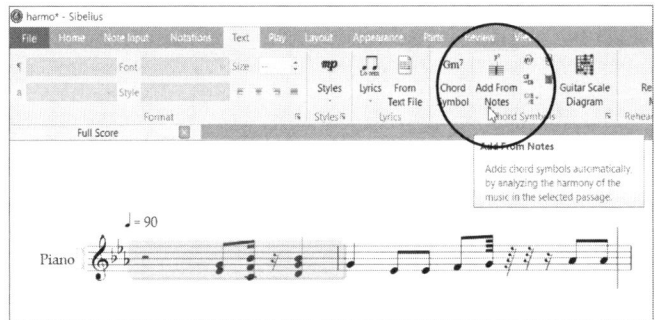

Text -> Chord Symbols -> Add From Notes 메뉴를 실행한다.

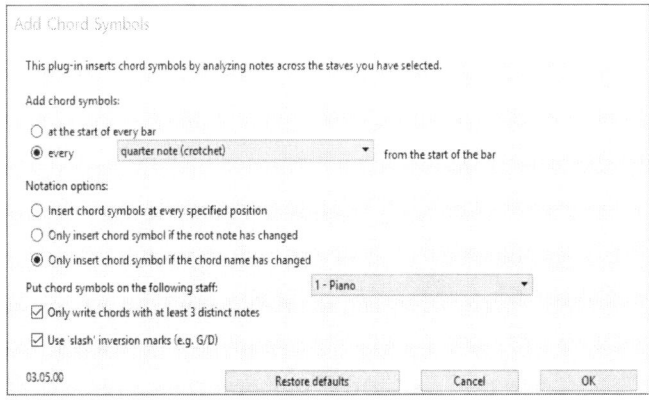

대화상자가 실행되면 기본 옵션으로 적용한다.

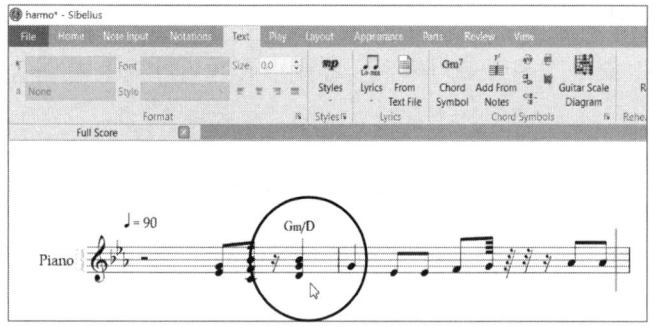

화음이 있는 음표에 화음의 코드 심볼이 표기되는 것을 알 수 있다.

Add From Notes 메뉴를 실행하면 나타나는 대화상자 사용법은 다음과 같다.

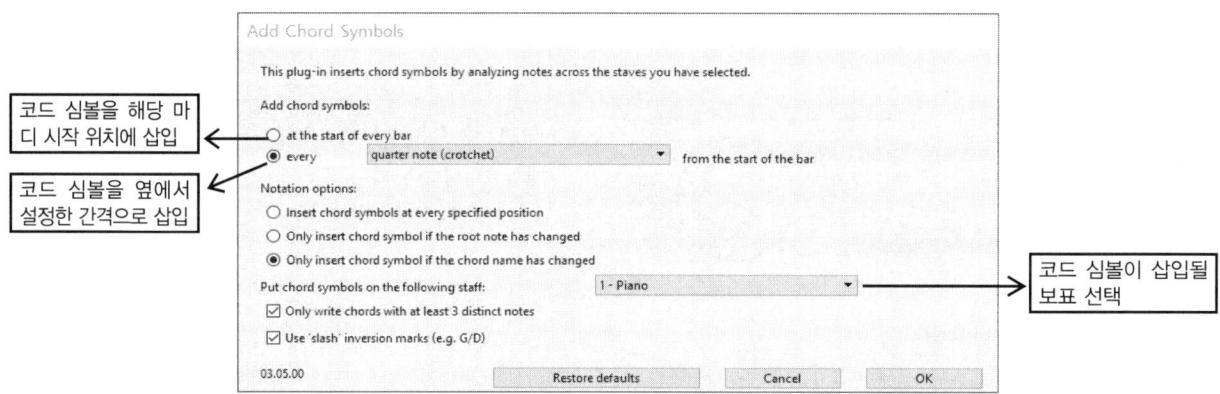

3. Equivalent Chord Text 메뉴 (비슷한 패턴의 코드로 교체하기)

선택한 코드 심볼을 Equivalent 코드로 교체해 준다. Equivalent 코드란 비슷한 패턴의 다른 코드를 말한다. 메뉴를 계속 적용하면 비슷한 패턴의 다른 코드 심볼로 계속 전환된다.

선택한 코드 심볼

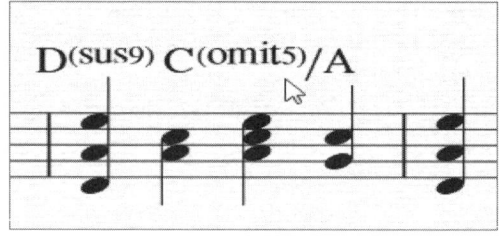
Equivalent 코드로 변경한 모습

4. Respell Chord Text 메뉴 (코드 심볼을 이명동음으로 변경하기)

건반으로 코드 심볼을 입력한 경우, 해당 코드 심볼을 선택한 뒤 적용한다. 해당 코드 심볼의 으뜸음이나 얼터드 베이스 노트(Altered bass notes)를 이명동음으로 자동 수정해 준다. 예를 들어 C는 B#이나 D♭ 등으로 수정해 준다.

원래의 코드 모습

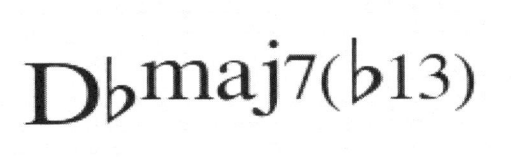
이명동음 코드로 수정한 모습

5. Add/Remove 메뉴 (코드 심볼 또는 다이아그램을 표시하거나 감추기)

코드 심볼이 있는 마디를 선택한 뒤 실행한다. 코드 심볼 또는 코드 다이아그램(코드 폼)을 화면에 보이게 하거나 감추는 기능이다. 하위의 Add/Remove Chord Text 메뉴는 해당 마디의 코드 심볼을 화면에서 감추거나, 다시 보이게 한다. Add/Remove Chord Text Root 메뉴는 코드 심볼의 으뜸음을 화면에 표시하거나, 감출 때 사용한다. Add/Remove Chord Diagram 메뉴는 코드 다이아그램을 화면에 표시하거나, 감추는 기능이다.

6. Revoice Chord Diagram 메뉴 (보이싱 코드 심볼로 전환하기)

선택한 코드 심볼에 보이싱 코드 심볼이 등록되어 있는 경우 현재 표시된 코드 심볼을 보이싱 코드 심볼로 변경해 준다.

7. Edit Chord Diagram 메뉴 (코드 다이아그램 편집하기)

코드 심볼을 선택한 상태에서 실행하는 메뉴이다. 선택한 코드 심볼을 기반으로 기타 코드 다이아그램을 확인하고 편집할 때 사용한다.

8. Guitar Scale Diagram 메뉴 (기타 스케일 다이아그램 만들기)

기타 스케일 다이아그램을 만들 때 사용한다. 이때 만드는 다이아그램은 작업 악보와 관련없이 기타 스케일 연주용 손가락 위치를 알려주는 다이아그램이다. 메뉴를 실행한 뒤 연습에 사용할 기타 종류를 선택한 뒤 만들고 싶은 기타 스케일을 선택한 뒤 적용하면 커서가 파란색 화살표로 변경된다. 이때 악보의 원하는 위치를 클릭하면 해당 부분에 기타 스케일 다이아그램이 삽입된다.

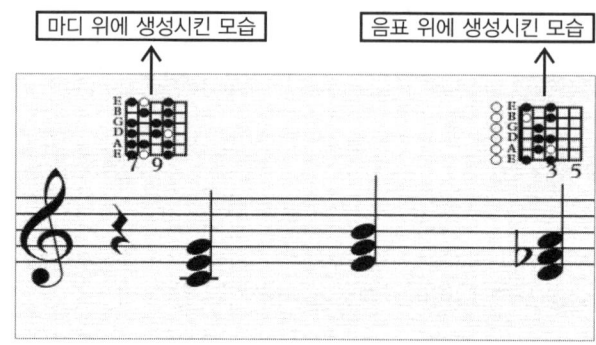

따라하기 | 기타 코드 다이아그램을 자동으로 만들기

기타 코드 다이아그램을 자동으로 만들려면 일단 코드 심볼이 삽입된 상태여야 한다. 따라서 이번 예제에서는 코드 심볼을 자동으로 만든 뒤 그것을 기반으로 기타 코드 다이아그램을 화면에 표시하는 방법을 알아본다. 기타 코드 다이아그램은 기타 연주자들에게 해당 화음을 연주할 때의 손가락 운지법을 알려줄 목적으로 만들며 다른 의미는 없다.

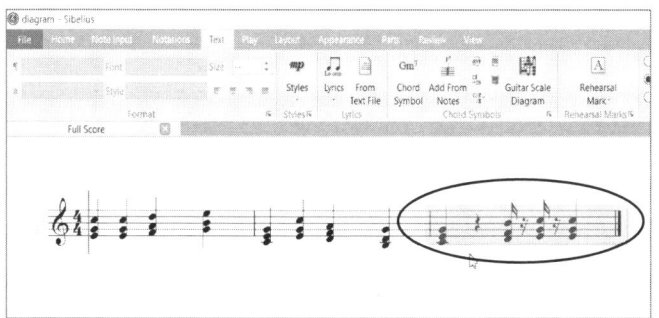

❶ 단축키 Ctrl +O를 눌러 예제파일 'diagram.sib'를 불러온다.
3번째 마디를 클릭해 선택한다. (반드시 해당 마디에 화음 음표가 있어야 한다.)

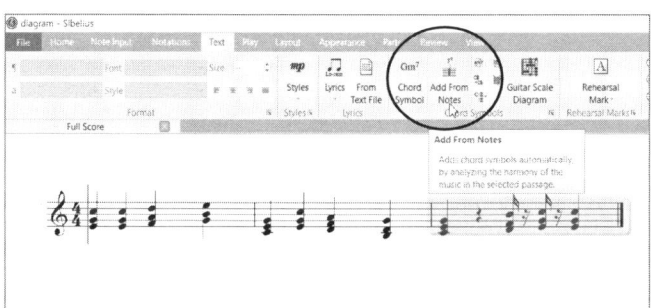

❷ Text -〉 Chord Symbols -〉 Add From Notes 메뉴를 실행한다.

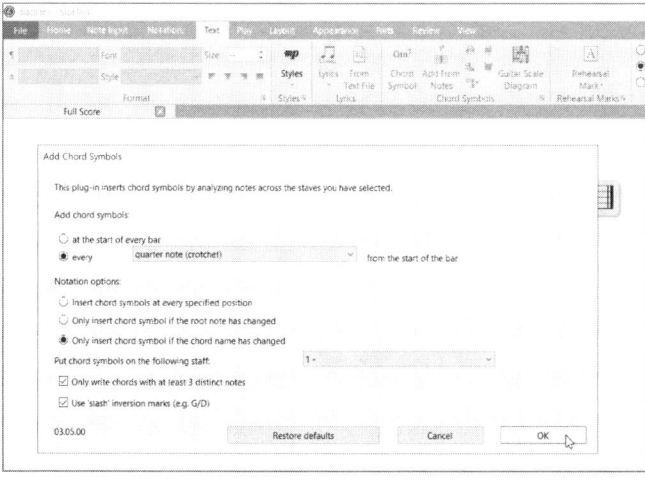

❸ 대화상자가 실행되면 옵션을 수정하지 않고 OK 버튼을 눌러 적용한다.

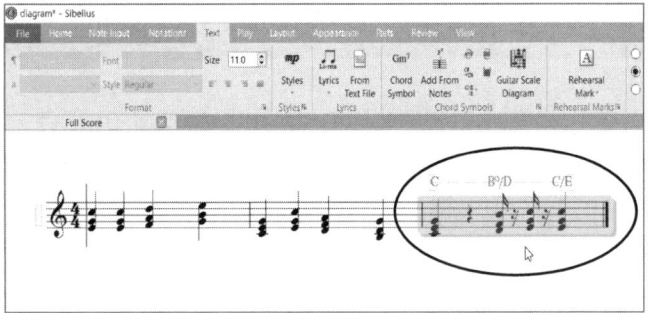

❹ 자동으로 해당 마디에 있는 화음을 분석해 코드 심볼을 만들어준다.

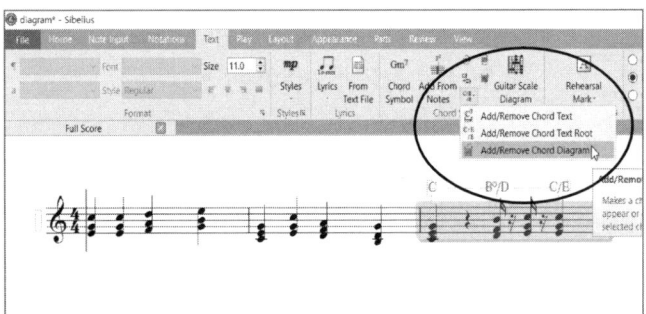

❺ 기타 코드 다이아그램을 화면에 표시하기 위해 Text -> Chord Symbols -> Add/Remove -> Add Chord Diagram 메뉴를 적용한다.

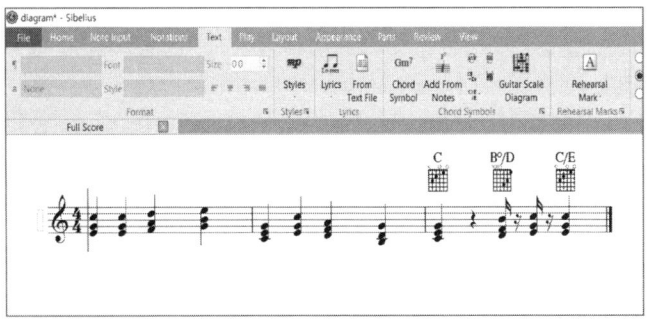

❻ 코드 심볼을 근거로 코드 다이아그램이 만들어진다. 기타 연주자들은 코드 다이어그램을 보고 해당 코드를 연주할 때의 운지법을 알 수 있다.

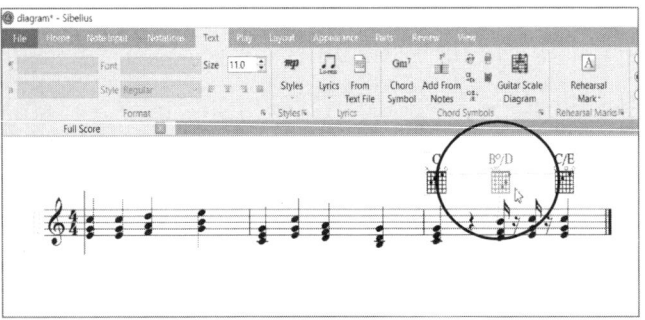

❼ 만일 코드 다이아그램의 운지법을 수정하려면 먼저 수정할 코드 다이아그램을 클릭해 선택한다.

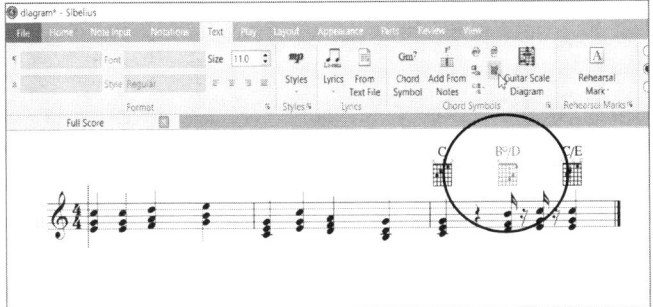

❽ Diagram 편집창을 불러오기 위해 Text -> Chord Symbols -> Edit Chord Diagram 메뉴를 실행한다.

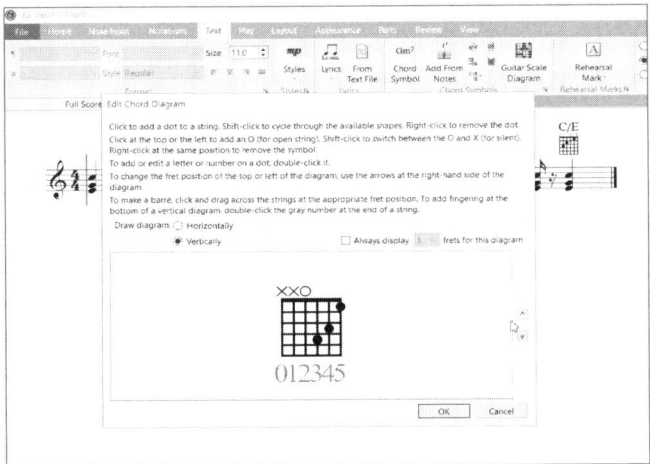

❾ Diagram 편집창에서 손가락 위치를 다시 지정하는 등의 작업을 진행할 수 있다. 참고로, 손가락 운지 위치를 변경했다고 해서 해당 코드 심볼이 변경되는 것은 아니다. 단지 다이아그램 상의 손가락 운지 위치만 수정되어 악보 상에 표시된다.

> **참고** 기타 코드 다이아그램 편집창

기타 코드 다이아그램 편집창은 현재 설정된 손가락 위치를 사용자가 임의대로 수정할 때 사용한다. 다음과 같이 여러 가지 편집 기능을 제공한다.

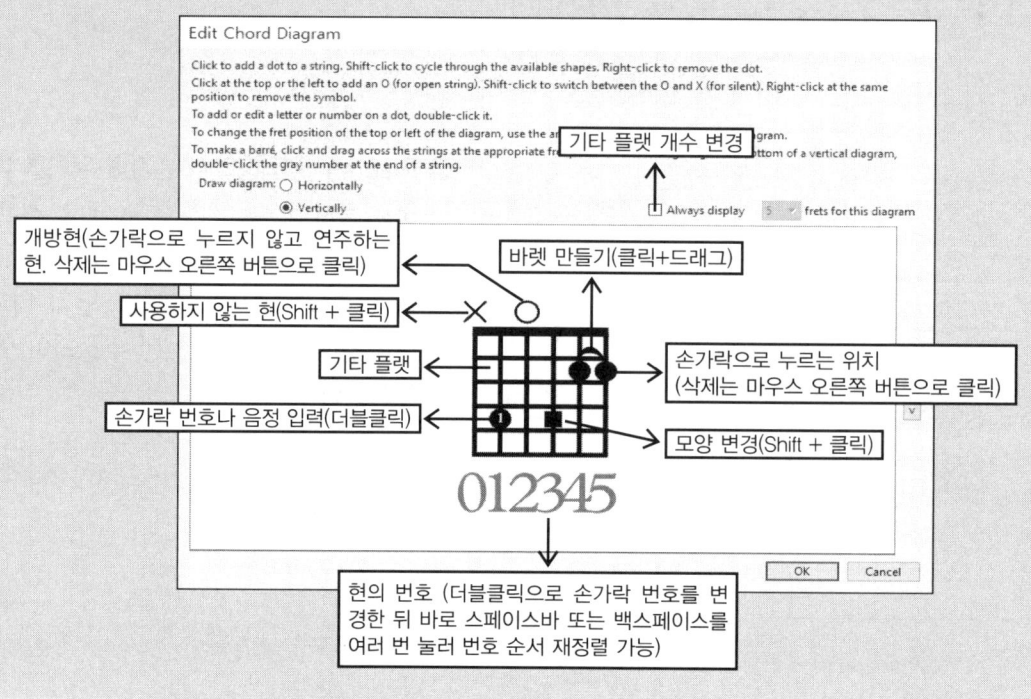

03 Edit Chord Symbols 메뉴 (코드 심볼의 편집)

Text -> Chord Symbols 메뉴의 팝업 메뉴 하단에 있는 작은 사각형 버튼이 Edit Chord Symbols 메뉴이다. 클릭하면 선택한 코드 심볼의 모양을 다양하게 변경하거나 새 코드 심볼을 등록할 수 있다.

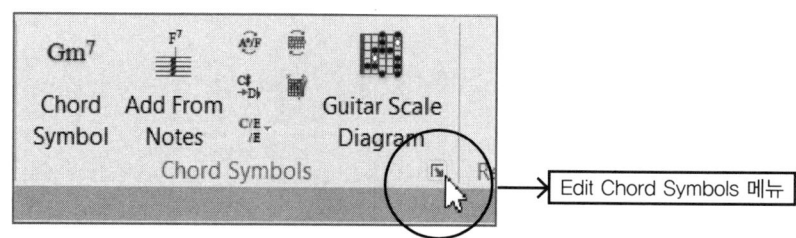

Edit -> Chord Symbols -> Chord Symbols 메뉴로 새 코드 심볼을 만들 때 Dmmaj7라고 입력하면 화면상에 기본적으로 Dm(maj7)로 표기된다. 이때 으뜸음 부분인 Dm과 접미사 부분인 (maj7)의 화면 모양을 변경하고 싶을 때 Edit Chord Symbols 메뉴를 사용한다. 또한 어떤 코드 심볼을 선택한 상태에서 Equivalent Chord Text 메뉴를 실행하면 비슷한 패턴의 다른 코드 심볼로 교체되는데, 이 교체되는 심볼을 여기서 추가 등록할 수 있다. 그 외에도 코드 심볼과 기타 코드 다이아그램을 다양한 방식으로 모양을 변경할 수 있다. 악보에서 사용하는 거의 모든 코드 심볼이 이미 등록된 상태이므로 색다른 코드를 추가하거나 모양 변경 작업 등의 간단한 작업을 하는 것이 좋다.

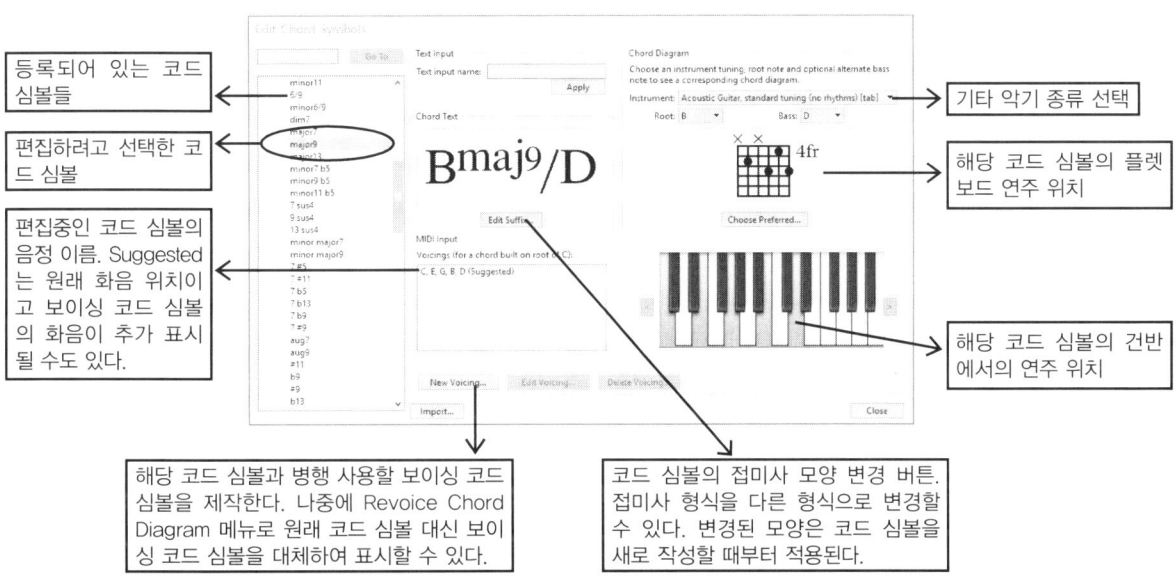

CHAPTER 05
Text -> Rehearsal Mark 메뉴 (Ctrl + G, 리허설 마크)

리허설 마크는 파트보를 보며 연주를 하는 연주가들을 위한 표시 기능으로서 리허설 연주를 편리하게 할 목적으로 만든다.

01 Consecutive Rehearsal Mark 메뉴 (연속된 리허설 마크)

Text -> Rehearsal Mark -> Consecutive Rehearsal Mark 메뉴는 악보에 리허설 마크를 삽입하는 기능이다. 리허설 마크는 악보의 중요한 부분을 알리거나, 악보의 특정 위치를 연주자들이 재빠르게 찾아가게 할 목적으로 만든다.

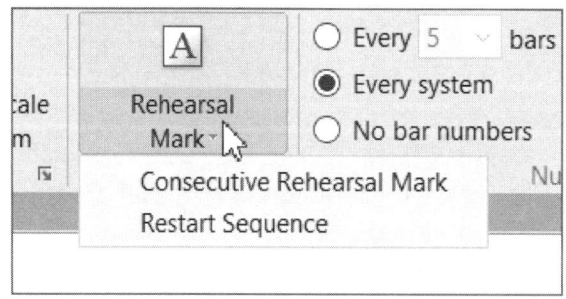

파트보로 리허설을 하다보면 각 파트보를 보고 있는 연주자들이 연습할 위치나 자신의 연주 시작 위치를 신속하게 찾지 못하는 혼선이 발생한다. 즉 연주자들이 자신의 연주 시작 위치를 신속하게 찾을 수 있도록 해당 악기의 연주 시작 위치 등에 삽입하는 것이 리허설 마크이다.

리허설 마크를 처음 삽입하면 알파벳 A로 삽입되고, 계속 추가할 경우 B, C, D...순으로 삽입된다. 리허설 마크의 특징은 A, B, C, D, E...를 삽입한 뒤 B를 삭제하면 C, D, E... 부분이 B, C, D...로 갱신된다는 점이다. 리허설 마크는 총보(score)를 복사해 여러 연주자들이 나누어가지거나, 총보를 악기 파트별 파트보로 인쇄할 경우를 대비해 삽입한다.

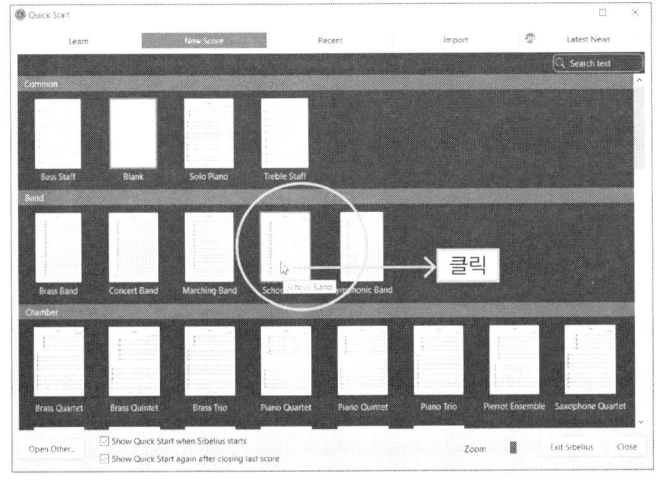

지금부터 여러 악기를 사용하는 브라스 밴드 악보를 만든 뒤 각 파트별로 리허설 마크를 삽입해 보자.
시벨리우스에서 File -> New 메뉴를 실행한다. New Score 탭의 Band 항목에서 School Band 프리셋을 클릭한다. (더블클릭하지 않도록 주의한다.)

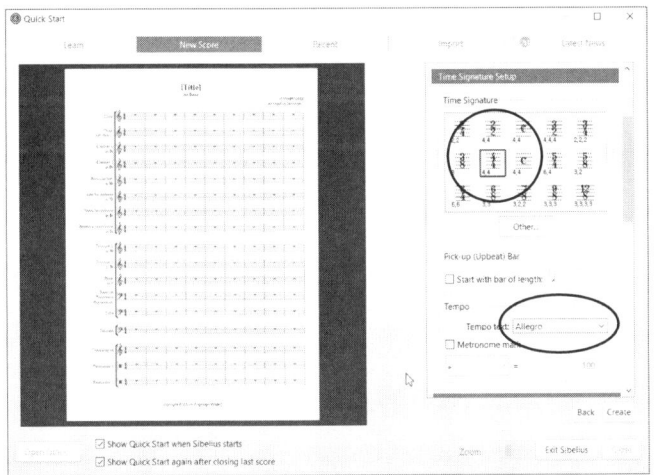

두 번째 창에서 박자는 4/4박자, 템포는 Allegro로 설정한다.

Part 8. Text 메뉴 (텍스트 메뉴) **487**

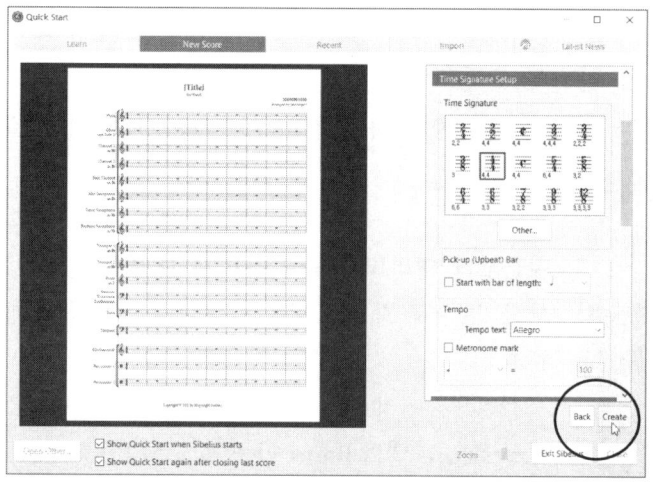

Create 버튼을 눌러 악보를 생성시킨다.

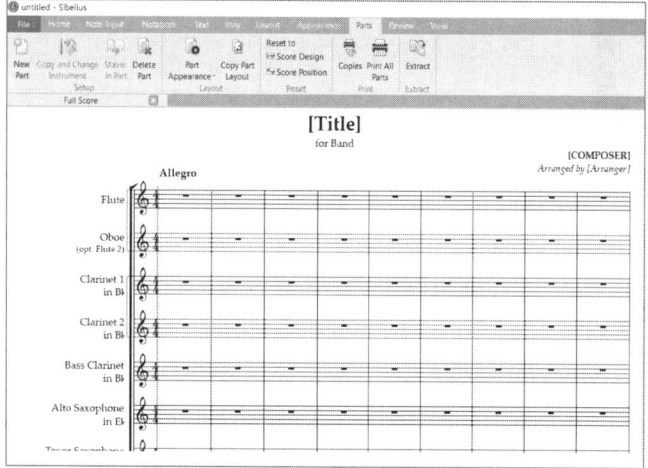

스쿨밴드 악보가 만들어졌다.
이 악보처럼 모든 악기 파트를 한 악보에서 볼 수 있는 악보는 총보(Score)라고 부른다.

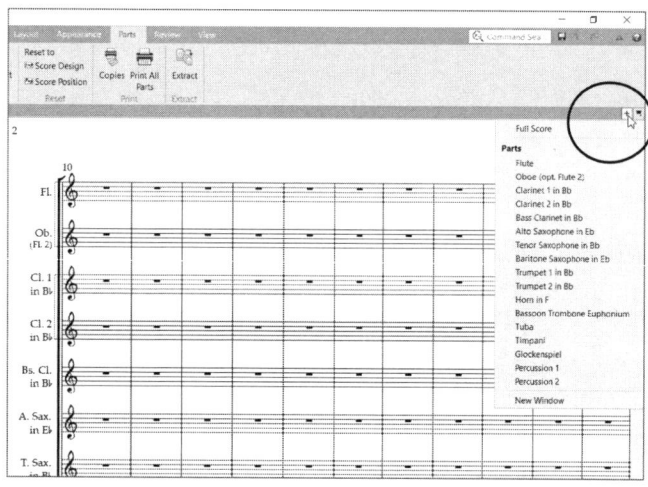

악보창 오른쪽 상단의 + 버튼을 클릭하면 악보에 보표로 삽입된 악기들을 알 수 있다. 각 악기별 악보들은 나중에 각각 악기별 파트보로 인쇄할 수 있다.
리허설 마크는 보통 악보를 완전히 다 마무리한 뒤 삽입해야 한다.
만일 지금처럼 비어있는 악보이면 연속되는 리허설 마크를 삽입할 수 없으므로 대충 멜로디를 작곡한다고 가정하고 음표를 몇 개 찍어 본다.

제일 상단 Flute 보표에 아무 멜로디나 찍어준다. 시간이 없으므로 1, 2, 3, 4, 5번 각 마디마다 임의대로 아무거나 멜로디를 찍어준다.

두 번째 Oboe 보표에는 1, 2, 5번 마디는 빼고 3, 4번 마디에 멜로디를 임의대로 찍어준다.

세 번째, 네 번째 보표에도 임의대로 음표를 찍어준다.

이런 식으로 작곡이 완료되었다고 가정하자. 일단 악보가 완성되었으므로 연속되는 리허설 마크를 삽입할 수 있는 조건이 되었다.

Text -> Rehearsal Mark -> Consecutive Rehearsal Mark 메뉴를 실행한다

(단축키 Ctrl + G)

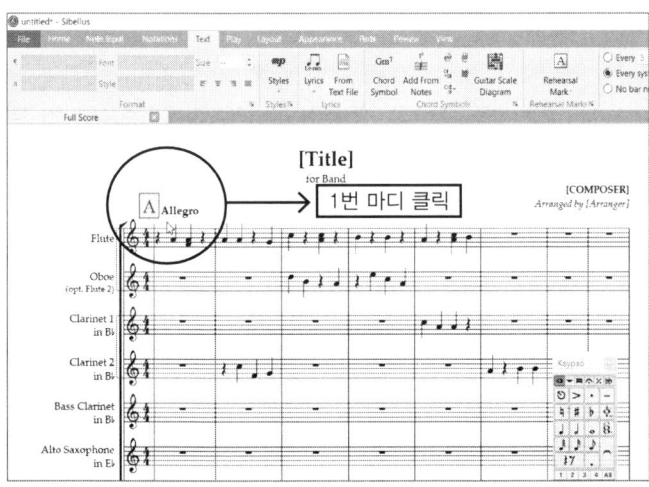

마우스 커서가 파란색 화살표로 변하면, 리허설 마크가 삽입될 위치를 클릭해 지정한다. 여기서는 1번 마디를 클릭했다.

1번 마디에 A라는 리허설 마크가 삽입되었다.

Text -> Rehearsal Mark 메뉴를 클릭해 B라는 리허설 마크를 자동 생성시킨다. B 리허설 마크를 마우스로 드래그하여 3번 마디로 이동시킨다.

3번 마디에 리허설 마크를 삽입한 이유는 두 번째 보표인 Oboe 파트가 3번 마디에서 연주를 시작하기 때문이다. 나중에 악보를 파트보로 나누어 인쇄하면 각 악기 연주자들은 리허설 마크를 보고 서로의 연주 위치가 어디인지 파악하게 된다.

이번에는 Text -> Rehearsal Mark 메뉴를 두 번 클릭해 리허설 마크 C와 리허설 마크 D를 생성시킨다.

리허설 마크 C는 4번 마디에, 리허설 마크 D는 5번 마디에 배치될 것이다.

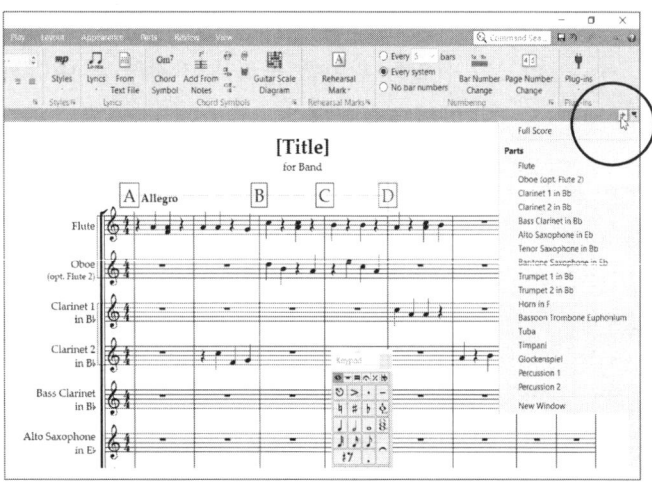

앞에서 삽입한 리허설 마크가 각 악기별 파트보에서도 보이는지 확인해 보자.

악보창 오른쪽 상단의 +버튼을 클릭한 뒤 첫 번째 악기 파트인 Flute 파트를 선택한다.

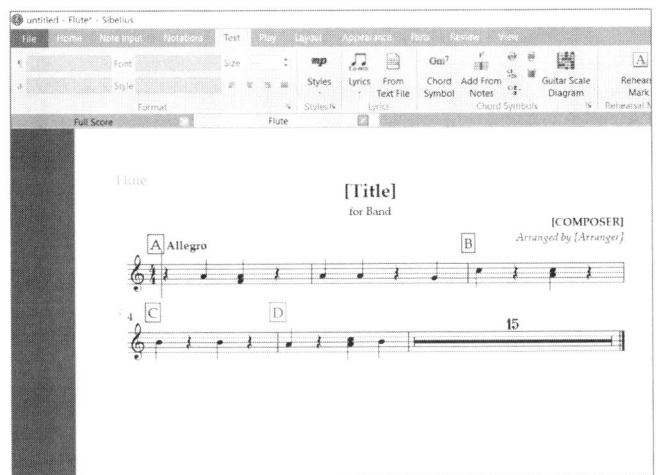

Piccolo 보표만 보여주는 파트보로 전환된 모습이다. 파트보에도 리허설 마크가 같은 위치에 삽입된 것을 알 수 있다.

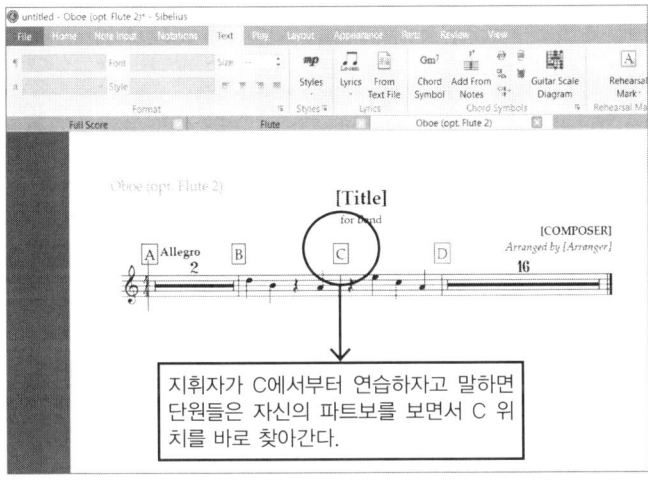

+버튼을 다시 클릭한 뒤 이번에는 두 번째 파트인 Oboe 파트로 전환한다. Oboe 파트보에도 A, B, C, D 리허설 마크가 삽입된 것을 알 수 있다. 지휘자가 C에서부터 연습하자고 말하면 단원들은 자신의 파트보를 보면서 C 위치를 바로 찾아간다.

리허설 마크를 삽입하면 리허설 연주를 할 때 지휘자는 A, B, C...로 연습할 위치를 지정할 수 있다. 이때 악기파트 연주자들은 자신의 파트보에서 A, B, C 마크를 찾아서 연습할 위치 혹은 연주를 시작해야 할 위치를 쉽게 찾아갈 수 있다.

02 Restart Sequence 메뉴 (리허설 마크 방식 설정)

리허설 마크의 표시 방식과 생성 순서를 변경할 수 있다. 예를 들어 A로 시작해야 할 리허설 마크를 C에서부터 시작하게 할 수 있을 뿐 아니라, 리허설 마크에 접두사나 접미사를 붙일 수 있다.

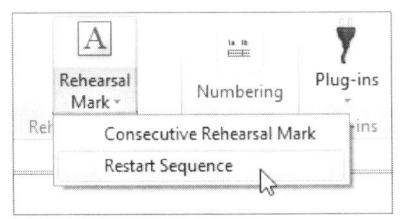

리허설 마크의 생성 방식을 설정하기 위해 Text -> Rehearsal Mark -> Restart Sequence 메뉴를 실행한다.

다음과 같이 생성 방식을 지정할 수 있도록 대화상자가 실행된다.

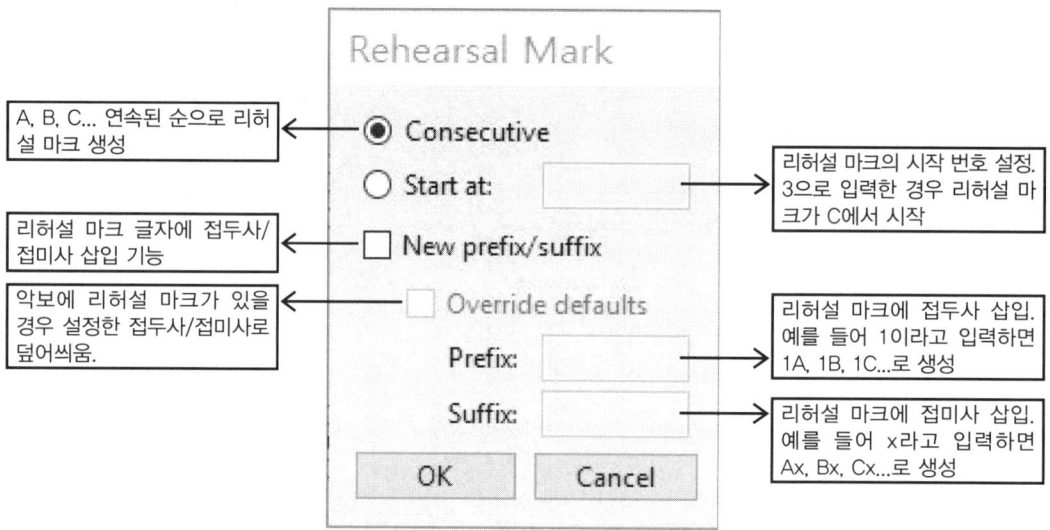

다음은 리허설 마크에 접두사/접미사를 사용한 모습이다.

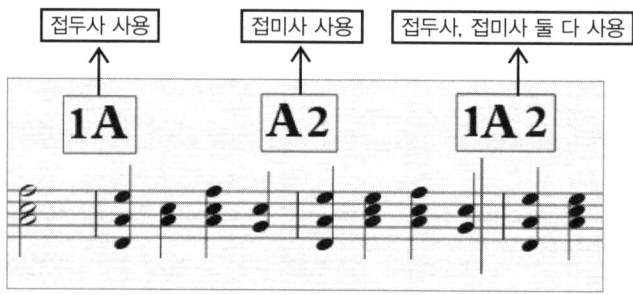

03 Edit Rehearsal Mark 버튼 (리허설 마크 편집)

리허설 마크의 외형을 편집할 수 있다. 다음과 같이 Rehearsal Mark 메뉴의 Edit 버튼을 클릭해 실행한다.

버튼을 클릭하면 다음과 같이 편집창이 나타난다.

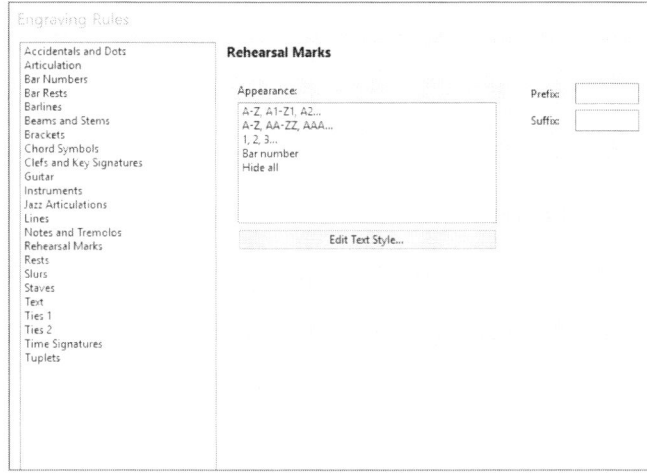

1. A-Z, A1-Z1... 옵션 : 리허설 마크가 A, B, C 순으로 생성된다.
2. A-Z, AA-ZZ,., 옵션 : 리허설 마크가 A, B, C...AA, BB, CC... 순으로 생성된다.
3. 1, 2, 3... 옵션 : 리허설 마크가 숫자 1, 2, 3...을 사용한다.
4. Bar number 옵션 : 마디 번호를 리허설 마크로 사용한다.
5. Hide All 옵션 : 리허설 마크를 악보에서 감춘다.
6. Edit Text Style 버튼 : 리허설 마크의 글꼴 모양을 변경할 수 있도록 System Text Style 대화상자를 실행한다.

System Text Style 대화상자

Text -> Numbering 메뉴 (마디 번호/페이지 번호 옵션)

마디 번호 및 페이지 번호에 대한 옵션과 생성 방식을 설정할 수 있다.

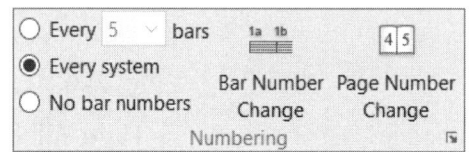

01 Numbering 메뉴 (마디 번호 & 페이지 번호 설정)

5가지 방법으로 마디번호와 페이지번호의 넘버링 방법을 설정할 수 있다.

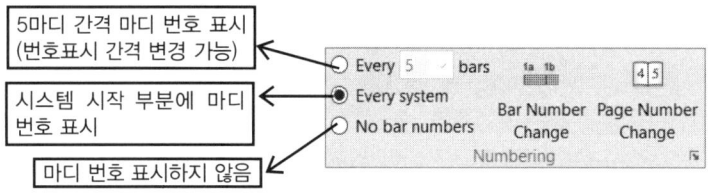

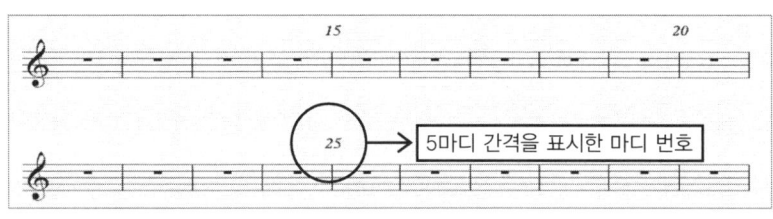

5마디 간격으로 표시한 마디 번호, 시스템 시작부에 표시한 마디 번호의 예제이다.

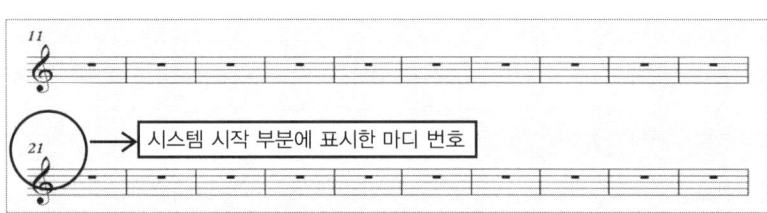

1. Bar Number Change 메뉴 (마디 번호를 인위적으로 변경하기)

메뉴를 실행한 뒤 대화상자에서 옵션을 설정하고 원하는 마디를 클릭하면 그 부분부터 마디 번호가 강제적으로 변경된다.

Text -> Numbering -> Bar Number Change 메뉴를 실행한다.

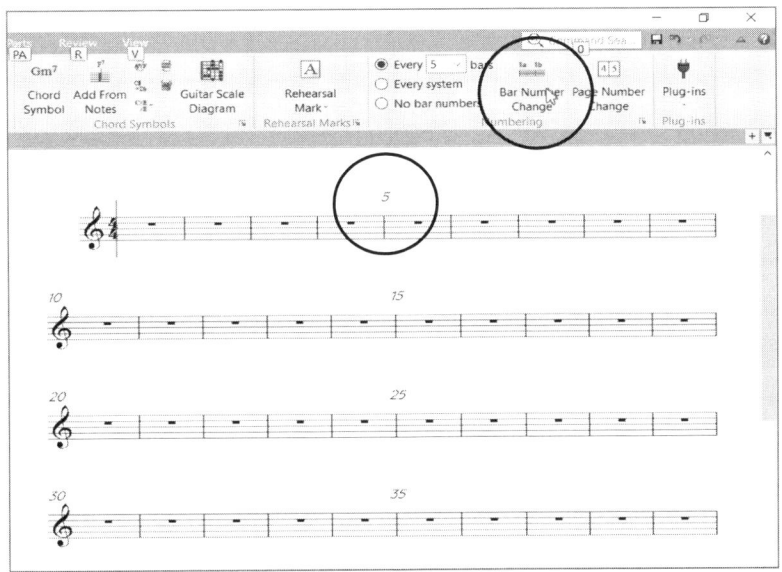

New Bar Number 옵션을 20으로 설정하고 적용한다.

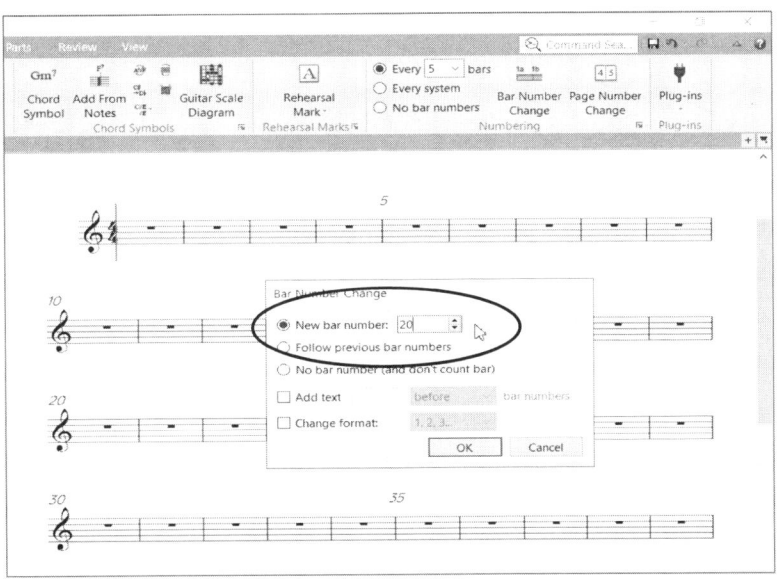

원하는 마디(여기서는 5번 마디)를 클릭하면 그 부분부터 새 마디 번호인 20이 사용되고, 후속 마디 번호들도 전부 자동으로 변경된다.

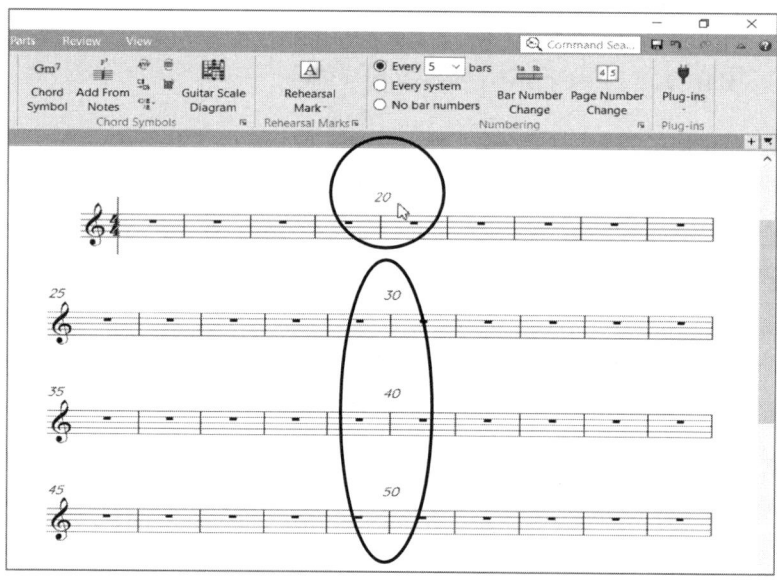

Bar Number Change 메뉴의 대화상자는 다음과 같이 사용할 수 있다.

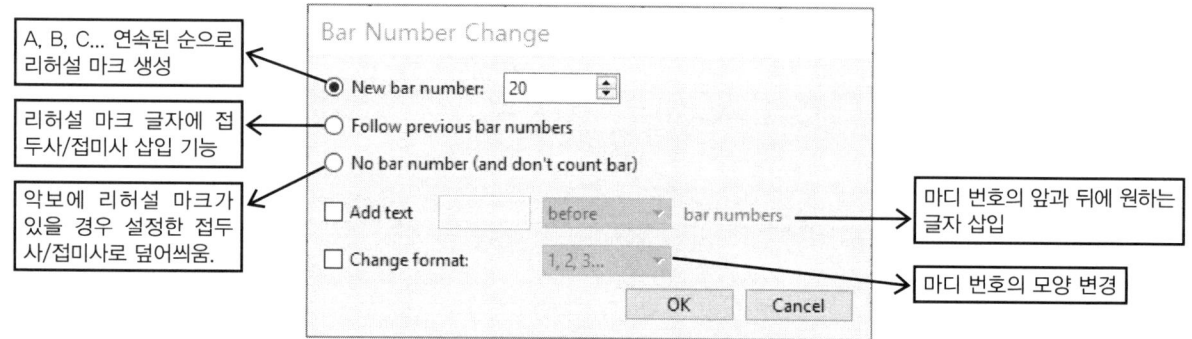

2. Page Number Change 메뉴 (페이지 번호 변경하기)

악보의 페이지 번호를 변경할 때 사용한다. 페이지 번호를 변경하면, 그 부분부터 새 페이지 번호가 카운트되어 다음 페이지로 이어진다. 각각 다른 파일로 작성한 악보들의 페이지 번호를 연결할 때 사용한다.

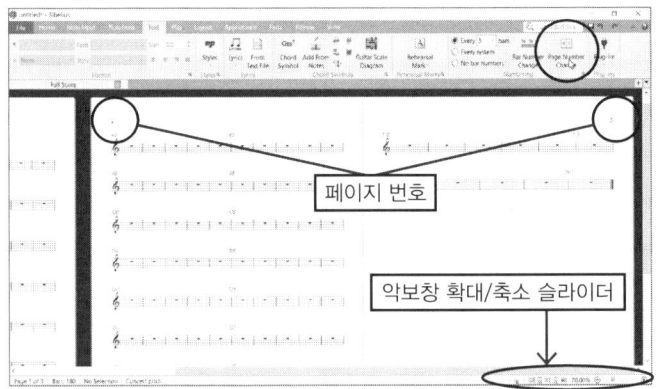

페이지 변경 작업을 육안으로 볼 수 있도록 먼저 악보창 크기를 축소하여 페이지번호가 화면에 보이도록 설정한다.
Text -> Numbering -> Page Number Change 메뉴를 실행한다.

대화상자에서 옵션을 설정한 뒤 원하는 페이지를 클릭하면 그 부분부터 새로 설정한 페이지 번호가 적용된다.

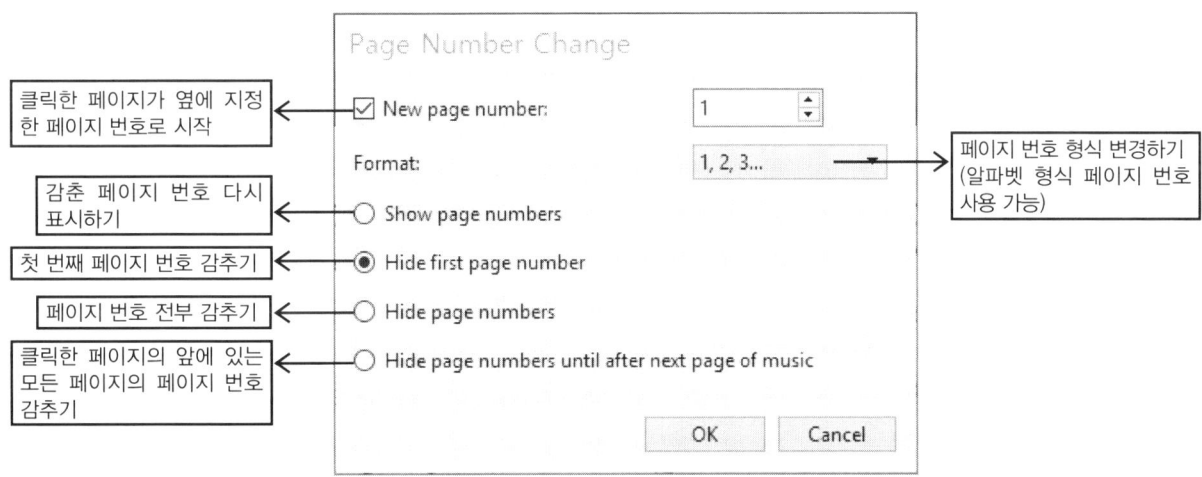

CHAPTER 07 Text -> Plug ins 메뉴 (텍스트 플러그인 메뉴)

텍스트 및 코드 심볼 입력을 자동화로 처리할 수 있는 Plug ins 메뉴를 사용할 수 있다.

01 Add Capo Chord Symbols 메뉴 (카포 코드 만들기)

기타 연주자들이 사용하는 카포 코드 심볼을 자동으로 만드는 기능이다. 먼저 코드 심볼이 있는 마디를 선택한 뒤 Text -> Plug ins -> Add Capo Chord Symbols 메뉴를 실행하면 해당 코드 심볼 상단에 카포 사용자용 코드 심볼이 만들어진다.

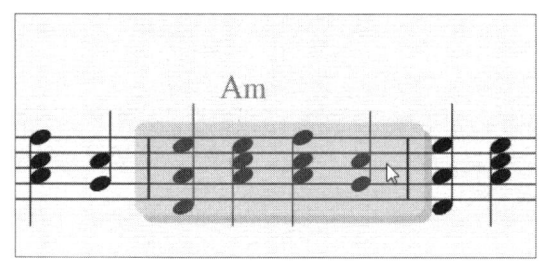

코드 심볼이 있는 마디 선택

카포용 코드를 만든 모습

대화상자의 사용법은 다음과 같다.

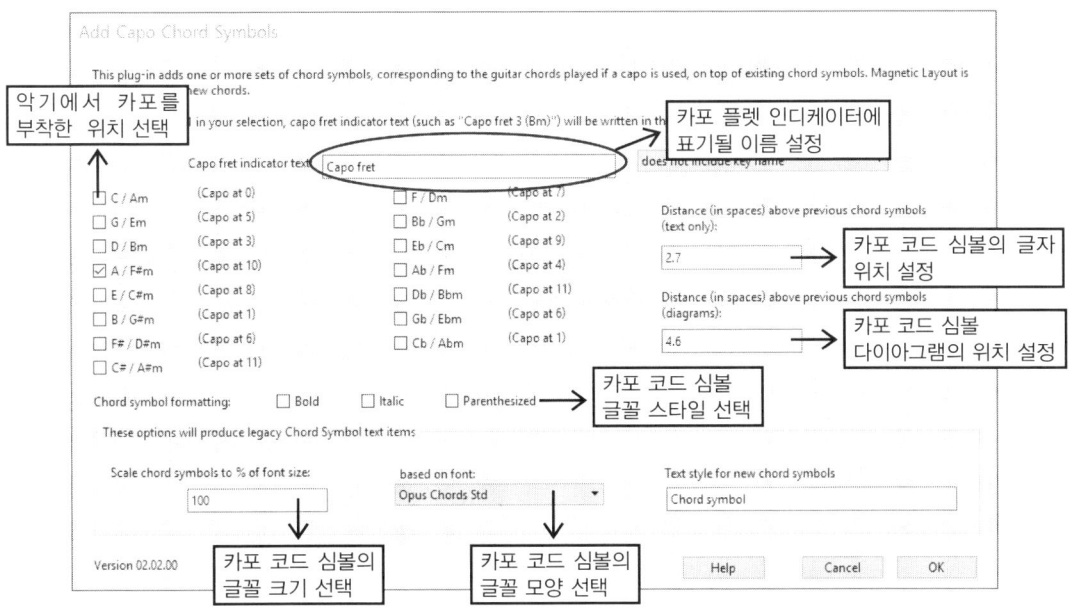

02 Add Chord Symbols 메뉴 (자동으로 코드 심볼 만들기)

선택한 마디를 분석한 뒤 코드 심볼을 자동으로 만들어 준다. Text -> Chord Symbols -> Add From Notes 메뉴와 같은 기능이므로 자세한 사용법은 Add From Notes 메뉴를 참고한다.

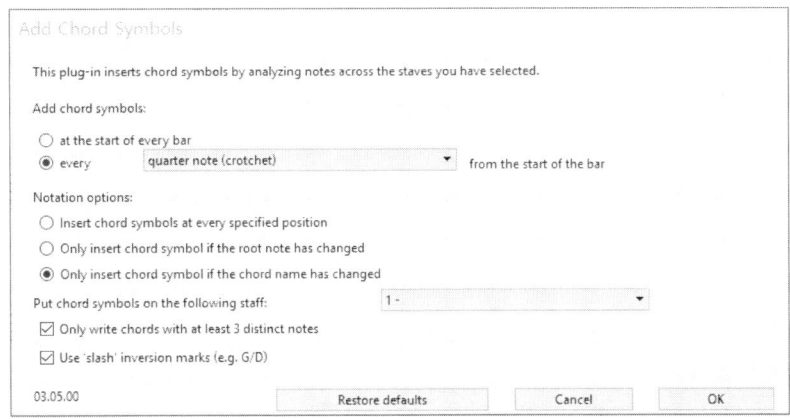

Add Chord Symbols 메뉴 대화상자

03 Chord Symbols As Fractions 메뉴(슬래쉬형 코드 심볼을 분수형 코드 심볼로 변환시키기)

Text -> Chord Symbols -> Chord Symbols As Fractions 메뉴는 슬래쉬형 코드 심볼(Fmaj7/G 형태)을 분수형 코드 심볼로 전환한다. 슬래쉬가 있는 코드 심볼이 있는 마디를 선택해 적용해야 한다. 마디를 선택하지 않은 경우 전체 악보에서 슬래쉬가 있는 코드 심볼을 찾아낸 뒤 분수형 심볼로 변경한다.

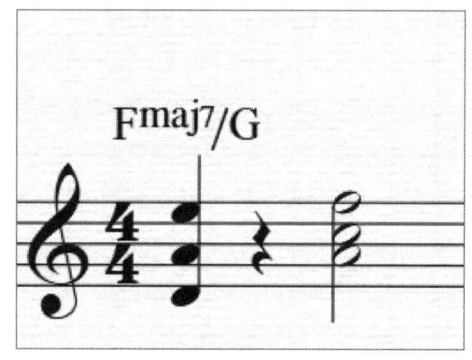
슬래쉬형 코드 심볼

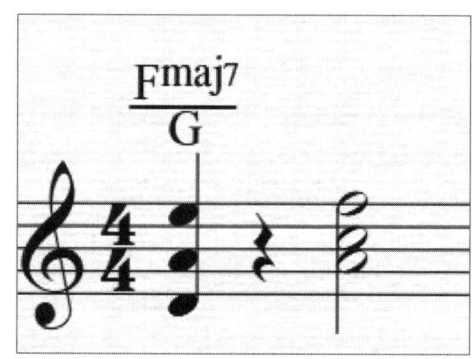
분수형 코드심볼로 전환한 모습

04 Nashville Chord Numbers 메뉴 (내슈빌 코드 심볼로 변환시키기)

Text -> Plug ins -> Nashville Chord Numbers 메뉴로 실행한다. 스탠다드 코드 심볼을 내슈빌 코드 심볼로 전환하거나, 내슈빌 코드 심볼을 스탠다드 코드 심볼로 전환하는 기능이다. 코드 심볼 또는 코드 심볼이 있는 마디를 선택한 뒤 메뉴를 실행한다.

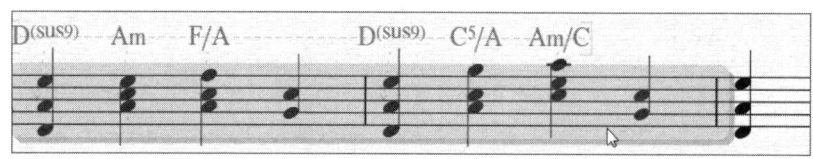
코드 심볼이 있는 마디를 선택한 모습

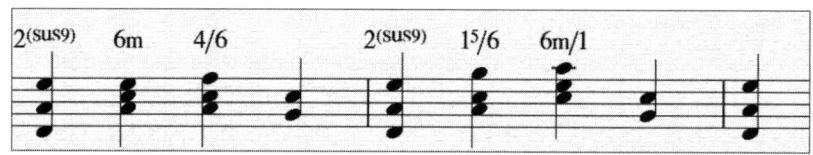
내슈빌 코드 심볼로 전환한 모습

Nashville Chord Numbers 메뉴의 대화상자는 다음과 같이 사용한다.

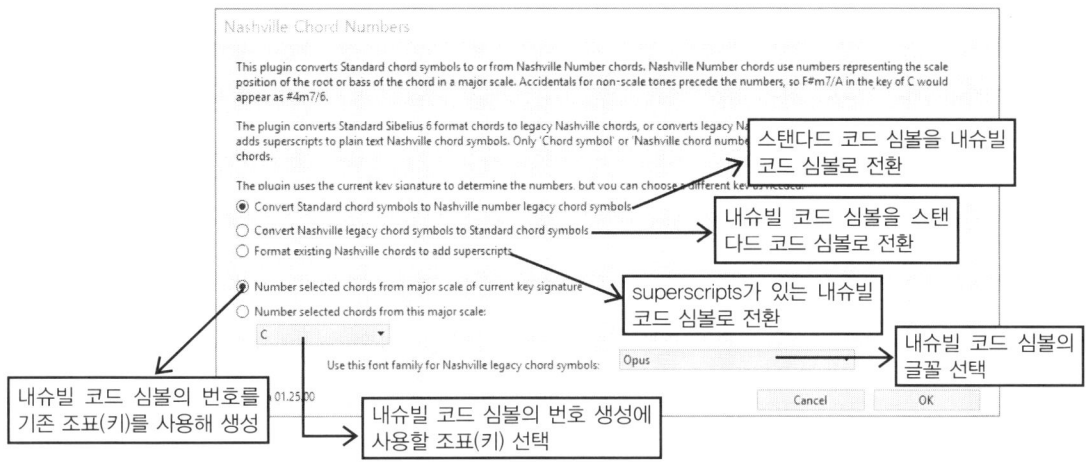

05 Realize Chord Symbols 메뉴 (코드 심볼을 음표, 아르페지오로 구현하기)

아무것도 입력하지 않은 보표에 코드 심볼이 있을 경우, 해당 코드 심볼을 보표 상의 음표로 구현해주는 기능이다. 코드 심볼을 읽지 못하는 사람이 많은데 그런 경우 보표를 보고 연주할 수 있도록 도움을 준다. 먼저 코드가 입력된 빈 보표를 선택한 뒤 Text -〉 Plug ins -〉 Realize Chord Symbols 메뉴를 실행한다. 대화상자에서 생성시킬 보표 종류를 피아노용 또는 기타용으로 선택할 수 있다.

예를 들어 다음과 같이 코드 심볼이 있는 마디를 전부 선택한다.

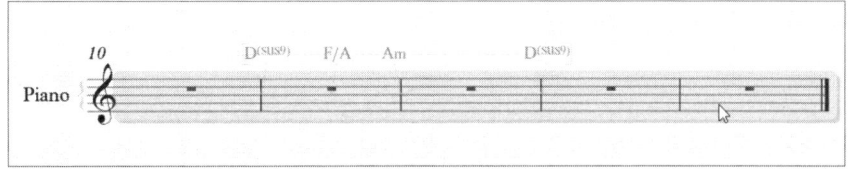

Text -〉 Plug ins -〉 Realize Chord Symbols 메뉴로 피아노 보표를 생성시킨 모습이다.

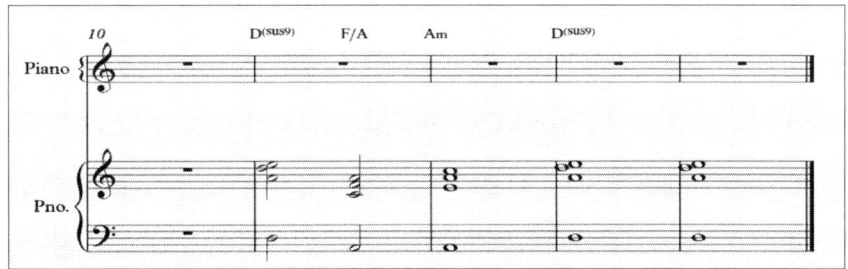

이번에는 왼손 피아노용 보표를 생성시킨 모습이다.

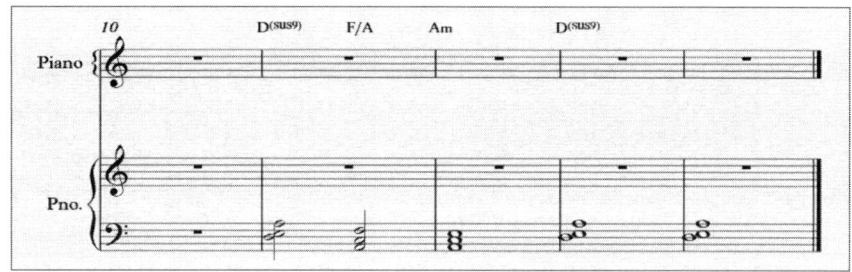

이번에는 기타용 보표를 생성시킨 모습이다.

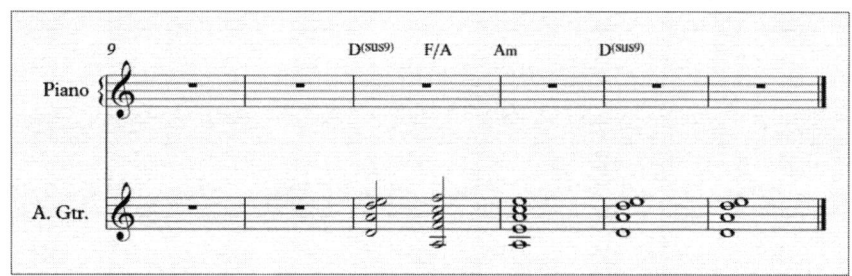

이번에는 타브악보를 생성시킨 모습이다.

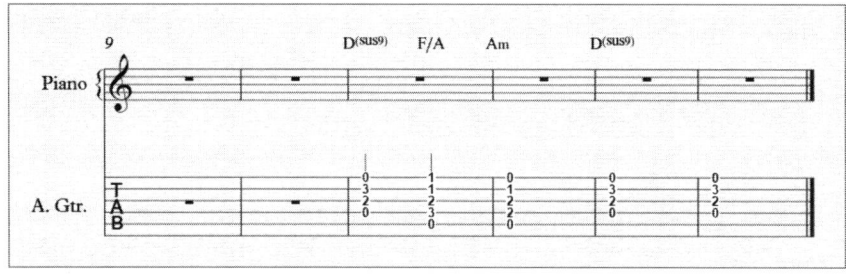

이번 예제를 보면 알 수 있듯, 코드 심볼을 읽을 줄 모르는 사람들도 보표를 보고 해당 코드를 연주할 수 있게 된다.

다음은 Text -> Plug ins -> Realize Chord Symbols 메뉴의 대화상자 사용법이다.

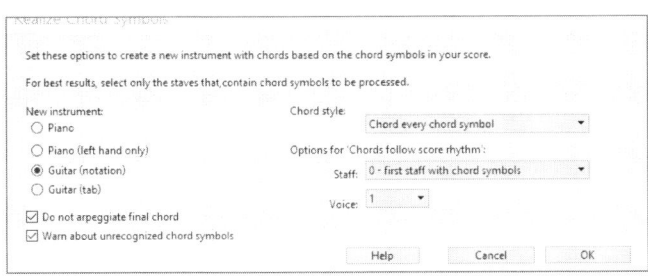

1. New Instrument : 보표를 만들 때 사용할 악기를 선택한다.
2. Do not arpeggiate final chord : 체크하면 마지막 코드 심볼은 아르페지오로 만들지 않는다.
3. Warn about unrecognized chord symbols : 인식할 수 없는 코드가 있을 경우 경고메시지가 출력된다.
4. Chord style : 화음을 분리할 방법을 선택한다. Chord every chord symbol 옵션은 각각의 코드 심볼 간격으로 화음을 생성시킨다. Chord every beat creates 옵션은 박자 간격으로 화음을 생성시킨다. Chords follow score rhythm 옵션은 상위 보표의 멜로디가 있는 위치 간격으로 화음을 생성시킨다. 8/16th note Alberti 옵션은 Alberti-style 패턴을 사용해 8/16분음표를 생성시킨다. 8/16th note arpeggios 옵션은 8/16분음표를 사용해 아르페지오 스타일로 화음을 생성시킨다.
5. Staff : 위의 Chords follow score rhythm 옵션의 추가 옵션이다. 멜로디가 있는 위치마다 화음을 생성시킬 때 참조할 수 있는 보표를 지정하면 된다.
6. Voice : 생성될 화음이 위치하게 될 보이스(성부)를 선택하는 기능이다.

06 Add Brackets to Reprise Script 메뉴 (노래가사 강조하기)

노래가사가 있는 마디나 보표를 선택한 뒤 Text -> Plug ins -> Add Brackets to Reprise Script 메뉴로 실행한다. 손으로 그린 악보를 보면 노래가사의 일부분을 특별히 부각시키기 위해 브라켓(괄호)을 그려넣는 경우가 있는데 그러한 효과를 만들 때 사용한다.

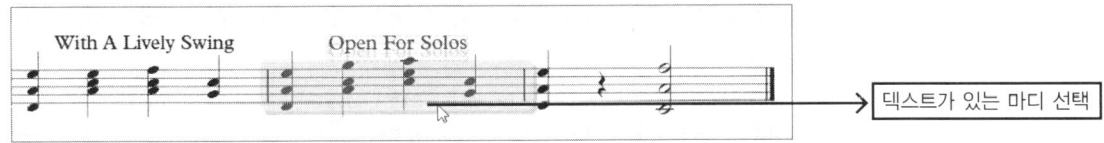

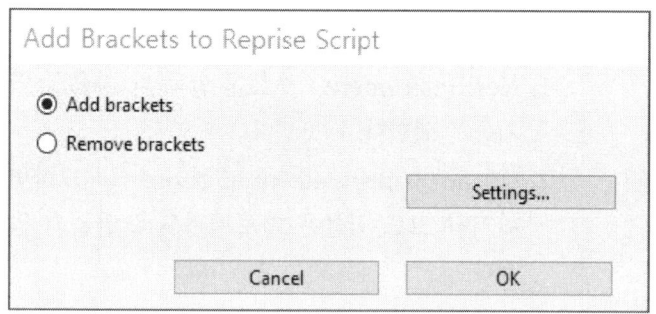

Add brackets 옵션은 텍스트에 브라켓을 만들 때 선택하고, Remove brackets 옵션은 텍스트에서 브라켓을 제거할 때 선택한다.

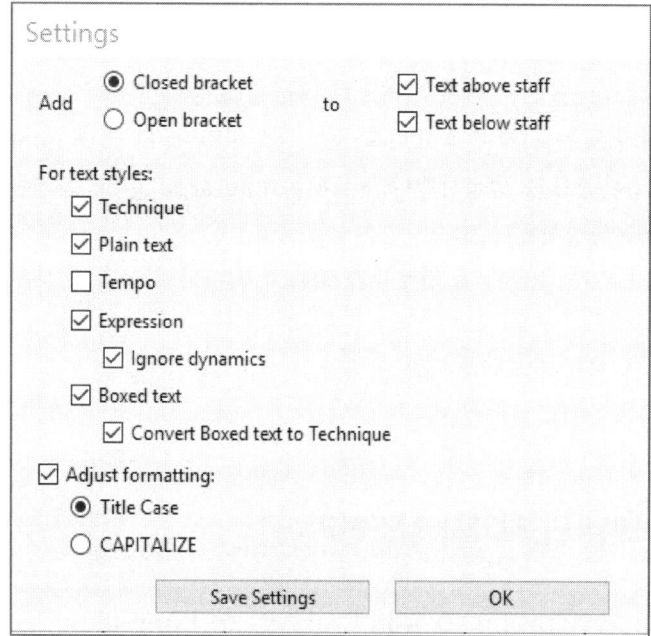

앞의 대화상자에서 Setting 버튼을 누르면 생성될 브라켓에 대한 옵션을 설정할 수 있다.
Add 옵션에서 브라켓의 종류를 선택한다.
To 옵션에서 보표 위쪽 또는 아래쪽 텍스트중 어느 쪽에 브라켓을 만들 것인지 선택한다.
For text styles 옵션에서 브라켓으로 강조될 텍스트의 스타일을 선택한다.

아래는 위 대화상자의 옵션을 기본값으로 설정하고 적용한 모습이다.
선택한 마디에 있는 노래가사에 브라켓이 만들어지고, 브라켓 안의 글자는 강조된다.

07 Add Brass Fingering 메뉴 (브라스 악기의 운지법 표기하기)

금관악기 악보를 만들 때, 금관악기의 손가락 운지법을 알려주기 위해 음표에 손가락 번호를 추가하는 기능이다. 먼저 음표나 마디를 선택한 뒤 Text -> Plug ins -> Add Brass Fingering 메뉴를 실행하면 사용하는 악기를 선택할 수 있도록 대화상자가 실행된다. 악기를 선택한 뒤 적용하면 운지법 번호가 추가된다.

마디 선택

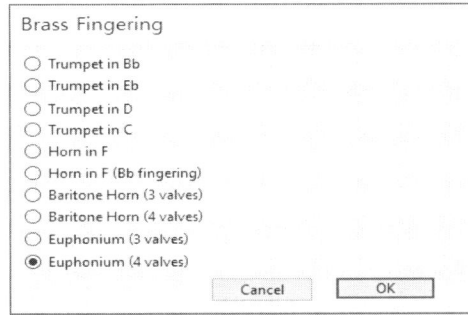
사용하는 악기 선택

손가락 번호가 추가된 모습

08 Add Dynamics From Live Playback 메뉴 (악보를 분석해 다이나믹 심볼을 자동 추가하기)

마스터건반으로 리얼 입력한 악보에 다이나믹 심볼을 자동으로 추가하는 기능이다. 즉, 메조포르테(mf) 등의 다양한 다이나믹 심볼을 녹음할 때의 건반을 누른 강약이 기록된 각각의 벨로서티를 분석한 뒤 자동으로 추가하는 기능이다.

인터넷에서 다운로드한 미디 파일은 대부분 리얼 입력한 악보들이기 때문에 때에 따라 미디 파일에도 이 메뉴를 적용할 수도 있다. 마우스로 입력한 음표는 벨로서티의 강약이 통일되어 있으므로 이 메뉴가 동작하지 않는다.

리얼입력으로 만든 보표를 선택한 모습

메뉴를 적용해 다이나믹 심볼을 자동 추가한 모습

Add Dynamics From Live Playback 대화상자는 다이나믹 심볼의 생성 옵션을 설정할 때 사용한다. 기본옵션을 그대로 둔 상태에서 적용해도 다이나믹 심볼이 적합하게 만들어진다.

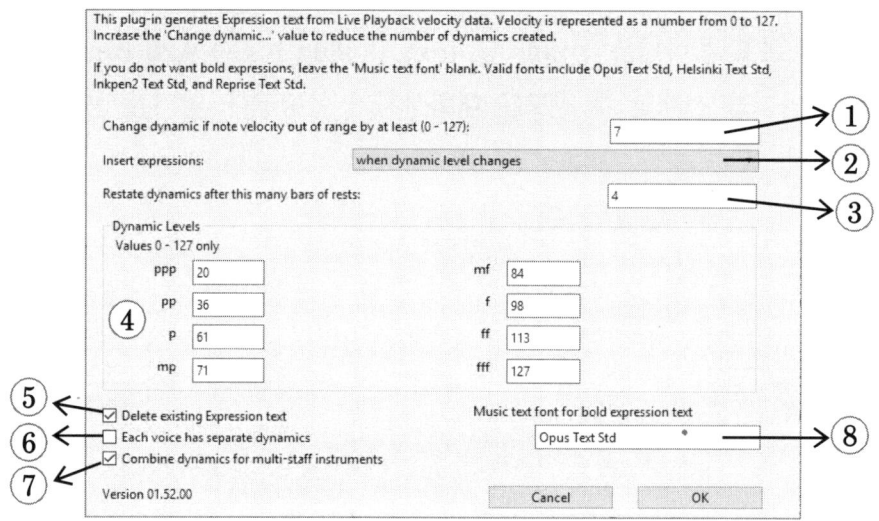

1. Change dynamic if note velocity out of range by at least : 다이나믹 변화를 인지할 감도의 폭을 조절할 수 있다. 수치를 높이면 그만큼 다이나믹 변화를 인지할 기준 폭이 상승하므로 다이나믹 심볼이 적게 삽입된다.
2. Insert expression : 다이나믹 심볼이 삽입될 위치를 지정한다. 기본값인 when the dynamic level changes 옵션은 벨로서티가 변동한 위치에서 다이나믹 심볼을 삽입해 준다.
3. Dynamic Levels : 각각의 다이나믹 심볼마다 벨로서티(건반을 누르는 강약) 값을 설정할 수 있다. 음표의 벨로서티가 여기서 설정한 벨로서티 값에 속할 경우, 해당 다이나믹 심볼이 그 음표 밑에 자동 삽입된다.
4. Delete existing Expression text : 만일 기존 다이나믹 심볼이 있을 경우 삭제하고 삽입한다.
5. Each voice has separate dynamics : 다성부 악보일 경우, 다이나믹 심볼을 각각의 성부에 적합하게 삽입해 준다.
6. Combine dynamics for multi-staff instruments : 큰 보표일 경우 각 보표에 있는 음표들의 벨로서티를 모두 취합 분석한 뒤 다이나믹 심볼을 생성시킨다.
7. Music text font for bold Expression text : 생성될 다이나믹 심볼의 글꼴을 지정한다.

09 Add Fingering to Notes 메뉴 (운지법 번호 수동 삽입)

음표 옆에 운지법을 알려주는 번호를 수동 삽입하는 기능이다. 먼저 원하는 음표를 선택한 뒤 메뉴를 실행하면 계산기처럼 보이는 대화상자가 실행된다. 대화상자에서 번호를 클릭하면 해당 번호가 음표에 삽입된다. 이때 음표가 여러개 일 경우, 아래에서 위 방향으로 1, 2, 3... 순으로 번호가 삽입된다.

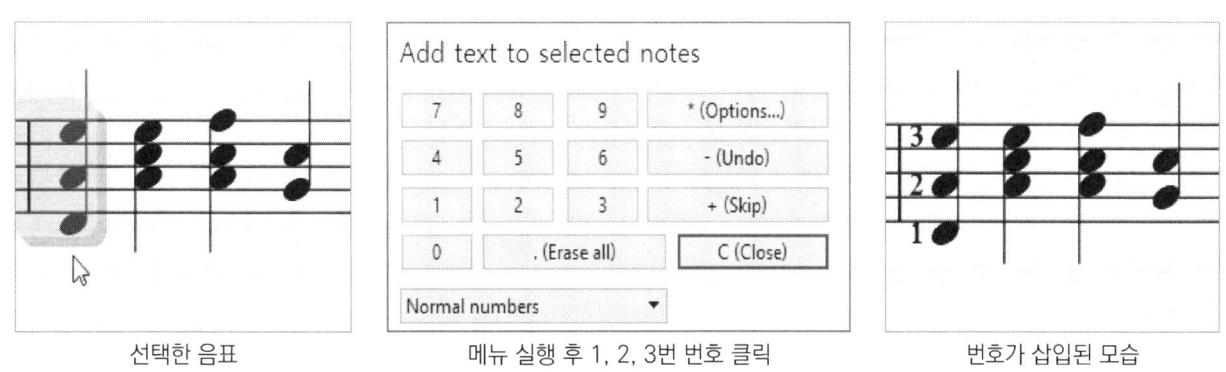

선택한 음표   메뉴 실행 후 1, 2, 3번 번호 클릭   번호가 삽입된 모습

대화상자의 사용법은 다음과 같다.

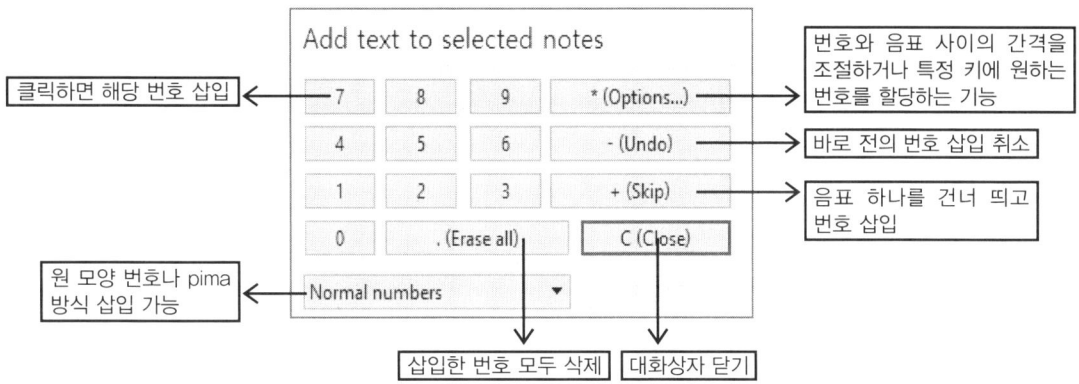

10 Add Note Names 메뉴 (음 이름 삽입하기)

보표 상단에 음 이름을 삽입하는 기능이다. 먼저 음표를 선택하거나 마디를 선택한 뒤 Text -> Plug ins -> Add Note Name 메뉴를 실행한다. 대화상자에서 음 이름을 삽입할 방법을 설정한 뒤 적용하면 보표 상단에 음 이름이 삽입된다. 대화상자의 설정에 따라 미국식(C, D, E..), 독일식(C, D, E..), 프랑스식(Do, Re, Mi..), 일본식 등의 음 이름을 삽입할 수 있다. 선택한 구간이 없을 경우 전체 악보에 작업이 적용된다.

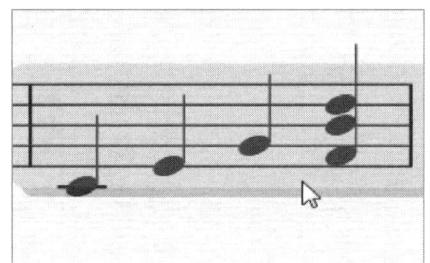

마디를 선택한 모습　　　　　　　미국식으로 음 이름을 삽입한 모습

11 Add Slurs to Lyrics 메뉴 (가사에 슬러 추가하기)

Text -> Plug ins -> Add Slurs to Lyrics 메뉴로 실행한다.
슬러로 연결된 음표 밑의 가사가 음표보다 넘칠 경우, 가사에도 슬러를 만들어준다. 대화상자에서 슬러의 모양 등을 지정한 뒤 적용할 수 있다.

12 Add String Fingering 메뉴 (현악기의 운지법 추가하기)

Text -> Plug ins -> Add String Fingering 메뉴로 실행한다.
바이올린, 비올라, 첼로, 더블베이스 보표에서 해당 악기의 운지법을 알려주기 위해 음표에 번호를 추가할 수 있다. 먼저 운지법을 추가할 마디를 선택한 뒤 이 메뉴를 실행한다. Instrument 옵션에서 해당 보표의 악기를 선택한 뒤 Position 옵션에서 손가락 번호를 선택하는데 기본적으로 '1-3'을 선택한다.

13 Add Tonic Sol-Fa 메뉴 (토닉 솔파 음 이름 생성시키기)

Text -> Plug ins -> Add Tonic Sol-Fa 메뉴로 실행한다.

토닉 솔파(Tonic Sol-Fa)는 '계이름부르기'의 하나로 보컬 뮤직을 교육시킬 목적으로 사용하는 문자를 사용한 기보법의 하나이다. 이 메뉴는 선택한 마디나 보표에 토닉 솔파(Tonic Sol-Fa) 기보법을 자동 적용할 때 사용한다.

토닉 솔파(Tonic Sol-Fa)는 '이동 도' 방식의 하나로 도의 위치에 따라 레, 미, 파, 솔, 라, 시의 위치도 이동된다.

음의 이름은 doh(도), ray(레), me(미), fah(파), soh(소), lah(라), te(티)로 나타내고 #이 붙은 음은 de(디), re(리), fe(피), se(시), le(리)로, 플렛(♭)이 붙은 음은 ra(로), ma(모), la(로), ta(토)로 표기한다.

악보에 표기할 때는 머리글자만 사용하기 때문에 d, r, m, f, s, l, t라고 표기한다. 주로 영국에서 사용하는 음악교육용 기보법이다.

마디를 선택한 뒤 메뉴를 실행하면 해당 마디의 음표들에 토닉 솔파(Tonic Sol-Fa) 방식의 음 이름이 문자로 표기된다.

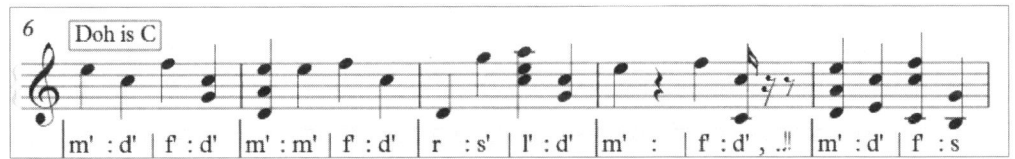

전체 마디를 선택한 뒤 메뉴를 적용해 토닉 솔파를 기보한 모습

14 Add Verse Numbers 메뉴 (노래가사 절 번호 붙이기)

노래가사의 시작 부분에 절 번호를 붙여주는 기능이다. 예를 들어 노래가사를 1, 2, 3… 절로 작성하였다면, 1절에 해당하는 가사에는 1이라는 숫자를, 2절에 해당하는 가사에는 2라는 숫자를 자동으로 붙여주는 기능이다.

참고로, 절을 구분해 가사를 입력하려면 Text -> Lyrics 메뉴를 사용한다. Text -> Lyrics -> Lyrics Lines 1 메뉴는 1절에 가사를 입력할 때 사용하고, Lyrics Lines 2 메뉴는 2절에 가사를 입력할 때 사용한다.

마디를 클릭해 가사를 모두 선택한 모습이다.

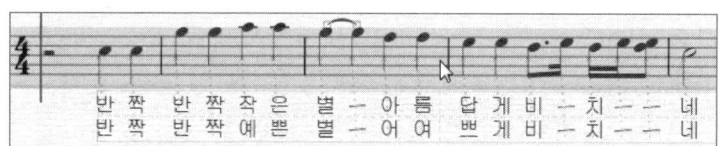

Text -> Plug ins -> Add Verse Numbers 메뉴를 적용해 절 번호를 붙인 모습이다.

15 Align Lyrics 메뉴 (노래가사 수평선 정렬하기)

노래가사의 수평줄이 맞지 않을 경우 수평선에 맞게 정렬하는 기능이다. 메뉴를 실행하면 곧바로 노래가사의 글자 위치를 수평선에 맞게 정렬시켜준다. 노래가사의 글자 몇 개를 이동시킨 후 수평선이 맞지 않을 경우 사용한다.

16 Change Dynamics 메뉴 (다이나믹 심볼 표기 조절하기)

다이나믹 심볼의 표기를 스텝 단위로 높이거나 내려서 다시 표기하는 기능이다. 예를 들어 포르테(f) 심볼을 선택한 후 Louder 옵션으로 적용하면 포르테시모(ff)로 변경되어 다시 표기된다.

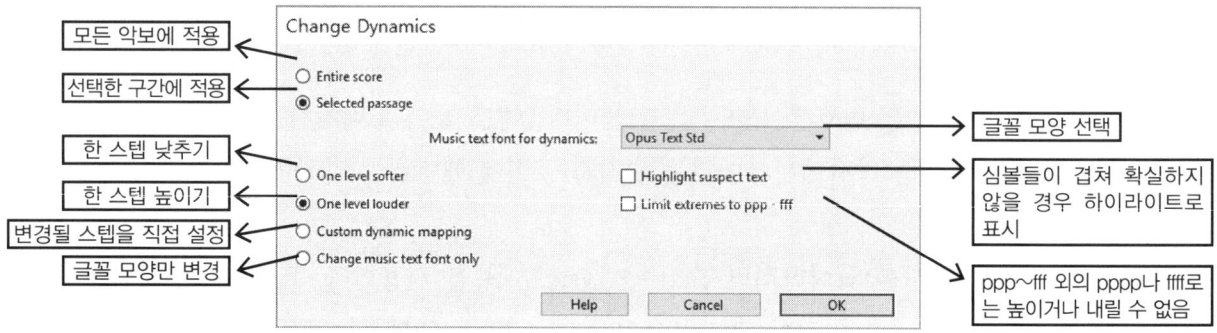

17 Export Lyrics 메뉴 (노래가사를 txt 파일로 저장하기)

악보에 입력한 노래가사를 txt 파일로 저장할 때 사용한다. 대화상자의 설정에 따라 절 별로 반출하거나, 유니코드로 반출할 수도 있다. 대화상자에서 아래 옵션을 설정한 뒤 OK 버튼을 누르면 저장 위치를 선택할 수 있는 Save 대화상자가 실행된다.

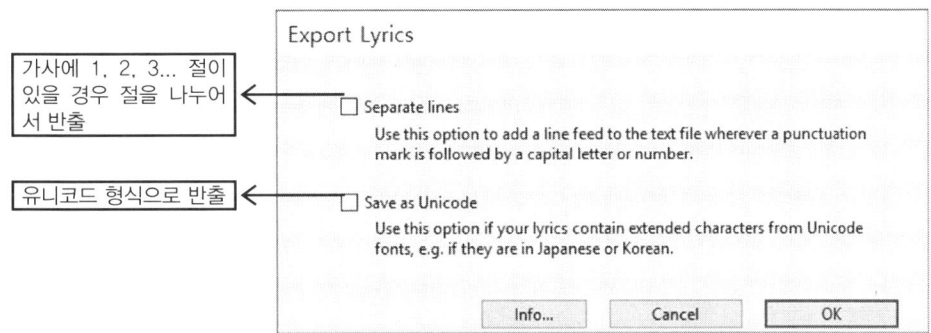

18 Find and Replace Text 메뉴 (텍스트 검색 및 교체하기)

노래가사, 시스템 글자, 보표 글자를 검색한 뒤 다른 글자로 교체할 수 있다. 대화상자의 설정에 따라 같은 글꼴의 글자나 같은 크기의 글자만 검색할 수도 있다. 사용법은 워드프로세서의 검색 및 교체 기능과 거의 똑같다.

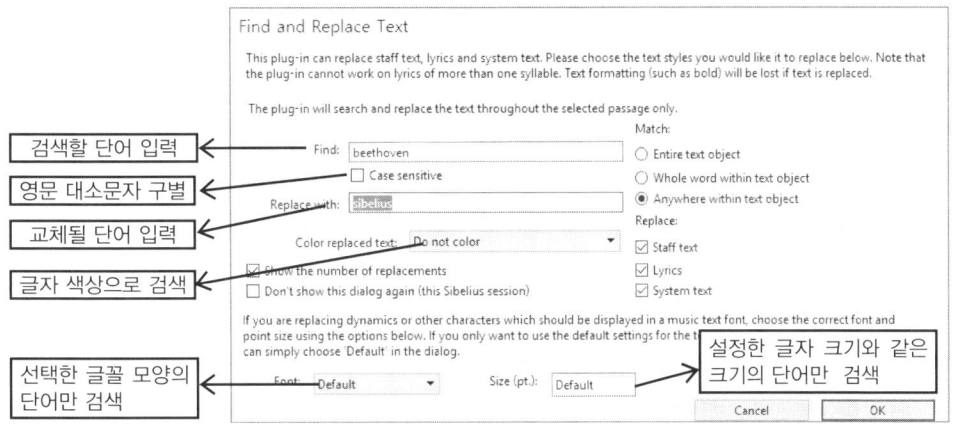

19 | Number Bars 메뉴 (마디 상단 중앙에 마디번호 표기하기)

마디 상단 중앙에 마디번호를 표기할 때 사용한다. 일반적인 마디번호와 구별하기 위해, 도돌이표가 있는 마디들을 선택해 번호를 붙이거나, 마디쉼표가 있는 마디들에 일련번호를 붙일 때 사용한다.

20 | Number Beats 메뉴 (박자에 번호 붙이기)

박자(비트)에 번호를 붙이는 기능이다. 예를 들어 4/4박자 마디에서는 1, 2, 3, 4 등 4개의 번호를 각 박자마다 붙일 수 있고, 2/4박자 마디에서는 1, 2 등의 2개의 번호를 각 박자마다 붙일 수 있다. 박자 구분이 모호할 때 사용하면 박자가 확실히 보여서 유용하다.

마디를 더블 클릭해 마디 전체를 선택한다.

Text -> Plug ins -> Number Beats 메뉴를 적용하면 각각의 박자에 번호가 붙는다. 박자와 박자 사이의 구별이 한층 편해질 것이다.

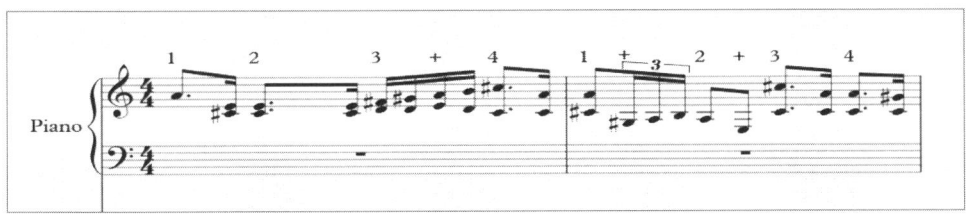

21 Reposition Text 메뉴 (텍스트 위치 변경하기)

보표 상에 운지법을 알려주는 손가락 번호는 물론 각종 텍스트형 심볼(mf)들을 많이 입력하는 경우가 있다. 이 경우 이들 심볼들이 보표에서 일괄되게 정렬되지 않기도 하는데, 그럴 경우 이들 텍스트들을 보표 위나 아래에 일괄되게 정렬시킬 때 이 메뉴를 사용한다. 이 메뉴는 보표상에 사용하는 텍스트에 한해 정렬할 수 있고, 심볼이나 가사는 정렬 대상에서 제외된다. 이 메뉴는 운지법을 알려주는 손가락 번호를 보표 위나 아래에 일괄 정렬할 때 사용하면 좋다.

22 Smarten Quotes 메뉴 (따옴표와 축약구두점 모양 일괄 설정하기)

따옴표나 축약구두점(Apostrophe)의 모양을 설정할 때 사용한다. 축약구두점이란 She's라는 글자에서 볼 수 있듯 축약된 부분에 들어간 쉼표 모양(')의 구두점을 말한다. 예를 들어 노래 가사에 큰따옴표("")나 작은따옴표(''), 축약구두점(')이 있을 경우, 이들 표시의 모양을 일괄 변경하거나, 따옴표 안에 있는 글자의 색상을 변경할 수 있다.

메뉴 실행 후 첫 번째 대화상자에서 악보를 대상으로 작업할지, 폴더에 있는 시벨리우스 파일을 대상으로 작업할지 지정한다. 두 번째 대화상자에서 원하는 따옴표 모양을 설정하면 된다.

23 Traditional Lyrics Beaming 메뉴 (노래가사 음절에 맞게 빔음표 나누기)

빔음표 하단이나 상단에 노래가사가 있을 경우, 노래가사의 음절 개수에 맞게 빔음표를 나누어서 일반 음표로 만드는 기능이다. 대화상자의 Leave existing beam 옵션을 선택하면 가사가 없는 위치에 있는 빔은 분할하지 않는다. Unbeam them all 옵션을 선택하면 가사가 없는 부분의 모든 빔음표도 분할하여 일반 음표로 바꾼다. Highlight them 옵션에 체크하면 빔음표를 분할한 곳임을 알려주기 위해 노란색으로 표시해 준다.

가사가 있는 빔음표 선택

메뉴를 적용해 빔음표를 나눈 모습

Part 9

Play 메뉴 (플레이 메뉴)

하위 메뉴를 통해 악보 Play 기능, 사운드 장치 설정 기능, 리얼 입력 기능을 사용할 수 있다.

Play -> Setup 메뉴 (사운드 장치의 설정)

악보를 재생할 때 사용할 사운드 디바이스(음원 장치, 가상악기)를 지정할 수 있고 신규 가상악기를 등록하거나 사운드 믹싱 기능을 사용할 수 있다.

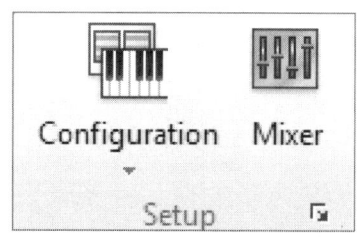

01 Configuration 메뉴 (사운드 디바이스 선택하기)

Play -> Setup -> Configuration 메뉴는 악보를 연주할 때 사용하게 될 사운드 디바이스(음원이 들어있는 장치나 소프트웨어)를 선택하거나, 신규 장치인 외장악기나 가상악기를 등록하는 기능이다.

사운드 디바이스(장치)란 사운드 재생에 사용하는 음원 장치를 말한다. 음원 장치는 소프트웨어 형태의 가상악기와 신디사이저 같은 외장악기, 사운드 카드의 소프트미디 음원 장치가 있다. 시벨리우스는 정품 프로그램을 설치할 때 함께 설치할 수 있는 시벨리우스 전용 가상악기인 Sibelius Sounds가 기본적으로 사용하는 가상악기이므로 다른 외부 가상악기는 필요하지 않다.

Sibelius Sounds는 전체 설치용량 약 40기가의 '시벨리우스 사운드 샘플 라이브러리'를 음원으로 사용하는 준전문가 급의 수준 높은 가상악기이다. 시벨리우스에서 작업할 때 사운드가 들리지 않으면 이곳에서 Sibelius Sounds는 선택한 상태여야 하며 Sibelius Sounds 메뉴가 하위에 보이지 않을 경우 설치되지 않은 상태이므로 정품 사용자는 Avid 홈페이지에서 Sibelius Sounds를 다운받아 설치해야 한다.(약 40기가 용량)

만일 외부 플러그인 가상악기(VSTi) 소프트웨어를 설치한 경우라면 이곳에서 설치 위치를 등록하면 이 메뉴의 하위 메뉴에 해당 가상악기 이름이 나타난다. 플러그인 가상악기(VSTi)로 사운드를 출력하려면 하위 메뉴에서 해당 가상악기를 선택해 체크 표시를 해야 하며, 그럴 경우 보표를 입력하거나 악보를 플레이할 때 해당 악기로 사운드를 들을 수 있다. Setup 버튼을 클릭한 뒤 Configuration 옵션에서 플러그인 가상악기가 설치된 위치를 등록하면 해당 가상악기가 시벨리우스에서 인식되어 Configuration 메뉴 하위에 나타난다.

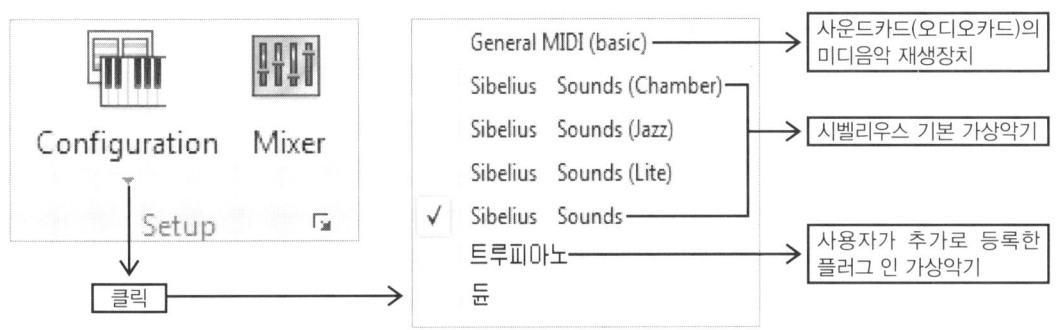

02 Mixer 메뉴 (Ctrl + Alt + M, 믹서 사용하기)

Mixer 메뉴는 사운드를 믹싱할 수 있는 믹서창을 실행하는 기능이다. 믹서창을 실행하면 악보에 작성된 여러 보표에서 원하는 보표의 사운드를 뮤트시키거나, 원하는 보표만 솔로로 연주할 수 있다. 또한 보표마다 서로 다른 플러그 인 가상악기를 연결하여 악보를 연주할 수 있고, 보표와 보표 사이의 사운드 믹싱 상태를 조절하여 사운드에 변화를 줄 수 있다. 또한 간단한 사운드 이펙트 기능과 이퀄라이저를 제공하므로 음색을 변경하거나 음장 감을 변경하는 등의 작업을 할 수 있다.

믹서창의 단축키는 Ctrl + Alt + M이며, 사용법은 큐베이스나 소나 등의 시퀀서 프로그램에서 볼 수 있는 믹서창과 거의 같다.

단축키 Ctrl + Alt + M을 누르거나, Play -> Mixer 메뉴를 실행하면 다음과 같이 믹서창이 실행된다.

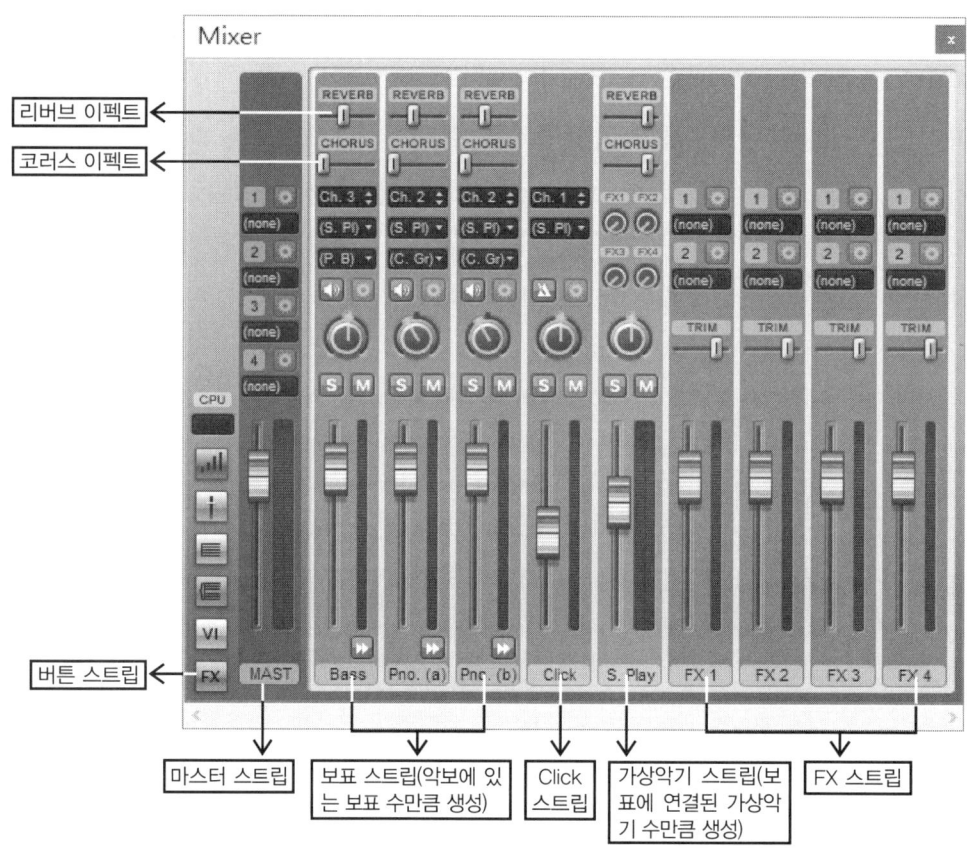

1. 버튼 스트립

믹서창에 있는 스트립을 끄거나 켤 때 사용한다.

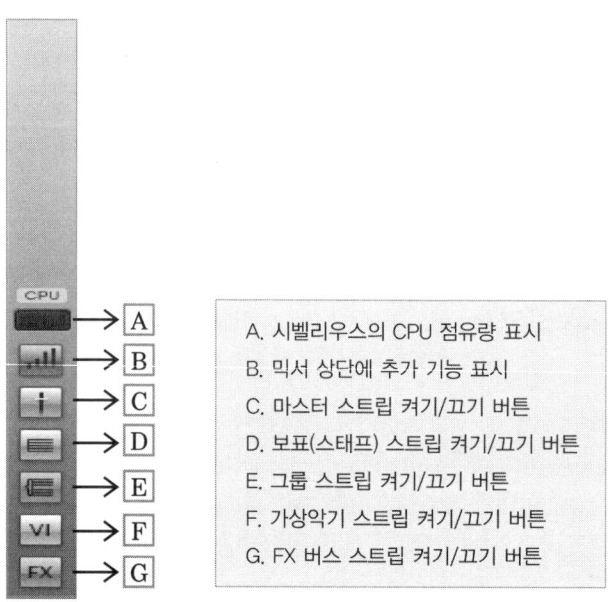

A. 시벨리우스의 CPU 점유량 표시
B. 믹서 상단에 추가 기능 표시
C. 마스터 스트립 켜기/끄기 버튼
D. 보표(스태프) 스트립 켜기/끄기 버튼
E. 그룹 스트립 켜기/끄기 버튼
F. 가상악기 스트립 켜기/끄기 버튼
G. FX 버스 스트립 켜기/끄기 버튼

2. 마스터 스트립

마스터 볼륨, 마스터 이펙트의 사용량을 조절할 수 있다. 마스터 기능이므로 악보 전체의 볼륨과 이펙트량을 조절하는 기능이다. 이펙트는 기본적으로 4개를 삽입할 수 있으며, 플러그 인 이펙트를 설치한 뒤 시벨리우스에서 인식시킨 경우 이펙트 삽입 기능이 동작하고 이펙트를 삽입할 수 있다.

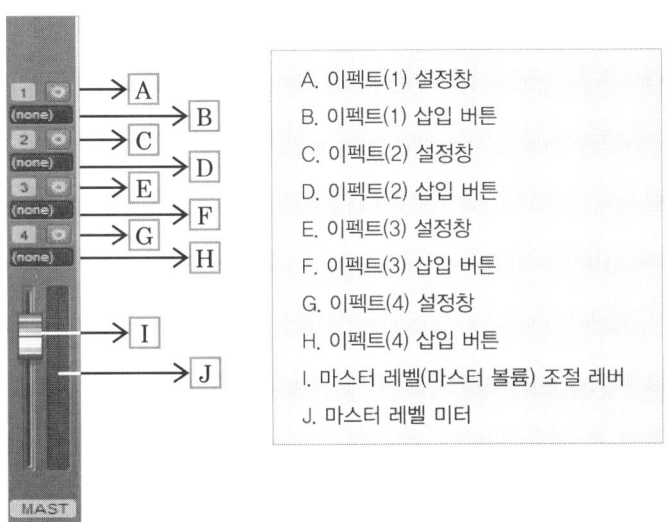

A. 이펙트(1) 설정창
B. 이펙트(1) 삽입 버튼
C. 이펙트(2) 설정창
D. 이펙트(2) 삽입 버튼
E. 이펙트(3) 설정창
F. 이펙트(3) 삽입 버튼
G. 이펙트(4) 설정창
H. 이펙트(4) 삽입 버튼
I. 마스터 레벨(마스터 볼륨) 조절 레버
J. 마스터 레벨 미터

3. 보표(스태프) 스트립

보표 별로 생성된다. 해당 보표의 볼륨, 솔로 연주, 뮤트(묵음), 팬(스테레오 팬)을 조절할 수 있다. 중요한 기능으로는 보표가 사용하는 악기를 플러그 인 가상악기로 변경하는 기능이 있다. 또한 가상악기의 신호가 오고가는 채널을 변경할 수 있다. 삽입한 플러그 인 가상악기의 전용 프로그램을 실행할 수 있다. 참고로 시벨리우스 번들 가상악기가 아닌 플러그 인 가상악기는 Play -> Setup 메뉴의 Setup 버튼으로 등록한 경우에만 사용할 수 있다.

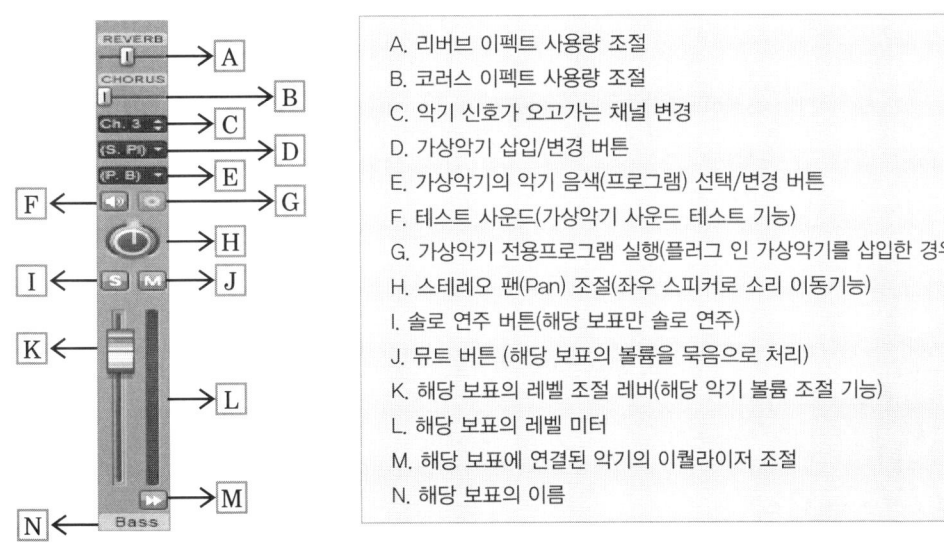

A. 리버브 이펙트 사용량 조절
B. 코러스 이펙트 사용량 조절
C. 악기 신호가 오고가는 채널 변경
D. 가상악기 삽입/변경 버튼
E. 가상악기의 악기 음색(프로그램) 선택/변경 버튼
F. 테스트 사운드(가상악기 사운드 테스트 기능)
G. 가상악기 전용프로그램 실행(플러그 인 가상악기를 삽입한 경우)
H. 스테레오 팬(Pan) 조절(좌우 스피커로 소리 이동기능)
I. 솔로 연주 버튼(해당 보표만 솔로 연주)
J. 뮤트 버튼 (해당 보표의 볼륨을 묵음으로 처리)
K. 해당 보표의 레벨 조절 레버(해당 악기 볼륨 조절 기능)
L. 해당 보표의 레벨 미터
M. 해당 보표에 연결된 악기의 이퀄라이저 조절
N. 해당 보표의 이름

4. 클릭 스트립

메트로놈 사운드의 볼륨을 조절하고 메트로놈 소리의 음원을 선택할 수 있다.

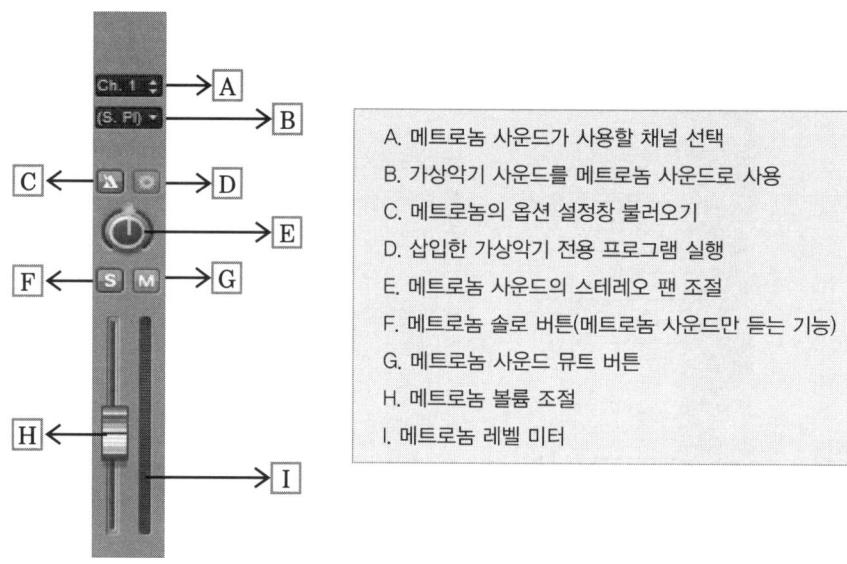

A. 메트로놈 사운드가 사용할 채널 선택
B. 가상악기 사운드를 메트로놈 사운드로 사용
C. 메트로놈의 옵션 설정창 불러오기
D. 삽입한 가상악기 전용 프로그램 실행
E. 메트로놈 사운드의 스테레오 팬 조절
F. 메트로놈 솔로 버튼(메트로놈 사운드만 듣는 기능)
G. 메트로놈 사운드 뮤트 버튼
H. 메트로놈 볼륨 조절
I. 메트로놈 레벨 미터

5. 가상악기 스트립

현재 악보의 보표마다 연결된 모든 가상악기가 개별적인 스트립으로 표시된다. 해당 가상악기의 볼륨, 스테레오 팬, 솔로, 뮤트를 조절하고 FX 버스로 가상악기 사운드를 보내는 Send 강약을 조절할 수 있다.

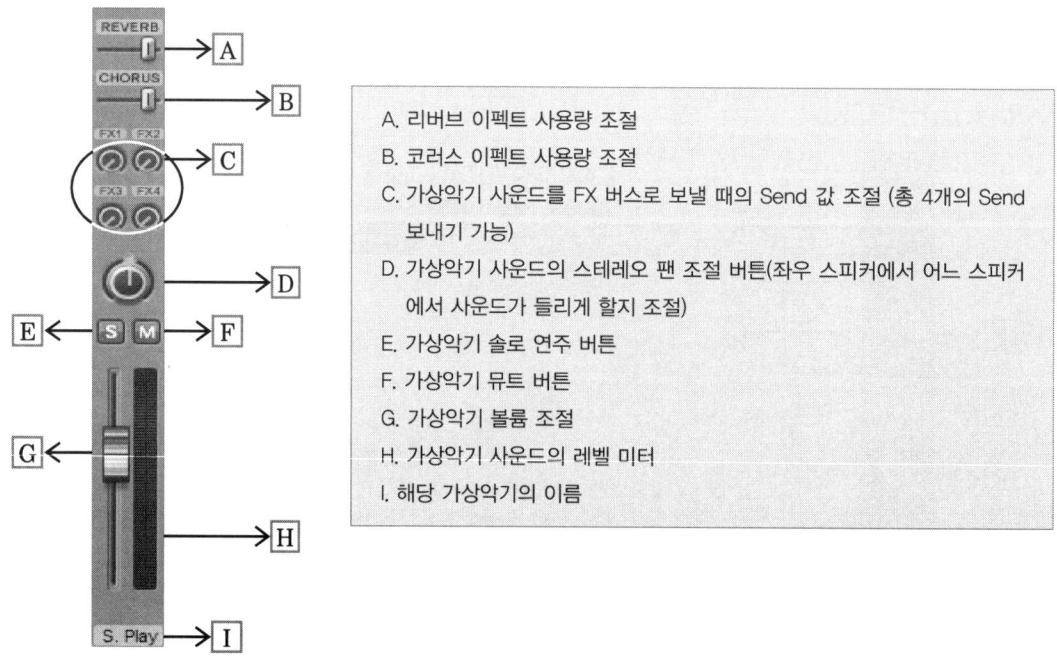

A. 리버브 이펙트 사용량 조절
B. 코러스 이펙트 사용량 조절
C. 가상악기 사운드를 FX 버스로 보낼 때의 Send 값 조절 (총 4개의 Send 보내기 가능)
D. 가상악기 사운드의 스테레오 팬 조절 버튼(좌우 스피커에서 어느 스피커에서 사운드가 들리게 할지 조절)
E. 가상악기 솔로 연주 버튼
F. 가상악기 뮤트 버튼
G. 가상악기 볼륨 조절
H. 가상악기 사운드의 레벨 미터
I. 해당 가상악기의 이름

6. FX 버스 스트립

FX 버스 스트립은 Send로 보내오는 사운드 신호를 받아서 내보내는 통로로써 이펙트를 공유할 목적으로 사용하는 기능이다. 원하는 이펙트를 삽입하면, Send 기능으로 보내오는 사운드 전부에 동일한 이펙트가 적용된 뒤 사운드가 출력된다.

사용법은 간단하다. 예를 들어 보표(가상악기) 1, 2, 3에 동시에 같은 이펙트를 동일한 설정값으로 적용하려면 각각 개별적으로 이펙트를 걸어야 한다. 그럴 경우 메모리를 많이 차지한다. 이 경우 보표 1, 2, 3의 Send 기능으로 FX 1 버스로 사운드를 보내도록 설정한다. FX 1 버스에서 원하는 이펙트를 적용한다. 그러면 FX 1 버스에 들어온 보표 1, 2, 3의 사운드에 같은 이펙트가 동일한 설정값으로 적용된 후 스피커로 출력된다. 즉 FX 버스는 여러 보표가 이펙트를 공유 사용하는 기능이다.

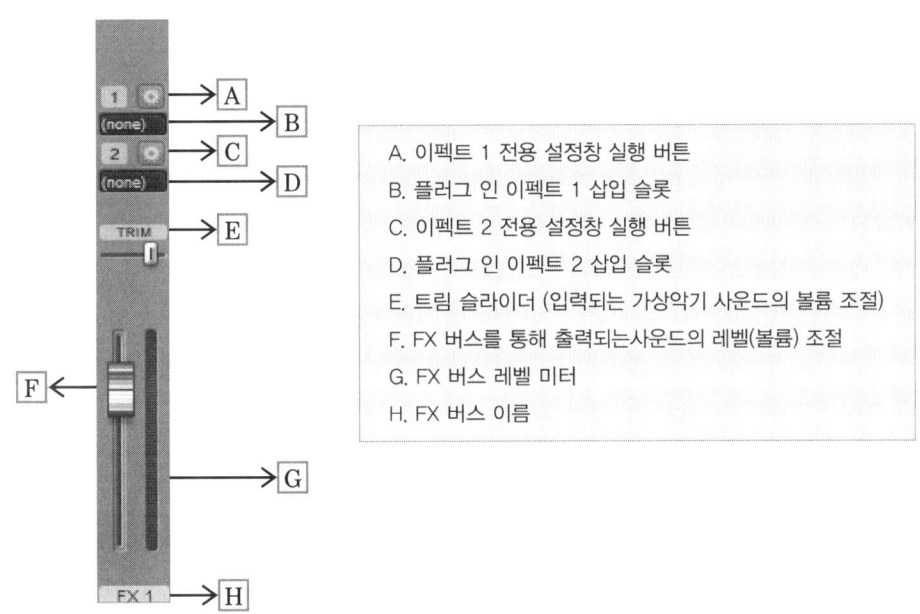

A. 이펙트 1 전용 설정창 실행 버튼
B. 플러그 인 이펙트 1 삽입 슬롯
C. 이펙트 2 전용 설정창 실행 버튼
D. 플러그 인 이펙트 2 삽입 슬롯
E. 트림 슬라이더 (입력되는 가상악기 사운드의 볼륨 조절)
F. FX 버스를 통해 출력되는사운드의 레벨(볼륨) 조절
G. FX 버스 레벨 미터
H. FX 버스 이름

03 Edit Setup 버튼 (신규 가상악기의 등록 방법)

시벨리우스의 내장 가상악기가 아닌 다른 업체가 판매하는 외부 플러그 인 가상악기를 시벨리우스에서 사용할 있도록 등록하는 기능이다. Play -> Configuration 메뉴 하단의 Setup 버튼을 클릭하면 된다.

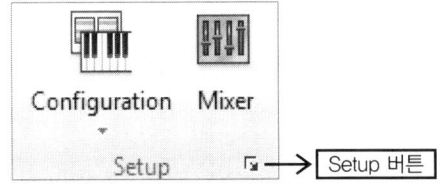

시벨리우스를 사용하는 뮤지션이라면 시벨리우스 외에도 큐베이스나 소나 같은 시퀀서 프로그램을 사용하고 있을 것이다. 큐베이스 또는 소나에 설치한 플러그 인 가상악기를 시벨리우스에서도 사용할 수 있도록 플러그 인 가상악기가 설치된 폴더 위치를 등록해 보자.

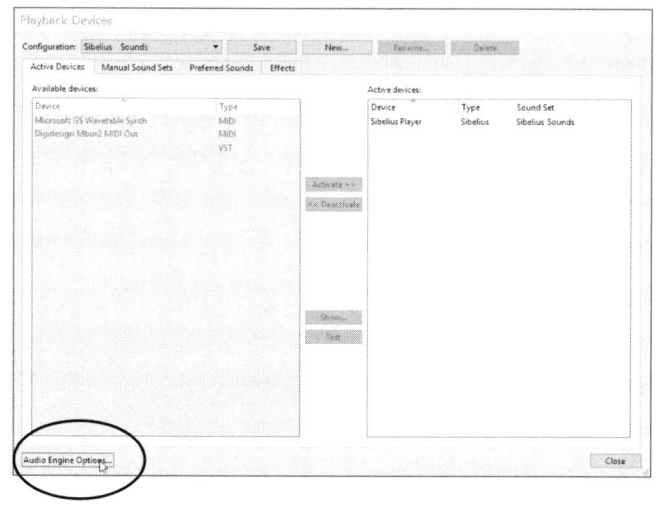

Play -> Configuration 메뉴 하단의 Setup 버튼을 클릭하면 다음과 같이 사운드 디바이스를 등록할 수 있는 대화상자가 실행된다.

큐베이스나 소나에서 사용하는 가상악기를 시벨리우스에서도 인식시키기 위해 Audio Engine Options 버튼을 클릭한다.

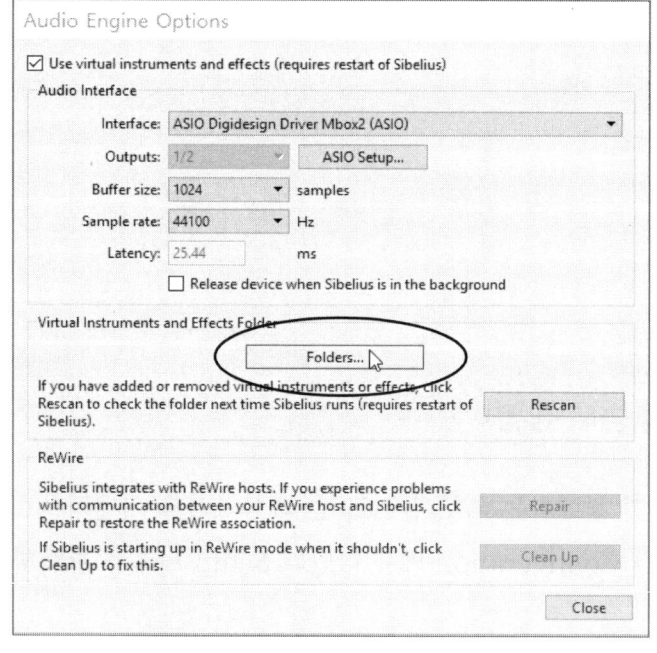

대화상자가 실행되면 큐베이스나 소나에서 사용하는 가상악기 폴더를 등록하기 위해 Folder 버튼을 클릭한다.

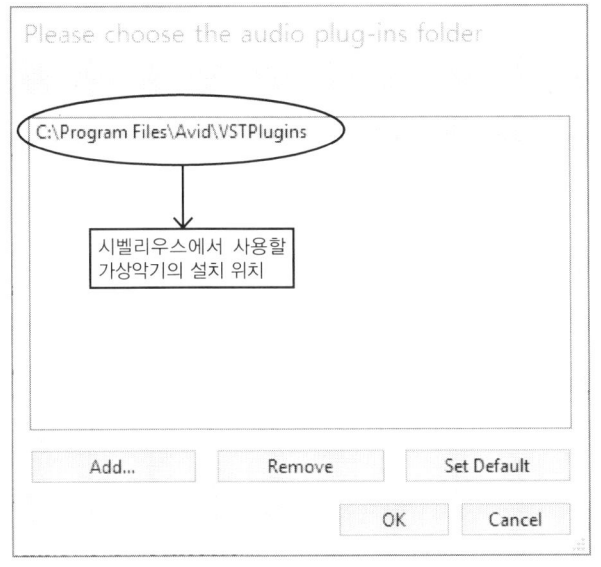

대화상자가 실행되면 시벨리우스의 가상악기 폴더인 C:\Program Files\Avid\VSTPlugins 폴더가 보인다. 만일, 시벨리우스에서 사용할 목적으로 외부 플러그 인 가상악기를 설치하려면 C:\Program Files\Avid\VSTPlugins 폴더에 설치하면 된다. 그런 뒤 시벨리우스를 재실행하면 해당 가상악기가 시벨리우스에서 인식되어 사용할 수 있다.

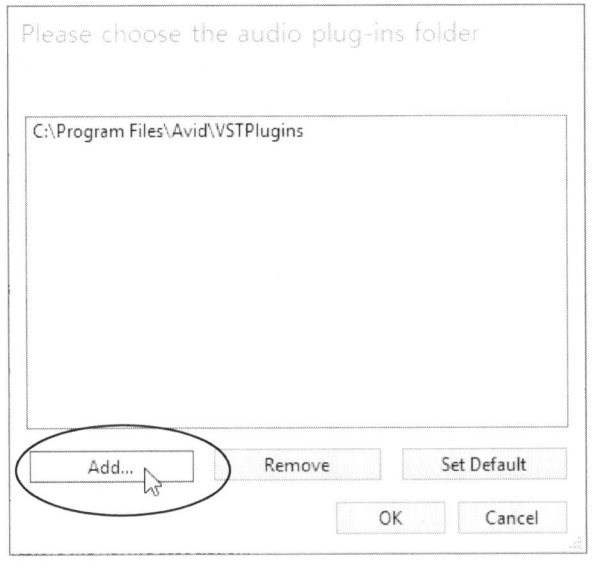

만일 큐베이스나 케이크워크 소나에서 설치한 플러그 인 가상악기를 시벨리우스에서도 사용하려면 큐베이스나 소나의 플러그 인 가상악기 설치 위치를 찾아서 시벨리우스에 등록하면 된다.
Add 버튼을 클릭한다.

일반적으로 큐베이스의 플러그 인 가상악기 설치 폴더는 C:\Program Files\Steinberg\VSTPlugins 폴더 또는 C:\Program Files\Common Files\Steinberg\VST2(VST3) 폴더인 경우가 많다. 가상악기 설치 위치가 제각각인 경우 그 위치를 파악해 시벨리우스에 해당 폴드를 추가하면 해당 폴더에 설치된 가상악기를 시벨리우스에서 인식한 뒤 사용할 수 있다.

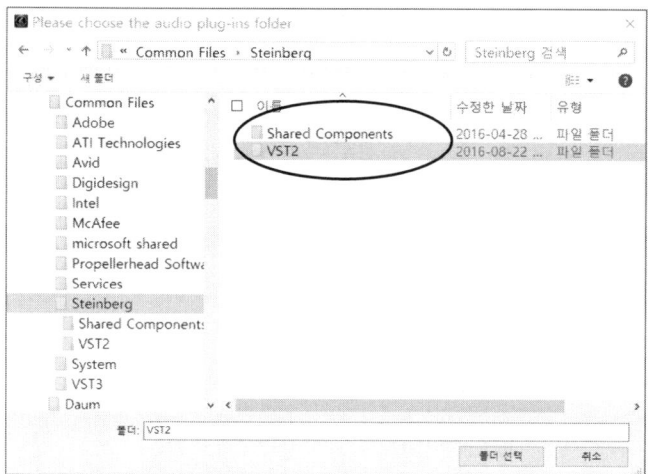

필자의 경우 큐베이스 9의 플러그 인 가상악기를 C:\Program Files\Common Files\Steinberg\VST2 폴더에 설치했으므로 해당 폴더를 찾아서 등록하였다.

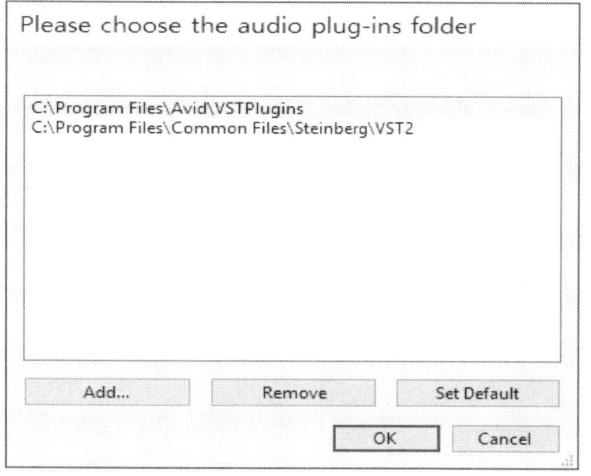

해당 폴더를 등록한 모습이다.

이제 시벨리우스는 실행할 때 마다 사용 가능한 가상악기를 찾기 위해 시벨리우스는 기본 플러그 인 폴더인 Avid\VSTPlugins 폴더와 방금 등록한 플러그 인 폴더도 함께 검색한다. 그런 뒤 사용할 수 있는 가상악기가 있을 경우 시벨리우스의 Play -> Configuration 메뉴에서 실행할 수 있도록 표시한다.

플러그 인 폴더를 새로 등록하였으므로 시벨리우스를 재실행해야 한다.

여기서는 시벨리우스를 종료하지 않고 Rescan 버튼을 클릭하여 시벨리우스가 새로 등록한 플러그인 폴더를 인식하도록 하였다.

리스캔 버튼을 클릭하면 리스캔이 되고, 그 후 Close 버튼을 클릭해 대화상자를 닫는다.

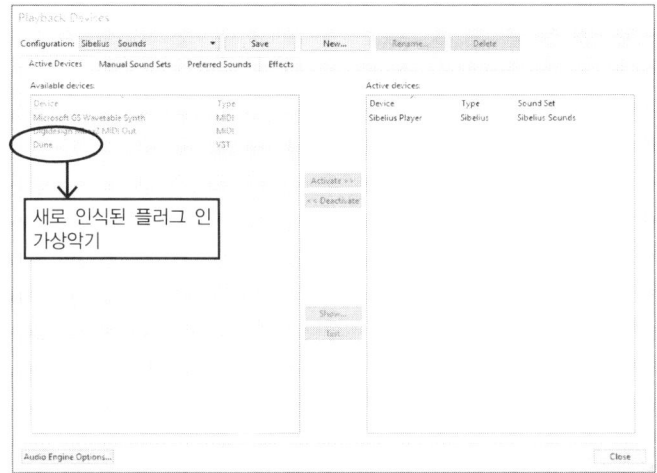

이전 대화상자로 돌아가면, 사용 가능한 디바이스 항목에 여러분이 등록한 폴더에 있는 가상악기들이 새 목록으로 추가된 것을 알 수 있다.

여기서는 Dune 이라는 가상악기가 새로 인식되어 등록된 모습이다.

인식시킨 플러그 인 가상악기를 메인 메뉴바의 Play -> Configuration 메뉴에 표시되도록 설정해야 한다.

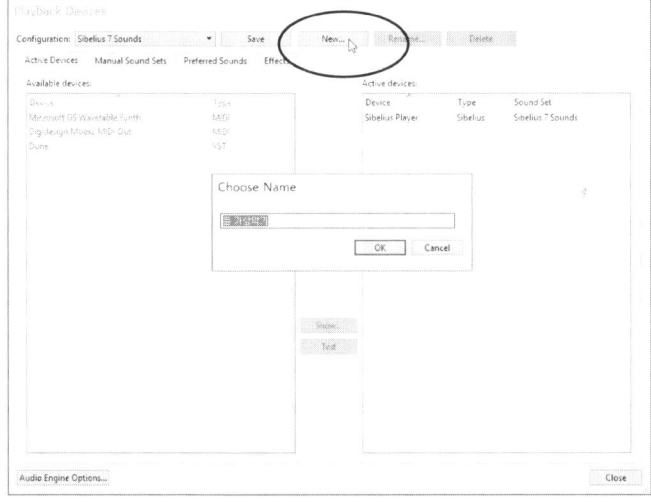

먼저 New 버튼을 클릭해 새 Configuration을 생성시켜보자.

Configuration 이름을 새로 인식된 가상악기의 이름으로 변경한다. 여기서는 '둔 가상악기'라고 설정한 뒤 OK 버튼을 눌러 작은 대화상자를 닫았다.

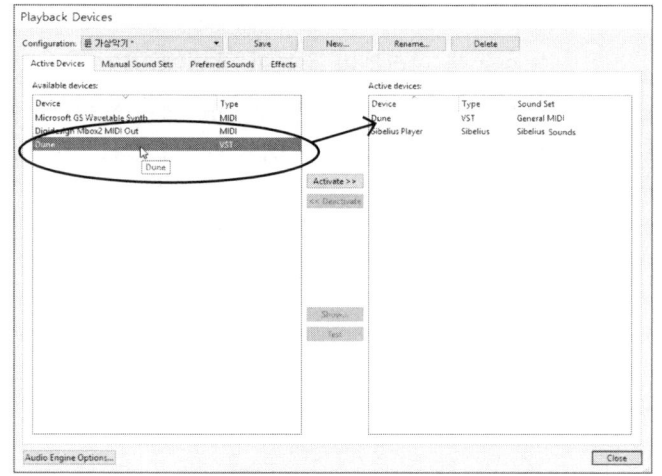

원래 대화상자로 돌아가면 비활성 상태였던 왼쪽 목록이 활성상태가 되어 선택할 수 있는 상태가 된다. 왼쪽 목록창에서 인식된 새 가상악기를 더블클릭해 오른쪽 창에 등록한다.

오른쪽 목록창에 있는 Sibelius Player 는 시벨리우스 전용 가상악기이므로 삭제하지 않고 그대로 둔다. (만일 시벨리우스 전용 가상악기를 설치하지 않은 경우에는 위 목록이 없을 수도 있다.)

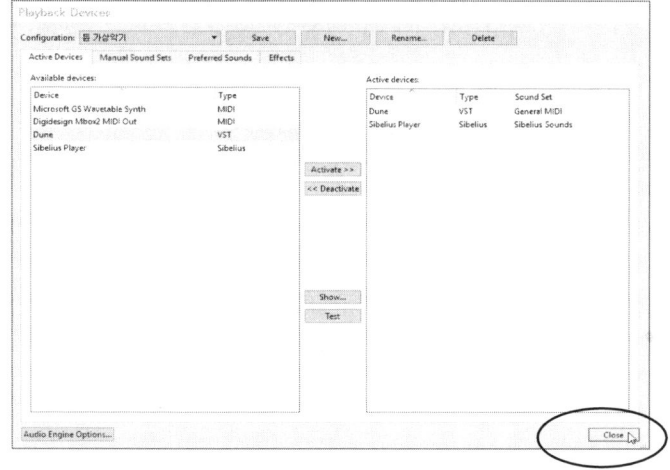

Close 버튼을 클릭해 대화상자를 닫는다.

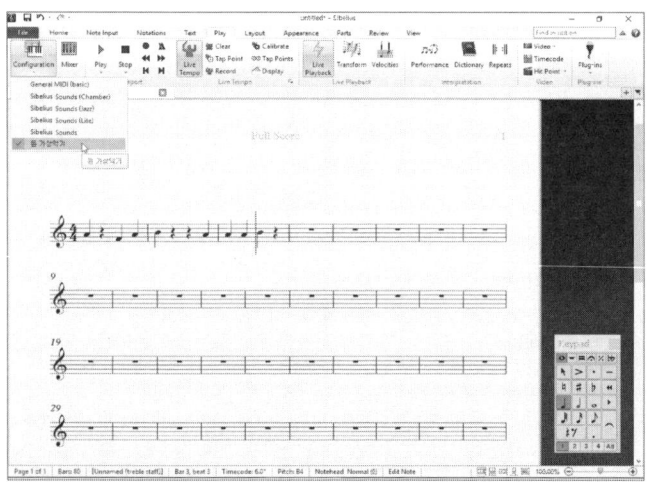

Play -> Configuration 메뉴를 클릭하면 앞에서 등록한 가상악기(둔 가상악기)가 새로운 사운드 디바이스로 등록된 것을 알 수 있다.

새로 등록한 가상악기를 클릭하면 사용 상태가 된다.

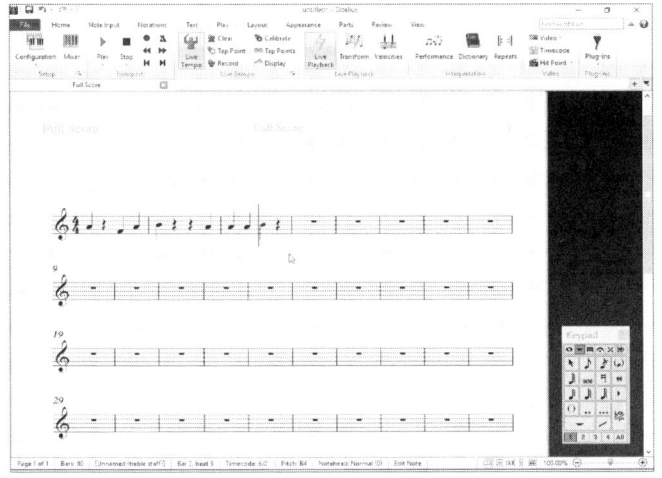

지금부터의 작업은 시벨리우스 전용 가상악기가 아닌 듄이라는 가상악기 음원을 사용하므로 보표에 입력작업을 하면 해당 가상악기에서 제공하는 악기음으로 사운드가 출력된다.
아무거나 음표를 입력해본다.

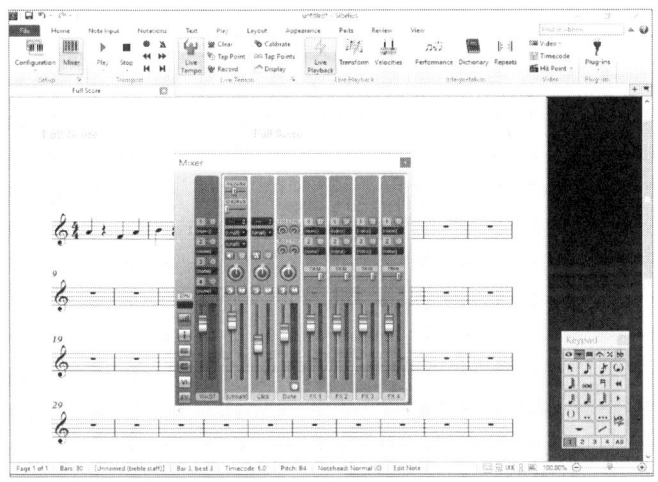

해당 가상악기(여기서는 듄 가상악기) 안에도 여러 악기 음색이 있다. 해당 가상악기에서 제공하는 악기 음색을 교체하려면 Ctrl + Alt + M을 눌러 믹서창을 실행한다.

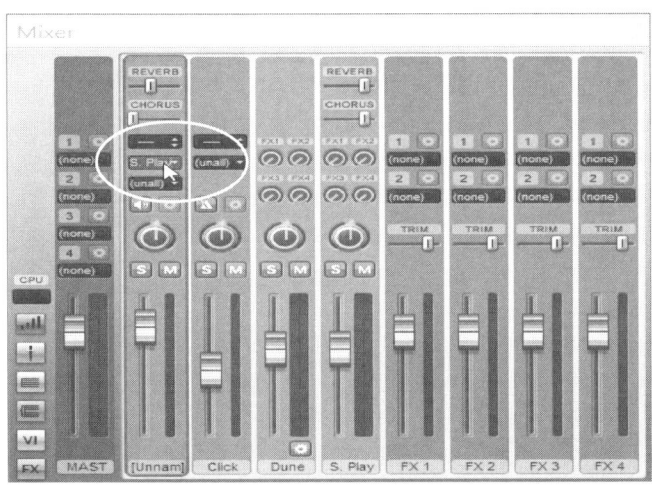

여러개의 보표를 만들어 작업 중인 상태에서 어느 하나의 보표가 사용하는 가상악기를 교체하려면 해당 보표 스트립의 Initial Device Plugins 슬롯을 클릭한다.

Part 9. Play 메뉴 (플레이 메뉴) **527**

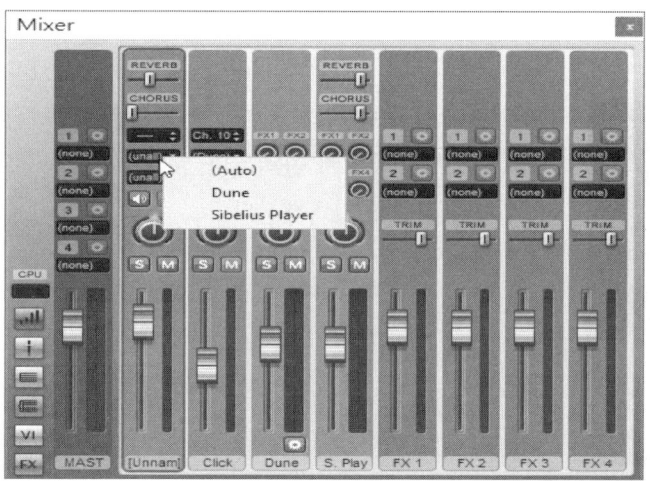

슬롯을 클릭하면 사용 가능한 가상악기가 팝업메뉴로 나타난다.

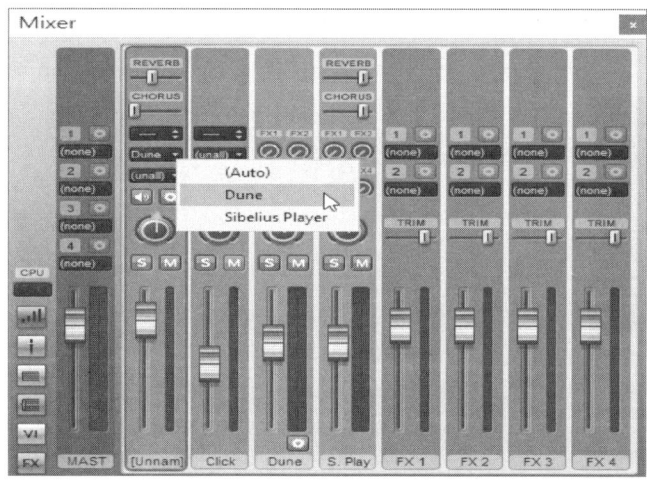

팝업메뉴에서 사용하고 싶은 가상악기를 선택하는데 필자의 경우 방금 전 인식시킨 Dune 가상악기를 선택하였다.

Dune 가상악기는 플러그 인으로 추가 설치해야만 사용할 수 있는 상용 가상악기이므로 여러분도 이 가상악기를 사용하려면 먼저 설치를 해야 한다.

슬롯 이름이 'Dune'으로 변경된 것을 알 수 있다. 즉 해당 보표는 사운드를 출력할 때 Dune 가상악기를 사용하게 된다.

듀 가상악기 안에는 수백 개의 악기 음색이 내장되어 있으므로 내장된 악기 음색을 교체해서 사용할 수도 있다.
Show Plug-ins Interface 버튼을 클릭해 해당 가상악기의 전용 프로그램을 실행한다.

해당 가상악기의 전용 프로그램이 실행되면 악기 이름 부분을 클릭한다. 사용할 수 있는 악기 음색이 나타면 마음에 드는 악기 음색으로 변경한다. 시벨리우스에서 음표를 입력하면 변경된 악기 음색으로 사운드가 들릴 것이다.

CHAPTER 02
Play -> Transport 메뉴 (트랜스포트)

이 메뉴는 악보를 Play, Stop, Rewind 할 수 있는 악보 플레이 기능을 제공한다.

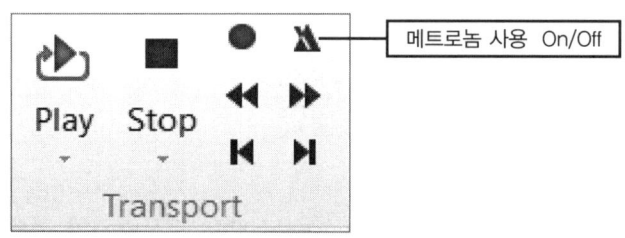

01 Play -> Transport 메뉴 (트랜스포트)

Play -> Transport -> Play 메뉴의 사용법은 다음과 같다.

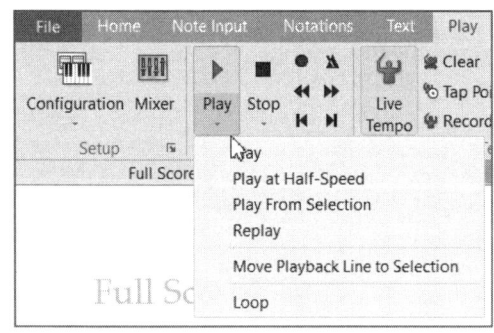

1. Play 메뉴 : 지금 위치에서 연주를 시작한다.
2. Play at Half Speed : 절반 느린 속도로 연주한다.
3. Play From Selection 메뉴 : 선택한 구간이 있을 경우, 선택한 구간의 시작 부분에서 연주를 시작한다.
4. Replay 메뉴 : 플레이중일 때 이 메뉴를 클릭하면 시작 부분으로 돌아가서 다시 플레이한다.
5. Move Playback Line to Selection 메뉴 : 플레이백 라인(프로젝트 커서)을 선택한 구간의 시작 부분으로 이동시킨다.
6. Loop 메뉴 : 이 메뉴에 체크하면 선택한 구간에서 루프 플레이한다.

02 Stop 메뉴 (연주 중지하기)

Play -> Transport -> Stop 메뉴는 연주를 중지할 때 사용한다.

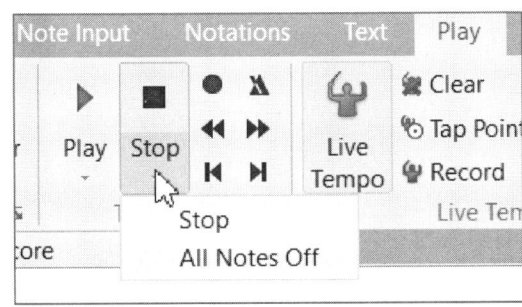

1. Stop 메뉴 : 곡의 연주를 중지한다.
2. All Notes Off 메뉴 : 연주를 중지한 뒤에도 만일 음이 끊기지 않거나 이상한 잡음이 들리면 이 메뉴로 사운드 출력을 차단할 수 있다. 음향 상태가 비정상일 때 한번 실행한다.

CHAPTER 03
Play -> Live Tempo 메뉴 (라이브 템포)

악보의 플레이 속도를 라이브 템포 방식으로 조절할 수 있다.

먼저 악보의 시작 부분으로 커서를 이동시킨다. 그런 뒤 Display 버튼을 클릭해 파노라마 창으로 전환한 뒤 Live Tempo 버튼을 켠다. 그 후 Play 버튼을 클릭해 플레이를 시킨다. 이후 컴퓨터 자판이나 마스터 건반의 아무 키를 여러분이 원하는 템포로 일정하게 탭핑(탭처럼 반복해서 누르는 행위)하면 곡의 플레이 속도가 탭핑 속도에 따라 달라지고 이 속도는 기록된다. 곡을 플레이하는 중간에, 어떤 구간에서 곡의 템포를 변경하고 싶다면 이때 다시 탭핑을 여러분이 원하는 속도로 기록한다. 해당 구간부터 곡의 플레이 속도는 새로 기록된 탭핑 속도를 참조하여 변경된다. 즉, 곡을 플레이하고 있을 때도 여러분은 마스터 건반이나 컴퓨터 자판을 이용해 곡의 연주 템포를 구간 별로 신속하게 변경할 수 있는데 이를 라이브 템포라고 부른다.

01 Clear 메뉴 (탭핑 기록 삭제)

Play -> Live Tempo -> Clear 메뉴는 사용자가 탭핑으로 기록한 내용을 삭제할 때 사용한다. 탭핑 기록을 삭제하면 곡의 템포는 원래 템포로 돌아간다. 예를 들어 탭핑을 곡의 처음부터 다시 기록하고 싶다면 이전에 기록한 탭핑을 Clear 메뉴로 모두 삭제해야 한다.

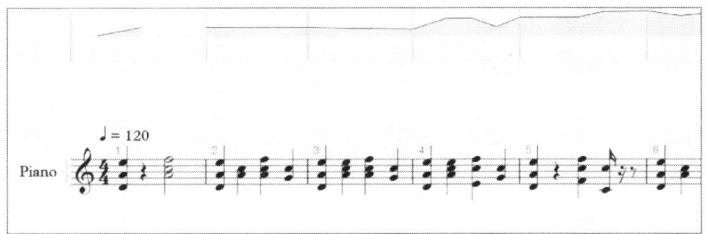

곡을 플레이하고 있을 때 탭핑 기록을 남긴 모습 (곡선이 높을수록 해당 구간의 연주 템포가 빨라진다.)

Clear 메뉴로 탭핑 기록을 삭제한 모습 (곡은 원래 템포인 ♩=120으로 돌아간다)

02 Calibrate 메뉴 (미디장비 칼리브래이트)

칼리브래이트란 어떤 미디장비를 사용하기 전 정상적으로 동작하는지 조정하는 것을 말한다. Play -> Live Tempo -> Calibrate 메뉴는 탭핑 도구로 사용하게 될 마스터 건반이나 컴퓨터 자판 동작 상태를 조정할 때 사용한다. 탭핑이란 건반이나 자판에서 어떤 키를 임의로 정한 일정 간격으로 누르는 것을 말한다. 탭핑 작업은 건반이나 자판으로 하는 경우가 많으므로 아래 대화상자에서 건반이나 자판을 선택한다. 필자의 경우 자판을 선택했다.

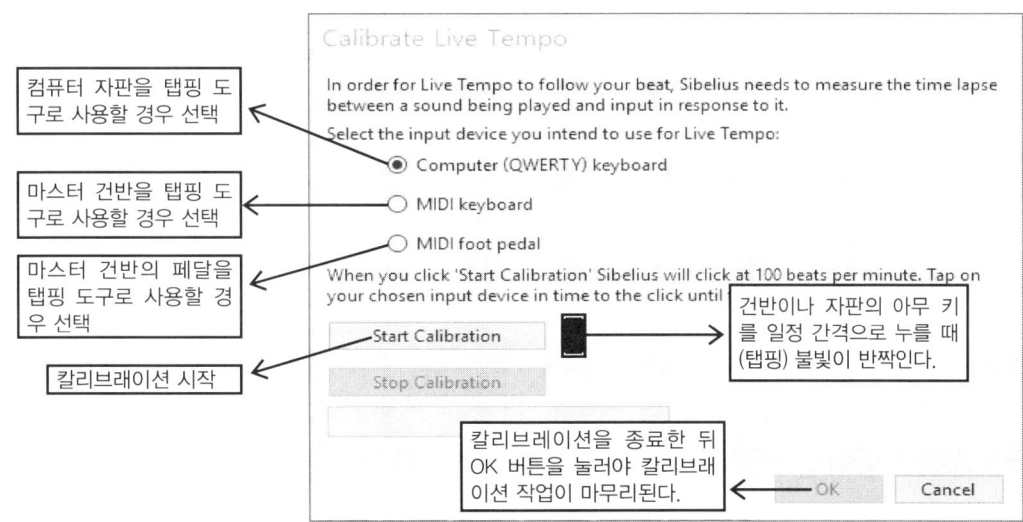

Part 9. Play 메뉴 (플레이 메뉴) 533

Start Calibration 버튼을 누르면 메트로놈 소리가 들리기 시작한다. 자판에서 원하는 키를 메트로놈 박자에 맞게 일정하게 누른다(탭핑). 칼리브래이션을 마무리하면 OK 버튼이 활성화된다. OK 버튼을 누르면 칼리브래이션 조정 작업이 마무리된다.

이제부터 파노라마 창에서 Live Tempo 버튼을 켜고 자판이나 건반을 원하는 속도로 탭핑(어떤 키를 일정 간격으로 누르는 행위)하되, 누르는 간격을 느리게 하면, 곡의 플레이 템포가 늦어지고, 누르는 간격을 빠르게 하면(탭핑을 빠르게 하면) 곡의 플레이 속도가 빨라진다. 이처럼 곡을 연주할 때 실시간으로 곡의 템포를 변경하는 것을 시벨리우스에서는 라이브 템포(Live Tempo)라고 부른다.

03 Display 메뉴 (탭핑 디스플레이창)

Play -> Live Tempo -> Display 메뉴는 라이브 템포 환경에서 탭핑 작업을 할 때, 탭핑 기록을 육안으로 확인할 수 있도록 디스플레이창을 악보 상단에 표시하는 기능이다. 디스플레이창은 악보창을 파노라마 모드(Shift+P)로 전환한 경우에만 사용할 수 있다.

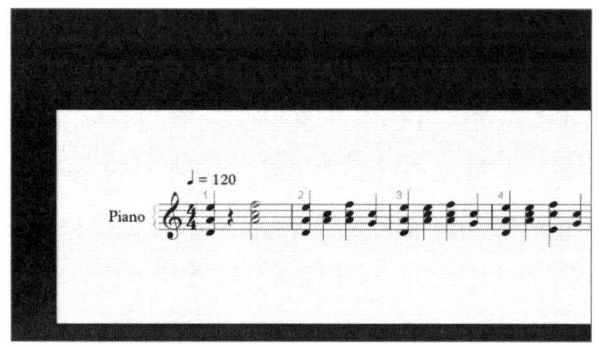
파노라마 모드 (Shift + P)

디스플레이창을 표시한 모습

04 Record 메뉴 (탭핑 및 연주하기)

Play -> Live Tempo -> Record 메뉴는 탭핑 기록을 하면서 동시에 곡을 플레이하는 기능이다. Record 메뉴를 클릭하면 플레이백 라인이 빨간색으로 변하고 박자수가 표시된다. 박자수만큼 탭핑을 하는데 예를 들어 4라고 표시되어 있으면 탭핑을 4번만 하고, 6이라고 표시되어 있으면 탭핑을 6번 한다. 탭핑을 할때는 일정 간격으로 누르는데, 누르는 간격을 빠르게 하거나, 느리게 할 수 있다. 누르는 간격을 빠르게 하면 그 부분의 연주 템포가 빨라지고, 누르는 간격을 느리게 하면 그 부분의 연주 템포가 늦어진다.

Record 메뉴를 클릭하면 플레이백 라인이 빨간색으로 변하고 박자수가 표시된다.

박자수가 4라고 쓰여 있으므로 자판에서 아무 키나 일정하게 4번 누른다. 여러분이 누른 그것이 4박자의 템포로 설정된다. 4번 탭핑으로 템포를 기록하면 바로 곡이 자동으로 플레이되고, 앞서 기록한 탭핑 템포에 맞게 곡이 플레이된다.

곡이 연주되고 있는 도중에 다시 자판에서 원하는 키를 4회 탭핑해 본다. 탭핑 템포가 다시 기록되고, 그 부분부터 곡의 템포는 새로 추가된 탭핑 템포에 맞게 변경되어 플레이된다. 연주를 중지하려면 Play -> Stop 메뉴를 클릭한다. 만일 탭핑 장비가 자판이면 자판의 스페이스바는 Stop 기능으로 동작하지 않고 탭핑 기능으로만 동작한다.

05 Tap Point 메뉴 (탭핑 포인트를 수작업으로 삽입하기)

라이브 템포 환경에서 정해진 구간마다 탭핑 작업을 할 수 있도록 구간과 구간 사이에 탭 포인트를 삽입하는 기능이다. 탭 포인트를 원하는 위치마다 삽입한 뒤 Live Tempo의 Record 버튼을 누르면 탭핑 작업과 동시에 플레이가 시작된다. 시벨리우스는 플레이를 하다가 탭 포인트가 있으면 그 위치에서 자동으로 플레이를 멈추는데 이때 탭핑 작업을 하여 탭핑 템포를 다시 기록할 수 있다. 즉 구간 별로 서로 다른 탭핑 기록을 할 때 유용하다.

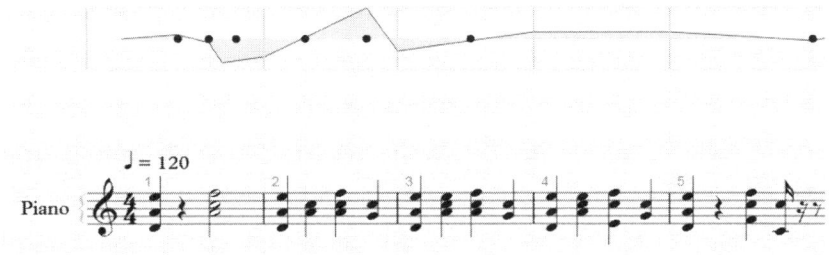

탭 포인트를 7개 삽입한 뒤 각 구간 별로 서로 다르게 탭핑 작업을 Record한 모습

06 Tap Points 메뉴 (여러개의 탭 포인트 삽입하기)

Play -> Live Tempo -> Tap Points 메뉴는 탭 포인트를 입력한 개수만큼 한꺼번에 삽입하는 기능이다. 기본값으로 적용하면 전체 마디에서 각 마디마다 박자수 만큼 탭 포인트가 한꺼번에 삽입된다.

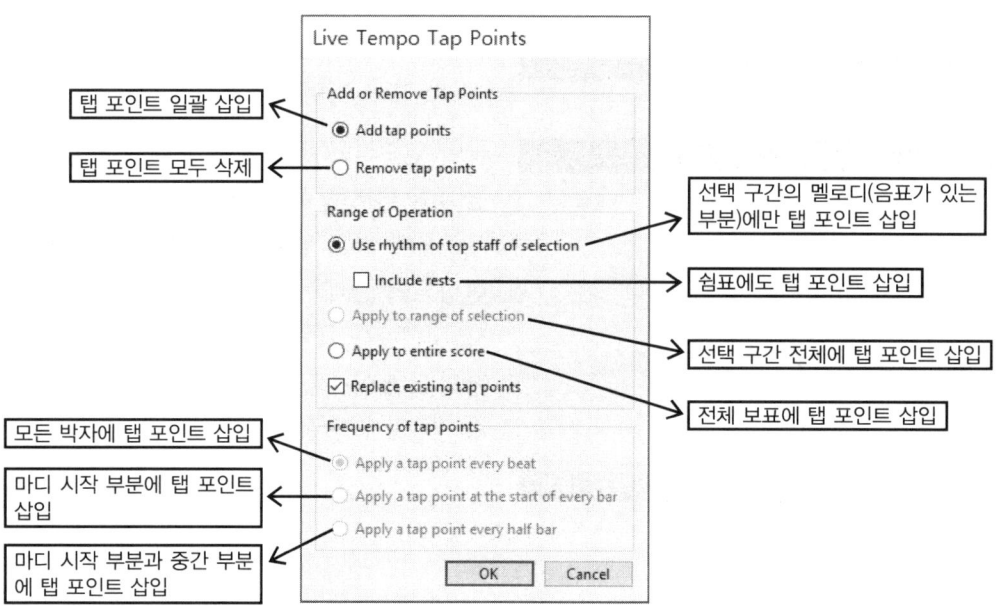

Play -> Live Playback 메뉴 (라이브 플레이백 설정 메뉴)

이 메뉴는 악보를 플레이할 때 라이브 연주 느낌이 나도록 음표의 벨로서티(음의 세기, 건반을 누르는 강약), 음표 길이, 각 음표의 시작 위치에 인간적인 느낌을 주는 기능이다.

건반으로 리얼 입력한 경우에는 음표의 벨로서티와 각 음표의 시작 위치 등이 정확하게 입력되지 않기 때문에 라이브 연주한 느낌이 나지만, 마우스로 음표를 입력한 경우에는 음의 강약인 벨로서티와 음표의 시작 위치가 딱 정해진 상태로 입력된다. 이 때문에 마우스로 작업한 악보는 라이브 연주 느낌이 나지 않는다. 이런 정확성을 조금 부정확하게 만들어서 인간이 연주한 듯한 느낌이 나도록 할 때 Live Playback 메뉴를 사용한다.

01 Live Playback 메뉴 (라이브 플레이백이란?)

라이브 연주 느낌을 곡을 플레이하거나 리얼 입력할 때 활성화시키는 기능이다. 항상 이 메뉴를 켜놓는 것이 기본값이다. 이 메뉴를 끄면 음표의 벨로서티, Live Position, Live Duration이 인식되지 않고 모든 음표들이 동일한 세기, 딱 맞아지는 박자로 연주되기 때문에 플레이를 하면 딱딱하고 기계적인 느낌이 난다.

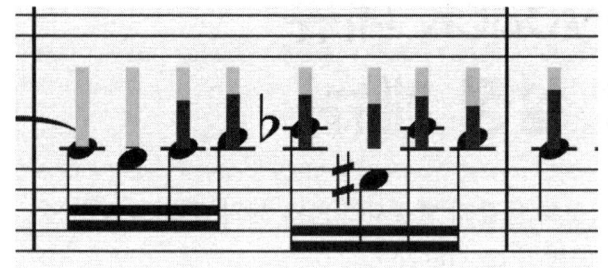

옆 그림은 건반으로 리얼 입력한 음표들의 벨로서티이다. 음표마다 건반을 누르는 강약이 다른 상태에서 입력되었으므로 음의 세기가 다르다. 이런 음악은 플레이할 때 라이브 느낌이 난다.

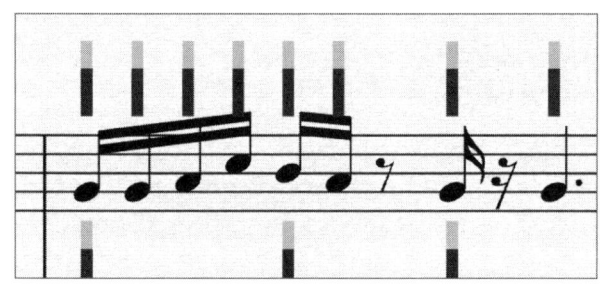

옆 그림은 마우스로 음표를 입력한 악보이다. 마우스로 음표를 입력하면 건반을 누르는 것처럼 음의 강약이 기록되지 않으므로 벨로서티가 일정하다. 이런 음악은 플레이할 때 라이브 느낌이 나지 않고 컴퓨터로 만든 음악처럼 기계적인 느낌이 난다.

02 Transform 메뉴 (라이브 연주 느낌 만들기)

Play -> Live Playback -> Transform 메뉴는 마디 또는 음표를 선택한 상태에서 실행한다. 해당 음표나 마디의 벨로서티(소리 강약), Live Duration(연주음 길이), Live Start Position(음의 시작 위치) 등을 조절하면서 라이브 연주 느낌을 만드는 기능이다.

만일 전체 보표를 선택한 상태에서 이 메뉴를 사용하면 모든 음표에 같은 설정값이 일괄 적용되므로 오히려 라이브 느낌이 사라진다. 보통은 핵심이 되는 음표 또는 마디를 선택한 뒤 작업하는 것이 좋다. 선택한 음표들을 대상으로 크레센도, 디크레센도같은 효과를 만들 때도 유용하다.

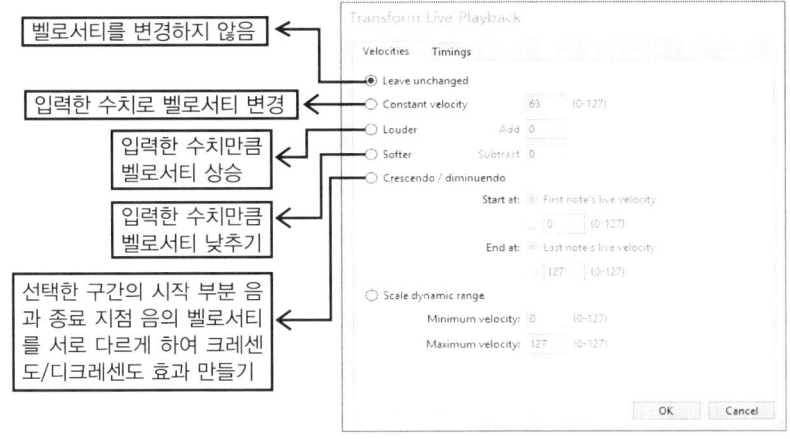

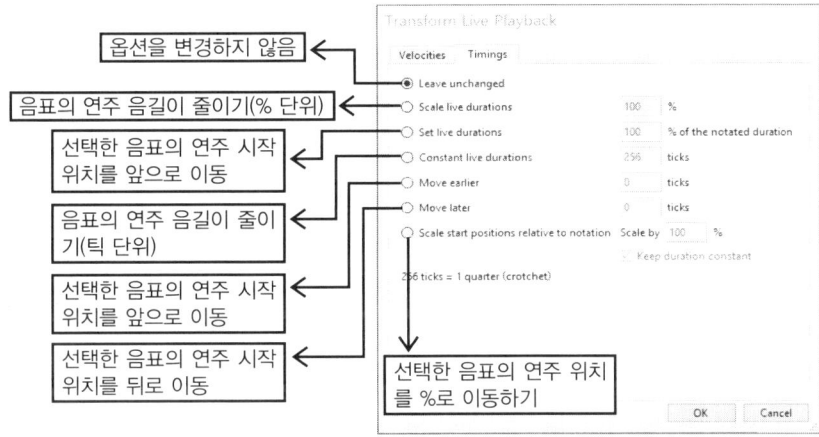

03 Velocities 메뉴 (벨로서티 편집 메뉴)

Play -> Live Playback -> Velocity 메뉴는 음표마다 벨로서티 막대를 표시한 뒤 막대의 높이를 조절하는 방식으로 음의 강약을 조절하는 기능이다. 개별 음표마다 벨로서티를 다르게 편집할 수 있으므로 라이브 연주 느낌이 나도록 만들 때 사용한다.

참고로, 리얼 입력한 악보와 일부 미디 파일은 음표들의 벨로서티가 각각 다르게 기록된 상태이기 때문에 이 메뉴를 실행하면 바로 벨로서티 막대가 표시되지만, 마우스로 입력한 악보는 음표들의 벨로서티가 동일하므로 막대가 보이지 않을 수도 있다. 마우스로 입력한 악보는 별도의 과정을 추가하면 벨로서티를 표시할 수 있다.

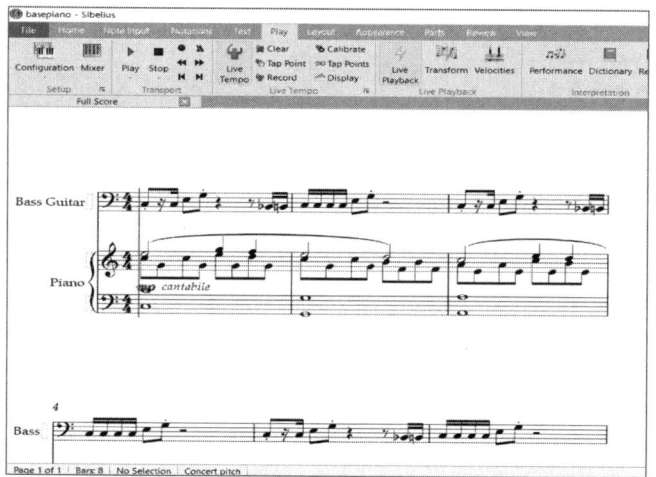

예제 'basepiano.sib' 파일을 불러온다. 이 악보는 리얼 입력한 악보이므로 각각의 음표마다 건반을 누르는 강약이 다른 악보이다.

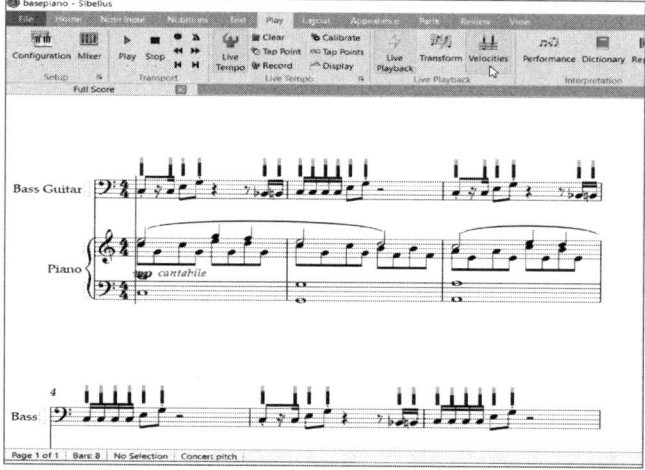

Play -> Live Playback -> Velocities 메뉴를 클릭하면 각각의 음표마다 연주 강약을 표시해주는 벨로서티 막대가 표시된다.

화면을 확대한 뒤 확인하면 벨로서티 막대의 높이가 미세하게 다르다는 것을 알 수 있다. 각각의 음마다 건반을 누른 강약이 미세하게 다른 것이다. 따라서 이 악보를 플레이하면 라이브 연주한 느낌이 날 수 밖에 없다.

File -> Open 메뉴로 'wind.sib' 파일을 불러온다. 이 악보는 마우스로 입력한 악보이므로 음표들의 벨로서티가 동일하게 입력된 악보이다. 그러므로 악보를 플레이하면 인간이 연주한 느낌이 아니라 기계적이고 딱딱한 느낌이 날 수도 있다.

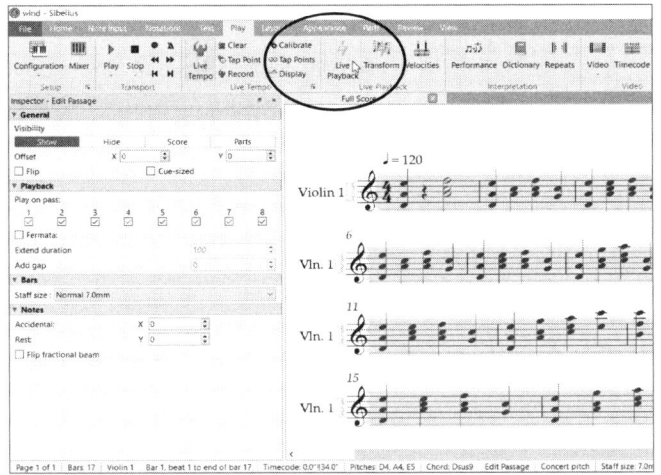

1번 마디를 세 번 연속으로 클릭해 전체 마디를 선택한다.

마디 부분을 마우스 오른쪽으로 클릭한 뒤 Inspector 메뉴를 실행한다.

Play -> Live Playback -> Live Playback 버튼을 클릭해 켠다.

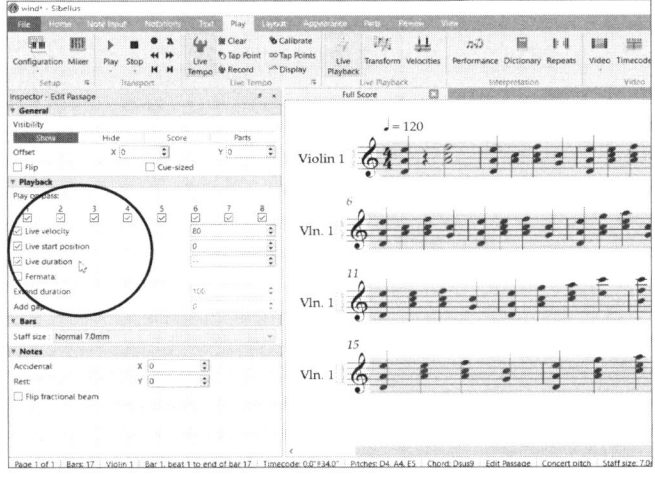

인스펙터의 Live Velocity 항목, Live Start Position 항목, Live Duration 항목에 체크 표시를 한다.

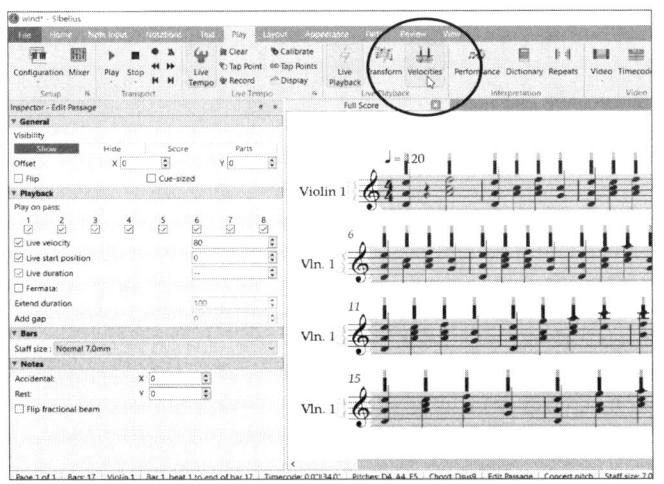

Play -> Live Playback -> Velocities 메뉴를 클릭하면 각각의 음표마다 벨로서티 막대가 표시된다.

벨로서티 막대를 보면 알 수 있듯, 음표의 강약이 모두 동일하다는 것을 알 수 있다.

마우스로 음표를 입력했기 때문에 음표의 강약이 동일한 것이다.

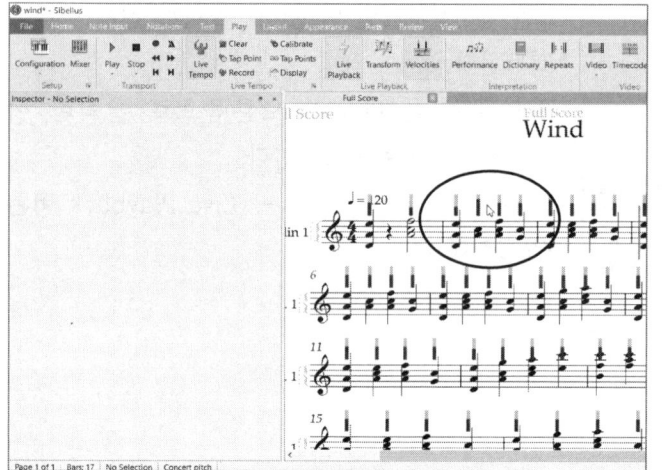

화면 빈곳을 클릭해 마디 선택 상태를 해제한다. 원하는 막대를 클릭해 벨로서티를 조절할 수 있다. 각각의 음표마다 벨로서티 높낮이를 다르게 설정하면 나중에 라이브 연주한 느낌이 날 것이다. 참고로, 벨로서티 막대가 높으면 그만큼 건반을 누르는 힘이 강해지므로, 무작정 조절하기 보다는 강박에는 높게, 약박에는 낮게 조절하는 것이 좋다.

드래깅 방식으로 벨로서티를 일괄 조절하려면 특정 벨로서티 막대를 클릭한 상태에서 다른 벨로서티 막대로 드래그한다. 마우스 커서가 지나간 위치에 있는 벨로서티 막대는 전부 높낮이가 조절된다.

CHAPTER 05

Play -> Interpretation 메뉴 (해석 메뉴)

시벨리우스 악보에서 사용하는 음악사전을 사용자 설정으로 지정할 수 있다. 즉 음악심볼들이 가진 음의 강약, 음길이, 연주기법 등의 표준표기법을 사용자 임의대로 수정하여 사전에 등록한 후 사용하는 기능이다. 가급적 표준표기법인 기본값 그대로 사용하는 것이 좋다.

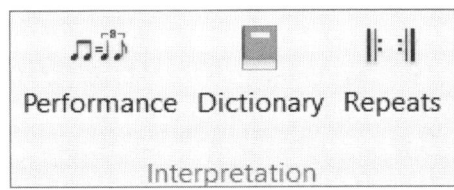

01 Performance 메뉴 (퍼포먼스 설정)

Play -> Interpretation -> Performance 메뉴는 인간이 악기를 연주하는 것 같은 느낌을 만들 때 사용한다. 퍼포먼스 설정에 따라 악보에 기보된 각종 음악 심볼의 해석 방식이 조금씩 달라지므로 악보를 플레이할 때의 느낌도 달라진다. 악보를 플레이할 때 더더욱 라이브 느낌이 나도록 설정할 때 유용하다.

대화상자의 사용법은 다음과 같다.

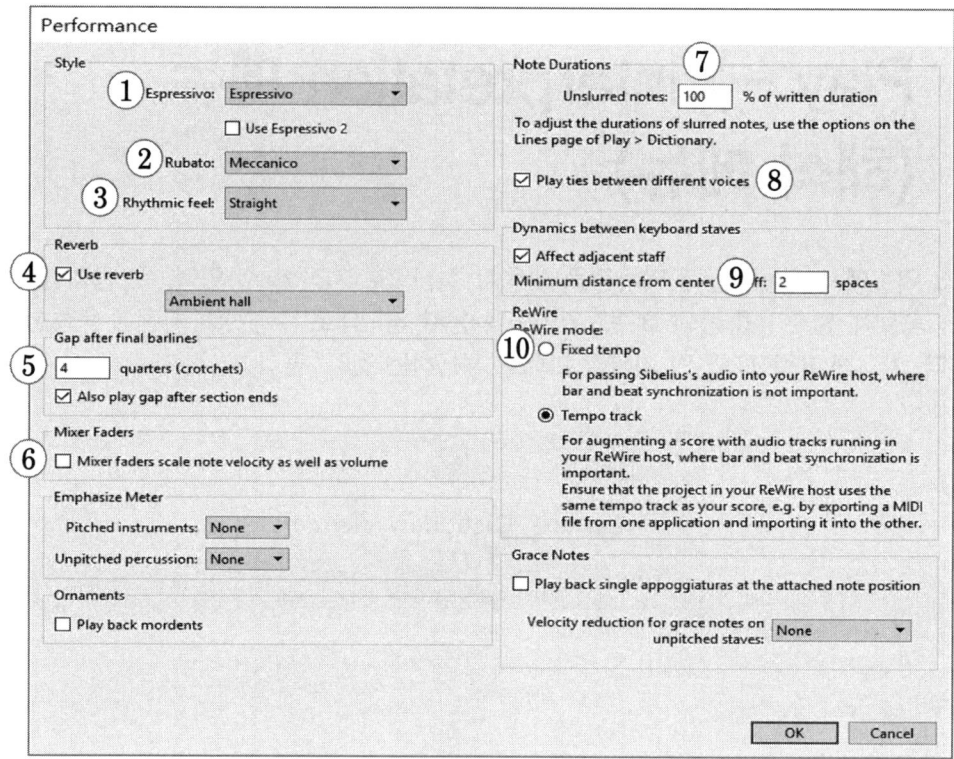

1. Espressivo

에스프레시보(Espressivo)는 '풍부한 감정으로'를 뜻하는 것으로, 각종 익스프레션 심볼이 삽입된 부분을 아래와 같이 여러 가지 방식으로 연주하게 해 준다.

1. Meccanico(메카니코) : 악보에 기보된 내용을 한치의 오차 없이 기계적으로 연주한다.
2. Senza espress(센차 에스프레스) : 인간적인 감정 없이 연주한다는 뜻이다. 약간의 볼륨 변화와 엑센트 변화는 적용된다.
3. Poco espress(포코 에스프레스) : 바로크 음악의 빠른 템포의 구간에서 사용한 기호이다. 약간 감정이 풍부하게 연주한다는 뜻이다.
4. Espressivo(에스프레시보) : 기본값이다.
5. Molto espress (몰토 에스프레스) : 아주 풍부한 감정으로 연주한다는 뜻이다.

2. Rubato

루바토(Rubato)는 없다, 도둑맞다, 사라지다의 뜻이다. 악보에서는 템포를 임의대로 바꾸어 연주하는 것을 뜻한다.

1. Meccanico(메카니코) : 기본값이다. 임의대로 템포를 바꾸지 않고 악보의 박자표나 템포에 맞게 기계적으로 연주한다.

2. Senza Rubato(센차 루바토) : 악보의 박자표나 템포에 맞게 기계적으로 연주하되 약간의 뒤쫓아 오는 템포 변화를 발생시켜 인간이 연주한 느낌이 나도록 만든다.
3. Poco Rubato(포코 루바토) : 약간 루바토 느낌이 나도록 연주한다. 악보에 지시된 것과 다른 약간의 템포 변화가 발생한다.
4. Rubato(루바토) : 악보에 지시된 템포와 다르게 보통의 템포 변화가 발생한다.
5. PiùRubato(피우루바토) : 루바토보다 한층 템포 변화가 많아진다.
6. Molto Rubato (몰토 루바토) : 템포 변화가 리드미컬하고 과장되게 발생한다.

3. Rhythmic Feels

재즈 음악, 왈츠 음악의 작곡에서 어떤 방식의 리드믹 필을 사용할지 선택한다.
1. Straight : 기본값이다. 멜로디를 세분하거나 즉흥 연주를 삽입하지 않고 악보에 표기된 대로 연주한다.
2. Light/Regular/ Heavy swing : 2개의 8분음표를 4분셋잇단음표(가운데음 생략)와 8분음표로 연주하면서 리드믹 필을 만든다.
3. Triplet swing : 2개의 8분음표를 4분셋잇단음표(가운데음 생략)와 8분음표로 연주한다.
4. Shuffle : 가벼운 16분음표 스윙이다.
5. Swung sixteenths - 일반적인 스윙이다.
6. Dotted eighths(quavers) : 매우 극단적인 스윙풍이다.
7. Notes Inéales : Triplet swing과 비슷한 풍이다.
8. Light/Viennese waltz : 비엔나 왈츠풍이다.
9. Samba : 삼바 리듬감이다.
10. Rock/Pop : 록 음악과 팝 음악의 리듬감이다.
11. Reggae : 레게 음악풍 리듬감이다.
12. Funk : 펑크 음악 리듬감이다. 팝 음악 리듬감과 비슷하다.

4. Reverb

콘서트홀에서 연주하는 느낌이 나도록 리버브 효과를 추가할 수 있다.

5. Gap after final barlines

마지막 마디(더블바라인) 뒤에 얼마만큼 갭(소리가 없는 상태)을 줄 것인지 설정한다. 여기서 설정한 갭은 악보가 여러 곡이거나 여러 악장인 경우 그 사이 사이에 적용된다.

6. Mixer Faders

믹서창의 볼륨 조절기를 조절하면 음표의 벨로서티도 함께 조절된다. 기본적으로 이 옵션은 사용을 피한다.

7. Note durations

슬러가 없는 음표의 음길이를 조절한다. 시벨리우스는 기본적으로 슬러가 없는 음표를 100% 길이로 연주하지만 여기서 미세한 조절이 가능하다. 이런 경우, 말하자면, 음이 연이어 있는 구간에서 레가토가 발생하면서 사운드에 큰 문제가 발생할 경우 이 옵션에서 음길이를 줄여주어야 한다.

8. Play ties between different voices

서로 다른 성부에 있는 음표 사이에 붙임줄이 있을 경우 붙임줄 상태에서 연주를 해 준다.

9. Dynamics between keyboard staves

큰 보표의 상단에 다이나믹 심볼이 있을 경우, 이 다이나믹 심볼이 큰 보표의 양쪽 보표에 영향을 준다. Affect adjacent staff 옵션을 체크하지 않으면 양쪽 보표에 영향을 주지 않고, 다이나믹 심볼이 있는 보표에만 영향을 준다.

10. ReWire

ReWire 모드로 연결된 미디 장비나 프로그램이 있을 경우, 템포 변경에 대한 상호작용방식을 설정할 수 있다. Fixed tempo 옵션을 선택하면 호스트 장비 등에서 템포를 변경할 때 시벨리우스의 템포는 영향을 받지 않는다. Tempo track 옵션을 선택하면 호스트 장비 등에서 템포를 변경할 때 시벨리우스에도 변경된 템포가 적용된다.

02 Dictionary 메뉴 (사용자 정의 음악 사전 메뉴)

Play -> Interpretation -> Dictionary 메뉴는 악보에서 사용하는 각종 음악 기호, 심볼의 성능을 사용자 임의대로 변경해 사용할 수 있다. 기본적인 심볼 모양은 물론 글꼴, 심볼이 하는 일을 사용자 임의대로 변경한 뒤 등록할 수 있다. 악보를 플레이하면 수정한 대로 해석하고 플레이한다.

음악 작곡에서 통용되는 표준표기법을 아예 무시하는 것이므로 임의대로 변경하지 않는 것이 좋다.

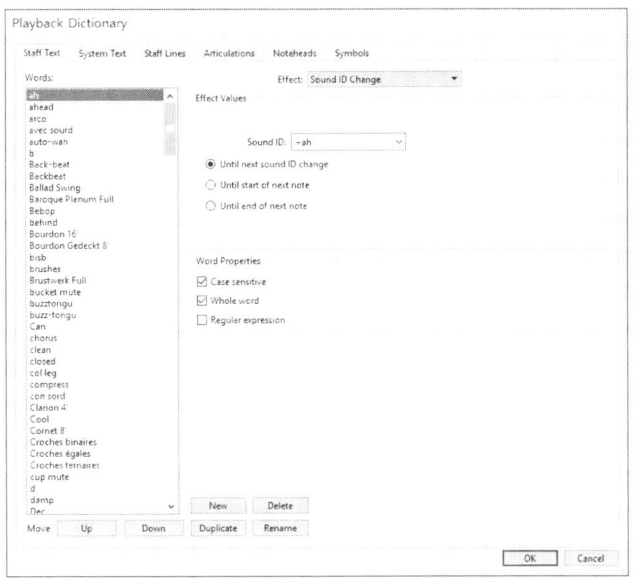

Dictionary 메뉴 대화상자

03 Repeats 메뉴 (도돌이 구간 설정, 리피트)

일반적인 도돌이표가 아니라 특수한 리피트 구간을 설정할 수 있다. 간단히 말해 도돌이표의 사용 여부와 관계없이 숫자 입력 방식으로 도돌이 구간을 설정하기 때문에 매우 복잡한 형태의 도돌이 설정이 가능하다.

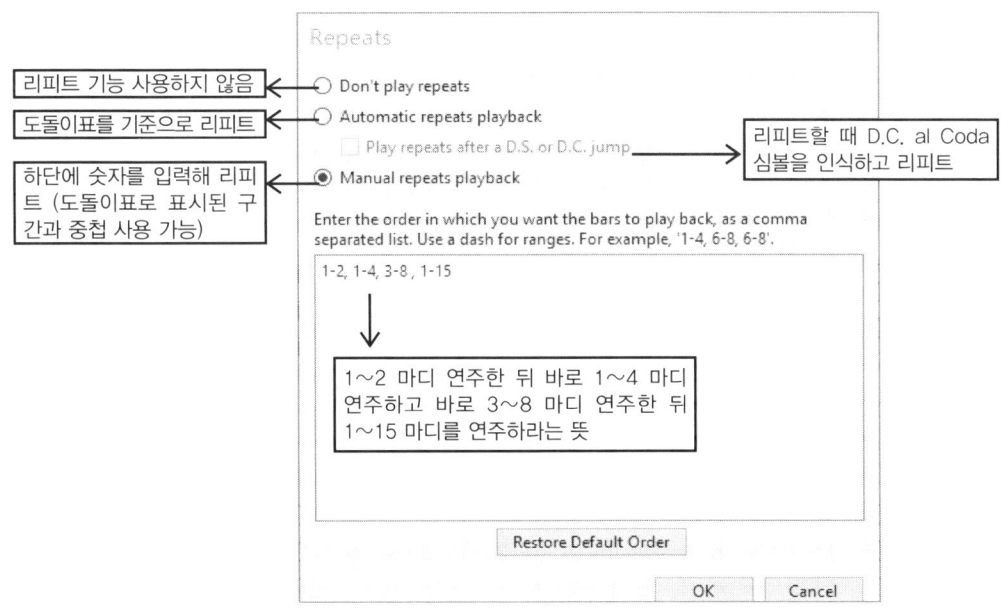

Play -> Video 메뉴 (비디오 싱크 메뉴)

동영상을 불러온 뒤 동영상의 타임코드에 음악을 싱크시키는 기능을 사용할 수 있다. 예를 들면 뮤직 비디오용 음악을 작업할 때 동영상과 음악을 싱크시킬 때 유용하다. 64비트 윈도우 10에서 만일 Mov 등의 비디오가 로딩되지 않으면 K-Lite Codec Pack 같은 통합코덱을 설치한다.

01 Video 메뉴 (비디오/오디오의 삽입과 제거)

Play -> Video -> Video 메뉴는 Avi, Mpg, Wmv, Mov 포맷의 비디오를 불러오거나, 불러온 비디오를 제거할 때 사용한다.

Add Video 메뉴로 비디오를 불러오면 비디오와 음악의 싱크 작업을 할 때 비디오 영상을 보면서 진행할 수 있다. 비디오를 불러온 뒤에는 Add Video 메뉴가 Remove Video 메뉴로 바뀌면서 불러온 비디오를 제거할 수 있다.

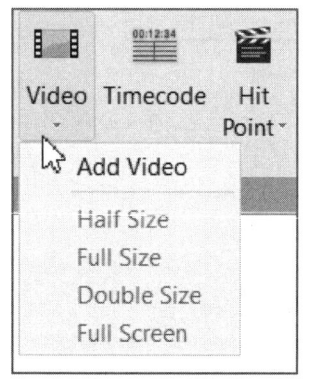

Half Size 메뉴는 비디오의 화면 크기를 원본 화면의 절반 크기로 바꿀 때 사용한다. Full Size 메뉴는 비디오를 원본 화면과 같은 크기로 불러오고, Double Size 메뉴는 원본 화면의 두 배 크기로, Full Screen 메뉴는 바탕화면에 꽉 찬 크기로 비디오를 볼 때 선택한다.

시벨리우스는 별도의 오디오 임포트 기능을 제공하지 않으므로, 외부 오디오 파일을 가져오려면 Video 메뉴를 사용해야 한다. Video 메뉴를 실행한 뒤 대화상자의 파일 형식에서 All files을 선택하면 Wav, Mp3, Aiff 포맷의 오디오 파일을 불러올 수 있을 뿐 아니라 비디오를 음악에 싱크시키는 것처럼, 오디오 클립도 작업중인 음악에 싱크시키는 작업을 할 수 있다.

비디오를 불러온 모습

02 Timecode 메뉴 (타임코드 메뉴)

동영상을 시벨리우스 악보창으로 불러오면, 동영상의 시작 부분과 곡의 시작 부분이 자동으로 싱크된다. 이 때문에 곡의 특정 부분으로 이동하면, 동영상의 영상도 해당 시간대로 이동된다.
만일 동영상과 음악의 시작점을 임의대로 조절하려면 Play -> Video -> Timecode 메뉴를 사용한다. 이 메뉴는 동영상과 곡의 싱크 위치를 임의대로 변경할 때 사용한다. Timecode 메뉴를 실행하면 다음과 같이 음악과 동영상의 싱크 위치를 맞출 수 있도록 대화상자가 실행된다.

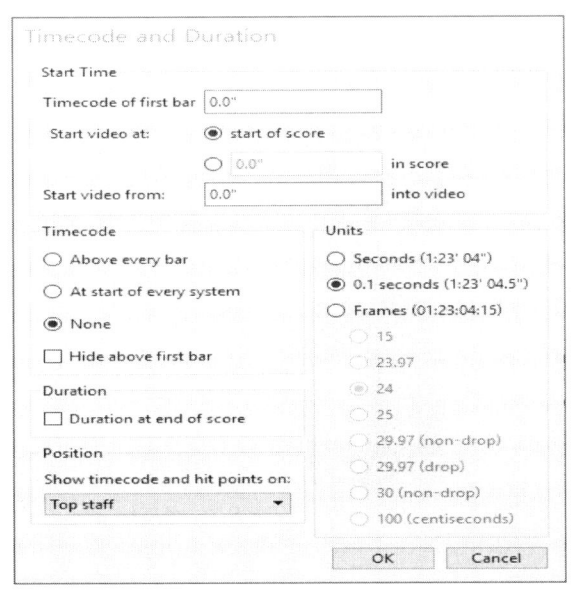

1. Timecode of first bar : 악보의 첫 번째 마디의 타임코드이다. 악보의 시작지점 타임코드이므로 기본적으로 0.0초로 설정되어 있다. 별다른 목적이 없는 한 이 옵션을 손대지 않는다.
2. Start video at : 비디오가 악보의 어느 시간에서 플레이를 시작할지 설정한다. start of score 옵션을 선택하면 악보의 시작 지점에서 비디오가 스타트된다. 만일 하단에 2.0초라고 입력하면 곡을 플레이한 뒤 악보의 2초 지점에서 비디오 영상이 스타트한다.

3. Start video from : 비디오의 타임코드이다. 만약 5초라고 입력하면, 비디오의 1~4초 부분은 무시되고 5초 부분에서 스타트한다. 예를 들어 상단에서 Start video at 옵션을 선택하고, 여기에서 5초라고 설정할 경우, 악보의 시작 부분에 비디오의 5초 지점이 싱크된다. 따라서 악보의 연주를 시작하면, 그와 동시에 비디오는 5초 지점에서 스타트를 시작한다.
4. Timecode : 악보의 타임코드를 보표 위에 표시할 수 있다. Above every bar는 모든 마디에 타임코드를 표시해 준다. At start of every system 옵션은 시스템 시작 부분에만 타임코드를 표시해 준다. 기본값인 None 옵션은 타임코드를 보표에 표시하지 않을 때 선택한다. Hide above first bar 옵션은 1번 마디의 타임코드를 감출 때 선택한다.
5. Units : 타임코드의 단위를 선택한다. 기본적으로 0.1초 단위를 사용한다.
6. Duration end of score : 곡의 종료지점 하단에 곡의 길이를 알려주는 숫자가 삽입된다.
7. Show timecode and hit point : 타임코드와 히트포인트를 악보에 표시할 경우 어느 위치에 표시할 것인지 선택할 수 있다. 기본값인 Top Staff 옵션은 제일 상단 보표에만 타임코드와 히트포인트를 표시할 때 선택한다.

03 Hit Point 메뉴 (히트포인트 삽입 메뉴)

히트포인트는 동영상과 음악을 싱크시키는 작업에서 사용한다. 보표에서 어떤 지점을 표시하는 일종의 참조 기능이다. 예를 들어 비디오에서 특별히 중요한 장면이 있고, 그 부분에 어떤 멜로디를 싱크시키고 싶을 때, 히트 포인트를 삽입한 뒤 그것을 기준으로 하여 싱크 작업을 진행할 수 있다.

히트 포인트는 Play -〉 Hit Point -〉 Create Hit Point 메뉴로 삽입할 수 있다. 히트 포인트를 삽입한 뒤에는 멜로디를 이동시키거나 재편집하여 비디오의 중요한 부분(히트 포인트가 삽입된 위치)을 기준으로 싱크작업을 할 수 있다.

Play -〉 Hit Point -〉 Edit Hit Point 메뉴는 삽입한 히트 포인트를 편집하거나 삭제할 때 사용한다. 아래와 같이 대화상자가 실행된다.

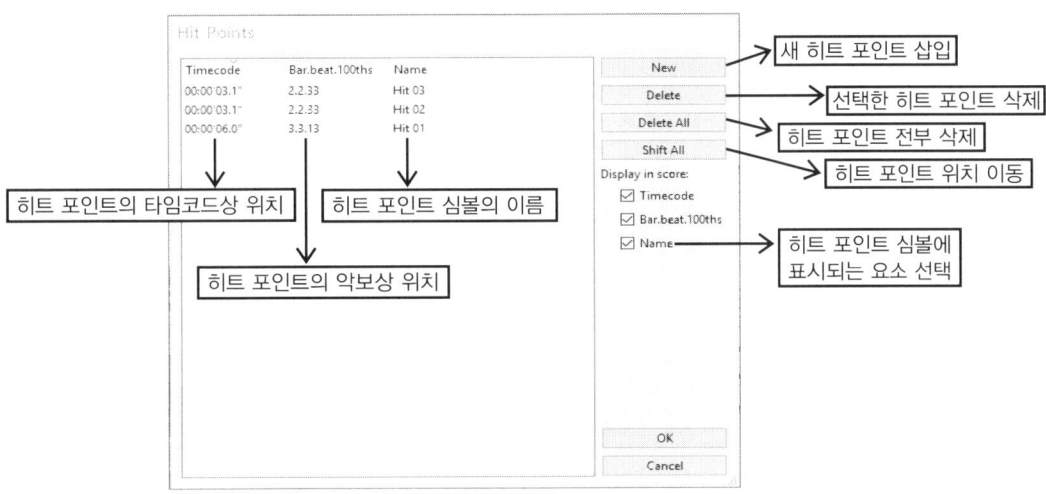

Play -> Plug ins 메뉴
(Play 메뉴의 플러그 인 메뉴)

악보의 플레이와 관련된 자동화 기능들로 구성되어 있다. 또한 미디 컨트롤러 메시지로 악기 연주에 변화를 줄 수 있는 기능을 제공한다.

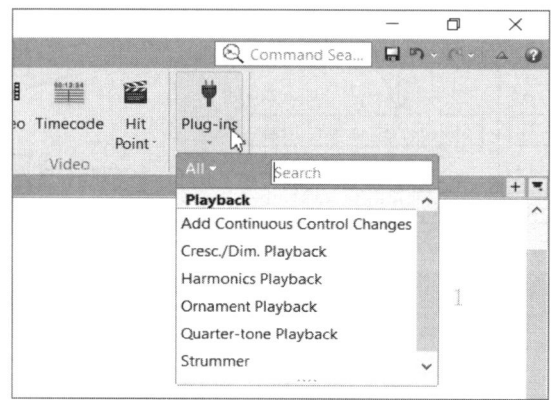

01 Add Continuous Control Changes 메뉴 (미디 컨트롤러 메시지로 악기 연주에 변화주기)

Play -> Plug ins -> Add Continuous Control Changes 메뉴는 '미디 컨트롤러 메시지'로 악기 연주에 변화를 줄 때 사용한다. 이 메뉴를 사용하려면 작업을 적용할 마디나 보표에 라인 심볼이 그려진 상태여야 한다. 라인 심볼은 Notations -> Lines 메뉴를 실행한 뒤 수평 라인만 사용할 수 있다. 수평 라인이 그려진 마디나 보표를 선택한 뒤 메뉴를 실행하면 다양한 미디 컨트롤러 메시지를 적용할 수 있도록 대화상자가 나타난다. 대화상자에서 원하는 미디 컨트롤러 메시지를 선택하면 수평 라인에 해당 음향 효과가 만들어진다.

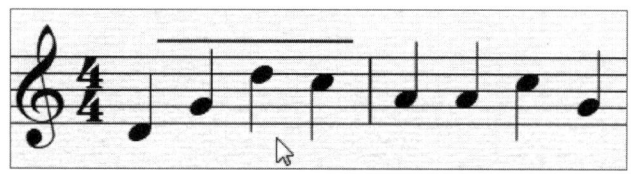

Notations -> Lines 메뉴로 라인을 그린 뒤 해당 마디를 클릭해 선택한다.

Play -> Plug ins -> Add Continuous Control Changes 메뉴를 실행한 뒤 Mod Wheel 미디 컨트롤러 메시지를 적용한 모습이다. 음에 모드 휠로 조작한 듯한 효과가 만들어진다.

02 Cresc./Dim. Playback 메뉴

Play -> Plug ins -> Cresc./Dim. Playback 메뉴는 '미디 볼륨 체인지 메시지'를 사용해 크레센도/디크레센도 효과를 만드는 기능이다. 이 기능을 사용하려면 Notations -> Lines 메뉴로 해당 구간에 헤어핀 심볼(크레센도/디크레센도)을 삽입한 상태여야 한다.

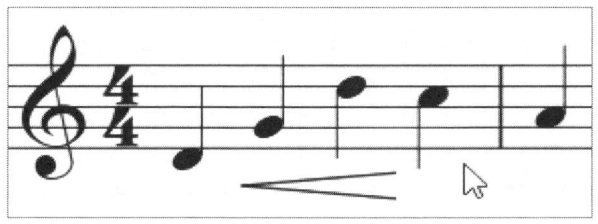

헤어핀 심볼이 있는 마디 선택

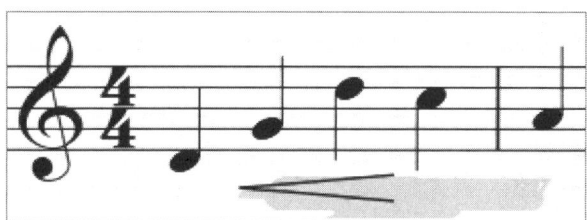

메뉴를 적용한 모습

미디 컨트롤러 메시지로 삽입한 음향 효과는 미디 컨트롤러 메시지에 의해 만들어진 것이므로 기존의 심볼이나 라인을 삭제해도 계속 동작을 한다.

03 Harmonics Playback 메뉴 (하모닉스, 배음 만들기)

이 메뉴는 현악 파트에서 하모닉스(배음)를 만들어주는 기능이다. 하모닉스란 어떤 현을 연주했을 때 한 옥타브 위의 음이나 5도 위의 음 등의 배음이 함께 울리게 하는 것을 말한다.
이 기능은 음표 머리가 2개인 음표에서 하단 음표는 일반 음표 모양, 상단 음표는 다이아몬드 머리일 경우에만 동작하며, Play -> Live Playback 메뉴를 On 으로 설정한 경우에만 플레이할 때 배음을 들을 수 있다.

harmonics.sib 파일을 불러온 뒤 하모믹스를 적용하기 위해 마디 3개를 모두 선택한다.

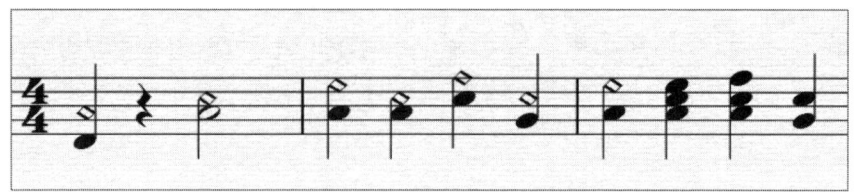

Play -> Plug ins -> Harmonics Playback 메뉴를 적용하면 하모닉스 효과가 자동으로 만들어진다.

04 Ornament Playback 메뉴 (꾸밈음 만들기)

미디 컨트롤러 메시지를 사용해 꾸밈음인 모르덴트(Mordent)와 돈꾸밈음인 턴(Turn) 음을 자동으로 만들어준다. 음표 또는 화음이 있는 음표 또는 마디를 선택한 뒤 적용한다.

마디 선택

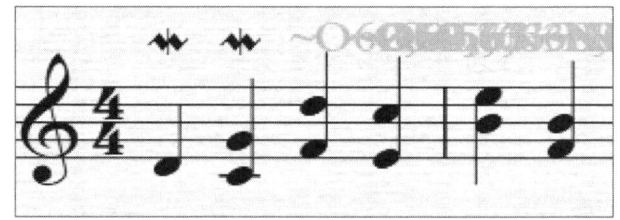
메뉴를 적용해 꾸밈음을 만든 모습

05 Quarter-tone Playback 메뉴 (쿼터톤, 사분음 효과)

Play -> Plug ins -> Quarter-tone Playback 메뉴는 '미디 피치밴드 메시지'를 사용해 쿼터톤(반음정의 절반음) 음표를 플레이(재생)할 수 있도록 해 준다.

시벨리우스 키패드의 6번째 키패드에는 'Quarter sharp', 'Quarter flat', 'Three quarter sharp', 'Three quarter flat' 등의 임시표가 있는데 이들 임시표를 음표에 입력한 뒤 플레이를 하면 실제로도 인식되지 않고 반음으로 플레이가 된다.

다시 말해 쿼터톤(사분음, 'Quarter sharp', 'Quarter flat'으로 음정을 높이거나 낮춘 음표)을 포함한 'Three quarter sharp', 'Three quarter flat' 임시표를 붙인 음표들은 플레이될 때 사분음 등으로 플레이되지 않고 반음으로만 플레이된다.

이 경우 Play -> Plug ins -> Quarter-tone Playback 메뉴를 해당 마디에 적용하면 악보를 플레이할 때 사분음을 포함한 'Three quarter sharp', 'Three quarter flat' 이 플레이되도록 해 준다.

06 Strummer 메뉴 (스트러밍 주법 만들기)

스트러밍 주법이란 어쿠스틱 기타에서 두 개 이상의 기타 줄을 피킹하는 스트러밍 주법으로 어떤 화음(코드)을 치는 것을 말한다. 주로 기타 보표에서 필요한 효과이지만 합시코드, 하프, 피치카토 스트링에서도 사용할 수 있다.

먼저 최소 3개의 화음으로 된 음표 하나를 입력한 뒤 R 버튼으로 여러개 복사한다. 해당 마디를 선택한 후 스트럼으로 연주할 방향을 지정하면 된다.

따라하기 아라비아 멜로디 작곡 방법 – 쿼터톤 음악 만들기

쿼터톤(사분음) 음악의 개념을 익히기 위해 사분음 형성 방법 및 사분음 음악 플레이 방법을 알아본다. 아래 예제대로 따라하면 음정이 1음정이나 반음정씩 변하지 않고 사분음정(반음정의 반음정)으로 변하는 것을 알고 놀랄 것이다. 아라비아 음악 스타일의 음정 변화이다..

❶ 바이올린 보표를 만든 뒤 아래와 같이 4분음표만 입력하기로 한다. 예제파일 'quat.sib'을 불러와도 된다. 도에 4개, 레에 4개, 미에 4개, 미에 4개, 레에 4개, 도에 4개의 4분음표를 입력한다. 그런 뒤 키패드의 6번 키패드에서 각 임시표를 선택해 아래 그림처럼 붙여준다.

이 악보를 플레이를 하면 임시표가 지시한대로 4분음정 단위로 변하지 않고 반음정 단위로 음정이 변화되는 것을 알 수 있다. 시벨리우스는 반음의 반음인 사분음을 플레이하지 못하기 때문이다.

❷ 임시표들이 지시한대로 사분음이 재생되도록 해 보자. 마디를 더블클릭해 모두 선택한다.

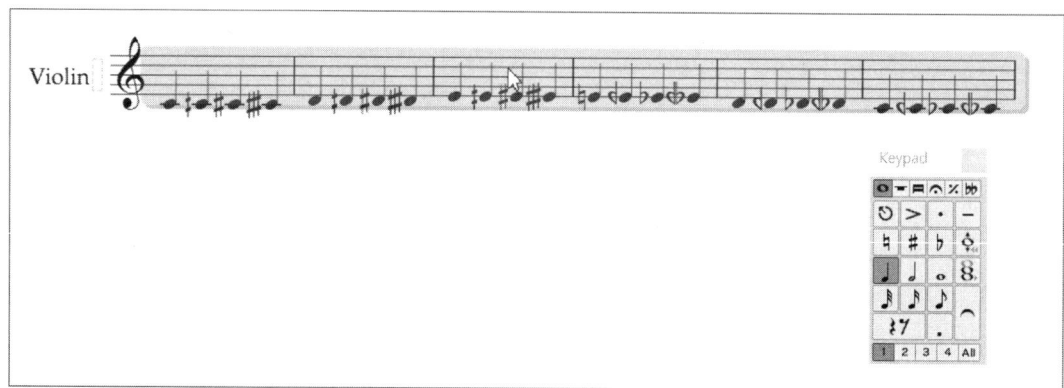

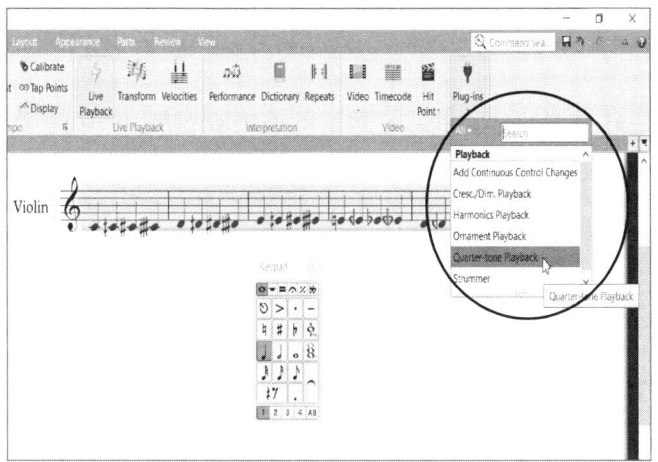

❸ 사분음을 인식시키기 위해 Play -〉 Plug ins -〉 Quarter-tone Playback 메뉴를 실행한다.

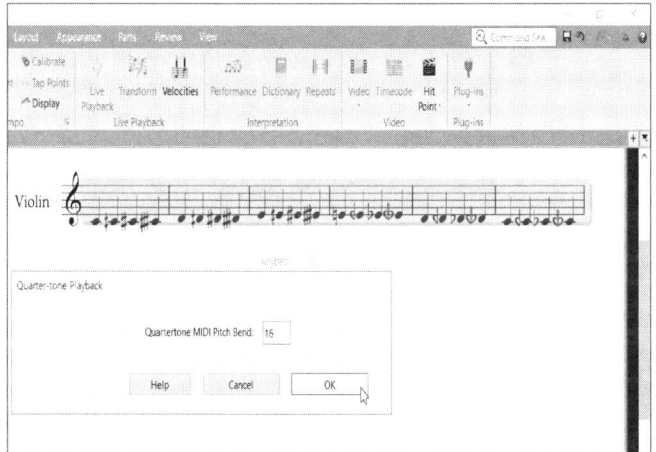

❹ 대화상자가 나타나면 기본옵션값을 수정하지 않고 그대로 적용한다.

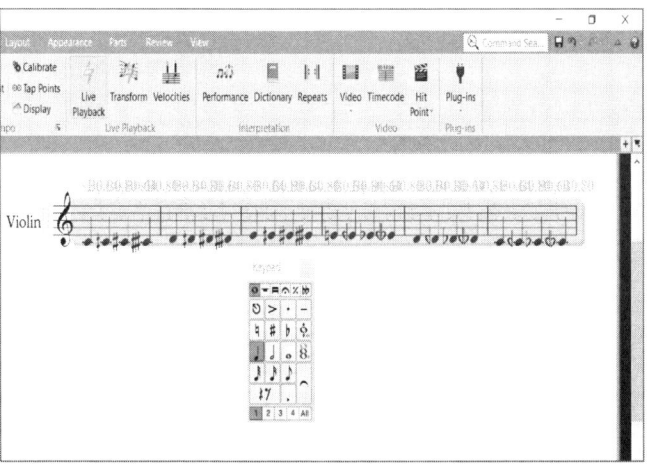

❺ 곡을 처음부터 다시 플레이를 해본다.
첫 3마디에서 점점 음계가 상승하되 반음의 반음인 사분음 단위로 상승을 하고, 후반 3마디에서는 점점 음계가 하락을 하되 역시 반음의 반음인 사분음 단위로 하락하는 것을 알 수 있다. 이것을 응용하면 아라비아 음악처럼 음정의 변화가 섬세한 음악을 만들 수 있다.

따라하기 | 스트러밍 주법 만들기

Strummer 플러그인 메뉴를 사용해 어쿠스틱 기타가 연결된 보표에서 스트러밍 주법을 만들어 본다.

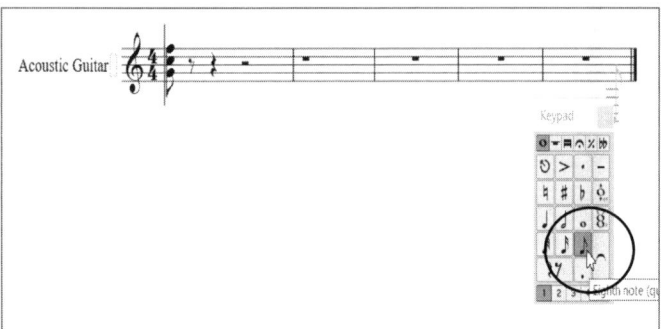

❶ File -> New 메뉴로 어쿠스틱 기타를 연결한 보표를 만든 뒤 8분음표로 머리가 3개인 화음을 입력한다.

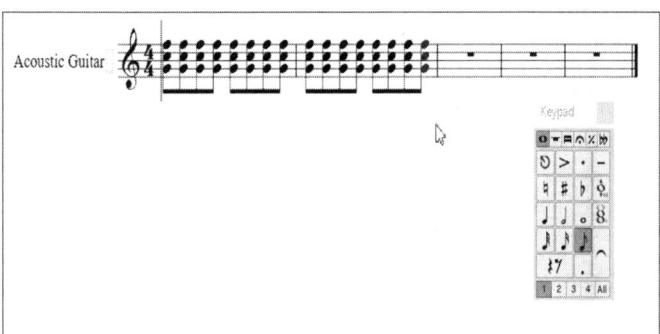

❷ 앞에서 입력한 화음을 Shift + 드래그로 선택된 뒤 R 키를 15번 눌러 그림처럼 16개로 복사한다.
플레이를 하면 같은 화음이 16번 재생된다.

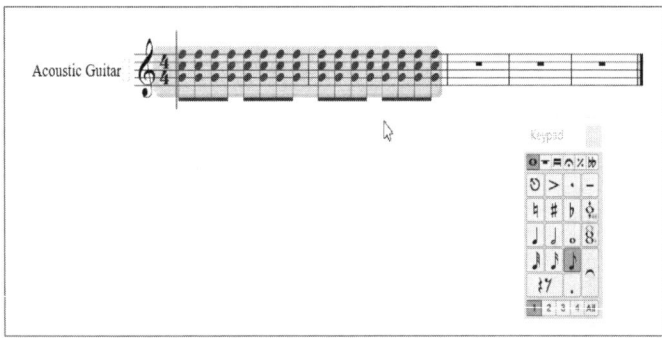

❸ 마디를 Shift 클릭해 처음 두 마디를 선택한다.

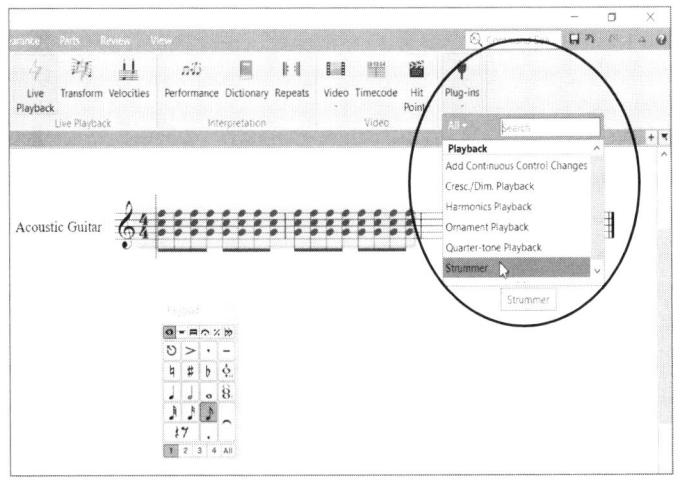

❹ Play -> Plug ins -> Strummer 플러그인 메뉴를 실행한다.

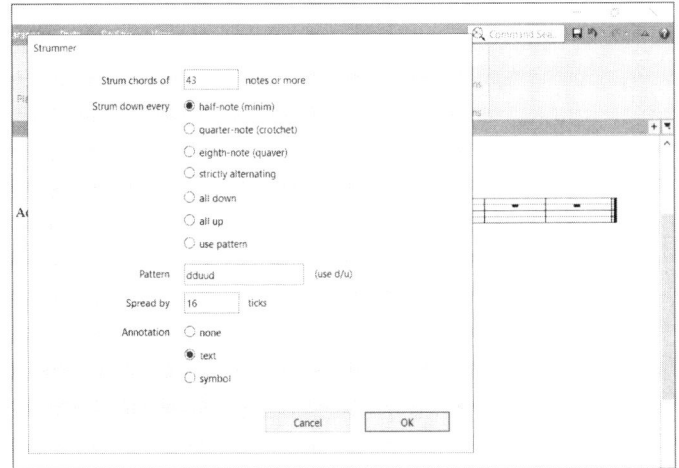

❺ Strum Chord of 항목에서 화음의 머리 개수를 설정하는데 앞에서 만든 화음은 음표머리 3개로 만든 화음이므로 3이라고 입력한다.
Strum down every 옵션은 half-note로 설정한다.
Annotation 옵션은 Text를 선택하고 적용한다.
OK 버튼을 눌러 대화상자를 닫는다.

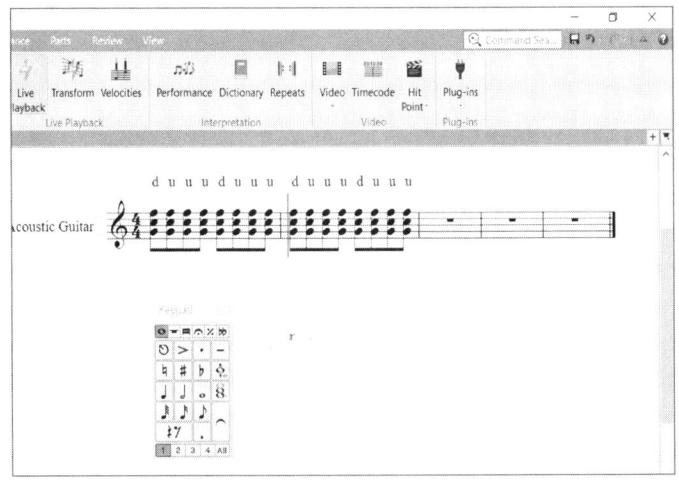

❻ 그림처럼 스트러밍 주법의 화음이 만들어졌다.
플레이를 하면 같은 음정의 화음이지만 d는 다운 화음으로 연주된다. 그리고 u은 올림 화음으로 연주되는 것을 알 수 있다.

Part 10

Layout 메뉴 (레이아웃 메뉴)

Layout 메뉴는 악보의 레이아웃을 편집할 수 있는 기능들로 구성되어 있다.

CHAPTER 01

Layout -> Document Setup 메뉴 (악보종이 설정 메뉴)

악보의 종이 크기, 여백, 보표 크기, 종이의 인쇄 방향 등을 설정할 수 있다.

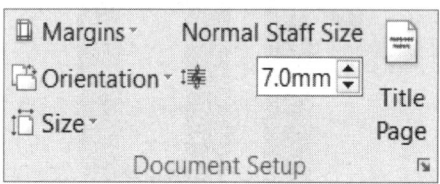

01 Margins 메뉴 (악보 여백 설정하기)

Layout -> Document Setup -> Margins 메뉴는 악보의 여백 공간을 조절하는 기능이다. 기본형(Standard), 좁은형(Narrow), 넓은형(Wide), 대칭형(Mirrored) 등 4가지의 여백 스타일에서 선택한다.

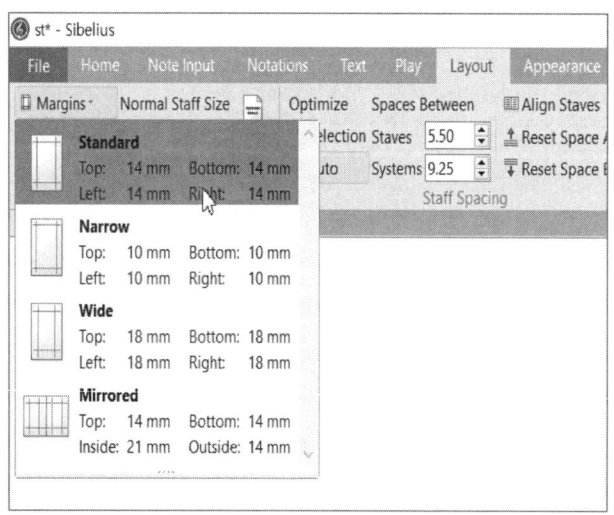

아래는 좁은형(Narrow) 여백과 넓은형(Wide) 여백을 비교한 모습이다.

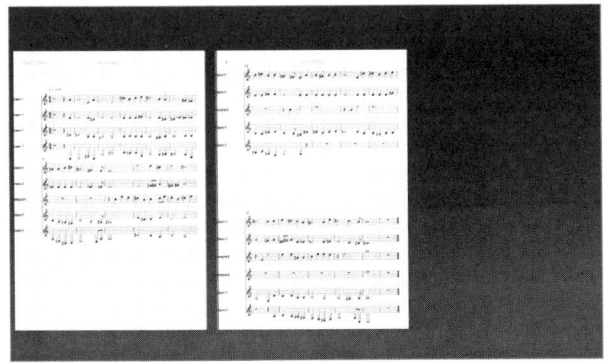

좁은형의 악보 외각 여백

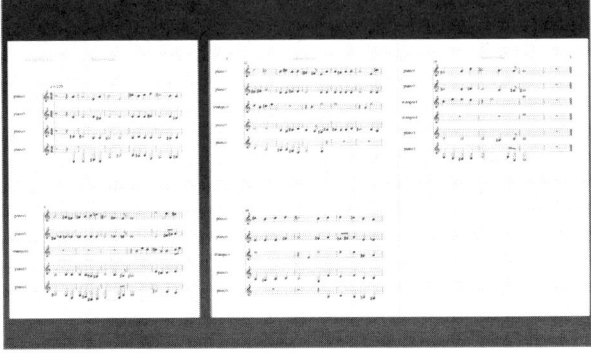

넓은형의 악보 외각 여백

02 Staff Size 메뉴 (오선의 줄 간격 조절하기)

Layout -> Document Setup -> Staff Size 메뉴는 오선의 줄 상하 간격을 조절하는 기능이다. 아래는 오선의 상하 간격을 서로 다르게 한 뒤 비교한 모습이다. 오선의 상하 간격을 넓히면 음표나 음자리표도 그에 비례해 확대되므로 보표가 확대되는 경향이 된다.

오선의 상하 간격을 7mm로 설정한 모습(기본값)

오선의 상하 간격을 10mm로 설정한 모습

03 Orientation 메뉴 (종이 방향 회전시키기)

Layout -> Document Setup -> Orientation 메뉴는 종이를 회전시킨 뒤 악보를 배치하는 기능이다. 세로, 가로 방향에서 선택한다.

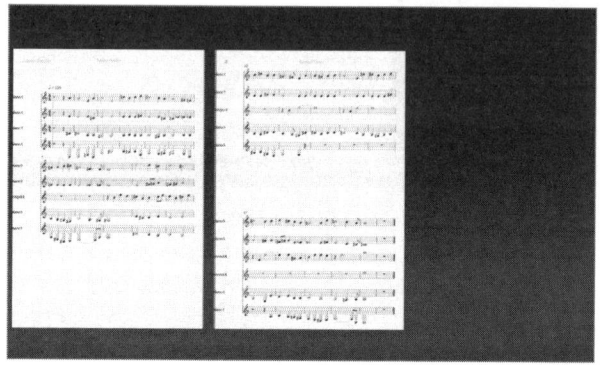
Portrait - 세로 방향 악보

Landscape - 가로 방향 악보

04 Size 메뉴 (종이 크기 설정)

Layout -> Document Setup -> Size 메뉴는 종이의 크기를 설정하는 기능이다. 종이 크기가 커지면 한 장의 종이에 그만큼 많은 보표가 들어간다. 기본값은 A4 크기이다.

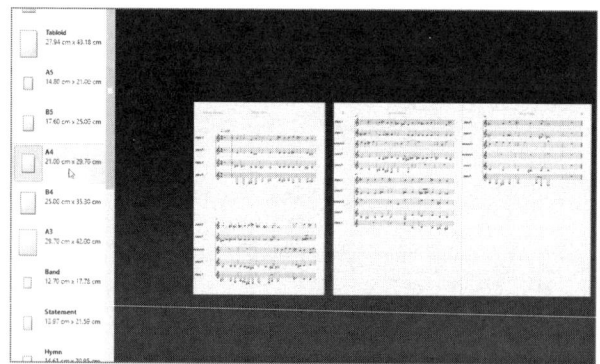
A4 규격 종이를 선택한 모습

A3 종이 규격을 선택하누 모습

05 Title Page 메뉴 (타이틀 페이지 만들기)

Layout -> Document Setup -> Title Page 메뉴는 악보의 맨 앞에 타이틀용 페이지를 만드는 기능이다. 대화상자의 Number of blank pages 옵션에서 악보 앞에 생성될 페이지 수를 지정한다. Title 옵션에서 악보 제목을 입력한다. Composer 옵션에서 작곡자 이름과 작사가 이름을 입력한다. Include part name 옵션에 체크하면 타이틀 페이지에 파트보 이름이 삽입된다.

대화상자의 설정 모습

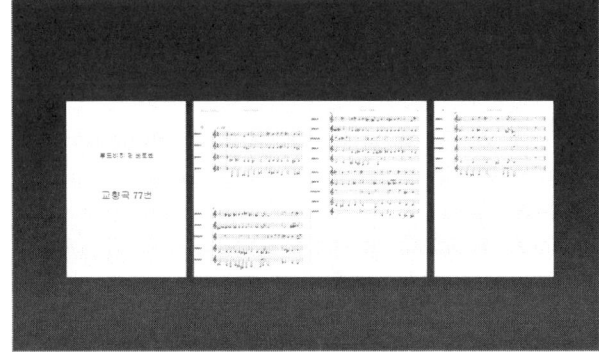

1페이지의 타이틀 페이지를 만든 모습

06 Document Setup 버튼 (종이 크기 직접 설정하기)

Layout -> Document Setup -> Document Setup 버튼을 클릭하면 앞에서 공부한 종이 크기 관련 기능을 사용자가 직접 입력할 수 있도록 대화상자가 실행된다.

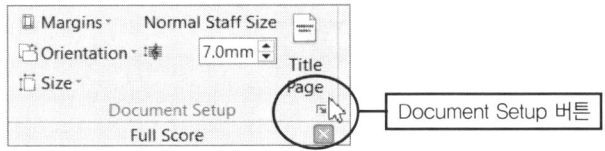

메뉴를 실행할 때 나타나는 Document Setup 대화상자의 사용방법은 다음과 같다.

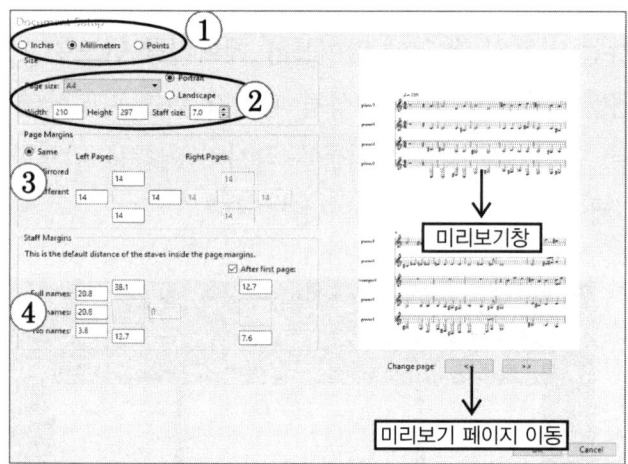

1. 측정 단위 : 악보에서 사용할 표시 단위를 선택한다. 기본값은 mm 단위이다.
2. Size : 팝업메뉴에서 종이 크기를 선택하거나, 하단에 숫자를 입력해 종이 크기를 설정할 수 있다.
   Portrait 옵션와 Landscape 옵션은 종이를 세로, 가로 방향으로 회전시킬 때 선택한다.
3. Page Margins : 악보의 여백을 설정한다. Same 옵션은 악보 좌우 여백을 같은 설정값을 사용한다.

 Mirrored는 왼쪽 페이지의 종이 여백이 오른쪽 페이지의 종이 여백으로 대칭되어 사용된다. Different는 좌우 페이지의 종이 여백을 서로 다르게 설정할 때 선택한다.
4. Staff Margins : 악보의 시작 부분 페이지와 그 다음 페이지들의 보표 여백을 설정할 수 있다.

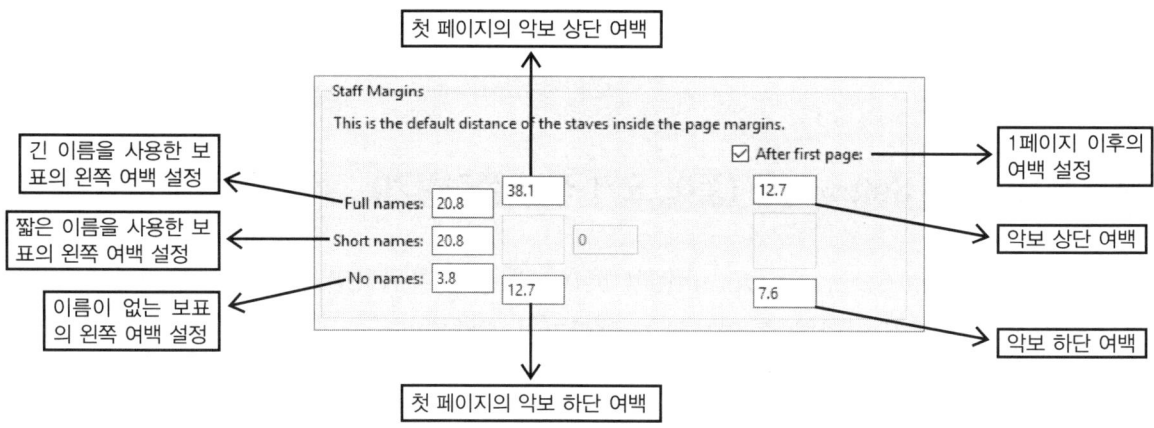

Layout -〉 Staff Spacing 메뉴
(보표 간격 설정 메뉴)

Layout -〉 Staff Spacing 메뉴는 보표의 간격을 조절하거나, 시스템보표의 간격을 조절할 수 있다.

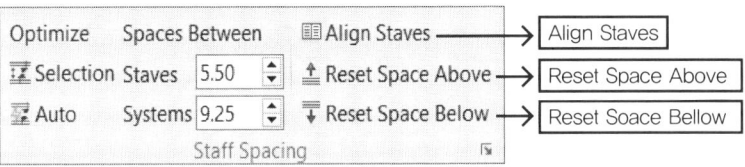

01 Optimize 메뉴 (보표 상하 간격 최적화하기)

보표 상하 간격은 마우스 드래깅으로 조절할 수 있다. 마우스로 간격을 조절하면 보표 상하 간격이 일정하지 않은데 이 경우 Layout -〉 Staff Spacing -〉 Optimize 메뉴를 사용한다. 선택한 보표들의 상하 간격을 균일하게 조절해 준다. 일반적으로 Ctrl + A로 모든 보표를 선택한 뒤 이 메뉴를 적용한다.

02 Spaces Between 메뉴 (보표/시스템보표 간격 조절하기)

보표들의 상하 간격은 하단의 Staves 옵션에서, 시스템보표들의 상하 간격은 하단의 Systems 옵션에서 수치를 입력해 지정할 수 있다.

03 Align Staves 메뉴 (첫 페이지의 보표/시스템 간격을 다른 페이지에 적용하기)

Layout -> Staff Spacing -> Align Staves 메뉴는 첫 페이지의 보표 상하 간격과 시스템 상하 간격에 맞게 다른 페이지의 보표와 시스템 간격을 정렬할 때 사용한다. 일단 첫 페이지와 작업이 적용될 페이지를 모두 선택한 뒤 적용하면 작업이 적용될 페이지의 보표 상하 간격과 시스템 상하 간격이 첫 페이지의 보표 상하 간격과 시스템 상하 간격과 똑같은 간격으로 정렬된다.

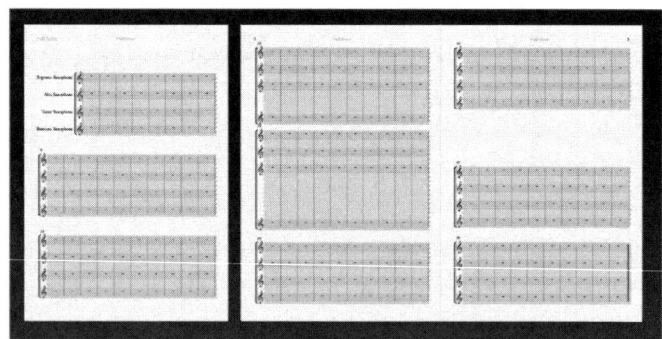

Ctrl + A를 눌러 작업을 적용할 영역으로 모든 악보를 선택한다.

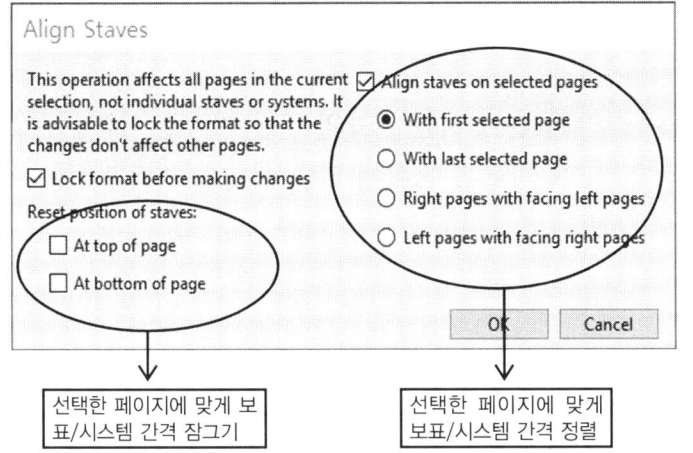

Layout -> Align Staves 메뉴를 실행한다. 대화상자의 Align staves on selected pages 옵션에 체크한 뒤 With first selected page 옵션을 선택하고 적용한다.

선택한 페이지에 맞게 보표/시스템 간격 잠그기

선택한 페이지에 맞게 보표/시스템 간격 정렬

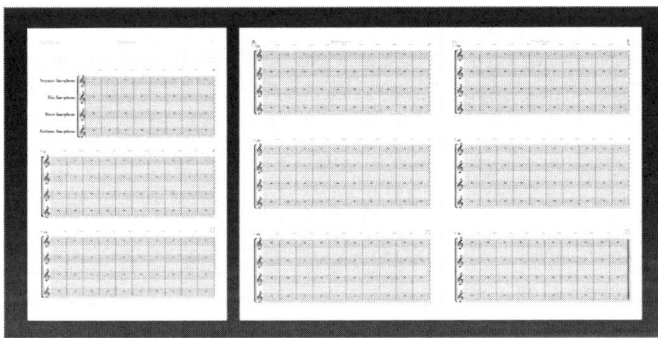

첫째 페이지의 보표/시스템 간격에 맞게 다른 페이지의 보표/시스템 간격이 조절된 것을 알 수 있다.

04 Reset Space Above 메뉴 (보표 상단 여백 리셋)

Layout -> Staff Spacing -> Reset Space Above 메뉴는 선택한 보표의 상단 여백을 기본값으로 되돌린다. 예를 들어 보표의 상단 여백이 좁을 경우, 이 메뉴를 적용해 상단 여백을 기본값 여백처럼 넓은 상태로 만든다.

05 Reset Space Bellow 메뉴 (보표 하단 여백 리셋)

Layout -> Staff Spacing -> Reset Space Bellow 메뉴는 선택한 보표의 하단 여백을 기본값으로 되돌린다. 예를 들어 보표의 하단 여백이 좁을 경우, 이 메뉴를 적용해 하단 여백을 기본값 여백처럼 넓은 상태로 만든다.

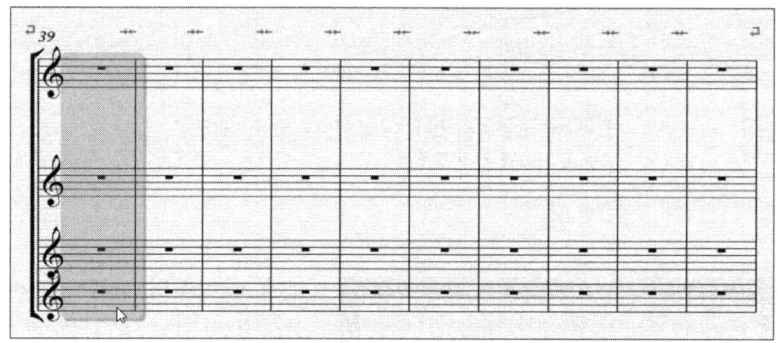

보표 하단 여백을 조절할 보표를 선택한 모습

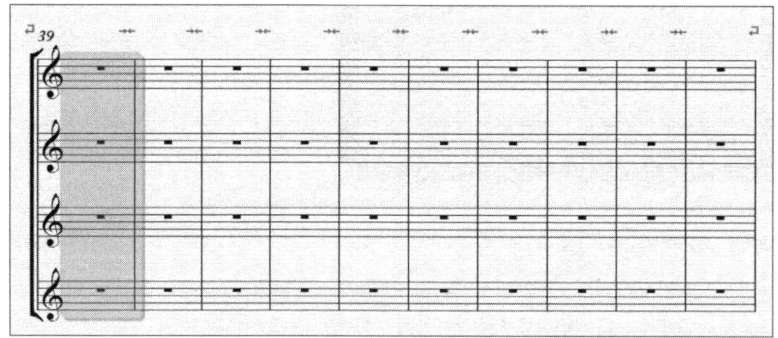

메뉴를 적용해 보표 하단 여백을 기본값으로 되돌린 모습

06 Staff Spacing 버튼 (대화상자에서 보표간격 설정)

보표 간격에 대한 옵션을 설정하는 Engraving Rules 메뉴의 Staves 옵션을 실행한다. 자세한 사용법은 Appearance -> Engraving Rules 메뉴의 Staves 옵션을 참고한다.

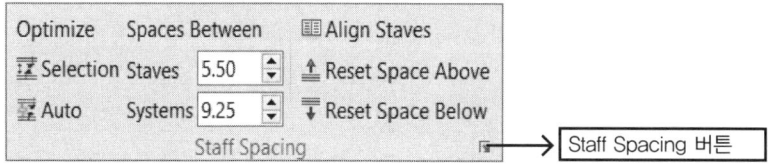

CHAPTER 03 Layout -> Staff Visibility 메뉴 (보표 보기/감추기 메뉴)

원하는 보표만 악보에 표시할 수 있고, 비어있는 보표는 악보에서 감출 수 있다.

01 Hide Empty Staves 메뉴 (비어있는 보표 감추기)

Layout -> Hiding Staves -> Hide Empty Staves 메뉴는 음표가 입력되지 않은 비어있는 보표를 악보에서 감출 때 사용한다. 먼저 비어있는 보표가 있는 시스템이나 전체 악보를 선택한 뒤 메뉴를 적용한다.

Ctrl + A로 전체 악보 선택

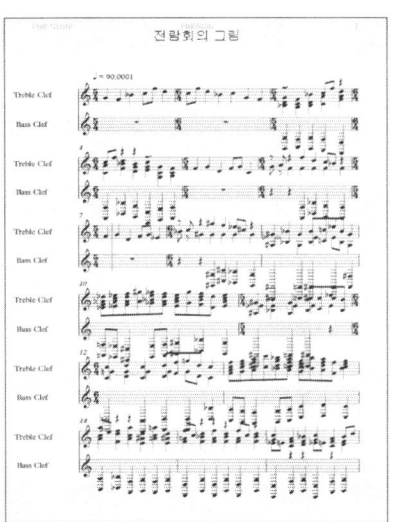
비어있는 보표를 감춘 모습

02 Show Empty Staves 메뉴

Layout -> Hiding Staves -> Show Empty Staves 메뉴는 감추어둔 보표를 다시 악보에 표시할 때 사용한다. 메뉴를 실행하면 대화상자에서 다시 표시할 보표를 지정할 수 있다.
Show Empty Staves 대화상자의 사용 방법은 다음과 같다.

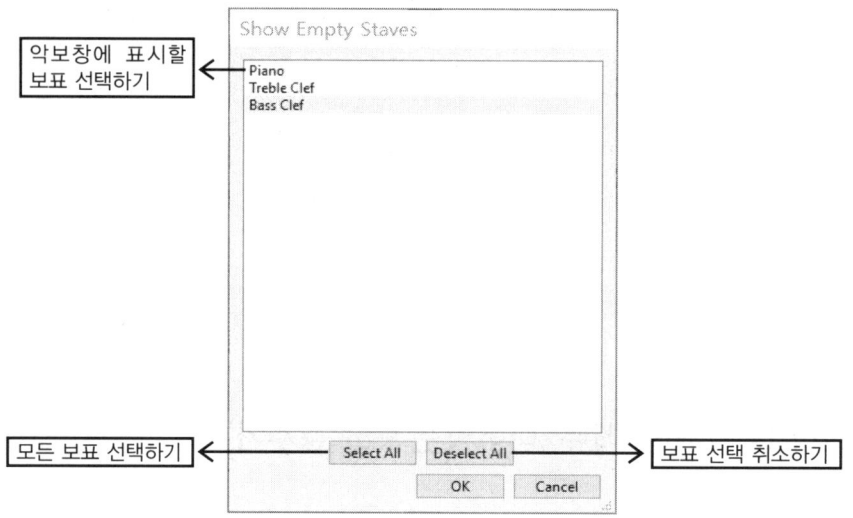

03 Focus on Staves 메뉴 (특정 보표만 보기)

Layout -> Hiding Staves -> Focus on Staves 메뉴는 마우스로 클릭한(선택한) 보표만 악보에 표시하는 기능이다. 선택하지 않은 보표는 모두 감춘 상태로 전환된다. Focus on Staves 메뉴를 다시 클릭하면 감춘 상태의 보표를 다시 악보창에 표시한다.

원하는 보표를 선택한 모습   선택한 보표만 화면에 표시한 모습

CHAPTER 04
Layout -> Magnetic Layout 메뉴 (마그네틱 레이아웃 메뉴)

'Magnetic Layout'이란 음표, 심표, 각종 심볼, 음악 기호를 이동시키거나 정렬시킬 때 자석에 붙는 것처럼 정렬 위치를 자동으로 찾게 하는 기능이다. 포토샵 등의 그래픽 프로그램에서 볼 수 있는 스냅(자석) 기능과 똑같은 '자석 정렬 기능'이라고 할 수 있다. 다이나믹 심볼, 코드 심볼, 마디 번호, 가사 등 악보에서 볼 수 있는 대부분의 오브젝트들이 Magnetic Layout에 의해 정렬되는 요소들이다.

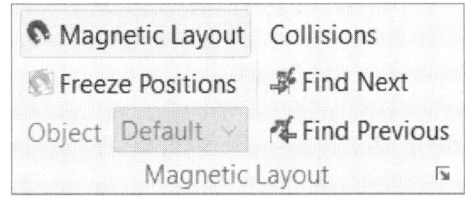

01 Magnetic Layout 메뉴 (마그네틱 기능 활성화)

이 메뉴는 자동 정렬 기능을 활성화시킬 때 사용한다. 기본적으로 이 메뉴는 항상 켜 있는 상태이다. 이 메뉴를 끄면 자동 정렬 기능이 사용되지 않으므로 심볼을 삽입하거나 정렬할 때 줄이 맞지 않아 들쑥날쑥하게 된다.

다음은 Magnetic Layout 메뉴가 비활성(Off) 상태의 경우로서, 같은 속성의 오브젝트를 이동시킬 때 마그네틱 점선이 표시되지 않으므로 정렬시킬 위치를 정확하게 찾을 수 없다.

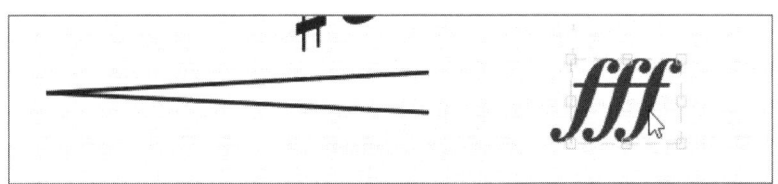

다음은 Magnetic Layout 메뉴를 활성화(On)시킨 경우로서, 같은 속성의 오브젝트를 이동시킬 때 정렬시킬 위치를 정확히 알 수 있도록 마그네틱 점선이 표시된다.

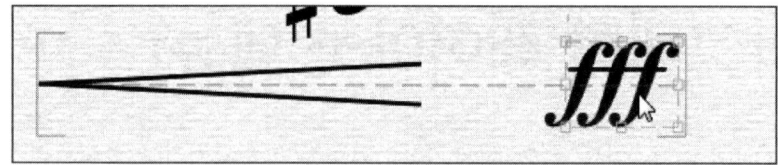

마그네틱 점선이 표시된 모습

02 Freeze Positions 메뉴 (위치 고정하기)

Layout -> Magnetic Layout -> Freeze Positions 메뉴는 선택한 오브젝트를 Magnetic Layout 정렬 기능에서 제외시킨다. 즉, 해당 오브젝트는 자석 정렬 기능을 사용할 수 없게 된다.
노래가사를 입력하면 글자들이 자동 정렬되는 것을 알 수 있다. 노래가사는 Magnetic Layout 기능으로 자동 정렬되기 때문이다. 특히 가사의 경우는 글자들이 같은 속성을 가지고 있으므로 기본적으로 '그룹 마그네틱 속성'을 가지고 있다.
'그룹 마그네틱 속성'이 있는 글자들은 글자 중앙이 점선으로 서로 연결되어 있어 정렬 작업을 한층 손쉽게 할 수 있다.

글자들을 정렬할 때 볼 수 있는 마그네틱 점선

노래가사에서 원하는 글자를 선택한 뒤 Freeze Positions 메뉴를 적용하면 해당 글자는 Magnetic Layout 기능을 사용할 수 없게 된다. 아래 그림을 보면 알 수 있듯 Magnetic Layout 기능을 사용할 수 없으므로 점선 표시가 사라진 것을 알 수 있다.

'다'자에 메뉴를 적용해 마그네틱 정렬 속성을 제외시킨 모습

이와 달리 Freeze Positions 메뉴를 적용하지 않은 다른 글자들은 계속 그룹 마그네틱 점선이 표시되어 있는 것을 알 수 있다.

다른 글자를 선택한 모습 - 그룹 마그네틱 점선이 계속 표시되어 있다.

03 Object 메뉴 (마그네틱 점선 On/Off)

Layout -> Magnetic Layout -> Object 메뉴는 오브젝트를 정렬시킬 때, 마그네틱 점선을 화면에서 보이게 하거나, 감추는 기능이다. On을 선택하면 정렬 작업을 할 때 마그네틱 점선이 보인다. Off을 선택하면 정렬 작업을 할 때 마그네틱 점선이 보이지 않게 된다.

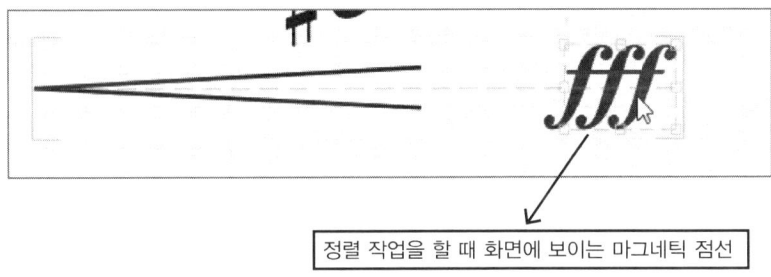

정렬 작업을 할 때 화면에 보이는 마그네틱 점선

04 Collisions 메뉴 (겹치거나 충돌되는 심볼 찾기)

오브젝트가 겹쳐있거나 기본 자기 위치가 아닌 경우 충돌되는 오브젝트라고 해서 컬리즌(Collision)이라고 말한다. 컬리즌된 심볼과 글자들은 빨간색으로 표시된다.

이 메뉴는 컬리즌된 심볼과 글자를 찾을 때 사용한다. Find Next 메뉴는 다음으로 이동하며 컬리즌을 검색하고, Find Previous 메뉴는 이전으로 이동하며 컬리즌을 찾아준다. 컬리즌을 찾아낸 뒤에는 수작업으로 잘못된 정렬을 수정해 준다.

05 Magnetic Layout 버튼 (마그네틱 레이아웃 설정)

Layout -> Find Previous 메뉴 바로 밑에 있는 버튼이 Magnetic Layout 버튼이다. 이 버튼을 클릭하면 Magnetic Layout에 적용될 오브젝트를 선택할 수 있고 그룹 여부를 결정할 수 있다.

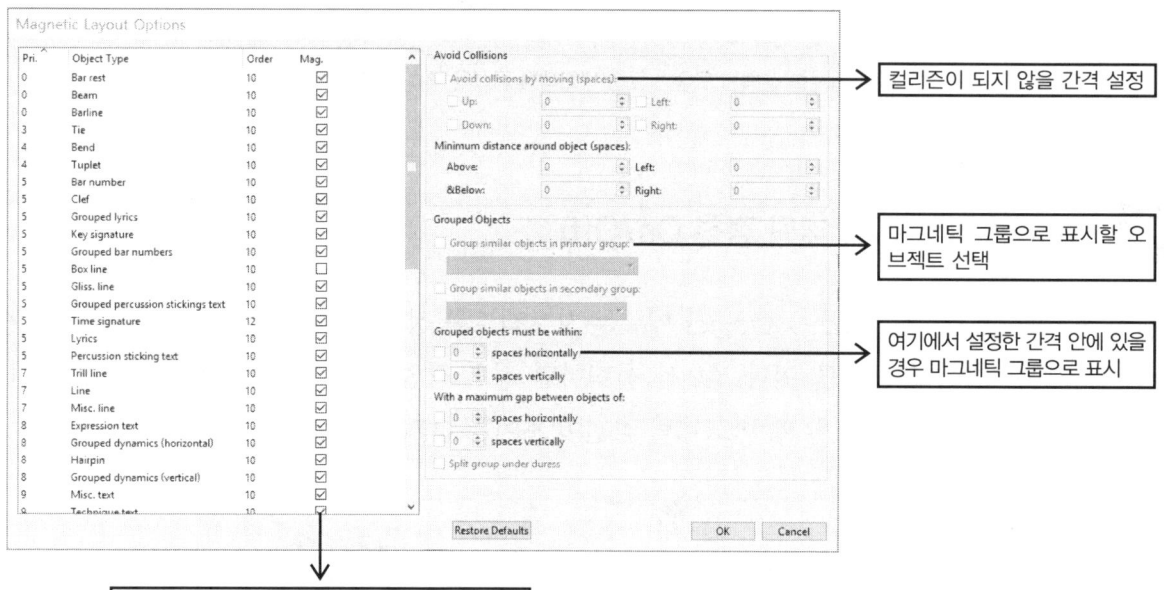

Layout -> Breaks 메뉴 (보표 분리 메뉴)

Layout -> Breaks 메뉴는 시스템보표를 분리하거나 페이지를 분리할 때 사용한다. 또한 시스템보표를 자르고 멀티쉼표를 자르는 기능도 제공한다.

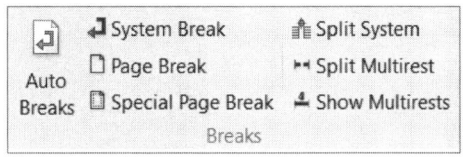

01 System Break 메뉴 (시스템 분리하기)

마디선(바라인)을 기준으로 시스템보표를 분리한 후 분리된 부분을 다음 시스템으로 만든다.
분리하고 싶은 마디선을 클릭해 선택한다.

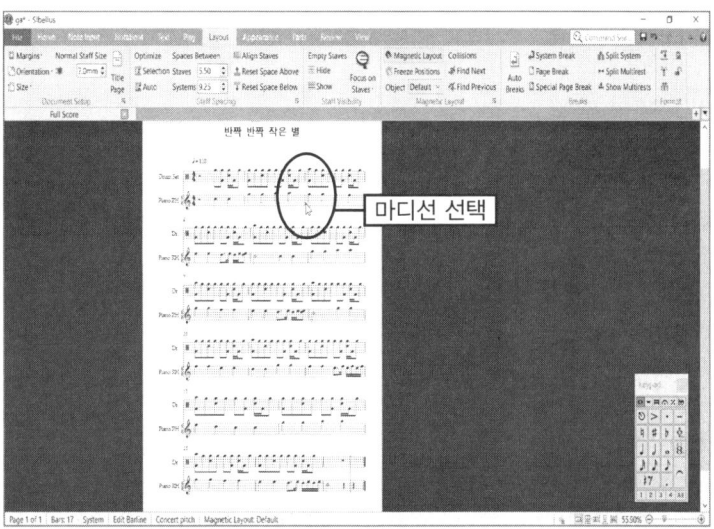

Layout -> Breaks -> System Breaks 메뉴를 적용해 해당 마디에서 시스템보표로 분리한 모습이다. 그 결과 해당 마디가 하단시스템 보표로 이동한다.

02 Page Break 메뉴 (페이지 분리하기)

Layout -> Breaks -> Page Break 메뉴는 선택한 마디선을 기준으로 페이지를 분리할 때 사용한다.

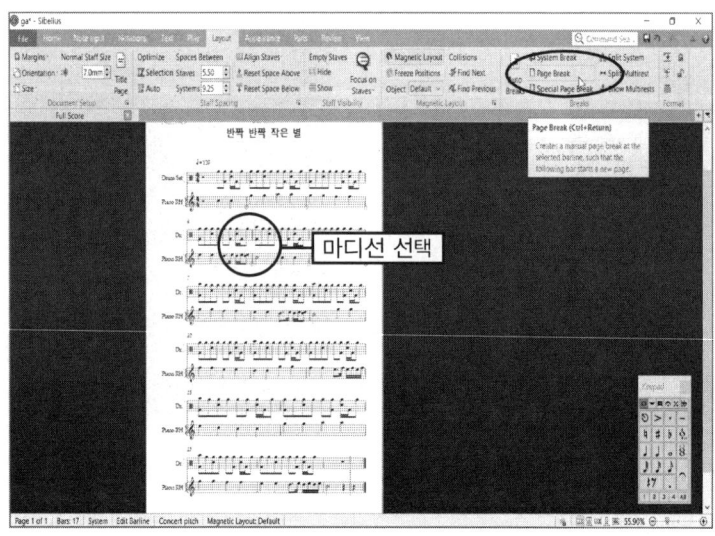

시스템이나 페이지를 분리하면 그림처럼 수첩 아이콘이 표시된다. 이 수첩 아이콘을 삭제하면 페이지를 분리하기 전 상태로 돌아간다.

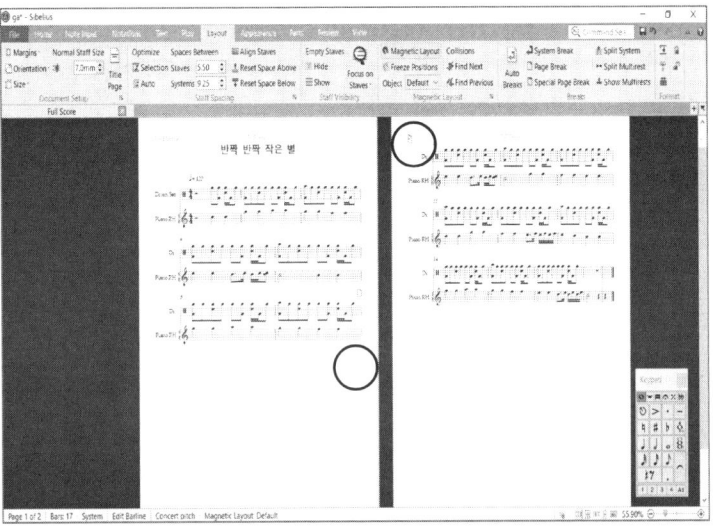

03 Special Page Break 메뉴 (스페셜 페이지 분리하기)

이 메뉴는 사용자가 설정한 스페셜 옵션으로 페이지를 분리하는 기능이다. 옵션에 따라 분리된 페이지에 새 공백 페이지를 삽입할 수도 있다.

분리할 부분에 있는 마디선을 클릭해 선택한다.

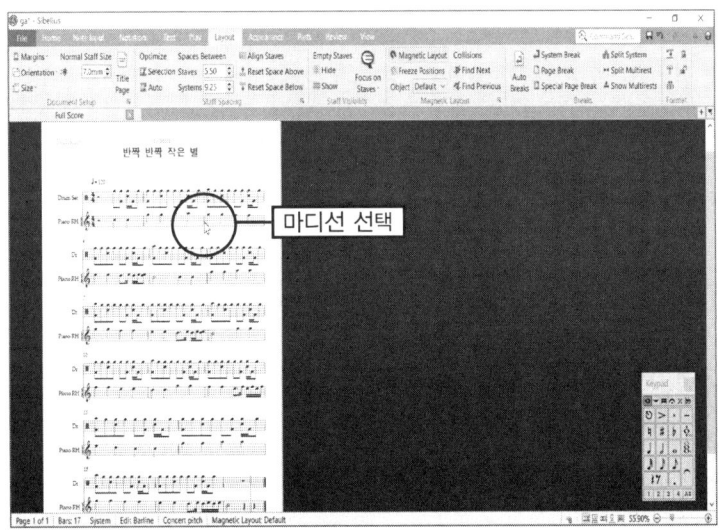

Layout -> Breaks -> Page Breaks 메뉴를 실행한 뒤 대화상자에서 빈 페이지를 1페이지 추가해 분리하였다.

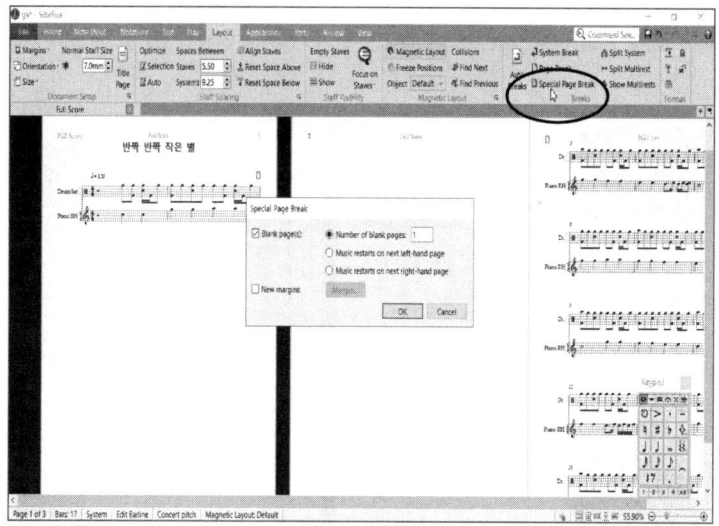

대화상자의 사용법은 다음과 같다.

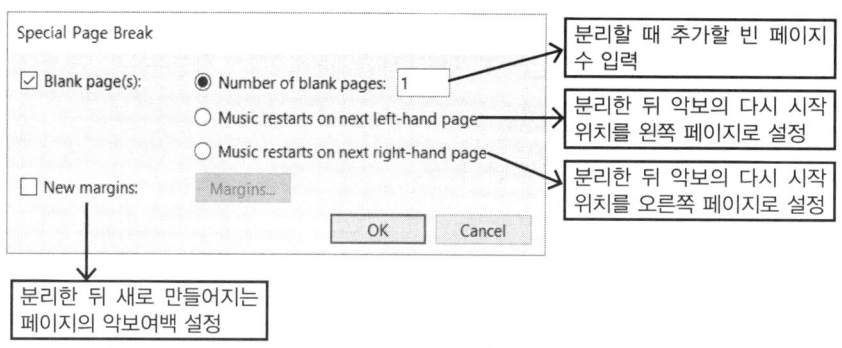

04 Split System 메뉴 (시스템보표 자르기)

Layout -> Breaks -> Split System 메뉴는 보표에서 분리한 부분을 다음 페이지로 넘기지 않고 자르기만 한다. 잘라진 부분에는 작은 공백이 삽입된다. 분리하고 싶은 마디선(바라인)을 선택한 뒤 이 메뉴를 적용한다.

마디선을 선택한 모습

메뉴를 적용해 자른 모습

05 Show Multirests (멀티쉼표 보기)

악보에 멀티쉼표가 있을 경우 화면에 표시해 준다. 이 메뉴를 Off로 전환하면 멀티쉼표가 있는 마디가 일반 마디로 표시된다.

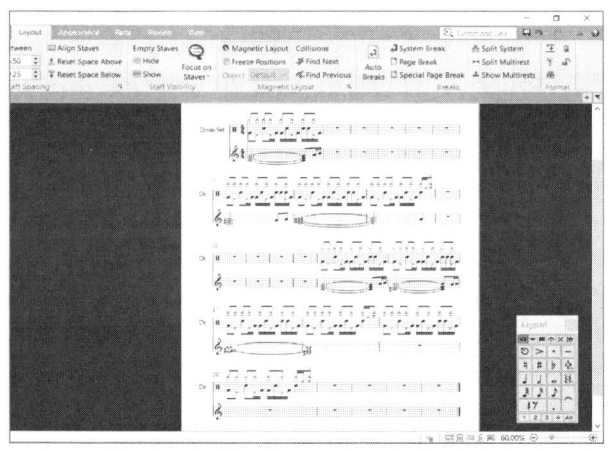

멀티쉼표가 있는 악보(현재 보이지 않음)

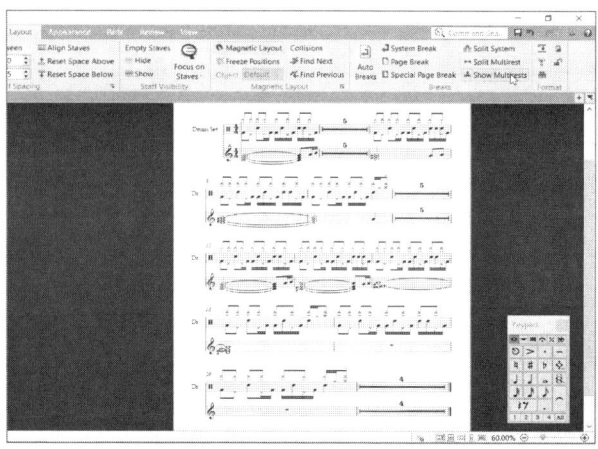

메뉴를 적용해 멀티쉼표 마디를 표시한 모습

'멀티쉼표 마디'란 온쉼표가 연이어지는 여러 개의 마디를 하나의 마디로 합친 뒤 합쳐진 마디의 개수를 표시한 마디를 말한다. 음표를 입력한 마디 사이에 온쉼표 마디가 2개 이상 연이어진 경우 멀티쉼표 마디가 된다.

06 Split Multirests 메뉴 (멀티쉼표 마디 나누기)

Layout -> Breaks -> Split Multirests 메뉴는 멀티쉼표 마디를 양쪽으로 분할하는 기능이다. 이렇게 하면 양쪽에 멀티쉼표를 가진 마디가 만들어진다. 보통 멀티쉼표가 있는 마디에서 어느 지점에 새 마디를 추가하거나, 어느 한쪽을 삭제하려면, 일단 그 지점을 기준으로 멀티쉼표 마디를 나누어야 한다.

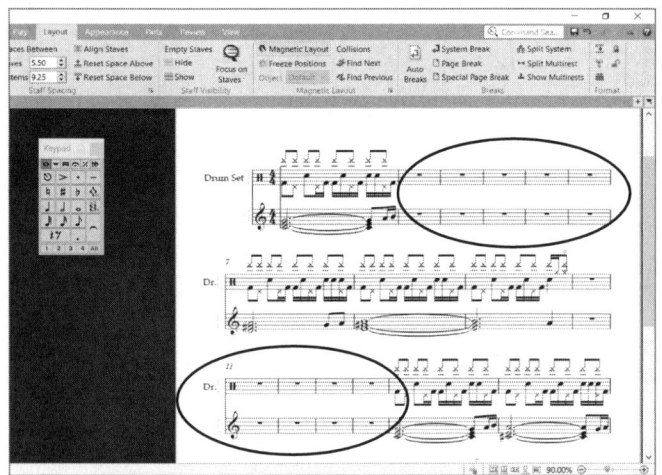

예제 'multi.sib'를 불러온다. 이 악보는 3군데에 멀티쉼표가 있는 악보이다. 멀티쉼표 보기 상태가 아니므로 일반 마디로 보인다.

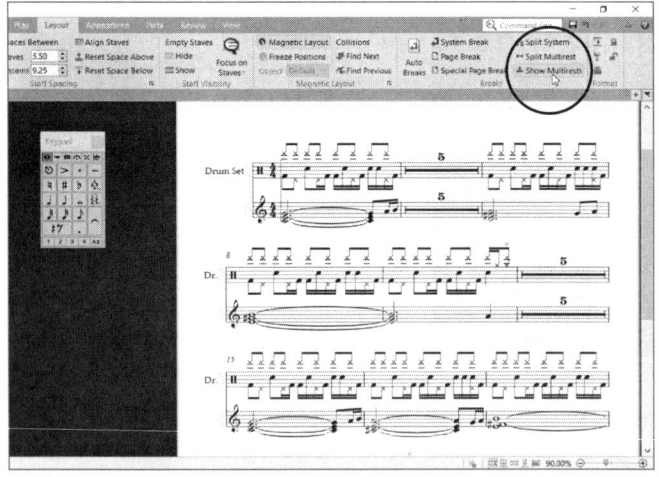

멀티쉼표 마디를 확인하기 위해 Layout -> Breaks -> Show Multirests 메뉴를 적용한다. 그림처럼 멀티쉼표가 있는 마디를 확인할 수 있다. 다시 Show Multirests 메뉴를 클릭해 원래로 돌아간다.

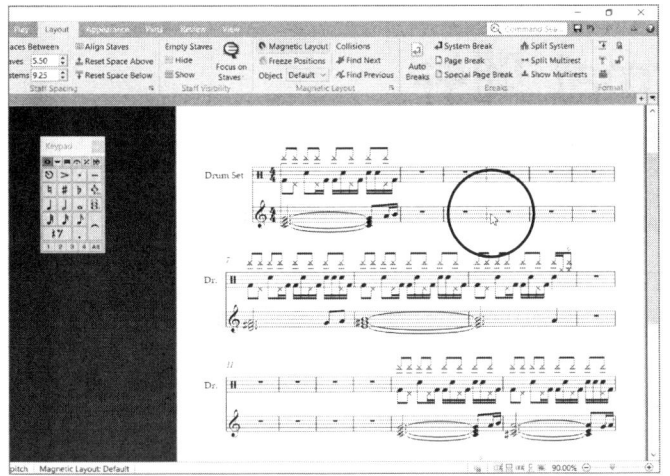

원래 상태로 돌아온 모습이다 앞에서 멀티쉼표가 있는 위치를 확인했을 것이다.

멀티쉼표가 있었던 마디선 중에서 분할 기준점으로 만들 마디선을 클릭해 선택한다.

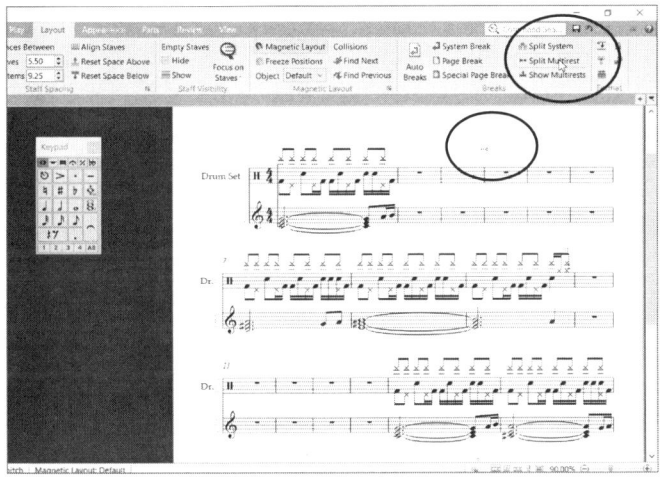

Layout -> Breaks -> Split Multirests 메뉴를 적용한다.

해당 마디선의 상단에 Split Multirests 아이콘이 표시된다. 멀티쉼표를 양쪽으로 나눌 때 표시되는 아이콘이다.

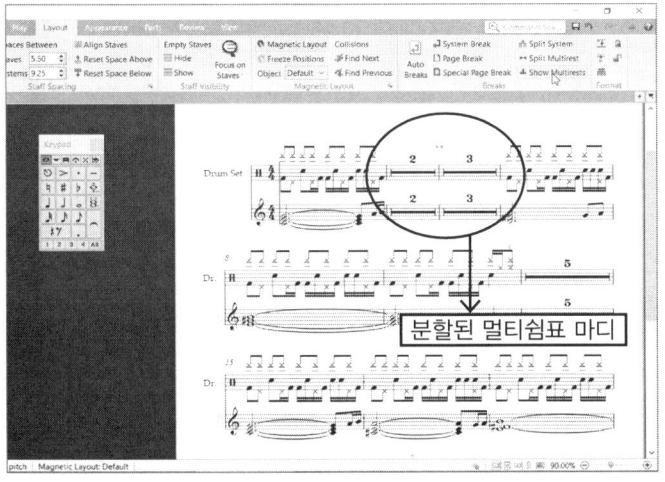

멀티쉼표 마디가 실제 양쪽으로 나누어진 것인지 확인하기 위해 Layout -> Breaks -> Show Multirests 메뉴를 적용한다. 그림처럼 멀티쉼표가 양쪽으로 나누어진 것을 알 수 있다.

이제 두 멀티쉼표 사이에 새 마디를 추가한 뒤 음표를 입력하거나, 또는 나누어진 멀티쉼표 마디에서 어느 한쪽 부분을 선택해 삭제할 수 있다.

CHAPTER 06
Layout -> Format 메뉴
(마디 유형 변경 메뉴)

Format 메뉴는 악보의 전체적인 양식을 수정할 때 사용한다. 원하는 마디들을 시스템 보표로 만들거나, 원하는 마디를 새 페이지로 이동시키는 작업 등을 할 수 있다.

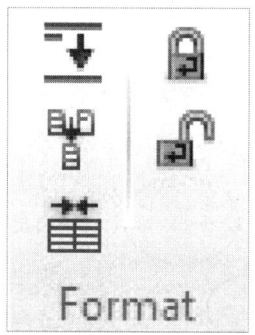

01 Make Into System 메뉴 (마디를 시스템으로 전환하기)

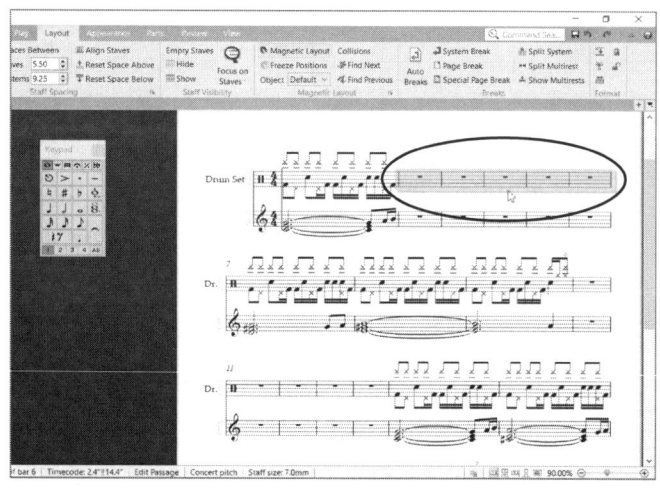

시스템보표로 만들 마디를 선택한다.
(여러 마디 선택은 Shift + 클릭)

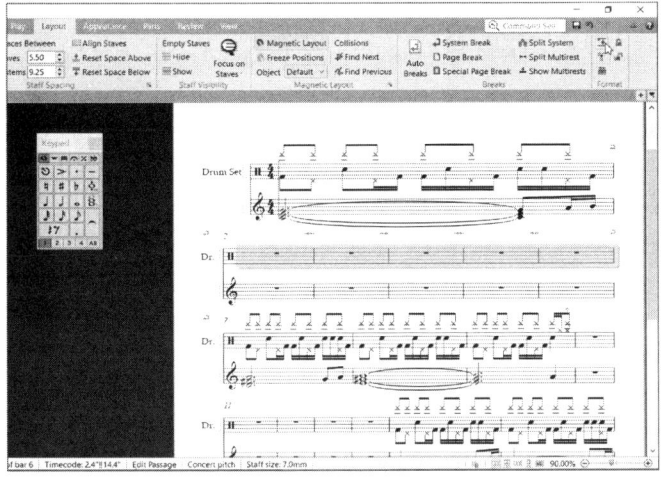

메뉴를 적용하면 선택한 마디들이 독립적인 시스템보표로 만들어진다. 이때 선택한 마디와 이어져 있던 마디들도 밀려나서 독립적인 시스템보표가 된다.

02 Make Into Page 메뉴 (마디를 독립 페이지로 만들기)

선택한 마디들을 하나의 독립적인 페이지로 전환하려면 Layout -> Format -> Make Into Page 메뉴를 사용한다.

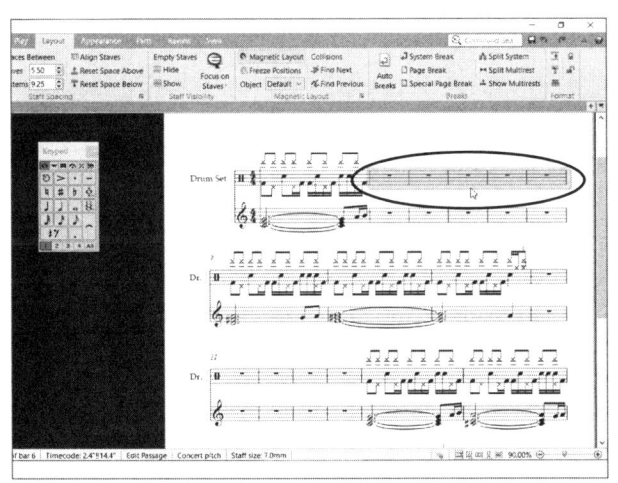

선택한 마디의 모습

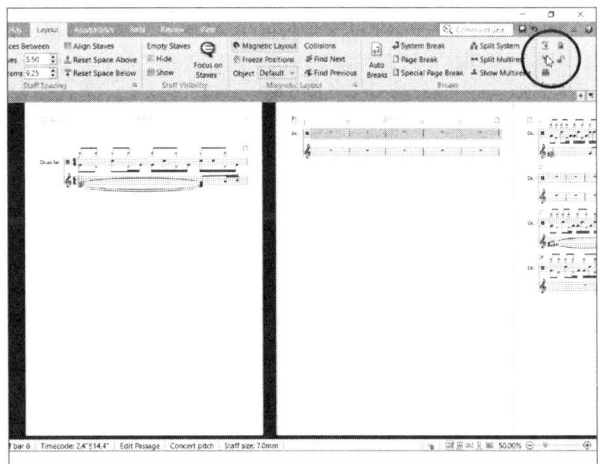

선택한 마디의 모습

03 Keep bars Together 메뉴 (쌍둥이 마디 만들기)

이 메뉴는 2개 이상의 선택한 마디를 하나의 마디처럼 취급할 때 사용한다. 2개 이상의 마디를 선택한 뒤 메뉴를 적용하면 상단에 Keep bars Together 아이콘이 삽입되면서 두 마디는 하나의 마디처럼 취급된다. 이후 다른 마디에서 마디 간격을 넓히거나 좁히면, 인접해 있는 마디들의 간격이 영향을 받는데, Keep bars Together 메뉴를 적용한 2개의 마디는 마디 간격이 영향을 받을 때 쌍둥이처럼 같은 길이로 확대되거나 줄어든다.

2개 이상의 마디를 선택한 뒤 Keep bars Together 메뉴를 적용한다.

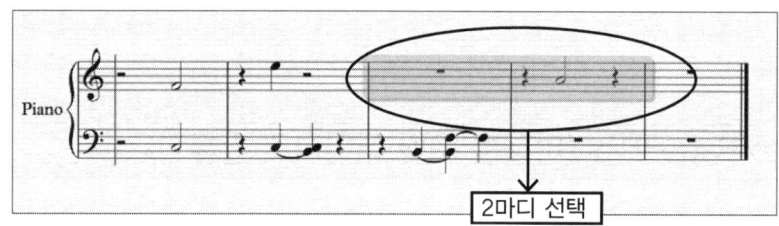

두 마디 사이에 Keep bars Together 아이콘이 나타난다. 지금부터 두 마디는 쌍둥이가 된다.

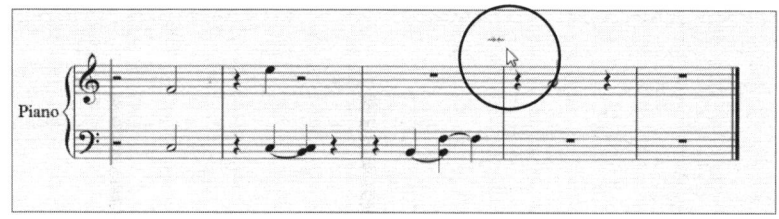

다른 쪽에서 마디선을 드래그하여 마디 간격을 넓히거나 좁히면 그 주변 마디들이 영향을 받게 된다. 이때 쌍둥이인 두 마디는 똑같은 간격으로 영향을 받는다.

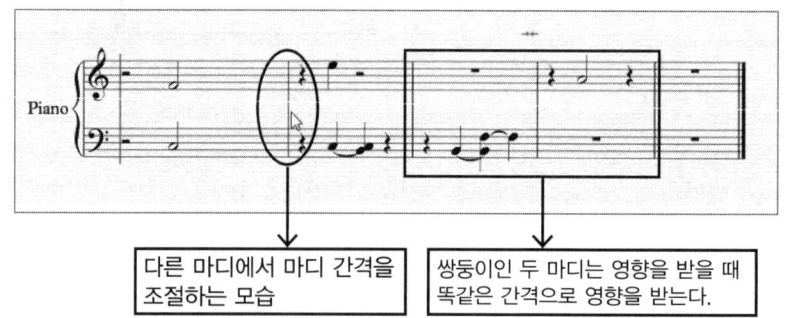

04 Lock Format 메뉴 (시스템보표 포맷 잠그기)

Layout -> Format -> Lick Format 메뉴는 마디 또는 시스템보표의 현재 양식을 잠그는 기능이다. 예를 들어 상단 시스템보표에서 마디 간격을 조절하다가 밀려난 마디가 있을 경우, 하단 시스템의 마디를 밀어내고 하단 시스템으로 옮겨가면서 하단 시스템의 보표도 연쇄적으로 밀려나게 된다. 이런 경우를 방지하려면 하단 시스템을 전부 선택한 뒤 Lock Format 메뉴를 적용한다. 이렇게 하면 하단 시스템의 마디 양식이 잠근 상태가 되므로, 상단 시스템에서 마디 간격을 조절하여 이동되는 부분이 발생할 때 하단 시스템으로 옮겨가지 않고(하단 시스템의 양식은 Lock Format으로 보호된 상태이다.) 상단과 하단 시스템에 새로운 시스템보표를 만들어 옮겨가게 된다. 말 그대로 현재의 마디 포맷(마디 모양)이 틀어지지 않도록 보호하는 기능이다.

05 Unlock Format 메뉴 (잠근 포맷 해제하기)

Lock Format 메뉴로 잠근 마디 양식을 다시 해제하는 기능이다.

TIP 레이아웃 메뉴에서 볼 수 있는 각종 아이콘들

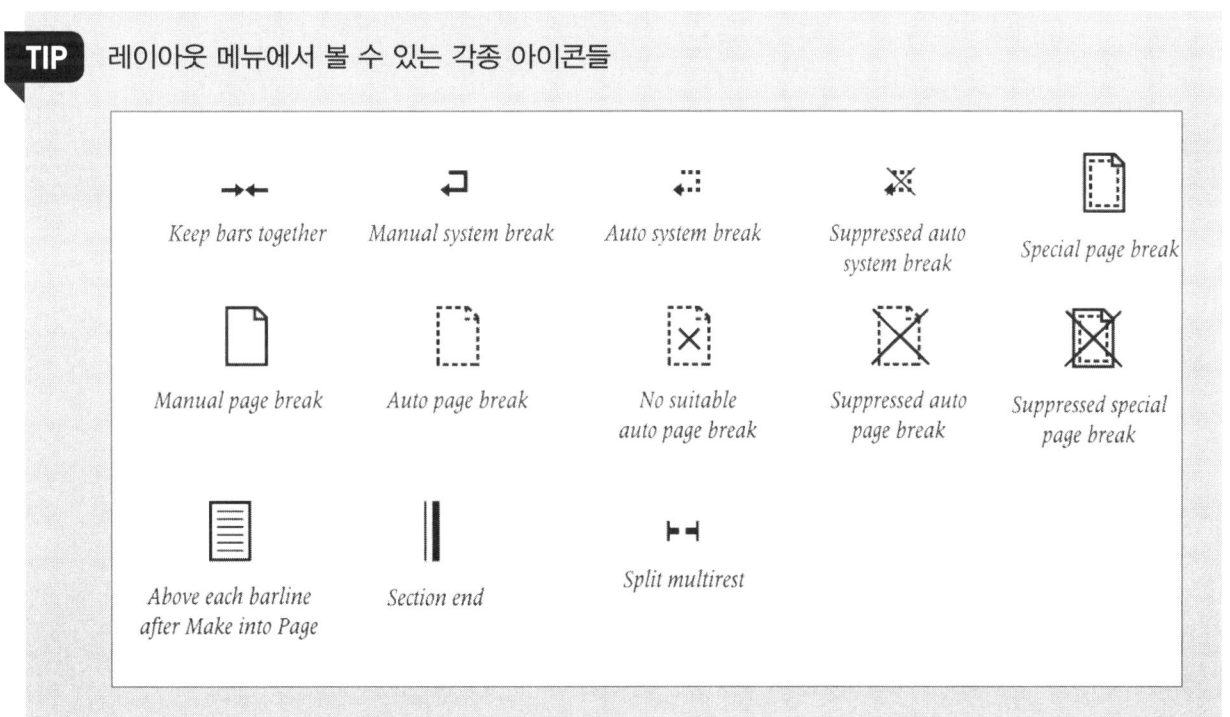

Part

11

Appearance 메뉴 (어피런스 메뉴)

어피런스(Appearance) 메뉴는 악보의 최종 디자인을 꾸밀 때 사용하는 기능이다. 중요한 기능으로는 '하우스 스타일' 메뉴가 있다.

CHAPTER 01

Appearance -> House Style 메뉴
하우스 스타일(악보 스타일) 메뉴

악보의 전체 디자인, 조판 규칙, 최종 모습을 꾸밀 때 사용한다. 인쇄되는 악보는 하우스 스타일에서 설정한대로 인쇄되므로 악보 인쇄를 주목적으로 하는 뮤지션이라면 인쇄 전 반드시 들여다보면서 악보 디자인을 해야 한다. 이 메뉴는 중세악보는 물론 지구상에서 볼 수 있는 모든 종류의 악보를 표현하기 위해 방대한 옵션과 사용자설정 기능을 제공한다.

01 Engraving Rules 메뉴 (악보 조판 규칙 메뉴)

악보 기보에 사용하는 모든 오브젝트(음표, 쉼표, 심볼, 텍스트 등)의 조판 규칙을 볼 수 있고, 사용자 설정으로 변경 사용할 수 있다. 예를 들어 음악 심볼의 배치 위치, 간격, 심돌과 음표 머리와의 거리, 음표 꼬리와의 간격, 심볼과 잇단음표와의 간격 등을 설정할 수 있다. 기본적으로 옵션을 수정하지 않는 것이 좋지만 자신만의 독특한 하우스 스타일 악보를 만들기 위해 Engraving Rules 옵션을 수정하는 경우도 있다.

1. Accidentals and Dots (임시표와 점음표에 대한 조판 규칙 설정)

임시표, 예비 임시표(Cautionary accidentals), 점 음표에 대한 규칙을 확인하고 사용자 설정으로 변경할 수 있다.

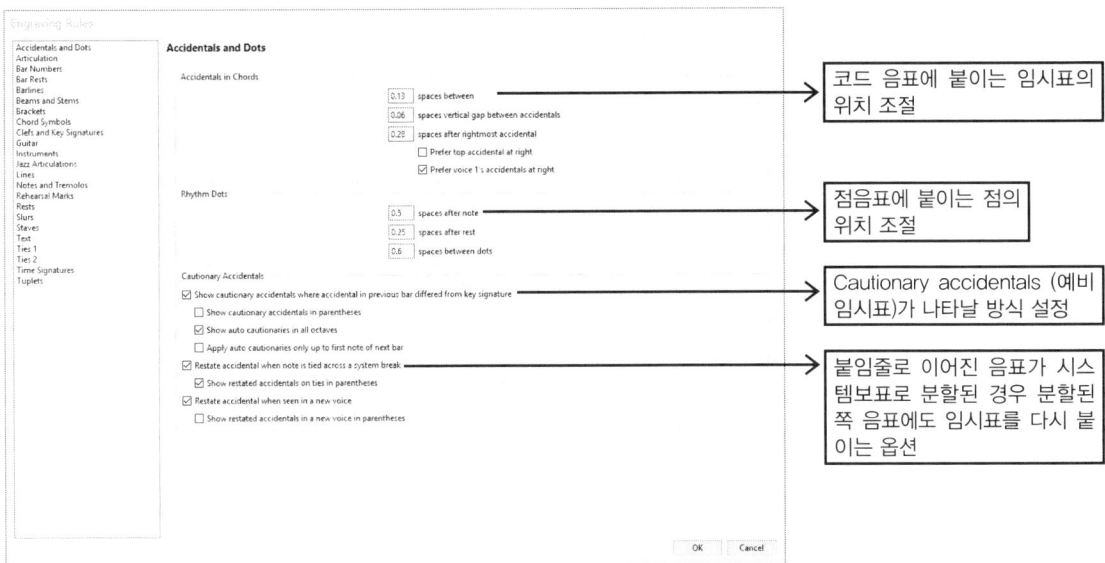

2. Articulations (아티큘레이션 심볼에 대한 조판 규칙 설정)

레가토, 스타카토 심볼 같은 아티큘레이션 심볼의 배치 규칙을 확인하고 사용자 설정을 할 수 있다.

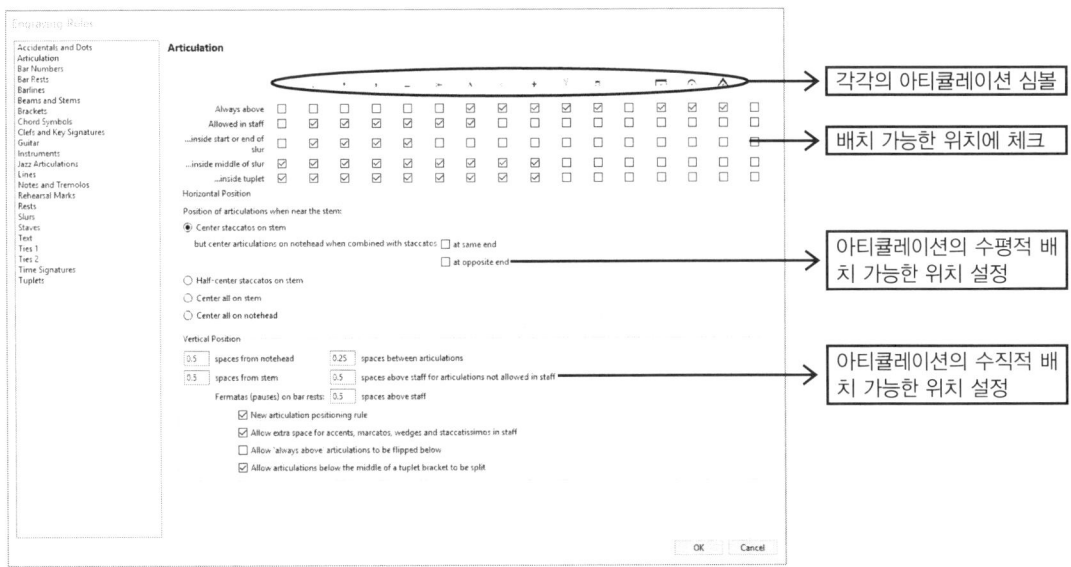

3. Bar Numbers (마디 번호에 대한 조판 규칙 설정)

마디 번호의 배치 규칙, 위치, 표시 방법을 확인하고 사용자 설정을 할 수 있다.

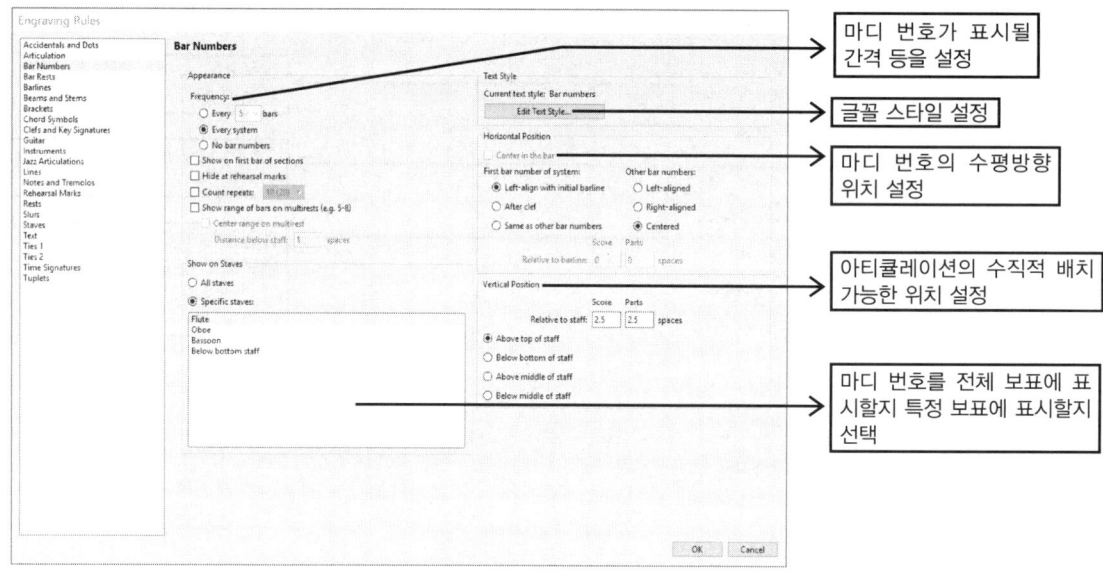

4. Multirests (멀티쉼표, 마디쉼표에 대한 조판 규칙 설정)

멀티쉼표의 배치 규칙, 위치, 표시 방법을 확인하고 사용자 설정을 할 수 있다.

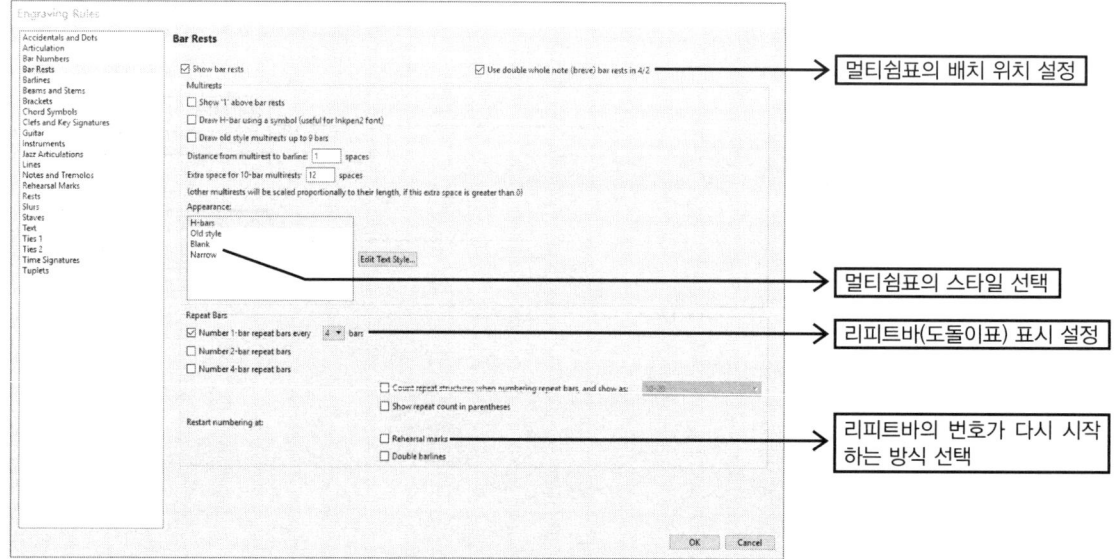

5. Barline (마디선에 대한 조판 규칙 설정)

마디선의 배치 규칙, 표시 방법, 리피트바에 대한 설정을 확인하고 사용자 설정을 할 수 있다.

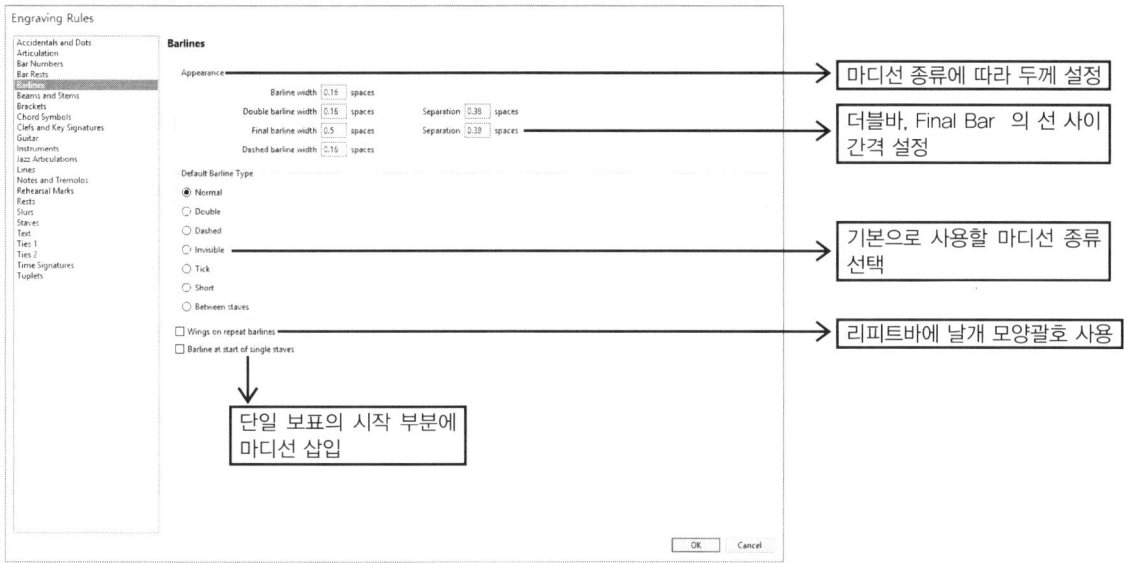

6. Beams and Stems (빔과 음표 줄기의 조판 규칙 설정)

빔 음표와 음표 줄기에 대한 표시 방법을 확인하고 사용자 설정을 할 수 있다.

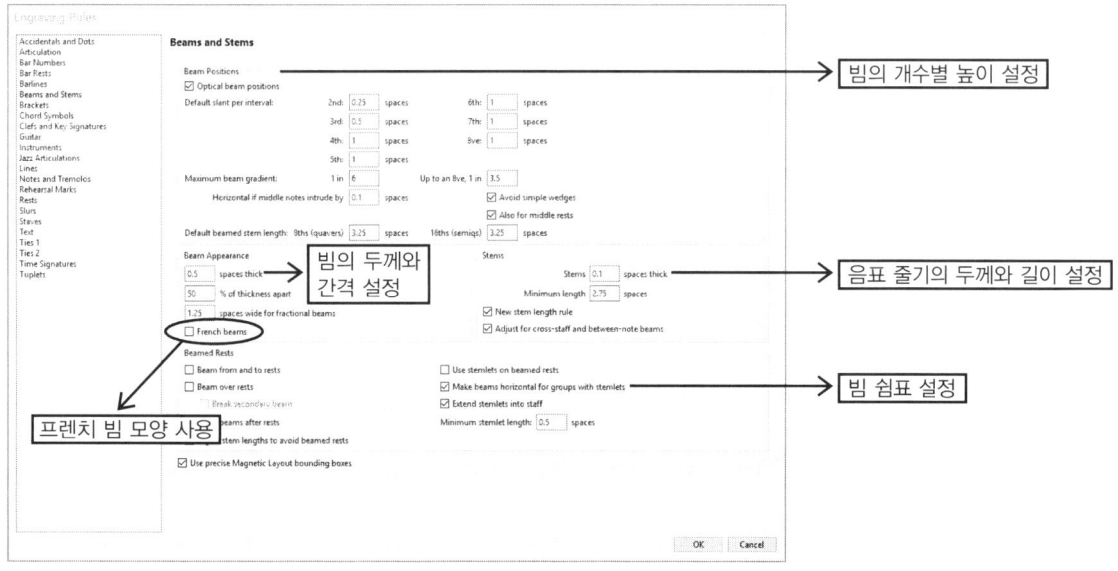

7. Brackets (브라켓, 브레이스의 조판 규칙 설정)

브라켓, 서브 브라켓, 브레이스의 표시 방법을 확인하고 사용자 설정을 할 수 있다.

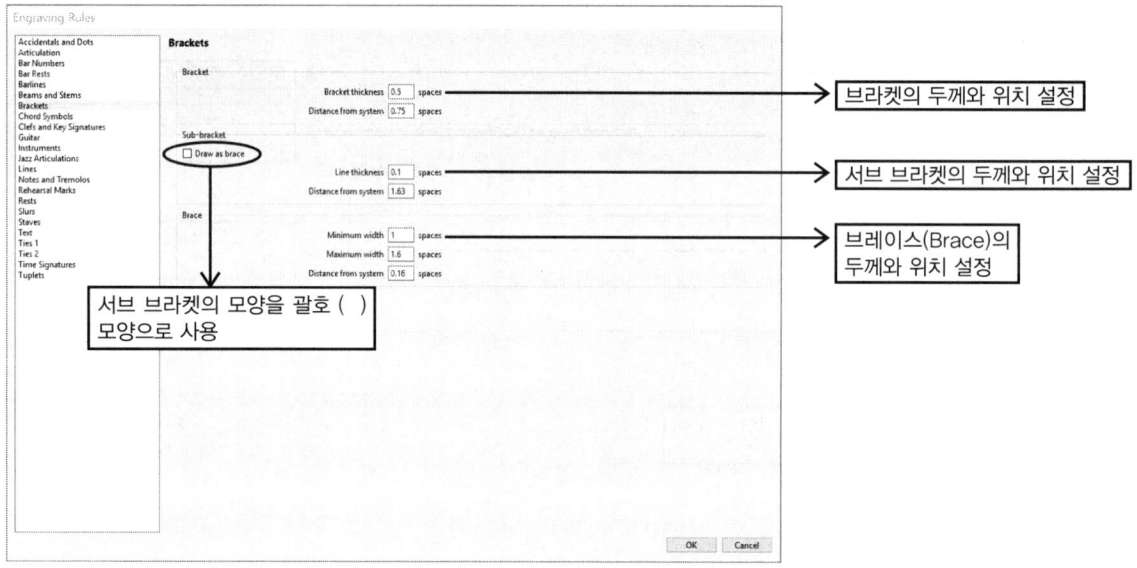

8. Chord Symbols (코드 심볼의 조판 규칙 설정)

코드 심볼의 표시 방법을 확인하고 사용자 설정을 할 수 있다.

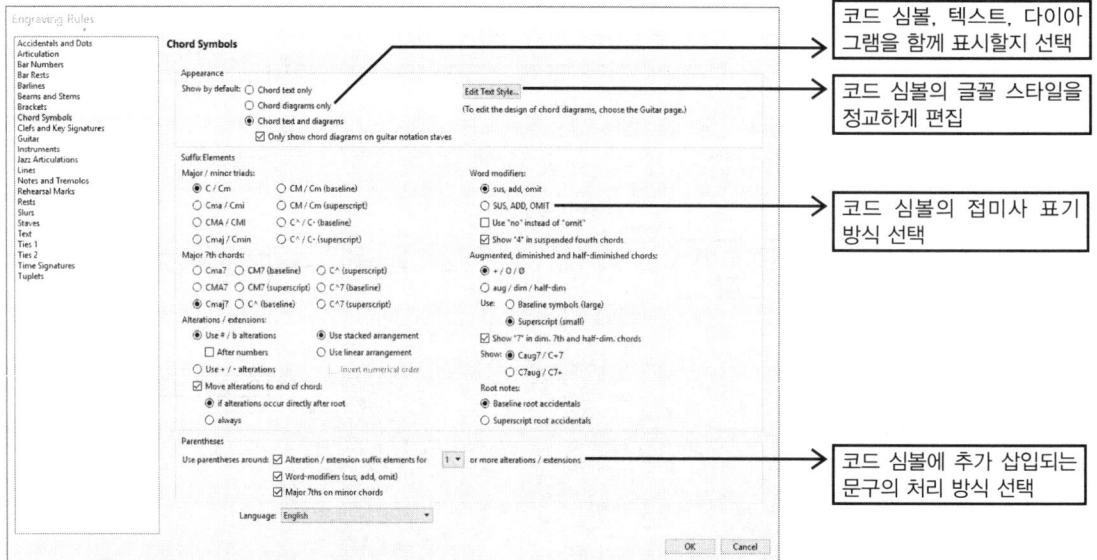

9. Clefs and Key Signatures (음자리표와 조표의 조판 규칙 설정)

음자리표와 조표의 표시 방법을 확인하고 사용자 설정을 할 수 있다.

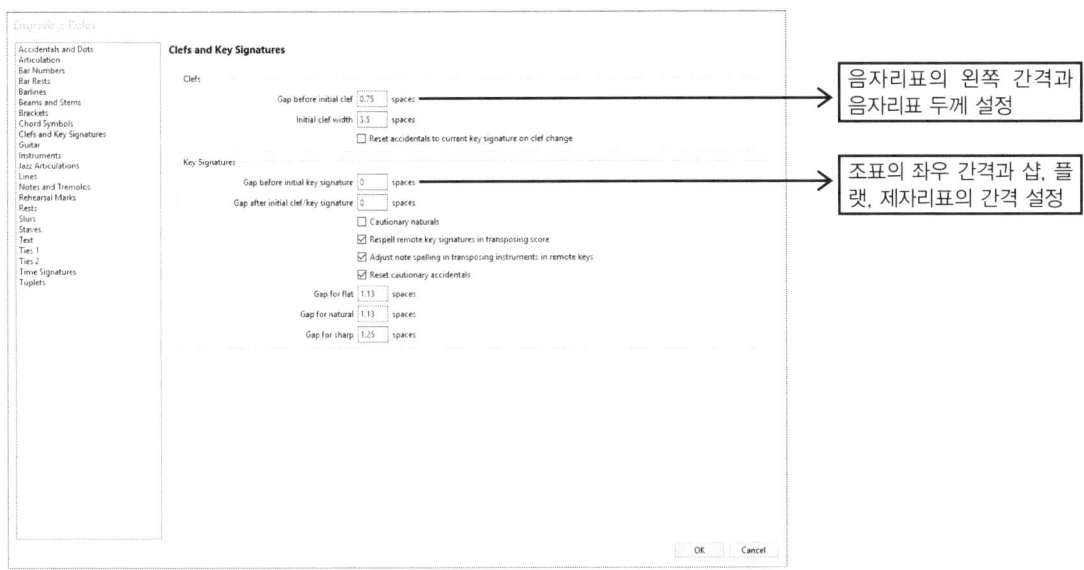

10. Guitar (기타 코드 다이아그램, 기타 폼의 조판 규칙 설정)

기타용 코드 심볼인 다이아그램의 표시 방법을 확인하고 사용자 설정을 할 수 있다.

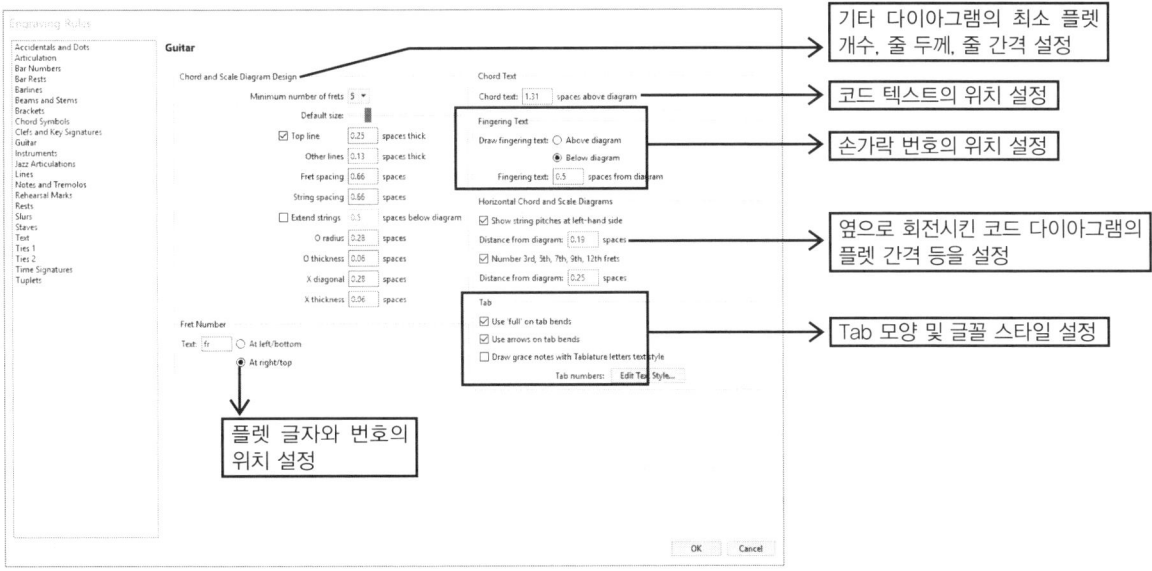

11. Instruments (악기 이름의 조판 규칙 설정)

보표 왼쪽에 표시되는 보표 이름(보통 악기 이름을 사용한다.)에 대한 설정을 확인하고 사용자 설정을 할 수 있다.

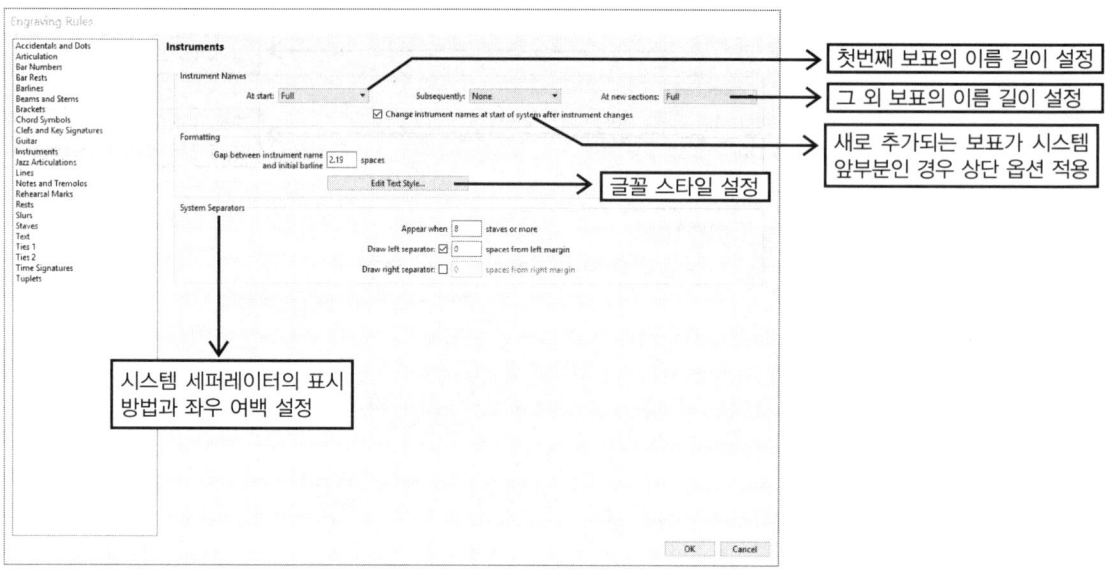

12 Jazz Articulations (재즈 아티큘레이션의 조판 규칙 설정)

재즈 악보에서 사용하는 아티큘레이션의 표시 방법을 확인하고 사용자 설정을 할 수 있다.

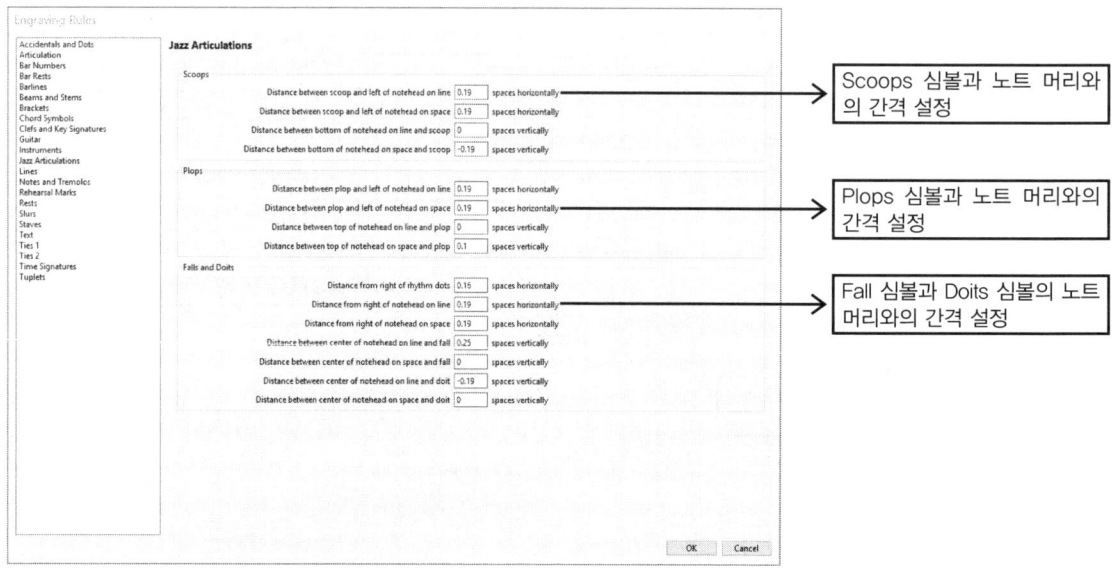

13. Lines (라인의 조판 규칙 설정)

크레센도/디크레센도 등의 라인 모양 심볼의 표시 방법을 확인하고 사용자 설정을 할 수 있다.

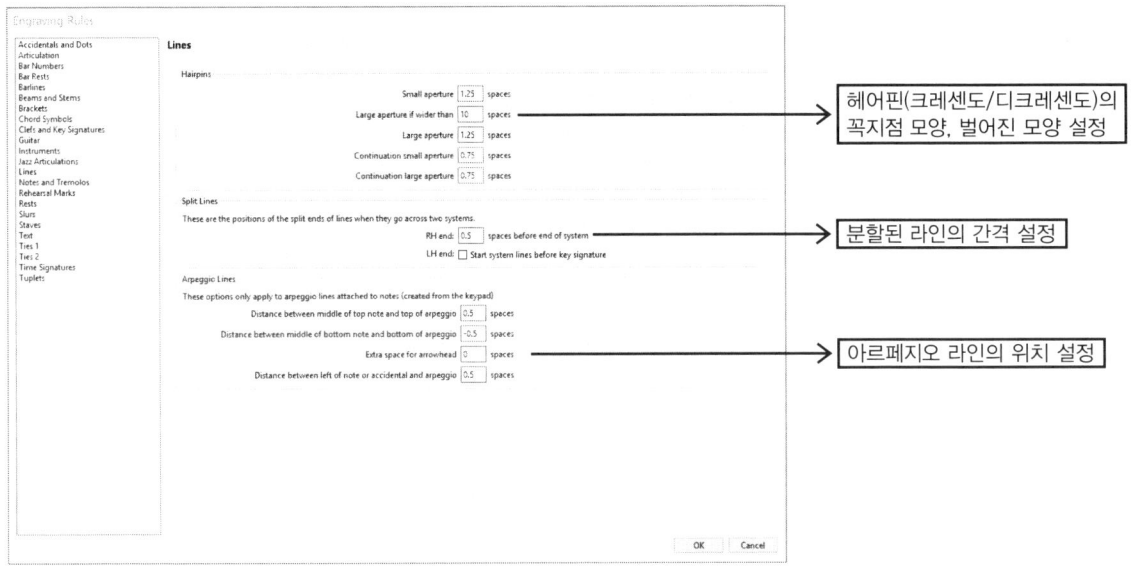

14. Notes and Tremolos (음표, 트레몰로의 조판 규칙 설정)

그레이스 노트, 큐 노트 크기를 설정하고, Two Note 트레몰로에 대한 표시 환경을 확인하고 사용자 설정을 할 수 있다.

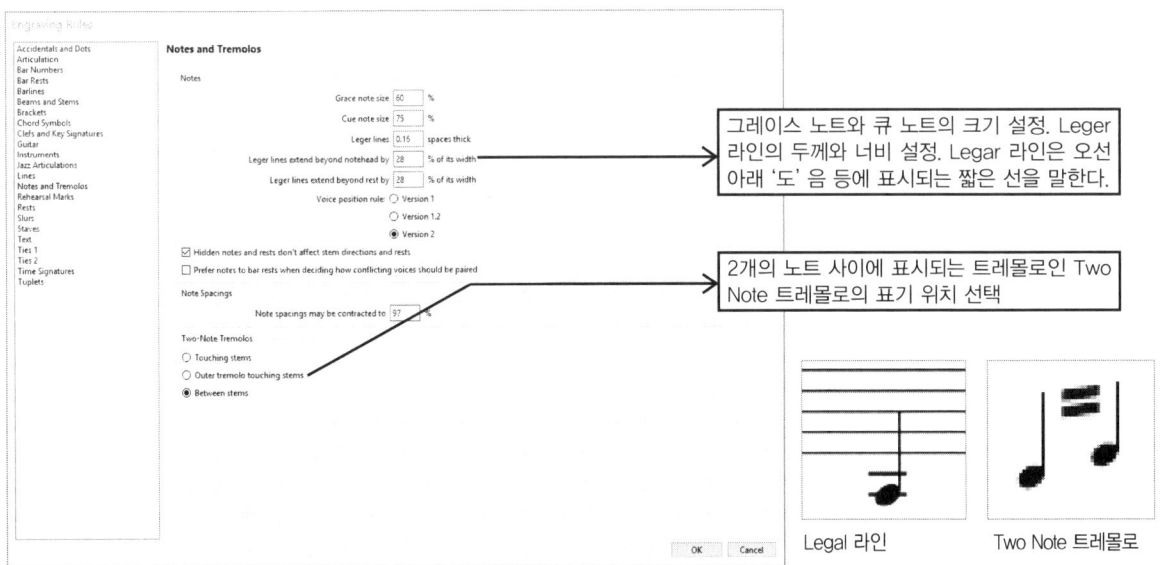

15. Rehearsal Marks (리허설 마크의 조판 규칙 설정)

자세한 설명은 Text -> Rehearsal Marks 메뉴를 참고한다.

16. Slurs (슬러의 조판 규칙 설정)

슬러의 표시 방법을 확인하고 사용자 설정을 할 수 있다.

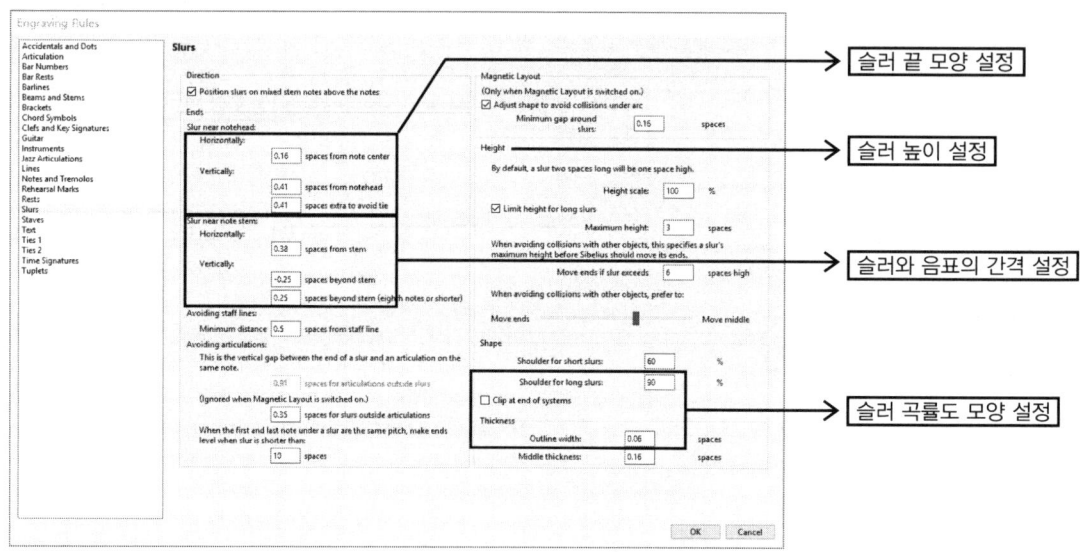

17. Staves (보표의 조판 규칙 설정)

보표의 조판 설정 상태를 확인하고, 사용자 설정을 할 수 있다.

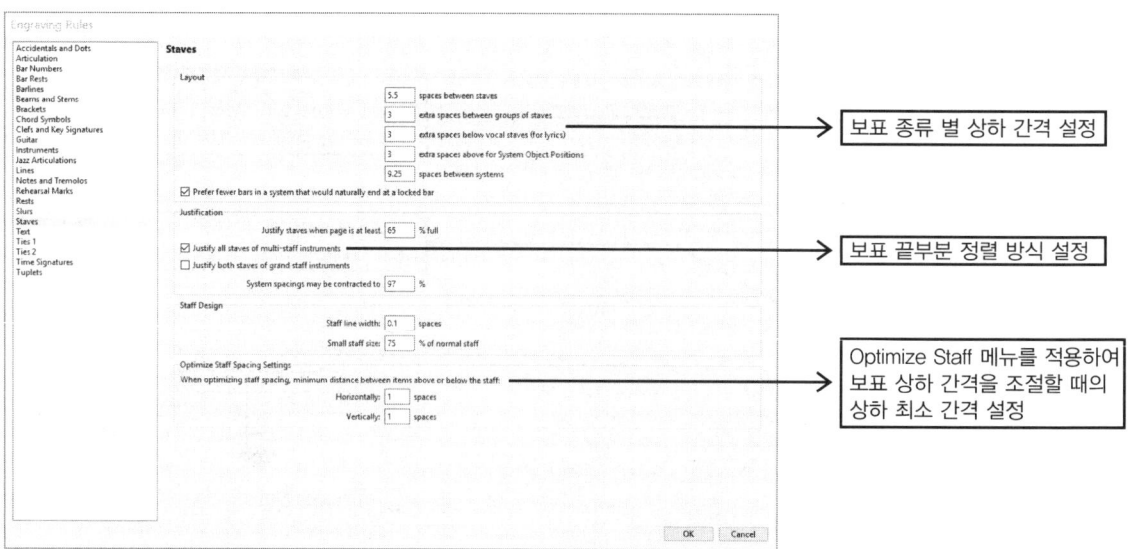

18. Text (텍스트의 조판 규칙 설정)

텍스트에 대한 조판 환경을 확인할 수 있고, 사용자 설정을 할 수 있다.

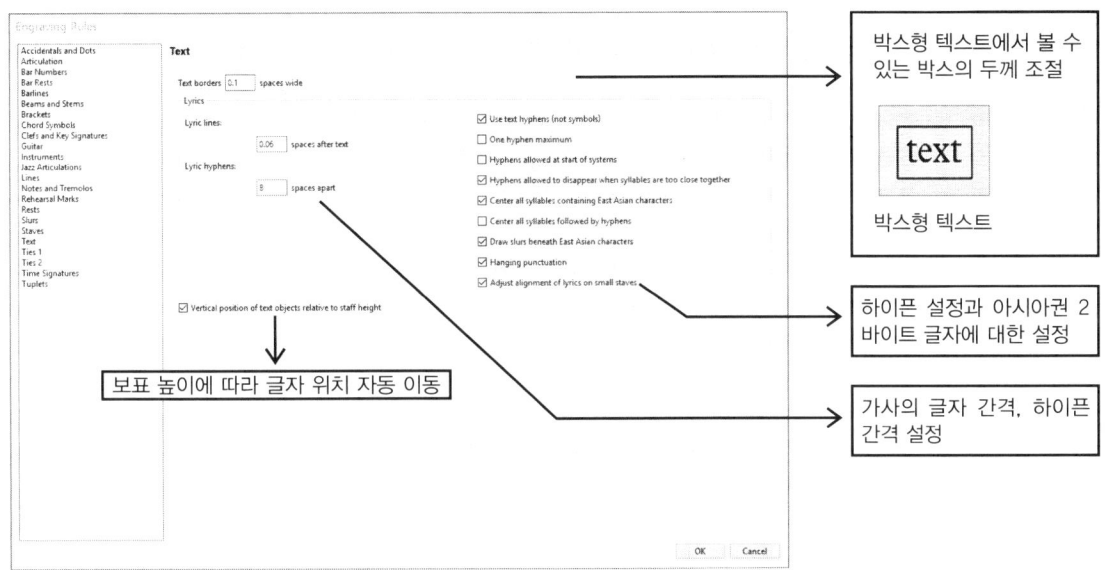

02 Note Spacing Rule 메뉴 (음표의 조판 간격 설정하기)

음표, 코드 심볼, 그레이스 노트, 가사, 붙임줄과 다른 오브젝트의 간격을 설정할 수 있다.

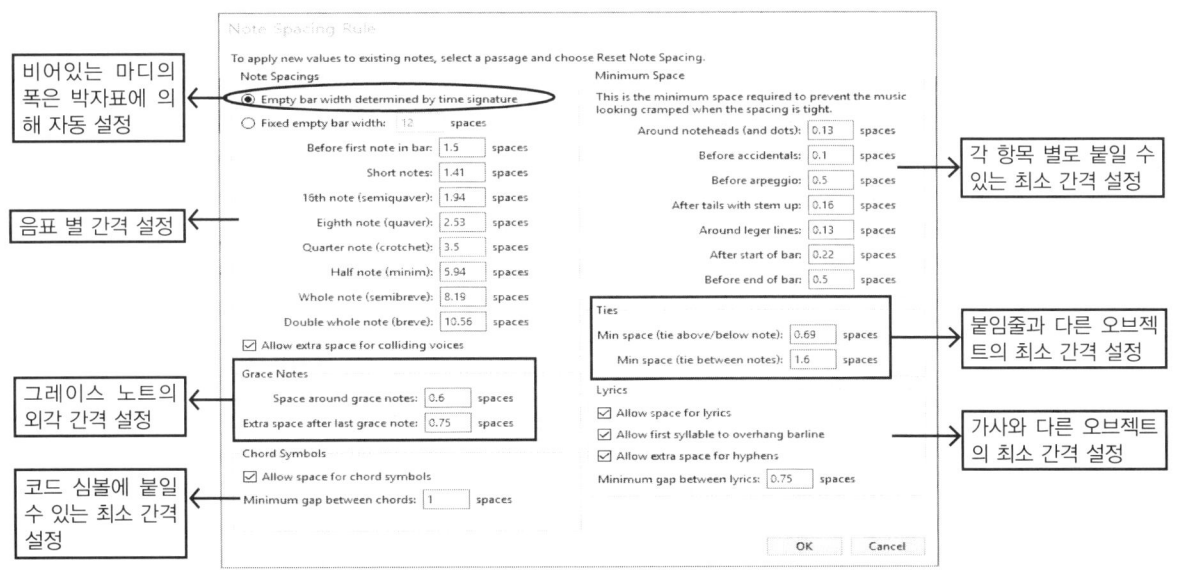

03 Export 메뉴 (하우스 스타일 저장하기)

Appearance -> House Style -> Export 메뉴는 Engraving Rules 메뉴와 Note Spacing Rule 메뉴에서 설정한 각종 설정값을 다른 악보에서 사용할 수 있도록 하우스 스타일 파일로 저장하는 기능이다. 저장한 하우스 스타일은 Import 메뉴로 불러와 작업 중인 악보에 적용하거나, 다른 시스템의 시벨리우스에서 불러온 뒤 작업 악보에 적용할 수 있다.

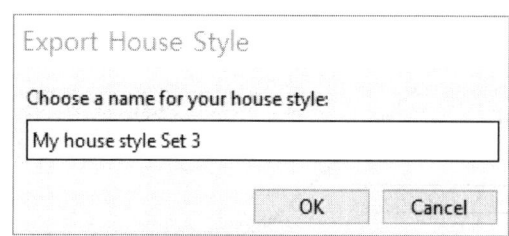

하우스 스타일을 저장하는 모습

04 Import 메뉴 (하우스 스타일 불러오기)

Appearance -> House Style -> Import 메뉴는 앞의 Export 메뉴로 저장한 하우스 스타일을 불러와서 작업 중인 악보에 바로 적용하는 기능이다. 하우스 스타일을 불러오면 현재 작업중인 악보에 자동으로 적용되어, 글꼴 스타일, 간격 등이 자동으로 변경된다.

시벨리우스는 30여 가지의 하우스 스타일을 제공하므로 작업 중인 악보의 성격이나 자신의 취향에 맞게 취사선택해 적용할 수 있다.

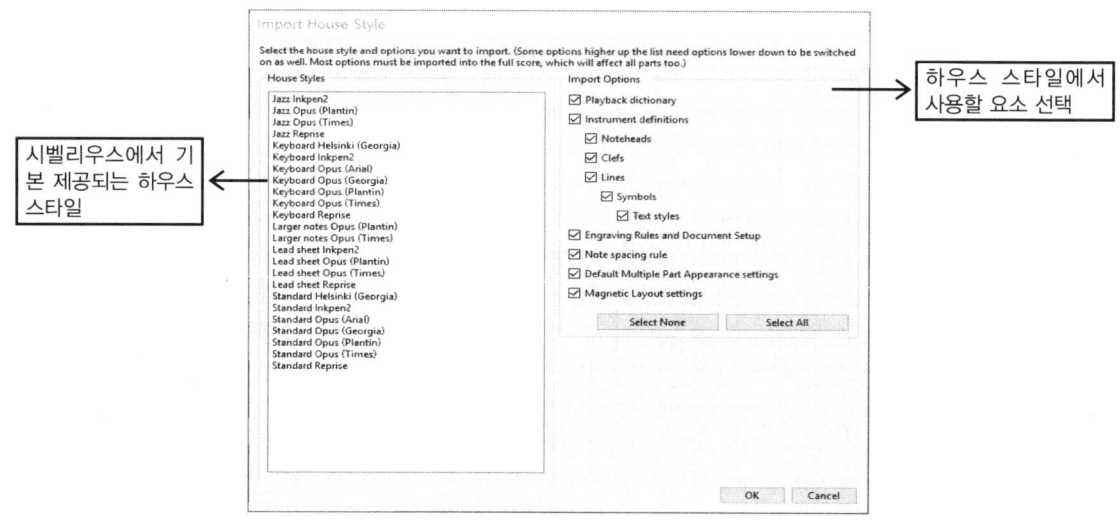

작업을 완료한 악보를 인쇄하기 전 Standard Inkpen2 하우스 스타일을 적용한 모습이다. 하우스 스타일에 따라 악보를 전혀 다른 디자인으로 꾸미고, 이를 인쇄할 수 있음을 알 수 있다.

원래의 작업 악보

Standard Inkpen2 하우스 스타일 적용

CHAPTER 02
Appearance -> Instrument names (보표의 악기명 설정 메뉴)

보표에 표시되는 각종 악기 이름을 어떤 방식으로 표시할 것인지 설정할 수 있다.

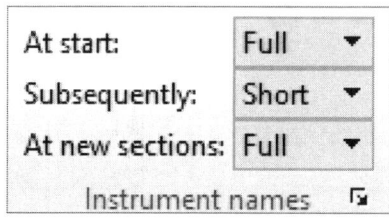

01 At start 메뉴

스타트 보표 즉 각 파트의 시작 보표에 표시되는 악기 이름의 길이를 설정할 수 있다. Full 방식은 악기 이름이 전부 표시되고, Short 방식은 악기 이름을 약자로 표시한다. None은 보표에서 악기 이름을 감춘다.

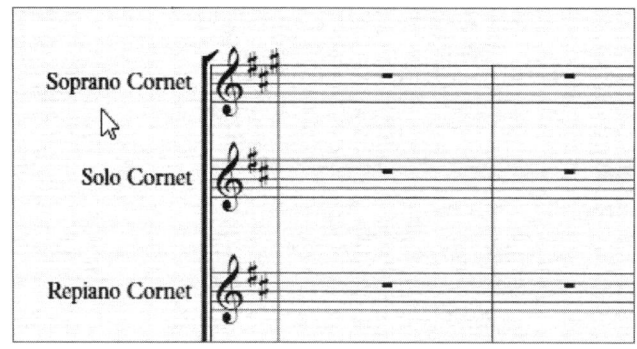

보표에 표시되는 악기 이름(Full 방식)

02 Subsequently 메뉴

시작 보표와 이어지는 나머지 보표에서의 악기 이름 표시 방법을 선택한다. 악기 이름을 약자로 표시하는 Short 방식을 선택하는 것이 기본값이다.

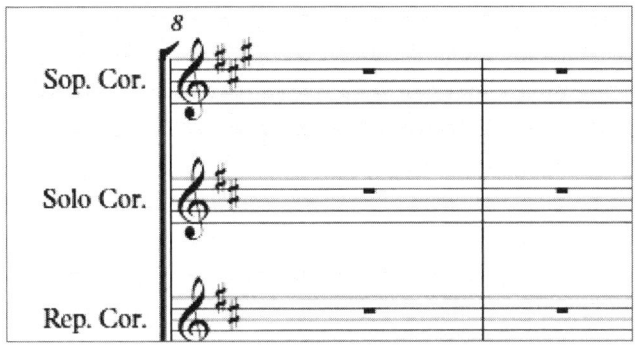

이어지는 보표에 표시되는 악기 이름(Short 방식)

03 At new sections 메뉴

중간 부분에 삽입된 새로운 보표에서 악기 이름이 어떻게 표시될지 선택한다. 악기 이름이 전부 보이는 Full 방식을 선택하는 것이 기본값이다.

CHAPTER 03
Appearance -> Design and Position 메뉴
(디자인과 포지션 원래대로 리셋하기)

악보의 초기 디자인을 변경했거나 보표 등의 위치를 마우스로 이동시킨 경우 리셋하여 초기 모양과 디폴트 위치로 되돌리는 기능이다. Engraving Rules 메뉴와 Note Spacing Rule 메뉴에서 설정한 내용들이 해당 악보의 디폴트 모양과 오브젝트의 디폴트 위치이다.

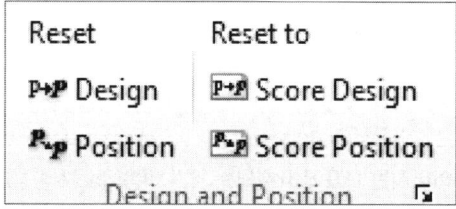

01 Design 메뉴 (디폴트 크기로 되돌리기)

텍스트 크기, 이음줄 모양, 붙임줄 모양, 음표 줄기 높이, 임 음표의 빔 모양 등을 Engraving Rules 메뉴와 Note Spacing Rule 메뉴에서 설정한 디폴트 모양으로 되돌릴 때 사용한다. 예를 들어 보표의 이름 크기를 Text -> Size 메뉴로 변경했다고 가정해 보자. Design 메뉴를 적용하면 보표의 이름 크기를 Engraving Rules 메뉴에 설정된 디폴트 크기로 되돌릴 수 있다.

02 Position 메뉴 (디폴트 위치로 이동시키기)

텍스트의 위치를 마우스로 이동시키거나, 각종 심볼의 위치를 변경했을 때 Position 메뉴를 적용하면 Note Spacing Rule 메뉴에서 설정한 디폴트 위치로 되돌릴 수 있다.

03 Score Design 메뉴 (파트보 편집창에서 디자인 리셋하기)

파트보 편집창에서 텍스트 크기, 이음줄 모양, 붙임줄 모양 등을 편집했을 경우, Score Design 메뉴를 적용하면 스코어창에서 설정된 원래 상태로 되돌릴 수 있다. 예를 들어 여러 파트보 편집창에서 여러 가지 작업을 하다가 원래 상태(스코어창 상태)로 되돌릴 때 유용하다.

04 Score Position 메뉴 (파트보 편집창에서 위치 리셋하기)

파트보 편집창에서 텍스트의 위치를 마우스로 이동시키거나, 각종 심볼의 위치를 변경했을 때 Score Position 메뉴를 적용하면 원래 상태(스코어창 상태)로 되돌릴 수 있다.

CHAPTER 04 Appearance -> Reset Notes 메뉴 (음표 리셋 메뉴)

음표나 빔 모양을 리셋하여 원래 모양으로 되돌리거나 빔 모양을 특정 모양으로 변경할 수 있다.

01 Reset Note Spacing 메뉴 (음표 간격 리셋하기)

악보에서 원하는 구간을 선택한 뒤 Reset Note Spacing 메뉴를 적용하면 선택한 구간의 음표나 쉼표 등의 전체 간격이 리셋된다. 이때 리셋을 할 때의 기준값은 앞의 Note Spacing Rule 메뉴에서 Note Spacing Rule을 작성했을 경우, 그 설정값을 기준으로 리셋된다. 음표나 쉼표 간격이 들쑥날쑥 할 때 적용하면 좋다.

02 Beam Groups 메뉴 (빔 그룹 리셋하기)

빔 그룹을 다른 형태의 빔 그룹으로 변경할 수 있다.

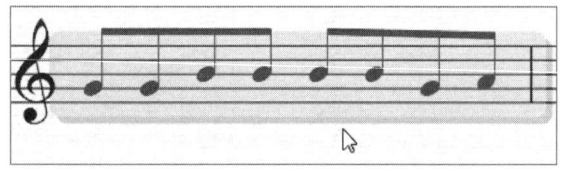

4, 4 형태의 빔 그룹이 있는 마디를 선택했다.

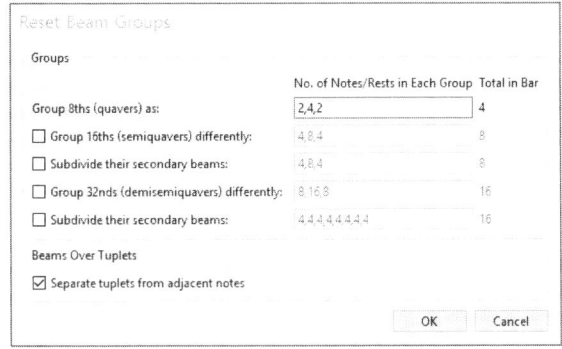

Beam Groups 메뉴를 실행한 뒤 8분음표(8th) 항목에서 2, 4, 2라고 입력한다.

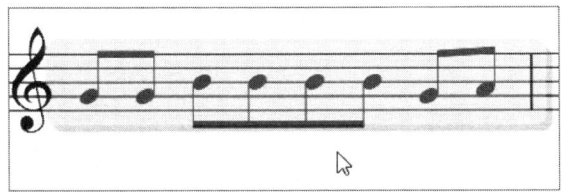

메뉴를 적용한 결과 빔 그룹이 2, 4, 2 형태로 전환되었다.

03 Stem and Beam Positions 메뉴 (빔, 음표 줄기 리셋하기)

빔의 모양을 변경했거나, 음표 줄기의 길이를 변경했을 경우, 이 메뉴를 적용하면 디폴트 모습으로 되돌릴 수 있다. 먼저 작업할 구간을 선택한 뒤 메뉴를 적용해야 한다.

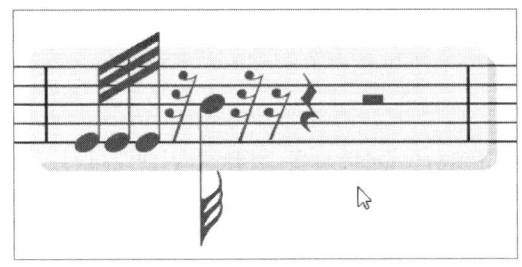   

빔 모양과 음표 줄기를 편집한 모습   메뉴를 적용해 디폴트값으로 되돌린 모습

04 Tab Fingerings 메뉴 (타브악보 번호 리셋하기)

타브 악보에서 손가락 위치(플렛 번호)를 플렛 범위에 맞게 되돌리거나, 원래 입력 상태로 되돌릴 때 사용한다.

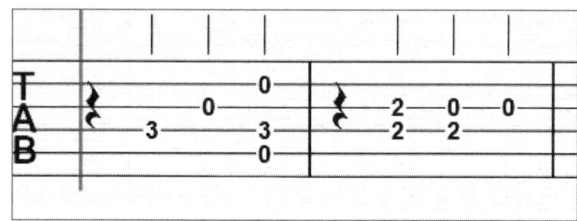

다음과 같이 타브악보를 입력했다고 가정해 보자.

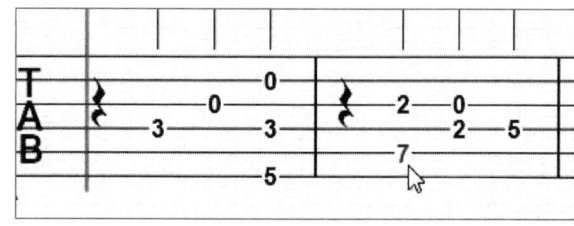

그림처럼 3군데의 플렛 번호를 이동시켰다.

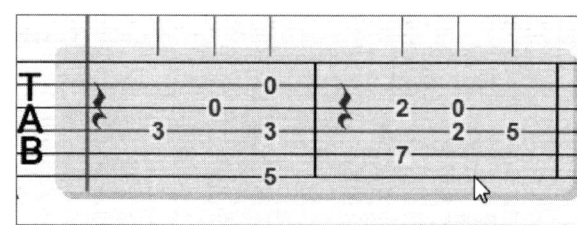

원래대로 돌아가려면 먼저 작업할 영역을 선택한다.

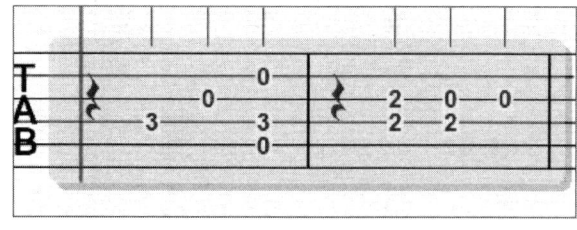

Tab Fingerings 메뉴를 적용해 원래대로 돌아간 모습이다.

CHAPTER 05

Appearance -> System Objects 메뉴 (시스템 오브젝트의 위치 설정 메뉴)

시스템 오브젝트란 '시스템 텍스트', '라인', '심볼', '박자표', '조표', '도돌이표 라인', '템포 마크', '리허설마크', '타이틀' 등을 말한다. 참고로 시스템 오브젝트는 선택했을 때 보라색으로 변한다.

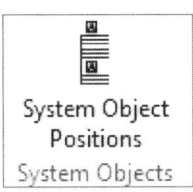

시스템 오브젝트는 일반적으로 시스템의 제일 상단에 표시되는 음악심볼이다. System Objects 메뉴는 시스템 제일 상단에 표시되는 시스템 오브젝트 심볼을 사용자가 지정한 보표 상단에도 표시할 때 사용한다.

시스템보표 상단에 2개의 시스템 오브젝트가 삽입되어 있다. 하위 다른 보표에 시스템 오브젝트를 표시하려면 Appearances -> System Object Positions 메뉴를 실행한다.

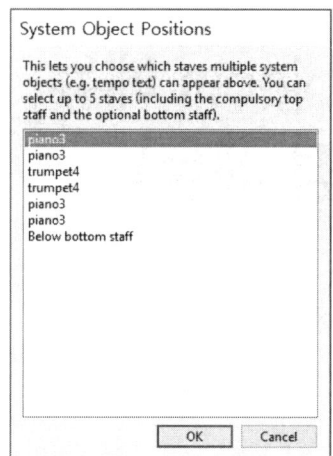
시스템 오브젝트가 표기된 모습

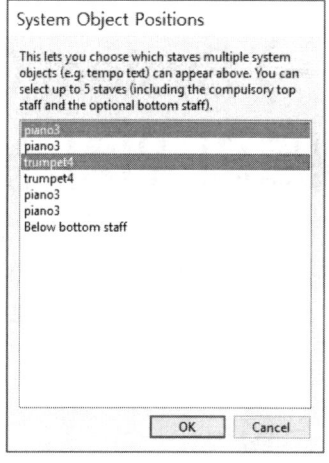
보표 1개를 더 선택한 모습

대화상자를 보면 시스템 오브젝트가 표기된 보표만 선택된 상태이다.
마우스로 클릭해 시스템 오브젝트를 표시할 보표를 1개 더 선택한다.

대화상자의 OK 버튼을 눌러 적용하면 앞에서 추가한 보표의 상단에도 시스템 오브젝트 심볼이 표시된다.

CHAPTER 06

Appearance -> Align 메뉴 (정렬 메뉴)

선택한 2개 이상의 오브젝트들을 수평 기준 또는 수직 기준으로 정렬하는 기능이다. 먼저 Shift + 클릭으로 정렬할 오브젝트를 2개 이상 선택한 뒤 아래 메뉴를 적용한다.

01 Align -> Row 메뉴 (수평 기준 정렬하기)

2개 이상의 선택한 오브젝트들을 수평 기준으로 정렬한다. 이때 오브젝트의 디폴트 위치가 서로 다를 경우 서로 다른 디폴트 위치를 정렬의 기준으로 사용할 수도 있다. 심볼의 디폴트 위치는 Engraving Rules 메뉴에서 설정된 위치를 말한다.

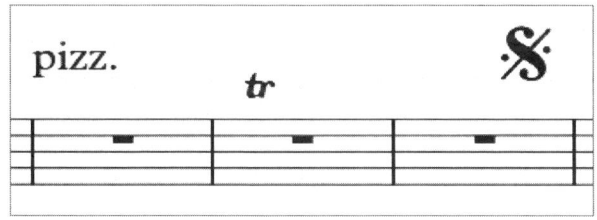

정렬할 오브젝트 3개 선택

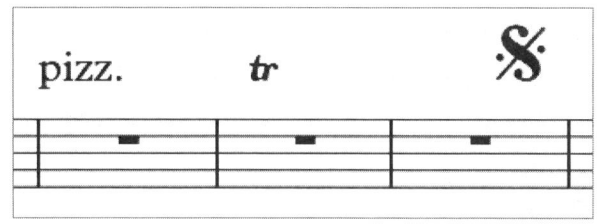

수평 기준으로 정렬한 모습

02 Align -> Column 메뉴 (수직 기준 정렬하기)

2개 이상의 선택한 오브젝트들을 수직 기준으로 정렬한다.

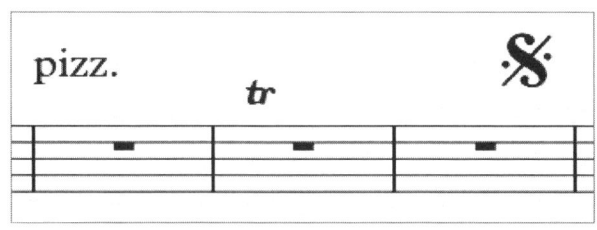

정렬할 오브젝트 3개 선택

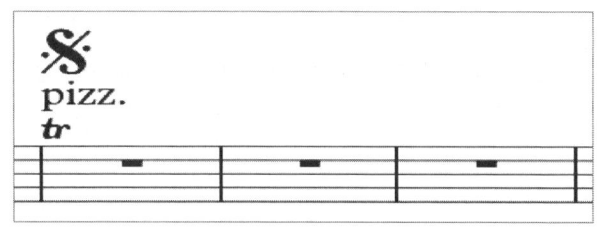

수직 기준으로 정렬한 모습

Appearance -> Order (겹쳐놓기 설정)

Oder 메뉴는 오브젝트가 겹쳐있는 상태를 변경하는 기능이다. 시벨리우스는 기본적으로 32개의 레이어를 제공하므로(육안으로는 보이지 않는다.) 레이어 1에 있는 오브젝트를 레이어 32로 옮기는 등의 겹쳐있는 층을 변경할 수 있다.

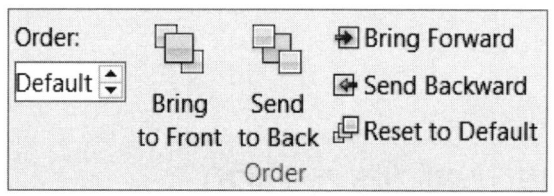

01 Order 메뉴

선택한 오브젝트(심볼)가 위치할 레이어 층을 변경할 수 있다. 1~32에서 선택한다.

02 Bring to Front 메뉴

선택한 오브젝트를 맨 위, 맨 위 레이어층인 32로 이동시킨다.

03 Send to Back 메뉴

선택한 오브젝트를 맨 아래, 맨 아래 레이어인 1로 이동시킨다.

04 Bring Forward 메뉴

선택한 오브젝트를 다음 레이어로 이동시킨다. 예를 들어 레이어 14에 있는 오브젝트를 레이어 15로 이동시키는 기능이다.

05 Bring Backward 메뉴

선택한 오브젝트를 이전 레이어로 이동시킨다. 예를 들어 레이어 14에 있는 오브젝트를 레이어 13으로 이동시키는 기능이다.

06 Reset to Default 메뉴

선택한 오브젝트를 해당 오브젝트의 디폴트 레이어(시벨리우스가 권장하는 레이어층)로 이동시킨다.

Part 12

Parts 메뉴, Review 메뉴, View 메뉴

Parts 메뉴 (파트보 관리 메뉴)

Parts 메뉴는 새로운 파트보를 생성시키고 필요 없는 파트보를 삭제 하는 등의 기능을 제공한다.

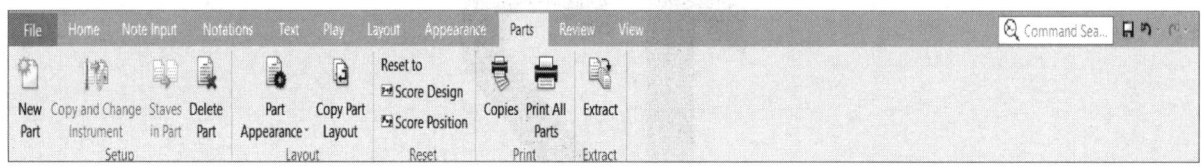

파트보는 총보(Score)와 달리 개별 악기들의 악보를 말한다. 시벨리우스는 작업창 오른쪽 상단의 + 버튼을 누르면 각각의 파트보로 전환할 수 있다. 파트보는 해당 악기의 보표만 보면서 편집하거나, 해당 악기의 악보만 인쇄할 때 사용한다. 파트보에서 편집한 내용은 자동으로 총보에서도 업데이트 되어 표시된다.

다음은 총보에서 파트보로 이동하는 모습이다.

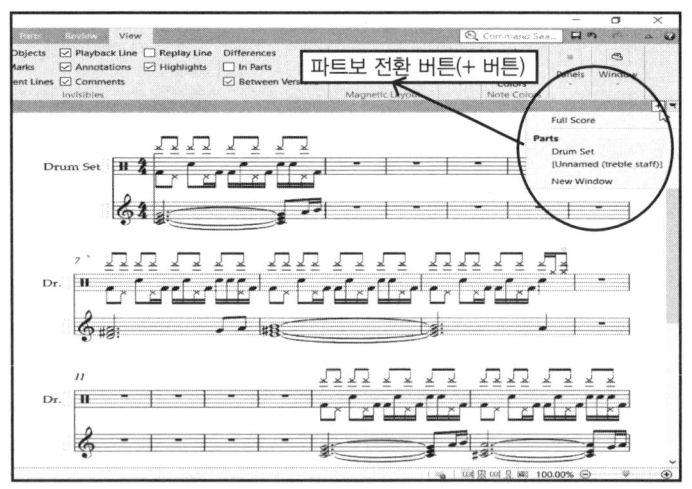

옆 그림은 2개의 악기를 사용한 악보이다. 2개의 악기 악보가 한꺼번에 표시되기 때문에 총보이다. 시벨리우스는 기본적으로 총보에서 편집 작업을 진행한다.

총보에서 파트보로 전환하려면 오른쪽 상단의 + 버튼을 클릭해 원하는 파트보를 선택한다.

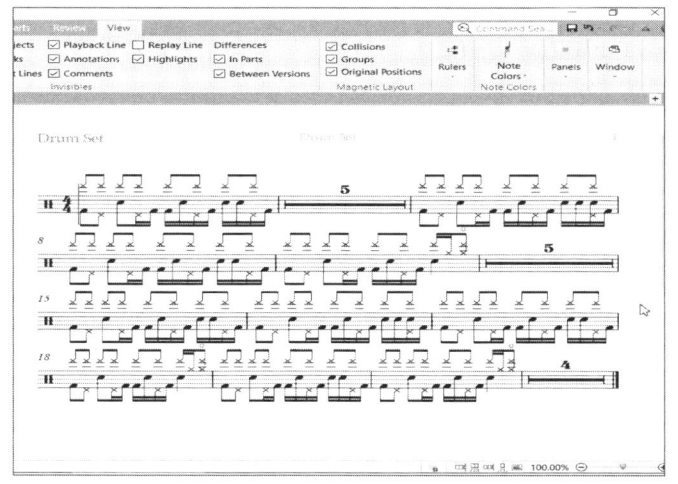

예를 들어 Drum 파트보를 선택하면 작업창은 드럼 악보만 표시되는 드럼 파트보로 전환된다.

여기서 음표 등을 편집하면 총보의 드럼 파트가 실시간 업데이트되지만 심볼 위치 등을 이동시키는 작업은 총보에서 업데이트되지 않을 수도 있다. 왜냐면, 몇몇 심볼들은 디폴트 위치가 총보의 시스템보표 위로 설정되어 있기 때문에 각각의 파트보에서 심볼 위치를 변경해도 총보에서는 영향을 받지 않는 것이다.

01 Parts -〉 New Part 메뉴 (파트보 복제하기)

New Part 메뉴는 기존의 파트보에서 원하는 파트보를 복사해 하나 더 만드는 기능이다. 예를 들어 피아노, 첼로, 드럼을 사용한 악보에서 드럼 파트를 복제한 후 하나 더 만들 때 이 메뉴를 사용한다. 이렇게 하면 드럼 파트가 2개가 되므로 서로 다른 방식으로 편집하여 그 중 마음에 드는 것은 놔두고 마음에 안드는 것은 삭제할 수도 있다.

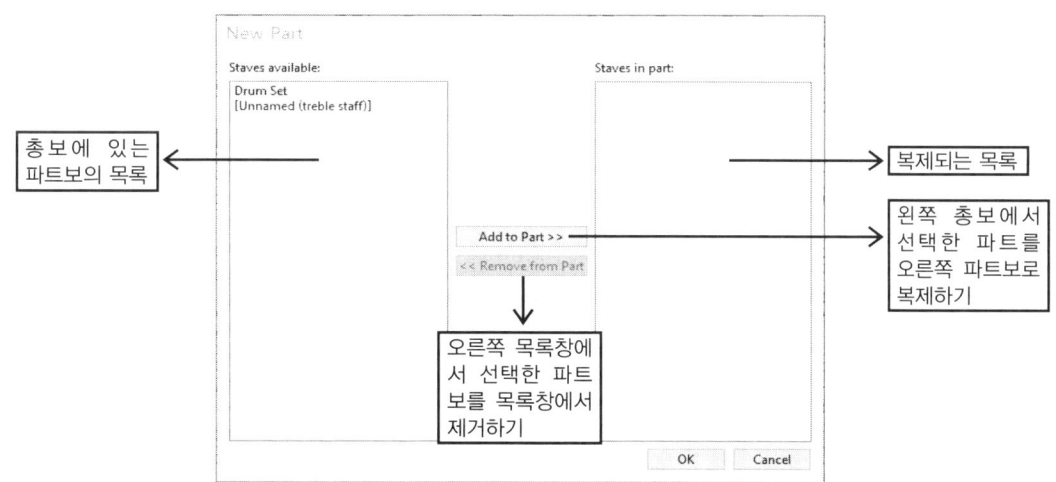

02 Parts -> Copy and Change Instrument 메뉴 (파트보의 악기를 교체한 뒤 복제하기)

이 메뉴는 파트보 창에서만 활성화된다. 현재 화면에 보이는 파트보를 하나 더 복제할 수 있는데 이때 악기를 교체하면서 복제할 수 있다. 예를 들어 바이올린 파트보를 복제하면서 악기를 비올라 등으로 교체하여 비올라 파트보를 생성시키는 기능이다.

이때 기존의 바이올린 파트보 역시 비올라를 사용하게 되고, 총보의 바이올린 파트 역시 이름이 바뀌지 않지만 비올라를 사용하게 된다.

복제된 파트보에서 사용할 악기 선택

03 Parts -> Staves in Part 메뉴 (파트보에 다른 파트 끼어 넣기)

이 메뉴 역시 파트보 창에서만 활성화된다. 현재 화면에 보이는 파트보에 총보에 있는 파트를 가져와서 끼어 넣을 수 있다. 파트보에 다른 악기 파트를 끼어 넣으면 파트보의 보표 구성이 보표에서 큰 보표로 변경될 수도 있다.

04 Parts -> Delete in Part 메뉴 (파트보 삭제하기)

파트보를 삭제할 때 사용한다. 대화상자에서 원하는 파트를 선택한 뒤 적용하면 해당 파트보를 삭제할 수 있다.

참고로, 파트보로 작업하다 보면 편집을 종료한 뒤 필요없는 파트보를 삭제하기도 하는데 이때 잘못해서 원본(총보)의 파트보를 삭제하는 경우도 있다. 이 경우 총보창에서 Parts -> New Part 메뉴를 적용하면 갱신되어 총보에서 삭제된 파트를 되살릴 수 있다.

05 Parts -> Part Appearances 메뉴 (파트보 꾸미기)

파트보를 인쇄하기 전 최종적으로 파트보의 레이아웃을 꾸미는 기능이다. 예를 들면 파트보를 인쇄하기 전 파트보의 종이 크기를 총보와 다르게 설정하거나, 특정 하우스 스타일을 적용한 후 인쇄할 수 있다.

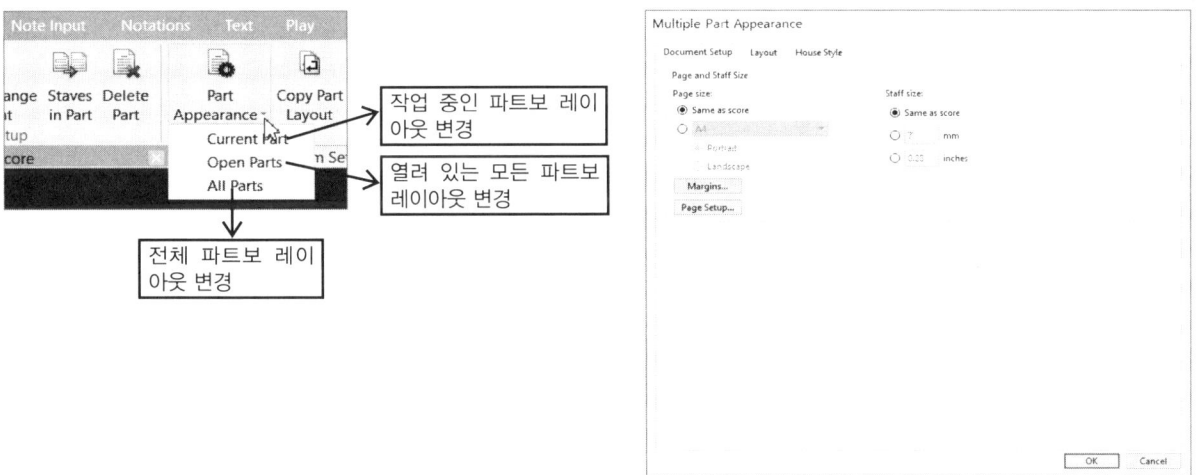

Part Appearances 대화상자

06 Parts -> Copy Part Layout 메뉴 (파트보 레이아웃 복사해 사용하기)

위의 Part Appearances 메뉴로 파트보의 레이아웃을 변경한 뒤 인쇄했다고 가정해 보자. 이때 다른 파트보도 동일한 레이아웃으로 인쇄하려면 어떻게 해야 할까? 이 경우 Copy Part Layout 메뉴를 실행한 뒤 다른 파트보의 모양을 가져와서 대상 파트보에 일괄 적용할 수 있다.

07 Parts -> Reset 메뉴 (총보로 리셋하기)

파트보에서 글꼴 스타일을 변경하거나 심볼 위치를 변경한 경우가 있다. 이때 Reset 메뉴를 적용하면 글꼴 스타일이나 심볼의 변경된 위치가 총보와 같은 스타일, 총보와 같은 위치로 되돌릴 수 있다.

08 Parts -> Extract 메뉴 (파트보를 파일로 저장하기)

파트보를 각각의 시벨리우스 파일(*.sib)로 저장하는 기능이다. 대화상자에서 시벨리우스 파일로 저장할 파트를 선택하면 된다.

09 Parts -> Copies 메뉴 (파트보 인쇄 매수 설정하기)

파트보를 인쇄하기 전 파트보의 인쇄 매수를 지정하는 기능이다.

10 Parts -> Print All Parts 메뉴 (모든 파트 인쇄하기)

File -> Print 메뉴와 동일한 기능이지만 파트보 만을 인쇄할 때 사용한다. 모든 파트보만 인쇄할 수 있고 총보는 인쇄할 수 없다. 총보를 인쇄하려면 File -> Print 메뉴를 사용한다.

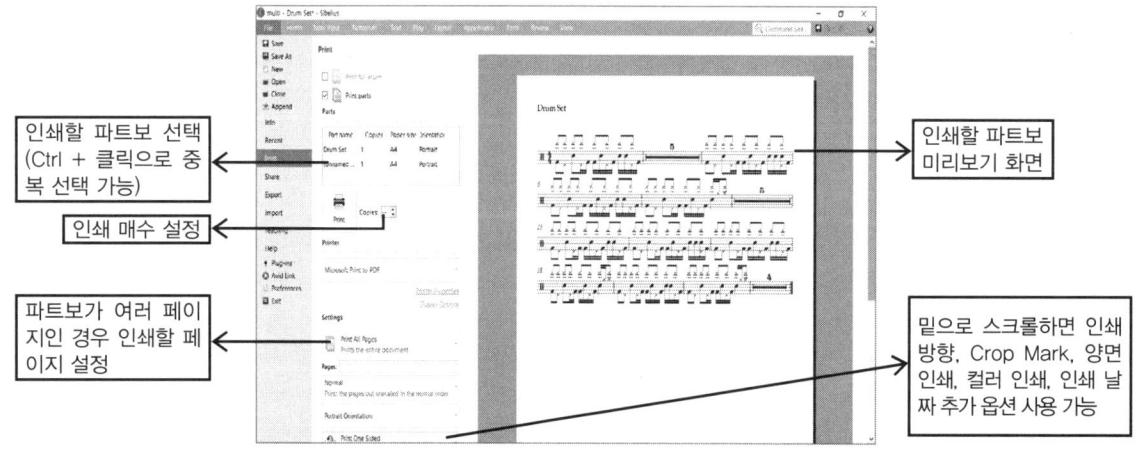

- 인쇄할 파트보 선택 (Ctrl + 클릭으로 중복 선택 가능)
- 인쇄 매수 설정
- 파트보가 여러 페이지인 경우 인쇄할 페이지 설정
- 인쇄할 파트보 미리보기 화면
- 밑으로 스크롤하면 인쇄 방향, Crop Mark, 양면 인쇄, 컬러 인쇄, 인쇄 날짜 추가 옵션 사용 가능

> **TIP** **Crop Mark 설정**
> 크롭 마크란 인쇄한 파트보를 제본할 때 자르기할 위치를 표시한 마크를 말한다. 보통 악보 테두리와 모서리에 잘라낼 위치를 표시한 크롭 마크가 삽입된다.

Review 메뉴 (리뷰 메뉴)

악보에 글씨를 쓰는 기능, 메모장을 삽입하는 기능, 악보의 중요한 부분을 하이라이트로 표시하는 기능, 악보를 파일 버전 별로 저장하는 기능을 사용할 수 있다.

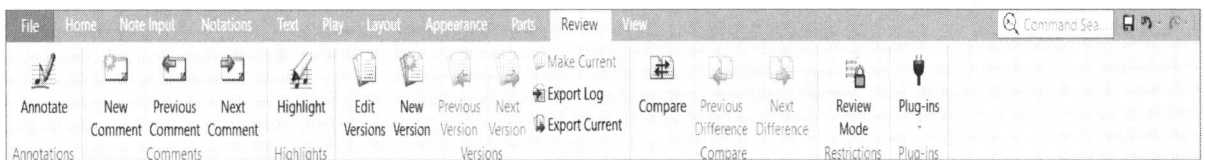

01 Review -> Annotate 메뉴

악보에서 특정 부분을 강조하기 위해 선을 그릴 때 사용한다. 말 그대로 선 그리기 기능이다. 스타일러스 펜이나 서피스 프로 펜 사용자는 연필을 사용하듯 악보에 내용을 적을 수 있다.

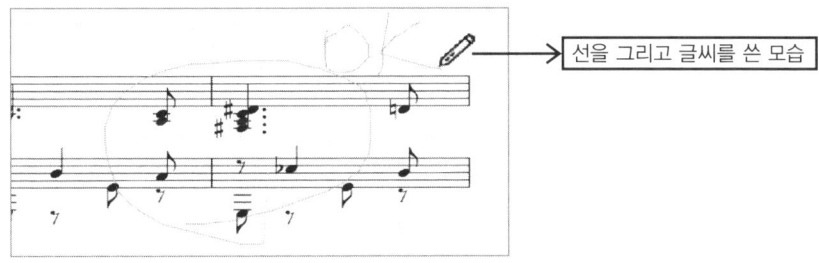

02 Review -> New Comment 메뉴 (메모장 삽입하기)

선택한 부분(음표 등)에 메모장을 삽입해 작곡자의 생각이나 지시 사항 등을 입력하는 기능이다. 메모장의 제목 부분을 더블클릭하면 메모장이 닫히면서 사각형 아이콘으로 표시되고, 사각형 아이콘을 더블클릭하면 메모장이 다시 열린다.

메모장에 원하는 내용을 입력한 뒤 글꼴과 글꼴 크기는 Text 메뉴에서 변경한다. 메보장은 View -> Invisibles 메뉴를 실행한 뒤 Comment 옵션에 체크하면 화면에 표시되고, 체크하지 않으면 화면에서 보이지 않는다.

만일 악보를 인쇄할 때 메모장도 인쇄되게 하려면 View -> Invisibles 메뉴의 Comment 옵션에 체크한다.

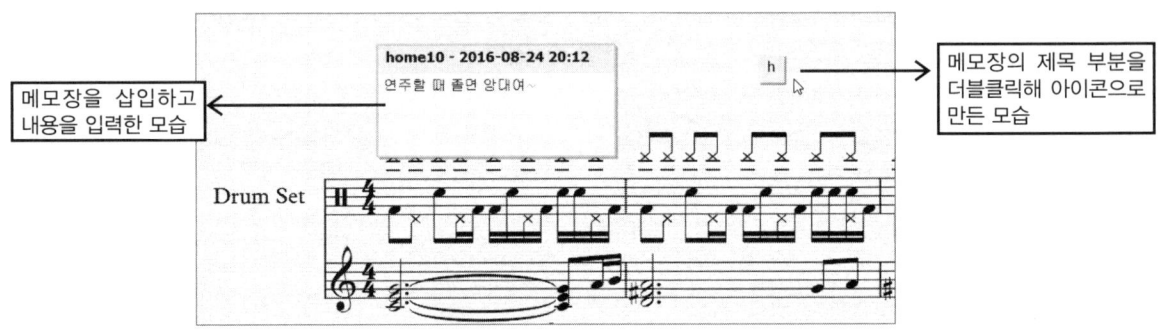

03 Review -> Previus Comment/Next Comment 메뉴

선택한 메모장의 이전에 있는 메모장 또는 이후에 있는 메모장으로 이동할 때 사용한다.

04 Review -> Highlights 메뉴 (하이라이트)

악보에서 선택한 음표나 선택한 마디를 하이라이트로 강조할 때 사용한다. 노란색 또는 주황색으로 해당 부분이 강조되어 편집 도중 쉽게 찾아볼 수 있다. 하이라이트는 View -> Invisibles 메뉴를 실행한 뒤 Highlights 옵션에 체크하면 화면에 표시되고, 체크하지 않으면 화면에서 보이지 않는다.

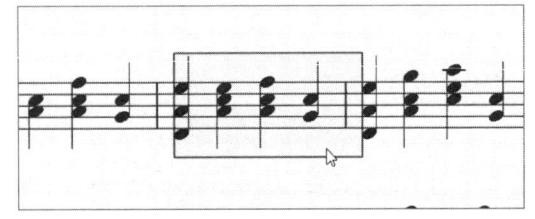

마디를 선택한 후 하이라이트로 강조한 모습

하이라이트는 마우스 클릭으로 선택 및 이동시킬 수 있고, 경계면을 드래그하여 크기를 조절할 수 있다. 이동 및 크기를 조절한 하이라이트는 주황색으로 표시된다.

05 Review -> New Version 메뉴 (새 버전으로 저장하기)

이 메뉴는 작업 중인 악보를 파일로 저장할 때 저장할 때의 시간을 기록하여 새 버전으로 저장할 때 사용한다. 예를 들어 어제 날짜로 저장한 버전이 있고, 오늘 날짜로 저장한 버전이 있다고 가정해 보자. 오늘 날짜로 저장한 버전을 불러온 뒤 작업하다가 작업을 망친 경우라면 어제 날짜로 저장한 버전을 불러와 다시 작업할 수가 있다.

버전 저장은 File -> Save 메뉴로 저장할 때 생성되지 않고 Review -> New Version 메뉴를 실행해야만 생성된다.

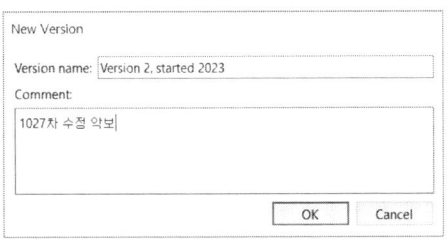

버전으로 저장하는 모습

06 Review -> Edit Version 메뉴 (버전별 편집과 공동작업)

사용자가 저장한 버전들을 편집하거나, 예전에 저장한 버전을 현재 작업 버전으로 사용하고 싶을 때 실행한다. 예를 들어 오늘 작업한 내용이 실패한 작업이라면, 미리 저장해둔 몇 시간 전, 혹은 며칠 전 버전으로 변경할 수 있다. 작곡가, 편곡가, 작사가가 다르게 버전을 저장하면서 상호 의견을 주고받고 공동 작업을 진행할 수 있다.

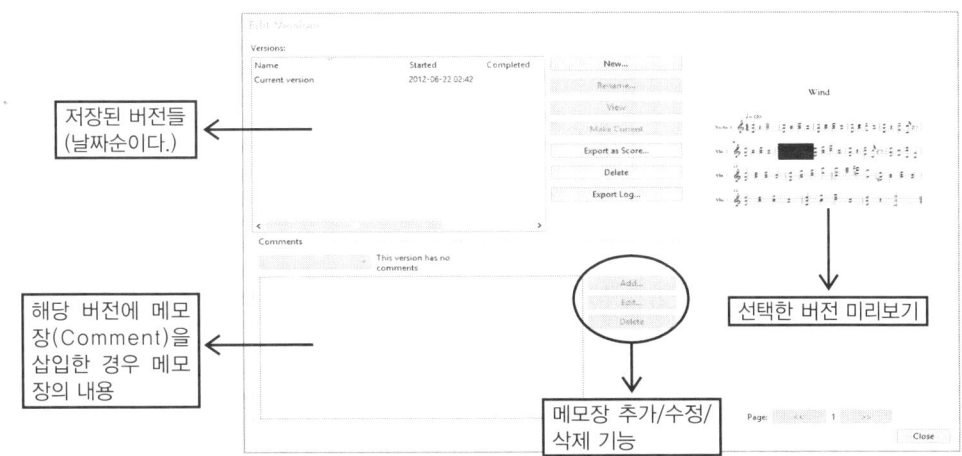

1. New 버튼 : 현재 작업 화면을 새 버전으로 저장한다.
2. Rename 버튼 : 왼쪽 목록창에서 선택한 버전의 이름을 변경한다.
3. View 버튼 : 왼쪽 목록창에서 선택한 버전을 작업창으로 불러온다. 단지 보기 기능만 있고 편집 기능은 사용할 수 없다.
4. Make Current 버튼 : 왼쪽 목록창에서 선택한 버전을 현재 작업 버전으로 사용한다. 그 전까지 작업한 내용은 모두 사라진다.
5. Export as Score 버튼 : 왼쪽 목록창에서 선택한 버전을 시벨리우스 파일(*.sib)로 저장한다.
6. Delete 버튼 : 왼쪽 목록창에서 선택한 버전을 삭제한다.
7. Export Log : 버전들의 변경 내용을 문서로 확인할 수 있도록 Log 파일로 저장한다.

07 Review -> Previus Version/Next Version 메뉴

이전 버전 또는 다음 버전으로 이동하면서 미리보기를 할 수 있다. 단지 보기 기능만 있고 편집 기능은 사용할 수 없다.

08 Review -> Make Current/Export Curret 버튼

Make Current 메뉴는 선택한 버전을 현재 작업 버전으로 사용하고, Export Current 메뉴는 선택한 버전을 현재 버전으로 저장하는 기능이다.

09 Review -> Compare 메뉴 (버전 비교하기)

작업 중인 악보를 여러 가지 버전을 저장한 경우, 서로 다른 2개의 버전을 비교한 뒤 변경된 요소를 텍스트 문서로 입수하는 기능이다. 메뉴를 실행하면 비교 대상이 되는 두 버전이 작업창에 동시에 열리고, 시벨리우스가 두 버전 사이의 변경된 요소를 찾는다.

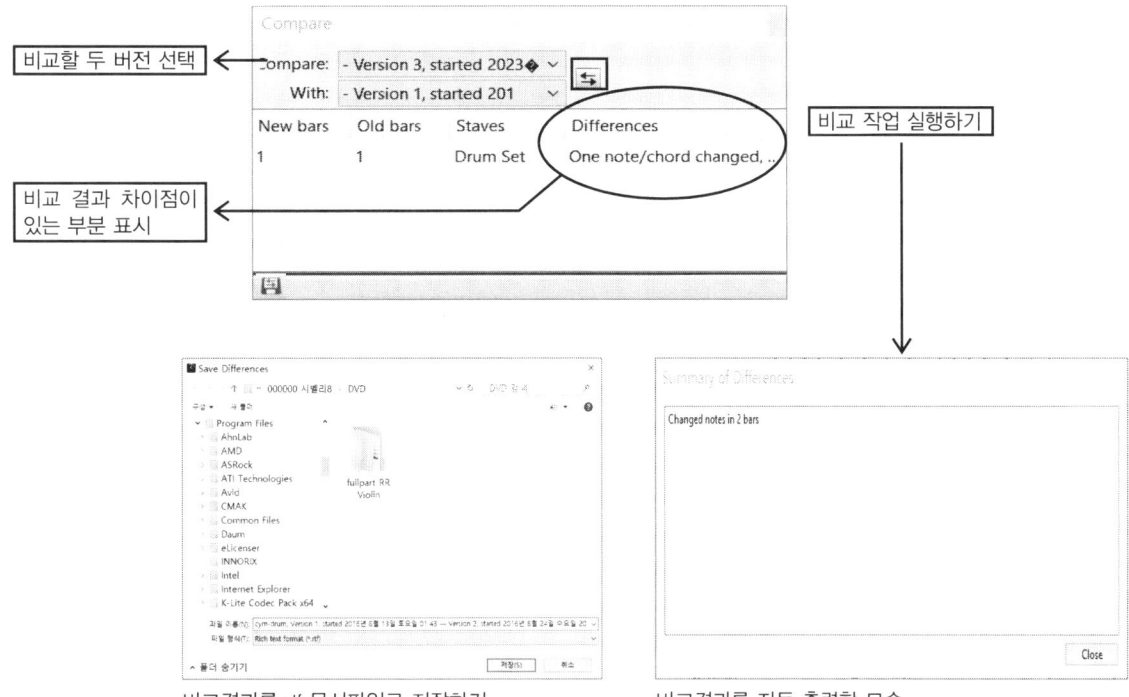

비교결과를 rtf 문서파일로 저장하기   비교결과를 자동 출력한 모습

10 Review -> Compare -> Previous Difference 메뉴

앞의 Compare 메뉴로 두 버전을 비교했을 경우, 변경된 요소가 Compare 대화상자에 순서대로 표시된다. 이 메뉴는 Compare 대화상자가 보고한 내용을 기반으로, 현재 작업 중인 악보를 이전 변경하기 전으로 돌아갈 때 사용한다.

11 Review -> Compare -> Next Difference 메뉴

위의 Previous Difference 메뉴로 악보를 이전 버전으로 되돌렸을 경우, 이 메뉴를 사용할 수 있다. 이전 버전으로 되돌린 악보를 원래 버전으로 다시 복구시키는 기능이다.

12. Review -> Plug ins 메뉴(리뷰 플러그 인)

Review -> Plug ins 메뉴는 악보를 분석할 수 있는 플러그 인 메뉴로 구성되어 있다.

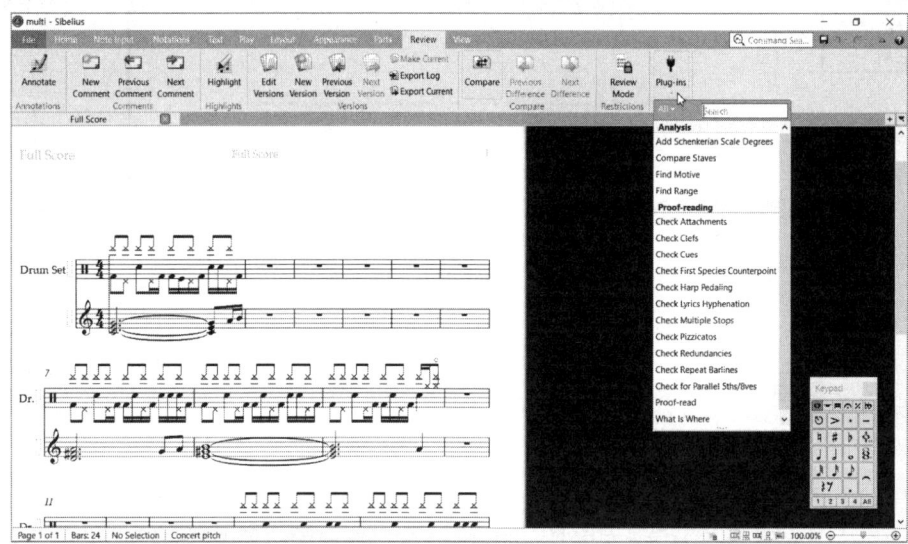

Review -> Plug ins 메뉴

1. Add Schenkerian Scale Degrees 메뉴 (쉥커 표기법 적용하기)

악보를 분석한 뒤 음표를 하인리히 쉥커가 개발한 Schenkerian Scale Degrees 방식으로 표기한 뒤 보표 상단이나 하단에 삽입해 준다. 쉥커 표기법은 멜로디를 상징적 언어로 표기하는 하나의 방법이다.

작업을 적용할 악보

메뉴를 적용한 모습

2. Compare Staves 메뉴 (두 보표 비교하기)

2개의 보표를 선택한 후 실행하는 메뉴이다. 선택한 두 보표를 비교분석한 뒤 서로 상이한 부분을 찾아내어 빨간색으로 표시하는 기능이다.

두 보표에서 분석되는 부분은 음표의 음정, 벨로서티, 성부 위치, 감춘 음표, 큐 노트, 쉼표, 라인, 음자리표, 텍스트 등이다.

3. Find Motive 메뉴 (악보에서 비슷한 모티브 찾아내기)
선택한 마디와 비슷한 음정, 비슷한 리듬을 가지고 있는 부분을 찾아서 하이라이트로 표시해주는 기능이다.

4. Find Range 메뉴 (음정 범위 분석하기)
선택한 부분의 최고 음정과 최저 음정 등의 음정 범위를 분석할 때 사용한다. 먼저 마디나 보표를 선택한 뒤 메뉴를 실행한다. 이 기능은 보컬 음악을 만든 뒤 보컬주자가 표현하기 어려워하는 범위 외의 높은 음정을 찾아낸 뒤 이를 수정할 목적으로 사용하면 유용하다.

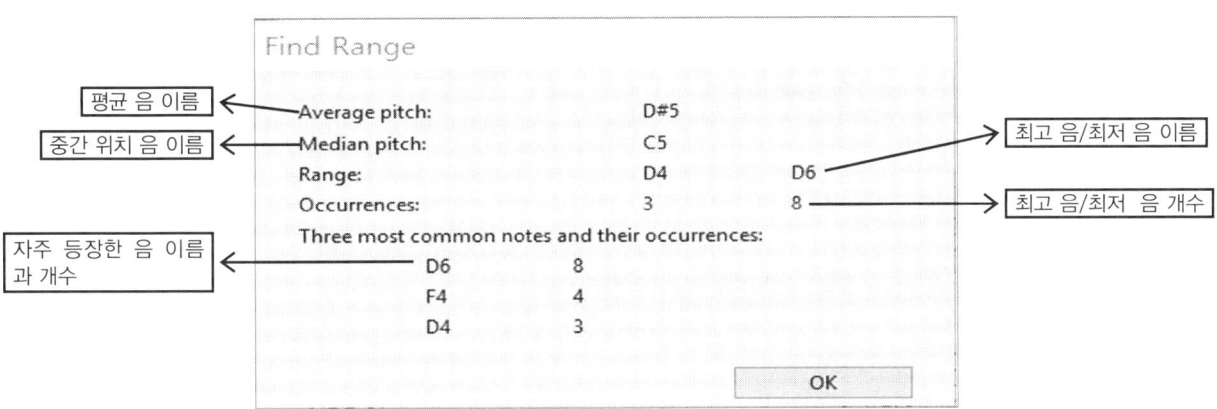

5. Check Attachments 메뉴 (심볼들의 잘못 붙여진 위치 검색하기)
잘못된 위치에 붙여진 익스프레션 심볼, 가사 등을 검색한 뒤 빨간색으로 표시해 준다.

6. Check clefs 메뉴 (문제가 있는 음자리표 검색하기)
잘못 사용한 음자리표를 검색할 수 있다. 예를 들어 비올라 악보에 알토보표가 아닌 높음음자리표를 사용하면 문제점으로 인식한 후 찾아준다.

7. Check Cues 메뉴 (잘못 사용한 큐 노트 검색하기)
잘못 사용한 큐 노트를 검색한 뒤 텍스트로 표시해 준다.

8. Check First Species Counterpoint 메뉴 (잘못 사용한 대위법 검색하기)
18세경 발표된 Johann Fux의 논문을 바탕으로 하여 대위법이 잘못 사용된 부분을 찾아서 표시해주는 기능이다. 먼저 2개의 보표를 선택한 상태에서 이 메뉴를 적용한다.

9. Check for Parallel 5ths/8ves 메뉴 (병렬 방식 음 전개 구간 찾아내기)

악보에서 연속되는 두 음표 사이가 Parallel 5ths 관계인 경우와 Parallel 8ves 관계인 경우를 찾아내 표시해 준다. 큰 보표의 상하 보표 사이, 다성부악보의 다른 성부도 분석한 뒤 Parallel 5ths 및 8ves 관계의 음표를 찾아낸다.

병렬 방식의 음 전개인 Parallel 5ths와 Parallel 8ves는 대위법적면에서 엄격하게 금지되었지만 대위법 이전 중세 음악에서 흔히 사용되었고, 지금도 세계민속음악이나 현대 록음악에서 사용되고 있다. 만약 중세풍 음악이나 이국적 음악을 만들려면 병렬 방식 음 전개를 사용할 수 있다. 그러나 '병렬 방식 음 전개는 좀 구태의연한 음악 스타일이기 때문에' 이 메뉴로 찾아낸 뒤 수정해주는 것이 좋다.

병렬 방식 음 전개인 Parallel 5ths 및 Parallel 8ves 사용예

10. Check Lyrics Hyphenation 메뉴 (잘못된 하이픈 찾아내기)

노래가사에서 하이픈을 잘못 사용한 부분을 찾아낸 뒤 표시해 준다.

11. Check Multiple Stops 메뉴 (연주 불가능한 코드 찾아내기)

연주 불가능하거나 연주하기 어려운 코드(화음)를 찾아낸 뒤 표시해 준다. 대화상자에서 분석 대상 구간(선택한 구간 또는 전체 악보 또는 현악 보표 또는 전체 보표)을 지정하면 된다.

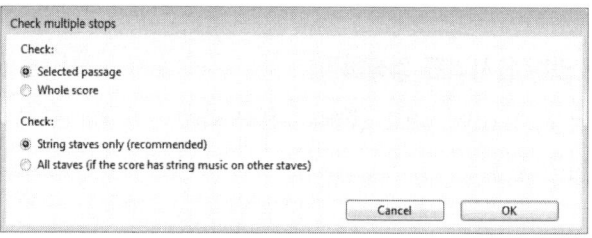

Check Multiple Stops 메뉴

12. Check Redundancies 메뉴 (불필요한 요소 찾아내기)

불필요한 혹은 잘못 삽입한 음자리표, 박자표, 조표, 악기 체인지 텍스트, 리허설 마크를 찾아낸 뒤 선택 상태로 만들거나 표시해 준다. 악보상에서 불필요한 이들 요소들을 찾아서 정리할 때 유용하다.

13. Proof-read 메뉴 (체크 기능을 대화상자로 실행하기)

위에서 설명한 플러그 인 메뉴들을 대화상자를 통해 취사선택한 후 실행할 때 이 메뉴를 사용한다. 찾아서 정리하고 싶은 요소가 있다면 해당 항목에 체크한 후 이 메뉴를 적용한다.

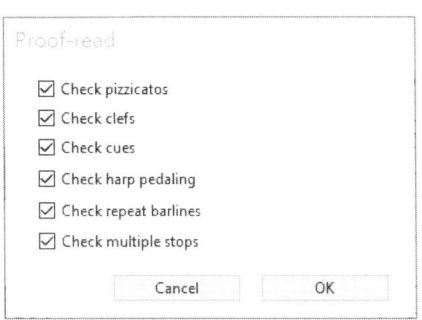

Proof-read 대화상자

14. What Is Where? 메뉴 (악보에 대한 종합통계 작성하기)

작업 하고 있는 악보에 대한 종합통계를 작성하는 기능이다. 악보상에서 각 오브젝트의 위치, 개수 등 모든 정보를 통계로 작성한 뒤 txt 파일로 만들어 준다. 대화상자에서 체크한 오브젝트만 통계로 작성할 수 있으므로 필요한 부분에 체크한 뒤 적용하면 된다. txt 파일은 해당 악보 파일이 저장된 폴더에서 자동으로 생성된다.

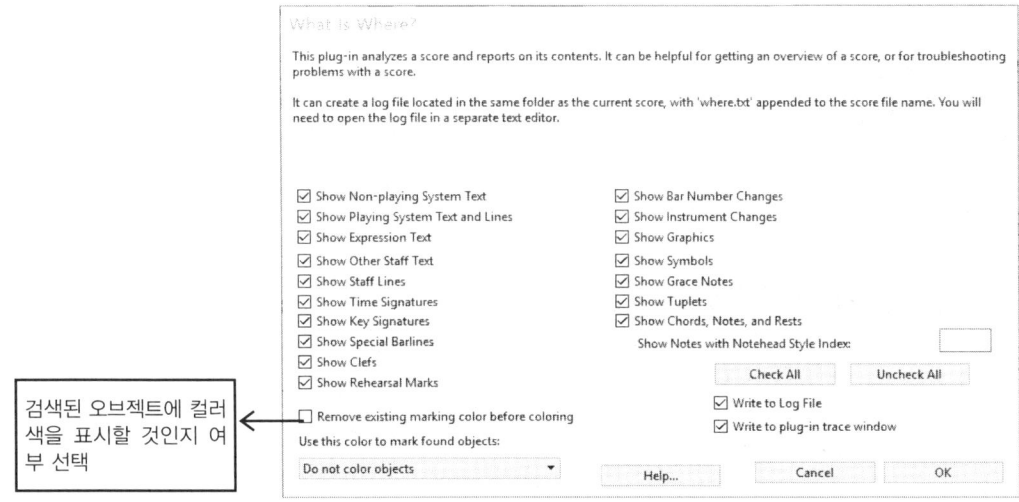

What Is Where? 대화상자

CHAPTER 03 View 메뉴 (뷰 메뉴)

악보의 배열 방식 변경, 화면의 확대 및 축소, 작업 패널을 화면에 표시하거나 감출 수 있는 기능을 메뉴 방식으로 제공한다.

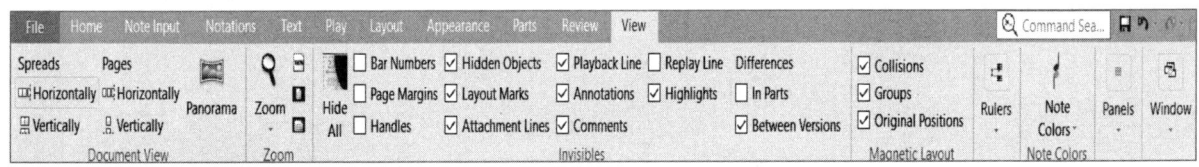

01 View -> Document View 메뉴 (악보 보기)

작업창에 보이는 악보의 배열 방식을 변경할 수 있다.

1. Spreads 메뉴 (악보 펼쳐서 보기)

Spreads 방식은 악보를 2페이지 펼쳐서 보는 방식이다. 배열 방식은 가로, 세로 방식이 있다.

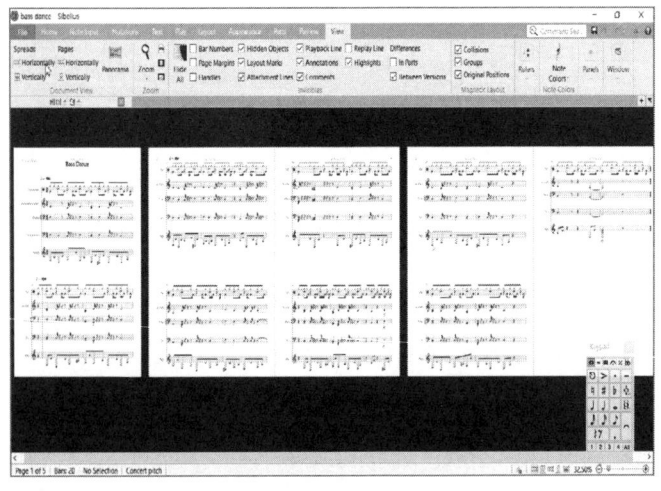

1. Horizontally 메뉴 : 악보를 2페이지 펼쳐서 보는 방식으로서 가로 배열로 배치한다. 기본값이다.

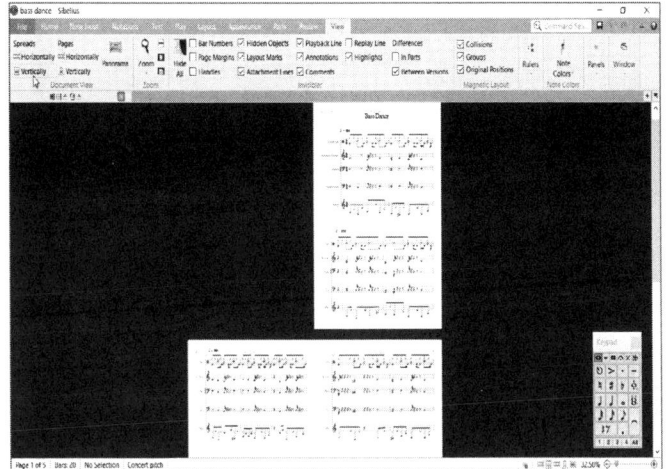

2. Vertical 메뉴 : 악보를 2페이지 펼쳐서 세로 배열로 배치한다.

2. Pages 메뉴 (페이지로 나누어 보기)

Pages 방식은 악보를 1페이지씩 나누어서 보는 방식이다. 가로, 세로 배열 중에서 선택할 수 있다.

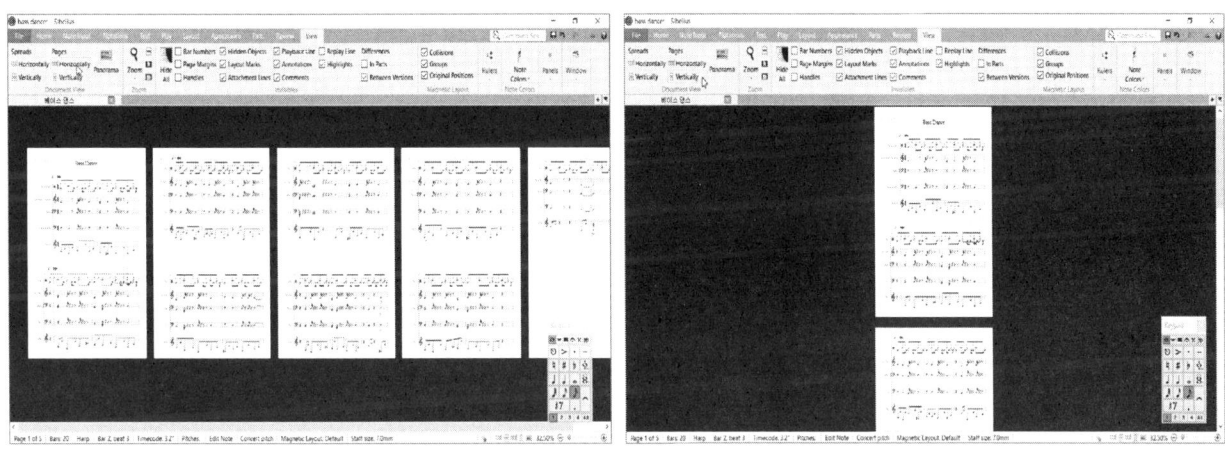

페이지 보기 – Horizontally 방식   페이지 보기 – Vertical 방식

3. Panorama 메뉴 (악보를 파노라마로 연결해 보기)

보표를 파노라마처럼 연결해서 보는 방식이다. 시스템보표일 경우 시스템보표를 파노라마처럼 연결해서 보여준다. 곡을 연주하면 악보가 물 흐르듯 오른쪽에서 왼쪽으로 흐르게 되므로, 악보를 플레이할 때 사용하면 좋다. 단축키는 Shift + P이다.

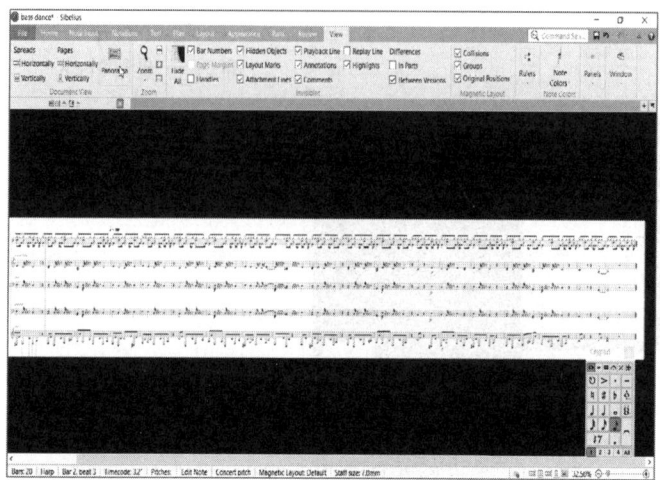

파노라마 방식

> **TIP** 시벨리우스 작업창 하단의 버튼들
> 작업창 하단의 5개의 버튼도( ) 본문과 같은 기능들을 제공한다.

4. Zoom 메뉴 (화면 확대 축소)

악보창을 확대하거나 축소할 수 있는 4가지 메뉴를 사용할 수 있다.

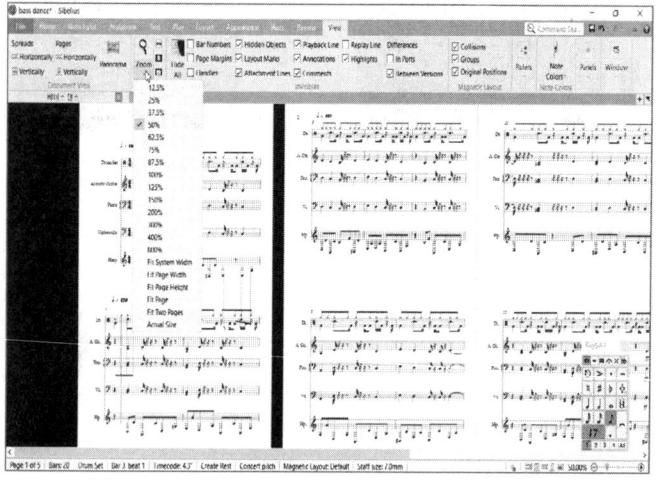

1. Zoom 메뉴 : Zoom 메뉴를 선택한 뒤 악보창을 클릭하면 화면이 확대되고, 마우스 오른쪽으로 클릭하면 화면이 축소된다.
   Zoom 메뉴의 팝업메뉴를 클릭하면 화면 확대 비율을 %로 선택할 수 있다.

2. 100% 메뉴 : 악보창을 100% 크기로 볼 수 있다. 단축키는 Crl + 1이다.

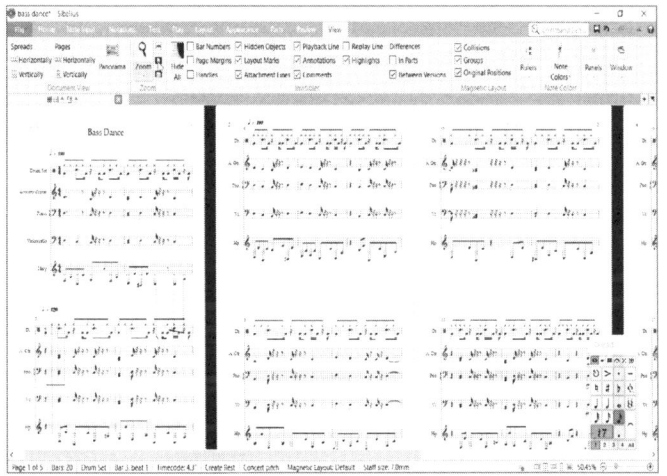

3. Fit Page 메뉴 : 1페이지 악보의 경우, 1페이지 악보를 모니터 화면에 딱 맞는 크기로 보여준다. 2페이지 이상의 악보의 경우, 2페이지 펼침 면을 모니터 화면에 딱 맞는 크기로 보여준다. 단축키는 Ctrl + 0이다.

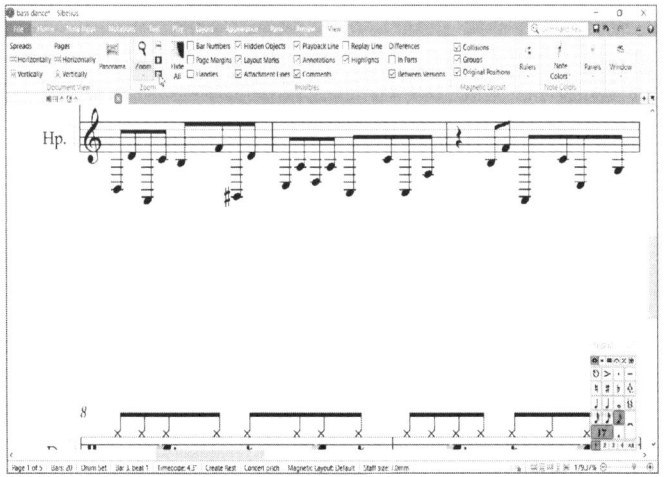

4. Fit System 메뉴 : 보표를 모니터의 가로 너비에 딱 맞게 확대해서 보여준다.

02 View -> Invisibles 메뉴 (감추기/다시 표시하기)

악보 상에 표기되어 있는 여러 가지 요소를 개별적으로 감추거나 다시 표시할 때 사용한다. 감춘 요소는 회색으로 표시되거나, 아예 화면에서 사라진다. 각 항목 별로 다시 체크하면 해당 요소가 화면에 표시된다.

1. Bar Numbers : 마디 번호를 화면에 표시하거나 감출 수 있다.
2. Page Margins : 마진은 페이지 외각에 표시되는 파란색 선을 말한다. 체크하면 화면에 표시되고, 체크하지 않으면 화면에서 감출 수 있다. 마진의 위치는 Layout 메뉴의 Document Setup 버튼을 클릭한 뒤 Margins 옵션에서 설정할 수 있다.
3. Handles : 오브젝트를 선택할 때 표시되는 핸들의 화면 표시 여부를 선택한다.
4. Hidden Objects : 시벨리우스가 기본적으로 감추고 있는 오브젝트(Hidden objects)를 화면에 표시하며, 회색으로 표시된다. 체크하지 않으면 히든 오브젝트가 완전히 사라진다. 단축키는 Alt+Shift+H이다. 참고로, 히든 오브젝트는 회색으로 표시를 해도 인쇄되지 않는다.
5. Layout Marks : Page Breaks 아이콘을 화면에 표시하거나 감출 수 있다.
6. Attachment Lines : 심볼 등을 이동시킬 때 음표에 붙어서 따라다니는 점선 라인을 화면에 표시하거나 감출 수 있다.
7. Playback Line : 곡을 플레이할 때 연주 위치를 알려주는 플레이백 라인(녹색 선)을 표시하거나 감출 수 있다.
8. Annotate : View -> Annotate 메뉴의 연필로 그린 선을 화면에 표시하거나 감출 수 있다.
9. Comments 메모장을 화면에 표시하거나 감출 수 있다.
10. Highlights : 하이라이트 표시를 화면에 표시하거나 감출 수 있다.
11. Differences -> In Parts : 파트보의 오브젝트 위치가 스코어창과 다를 경우 악기 이름 부분을 오렌지색으로 표시할 것인지 선택할 수 있다.
12. Differences -> Between Versions : 두 버전을 Compare할 때 서로 다른 부분이 있을 경우 그 부분을 오렌지색으로 표시할 것인지 여부를 선택할 수 있다. Review -> Compare 메뉴 참고.

03 View -> Magnetic Layout 메뉴 (자석 정렬 설정하기)

심볼이나 글자 등의 오브젝트를 선택한 뒤 정렬 작업을 하면 정렬을 정확히 할 수 있도록 점선이 표시되는데 이를 자석 정렬 기능이라고 한다. 이 메뉴에서는 어떤 자석 기능을 사용할 것인지 선택할 수 있다. 기본적으로 3가지 자석 기능 모두 체크된 상태여야 한다.

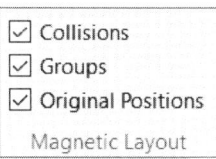

04 View -> Rulers 메뉴 (악보 눈금자 사용하기)

오브젝트의 간격을 육안으로 확인할 수 있도록 악보 눈금자를 사용하는 기능이다. 메뉴를 클릭하면 다음과 같이 3가지 방식의 악보 눈금자를 사용할 수 있다.

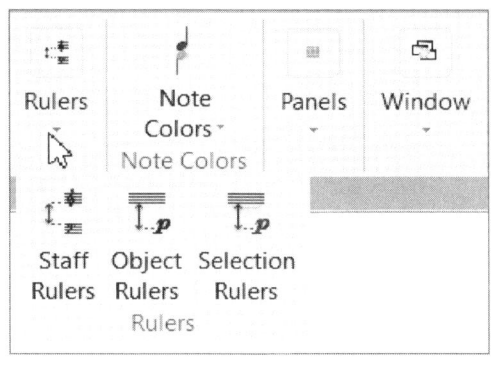

1. Staff Rulers 메뉴 : 보표 간격, 보표 외각 여백을 파악할 수 있는 눈금자를 사용할 수 있다.
2. Object Rulers 메뉴 : 오브젝트와 보표의 배치 간격을 알 수 있는 눈금자를 사용할 수 있다.
3. Selection Rulers 메뉴 : 선택한 오브젝트와 보표와의 간격을 알 수 있는 눈금자를 사용할 수 있다.

눈금자를 표시한 모습

05 View -> Note Colors 메뉴 (음표머리 색상 설정하기)

음표머리의 표시 색상을 선택할 수 있다. 기본적으로 음표는 마우스로 선택한 경우에만 해당 음표가 소속된 성부를 알 수 있도록 음표 색상이 표시된다.

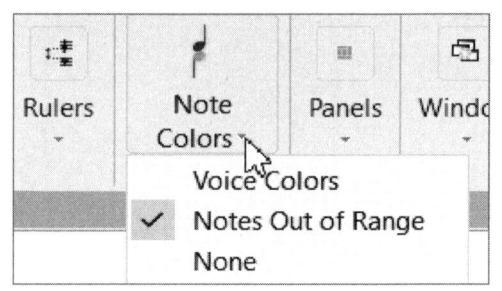

1. Voices Colors 메뉴 : 이 메뉴에 체크하면 음표의 색상이 평상시에도 성부 색상으로 표시된다. 기본적으로 이 메뉴는 사용하지 않는다. 참고로, 1성부 음표 색상=어두운 파란색, 2성부 음표 색상=녹색, 3성부 음표 색상=주황색, 4성부 음표 색상=핑크색이다.

2. Notes Out of Range 메뉴 : 이 메뉴에 체크하면 악기가 연주할 수 없는 범위에 있는 음표를 어두운 빨간색으로 표시해 준다. 기본적으로 이 메뉴에 체크해야 한다. 실제 악기로는 연주할 수 없는 음정들도 시벨리우스는 플레이를 해 준다.

3. None : 위 두 기능을 모두 사용하지 않는다.

06 View -> Panels 메뉴 (작업 패널 실행하기)

각종 보조 작업 패널을 화면에 표시하거나 감출 수 있다. 체크하면 해당 작업 패널이 화면에 표시된다.

1. Keypad (키패드)

음표 입력과 임시표 입력에 사용하는 키패드를 화면에 표시하거나 감출 수 있다. 단축키 Ctrl + Alt + K.

2. Mixer (믹서창)

믹서창을 화면에 표시하거나 감출 수 있다. 단축키 Ctrl + Alt + M

3. Video (비디오창)

비디오창을 화면에 표시하거나 감출 수 있다. 단축키 Ctrl + Alt + V

4. Navigator (네비게이터창)

여러 페이지로 된 악보에서 신속하게 원하는 페이지를 탐색할 수 있도록 네비게이터창을 화면에 표시해 준다. 단축키 Ctrl + Alt + N

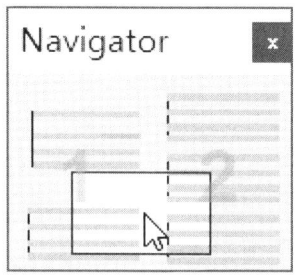

악보의 원하는 페이지를 탐색하는 모습

5. Fretboard (플렛보드 패널, 플렛보드 상에서 입력하기)

기타의 플렛보드 운지법을 학습할 수 있도록 플렛보드 패널을 실행한다. 플렛보드는 운지법 학습에 도움이 될 뿐 아니라 플렛보드를 클릭해 악보창에 음표를 입력할 수도 있다. 플렛보드 패널의 단축키는 Ctrl + Ale + E.

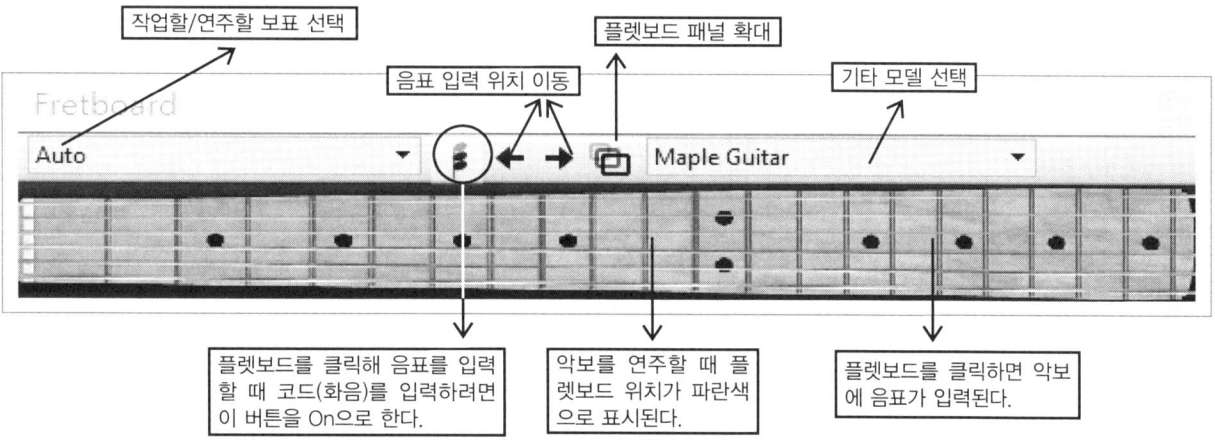

6. Transport (트랜스포트 패널)

악보를 연주할 때 사용하는 트랜스포트를 실행한다. 단축키 Ctrl + Alt + Y.

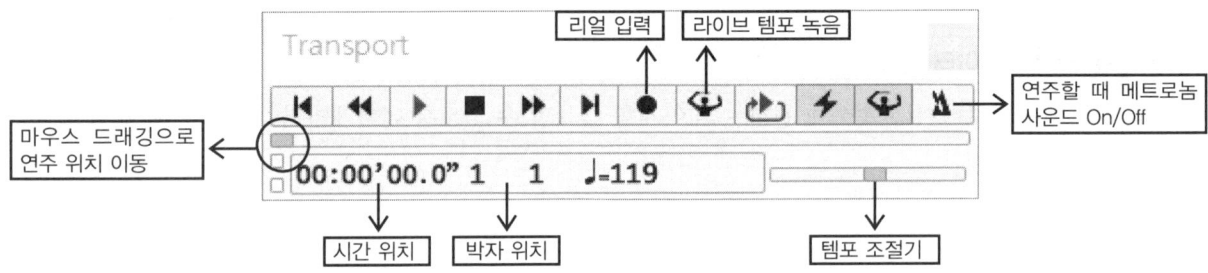

7. Ideas (아이디어 패널, 멜로디 패턴 등록하기)

악보 작업 중 머릿 속에 떠오르는 멜로디를 도서관에 저장하듯 저장하는 기능이다. 저장한 멜로디는 나중에 다시 사용할 수 있다. 아이디어 패널의 단축키는 Ctrl + Alt + I이다.

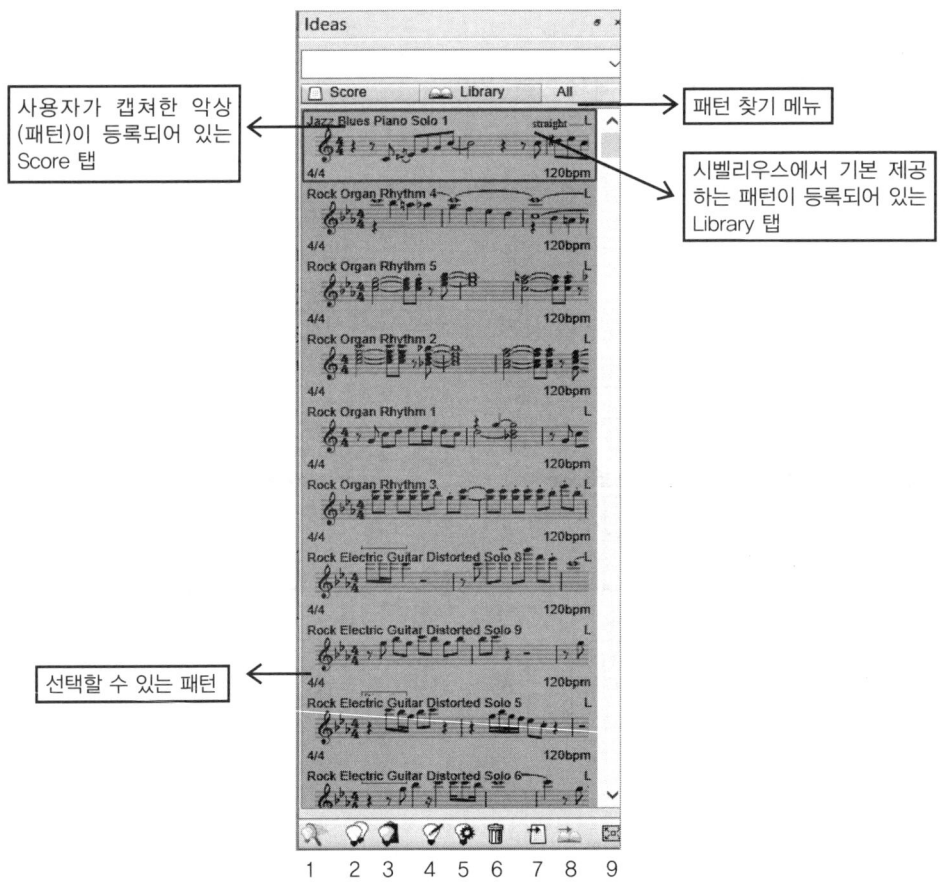

1. 캡쳐 아이디어 버튼 : 보표에서 선택한 구간을 캡쳐해 바로 Score 탭이나 Library 탭에 즉시 등록하는 기능이다. Library 탭이 열려있으면 Library 탭에 등록되어 시벨리우스에서 제공하는 패턴과 섞이므로 보통 Score 탭을 열어놓은 상태에서 캡쳐하는 것이 좋다.
2. Copy 버튼 : Score 탭이나 Library 탭에서 선택한 패턴을 복사한다. 악보창의 선택한 구간에 붙이기 메뉴로 붙여 넣을 수 있다.
3. Paste 버튼 : Score 탭이나 Library 탭에서 선택한 패턴을 복사하는 것은 Copy 버튼과 같지만, 바로 악보창에서 마우스로 클릭으로 그 부분에 붙여 넣을 수 있다.
4. Edit 버튼 : Score 탭이나 Library 탭에서 선택한 패턴을 수정 할 수 있도록 편집창이 실행된다.
5. Edit Ideas Info 버튼 : Score 탭이나 Library 탭에서 선택한 패턴에 대한 각종 정보를 입력할 수 있다.
6. Delete 버튼 : Score 탭이나 Library 탭에서 선택한 패턴을 삭제한다.
7. Add to Score Ideas : Library 탭에서 선택한 패턴을 Score 탭에 등록한다.
8. Add to Library : Score 탭에서 선택한 패턴을 Library 탭에 등록한다.
9. Detailed View : 아이디어 패널을 아래와 같이 디테일창으로 전환한다.

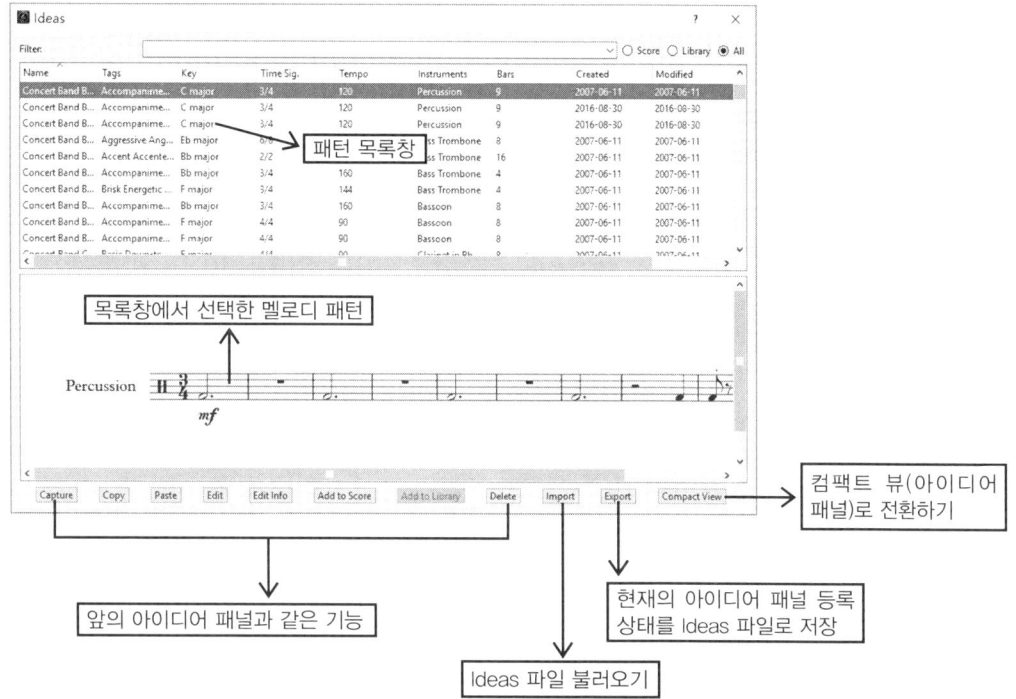

05 View -> Window 메뉴 (악보창 정렬하기)

여러 악보창이 열려있을 때 악보창들을 다음과 같이 정렬할 수 있다.

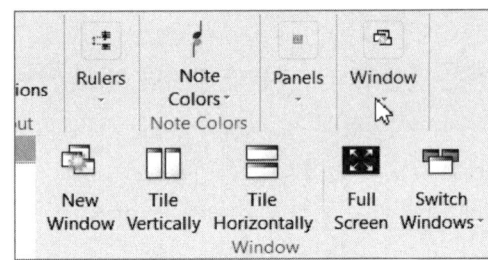

New Window 메뉴는 현재 작업중인 악보창을 복사해 새 작업창으로 열어준다.

Tile Vertically 메뉴는 열려있는 2개 이상의 작업창을 세로 방향으로 정렬한다. Tile Horizontally 메뉴는 열려있는 2개 이상의 작업창을 가로 방향으로 정렬한다.

Full Sceen 메뉴는 작업창을 풀화면 크기로 확대할 때 사용한다. Switch Window 메뉴는 열려있는 2개 이상의 작업창에서 원하는 작업창으로 이동할 때 사용한다.

권말부록

시벨리우스 중요 단축키

권말부록 시벨리우스 중요 단축키

메뉴 실행 단축키

- New 메뉴 : Ctrl+N
- Open 메뉴 : Ctrl+O
- Close 메뉴 : Ctrl+F4 / Ctrl+W
- Close All 메뉴 : Ctrl+Alt+W
- Save 메뉴 : Ctrl+S
- Save As 메뉴 : Ctrl+Shift+S
- Find 메뉴 : Ctrl + F
- Print 메뉴 : Ctrl + P

패널 실행 단축키

- 키패트 : Ctrl + Alt + K
- 믹서 : Ctrl + Alt + M
- 플렛보드 : Ctrl + Alt +E
- 트랜스포트 : Ctrl + Alt + Y
- 내비게이터 : Ctrl + Alt + N
- 아이디어 패널 : Ctrl + Alt + I
- 비디오창 : Ctrl + Alt + V
- 건반창 : Ctrl + Alt + B

복사 / 붙이기 단축키

- 선택한 부분 복사하기 : Ctrl + C
- 선택한 부분 오려내기 : Ctrl + X
- 복사한 내용 붙여 넣기 : Ctrl + V
- 선택한 부분을 똑같은 모양으로 1회 반복시키기 : R

키패드 탭 선택 단축키

- (음표입력용) 키패드 1번 탭 : F7
- (꾸밈음. 큐노트 입력용) 키패드 2번 탭 : F8
- (빔 음표, 트레몰로 입력용) 키패드 3번 탭 : F9
- (아티큘레이션 입력용) 키패드 4번 탭 : F10
- (아르페지오 입력용) 키패드 5번 탭 : F11
- (임시표 입력용) 키패드 6번 탭 : F12

입력할 음표 선택 단축키
(키패드의 1번 탭 선택 상태일 때만 단축키 동작)

- y / x / e / q / h / w (컴퓨터 숫자패트의 1/2/3/4/5/6 키 사용해 선택)
- § / # / b   (컴퓨터 숫자패트의 7/8/9 키 사용해 선택)
- 점음표(.)   (컴퓨터 숫자패트의 점(.) 키 사용해 선택)

음표 입력 단축키

- 마우스로 음표를 입력하는 있는 상태에서
  라/시/도/레/미/파/솔 음정에 음표를 입력하는 단축키 : A/B/C/D/E/F/G
- 음표머리 바꾸기 단축키(해당 음표가 선택된 상태에서) : Shift+Alt+0/1/2/3…
- 잇단음표 입력(해당 음표가 선택된 상태에서) : Ctrl +숫자.
  예를 들어 Ctrl+3을 누르면 셋잇단음표가 입력된다.
- 선택한 음표를 똑같은 모양으로 1회 반복시키기 : R

마디 추가 단축키

- 선택한 마디의 보표 제일 끝에 1마디 추가하기 : Ctrl+B
- 선택한 마디 다음에 1마디 추가하기   : Ctrl+Shift+B
- 선택한 마디 다음에 여러 개의 마디 추가하기 : Alt+B

보표 / 악기 단축키

- Clef(음자리표) : Q
- Time Signature(박자표) : T
- Key Signature(조표) : K
- 보표(악기) 추가/제거 (Instrument 메뉴) : I
- 악기 교체 단축키 (Instrument Chage 메뉴) : Ctrl + Shift + Alt + I

텍스트 입력 단축키

- 가사 Line 1 (1절) 입력 : Ctrl+L
- 가사 Line 2 (2절) 입력 : Ctrl+Alt+L
- 라인 모양 심볼 입력(Lines 메뉴) : L
- 그림 모양 심볼 입력(Symbols 메뉴) : Z
- 익스프레션 심볼 입력 : Ctrl+E
 (Ctrl + E 누르고 클릭한 뒤 마우스 오른쪽 버튼 클릭한 뒤 fff, mz, ppp 등의 셈여림표 삽입)
- 테크닉 심볼 입력 : Ctrl+T
 (Ctrl + T 누르고 클릭한 뒤 마우스 마우스 오른쪽 버튼 클릭으로 클릭한 뒤 mute, pizz. 등의 연주테크닉을 나타내는 말 삽입)
- 템포 텍스트 입력 : Ctrl+Alt+T
 (Ctrl+Alt+T 누르고 클릭한 뒤 마우스 오른쪽 버튼으로 클릭한 뒤 Allegro 등의 빠르기말 삽입)
- 코드 심볼 입력 : Ctrl + K
- 리허설 마크 입력 : Ctr l + R

이조악기 조옮김 단축키

- 조옮김 : Shift+T
 선택한 보표의 조옮김을 한다.
- 이조악기 조옮김(Transposing Score) : Ctrl+Shift+T
 보표를 입력한 뒤 해당 보표의 악기를 이조악기(호른 종류)로 교체하면 해당 악기에 맞게 조를 옮겨서 입력해야 연주자들이 악보를 알아볼 수 있다. 하지만 Ctrl+Shift+T 단축키를 누르면 자동으로 보표에 삽입한 이조악기에 맞게 조옮김을 해 준다.

악보 연주 단축키

- 연주 시작/스톱 : 스페이스바
- Playback Line을 곡의 맨 앞으로 이동 : Ctrl + [
- Playback Line을 곡의 맨 뒤로 이동 : Ctrl +]
- Playback Line을 뒤로 감기 : [
- Playback Line을 앞으로 감기 :]

이조악기 조옮김 단축키

- Flexi-time (리얼입력 시작)　　　　　: Ctrl+Shift+F
- Stop Flexi-time(리얼입력 중단)　　　: 스페이스바
- Flexi-time Options (리얼입력 옵션 설정) : Ctrl+Shift+O

찾아보기

(!)

12-Tone Matrix 메뉴	307
2선, 3선, 4선 보표 만들기	130
4손 피아노 악보 만드는 방법	259

A

Accidentals(임시표) 키패드	91
Add Accidentals to All Notes 메뉴	303
Add Capo Chord Symbols 메뉴	498
Add Continuous Control Changes 메뉴	552
Add Drum Pattern 메뉴	308
Add Ficta Above Note 메뉴	304
Add Harp Pedaling 메뉴	258
Add Hit Point Staff 메뉴	312
Add Note Names 메뉴	395
Add or Remove 메뉴	215
Add Worksheet 메뉴	182
Advanced Filter 메뉴	241
Align Staves 메뉴	568
Align 메뉴	420
Align 메뉴	611
Annotate 메뉴	621
Appearance 메뉴	590
Append 메뉴	164
Arrange 메뉴	287
Articulations(아티큘레이션, 주법) 키패드	83
Asio4All 설치	32
Audio 메뉴	167
Avid Link 메뉴	188
Avid Scorch 메뉴	172

B

Barline 메뉴	355
Bars 메뉴	232
Beam/Tremolos 키패드	77
Beams 메뉴	397
Brace 메뉴	405
Bracket 메뉴	404
Breaks 메뉴	577
Barline 메뉴	355
Bars 메뉴	232
Beam/Tremolos 키패드	77
Beams 메뉴	397
Brace 메뉴	405
Bracket 메뉴	404
Breaks 메뉴	577

C

Calculate Statistics 메뉴	254
Calibrate 메뉴	533
Capture Idea 메뉴 (아이디어 캡처)	213
Change 메뉴	221
Character Style 메뉴	418
Chord Symbols 메뉴	467
Clear 메뉴	532
Clef 메뉴	338
Collisions 메뉴	575
Common Notes 키패드	66
Common 메뉴	338
Compare 메뉴	624
Configuration 메뉴	516
Consecutive Rehearsal Mark 메뉴	486
Copy Articulations and Slurs 메뉴	319
Copy 버튼	213
Cresc./Dim. Playback 메뉴	553
Cross staff Notes 메뉴	286
Cut 메뉴	213

D

Design and Position 메뉴	604
Dictionary 메뉴	546

Display 메뉴	534
Document Setup 메뉴	562
Document Setup 버튼	565
Document View 메뉴	630
Double 메뉴	293

E

Edit Chord Symbols 메뉴	484
Edit Noteheads 메뉴	395
Edit Worksheets 메뉴	184
Edit 메뉴	246
Engraving Rules 메뉴	590
Explode 메뉴	288
Export Lyrics 메뉴	511
Export 메뉴	167

F

File -〉 Plug ins 메뉴	185
Filters 메뉴	238
Find and Replace Text 메뉴	511
Find 메뉴	248
Flexi-time 메뉴	277
Focus on Staves 메뉴	572
Format 메뉴	410
From Text File 메뉴	461

G

Graphics 메뉴	171
Graphics 메뉴	401

H

Halve 메뉴	294
Harmonics Playback 메뉴	553
Hide Empty Staves 메뉴	571
Hide or Show 메뉴	246
Highlights 메뉴	622
Hit Point 메뉴	550
Home -〉 Plug ins 메뉴	254
Home 메뉴	206
House Style 메뉴	590

I

Info 메뉴	165
Input Devices 메뉴	266
Input Notes 메뉴	268
Input pitches 메뉴	273
Inspector 메뉴	250
Install Plug Ins 메뉴	185
Instrument names	602
Instrument 메뉴	215
Interpretation 메뉴	543
Intervals 메뉴	285

J

Jazz Articulations(재즈 아티큘레이션) 키패드	86

K

Keep bars Together 메뉴	586
Key Signature 메뉴	346

L

Layout 메뉴	562
Lines 메뉴	358
Live Playback 메뉴	537
Live Tempo 메뉴	532
Lock Format 메뉴	587
Lyrics 메뉴	454

M

Magnetic Layout 메뉴	573
Magnetic Layout 버튼	576
Make Into Page 메뉴	585
Make Into System 메뉴	584
Manuscript Paper 메뉴	176
Margins 메뉴	562
MIDI 메뉴	173
Mixer 메뉴	517
More Notes 키패드	71
MusicXML 메뉴	173

N

New Comment 메뉴	621
New Version 메뉴	623
New 메뉴 & Open 메뉴	163
Notations 메뉴	338
Note Colors 메뉴	636
Note Input -> Plug ins 메뉴	303
Note Input 메뉴	268
Note Spacing Rule 메뉴	599
Noteheads 메뉴	390
Number Bars 메뉴	512
Numbering 메뉴	495

O

Optimize 메뉴	567
Order	612
Orientation 메뉴	564
Ornament Playback 메뉴	554
Ossia Staff 메뉴	228

P

Page Break 메뉴	578
Panels 메뉴	636
Part 메뉴	616
Paste 메뉴	206
PDF 메뉴	170
Preferences 메뉴	189
Previous Version 메뉴	175
Print 메뉴	166

Q

Quarter-tone Playback 메뉴	555

R

Record 메뉴	277
Reduce 메뉴	289
Rehearsal Mark 메뉴	486
Remove Unison Notes 메뉴	330
Renotate Performance 메뉴	278
Renotate Tublet	331
Repeat 메뉴	274
Repeats 메뉴	547
Reset Note Spacing 메뉴	606
Reset Notes 메뉴	606
Reset Space Above 메뉴	569
Reset Space Bellow 메뉴	570
Respell 메뉴	273
Restart Sequence 메뉴	491
Retrograde 메뉴	292
Review 메뉴	621

S

Save 메뉴 & Save As 메뉴	162
Select 메뉴	238
Setup 메뉴	266
Setup 메뉴	516
Show Empty Staves 메뉴	572
Show Multirests	581
Show Plug ins Trace Window 메뉴	187
Size 메뉴	419
Size 메뉴	564
Spaces Between 메뉴	567
Special Page Break 메뉴	579
Split System 메뉴	580
Staff Size 메뉴	563
Staff Spacing 메뉴	567
Staff Spacing 버튼	570
Staff Visibility 메뉴	571
Staves in Part 메뉴	618
Stop 메뉴	531
Strummer 메뉴	555
Styles 메뉴	422
Sub-bracket 메뉴	406
Swap 메뉴	283
Symbols 메뉴	377
System Break 메뉴	577
System Objects 메뉴	609

T

Tap Point 메뉴	535
Teaching 메뉴	177
Text -〉 Plug ins 메뉴	498
Text Style 메뉴	417
Text 메뉴	410
Time Signature 메뉴	352
Timecode 메뉴	549
Title Page 메뉴	565
To and From Rests 메뉴	397
Transformations 메뉴	292
Transport 메뉴	530
Transpose 메뉴	275
Transposing Score 메뉴	226
Triplets 메뉴	269
Type 메뉴	390

V

Velocities 메뉴	539
Video 메뉴	169
Video 메뉴	548
View 메뉴	630
Voices 메뉴	282

W

Window 메뉴	640
Worksheet Creator 메뉴	177

ㄱ

가상악기의 등록 방법	521
같은 음표, 멜로디의 자동 입력	99
겹쳐놓기 설정	612
겹치거나 충돌되는 심볼 찾기	575
곡 제목 입력	410
그레고리안 성가 보표	130
그림 악보 만들기	401
그림형 심볼 삽입	377
글꼴 편집 메뉴	410
글자 정렬과 문장 정렬	420
글자 크기 변경	419
꾸밈음 만들기	554
꾸밈음 만들기	77

ㄴ

노래가사 입력	454
노테이션 메뉴	338

ㄷ

다른 악보 파일 통째로 붙이기	164
달 세뇨, 코다 심볼	107
도돌이 구간 설정	547
도돌이표 설정	105
드럼 파트 자동으로 작곡하기	308
드럼노트(음표) 입력	144
드럼악보	144
디자인과 포지션 원래대로 리셋	604

ㄹ

라이브 연주 느낌 만들기	538
라이브 템포	532
라이브 플레이백 설정 메뉴	537
라인 심볼	358
레이아웃 메뉴	562
리듬 악보	140
리뷰 메뉴	621
리피트	547
리허설 마크	486

ㅁ

마그네틱 레이아웃 설정	576
마디 구간 선택 방법	245
마디 분할 방법	234
마디 삭제 방법	234
마디 연결 방법	237
마디 유형 변경 메뉴	584
마디 추가 방법	232
마디 추가, 삭제, 편집	232
마디번호, 페이지번호 설정	494
마디번호, 페이지번호 옵션	494
마디선/바라인 모양 변경	355
마스터 건반으로 음표 입력	277
멀티쉼표 보기	581
메모장 삽입하기	621
메인화면의 주요기능	63
멜로디 반복 입력 방법	274
못가춘마디 악보	150
무선율 타악기악보와 국악악보	140
미디 입력 장치 설정 방법	266
미디 파일로 저장	173
미디장비 칼리브래이트	533
믹서 사용하기	517

ㅂ

박자표 삽입 방법	352
반출 메뉴	167
벨로서티 편집 메뉴	539
보표 간격 설정 메뉴	567
보표 및 악기의 추가와 삭제	215
보표 보기/감추기 메뉴	571
보표 분리 메뉴	577
보표 상하 간격 최적화	567
보표(악기) 추가, 보표(악기) 삭제 방법	120
보표/시스템보표 간격 조절	567
보표의 악기명 설정 메뉴	602
복사하기	213
붙여 넣기	206
뷰 메뉴	630
브라켓 만들기	404
브레이스 만들기	405
비디오 싱크 메뉴	548
비디오/오디오의 삽입과 제거	548
빔음표 편집 메뉴	397

ㅅ

사운드 디바이스 선택	516
사운드 장치 설정	516
새 마디 추가 & 원하는 마디 삭제 방법	102
새 악보 생성과 악기 연결 방법	44
새 악보 생성하기	163
선생님용 음악 시청각 교재 제작	177
선택 툴	96
성부	282
성부 악보 만들기	158
솔로이스트 파트 강조해 믹스다운 방법	257
스타일 메뉴	422
스타카토, 트레몰로 심볼	103

스트러밍 주법 만들기	555
스페셜 페이지 분리하기	579
시벨리우스 2023의 기본 기능	44
시벨리우스 단축키	640
시벨리우스 사용 환경 설정 메뉴	189
시벨리우스 작업 화면	63
시벨리우스로 할 수 있는 음악 작업	25
시스템 마디 선택하기	245
시스템 분리하기	577

ㅇ

악기 교체하기	122
악기 교체하기	221
악보 양식의 종류	36
악보 여백 설정	562
악보 연주하기	58
악보 요소 색상 지정하기	247
악보 요소 전부 선택하기	244
악보 인쇄 메뉴	166
악보 저장하기	162
악보 조판 규칙 메뉴	590
악보 파일 불러오기	163
악보를 그래픽 이미지로 저장	171
악보를 사운드 파일로 저장	167
악보에 기보 가능한 라인(Line) 심볼 종류	363
악보에서 특정 요소 감추기	246
악보에서 특정 요소 검색 방법	248
악보종이 설정 메뉴	562
어법 복사해 사용하기	319
어피런스 메뉴	590
여린내기노래 악보	150
연주 중지하기	531
오디오 사용 환경 설정	32
오려내기	213

오선 줄 간격 조절	563
오시아 악보	228
오케스트라 악보 만드는 방법	124
오케스트라 편성 악보로 전환	287
음자리표 삽입 방법	338
음표 간격 리셋	606
음표 뒤집기 방법	249
음표 리셋 메뉴	606
음표 머리 유형	390
음표 머리 유형 변경	390
음표 복제, 오브젝트 복제	98
음표 입력하기	268
음표와 쉼표 입력	52
이명동음 교정	273
이조악기 자동 조옮김	226
인스펙터 페널 메뉴	250
일반 음표 입력	66
잇단음표 입력 방법	101
잇단음표 입력 방법	269

ㅈ

저작권 정보 입력	165
정렬 메뉴	611
조옮김 메뉴	275
조표 삽입 방법	346
종이 방향 회전	564
종이 크기 설정	564
종이 크기 설정하기	565

ㅋ

카포 코드 만들기	498
코드 심볼 메뉴	467
코드 심볼 재생 방법	467
코드 심볼 편집	484
쿼터톤, 사분음 효과	555
키패드	65

ㅌ

타브(TAB) 악보	132
타이틀 페이지 만들기	565
타임라인(Timeline) 사용법	64
타임코드 메뉴	549
탭핑 디스플레이창	534
탭핑 및 연주하기	534
텍스트 검색 및 교체	511
텍스트 스타일 변경	417
텍스트 스타일 음악 기호 입력	422
텍스트 파일을 가사로 가져오기	461
트랜스포메이션	292
트랜스포즈	273
트랜스포트	530

ㅍ

파일 불러하기	57
파트 메뉴	616
파트보 관리 메뉴	616
파트보 삭제하기	619
파트보를 파일로 저장하기	620
패널 실행하기	36
페이지 분리하기	578
플러그 인 설치	185

ㅎ

하우스 스타일 (악보 스타일) 메뉴	590
화음 음표 단축키로 입력	100
히트포인트 삽입 메뉴	550

악보사보와 컴퓨터음악 작곡의 마술사
SIBELIUS 2023
시벨리우스 2023

1판 1쇄 인쇄 | 2023년 08월 18일
1판 1쇄 발행 | 2023년 08월 24일

지은이 | 박 영 권
발 행 인 | 신 현 훈
발 행 처 | 도서출판 글로벌 필통
주　　소 | 서울특별시 중구 충무로 54-10(을지로 3가, 1층)
전　　화 | 02-2269-4913　　**팩　　스** | 02-2275-1882
출판등록 제2-2545호
홈페이지 | http://www.gbbook.com

I S B N | 978-89-5502-922-2
가　　격 | 33,000원

※ 잘못 만들어진 책은 구입하신 서점에서 교환해 드립니다.